སྒྲོ་བཞི་མཛོད་ལྡེའི་ཡང་བཅུད།

དེབ་ཞེ་དགུ་པ། སྔ་སྟོན་ཐེག་འགྲེལ།

སི་ཁྲོན་དུས་དེབ་ཚོགས་པ། སི་ཁྲོན་མི་རིགས་དཔེ་སྐྲུན་ཁང་།

图书在版编目(CIP)数据

乘论：全2册：藏文 / 元旦平措主编. — 成都：四川民族出版社, 2014.12

（藏族典籍精选）

ISBN 978-7-5409-5633-2

Ⅰ. ①乘… Ⅱ. ①元… Ⅲ. ①密宗–佛经–藏语 Ⅳ. ①B946.6

中国版本图书馆CIP数据核字（2014）第255145号

藏族典籍精选

乘 论（49–50卷）

CHENGLUN

元旦平措　　主编

项目策划　阿旺泽仁扎西
责任编辑　扎　西
责任校对　阿斯加
封面设计　陆　馗
技术设计　宁　牡
出版发行　四川党建期刊集团·四川民族出版社
地　　址　成都市三洞桥路12号
成品尺寸　170mm×240mm
印　　数　1~2000册
印　　张　20.5
字　　数　245千
印　　刷　成都蜀通印务有限责任公司
版　　次　2014年12月第一版
印　　次　2014年12月第一次印刷
书　　号　ISBN 978-7-5409-5633-2
定　　价　85.00元（49–50卷）

དཔེ་སྐྲུན་གསལ་བཤད།

དེ་ཡང་ལོ་རྒྱུས་ཀྱི་མིག་རྒྱང་གིས་གཟིགས་ན་སྔང་པ་བོད་ཀྱི་དཔལ་ཡོན་གྱི་འབྱུང་ཁུངས་སམ་དབུ་ཕྱོགས། གནས་ལུགས་དངོས་ལ་དམིགས་ན་ཁ་བ་རི་པའི་འོད་སྟོང་འཕྲོས་པའི་སྲོལ་རྒྱུན་རིག་གནས་ཀྱི་མ་གདན་དུ་གྲུབ་པའི་གཡུང་དྲུང་བོན་ལུགས་ཀྱི་བཀའ་དང་དགོངས་འགྲེལ་འདི་ཀོ་རྒྱ་ཆེ་ཞིང་གཏིང་ཟབ་པ་བརྗོད་ལས་འདས་པ་ཞིག་མཆིས་མོད། དེ་རྣམས་ལས་བཀའ་ལ་བསྡུས་ཏེ་བརྗོད་ན་ཇོགས་ཆེན་གྱི་གཞུང་གཙོ་བོར་སྟོན་པའི་བོན། དཔོན་གསས་མན་ངག་ལུང་གི་བོན། མོ་རྩིས་གསོ་དཔྱད་གཙོ་བོར་སྟོན་པའི་བོན། ཆབ་ནག་སྲིད་པ་རྒྱུད་ཀྱི་བོན། གསང་སྔགས་ཀྱི་རྒྱུད་སྡེ་གཙོ་བོར་སྟོན་པའི་བོན། ཆབ་དཀར་དྲག་པོ་སྔགས་ཀྱི་བོན། ཕར་ཕྱིན་ཐེག་པའི་གཞུང་གི་བོན། འཕན་ཡུལ་རྒྱས་པ་འབུམ་གྱི་བོན། སྣང་སྲིད་ཆགས་འཇིག་སྟོན་པའི་བོན། མཐོ་ཐོག་སྤྱི་རྒྱུགས་མཛོད་ཀྱི་བོན་བཅས་སུ་འདུས་ལ། དེའང་བསྡུས་ན་སྒོ་བཞི་མཛོད་ལྔ་སྟེ། འཕན་ཡུལ་འབུམ་གྱི་བོན་སྒོ་དང་། ཆབ་དཀར་དྲག་པོ་སྔགས་ཀྱི་བོན་སྒོ། ཆབ་ནག་སྲིད་པ་རྒྱུད་ཀྱི་བོན་སྒོ། དཔོན་གསས་མན་ངག་ལུང་གི་བོན་སྒོ། མཐོ་ཐོག་སྤྱི་རྒྱུགས་མཛོད་ཀྱི་བོན་སྒོ་བཅས་སུ་འདུས་སོ། །འདིར་ཡང་སྒོ་བཞི་མཛོད་ལྔའི་ཡང་བཅུད་ཅེས་པ་སྟེ། དཔལ་གཤེན་བསྟན་ཀོ་རྒྱལ་དགོན་བདེ་ཆེན་

ཀུན་གྲགས་གླིང་ནས་གཡུང་དྲུང་བོན་གྱི་རིག་གཞུང་རྒྱ་མཚོ་ལས་དེང་གི་འདུས་སྡེ་ཁག་གི་བཤད་གྲྭར་འཆད་ཉན་ལ་རྒྱུགས་ཆེ་བའི་གཞུང་ལུགས་གྲགས་ཅན་རྗེ་རིན་པོ་ཆེའི་ཚད་མ་རྣམ་འབྱེད་འཕྲུལ་གྱི་སྒྲོན། མཁན་ཆེན་ཉི་མའི་བསྡུས་གྲྭ། མཁན་ཆེན་ཉི་མ་དང་། ཡོངས་འཛིན་རྣམ་དག་འོད་ཟེར་ཟུང་གི་ཕར་ཕྱིན་རྣམ་བཤད། མི་སྟོན་གྱི་དབུ་མ་བདེན་གཉིས། རྗེ་རིན་པོ་ཆེའི་མཛོད་འགྲེལ་དང་འདུལ་གཞུང་སྐོར། ཡོངས་འཛིན་བསྟན་རྣམ་པའི་གསང་སྔགས་བཀའ་འགྲེལ། བྲུ་རྒྱལ་བ་གཡུང་དྲུང་གི་ཉམས་རྒྱུད་རྒྱལ་བའི་ཕྱག་ཁྲིད་དང་ཨ་ཁྲིད་སྐོར། དག་པོ་དྲན་པ་ནམ་མཁའི་རྫོགས་པ་ཆེན་པོ་དྲང་དོན་དང་ངེས་དོན་སྐོར། རྫོགས་པ་ཆེན་པོ་ཞང་ཞུང་སྙན་རྒྱུད་སྐོར། ཁྱུང་སྤྲུལ་འཇིགས་མེད་ཀྱི་བརྡ་སྤྲོད་སྐོར། མཁས་གྲུབ་ལུང་རྟོགས་རྒྱ་མཚོའི་ནག་རྩིས་སྐོར། ཁྱུང་སློབ་ཚུལ་རྒྱན་པའི་སྙན་ངག་དང་སྐར་རྩིས་སྐོར། ཀུན་མཁྱེན་ཉི་མའི་བཟོ་རིག་སྐོར། ཁྱུང་སྤྲུལ་གྱི་གསོ་རིག་ཉེར་མཁོ་དཔག་བསམ་ལྗོན་པའི་སྙེ་མ་སོགས་བཀའ་དང་བཀའ་བརྟེན་གཉིས་སུ་གཏོགས་པའི་གཞུང་ལུགས་སྣ་ཁ་བརྒྱད་ཅུ་གྱ་གཉིས་(དཔེ་ཚན་བརྒྱ་དང་གྱ་གསུམ)ཕྱོགས་གཅིག་ཏུ་བསྒྲིགས་ཤིང་དེབ་ཕྲེང་སོ་གཉིས་ཀྱི་བདག་ཉིད་ཅན་དུ་ངེད་དཔེ་སྐྲུན་ཁང་ནས་ཐེངས་དང་པོར་པར་དུ་བསྐྲུན་ཅིང་འགྲེམས་སྤེལ་བྱས་པ་ལ་རྒྱ་ཆེ་བའི་ཀློག་པ་པོ་ནས་དགའ་བསུ་ཆེན་པོ་ཐོབ། ད་ལན་ཡང་དེབ་ཕྲེང་སོ་གཉིས་ཐོག་ཏུ་དེབ་གྲངས་བཅོ་བརྒྱད་ཁ་བསྣན་ཏེ་ཁྱོན་སྡོམ་དེབ་ཕྲེང་ལྔ་བཅུ་ཅན་དུ་ཐེངས་གཉིས་པར་དཔེ་སྐྲུན་བྱེད་པ་ལ། དེབ་ཕྲེང་སོ་གསུམ་ནས་ལྔ་བཅུའི་ནང་དུ་ཕྱིར་བསྣན་ཉིན་མོར་བྱེད་པའི་མཁས་གྲུབ་བྱེ་བའི་གཙུག་རྒྱན་འ་ཞ་བློ་གྲོས་རྒྱལ་མཚན་གྱི་བཀའ་འབུམ་ལག་ཏུ་ལོན་ནོ་ཅོག་དང་། སྨེའུ་མཁས་པ་

དཔལ་ཆེན་གྱི་ཁམས་འགྲེལ། རྫོགས་ཆེན་ཡང་རྩེ་ལྟ་བ་ཐོག་བབ་ཀྱི་གཞུང་འགྲེལ་གསལ་བྱེད་འཕྲུལ་གྱི་སྒྲོན་མེ། དྲན་པ་ཚིག་དྲུག ཀུན་འདུས་རྩ་རྒྱུད་དང་མཁས་བཞིའི་ཕྱག་བཞེས། སེམས་སྨད་སྡེ་དགུ། རྫོགས་ཆེན་ཟླ་མེད་བདལ་པའི་གཞུང་དང་འགྲེལ་བ། སྤྱི་རྒྱུད་ཆེན་པོ་ནམ་མཁའ་དཀར་པོ་ཡེ་ཁྲི་མཐའ་སེལ་གྱི་རྒྱུད། སྒྲ་སྟོན་ཆེན་མོའི་ཐེག་རིམ་གྱི་རྣམ་བཤད་གསལ་བའི་མེ་ལོང་། བཀའ་བརྟན་སུམ་བརྒྱ་པའི་རྩ་འགྲེལ་སོགས་ཕྱོགས་སྒྲིག་བྱས་ཡོད། ངེད་དཔེ་སྐྲུན་ཁང་ནས་གསུང་རབ་འདི་དག་པར་དུ་བསྐྲུན་པར་ཞིབ་བཤེར་བྱས་པ་ལས་ཁྱད་ཆོས་འདི་དག་མཐོང་སྟེ། གཅིག་ནི་དཔེ་ཚོགས་འདི་ཡི་བོད་རང་རྒྱའི་ཁྱད་ཆོས་ཏེ། དཔེ་ཚོགས་སུ་འཁོད་པའི་གཞུང་ལུགས་དག་གི་རྩོམ་པ་པོ་ཡོད་དོ་ཅོག་ནི་ཞང་བོད་མཐོ་སྒང་རང་ས་ནས་བྱོན་པའི་གདོང་དམར་བོད་ཀྱི་ཡབ་མྱེས་ཤ་སྟག་ཡིན་ཏེ། མི་ལོ་སུམ་སྟོང་དགུ་བརྒྱ་ཡར་སྔོན་དུ་བྱོན་པའི་སྟོན་པ་གཤེན་རབ་མི་བོ་ཆེ་ནས་དེང་གི་དུས་འདིར་བཤད་སྒྲུབ་ཟླུང་གི་འཕྲིན་ལས་སྤེལ་མུས་སུ་མཆིས་པའི་ཡོངས་འཛིན་རིན་པོ་ཆེ་བསྟན་འཛིན་རྣམ་དག་ཚང་གི་བར་དུ་ཉི་ཟླ་ལྟ་བུའི་མཁས་གྲུབ་དག་ཡིན། གཉིས་ནི་དཔེ་ཚོགས་འདི་ཡི་ཁེབས་ཁྱ་ཆེ་བའི་ཁྱད་ཆོས་ཏེ། འདིར་འཁོད་གཞུང་རྣམས་གཡུང་དྲུང་བོན་གྱི་མདོ་སྔགས་སེམས་གསུམ་ལ་ཁྱབ་ཅིང་། རིག་ཚན་ལྟར་དུ་ཕྱེ་ན་སྒྲོལ་རྒྱུན་ལྔ་ཕྲག་ཟླུང་གི་རིག་པ་ཡོངས་སུ་ཚང་བའོ། །གསུམ་ནི་དཔེ་ཚོགས་འདི་ཡི་དམིགས་འཛུགས་གསལ་བའི་ཁྱད་ཆོས་ཏེ། སྔར་གཞུང་ལུགས་འདི་དག་ནི་བོད་རང་སའི་མཁས་པས་ལོ་རྒྱུས་ཀྱི་དུས་ཡུན་མི་འདྲ་བའི་ནང་དུ་བོད་རང་ཡུལ་ནས་བརྩམས་པ་ལགས་པས། དེང་གི་ཆར་འབྲེལ་ཡོད་མི་སྣས་ཡ་ཐོག་བོད་ཀྱི་ལོ་རྒྱུས་དང་། བོད་མིའི་འདུ་ཤེས་

འཛིན་སྟངས། བོད་ཀྱི་སྤྱི་ཚོགས་འཕོ་འགྱུར། བོད་མིའི་ཡུལ་སྲོལ་གོམས་གཤིས། བོད་ཀྱི་ཤེས་རིག་གི་འཕེལ་རབས་སོགས་རྒྱུས་ལོན་ནམ་ཞིབ་འཇུག་བྱེད་པར་རིན་ཐང་གཞལ་དུ་མེད་པའི་དཔྱད་གཞིའི་ཡིག་ཆར་སོང་ཞིང་། ཁྱད་པར་དུ་དཔེ་ཚོགས་འདི་ཉིད་ནི་རྒྱལ་བ་སྨན་རི་བའི་རིང་ལུགས་དྲི་མ་མེད་པར་འཛིན་པའི་བཤད་སྒྲུབ་འདུས་སྡེ་དག་གི་དགེ་བཤེས་རབ་འབྱམས་པ་གསོ་སྐྱོང་བྱེད་པའི་བསླབ་གཞི་དང་ཟུར་བལྟའི་ཡིག་ཆར་དམིགས་ནས་ཆེད་དུ་བསྒྲིགས་པ་ལགས་པས་དཔེ་ཚོགས་ཀྱི་མཚན་དུའང་སྒོ་བཞི་མཛོད་ལྔའི་ཡང་བཅུད་དེ་ཞྭ་དཀར་གཡུང་དྲུང་བོན་གྱི་ཆེས་མཐོའི་སློབ་གཉེར་བར་ཉེར་མཁོའི་ཡིག་ཆ་ཞེས་གསོལ་བ་བཅས་སོ།།

ཞེས་སྒོ་བཞི་མཛོད་ལྔའི་ཡང་བཅུད་ཅེས་པའི་དཔེ་ཚོགས་ཀྱི་དཔེ་སྐྲུན་གསལ་བཤད་དུ་གུས་ཕྲན་ཨ་སྟག་ཚེ་རིང་བཀྲ་ཤིས་སམ་བཟ་སྤྱོད་བཏགས་མིང་དུ་སྒྲ་དབྱངས་སྨྲ་བའི་རྡོ་རྗེར་འབོད་པས་སྤྱི་ལོ་༢༠༡༩ལོའི་ཟླ་༡༠ཚེས་༢༦ཉིན་སྤོས་ངད་ལྡང་བའི་གྲོང་ནས་ཡང་བསྐྱར་དུ་སྒྱུར་བ་དགེའོ།།

གླེང་གཞི།

དེ་ཡང་བསྐལ་བཟང་སངས་རྒྱས་སྟོང་གི་ཐུ་བོ་བཀྲུ་པའི་མགོན་པོ་ཁྲི་གཙུག་རྒྱལ་བ་མཆོག འཛམ་བུ་གླིང་དུ་གང་འདུལ་སྤྲུལ་པའི་སྐུ་རུ་བསྟན་ཞིང་། འདུལ་བར་བྱེད་པའི་འཕྲུལ་ངག་བདེན་པའི་བོན་སྒོ་མཐའ་ཡས་གསུངས་པ་དག་ལས། གདུལ་བྱའི་བློ་སྟོབས་ཐེག་པའི་དབང་དུ་བྱས་ན་རིམ་པ་དགུར་འདུས་ཏེ། བློ་ཐ་མའི་ཐ་མ་ལ་ཕྱྭ་གཤེན་ཐེག་པ་དང་། ཐ་མའི་འབྲིང་ལ་སྣང་གཤེན་ཐེག་པའི་བོན་སྒོ། ཐ་མའི་རབ་ལ་འཕྲུལ་གཤེན་ཐེག་པའི་བོན་སྒོ་བཅས་ཐ་མའི་དབང་དུ་བྱས་ན་གསུམ་དང་། འབྲིང་གི་ཐ་མར་སྲིད་གཤེན་ཐེག་པའི་བོན་སྒོ་དང་། འབྲིང་གི་འབྲིང་ལ་དགེ་བསྙེན་ཐེག་པའི་བོན་སྒོ། འབྲིང་གི་རབ་ལ་དྲང་སྲོང་ཐེག་པའི་བོན་སྒོ་བཅས་འབྲིང་གི་སྐོར་གསུམ་དང་། རབ་ཀྱི་ཐ་མ་ལ་ཨ་དཀར་ཐེག་པའི་བོན་སྒོ་དང་། རབ་ཀྱི་འབྲིང་ལ་ཡེ་གཤེན་ཐེག་པའི་བོན་སྒོ། རབ་ཀྱི་རབ་ལ་རྫོགས་པ་ཆེན་པོའི་བོན་སྒོ་སྟེ་རབ་ཀྱི་བོན་སྒོ་རྣམ་པ་གསུམ་སྟེ་གངས་ཅན་བོན་སྐོར་ལྟར་རོ། །འགྲོ་བའི་སེམས་རྒྱུད་ཀྱི་ཉོན་མོངས་པ་ལ་ལྟོས་ན་སྒོ་བཞི་མཛོད་ལྔ་སྟེ། འདོད་ཆགས་ཀྱི་གཉེན་པོ་འཕན་ཡུལ་འབུམ་གྱི་བོན་སྒོ་དང་། ཞེ་སྡང་གི་གཉེན་པོ་ཆབ་དཀར་སྔགས་ཀྱི་བོན་སྒོ་དང་། གཏི་མུག་གི་གཉེན་པོ་དཔོན་གསས་མན་ངག་གི་བོན་སྒོ་དང་། གསུམ་ཆ་

སྐོམས་པའམ་ཁ་ཚང་བའི་གཉེན་པོ་མཐོ་ཐོག་མཛོད་གསུངས་པ་ཡིན། ཡང་དམིགས་བསལ་གཡུང་དྲུང་བོན་གྱི་ལུགས་མཆོག་ཏུ་གྱུར་པའི་དབང་དུ་གཏོང་ན་ཕྱི་ནང་གསང་གསུམ་སྟེ། སྤང་ལམ་གཙོ་བོར་སྟོན་པ་ཕྱི་རྒྱུད། བསྒྱུར་ལམ་གཙོ་བོར་སྟོན་པ་ནང་རྒྱུད། གྲོལ་ལམ་གཙོ་བོར་སྟོན་པ་གསང་རྒྱུད་ཀྱི་བོན་བཅས་སོ། །ད་ལན་འདིར་སྨན་བཞི་མཛོད་ལྷའི་ཡང་བཅུད་ཅེས་སུ་འབོད་པའི་བོན་སྡེ་ཆེན་པོ་འདི་ཉིད་ནི། གོང་ལྟར་ཐེག་པ་རིམ་དགུའམ། སྨན་བཞི་མཛོད་ལྷ། ཕྱི་ནང་གསང་གསུམ་གྱི་གཞུང་ལུགས་རྣམས་ལས་འགའ་ཞིག་ཕྱོགས་གཅིག་ཏུ་སྡོམ་པ་ཡིན་ལ། གཞུང་འདིར་བཀའ་དང་བཀའ་བརྟེན་གཉིས་སུ་འདུས་ཡོད། ཕྱིར་ན་གཡུང་དྲུང་གི་བོན་རིན་པོ་ཆེ་དག་ནི་རྒྱ་ཆེ་ཞིང་གཏིང་ཟབ་པས་ཕལ་གྱིས་རྟོག་དཔྱོད་ཀྱི་ཡུལ་ལས་འདས་མོད། འགྲོ་བའི་བསོད་ནམས་བཟང་པོ་ལ་བརྟེན་ནས་ཁ་བ་རི་པའི་ཞིང་ཁམས་འདིར་དར་ཞིང་རྒྱས་པས། སྔོན་དུས་སུ་གྲུབ་པའི་རིག་འཛིན་འཕགས་མཆོག་མཁའ་ལ་སྐར་ཚོགས་བཀྲ་བ་བཞིན་བྱོན་ལ། བོད་འབངས་རྣམས་ཀྱང་བདེ་སྐྱིད་ཀྱིས་འཚོ་ཞིང་། ལུགས་གཉིས་ཀྱི་བསྐལ་པ་རབ་ཏུ་བཟང་ནའང་། བར་སྐབས་སུའང་བོད་མི་བློ་ཡང་པ་དང་། གདུལ་བྱའི་ལས་འགྲིབ་པ། ཕྱི་ཡི་ཆབ་སྲིད་བཙན་པ་སོགས་ཀྱིས་ཉུབ་པའི་འཕྲང་རིང་མང་དུ་བརྒྱུད་མོད། ཉེ་བའི་ཆར་གོང་གི་སྡེ་ཚན་རྣམས་ཁ་ཚང་བར་འགྲོ་བའི་གཉེན་དུ་བཞུགས། དེ་ལྟར་དུ་བཞུགས་པ་རྣམས་གང་ཟག་རང་ཉིད་ཀྱི་ལས་བསོད་ཀྱིས་གཞུང་ལུགས་དག་ལ་འཕྲད་མིན་གྱི་སྐལ་པ་ནི་ཕྱིར་གཙོ་ཆེ་ཡང་། དངོས་སུ་བཞུགས་པར་འགྱུར་བ་ནི་གཞུང་ལུགས་ཀྱི་མཐུན་རྐྱེན་མ་ལག་ཏུ་དམིགས་ཤིང་། གོ་ལའི་ཞིང་དུ་བོན་གྱི་བཤད་སྒྲུབ་འདུས་པའི་སྡེ་དང་བོན་གྱི་རིག་གཞུང་ཞིབ་འཇུག་པ། དེ་བཞིན་

བོད་རང་གི་གནའ་གཞུང་དོན་གཉེར་བའི་སློབ་མ་སོགས་ལ་ཁ་ཚ་དགོས་གཏུགས་དང་། དུས་ཐོག་གི་སྐྱང་ཆར་ལྷར་གྱུར་རེ་དང་བཅས་པ་ཡིན། གཞུང་ལུགས་ཆེན་པོ་འདི་དག་ལས་གནའ་བོའི་བོད་མིའི་འདུ་ཤེས་འཛིན་སྟངས་དང་། ཡུལ་སྲོལ་གོམས་གཤིས། དད་མོས་སེམས་ཁམས་སོགས་རིམ་པར་མཐོང་བས་ན་བོད་ཀྱི་ཐུན་མིན་ཤེས་རིག་གི་བྲོ་བ་ཡང་མྱོང་པར་འགྱུར། ད་སྔོན་གྱི་དཔེ་གཞུང་སྟེ “སྔོ་བཞི་མཛོད་ལྔའི་ཡང་བཅུད” དེབ་ཕྲེང་སོ་གཉིས་པ་དངོས་སུ་བོན་གྱི་བཤད་གྲྭ་བའི་སློབ་མ་རྣམས་ཀྱི་ཕྱག་ཏུ་ཕུལ་ཟིན་ལ། ད་ལན “སྔོ་བཞི་མཛོད་ལྔའི་ཡང་བཅུད” ཀྱི་དེབ་ཕྲེང་གཉིས་པ་དེབ་གྲངས་བཅོ་བརྒྱད་ཡོད་པའི་ནང་། བོན་གྱི་སྐྱུན་ལྷུན་ཆེན་མོ་འགྲོ་མགོན་བློ་གྲོས་རྒྱལ་མཚན་གྱི་གསུང་འབུམ་དེབ་ཕྲེང་བདུན་ཡོད་པ་ལས། སོ་གསུམ། རྫོགས་ཆེན་གྱི་སྐོར། སོ་བཞི། དབལ་གསས་འགྲེལ། སོ་ལྔ། ཕྱག་བཞེས་སྐོར། སོ་དྲུག བསེན་ཐུབ་འགྲེལ། སོ་བདུན། ཚད་མ་ཀུན་བཏུས། སོ་བརྒྱད། ས་ལམ་གྱི་འགྲེལ། སོ་དགུ མཛོད་འགྲེལ་བཅས་དང་། བཞི་བཅུ་དང་ཞེ་གཅིག མཁས་པ་དཔལ་ཆེན་གྱི་ཁམས་འགྲེལ་སྟོད་སྨད་གཉིས། ཞེ་གཉིས་དང་ཞེ་གསུམ། རྫིའུ་རིག་པ་རང་ཤར་གྱི་རྫོགས་པ་ཆེན་པོ་ལྟ་བ་ཐོག་བབ་གཞུང་འགྲེལ་སྟོད་སྨད་གཉིས། ཞེ་བཞི། སྙན་རྒྱུད་དྲན་པ་ཚོག་དྲུག ཞེ་ལྔ། ཀུན་འདུས་རིན་ཆེན་རྩ་རྒྱུད་གཞུང་འགྲེལ་དང་། མཁས་བཞིའི་ཕྱག་བཞེས། ཞེ་དྲུག རྫོགས་ཆེན་སེམས་སྨད་སྡེ་དགུ། ཞེ་བདུན། རྫོགས་ཆེན་སྒྲ་མེད་བདལ་པ། ཞེ་བརྒྱད། རྫོགས་ཆེན་ཡེ་ཁྲི་མཐའ་སེལ་ནམ་མཁའ་དཀར་པོའི་རྒྱུད། ཞེ་དགུ། སྣ་སྟོན་ཚུལ་ཁྲིམས་རྒྱལ་མཚན་གྱི་ཐེག་འགྲེལ། ལྔ་བཅུ། རྒྱལ་རོང་བ་རིན་ཆེན་རྒྱལ་མཚན་གྱི་སུམ་བརྒྱ་པའི་འགྲེལ་བཅས་དེབ་ཕྲེང་ལྔ་བཅུ་ཐམ་པ་ཡིན།

འདི་དག་ཆེས་དཔེ་དཀོན་ཡིན་པའི་ངེས་པ་མེད་ནའང་། མང་ཐོས་སྐྱེ་བོ་ཡོངས་ལ་བོད་ཀྱི་རིག་གཞུང་བལྟ་བའི་ཆ་རྐྱེན་དང་དཔེ་རྒྱུད་འགྲེམ་སྤེལ་གྱི་དམིགས་པས་ཕྱོགས་གཅིག་ཏུ་སྒྲུངས་པའོ།།

ཞུ་དག་ཐད་འདི་ལོར་དུས་ཡུན་ཐུང་ཐུང་ནང་སྒྲུབ་པ་ཡིན་ཡང་། མཆེད་གྲོགས་དགེ་བཤེས་རྣམ་གསུམ་གྱིས་ཕྱག་རོགས་གནང་བའི་མཐུ་དང་། ལྷག་པར་ངེད་ཀོ་རྒྱལ་དགོན་པའི་བླ་མ་དགེ་བཤེས་གྲྭ་ཚང་བཤད་སྒྲུབ་འདུས་སྡེ་སུ་ཡོམ་གང་ཡོམ་གྱིས་འབད་པ་བྱས་ནས་ལེགས་གྲུབ་བྱུང་བ་ཡིན།

འོན་ཀྱང་ངེད་ཅག་སྐྱེས་ཐོབ་ཀྱི་ཤེས་རིག་དམན་ཁར་སྦྱང་སྟོབས་ཀྱི་བརྩོན་པ་ཞན་པས་ད་དུང་སྐྱོན་དང་ནོར་འཁྲུལ་མི་ཉུང་བ་ཞིག་ཡོད་པ་གདོན་མི་ཟ་ཞིང་། ང་ཚོ་ལ་དཀའ་ངལ་འཕྲད་པ་ནི། མ་དཔེ་ལ་ལ་ཞིབ་བསྡུར་བྱེད་ས་ཡང་དག་ཅིག་མ་རྙེད་པ་དང་། ལ་ལར་མ་དཔེ་དུ་མ་ཡོད་ཀྱང་མ་དཔེ་ཚང་མ་གཅིག་མཚུངས་མིན་པ་སོགས་ཀྱི་དཀའ་ལས་བྱུང་།

ད་ལན་བསམ་གཞིག་ཏུ་མ་བཏང་སྔེ་དངོས་སུ་ནོར་བ་དག་ཐད་ཀར་བཅོས་པ་དང་། ལྷག་པ་མར་འཐེན། ཆད་པ་ཡར་བཅུག་བྱས་པ་དང་། གོ་མི་ཐུབ་པའམ་གོ་དཀའ་བ་དག་རང་སོར་བཞག་པ་ལས་བཟོ་བཅོས་གྲུག་རྟགས་ནང་བཞག་མེད། ལྷག་པར་དུ་དཔེ་རྒྱུན་འགར་ཡོད་པའི་བརྗ་སྙིང་ངམ་བྲིས་ཚུལ་སྙིང་པ་འགའ་གྱི་རྒྱུ་མྱེད་ཆོན་ལྷ་བུ་མ་བཅོས་པ་བཞག་ཡོད། གཞན་པའི་ཕྲད་དང་རྣམ་དབྱེ་སྐབས་འགར་མཐུན་པ་དང་སྐབས་འགར་མི་མཐུན་པ་བྱུང་བ་གཅིག་གྱུར་གང་ཐུབ་བྱས་པ་ཡིན། ཆེད་དུ་ཞུ་དགོས་པ་གཅིག་ནི། རང་རེ་བོད་ཀྱི་དཔེ་ཆ་ཁག་ནང་ཡོད་པའི་ཡི་

རི་སོགས་ལ་ཟླ་ཚེས་ཡོད་མེད་འབྲི་ཚུལ་དང་གནམ་རྒྱུད་མང་པོ་ཡོད་ལ། དཔེ་རྙིང་སོ་བཞག་བྱས་ན་གཅིག་གྱུར་བྱས་མེད། འདིའི་དོན་༸སྨྲ་དབང་ཡོངས་འཛིན་མཆོག་ལ་བཀའ་འདྲི་ཞུས་པར་ང་སྨྲ་དང་མ་སྨྲ་གཉིས་ལ་ཟླ་ཚེས་ཀྱི་ཁྱད་པར་ཡིན་ཟེར་ཡ་དེ་གནམ་རྒྱུད་རེད། དཔེ་རྒྱུན་གང་གི་ནང་ནས་མཐོང་མ་བྱུང་ཁྱེད་རང་ཚོས་ཞོ་ལ་ངེས་པར་དུ་ལྟ་ཚང་དགོས་པའི་དཔེ་ཆ་འདུག གཞན་པ་ལ་ཡོད་མེད་ཀྱི་གསལ་ཁ་ཅན་གྱི་དཔེ་རྒྱུན་མ་མཐོང་བར་ཟླ་ཚེས་མེད་པ་གྱིས་ཤོག་གསུངས་པའི་བཀའ་གསུང་ཡོད་པ་དང་། ངེད་ཚོས་ད་ལྟའི་བར་དུ་དཔེ་ཆ་མཇལ་རིགས་ནང་དེའི་དོན་མཇལ་མ་བྱུང་བས་དཔེ་ཚོགས་འདིར་བཞུགས་ཚང་མ་མ་དཔེ་ལ་མ་ལྟོས་པར་གཅིག་གྱུར་དུ་ཟླ་ཚེས་མེད་པ་བཟོས་ཡོད། ཡང་སྔོ་དང་སྔོ་ལྟ་བུ་བཟོ་བཅོས་མ་ཤེས་པས་བཞག་ཡོད། སྐར་ཡིག་དང་དྲག་ཡིག་གི་རིགས་ཡོད་དོ་ཅོག་དཔེ་ཇི་བཞིན་ལག་བྲིས་དང་བསྒྱུར་དཔར་བྱས་ནས་རང་རང་གི་གནས་སུ་བཞག་པ་དང་། སྤུགས་ཡིག་བརྩེགས་མའི་རིགས་གློག་ཀླད་མཁས་པར་བཙལ་ཏེ་དཔེ་ཇི་བཞིན་བཟོས་པ་ཡིན་བཅས་མཁྱེན་ལྡན་རྣམ་པས་དགོངས་ལམ་ལ་འཛུགས་པར་ཞུ།

ཞེས་གླིང་གཞིའི་ཚུལ་སྒོ་བཞི་མཛོད་ལྟའི་ཡང་བཅུད་དཔེ་སྒྲིག་ཚོགས་པས་དཔལ་གཤེན་བསྟན་གོ་རྒྱལ་བདེ་ཆེན་ཀུན་གྲགས་གླིང་གི་དགོན་སྡེར་བྲིས།

དཀར་ཆག

སྔོན་འགྲོ་སྐད་ཀྱི་དོན་བསྟན་པ། 1

མཚན་དང་ཕྱག་གི་འགྲེལ་བསྟན་པ། 3

གླིང་གཞི་བཤད་པ། 7

བསྟན་པ་དང་སྟོན་པའི་བྱོན་ཚུལ་བཤད་པ། 18

གླིང་སློང་བ་བཤད་པ། 29

དགོས་འབྲེལ་བཤད་པ། 38

གཞུང་གི་དོན་བཤད་པ། 41

སྨུ་སྟེགས་པ་བཤད་པ། 41

ལྷ་ཡོག་སུམ་རྒྱ་དྲུག་ཅུ་སོགས་བཤད་པ། 42

སྟོན་པ་བཅུ་གཉིས་ཀྱི་བཞེད་གཞུང་བཤད་པ། 47

བྱེ་བྲག་པ་བཤད་པ། 50

གྲངས་ཅན་པ། 53

གཅེར་བུ་བ་བཤད་པ། 60

རིག་པ་ཅན་བཤད་པ། 63

བྱེད་པ་པོ་སྨྲ་བ་དབང་ཕྱུག་པ་བཤད་པ། ······ 65
དབུ་མར་སྨྲ་བ་གང་ཟག་བདེན་སྟོན་པ་བཤད་པ། ······ 67
དབུ་མར་སྨྲ་བ་སྣ་ཚོགས་རླབས་སྟོན་པ་བཤད་པ། ······ 68
སེམས་སུ་སྨྲ་བའི་བདག་ཉིད་ཆེ་བཙུན་པ་བཤད་པ། ······ 72
སེམས་སུ་སྨྲ་བའི་བརྗོད་མེད་གསང་བ་པ་བཤད་པ། ······ 73
ཆད་ལྟ་བ་བཤད་པ། ······ 76
འབྲས་བུ་རྣམ་མཁྱེན་མེད་པར་འདོད་པའི་ལུགས་བཤད་པ། ······ 76
ལས་དགེ་སྡིག་མེད་པར་འདོད་པའི་ལུགས་བཤད་པ། ······ 78
ཚེ་སྔ་ཕྱི་མེད་པར་འདོད་པའི་ལུགས་བཤད་པ། ······ 79
ནང་པ་སངས་རྒྱས་པ་བཤད་པ། ······ 81
ལྟ་མི་གཞན་བརྟེན་པ་བཤད་པ། ······ 81
ཡང་དག་པའི་ལྟ་བ་བཤད་པ། ······ 82
སྒོམ་པ་བཤད་པ། ······ 82
སྒྲུབ་ཐབས་བཤད་པ། ······ 83
འབྲས་བུ་བཤད་པ། ······ 83
བསྲུང་བའི་དམ་ཚིག་བཤད་པ། ······ 83
སྒོམ་པའི་རིམ་པ་བཤད་པ། ······ 83
རྣམ་རྟོད་པ་བཤད་པ། ······ 85
རྟོགས་པའི་ལྟ་བ་བཤད་པ། ······ 86

རང་རྟོགས་པའི་ལྟ་བ་བཤད་པ། 94
བསྒྲུང་བའི་དམ་ཚིག་བཤད་པ། 98
སྒོམ་པའི་རིམ་པ་བཤད་པ། 104
སྒྲུབ་པའི་ཐབས་བཤད་པ། 105
རང་རྟོགས་པའི་སྒྲུབ་ཐབས་བཤད་པ། 111
སྤྱོད་པའི་འཕྲིན་ལས་བཤད་པ། 114
གྲུབ་པའི་འབྲས་བུ་ཞུགས་འབྲས་བཤད་པ། 114
འོག་མ་ལས་ཁྱད་འདོན་པ། 121
མུ་སྟེགས་པ་ལས་ཁྱད་འདོན་པ། 122
གཞལ་བྱ་རྟག་ཆད་ཀྱི་མཐའ་དགག་པ། 124
ཐུགས་རྗེ་སེམས་དཔའི་ཐེག་པ་བཤད་པ། 136
རྟོགས་པའི་ལྟ་བ་བཤད་པ། 137
གཏན་ཚིགས་བཞི་བཤད་པ། 139
སྐྱེ་མཆེད་ཡང་དག་པའི་ལུགས་བཤད་པ། 142
སྐྱེ་མཆེད་ཕྱོགས་གཅིག་འཁྲུལ་བའི་ལུགས་བཤད་པ། 143
སྐྱེ་མཆེད་སྣ་ཚོགས་གཅིག་ཏུ་བདེན་པའི་ལུགས་བཤད་པ། 144
རྒྱུ་འབྲས་མེད་པའི་སྐྱེ་མཆེད་པའི་ལུགས་བཤད་པ། 145
བསྒྲུང་བའི་དམ་ཚིག་བཤད་པ། 146
སྒོམ་པའི་རིམ་པ་བཤད་པ། 147

སྐྱབས་ཐབས་བཤད་པ། 148
ལམ་ལྷའི་སྤང་གཉེན་སྐོར་བཤད་པ། 153
འཕྲིན་ལས་བཤད་པ། 166
འབྲས་བུ་བཤད་པ། 168
འོག་མ་ལས་ཁྱད་འདོན་པ། 175
ཕྱི་རོལ་གྱི་དོན་ཡང་དག་ཏུ་འདོད་པ་དགག་པ། 178
ཕྱི་རོལ་གྱི་དོན་ཡང་དག་མ་ཡིན་པའི་ལུགས་དགག་པ། 178
གཡུང་དྲུང་སེམས་དཔའ་སྤྲོས་མེད་པའི་ལུགས་བཤད་པ། 181
ལྟ་བ་བཤད་པ། 182
བདེན་པ་གཉིས་བཤད་པ། 184
གཏན་ཚིགས་ཆེན་པོ་བརྒྱད་བཤད་པ། 188
གཏན་ཚིགས་བཤད་པ། 199
དགག་བྱ་བཤད་པ། 203
བསྒྲུབ་བྱ་བཤད་པ། 207
གཏན་ཚིགས་བཤད་པ། 208
དམ་ཚིག་བཤད་པ། 211
སྒོམ་རིམ་བཤད་པ། 211
སྒྲུབ་ཐབས་བཤད་པ། 212
འཕྲིན་ལས་བཤད་པ། 226

འབྲས་བུ་བཤད་པ། 226

འོག་མ་ལས་ཁྱད་འདོན་པ། 229

འབྲས་བུའི་ཐེག་པ་བཤད་པ། 233

བྱ་བ་གཙང་སྤྱོད་བཤད་པ། 235

རྟོགས་པའི་ལྟ་བ་བཤད་པ། 235

དམ་ཚིག་བཤད་པ། 236

སྒོམ་པ་བཤད་པ། 237

སྒྲུབ་ཐབས་བཤད་པ། 238

སྤྱོད་པ་བཤད་པ། 238

འབྲས་བུ་བཤད་པ། 238

འོག་མ་ལས་ཁྱད་འདོན་པ། 240

རྣམ་པ་ཀུན་ལྡན་མངོན་ཤེས་ཀྱི་ཐེག་པ་བཤད་པ། 241

ལྟ་བ་བཤད་པ། 241

དམ་ཚིག་བཤད་པ། 242

སྒོམ་རིམ་བཤད་པ། 243

སྒྲུབ་ཐབས་བཤད་པ། 244

འཕྲིན་ལས་བཤད་པ། 244

འབྲས་བུ་བཤད་པ། 245

འོག་མ་ལས་ཁྱད་འདོན་པ། 246

སྡུགས་ནང་མ་བཤད་པ། ··········· 246
བསྙེན་སྒྲུབ་ལས་གསུམ་གྱི་དོན་བཤད་པ། ··········· 248
དངོས་བསྐྱེད་པ་བཤད་པ། ··········· 251
ལྟ་བ་བཤད་པ། ··········· 251
དམ་ཚིག་བཤད་པ། ··········· 255
སྒོམ་རིམ་བཤད་པ། ··········· 257
སྒྲུབ་ཐབས་བཤད་པ། ··········· 258
འཕྲིན་ལས་བཤད་པ། ··········· 260
འབྲས་བུ་བཤད་པ། ··········· 261
འོག་མ་ལས་ཁྱད་འདོན་པ། ··········· 262
ཤིན་ཏུ་དོན་ལྡན་པ་བཤད་པ། ··········· 263
ལྟ་བ་བཤད་པ། ··········· 263
དམ་ཚིག་བཤད་པ། ··········· 266
སྒོམ་རིམ་བཤད་པ། ··········· 266
སྒྲུབ་ཐབས་བཤད་པ། ··········· 267
འཕྲིན་ལས་བཤད་པ། ··········· 267
འབྲས་བུ་བཤད་པ། ··········· 267
འོག་མ་ལས་ཁྱད་འདོན་པ། ··········· 267
ཡེ་ནས་རྫོགས་ཆེན་ཡང་རྩེ་བཤད་པ། ··········· 269

ལྟ་བ་བཤད་པ། 269
ཀ་དག་བཤད་པ། 272
ལྷུན་གྲུབ་བཤད་པ། 276
གྲོལ་འཁྲུལ་བཤད་པ། 281
དམ་ཚིག་བཤད་པ། 286
སྒོམ་རིམ་བཤད་པ། 287
སྒྲུབ་ཐབས་བཤད་པ། 287
འཕྲིན་ལས་བཤད་པ། 287
འབྲས་བུ་བཤད་པ། 289
འོག་མ་ལས་ཁྱད་འདོན་པ། 289
འོག་མའི་ཐེག་པ་ལས་ཐུགས་རྗེ་སེམས་དཔའི་རྟོད་ཟློག་བཤད་པ། 293
གཡུང་དྲུང་སེམས་དཔའི་རྟོད་ཟློག་བཤད་པ། 295
རྣམ་པ་ཀུན་ལྡན་པའི་རྟོད་ཟློག་བཤད་པ། 297
དངོས་བསྐྱེད་པའི་རྟོད་ཟློག་བཤད་པ། 298
ཤིན་ཏུ་དོན་ལྡན་པའི་རྟོད་ཟློག་བཤད་པ། 299
མཇུག་གི་དོན་བཤད་པ། 303
བསྒྲིགས་རྗེས་ཀྱི་གཏམ། 305

ཐེག་རིམ་གྱི་རྣམ་བཤད་གསལ་བའི་མེ་ལོང་
ཞེས་བྱ་བ་བཞུགས་སོ།།

ཐེག་པ་རིམ་པ་གསལ་བྱེད་ཀྱི་མེ་ལོང་ཞེས་བྱ་བ།

མཚན་མེད་རང་བཞིན་བོན་གྱི་དབྱིངས་དཀྱིལ་ནས།།
རྟོག་མེད་མཁྱེན་བརྩེའི་འོད་སྣང་རབ་འབར་བའི།།
རྩོལ་མེད་ལྷུན་གྲུབ་ཕྲིན་ལས་འོད་ཟེར་གྱིས།།
ཕྱོགས་མེད་སྐྱོབ་པ་ཀུན་ཏུ་བཟང་ལ་འདུད།།

ཕྱི་ནང་རྣམ་འབྱེད་ཤེས་རབ་མ་སྦྱངས་ན།།
དོན་དང་དོན་མིན་བླང་དོར་མི་གསལ་ཕྱིར།།
ཡང་དག་རྫོགས་པའི་ལམ་ལ་མི་འཇུག་པས།།
བླ་མེད་ཀུན་ཏུ་བཟང་པོར་ཅི་ཞིག་རིག །

གང་ཕྱིར་གངས་ཅན་འདི་ན་ཆེན་པོ་འགའ།།

རྒྱལ་བའི་ལུང་ལ་མ་ལྟོས་རྣམ་དཔྱོད་ཀྱི།།
ལོག་དམན་འཁྲུང་བའི་ལྟ་བ་སྣ་ཚོགས་ཀྱིས།།
ཕྱི་ནང་གསང་བའི་གྲུབ་མཐའ་བསླད་པར་མཐོང་།།

དེ་ཕྱིར་ཁོ་བོ་ཆེན་པོ་མ་ཡིན་ཡང་།།
ငེས་པའི་གཞུང་མཐོང་མཁས་པ་རབ་བསྟེན་ཞིང་།།
ཐོས་བསམ་དྲི་མེད་ཤེས་རབ་སྦྱངས་པའི་མཐུས།།
ཕྱི་ནང་མཆོག་དམན་ཁྱད་པར་བཞག་པར་རིགས།།

གང་གིས་ཐེག་པའི་ལ་རློས་ཤན་འབྱེད་ཅིང་།།
ལོག་དང་དམན་པའི་ལམ་ལས་རབ་བཟློག་ནས།།
བླ་མེད་ཐེག་པའི་ཡང་རྩེ་ནོན་པ་ཡང་།།
རྣམ་འབྱེད་ཐེག་སྐོར་བསླབས་པའི་ཕན་ཡོན་ཡིན།།

དེས་ན་འདི་ལ་སྤྱིར་ལམ་ཚོལ་བར་འདོད་པ་དག་གི་དོན་དུ། ལམ་ལོག་པ་དང་། མ་ལོག་པ་དང་། དམན་པ་དང་མཆོག རིང་བ་དང་ཉེ་བ། རྩོལ་བ་དང་རྩོལ་བ་མེད་པའི་ལམ་གྱི་ཁྱད་པར་ཤེས་པར་བྱ་བའི་ཕྱིར། ཕྱི་ནང་གི་གྲུབ་མཐའི་ལྟ་སྤྱོད་རྣམ་པར་བཞག་པ་ལ་གསུམ་སྟེ། བཤད་གཞི་སྣང་དོར་བྱེད་པའི་སྐད་དོན། སྐད་དོན་དེས་སྟོང་བྱའི་གཞུང་དོན། གཞུང་དོན་དེ་རྗེས་སུ་གཏད་པའི་རྫོགས་དོན་ནོ།།

དང་པོ་ལ་ལྔ་སྟེ། མིང་དོན་གྱི་འབྲེལ་བ་ཤེས་པར་བྱ་བའི་ཕྱིར་མཚན། འཇུག་པ་མཐར་ཕྱིན་པར་བྱ་བའི་ཕྱིར་ཕྱག ཁུངས་བཙུན་པར་བྱ་བའི་ཕྱིར་གླེང་གཞི། བདེ་བླག་ཏུ་རྟོགས་པར་བྱ་བའི་ཕྱིར་གླེང་སློང་། རྟོགས་ལྡན་འཇུག་པར་བྱ་བའི་ཕྱིར་དགོས་འབྲེལ་ལོ། །དང་པོ་མཚན་ལ་གསུམ་སྟེ། དགོས་དོན། བསྡུས་དོན། འབྲུ་དོན་ནོ། །དང་པོ་ལ་གཉིས་ཏེ། སྤྱིར་ཞང་བོད་སྐད་ཀྱི་དང་། ཁྱད་པར་མཚན་གྱི་དགོས་པའོ། །དང་པོ་ལ་གསུམ་སྟེ། སྐད་གསུམ་གྱི་དང་། བོད་སྐད་ཀྱི་དང་། གཉིས་ཀའི་དགོས་པའོ།།

དང་པོ་ལ། ཐེག་རིམ་གྱི་དབུར་ཞང་ཞུང་། རྒྱ་གར། བྲུ་ཤའི་སྐད་གསུམ་བསྟན་པས་ཐེག་རིམ་ལ་ཡིད་ཆེས་སྐྱེ་སྟེ། བསྟན་པའི་འབྱུང་གནས་ཆེན་པོ་གསུམ་ལས་བྱུང་ཞིང་གྲགས་པའི་བོན་ཏུ་ཤེས་པའི་ཕྱིར་ཏེ། དེ་ནི་འབྱུང་ཁུངས་ཀྱི་ཆེ་བའི་གཏན་ཚིགས་ཏེ། དཔེར་ན་ལ་སྒོ་ལས་བྱུང་བའི་སྨན་བཞིན་ནོ།།

གཉིས་པ་ནི། ཐེག་རིམ་བོད་ཀྱི་བློ་ངོར་བོད་སྐད་དུ་བསྒྱུར་བས། བདེ་བླག་ཏུ་རྟོགས་པའི་དགོས་པ་ཡོད་དེ། ཚོགས་མེད་པར་གོ་སླ་བའི་ཕྱིར་རོ།།

གསུམ་པ་ནི། འདིའི་དབུར་ཞང་བོད་གཉིས་ཀ་སྨོས་པས། ལོ་པཎ་དྲིན་ཅན་དུ་ཤེས་ཏེ། ཞང་སྐད་ལས་སོགས་སྐད་གསུམ་གོ་བ་མེད་པ་ལ་དང་། སྐད་གོ་བ་རུ་བསྒྱུར་བར་ཤེས་པས་སོ། །ལོ་པཎ་ནི་བེ་རོ་ཙ་ནའོ།།

གཉིས་པ་ཁྱད་པར་མཚན་གྱི་དགོས་པ་ནི། གཞུང་འདི་ལ་ཐེག་རིམ་ཞེས་བཏགས་པས། འདི་བླང་དོར་བདེ་བླག་ཏུ་འགྱུར་བའི་དགོས་པ་ཡོད་དེ། འདིའི་མིང་དོན་གྱི་འབྲེལ་བ་ཤེས་པ་སྟེ། འདི་མཐོང་བས་འདིའི་མིང་དྲན་ལ། མིང་དྲན་པས་འདིའི་དོན་རྟོགས་པའི་ཕྱིར་ཏེ། དབང་རྣོན་གྱིས་མཚན་ཐོས་པས་དོན་རྟོགས་ལ། རྒྱལ་

པོས་ཀྱང་མིང་ཐོགས་པར་འགྱུར་བའི་ཕྱིར་རོ།།

གཉིས་པ་བསྡུས་དོན་ལ་གསུམ་སྟེ། གང་ལ་གདགས་པའི་གཞི། གང་བཏགས་པའི་མཚན། ཅི་ལྟར་བཏགས་པའི་ཚུལ། དང་པོ་གཞུང་འདིའི་ཚིག་གི་ཚོགས་ཡིན་ཏེ། མཚན་ཐེག་རིམ་ལ་བརྟེན་པ་བླང་དོར་བྱེད་པ་ཡིན་པས་སོ།།

གཉིས་པ་གང་བཏགས་པའི་མཚན་ལ་གསུམ་སྟེ། མཚན་ཉིད། དབྱེ་བ། སྒྲ་དོན་ནོ། །དང་པོ་ནི། ཐེག་རིམ་གྱི་ངོ་བོ་ཉིད་ཀྱི་བརྡ་དྭགས་སོ། །ཅི་སྐད་དུ་མཛོད་ལས། མིང་གིས་འདུ་བྱེད་ཁམས་གསུམ་འཁོར། །ཉིད་ལ་བརྡ་དྭགས་མཚན་ཉིད་འཛིན། །ཞེས་སོ། །དེ་ལ་རྩོད་པ་སྤྱང་བ་ནི། ཐེག་པ་རིམ་པ་མངོན་དུ་བཤད་པའི་མདོ་རྒྱུད་ལ་མ་ཁྱབ་སྟེ། ངོ་བོ་ཉིད་ཀྱི་བརྡ་དྭགས་མ་ཡིན་པར་འགྱུར་ཏེ། མིང་མ་ཡིན་པའི་ཕྱིར་རོ་ཞེ་ན། གསེར་བུམ་ཞེས་པ་བུམ་པ་དང་གསེར་ལ་ལྟོས་ཏེ་ཚིག་ཡིན་ཡང་། གསེར་བུམ་ལ་ལྟོས་ཏེ་མིང་ཡིན་ཏེ། གསེར་བུམ་གྱི་ངོ་བོ་ཉིད་ཀྱི་བརྡ་དྭགས་ཡིན་པའོ།།

གཉིས་པ་དབྱེ་བ་ལ་གཉིས་ཏེ། སྤྱིར་སྐད་རིགས་གསུམ་གྱི་ངོས་བཟུང་བ་དང་། སྐབས་དོན་གྱི་སྐད་ངོས་བཟུང་བའོ། །དང་པོ་ལ། ཞང་སྐད་ལ་གསུམ་སྟེ། ཕྱུགས་པ་སྟག་གཟིག་གི་སྐད་དང་། བར་པ་སྨར་ཁྱེར་གྱི་སྐད་དང་། སྨོ་པ་དར་མའི་སྐད་དོ། །རྒྱ་གར་སྐད་ལ་གཉིས་ཏེ། སང་ཧེ་ཏ་ལྷའི་སྐད་དང་། ཨ་བ་བྲ་རག་ཤ་འདྲེའི་སྐད་དོ། །བྲུ་ཤའི་སྐད་ལ་ཡང་གཉིས་སུ་ཡོད་པར་མངོན་ཏེ། སྤྱིར་འཛམ་གླིང་གི་སྐད་ཆེན་རྣམས་ལ་སྐད་རིགས་གཉིས་རེ་ཡོད་པའི་གནད་ཀས་སོ།།

གཉིས་པ་སྐབས་དོན་གྱི་སྐད་ནི། ཞང་སྐད་ནི་སྨར་སྐད་དོ། །རྒྱ་གར་སྐད་ནི་སང་ཧེ་ཏའོ། །བོད་སྐད་ནི་མདོ་དབུས་གཙང་གསུམ་གྱི་སྐད་ལས་ལེགས་བསྡུས་བྱས་པའོ།།

གསུམ་པ་སྒྲ་དོན་ནི། རྒྱུ་མཚན་ལུང་འདོགས་འབོད་པ་རྟགས་ཀྱི་མཚན་མ་ཡིན་པས་མཚན་ཞེས་བྱའོ།།

གསུམ་པ་ཅི་ལྟར་བཏགས་པའི་ཚུལ་ལ་གཉིས་ཏེ། འབྲེལ་བའི་རྒྱུ་མཚན་དང་། འདྲ་བ་རྒྱུ་མཚན་དུ་བྱས་ནས་བཏགས་པའོ། །དང་པོ་ལ། བརྗོད་བྱ་ལ་བཏགས་པ་དང་། རྗོད་བྱེད་ཀྱི་གྲངས་ལས་བཏགས་པའོ། །དེ་ལ་ཡང་ལེའུ་དང་། ཤོ་ལོ་ཀ་ལས་སོ། །གཞན་ཡང་གསུང་ཡུལ་དང་། ཞུ་བ་པོ་དང་། བྱེད་པ་ལས་བཏགས་པའོ། །དེ་ལས་འདི་ནི་བརྗོད་བྱ་ལས་བཏགས་པ་སྟེ། ཐེག་པ་གོང་འོག་རིམ་པར་ཤེས་པ་ལ་དེ་བཏགས་པའི་ཕྱིར་རོ། །ཡང་ན་འཕྲུལ་གྱི་མེ་ལོང་དཀྱུ་སྐོར་ལྟར་ན། འདྲ་བ་རྒྱུ་མཚན་དུ་བྱས་པའི་མེ་ལོང་དཀྱུ་སྐོར་གཞུང་སྐབས་སོ།།

གསུམ་པ་ཚིག་གམ་འབྲུ་དོན་ལ་གཉིས་ཏེ། བསྒྱུར་བ་དང་། བཤད་པའོ། །དང་པོ་ལ་གསུམ་སྟེ། ཞང་སྐད་དང་། རྒྱ་གར་བྲུ་ཤའི་སྐད་དུ་བསྒྱུར་བའོ། །དང་པོ་ནི། ཞང་སྐད་དུ། ཐེ་ཡེ་དེ་ཙུ་ཤེལ་ཞི་ཏན་ཧ་ད་དོད་ཅི། ཐེ་ཡེ་ཐེག་པའམ་བོན་སྒོ། དེ་ཙུ་རིམ་པ། ཤེལ་ཞི་གསལ་བར་བཤད་པ། ཏན་ཧ་མདོ་རྒྱུད། ད་དོད་ཅེས་བྱ་བའོ། །གཉིས་པ་ལ། རྒྱ་གར་སྐད་དུ། ཡ་མ་ཀྲ་མ་ཧེ་སུ་ཧ་ན་མ། ཞེས་པ་ལ། ཡ་མ་ཐེག་པ། ཀྲ་མ་ཧེ་རིམ་པར་བཤད་པ། སུ་ཧ་རྒྱུད། ན་མ་ཞེས་བྱ་བའོ། །གསུམ་པ་ལ། བྲུ་ཤའི་སྐད་དུ། ཏ་པང་རེལ་ཧེ་ཏང་སེང་ཞི་མ་ཏམ། ཞེས་པ་ལ། ཏ་པང་ཐེག་པ་དང་། རེལ་ཧེ་རིམ་པ། ཏང་སེང་བཤད་པ། ཞི་མ་ཏམ་ཞེས་བྱ་བའོ། །གཉིས་པ་མཚན་གྱི་འབྲུ་བཤད་ནི། བོད་སྐད་དུ། ཐེག་པ་རིམ་པ་མངོན་དུ་བཤད་པའི་མདོ་རྒྱུད་ཅེས་བྱ་བ་ཞེས་པ་ལ། བོད་སྐད་ནི། སྒྲ་བཤད་དུ་མེད་ལ་འཇུག་ཏུ་ཡོད་པས་འདོད་རྒྱལ། ཐེག་པ་ནི་བློ་སྟོབས་ཆེ་ཆུང་།

རིམ་པ་ནི་གོང་འོག་གི་མཐོ་དམན་དང་ཕྱི་ནང་གི་ཟབ་ཞན། མངོན་དུ་བཤད་པ་ནི་གབ་པ་ཕྱུང་ནས་གསལ་བར་བཀྲལ་བ། མདོ་རྒྱུད་ནི་གལ་འགག་ཐུན་སུམ་ཚོགས་པར་བཀྲལ་བའོ། །ཞིས་བྱ་བ་ནི་ངེས་བཟུང་བའོ། །ཡང་གཅིག་འཕྲུལ་གྱི་མེ་ལོང་དགུ་སྐོར་ལྟར་ན། འཕྲུལ་ནི་སྒྲོ་བཏགས་བླ་དྭགས་ཆགས་པས་ལྐུགས་པ་ཁ་འབྱེད་པ། མེ་ལོང་ནི་དོན་གྱི་རྣམ་པ་གསལ་བར་བྱེད་པ། དགུ་སྐོར་ནི་ཐེག་དགུའི་ལ་ཤན་འབྱེད་པའོ།།

གཉིས་པ་ཕྱག་ལ་གསུམ་སྟེ། དགོས་བསྡུས་ཚིག་དོན་ནོ། །དང་པོ་ནི། སྟོན་པ་ལ་མཆོད་པར་བརྗོད་པས། འདི་འདུག་པར་མཐར་ཕྱིན་པར་བྱེད་དེ། ཕྱི་ནང་གི་བར་ཆོད་སེལ་བར་བྱེད་དེ། ཐུགས་རྗེའི་སྐྱབས་སུ་ཚུད་པར་བྱེད་པའི་ཕྱིར།

གཉིས་པ་བསྡུས་དོན་ལ་གསུམ་སྟེ། མཚན་ཉིད་དང་། ཁྱད་པར། སྒྲ་དོན་ནོ། །དང་པོ་ནི། ཡུལ་ལ་ཁྱད་པར་དུ་བྱས་པའི་སྤྱོད་པས་འདུད་པའོ། །དེས་འཇིག་རྟེན་དུ་འཇིགས་ངོའི་ཕྱག་ལ་ཡང་ཁྱབ་བོ།།

གཉིས་པ་ཁྱད་པར་ལ་ལྔ་སྟེ། གང་ཡང་འཚལ་བྱའི་ཡུལ། གང་གིས་འཚལ་བའི་གང་ཟག གང་ཕྱིར་འཚལ་བའི་བསམ་པ། ཅི་ལྟར་འཚལ་བའི་ཚུལ། འཚལ་བ་ཕྱག་གི་དབྱེ་བའོ། །དང་པོ་ནི། སྟོན་པ་ཀུན་ཏུ་བཟང་པོ་ལ་ཕྱག་འཚལ་ལོ། །ཞེས་པ་སྟེ། ཉེ་རིང་མེད་པར་ཀུན་ལ་བརྩེ་བའོ། །དབྱིངས་ཀྱི་སྟོན་པ་གཤེན་ལྷ་འོད་དཀར་ཏེ་འབྲུ་དོན་གླེང་གཞིར་སྟོན་ལ། དེ་ངེས་དོན་གྱི་ཐུག་པའི་ཕྱིར་ཏེ། གཡུང་དྲུང་ཡང་རྩེ་ལས། དྲང་དོན་རྒྱུ་འབྲས་བསྟན་པའི་བོན། །སྤྲུལ་པའི་སྐུ་ལ་ཐུག་པར་གསུངས། །ངེས་དོན་འབྲས་བུ་བསྟན་པའི་བོན། །རྫོགས་པའི་སྐུ་ལ་ཐུག་པར་གསུངས། །རྒྱུ་འབྲས་དབྱེ་རུ་མེད་པའི་བོན། །བོན་གྱི་སྐུ་ལ་ཐུག་པས་གསུངས། །ཞེས་སོ།།

གཉིས་པ་གང་གིས་འཚལ་བ་ནི། སྟོན་འབྱུང་གསང་སྔགས་ཀུན་འཆང་རྒྱལ་པོ་རྡོ་རྗེ་གཡུང་དྲུང་དཔའ་བོ་གསས་ཀྱིས་འཚལ་ལ། དེ་ལས་སོགས་རྗེས་འཇུག་དང་ད་ལྟ་ཡང་འདིར་ཉན་བཤད་བྱེད་པས་འཚལ་བའི་བསམ་པ་ནི། སྟོན་པ་དེ་ཐུན་མོང་མ་ཡིན་པའི་ཡོན་ཏན་དཔག་པ་སྟེ། གཞིའི་བམ་པོ་ལས། ཀུན་བཟང་ངོ་བོ་ཉིད་ཀྱི་སྐུ། །སྣང་སྲིད་ཀུན་གྲགས་སྟོང་སྒྲའི་གསུང་། །མཐའ་དབུས་ཡོངས་བདལ་མཉམ་པའི་ཐུགས། །ཡོན་ཏན་སྣང་སྲིད་འགྱུར་མེད་འོད། །ཕྲིན་ལས་ལྷུན་གྲུབ་མ་འགག་གྲོལ། །ཞེས་སོ། །དེས་གནས་སྐབས་ཉན་བཤད་བར་ཆད་དང་། ཡུན་དང་ལམ་གྱི་བར་ཆད་ལས་གྲོལ་བར་འཚལ་བའོ།།

བཞི་པ་ཅི་ལྟར་འཚལ་བ་ནི། མཆོད་གཏོར་ལས། ལུས་ཀྱིས་ཕྱག་བགྱིས་ཡན་ལག་ལྔ་ཆར་བཏུད། །ངག་གི་ཕྱག་བགྱིས་སྒྲོ་བ་དབྱངས་སང་སང་། །ཡིད་ཀྱིས་ཕྱག་བགྱིས་དགའ་རབ་མཆོག་ཏུ་བསྐྱེད། །ཅེས་པ་ལྟར་རོ།།

ལྔ་པ་ཕྱག་གི་དབྱེ་བ་ལ། ཡུལ་གྱིས་དབྱེ་ན། སྲི་ཞུ། ཡོན་ཏན། ལན་ཆགས་ཀྱི་མགྲོན་ལ་འཚལ་བ་གསུམ། བསམ་པའི་སྒོ་ནས་བསྐྱབ་པར་འདོད་པ། ཡི་རངས་པ། འཇིགས་ངོའི་ཕྱག་གསུམ། ཐ་མ་ནི། གཏོ་བུ་དོད་དེ་བྲེད་པས་ཕྱག་འཚལ་བ་ལྟ་བུའོ། །སྒོ་གསུམ་གྱིས་དབྱེ་ན། ལུས་ངག་ཡིད་གསུམ་གྱི་ཕྱག་གསུམ་མོ།།

གསུམ་པ་སྒྲ་དོན་ནི། འཚལ་མཁན་གྱི་སྒྲིབ་པ་ཕྱག་པས་ཏེ། སེམས་ལུང་ལས། ལྷ་ཕྱག་དག་ནི་ཕར་བཙལ་ནས། །སྒྲིབ་པ་དག་ནི་ཚུར་གྱིས་འཕྱག །ཅེས་སོ།།

གསུམ་པ་གླེང་གཞི་ལ་གཉིས་ཏེ། སྒོས་གཞུང་འདིའི་གླེང་གཞི་དང་། སྟོན་པ་དང་བསྟན་པའི་བྱུང་ཚུལ་སྤྱིར་བཤད་པའོ། །དང་པོ་ནི། འགྲེལ་ལས། ཐེག་པ་རིམ་

པ་བཤད་པའི་མདོ་རྒྱུད་འཕྲུལ་གྱི་མེ་ལོང་དགུ་སྐོར་འདི་ལ་དོན་རྣམ་པ་བཞིས་སྟོན་ཏེ། གང་ཞེ་ན། གླིང་གཞི་དང་། གླིང་བསྟང་བ་དང་། དགོས་འབྲེལ་དང་། མདོ་རྒྱུད་ཀྱི་དོན་ནོ། །ཞེས་སོ། །དེ་ལ་གླིང་གཞིའི་དགོས་དོན། བསྡུས་དོན། འབྲུ་དོན་ནོ། །དང་པོ་ནི། འདིར་ཕུན་སུམ་ཚོགས་པ་ལྔ་ལྡན་བཤད་པས། འདི་ཁུངས་བཙུན་པར་ཤེས་ཏེ། ཐུན་མོང་མ་ཡིན་པའི་ཆེ་བ་དྲུག་གི་ཁྱད་པར་དཔགས་པའི་བཀར་ཤེས་པའི་ཕྱིར་རོ། །བརྟེན་པ་ནི་རྗེས་འགོ་ལྟའི་ཀླད་དོན་ཅན་ནོ།།

གཉིས་པ་བསྡུས་དོན་ལ་གསུམ་སྟེ། མཚན་ཉིད། ཁྱད་པར། སྦྲ་དོན་ནོ། །དང་པོ་གསུང་གང་གི་འབྱུང་ཁུངས་སྟོན་པའི་ངག་གོ།

གཉིས་པ་ཁྱད་པར་ལ། འགྲེལ་ལས། གླིང་གཞི་ལ་ཕུན་སུམ་ཚོགས་པ་ལྔས་བཤད་དེ། ཞེས་པས་གང་དུ་གསུངས་པའི་གནས། གང་གིས་གསུངས་པའི་སྟོན་པ། གང་ལ་གསུངས་པའི་འཁོར། གང་གསུངས་པའི་བོན། གང་ཆེ་གསུངས་པའི་དུས་དང་ལྔ། ཅི་ལྟར་གསུངས་པའི་ཚུལ་བསྟན་པ་དང་དྲུག་གོ།

དེ་ལ་དང་པོ་ནི། འགྲེལ་ལས། གནས་ནི། འོག་མིན་བོན་ཉིད་དབྱིངས་ཀྱི་གནས་ཆེན་ན། །ཞེས་བྱ་སྟེ་འོག་མིན་ལ་གསུམ་སྟེ། འཇིག་རྟེན་གནས་ཀྱི་འོག་མིན་ནི་གནམ་གྱི་ལྷ་གནས་སོ། །གསང་བའི་འོག་མིན་ནི་ཡུམ་གྱི་མཁའ་རྣམ་པར་དག་པའོ། །དོན་གྱི་འོག་མིན་ནི་སེམས་ཉིད་དབྱེར་མེད་པའི་ཀློང་ངོ་། །ཞེས་པ་དེ་ཡང་རིམ་པ་ལྟར་གནས་ཐམས་ཅད་ཀྱི་བླར་གྱུར་པ་དང་། རྟོགས་པ་ཉིང་ངེ་འཛིན་ཐམས་ཅད་ཀྱི་མཆོག་ཏུ་གྱུར་པ་དང་། དོན་བོན་ཉིད་ཐམས་ཅད་ཀྱི་སྙིང་པོར་གྱུར་པའི་ཕྱིར་རོ། །དེས་ན་གཟུགས་མེད་ལ་ནི་གནས་གཞན་མེད་པར་གསལ་ལོ། །སྐབས་དོན་གྱི་

འོག་མིན་ནི། འགྲེལ་ལས། དེ་ལ་འདི་ནི་དོན་གྱི་འོག་མིན་ནོ། །སེམས་ཉིད་དེ་འཁོར་བ་དང་མྱ་ངན་འདས་པའི་བོན་ཐམས་ཅད་ཀྱི་འབྱུང་གནས་སུ་གྱུར་ཅིང་། དུས་གསུམ་འདུ་འབྲལ་མེད་པར་དེ་ལ་གནས་པའི་ཕྱིར། བོན་གྱི་དབྱིངས་སོ། །བདེ་བར་གཤེགས་པ་ཛོགས་པའི་སྐུ་བཞུགས་ཤིང་སྤྲུལ་སྐུ་དང་འཁོར་ཐམས་ཅད་བཞུགས་པའི་ཕྱིར་གནས་སོ། །རྒྱ་ཡོངས་སུ་མ་ཆད་ཅིང་ཁྱབ་བདལ་ཆེན་པོར་གྱུར་པའི་ཕྱིར་ཆེན་པོའོ། །ཞེས་པས་འདི་དོན་གྱི་འོག་མིན་སེམས་ཉིད་དབྱེར་མེད་ན། བཤད་པ་ནི། དབྱིངས་ཉིད་བོན་སྐུའི་སྟོན་པས་རང་རིག་ཡེ་ཤེས་ཀྱི་འཁོར་ལ་བཤད་པའི་ཕྱིར་ཏེ། སེམས་ཉིད་དབྱིངས་ཉིད་སྟོང་གསལ་ལས་གཙོ་འཁོར་ལྷ་ས་མེད་པའི་གནས་གས་སོ། །གཞན་ཡང་གསང་བའི་གནས་ནི་རང་ལུས་ཀྱི་འཁོར་ལོ་དྲུག་དང་། ཙི་ཏ་རིན་པོ་ཆེའི་མཆོང་གུར་དང་། ཡུམ་གྱི་མཁའ་རྣམ་པར་དག་པ་སྟེ། སངས་རྒྱས་སེམས་དཔའ་ཐམས་ཅད་རྫོགས་པ་ཉིད་དེ་འཛིན་ལས་ལྷ་ས་མེད་པའི་ཕྱིར་རོ། །ལོངས་སྐུའི་གནས་ནི་གནས་ཀྱི་འོག་མིན་དང་། ཤར་ཕྱོགས་མངོན་དགའི་ཞིང་དང་མི་འགྱུར་བའི་ཞིང་ཁམས། ལྷོ་ཕྱོགས་ཡོན་ཏན་དང་དྲི་ཞིམ། ནུབ་ཕྱོགས་སྨན་དང་བདེ་ལྡན། བྱང་ཕྱོགས་ལས་དང་ཀར་གྱི་ཞིང་ཁམས་རྣམས་ཡིན་ཏེ། ངེས་པ་ལྔ་ལྡན་གྱི་གནས་ཡིན་པའོ། ། འགའ་ཞིག་གིས་དེ་དག་སངས་རྒྱས་ཀྱི་ཞིང་ཁམས་ཡིན་གྱི་འཇིག་རྟེན་མ་ཡིན་ནོ། ། ཞེས་པ་ནི། ལོངས་སྐུའི་གདུལ་བྱ་སེམས་ཅན་མ་ཡིན་པར་འགལ་བས་གནས་དེ་དག་འཇིག་རྟེན་ཡིན་པར་གསལ་ལོ། །ནང་གི་གནས་ནི་གཡུ་ལུང་ཤེལ་ཕུག་ལས་སོགས་གསང་འདུས་ཀྱི་གནས་དགུ་དང་། སྟག་གཟིག་ཡུལ་གྱི་དཔལ་གྱི་བྲག་མེ་ལྷུང་འཐབ་པའི་ཕུག་ལ་སོགས་ཏེ། ཐུན་མོང་མ་ཡིན་པའི་ཕྱོགས་ཀྱི་བཤད་པ་ཡིན་པས་

སོ། །ཕྱི་རྒྱུད་སྤྲུལ་སྐུའི་གནས་ནི་བར་ལྷ་འོད་གསལ་གྱི་གནས་དང་། དགའ་ལྡན་དང་། རྩ་གསུམ་གྱི་གསང་བ་གཏིང་རྫོགས་ཀྱི་མཆོད་རྟེན། སྟག་གཟིག་གི་ཤམ་པོ་ལྷ་རྩེ། འོད་ཀྱི་ལྷ་རི་སྤོ་མཐོན་ལས་སོགས་པ་ཁམས་བརྒྱད་ཀྱི་གནས། གཉའ་ཤིང་འཛིན་དང་རོལ་མཚོ་དང་པོ་ཉ་མེད་འོད་ཆགས་ཀྱི་འགྲམ། ཧོས་རྒྱལ་དང་དཔོ་རྒྱལ་དང་། ཀོང་ཙེའི་སྣམ་ལ་སོགས་པར་ཡང་སྐབས་རེ་བསྟན་པ་བཤད་པ་སྟེ། ཐུན་མོང་མདོ་སྡེའི་བཤད་པ་ཡིན་པས་སོ། །དེ་དག་ནི་སྐུ་ཡིས་འདུལ་བའི་གནས་ཡིན་གྱི། གསུང་དང་ཐུགས་ཀྱིས་འདུལ་བའི་དུས་ན། གང་ཟག་སྒོ་གསེས་ལ་དངོས་གྲུབ་འབྱུང་བའི་གནས་ནི། ཞང་ཞུང་སྙེར་ཕྱུག་གི་གམ་དང་། ཙང་གི་ལྷ་རྗེ་བར་སྒོམ་ལྷ་བུའི་གནས་ངེས་མེད་དོ། །ཡང་ན་མདོ་ལས། གཟུགས་ཁམས་སྐུ། འདོད་ཁམས་གསུང་། གཟུགས་མེད་པ་ཐུགས་ཀྱིས་འདུལ་བ་ཡང་བཤད་དོ།།

གཉིས་པ་གང་གིས་གསུངས་པའི་སྟོན་པ་ནི། འགྲེལ་ལས། དེ་ལ་སྲུ་བཞུགས་ཤེ་ན། གཤེན་ལྷ་འོད་དཀར་སྟོན་མཆོག་བཞུགས་པ་དེས། །ཞེས་བྱ་སྟེ། དང་པོ་སྟོན་པ་བཤད་དེ་རང་རིག་པའི་ཡེ་ཤེས་མཐའ་དབུས་མེད་པར་བདལ་བའི་རྩལ་མ་འགག་པར་གསལ་བའི་ཕྱིར། གཤེན་ཞེས་བྱའོ། །དེས་ཀུན་ལ་རང་གིས་དོན་གསལ་བར་མཛད་དེ་འདུལ་བའི་ཕྱིར་ལྷའོ། །རང་རིག་ཡེ་ཤེས་རང་འབྱུང་རྩལ་མ་འགག་པར་ཤར་ཏེ། ཡེ་ཤེས་ལྷུ་ལ་སྒྲིབ་པ་ཡེ་ནས་བྲལ་བའི་ཕྱིར་འོད་དཀར་རོ། །བོན་གྱི་མདོ་རྣམས་འབྲས་བུ་ཡང་རྩེར་སྟོན་པའི་ཕྱིར་སྟོན་པའི་མཆོག་གོ །ཞེས་པས་སྤྱིར་བསྒྲགས་པ་སྐོར་གསུམ་ལས་བོན་ཉིད་གཞིའི་སྟོན་པ། ཡོན་ཏན་ཁྲུངས་ཀྱི་སྟོན་པ། སྤྲུལ་སྐུའི་ཚིག་དང་ཡི་གེའི་སྟོན་པ། བསྒྲགས་པ་མདོར་བསྡུས་ཀྱི་སྟོན་པ། བསྟན་

པ་མདོ་འཛིན་གྱི་སྟོན་པ་དང་ལྷར་བཤད་ཀྱང་སྐབས་འདིར་ནི་དབྱིངས་ཀྱི་སྟོན་པ་པོན་སྐུ་ཕོ་ན་སྟེ་ཐུགས་རྗེ་སྤྲུལ་པའི་སྟོན་པ་ནི་འཁོར་དུ་བྱུང་བའོ། །འོ་ན་རྫོགས་ཆེན་འདིའི་ལུགས་ཀྱི་ཐོག་མའི་སྟོན་པ་དེས། བླ་མ་བསྟེན་ཅིང་ལམ་ལ་བགྲོད་དམ་མ་བགྲོད། བགྲོད་ན་འོག་མ་ཐེག་བརྒྱད་དང་ཁྱད་མེད་དུ་འགྱུར་ཏེ། ལམ་བགྲོད་པ་ཅན་ཡིན་པའི་ཕྱིར་རོ། །མ་བསྟེན་མ་བགྲོད་ན། སྤངས་རྟོགས་མཐར་ཐུག་གི་སྟོན་པ་མ་ཡིན་པར་འགྱུར་རོ་ཞེ་ན། རྟོགས་པས་རང་ངོ་ཤེས་པས་རང་ས་ཟིན་པ་ནང་ཉམས་སྒྲོང་གི་བླ་མ་རྟེན་པས་སྒྲིབ་གཉིས་ཀ་ལས་གྲོལ་ལོ། །དཔེར་ན་རྒྱལ་བུ་འཁྲམས་ལོག་གིས་གདན་ས་ཟིན་པ་བཞིན་ནོ།།

གསུམ་པ་གང་ལ་གསུངས་པའི་འཁོར་ནི། འགྲེལ་ལས། དེ་ལྟར་བཞུགས་པ་དེས་ཅི་མཛད་ཅེ་ན། ཡེ་ཤེས་ཡོངས་སྤྲུལ་སྐུ་ཡི་འཁོར་རྣམས་ལ། །ཞེས་བྱ་སྟེ། ཉིད་ཀྱི་ཐུགས་རྗེའི་རོལ་པ་མངོན་དུ་ཕྱུང་བའི་འཁོར་ནི་ཡེ་ཤེས་རྩལ་མ་འགག་པར་ཤར་བ། རང་བཞིན་གཉིས་སུ་མེད་པའི་འཁོར་ནི་དབྱིངས་ཀྱི་ལྷ་ལྷའོ། །དེ་དག་གི་ཐུགས་རྗེ་རྩལ་མ་འགག་པ་ནི་ཡོངས་སུ་སྤྲུལ་པའི་སྐུའི་འཁོར་རྒྱལ་ཚབ་སྐྱེས་བུའི་སྟོན་པ་གསུམ་མོ། །དེ་དག་གིས་འཁོར་དུ་གྱུར་པའི་རིག་པ་ཁྱད་པར་ཅན་གྱི་གཡུང་དྲུང་སེམས་དཔའ་རྣམས་སོ། །ཞེས་པ་ཐུགས་རྗེ་རོལ་པ་ཕྱུང་བ་ནི། སྟོང་པ་ཉིད་ཀྱི་ཡེ་ཤེས་ལས་སོགས་ལྷ་དང་། རྩ་དང་རླུང་དང་ཐིག་ལེ་ཡེ་ཤེས་བཅུ་དྲུག་དང་། ཕུང་པོ་ལྔ་དང་། སྐྱེ་མཆེད་བཅུ་གཉིས་ཁམས་བཅོ་བརྒྱད་ཀྱང་ཡིན་ཏེ། ཐམས་ཅད་བྱང་ཆུབ་སེམས་ཀྱི་རྩལ་དུ་ཤར་བ་དང་། དེ་དག་ལ་མ་འདུས་པ་མེད་པའོ། །དབྱིངས་ཀྱི་ལྷ་ལྷ་ཀུན་སྣང་ཁྱབ་པ་ལས་སོགས་ནི། རང་བཞིན་གཉིས་སུ་མེད་པའི་འཁོར་ཏེ་བོན་ཉིད་ཡེ་

ཤེས་ཀྱི་རྟེན་སྐུ་ཡིན་པས་སོ། །ཐུགས་རྗེ་སྤྲུལ་པའི་འཁོར་ནི་རྒྱལ་ཚབ་སྐྱེས་བུའི་སྟོན་པ་གསུམ་ལས་སོགས་སྐལ་བཟང་གི་བདེར་གཤེགས་སྟོང་རྩ་གཉིས་ཏེ་སྐྱེ་འཕགས་གཉིས་པ་འདྲེན་པར་ནུས་པའི་ཕྱིར་རོ། །རིག་པ་ཁྱད་པར་ཅན་གྱི་འཁོར་ནི་གཡུང་དྲུང་དཔའ་བོ་གསས་དང་། སེང་གེ་ཟབ་མོ་ལས་སོགས་ཏེ། དེ་ལ་གསུམ་ལས། དད་པ་དང་ལྡན་པའི་ཉན་འཁོར། སྤོབས་པ་ཆེ་བའི་ཞུ་འཁོར། བློ་གསལ་བ་སྡུད་འཁོར་རོ། །འདིའི་ཁྲི་གཞི་ནམ་ཏིང་འཛིན་དང་། བ་རབ་གླིང་གཞི་ལས་སོགས་ལ་སེམས་དཔའ་སེམས་དཔའ་ཆེན་པོ་བླ་ན་མེད་པར་འདོགས་ལ། སྟག་ལ་མེ་འབར་དང་དྲག་པོ་ཙོ་དབལ་འཛིན་ལས་སོགས་དཀྱིལ་འཁོར་གྱི་རྩ་བའི་ལྷ་རྣམས་ལ་སེམས་དཔའ་ཙམ་ལས་མ་བཏགས་པ་ནི་དེ་ལྟར་ཡང་དེ་དག་གསང་སྔགས་ཐབས་ཟབ་པ་ཉེ་བའི་ལམ་ལ་ཞུགས་པས་འབྲས་བུ་ཁྱད་པར་ཅན་ཐོབ་པས། ཕྲིན་ལས་ཀྱི་རྒྱུ་ཡང་དེ་དང་འདྲ་བ་མཚོན་ནོ། །མཐུ་སྟོབས་དང་ལྡན་པའི་སྲུང་འཁོར་ལ་བཞི་སྟེ། དཔལ་མགོན་བདུན་ཅུ་ནི་ཕྱིའི་སྲུང་འཁོར་ལ། གེང་ཆེན་ལྷུམ་དྲལ་ནི་ནང་གི་སྲུང་འཁོར་རོ། །དོས་འཛུག་གི་བདུད་རིགས་ནི་ཆེ་བ་འཁྱེན་པའི་ལོག་འཁོར་རོ། །འགྲོ་བ་རིས་དྲུག་ནི་ཐུགས་རྗེ་མཉམ་སྙོམས་ཀྱི་འཁོར་རོ།།

བཞི་པ་གང་གསུངས་པའི་དོན་ནི། འགྲེལ་ལས། དེ་དག་ལ་ཅི་སྟོན་ཞེ་ན། ཐེག་པ་རིམ་རྫོགས་བཤད་མདོ་བསྟན་པ་འདི། །ཐེག་པ་རིམ་པ་གོང་འོག་མ་ནོར་བར་བཀྲལ་ཏེ། དེ་དག་གི་དོན་རྫོགས་པ་ཆེན་པོར་འདུས་ལ་དག་པར་བསྟན་པའི་ཚད་མ་འདི་བཤད་པའོ། །ཞེས་པས་དེ་ལ་གཉིས་ཏེ། སྤྱིར་རྫོགས་པ་ཆེན་པོའི་སྡེ་ཚན་གྱི་ཚད་དང་། ཁྱད་པར་གྱི་གཞུང་འདི་གང་དང་གང་དུ་འདུ་བའོ། །དང་པོ་ནི་དགོས་འདོད

བཤད་གཞིའི་མཆོང་ལས། མཚན་མ་ཚིག་གི་རྫོགས་པ་ཆེན་པོ་ལ། སྡེ་ཚན་གསུམ། ཀློང་ན་དགུ། བམ་པོ་ཉིས་ཁྲི་གསུམ་སྟོང་། ཤོ་ལོ་ཀ་འབུམ་ཕྲག་དྲུག་ཅུ་རྩ་ལྔ། གཟེར་བུ་བརྒྱ་དང་བརྒྱད་ཅུ་རྩ་དགུ། ལེགས་སེལ་སྟོང་དང་བཞི་བརྒྱ་རྩ་དགུ། གནད་ཆེན་པོ་བརྒྱད་བརྒྱ་དང་སུམ་ཅུ་རྩ་གཉིས། ལེའུ་ཁྲི་ཕྲག་གསུམ་དང་སྟོང་ཕྲག་བདུན། མིང་ཐོགས་ཀྱི་རྒྱུད་ཁྲི་ཕྲག་ཕྱེད་དང་གཉིས་སྟོང་། བརྗོད་བྱ་དཔག་གི་མི་དཔོགས་ནམ་མཁའ་དང་འདྲ་བ་གཅིག་བཀའ་བཙལ་བ་ནི། དབང་པོ་རབ་ལ་དགོངས་ཏེ་བཀའ་བཙལ་བའོ། །ཞེས་སོ།།

གཉིས་པ་ཁྱད་པར་གྱི་གཞུང་སྐབས་འདི་གང་དང་གང་དུ་འདུ་ཞེ་ན། ཚད་མ་གསུམ་དང་། བཀའ་དང་བརྟེན་པ་གཉིས། བསླབ་པ་གསུམ། རྒྱུད་ལུང་མན་ངག་གསུམ། དྲང་དོན་ངེས་དོན་གཉིས། སྒོ་བཞི་མཛོད་ལྔ་ལས། དང་པོ་ཚད་མ་ནི་གཞལ་བྱ་ལ་མི་བསླུ་བ་སྟེ། འདི་ནི་ཚད་མ་གསུམ་ལས་ལུང་ཚད་མའོ། །གཏན་ཚིགས་ཆེན་པོ་གསུམ་ལ་སོགས་སྒྲུབ་ངག་ཡང་དག་གི་བརྗོད་པ་ཡིན་པས། གཞན་དོན་རྗེས་དཔག་གི་གཞུང་ངོ་།།

གཉིས་པ་བཀའ་ལ་ནི། བཀའ་ནི་གསུང་གང་གི་བདག་རྐྱེན་དངོས་སུ་སངས་རྒྱས་ཀྱི་མཛད་པ་སྟེ། གཞུང་ནི་སྟོན་པའི་བཀའ་རང་སོར་བཞག་པའོ། །བརྟེན་པ་ནི་སངས་རྒྱས་ཀྱི་རྗེས་འཇུག་གིས་བསྟན་པའི་གསལ་བྱེད་དུ་སྦེབ་པའི་གསུང་ངོ་། །འདིའི་འགྲེལ་པ་ནི། འགྲེལ་ལས་བདག་གིས་བསྡུས་པས་བརྟེན་པའོ།།

གསུམ་པ་བསླབ་པ་གསུམ་ལ་བསླབ་པ་ནི་མཐུན་ཕྱོགས་མི་མཐུན་ཕྱོགས་ལ་བླང་དོར་འཇུག་ལྡོག་གི་བློ་ཡང་དག་ལ་འཇུག་པའོ། །དེ་བྱུང་བ་སེམས་དཔའི་བཅས་

པ་ལ་མི་འདའ་བ་དང་། དམིགས་པ་ལ་སེམས་རྩེ་གཅིག་པ་དང་། ཤེས་རབ་རྣམ་པར་འབྱེད་པ་དང་། དེས་འཁོར་གསུམ་དམིགས་མེད་དུ་ཤེས་པ་ནི། རིམ་པ་ལྟར་ཚུལ་ཁྲིམས། ཏིང་ངེ་འཛིན། ཤེས་རབ་ཀྱི་དང་། དེ་ལྷག་པའི་བསླབ་གསུམ་གྱི་མཚན་ཉིད་དོ། །དེ་ལས་འདི་ནི་ཏིང་ངེ་འཛིན་དང་ཤེས་རབ་གཉིས་ཆར་ཏེ་བྱེ་བྲག་གཏན་ལ་འབེབས་པ་དང་། བསླུབ་པ་ཉམས་ལེན་གཉིས་ཀ་ཡིན་པས་སོ།།

བཞི་པ་རྒྱུད་ལུང་མན་ངག་ལ། རྒྱུད་ནི་ཐུན་སུམ་འཚོགས་པ་བོན་གྱི་ཕྱོག་དབུབ། ལུང་ནི་ལྟ་སྤྱོད་ཕྱོགས་ཕྱོགས་བསྡེབས་པ། མན་ངག་ནི་གསལ་བྱེད་བཅུད་དུ་དྲིལ་བ་སྟེ། དཔེར་ན། འོ་མ་དང་། མར་ཆུར་ཕྱེས་པ་དང་། བསྲོས་ནས་ཟ་རྒྱ་ལྟ་བུའོ། ། དེ་ལས་འདི་ནི་རྒྱུད་མན་ངག་གཉིས་ཀ་སྟེ། དེ་གཉིས་ཀྱི་རྒྱུ་མཚན་ཚང་པས་སོ། ། ལུང་ནི་མ་ཡིན་ཏེ་ལྟ་བའམ་སྤྱོད་པ་ཕྱོགས་རེའི་གཞུང་མ་ཡིན་པའོ།།

ལྔ་པ་ངེས་དོན་ནི་སྤྱི་གཅོད་ལྟ་བ། དྲང་དོན་ནི་རྒྱུ་འབྲས་མས་འཛེགས་ཏེ། རྫོགས་ཆེན་ལ་ལ་བལྟ་ངེས་དོན་ནོ།།

དྲུག་པ་སྒོ་བཞི་མཛོད་ལྡེ་ལས། མཛོད་དུ་གཏོགས་ཏེ། སྤྱི་ཏི་རྒྱུག་ཅིང་ལ་བལྟ་བས་སོ། །ཐེག་དགུ་ལས་ནི་ཀུན་ཚང་གི་གཞུང་དུ་མི་བསམ་སྟེ། ཅི་བཞིན་ཉིད་ལས་གཞན་ཤུན་འབྱིན་པའོ།།

ལྔ་པ་གང་ཚེ་གསུངས་པའི་དུས་ནི། འགྲེལ་ལས། དུས་ནམ་གྱི་ཚེ་བཤད་ཅེ་ན། དུས་བཞི་མཉམ་པ་ཉིད་ཀྱི་དུས་ན་བསྒྲགས། །ཞེས་བྱ་སྟེ། འདས་པ་དང་། ད་ལྟ་བ་དང་། མ་འོངས་པ་དང་། མ་ངེས་པ་དང་བཞི་ཡང་སེམས་ཉིད་ལ་སྔ་ཕྱི་མེད་པར་གནས་པའི་དུས་ཉིད་ལ་བསྒྲགས་པའོ། །ཞེས་པས། འདས་པ་ནི་བྱུང་ལ་འགགས་པ།

ད་ལྟ་བ་ནི་བྱུང་ལ་མ་འགགས་པ། མ་འོངས་པ་ནི། འབྱུང་ལ་མ་བྱུང་བ་སྟེ། དེ་གསུམ་ནི་དུས་ངེས་པ་ཅན་ནོ། །ངེས་མེད་ཀྱི་དུས་ནི་རྒྱུའི་ཚོགས་པ་ཚང་ན་འབྱུང་། མ་ཚང་ན་མི་འབྱུང་བའོ། །དེས་ན་འདི་ལ་འཆད་ལུགས་གཉིས་ཏེ། སྤྱིར་བསྟན་པ་བོན་གྱི་གསུངས་དུས་ནི། །ཡོ་རྒྱུས་སྐོས་ཀྱི་མཆོང་ལས། བོན་དབྱིངས་མ་འགག་འདུས་མ་བྱས་པའི་དབྱིངས་སུ་གཞི་ལས་མ་སྐྱེ་བའི་དབྱིངས་ཉིད་ཀུན་ཏུ་བཟང་པོས། ཕྱོགས་བཅུའི་སངས་རྒྱས་བྱེ་བ་ཕྲག་ཁྲིག་ལ། དབྱིངས་འགྱུར་བ་མེད་པའི་དུས་ན། བསྟན་པ་ཕུན་ཚོགས་སྣང་སྲིད་ཀུན་གསལ་འོད་འབྱེད་ཀྱི་རྒྱལ་པོས་གསུངས། །སྟོད་པོ་གསང་སྔགས་ཀུན་འཆང་རྒྱལ་པོས་མཛད། དེས་ན་ཡེ་ཤེས་རང་སྣང་ཆེན་པོའི་གནས་སུ་རྫོགས་སྐུ་གསང་སྔགས་ཀུན་འཆང་རྒྱལ་པོས་ཡེ་གཤེན་གཡུང་དྲུང་སེམས་དཔའ་འབུམ་ཕྲག་སུམ་སྟོང་ལ་མི་འབྱེད་རང་གསལ་ཆེན་པོའི་དུས་ན། བསྟན་པ་ཕུན་ཚོགས་ཡེ་ཤེས་རྣམ་བརྒྱད་རོལ་པའི་རྒྱལ་པོས་གསུངས། སྟོད་པ་པོ་བཀའ་རྟོགས་དོན་མཐོང་རྒྱལ་པོས་མཛད། དེ་ནས་ཐམས་ཅད་འདུས་པ་གཡུང་དྲུང་གསལ་བ་འོད་ཀྱི་གླིང་དུ། བཀའ་རྟོགས་དོན་མཐོང་རྒྱལ་པོས། གཡུང་དྲུང་འོད་འབྱེད་སྤྲུལ་སྐུ་འབུམ་ཕྲག་སྟོང་ལ། སྣང་འོད་ཤེས་རིག་ཡོངས་སུ་གྲུབ་པའི་དུས་ན། སྣང་སྲིད་སིལ་བུར་འཆད་པའི་བོན། ཀུན་འདུས་རོལ་པའི་བོན་མཛོད་གསུངས། སྟོད་པ་པོ་ཡེ་ཤེས་འོད་ཀྱི་བླ་མ་དོན་ཡོངས་སུ་གྲུབ་པས་མཛད། དེ་ནས་ཞང་ཞུང་གི་ཡུལ་ས་ཧྣ་ར་སུ་གོང་འོད་ཀྱི་ཚལ་དུ། ཡེ་ཤེས་འོད་ཀྱི་བླ་མས། གཡུང་དྲུང་སེམས་དཔའ་ཁྲི་ཕྲག་འབུམ་ལས། དོན་ཐམས་ཅད་ཡོངས་སུ་གསལ་ལ་གྲུབ་པའི་དུས་ན། བསྟན་པ་པེའུ་ཚེ་རྣམ་གསུམ་གསུངས། སྟོད་པ་པོ་ཀུན་གསལ་འོད་ཀྱི་ཁྱེའུ་ཆུང་གིས་མཛད། དེ་ནས་ནུབ་

ཕྱོགས་རབ་དགའ་བདེ་བ་ཅན་གྱི་གནས་སུ། སྟོན་པ་ཀུན་གསལ་འོད་ཀྱི་ཁྲི་འུས། ཡེ་གཤེན་གཡུང་དྲུང་སེམས་དཔའ་ཁྲི་ཕྲག་ལྔ་བརྒྱ་ལ། དུས་གསལ་བྱེད་ཉི་མ་དགུ་ཤར་གྱི་དུས། བསྟན་པ་སྒོ་བཞི་མཛོད་ལྔ་སྐྲ་ཡིག་རང་རྫོལ་དུ་བཤད་པའོ། །སྡུད་པ་པོ་དག་པ་གསལ་བ་ཤེས་པ་གསུམ་གྱིས་མཛད། དེ་ཡན་ཆད་ཟག་མེད་ཐུགས་རྗེའི་རྒྱུད་པ་ཞེས་ཀྱང་བྱ། བདེ་བར་གཤེགས་པ་ཐུགས་ཀྱི་རྒྱུད་པ་སྐུ་གསུམ་དབྱེར་མེད་ཀྱི་ལོ་རྒྱུས་སོ། །ཞེས་སོ།།

དེས་ན་སྒོ་བཞི་མཛོད་ལྔ་ལ་སངས་པོས་ཁྲི་དང་འབུམ་དུ་ཕྱེས་ལ། གཤེན་རབ་ཀྱི་གླེགས་བུམ་ལྔར་བསྡུས་པ། འོད་ཀྱི་ཁྲི་འུས་སར་མར་བཤད་པ་དང་གསུམ་དུ་མཛོན། གཉིས་པ་ཁྱད་པར་གྱི་གཞུང་འདི་གསུང་དུས་ནི། གཞི་ལ་མ་ཕྱེས་པའི་དབྱིངས་ཀྱི་སྟོན་པས། རང་རིག་གི་ཡེ་ཤེས་ཀྱིས་རིགས་ལྔའི་འཁོར་ལ་བཤད་པས། དུས་བཞིར་མ་ཕྱེས་པའི་སེམས་ཉིད་ལ་སྔ་ཕྱི་མེད་པར་མཉམ་པའི་དུས་ན་བསྒྲགས་པ་སྟེ། རྫོགས་ཆེན་བྲུ་རྒྱལ་དང་བྲལ་བའི་གནད་ཀས་དང་། གློའི་ཡང་རབ་ཀྱི་སྙོད་མ་ཡིན་པར་མི་ཤོང་བའི་ཕྱིར་རོ།།

ལོངས་སྐུས་སྤྲུལ་སྐུ་ལ་བརྒྱུད་ཚུལ་ནི། སྟོན་རྫོགས་ལྡན་གྱི་བསྐལ་པར་བྲམ་ཟེའི་ཡུལ་ཧྲི་ན་ཧྲུ་ཧ་ཅ། གཤེན་ལྷ་འོད་དཀར་གྱིས་བྲམ་ཟེའི་ཁྲི་འུ་བློ་ལྡན་གཡུང་དྲུང་གཤེན་སྲས་ལ། རྩི་ལམ་དང་མཐོང་སྣང་གི་ཚུལ་གྱིས་བཤད། སྤྲུལ་སྐུས་རིག་པ་ཁྱད་པར་ཅན་གྱིས་སེམས་དཔའ་ལ་བཤད་ཚུལ་ནི། ད་ལྟ་རྩོད་ལྡན་གྱི་བསྐལ་པ་འོལ་མོ་ལུང་རིང་དུ། སྟོན་པ་གཤེན་རབ་ཀྱིས། ལྷ་བོ་ལྷ་སྲས། ཡི་ཤོ་ཐང་པོ། ལྟེ་ཐན་འཕྲུལ་བོ་ཆེ་སྟེ། སྣམ་བཙུན་རྣམ་གསུམ་ལ་བཤད། དེ་ནས་ཞང་ཞུང་ཡུལ་གྱི་ཀ་ཁྱུང་སྤུངས་པ

ལ་དངོས་གྲུབ་བབས། དེ་ནས་རྒྱ་གར་གསས་འོད་གཡུང་དྲུང་གི་རྒྱ་གར་ཡུལ་དུ་ཕྱིར་ནས་དར། དེ་ནས་རྒྱ་གར་གྱི་བོན་པོ་ཁ་ལུང་ཤ་དང་། ཁ་ཆེའི་བོན་པོ་བྲ་མེ་རི་ཙན་ལ་སོགས་ལ། སློབ་དཔོན་བེ་རོ་ཙ་ནས་ཞུས་ནས་བོད་དུ་བསྒྱུར་བ། མཁས་པ་ཉི་ཤུས་སྤྱད་ནས་དར། བར་དུ་བསྟན་པའི་དར་ནུབ་རེ་མོས་བྱུང་བས། དྲན་པ་ནམ་མཁའ། གཙོ་ཟ་བོན་མོ། ཁྲི་སྲོང་གསུམ་གྱིས་བསམ་ཡས་ཡེར་བའི་རྫོང་ལ་སྦས། དེ་ལ་གཙང་པའི་བན་རྡེ་འབྲི་རིང་རྒྱང་པོ་སུམ་པ་གསུམ་གྱིས་བརྙེན། མདོ་སྨད་ཀྱི་ལུང་སྟོན་འོད་འབར་ལ་དངོས་གྲུབ་བབས། དེས་ཁྱེར་སྟོན་ནས་བརྒྱུད། དེར་སློབ་དཔོན་ཞང་སྟོན་བསོད་རིན་ལ་སྨྲ་སྟོན་ཚུལ་རྒྱན་གྱིས་གཏུགས་པའོ།།

དྲུག་པ་ཅི་ལྟར་བཤད་པ་ནི། འགྲེལ་ལས། འོ་ན་རྫོགས་སྐུ་ལ་སྒྲ་གྲགས་པའི་གསུང་གི་མཚན་མས་སྟོན་ནམ་ཞེ་ན། མཚན་མ་སྒྲ་ཡི་གསུང་རྣམས་མི་མངའ་བར། །ཞེས་བྱ་སྟེ། དངོས་སུ་སྒྲ་གྲགས་ནས་རྣ་བས་ཐོས་པ་ལྟ་བུ་ནི་མ་ཡིན་ནོ། །འོ་ན་ཅི་ལྟར་ཞེ་ན། དགོངས་པ་དོན་རྫོགས་གསུང་གིས་མཇལ་བར་སྤྲད། །ཅེས་བྱ་སྟེ། དགོངས་པ་གསལ་བའི་ཡེ་ཤེས་ཀྱིས་གོ་བརྡའ་སྤྲད་པ་དེ་ལ་ནི་བརྗོད་བྱ་དོན་གྱི་གསུང་ཞེས་བྱ་སྟེ། དེས་གོ་ཞིང་རྟོགས་ངེས་པར་དོན་གྱི་ངོ་བོ་སེམས་ལ་གཉིས་མེད་དུ་སྤྲད་པའོ། །ཞེས་པས་སྐུ་ལྔའམ་གསུམ་གྱི་གནད་ཀས། སྤྱིར་ན་གསུང་ལ་ལྔའམ་གསུམ་སྟེ། བརྗོད་བྱ་དོན་གྱི་གསུང་དང་། དགོངས་པ་བརྡའི་གསུང་དང་། བརྗོད་པ་ཚངས་པའི་གསུང་ངོ་། །དེ་ཡང་རིམ་པ་ལྟར་བོན་སྐུ་དང་། རྫོགས་སྐུ་དང་། སྤྲུལ་སྐུའི་གསུང་སྟེ། དོན་གྱི་གོ་བ་དང་། དགོངས་པས་གོ་བ། གང་མོས་སྒྲ་ཚོགས་སུ་གོ་བ་སྟེ། གཞིའི་བམ་པོ་ལས། བརྗོད་བྱ་དོན་གྱི་གསུང་ཞེས་པ། །ཚིག་ཏུ་མ་བརྗོད་ཀུན་ལ་གསལ། །ཡེ་ཤེས་རང་

གསལ་གོ་བཛ་སྒྲོད། །ཅེས་དང་། དགོངས་པ་བཛ་ཡི་གསུང་ཞེས་པ། །གང་ཡང་གཉིས་མེད་བདེ་ཆེན་དེ། །ཕྱུགས་ལས་གསལ་སྦྲོས་ཀུན་ཁྱབ་རྟོགས། །ཞེས་དང་། རྗོད་བྱེད་ཚིག་གི་གསུང་ཞེས་པ། །གདུལ་བྱ་ཀུན་ལ་སོ་སོར་ཐོས། །གང་འཐད་དེ་ཉིད་སྟོན་པའོ། །ཞེས་སོ། །སྤྱིར་ན་བདེར་གཤེགས་དགོངས་པའི་བརྒྱུད་པ་ནི་གོང་དུ་བསྟན་པ་དེའོ། །སེམས་དཔའ་བཛ་ཡི་བརྒྱུད་པ་ནི་མདོར་བསྟན་ཙམ་གྱིས་གོ་བའོ། །རིག་འཛིན་སྙན་ཁུངས་ཀྱི་བརྒྱུད་པ་ནི་ཡི་གེ་མདོར་གཅིག་ལ་གཅིག་བརྒྱུད་པའོ། །སྒྲ་བསྒྱུར་ལོ་པཎ་གྱི་བརྒྱུད་པ་ནི། གཞན་སྐད་གོ་བ་མེད་པ་ལ་རང་སྐད་གོ་བ་རུ་བསྒྱུར་བའོ། །ཉན་བཤད་དཔེའི་བརྒྱུད་ནི། ད་ལྟ་ཀར་ཆགས་གཅིག་ལ་གཅིག་བརྒྱུད་པ་དེའོ།།

གཉིས་པ་བསྟན་པ་དང་སྟོན་པའི་འབྱོན་ཚུལ་སྤྱིར་བཤད་པ་ལ་གསུམ་སྟེ། སྤྱིར་སྒྲོན་སྨན་གྱི་ཁྱད་པར་དང་། བསྐལ་བཟང་གི་བདེ་བར་གཤེགས་པ་སྟོང་རྩ་གཉིས་ཀྱི་དང་། སྒོས་འཆི་མེད་གཙུག་ཕུད་ལགས་ཀྱི་འབྱོན་ཚུལ་ལོ། །དང་པོ་ལ། སྔོན་བསྐལ་པ་ཆེན་པོ་མངོན་པར་དགའ་བ་ཞེས་བྱ་བ་སངས་རྒྱས་ཁྲི་དང་དྲུག་སྟོང་འབྱོན་པར་གཞན་ནས་བཤད། རྩ་འགྲེལ་ལས། དེའི་གོང་དུ་སྨན་པའི་བསྐལ་པ་བཞི་བཅུ་བྱུང་། དེ་ནས་ད་ལྟར་གྱི་བསྐལ་པ་བཟང་པོ་འདི་ལ་སངས་རྒྱས་སྟོང་རྩ་གཉིས། འདིའི་འོག་ཏུ་སྨན་པའི་བསྐལ་པ་དྲུག་ཅུ་འབྱུང་། དེའི་འོག་ཏུ་བསྐལ་པ་སྙན་པ་ཆེན་པོར་སངས་རྒྱས་ཁྲི། དེའི་འོག་ཏུ་སྨན་པའི་བསྐལ་པ་བརྒྱད་ཁྲི། དེའི་འོག་ཏུ་བསྐལ་པ་ལེགས་པར་བཀྲམ་པར་བྱ་བར་སངས་རྒྱས་ཁྲི། དེའི་འོག་ཏུ་སྨན་པའི་བསྐལ་པ་སུམ་བརྒྱ། དེའི་འོག་ཏུ་བསྐལ་པ་ཡོན་ཏན་བཀོད་པ་བྱ་བ་སངས་རྒྱས་བརྒྱད་ཁྲི་འབྱུང་། སངས་རྒྱས་འབྱོན་པ་ནི་སྒྲོན་མེའི་བསྐལ་པ་ལ། མི་འབྱོན་པ་ནི་སྨན་པའི་བསྐལ་པའོ། །སངས་རྒྱས་འབྱོན་པ་རབ་ཏུ

དཀོན། །སྨུན་པའི་བསྐལ་པ་གྲངས་མེད་འབྱུང་། །ཞེས་སོ།།

གཉིས་པ་བསྐལ་བཟང་གི་བདེ་བར་གཤེགས་པ་སྟོང་གི་འབྱོན་ལུགས་ལ་གཉིས་ཏེ། འབྱོན་ཚུལ་དང་། དེ་ལ་རྩོད་པ་སྤང་བའོ། །དང་པོ་ནི། བསྐལ་བཟང་ཞེས་པའི་སྒྲ་དོན་ཡང་མདོ་འདུས་ལས། མུ་རྒྱུད་ཆགས་པའི་དང་པོ་ལ། །ཉིང་ནམ་སྨུར་ཟངས་སྟེང་དུ་ནི། །གསེར་གྱི་མེ་ཏོག་འདབ་མ་སྟོང་། །གཡུ་ཡི་གཡུང་དྲུང་རིས་བཀྲ་རྫོལ། །དེ་ལ་གནས་གཙང་ལྷ་རྣམས་ཀྱིས། །བསྐལ་པ་འདི་ནི་བཟང་པོའོ། །འགྲོ་བ་འདྲེན་པའི་དོན་གྱིས་ཕྱིར། །བདེ་བར་གཤེགས་པ་སྟོང་རྩ་བརྒྱད། །འབྱུང་བའི་སྔ་ལྟས་ཆེན་པོའོ། །དགེ་འོ་དགེ་འོ་རབ་ཏུ་དགེ་འོ། །ཞེས་སོ། །དེ་ལ་བསྐལ་བཟང་བདེ་བར་གཤེགས་པ་རྩ་གཉིས་ནི། ཚེ་ལོ་བརྒྱད་ཁྲི་ཁ་ཆག་ནས་བཟུང་སྟེ་མ་འགྲིབ་བརྒྱ་པ་ཡན་ཆད་དུ་འབྱོན་པ་སྟེ། སེམས་ཅན་རྣམས་སྐྱོ་ཤས་ཆེ་བས་ལམ་ལ་བགོད་པར་ནུས་པ་དང་། དལ་ཕྱོམ་དང་བཅས་པས་སོ། །བརྒྱ་མན་ཆད་དུ་མི་འབྱོན་ཏེ་སྙིགས་མ་ལྔ་ཚོགས་ཀྱིས་ཕྱིར། མི་རྣམས་དགེ་སྤྱོད་མི་ཕྱོམས་པས་སོ། །ནམ་མཁའ་སེམས་ཀྱི་མཛོད་ལས། མར་ནི་འགྲིབ་པའི་བརྒྱའི་བར་ལ་དེ་དག་འབྱུང་། ཞེས་སོ། །དེ་ཡང་དཀོན་ལ་བརྩུན་པའི་ཕྱིར་དང་། འགྲན་ཟླ་མེད་པའི་ལས་བསགས་པས། རེ་རེར་འབྱུང་གི་ཟུང་དུ་འབྱོན་པ་ནི་མ་ཡིན་නོ། །ཚེ་ལོ་ཡར་འཕེལ་གྱི་དུས་སུ་ནི་བརྒྱ་ཡན་ཆད་དུ་མི་འབྱོན་ཏེ། མི་རྣམས་ལམ་ལ་གཟུད་མི་ནུས་ཏེ། རྒྱགས་པས་སྐྱོ་ཤས་མེད་པའི་ཕྱིར་རོ། །དེ་ལ་སྤྱིར་འདས་དུ། སྣད་ན་དུ་ཙམ་འབྱོན་ཞེ་ན། ཤ་འབལ་ལས། སྤྲུལ་སྐུ་དག་གི་ངོ་བོ་ནི། །ཕྱིར་ན་བསྐལ་པའི་རྣམ་གྲངས་ལ། །སྒྲོན་མ་དག་ལས་འབྱུང་བ་སྟེ། །བསྐལ་པ་བཟང་པོ་འདི་ཉིད་ལ། །སྤྲུལ་སྐུ་སྟོང་དང་རྩ་བརྒྱད་འབྱུང་། །འདས་པ་

བདུན་ཏེ་འདིར་དང་བརྒྱད། །ཅེས་སོ། །མདོ་བསྡུས་ལས་ཀྱང་། སྣང་བ་དགེ་བ་ཀུན་ཤེས་གསུམ། །ལེགས་པ་བྱམས་པ་སྙོམས་པ་གསུམ། །དག་པ་གསལ་བ་ཤེས་པ་གསུམ། །ཞེས་དང་། མཚན་རབ་དང་པོ་དགུ་རུ་བྱུང་། །ཞེས་སོ། །རྩ་བརྒྱད་ཀྱི་གཉིས་ནི་ཡུམ། བཞི་ནི་སློབ་དཔོན། སྟོང་དང་རྩ་གཉིས་ནི་བསྟན་པའི་གཙོ་བོ་སྟེ། མདོ་ལས། ལྷ་གཤེན་སྲིད་པ་གསུམ་དུ་འགྲོན་པ་སྟོང་དང་གཉིས་འབྱུང་སྟེ། སྟོང་དང་གཅིག་ནི་ཐུགས་རྗེ་མཉམ་པའོ། །སྟོང་དང་གཅིག་ནི་མཐུ་སྟོབས་མཉམ་པའོ། །ཞེས་དང་། མདོ་འདུས་ལས། འཁོར་ལོ་བསྐྱུར་བ་དུང་འོད་དང་། །བཙུན་མོ་རིན་ཆེན་གསལ་འོད་མ། །སྨོན་ལམ་རྒྱ་ཆེན་གཅིག་ཏུ་བཏབ། །མེ་ཏོག་པད་མ་ཏ་སྤྱངས་སྙེད། །པད་མ་ཁ་ཕྱེ་བལྟས་ཙམ་ན། །སྲས་སྟོང་རང་འབྱུང་དག་ཏུ་བྱུང་། །སློབ་དཔོན་ཆེན་པོ་བཞི་ཡང་བྱུང་། །དེར་རྒྱལ་པོ་ཡབ་ཡུམ་སྟོང་རྩ་བརྒྱད། །ཅེས་སོ།།

གཉིས་པ་དེ་ལ་རྩོད་པ་སྤང་བ་ལ། འགྲོན་ཚུལ་ལ་སྤྱོང་བ་དང་། གྲོན་དུས་ལ་སྤང་བའོ། །དང་པོ་ལ་གཉིས་ཏེ། མདོ་དང་འགལ་བ་དང་། མཛོད་དང་འགལ་བ་སྤང་བའོ། །དང་པོ་ལ། མདོ་ལས། ཆགས་འཇིག་གཉིས་ལ་ལྔ་བརྒྱ་རེ། གནས་སྟོང་གཉིས་ལ་རེ་རེ་ལས་མི་འགྲོན་པར་བཤད་དེ། ཇི་སྐད་དུ། ཆགས་པའི་མིང་ནི་བྱུང་རྫོགས་བསྐལ་པ་སྟེ། ལྷ་གཤེན་སྲིད་པ་ལྔ་བརྒྱ་ཕྲག་གསུམ་འབྱུང་གིན་རྫོགས་སངས་རྒྱས་པའོ། །གནས་པའི་མིང་ནི་མཉམ་ལྡན་བསྐལ་པ་སྟེ། བདེར་གཤེགས་མཉམ་ལྡན་བྱམས་པའི་མཆོག གཅིག་གི་རིགས་ལ་མི་ཆགས་མི་འགྱུར་གནས་པའོ། །འཇིག་པའི་མིང་ནི་འཕོ་འགྱུར་བསྐལ་པ་སྟེ། ལྷ་གཤེན་སྲིད་པ་ལྔ་བརྒྱ་ཕྲག་གསུམ་འབྱུང་གིན་འཕོ་ཡིན་འགྱུར་བའོ། །སྟོང་པའི་མིང་ནི་དྲག་རྩུབ་བསྐལ་པ་སྟེ། བདེ་གཤེགས་མཐུ་

ལྡན་སྟོབས་ཀྱི་མཆོག སྟོང་དང་མཉམ་པ་དག་གི་མཐུ་དང་སྟོབས་འབྱུང་སྟེ། དེའི་དུས་སུ་སེམས་ཅན་ལས་ཞན་པས། ནད་སྨུག་མཚོན་དང་མེ་བདུན་ཆུ་གཅིག་གིས། སེམས་ཅན་ལས་ཟད་ཐུགས་རྗེས་དོང་སྤྲུག་བྱེད་པའོ། །ཞེས་པའི་ཕྱིར་ཞེ་ན། དེའི་ཆགས་འཇིག་ནི་ཚེའི་དམིགས་ཏེ་འགྱུར་བའི་མཐོ་བཅད་ཟུར་བསྙལ་ཙམ་བཏགས་པ་སྟེ། ནམ་མཁའ་སེམས་ཀྱི་མཛོད་ལས། བསྐལ་པ་དང་པོ་ལ་ཡེ་སྐྱོས་སྣང་ལྡན་གྱི་སྲིད་པ་དེ་ཆགས་ཤིང་ཞིག་གོ །དེ་ནས་སངས་པོ་འབུམ་ཁྲི་དང་ཆུ་ལྕམ་རྒྱལ་མོའི་སྲིད་པ་དེ་ཆགས་ཤིང་ཞིག དེ་ནས་རྒྱལ་བུ་མཐིང་སྐྱེ་དང་སྤྱ་ལྕམ་ཕྱི་གེའི་སྲིད་པ་དེ་ཆགས་ཤིང་ཞིག ཅེས་པ་ལ་སོགས་བཤད་ལ། མདོ་ལས་ཀྱང་། ཆགས་འཇིག་ལྔ་བརྒྱའི་སར་རེ་བར་གྱི་བསྐལ་པ་འཕྲ་མོ་རེ་བྱ། ལས་དང་ཐུགས་རྗེའི་དབང་གིས་འཇིག་རྟེན་ཁམས་འདི་ཡང་ཡམ་ཡོམ་ཤིན་ཏུ་གཡོས་ཀྱིན་མཐོ་བཅད་ཟུར་བསྙལ་ཙམ་རེ་འཇིག་པའོ། །ཞེས་དང་། ཆགས་བསྐལ་རྫོགས་པ་ལ་སངས་རྒྱས་བརྒྱད་ལས་མ་འོངས་བས་སོ། །སྟོང་པ་ཡང་ཚེ་ལོ་བཅུ་པ་ཟད་ཁ་མིའི་ས་བོན་ཙམ་ལུས་པ་ལ་བཏགས་ཏེ། ལུང་གོང་དུ་བསྟན་པས་ངེས་སོ། །དེས་ན་མཉམ་ལྡན་བྱམས་པ་མཐུ་ལྡན་མཆོག་གཉིས་ནི་འགྲོ་དོན་ཡང་ཡང་འབྱོན་ལ། གཞན་ཡང་སྟོང་པོ་ནི་ལན་རེ་ལས་མི་འབྱོན་པར་ཟད་དོ། །འདིའི་འགལ་བ་སྤང་པ་ལ་ཞང་བར་ཐང་བས། ཀུན་རིག་ལས། གཤེན་རབ་མི་བོ་ཁྲི་པའི་ཚེ་ཁྲི་རྒྱལ་ཁྱུག་ཏུ་སྤྲུལ། སྟོང་པའི་དུས་སུ་ས་སྟོང་དཔལ་འབྱོར་དུ་སྤྲུལ། ད་ལྟ་བརྒྱ་པར་གཤེན་རབ་ཏུ་སྤྲུལ་པར་བཤད་པས། གནས་པའི་གཤེན་རབ་ཐམས་ཅད་མཉམ་ལྡན་བྱམས་པ་ཡིན་པའི་ཕྱིར་རོ། །གཤེན་རབ་ཁོ་ན་ཉིད་ཡིན་ཞེས་པ་ནི། ལུང་དེ་དག་དང་འགལ་བས་མ་ཡིན་ནོ།།

གཉིས་པ་མཛོད་དང་འགལ་བ་ནི། མདོ་ལས། གཡུང་དྲུང་ཁྲིམ་བདུན་ཚེ་དཔག་མེད། །གཡུང་དྲུང་ཐོབ་པའི་གཤེན་བཞིས་སྟོན། །སངས་པོ་ཡབ་ནི་འབུམ་ཐུབ་སྟེ། །རྒྱུའི་གཤེན་བཞིས་སྟོན་པ་མཛད། །ཅེས་པ་ལ་སོགས་བཤད་པས། སྟོན་པ་བྱུང་དུ་འབྱོན་པ་མ་ཡིན་ནམ་ཞེ་ན། མཛོད་དེ་མི་མཁས་པ་གཅིག་གི་བསྟན་པ་ཡིན་པ་ལ། བསྟན་པའི་གཙོ་བོ་དང་བྱུར་སྟོངས་ནོར་བར་ཟད་དོ།།

གཉིས་པ་འབྱོན་དུས་ལ་རྩོད་པ་ལ་གཉིས་ཏེ། དཔག་མེད་ལ་འབྱོན་པར་འགལ་བ་དང་། བཅུ་པར་འབྱོན་པའི་འགལ་བ་སྤང་པའོ། །དང་པོ་ནི། བརྒྱད་ཁྲི་བ་ཁ་ཆག་ནས་སྟོན་པ་འབྱོན་པ་མ་ཡིན་པར་ཐལ། དཔག་མེད་དང་འབུམ་པར་ཡང་སྟོན་པ་འབྱོན་པས་སོ་ཞེ་ན། དེ་ནི་རྨ་མི་གྲོང་བདུན་ན་སྲིད་གཤེན་གྱིས་འགྲོ་དོན་བྱེད་པ་དང་། འབུམ་པར་ཡང་དེ་དང་འདྲ་བ་འགས་འགྲོ་དོན་བྱེད་པ་ཙམ་དུ་བསམ། མིང་དེ་དག་གིས་ངེས་པའི་ཕྱིར་རོ། །མཆོག་གི་སྟོན་པ་ཡིན་ན་འདུལ་བ་གཤེན་དྲུག་འགྱེད་པ་ལ་གདུལ་ཞིང་ངན་འགྲོ་མ་ཚང་བ་དང་། ཕྲིན་ལས་རྣམ་བཞིས་འགྲོ་དོན་བྱེད་པ་ལས། དྲག་པོའི་གདུལ་ཞིང་ལོག་སྲིད་ཅན་མེད་པ་དང་། བསྟན་པ་དྲང་དོན་ངེས་དོན་གཉིས་ཀ་བཤད་པ་ལ། དྲང་དོན་བཤད་པ་མེད་དེ། མི་དགེ་བ་སྤྱད་པ་མེད་པའི་ཕྱིར་རོ།།

གཉིས་པ་བཅུ་པར་འབྱོན་པའི་འགལ་བ་ནི་འོད་དེ་མི་ཆུང་དེ་ཐབས་ཟད་དགོས་མེད་དུ་འབྱོན་པར་འགྱུར་ཏེ། བཅུ་པ་དགེ་སྤྱོད་མི་ཤེས་པར་འབྱོན་པས་སོ་ཞེ་ན། བཅུ་ལ་འགོ་རྩོམ་གྱི་དལ་ཤེས་མེད་པར་འབྱོན་པར་མ་གྲུབ་ལ། ཟད་ཁ་ནད་སྨུག་མཚོན་གསུམ་གྱིས་སྲུན་པའི་སྐྱེ་ཤས་ཅན། ཚེ་ལོ་འཕེལ་ཁའི་བཅུ་པར་འབྱོན་པས་སོ་ཞེ་ན། མ་ངེས་ཏེ། འདི་ནས་ཙུང་ཟད་མ་ཚང་བ་ལྟ་བུ་འདུག་ཟེར།

གཉིས་པ་འཆི་མེད་གཙུག་ཕུད་ཀྱི་འཁྲོུན་ཚུལ་ལ་གསུམ་སྟེ། སུམ་ལྡན་འདུས་པའི་མཐའ་ལ་འཁྲོུན་ཚུལ་དང་། རྩོད་ལྡན་བརྒྱ་པའི་སྟོན་པར་འཁྲོུན་པ་དང་། དེ་ལ་རྩོད་པ་སྤྱོང་བའོ། །དང་པོ་ནི། ཡེ་གཤེན་གཙུག་ཕུད་དེ་འཕགས་ལམ་གྱི་ས་དགུ་ལས་མ་ཐོན་པ་དེ། འགྲོ་བའི་དོན་ལ་ལན་གཅིག་འཁྲོུན་ཏེ། ཡུམ་བཟང་ཟ་རིང་བཙུན་དེ་རྒྱ་མཚོའི་ལྦུ་བ་ལས་སྤྲུལ་པའི་ཀླུའི་བུ་མོ་མཚན་དང་ལྡན་པས་འོག་མིན་གྱི་གནས་ལྷ་ཁྲི་བཞི་ནམ་ཏེང་གིས་གཟིགས་པས། དངོས་གྲུབ་ཀྱི་སྣོད་དུ་རུང་བར་མཁྱེན་ཏེ། སྤྲུལ་པའི་སྐུ་བཀྱེས་པ་བཅས་པ་ལ་ཡབ་མེད་པའི་སྲས་སྐྱེས་པ་ངོ་ཚ་བ་སྐམ་ནས། མེ་ཏོག་གི་གླིང་དུ་སོང་དེ་ཞག་དགུ་ལོན་ནས་བལྟས་པས། ཤུ་དུམ་འབར་བའི་རྐ་ཁྲེ་གང་བཅས་པ་གཟི་མདངས་དྭངས་ཡ་ལེ་སྣང་བས། མཚན་འཆི་མེད་གཙུག་ཕུད་དུ་བཏགས་སོ། །དེ་ནས་སྐོར་ཏེ་ཡབ་ཁྲི་བཞི་ནམ་ཏེང་གི་གམ་དུ་བྱོན་ནས། ཕྱི་ནང་གསང་གསུམ་བོན་གྱི་སྒྲོ་འདོགས་བཅད། དེ་ནས་ཡུམ་སྲས་གདུང་སོབ་གསང་འདུས་གསུམ་གྱིས། བོན་ལ་སྡེ་ཚན་གསུམ་དུ་ཕྱེས་ཏེ། དོན་རྒྱུད་རྒྱས་པ་འཕྲིན་ལས་ཀྱི་སྐོར། སྲས་འཆི་མེད་གཙུག་ཕུད་ཀྱིས་སྟེང་ལྷའི་ཡུལ་དུ་ལྷ་གཤེན་ཡོངས་སུ་དག་པ་ལ་བསྟན་པ་བཞག མན་ངག་བསྡུས་པ་ངོ་སྤྲོད་ཀྱི་སྐོར་ཡུམ་བཟང་ཟས་བསྐྱམས་ནས་འོག་ཀླུའི་ཡུལ་དུ་ཀླུ་ཡེ་ཤེས་སྙིང་པོ་ལ་བསྟན་པ་བཞག ལུང་དོན་འབྲིང་པོ་ཡང་ཞོལ་གདུང་སོབ་པ་གསང་འདུས་ཀྱིས་བར་མི་ཡུལ་དུ་རྒྱལ་གཤེན་མི་ལུས་བསམ་ལེགས་ལ་བསྟན་པ་བཞག དེ་ནས་སྟོན་པ་ཉིད་ཀྱང་འཁོར་བའི་ས་མར་ལྡོག་དོགས་པའི་ཉམས་ང་དང་བག་ཚ་བྱུང་བས། ཁྲི་རྒྱལ་ཁུག་པ་གདུང་སོབ་ཀྱི་སྟོན་པར་བསྐོས་ཏེ། འོག་མིན་དུ་གཤེགས་སོ། །ཞི་བ་ཡོངས་རྫོགས་ལས། དེའི་དུས་ན་ཚེ་ལོ་ཁྲི་པ་ལགས་ཏེ། ཞེས་སོ།།

དེས་ན་ད་སྟན་བརྒྱུད་ཡིན་ཟེར་བའི་རང་བཟོ་མཁན་འགའ་ཞིག་གིས། ཡེ་གཤེན་གཙུག་ཕུད་བརྒྱ་པའི་འདྲེན་པ་ལ་སྦྱར་བ་ནི། ལུང་ལ་མ་ལྟོས་པའི་རང་བཟོ་ཟད་དོ། །དེས་ན་སྟག་ལ་དང་གསང་འདུས་ཀྱང་ཁྲི་པར་བྱོན་པ་སྟེ། འཆི་མེད་གཙུག་ཕུད་ཀྱི་དངོས་སློབ་ཡིན་པའི་ཕྱིར་རོ། །འོ་ན་སྟག་ལ་མེ་འབར་དེ་མཐིང་གྱུར་གཡུ་འབྲིབས་ཀྱི་གཞལ་ཡས་ན། གཤེན་རབ་མི་བོས་སྤྲུལ་པ་བཀྱེས་པ་དང་འགལ་ཏེ། བརྒྱ་པར་འབྱོན་པ་མ་ཡིན་པས་སོ་ཞེ་ན། འདིའི་གཤེན་རབ་ནི། ཛོགས་པའི་གཤེན་རབ་ཞེས་ཆེ་ལོ་འབུམ་པའི་གོང་དུ་བྱོན་པ་སྟེ། མདོ་འདུས་ལས་ཀྱང་། འབུམ་པའི་གོང་དུ་འབྱོན་པའི་གཤེན་རབ་དང་། བརྒྱ་པར་འབྱོན་པའི་གཤེན་རབ་གཉིས་སུ་བཤད་ལ། མཆོད་རྟེན་གྱི་གཞུང་ལས་ཀྱང་སྟོན་པ་གཤེན་རབ་དང་། བརྒྱ་པའི་གཤེན་རབ་སོ་སོར་བཤད་པས་ངེས་སོ། །ལྷ་ཡོངས་དག་དང་ཀླུ་ཡེ་ཤེས་སྙིང་པོ་གཉིས་ནི་ལྷ་ཀླུ་རང་རང་གི་ཆེ་ཚད་དོ། །སྣང་བ་མདོག་ཅན་ནི་མཛོད་ལས་སྟོང་པའི་ཚེ་འཛིན་དུ་བཤད་ལ། ལྷ་བརྒྱ་པར་འབྱོན་པའི་མི་གཤེན་ཡོངས་དག་ནི། རྒྱལ་པོ་ལྷའི་དབང་ཕྱུག་དང་། གཤེན་མ་གོར་དད་པ་འདུལ་བ་དེ་ཉིད་དོ། །སྟག་ཁྲི་བཙན་པོ་ནི་སྟོང་དུ་བརྒྱ་པའི་མཚམས་ཙམ་དུ། ཨོ་རྒྱན་གྱི་རྒྱལ་རིགས་གཅིག་ཡིན་པར་མངོན་ཏེ། བྱེ་མ་གཡུང་དྲུང་ལྷ་ཡུལ་དང་། ལྷ་རི་གྱང་མ་གྱང་ཧོ་རྣམས་ཨུ་རྒྱན་གྱི་ཡུལ་དུ་ཡོད་པར་བཤད་པའི་ཕྱིར་དང་། སྟག་ཁྲིའི་ཡང་སློབ་བོན་མོ་སྟག་བེར་ལིང་བེར་ཀྱང་མཛད་པ་དྲུག་ཅུའི་མདོ་དང་རྣམ་དག་མཐུན་པས། གཤེན་རབ་དང་དུས་མཉམ་པར་བཤད་པའི་ཕྱིར་རོ། །དེས་ན་བོད་རྒྱལ་གྱི་སྟག་ཁྲི་བཙན་པོ་དང་། གོང་མ་ཆེ་དྲུག་གི་སྟག་ཁྲི་ནི་དུས་མི་མཚུངས་ལ། གོང་གི་ལྷ་རི་གྱང་ཧོ་དང་། ཨུ་རྒྱན་གྱི་ལྷ་རི་གྱང་ཧོ་གཉིས་སུ་ཡོད་པར་གསལ་ལོ། །

གཉིས་པ་རྩོད་ལྡན་བརྒྱ་པའི་སྟོན་པ་འབྱོན་ལུགས་ནི། སྔོན་གྱི་ཡེ་གཤེན་གཙུག་ཕུད་དེ་འོག་མིན་དུ་བློ་སྦྱངས་པས་བླ་ན་མེད་པའི་ས་ཐོབ་ནས། རྒྱལ་པོན་ཐོད་དཀར་གྱི་སྲས་སུ་སྐུ་འཁྲུངས་ནས་འགྲོ་དོན་རྫོགས་པའི་ཚུལ་ནི། མཛད་པ་དྲུག་ཅུ་རྩ་གཅིག་ལོ་མཛོད་བཅུ་གཉིས་ཀྱི་མདོ་འམ། མདོ་གཟེར་མིག་མཛད་པ་བཅུ་གཉིས་ཀྱི་མདོ་འམ། མདོ་འདུས་ལེའུ་ཉེར་ལྔ་པར་ཤེས་པར་བྱའོ།།

འདིར་རྫོགས་ཆེན་དུ་ལ་བཟླ་བ་གསང་སྔགས་ཀྱི་བབས་ཡིན་པས། ཕྱི་མདོ་སྡེའི་མཛད་པ་རྒྱས་པར་མི་སྤྲོ་སྟེ། སྤང་ལམ་དང་བསྒྱུར་གྲོལ་གྱི་ལམ་སྡེ་མི་གཅིག་པའི་ཕྱིར་རོ། །ཡེ་ཁྲི་ལས། སྔགས་དང་མཚན་ཉིད་སྤྲོས་ནས་བཤད་ན། སྔགས་ཁྱད་པར་ཅན་གྱི་དོན་ལ་གོ་བ་བས་ཁྱུང་ཐང་ལ་བབས་པའི་བཤད་པ་ཞེས་སོ།།

གསུམ་པ་དེ་ལ་རྩོད་པ་སྤོང་བ་ལ་བདུན་ཏེ། སྟོན་པའི་གོ་རིམ་འཆོལ་བ། རྒྱུད་པའི་རྐང་ཚད་པ། བསྟན་པ་རྐང་གཉིས་སུ་ཐལ་བ། སྟུད་པ་པོ་དགོས་མེད་དུ་ཐལ་བ། བསྟན་གཅིག་སྟོན་པ་དུ་མ་ཐལ་བ། མཛད་པ་ངེས་མེད་དུ་ཐལ་བ། གཙོ་འཁོར་འཆོལ་བར་ཐལ་བ་སྤང་བའོ།།

དང་པོ་ནི། བསྐལ་བཟང་གི་བདེ་གཤེགས་སྟོང་འབྱོན་པའི་གོ་རིམ་ངེས་མེད་འཆོལ་བར་འགྱུར་ཏེ་བློ་གསལ་འཆི་མེད་གཙུག་ཕུད། ཁྲི་པའི་འགོ་དང་བརྒྱ་པའི་གཉིས་ཀར་བྱུང་བའི་ཕྱིར་རོ། །ཞེ་ན། ཁྲི་པའི་འགོར་བསྟན་པའི་གཙོ་བོར་བྱོན་པའི་ཕྱིར་ཞེ་ན། རྟགས་མ་གྲུབ་སྟེ། བདེར་གཤེགས་ཀྱི་ས་མ་ཐོབ་པས་སོ། །དེ་ཚེ་ཁྲི་པའི་སྟོན་པའི་ཟུར་སྟོངས་ལ་བྱོན་པས་སོ། །ཞེ་ན་མ་ངེས་ཏེ། དཔེར་ན་གཏོ་ཤེས་རབ་ལྷ་འབུམ་ཡང་གཏོ་རྒྱལ་གྱི་བསྟན་པའི་ཟུར་སྟོངས་ལ་བྱོན་ལ། སུ་ཚེ་ཡང་གཤེན་རབ་ཀྱི་

བསྟན་པའི་ཟུར་སྟོངས་ལ་བྱོན་པ་བཞིན་ནོ།།

གཉིས་པ་རྒྱུད་པ་རྐང་ཚད་ནི། གོང་མ་ཆེ་དྲུག་གི་བར་རྐང་ཚད་དུ་འགྱུར་ཏེ། ཁྲི་ཁྲུག་ཁྲི་ལས་མ་ཐུབ་ལ། སྣང་བ་མདོག་ཅན་སྟོང་། ཡོངས་དག་ལྷ་བརྒྱ་ལས་སོགས་ལས་མ་ཐུབ་པའི་ཕྱིར་རོ་ཞེ་ན། དེ་དག་གིས་མི་དང་མཐུན་སྣང་དུ་དེ་ལས་མ་བཞུགས་པའི་ཕྱིར་རོ་ཞེ་ན་མ་ངེས་ལ། མཁའ་སྤྱོད་རིག་འཛིན་གྱི་གནས་ན། དེ་ལས་མ་བཞུགས་པའི་ཕྱིར་ཞེ་ན། རྟགས་མ་གྲུབ་སྟེ། ས་ཐོབ་ཆེ་ལ་དབང་བའི་རིག་འཛིན་ཡིན་པའི་ཕྱིར་རོ། །དཔེར་ན་དྲན་པ་ཆེ་དབང་དང་ལི་ཤྲུ་བཞིན་ནོ། །ཐབས་ཞགས་ལས། བརྒྱ་ཕྲག་བདུན་དང་བརྒྱ་ཕྲག་དྲུག །སྟོང་དང་དྲུག་བརྒྱ་ཛོགས་པ་ཡི། །གཞན་དོན་སྐྱེ་བ་རང་དབང་ཅན། །ཐོབ་པའི་ཕྱིར་ན་བསྐལ་པ་དག །གྲངས་མེད་འཇིག་རྟེན་གནས་འགྱུར་ཡང་། །ཤིན་ཏུ་གཞོན་པའི་ཚུལ་དུ་གནས། །ཞེས་སོ།།

གསུམ་པ་ལ། བསྟན་པ་རྐང་གཉིས་སུ་ཐལ་བ་ནི། བརྒྱ་པའི་བསྟན་པ་འདི་རྐང་གཉིས་སུ་ཐལ་ཏེ། སྔོན་གྱི་འཆི་མེད་དང་ད་ལྟའི་གཤེན་རབ་གཉིས་ཀའི་གསུང་དང་རྗེས་འཇུག་ཡིན་པའི་ཕྱིར་རོ་ཞེ་ན། སྟོན་པ་དེ་གཉིས་ངོ་བོ་མི་གཅིག་པའི་ཕྱིར་ཞེ་ན་ཉེས་པ་མེད་ལ། དེ་གཉིས་རྒྱུད་ཐ་དད་ཀྱིས་གསུངས་པས་ཞེ་ན་རྟགས་མ་གྲུབ་པའོ།།

བཞི་པ་ནི། བཀའ་སྡུད་པ་པོ་ལ་དགོས་པ་མེད་དེ། སྟོན་པས་དཀར་ནག་བཀྲ་གསལ་དུ་བཞུགས་ཚད་བསྟན་པ་བཞག་པས་སོ་ཞེ་ན། བཞག་པ་ནི་ཕྱི་རབས་ཡིད་ཆེས་ཀྱི་དགོས་པ་ལ། སྡུད་པ་ནི་སྡུད་པ་པོ་མི་བརྗེད་གཟུངས་ལྡན་དུ་ཤེས་པའི་དགོས་པ་ཡོད་དེ། གཞན་ཡང་སྟོན་པ་ནི་ཇི་ལྟར་མཛད་པ་ཐམས་ཅད་ཕྲིན་ལས་ལ། གང་ལྟར་སྨྲ་བ་ཐམས་ཅད་དྲང་ངེས་ཀྱི་བཀའ་ཡིན་པས་བསྡུ་དགོས་པའོ། །དེས་ན་འདི་

སྐད་བདག་གིས་བཤད་པའི་དུས་ཅིག་ན་ཞེས་པ་ནི། སྟོན་པ་ཉིད་ཀྱིས་བཤད་པའི་ཕྱིར། ཟབ་པ་དང་ངེས་པའི་ཕྱིར་ཡིད་ཆེས་པར་གྱིས་ཤིག་ཅེས་པའི་ཚིག་ལ། འདི་སྐད་བདག་གིས་ཐོས་པའི་དུས་ཅིག་ན། ཞེས་པ་ནི། སྟུད་པ་པོས་སྟོན་པ་དང་ང་ཉིད་ཀྱི་བར་ན་བརྒྱུད་པ་གཞན་མེད་པར་སྒྲོ་འདོགས་ཆོད་པའི་ཚིག་གོ།

ལྔ་པ་ནི། བསྟན་པ་གཅིག་ལ་སྟོན་པ་དུ་མར་འགྱུར་ཏེ། དཀར་ནག་བཀྲ་གསལ་དུ་སངས་པོ་དང་གཤེན་རབ་བྱུང་དུ་འཁྲོན་པའི་ཕྱིར་ཞེ་ན། སངས་པོ་དེ་ཐུན་མོང་ཀུན་གྱི་མཐུན་སྣང་ལ་མ་བྱོན་པའི་ཕྱིར་ཞེ་ན། རྟགས་མ་གྲུབ་སྟེ། བོན་གྱི་སྤྲུན་དང་ལྡན་པའི་བློ་ངོར་བྱོན་པས་སོ། །ཞེ་ན་མ་ངེས་ཏེ། དཔེར་ན་རྒྱས་པ་སྤྱི་དྲང་གི་གཙོ་བཞིའི་ཞལ་བཞིན་ནོ།

གཞན་ཡང་བདལ་འབུམ་ལས། མདོ་འབུམ་བཞི་ཡི་དུས་གསུམ་སྟོན་པ་དང་། །སུ་ཚེ་ལྔེམ་དྲུག་བཞི་ཡིས་གསུངས་པ་སྟེ། །སྟོང་ཐུན་སྡེབས་དང་བཅས་པར་རབ་ཏུ་བཤད། །ཕྱུགས་འབུམ་སྡེ་དྲུག་གསང་འདུས་སྟག་ལ་དང་། །མཁའ་འགྲིང་གཙུག་ཕུད་དབལ་བོན་ཙུམ་པོ་དང་། །ཏ་ར་སུ་རྒྱུང་གྱེར་ཁྲི་སྟོང་ནམ་དྲུག །གཟུགས་འབུམ་སྡེ་རྣམས་འདས་པའི་ལྷ་མོ་བཅུ། །གཤེན་རབ་འབུམ་བཞི་ས་ཏྲིག་གཤེན་ལྷ་དང་། །སངས་པོ་གཤེན་རབ་ང་ཡིས་གསུངས་པ་ཡིན། །ཞེས་གསུངས་པའི་ཕྱིར་ཞེ་ན། གཙོ་བཞི་ལ་ལྷ་སྲིད་ཡུམ་དང་གསུམ་གྱིས་གསུངས་པ་ནི། སྟོན་པས་བསྐུལ་མ་བཏབ་པས་གསུངས་ཤིང་། སྟོན་པ་རང་ཉིད་ནི་བསྟན་པའི་གཙོ་བོ་ཡིན་པར་གསུངས་ལ། དུས་གསུམ་སྟོན་པ་ལ་གཏོ་རྒྱལ་ལས་སོགས་ཀྱིས་གསུངས་པ་ནི། སྔོན་ཆེ་སངས་རྒྱས་དེ་དག་གིས་གསུངས་པ་སྟེ། ད་ལྟའི་གཤེན་རབ་ཀྱིས་ཀྱང་རྗེས་སུ་བཤད་དེ། དཔེར་ན་

པེཙུ་ཅེ་རྣམ་གསུམ་སྔོན་ཡེ་ཤེས་འོད་ཀྱི་བླ་མས་གསུངས་ཤིང་། སྒོ་བཞི་མཛོད་ལྡེ་ཡང་ཀུན་གསལ་འོད་ཀྱི་ཊཱིཀྲས་བཤད་ཀྱང་དྲ་ལྷའི་གཤེན་རབ་ཀྱིས་ཀྱང་དེའི་རྗེས་བཤད་པས། སྟོན་པ་དེ་དག་ཀུན་གྱི་བཀར་མི་འགལ་བ་བཞིན་ནོ། །སྣིད་ཕྱིན་དང་གསང་འདུས་སྟག་ལ་ལས་སོགས་ནི་སྟོན་པའི་བྱིན་བརླབས་ཀྱིས་གསུངས་པར་ཟད་དོ།།

དྲུག་པ་ངེས་མེད་དུ་ཐལ་བ་ནི། གཤེན་རབ་ཀྱི་མཛད་པ་དེ་ངེས་མེད་རྫོལ་མེད་འགྱུར་ཏེ། མདོ་གཟེར་མིག་ལས། ནུབ་ཕྱོགས་འོལ་མོ་ལུང་རིང་དུ་སྐུ་འཁྲུངས་ཤིང་། སྐུ་ཚེ་གཤེན་ལོ་སུམ་ཅུ་བཞུགས་ལ། མཛད་པ་དྲུག་ཅུའི་མདོ་ལས། གངས་ཏི་སེའི་འགྲམ་དུ་འཁྲུངས་ཤིང་། ལོ་བརྒྱར་མྱ་ངན་ལས་འདས་པར་བཤད། མདོ་འདུས་ལས། འོལ་མོ་ལུང་རིང་དུ་སྐུ་འཁྲུངས་ཤིང་། ལོ་བརྒྱད་ཅུ་རྩ་གཉིས་སུ་འདས་པར་བཤད་པའི་ཕྱིར་རོ། །ཞེ་ན། རྩེ་འབུམ་ལས། སྣ་ཚོགས་འཆར་བའི་ཕྱིར་སྤྲུལ་སྐུ་ཞེས་བྱའོ། །ཞེས་པས། དང་པོ་ནི་སྐུ་གསུང་ཐུགས་དང་གསུམ་གྱིས་འདུལ་བའི་དུས་ཚིགས་ལ་དགོངས་ལ། གཉིས་པ་ནི། མཛད་པ་བཅུ་གཉིས་ལོ་མཛོད་བཅུ་གཉིས་ཀྱི་ཡོངས་སུ་རྫོགས་པ་དང་། བརྒྱ་པའི་ཚེ་ཚད་དང་བསྟུན་པའི་མཛད་པའོ། །གསུམ་པ་ནི། ཤག་ཐུབ་བཞིན་དུ་བདུད་རིགས་ཀྱིས་མྱུར་དུ་འདའ་བར་འདོད་པའི་འདོད་པ་བསྐང་བ་ཙམ་དུ་མཛོན་ནོ།།

བདུན་པ་གཙོ་འཁོར་འཚོལ་བར་ཐལ་བ་ནི། ཁམས་བརྒྱད་ལས། ཡེ་གཤེན་གཙུག་ཕུད་དེ་འཁོར་གཤེན་ཐྲན་ལྷ་བརྒྱའི་ནང་གི་གཙུག་ཕུད་ཐོབ་པའི་གཤེན་བརྒྱད་དུ་བཤད་པ་དང་འགལ་ཞེ་ན། དེ་ནི་གཙུག་ཕུད་ཐོབ་པའི་གཤེན་བརྒྱད་ཀྱི་མ་ཚང་བའི་ཁ་སྐོངས་པར་བཤད་པར་མཛོན་ཏེ། ལྷ་མོ་ཐུགས་རྗེ་བྱམས་མའི་སྨོས་ཀྱི་སྲས་ཡིན་པའི་

རྟེན་འབྲེལ་གྱིས་ཀྱང་། ཐུགས་རྗེས་བྱམས་མ་རྒྱལ་བཞད་དུ་སྤྲུལ་པའི་སྤྲས་སུ་འཁྲུངས་ཤིང་། མདོ་འདུས་ལས་ཀྱང་། སློ་གསལ་འཆི་མེད་གཙུག་ཕུད་ཀྱང་། །ཞེས་པས། འཆི་མེད་དང་ཡེ་གཤེན་གཙུག་ཕུད་གཉིས་ངོ་བོ་ཐ་དད་དུ་མི་བབས་ཏེ། གཉིས་ཀ་ཕྱུ་དྲུམ་ཕ་རའི་ཐོར་ཙུག་གིས་ངེས་པའི་ཕྱིར་རོ། །འབུམ་པའི་གཤེན་ཆེན་པོ་ལྟར་ན་འཁོར་དུ་བྱུང་ཡང་འགལ་མེད་དོ། །སྐབས་དང་པོའི་གླེང་གཞིའི་འགྲེལ་པའོ།། །།

བཞི་པ་གླེང་བསླང་བ་ལ་གཉིས་ཏེ། ཐུན་མོང་གི་དོན་དང་། སོ་སོའི་དོན་ནོ། །དང་པོ་ལ་དྲུག་སྟེ། དགོས་པ་དང་། ངོ་བོ། སྒྲ་དོན་དང་། མཚན་ཉིད། དབྱེ་བསྡུ་དང་། མཐུན་དཔེའོ། །དང་པོ་ནི། གླེང་བསླང་མདོར་བསྟན་པས། ཐེག་པ་བདེ་བླག་ཏུ་རྟོགས་པའི་དགོས་པ་ཡོད་དེ། ཐེག་པའི་གྲངས་རིམ་ཁོང་དུ་ཆུད་པར་སླ་བའི་ཕྱིར།

གཉིས་པ་ངོ་བོ་ནི། འགྲེལ་ལས། ད་ནི་གླེང་བསླང་པའི་འགྲེལ་པ་བཤད་དེ། དེ་ལ་ཐེག་པ་རིམ་པ་མཐའ་དག་ཀུན། །ཞེས་དང་། ཆ་ལག་ལས། ཐེག་པའི་ངོ་བོ་ནི་སྙིང་རྗེ་དང་ཤེས་རབ་ཡིན་ཏེ། ཞེས་པས། ཐེག་པ་ཕྱི་ནང་གཉིས་ཀའི་ངོ་བོ་ནི་ཤེས་རབ་ཡིན་ཏེ། ཕྱིད་ཀྱང་རུང་ལ་མ་ཕྱིད་ཀྱང་རུང་སྟེ། རྣམ་པར་འབྱེད་འདོད་ཡིན་པའོ། །ཕྱི་པ་འགའ་ཞིག་དང་། ནང་པའི་ཐེག་པའི་ངོ་བོ་ནི་སྙིང་རྗེ་དང་ཤེས་རབ་གཉིས་ཆར་ཚོགས་ཏེ། རྣམ་པར་འབྱེད་པ་དང་བརྩེ་བ་གཉིས་ཆར་ཡིན་པའོ། །ཆེ་ཆུང་ཡང་དེ་གཉིས་ཆེ་ཆུང་ངོ་། །དེས་ན་ཕྱི་པ་ལ་ཡང་སྙིང་རྗེ་ཡོད་པ་ཚངས་པ་དང་། མེད་པ་ཁྱབ་འཇུག་པ་གཉིས་སུ་ཡོད་པའོ།།

གསུམ་པ་སྒྲ་དོན་ནི། ཆ་ལག་ལས། སྤྱིའི་ངེས་ཚིག་ནི་རྣམ་པ་གསུམ་སྟེ། འདི་འདེགས་པ་དང་། འདིར་འདེགས་པ་དང་། འདིས་འདེགས་པའི་ཕྱིར་རོ། །ཞེས་པས་སོ། །

གང་ཟག་རིག་པ་ཆེ་ཆུང་གང་དང་། འབྲས་བུ་མཐོ་དམན་གང་དུ་དང་། ཐབས་ཟབ་ཞན་གང་གིས་འདེགས་པ་སྟེ། དཔེར་ན་ཕྲུལ་གྱིས་བྲི་འདེགས། བྲིས་ཁལ་འདེགས་པ་ལྟར་རོ། །མཁྲིན་བཟང་དང་། ཧ་སྟི་དང་། ས་གཞིའི་ཐེག་ཐང་བཞིན་དུ། འོག་མ་འོག་མས་གོང་མ་གོང་མས་ཆེ་བ་འཁྱེན་པའི་ཚུལ་གྱིས་འདེགས་པས་ཐེག་པ་ཞེས་བྱའོ།།

བཞི་པ་མཚན་ཉིད་ལ། གླིང་བསླང་གི་མཚན་ཉིད་ནི། བཤད་གཞི་ནི་མདོར་བསྟན་ཏེ། དཔེ་ཡན་ལག་རྣམ་པ་གཙོད། སྤྱིར་ཐེག་པ་ཙམ་གྱི་མཚན་ཉིད་ནི། བློ་ཚད་ཀྱི་སྟོབས་ཡིན་ལ། གྲུབ་མཐའི་ཐེག་པའི་མཚན་ཉིད་ནི་སྙིང་རྗེ་དང་ཤེས་རབ་ཀྱི་བློ་སྟོབས་སོ། །དེའི་དོན་ནི་གྲུབ་མཐའ་དང་བློ་རྒྱུས་རང་རང་གི་ཐེག་ཐོང་ངོ་།།

ལྔ་པ་དབྱེ་བསྡུ་ལ་གསུམ་སྟེ། རྫས་དང་རིགས་དང་སྤང་གཉེན་གྱི་དབྱེ་བའོ། །དང་པོ་ནི། འགྲེལ་ལས། དེ་ནི་ཐེག་པའི་རིམ་པ་བསམ་གྱིས་མི་ཁྱབ་པར་ཡང་བཤད། ཅེས་པས། དེ་ཡང་བློ་རྫས་ཏེ། རྟེན་ནམ། མོས་པའམ། བསྒྲུབ་བྱའམ། འབྲས་བུ་བསམ་དུ་མེད་པའི་ཕྱིར་རོ།།

གཉིས་པ་ནི། འགྲེལ་ལས། ཅི་སྲིད་འདུ་ཤེས་ཡོད་ཀྱི་བར། དེ་སྲིད་ཐེག་པའི་གྲངས་ལ་ཐུག་མཐའ་མེད་པར་ཡང་བཤད། ཅེས་པས། ཐེག་པ་ལ་རིགས་བསམ་གྱིས་མི་ཁྱབ་སྟེ། རབ་ཏུ་དམྱལ་བ་ནས་ཐམས་ཅད་མཁྱེན་པའི་བར་ལ་འདུ་ཤེས་ཀྱུ་ཚོན་གསལ་འཁྲིབ་བསམ་དུ་མེད་པས་སོ།།

གསུམ་པ་སྤང་གཉེན་གྱི་དབྱེ་ན། འགྲེལ་ལས། ཉོན་མོངས་པ་བརྒྱད་ཁྲི་བཞི་སྟོང་འདུལ་བའི་གཉེན་པོར་བོན་གྱི་སྒོ་མོ་བརྒྱད་ཁྲི་བཞི་སྟོང་དུ་ཡང་བཤད་ན། ཞེས་པས། དེ་དག་གི་བློ་ལ་འཚམས་པའི་བོན་སྒོ་ཡང་བསམ་མེད་ཉི་ཟེར་དང་འདྲ་སྟེ།

གདུལ་བྱའི་ཉོན་མོངས་ཀྱང་བསམ་མེད་སྨུན་པའི་དབྱིངས་དང་འདྲ་བས་སོ། །ཁྱབ་པ་ཡང་སྲང་གཉེན་འགོ་ཐུག་གི་གནད་ཀས་འགྲུབ་བོ། །ཉོན་མོངས་པ་དེ་དག་བསྡུས་ན་དུག་གསུམ་དུ་འདུས་ཏེ། ཡུལ་སྡུག་མི་སྡུག་བར་མ་གསུམ་ལས། ཆགས་སྡང་རྨོངས་གསུམ་ལས་འདའ་ས་མེད་པའི་ཕྱིར་རོ། །དུག་གསུམ་ཤས་ཆེ་གསུམ་དང་ཆ་མཉམ་བཞི་ལ་ནང་ཚན་ཉི་ཁྲི་གཅིག་སྟོང་རེ་རེ་ཕྱེ་བས་བརྒྱད་ཁྲི་བཞི་སྟོང་། དེ་འདུལ་བྱེད་ཀྱི་བོན་སྒོ་ཡང་འདུལ་མདོན་ཏིང་འཛིན་གསུམ་ལ་འདུས་ཏེ། འདུལ་བས་འདོད་ཆགས་འགོ་ནོན། ཏིང་འཛིན་གྱིས་ཞེ་སྡང་འཇོམས། མདོན་པས་གཏི་མུག་སེལ་བའི་ཕྱིར་རོ། །དེ་གསུམ་ཤས་ཆེའི་སྡེ་གསུམ་དང་། ཆ་མཉམ་ཉི་ཁྲི་གཅིག་སྟོང་རེར་དབྱེ་བས་བརྒྱད་ཁྲི་བཞི་སྟོང་ངོ༎

བསྡུ་བ་ནི། འགྲེལ་ལས། དེ་དག་ཐམས་ཅད་རེས་ཤིག་བསྡུས་ཏེ་བཤད་ན་རྣམ་པ་གཉིས་སུ་འདུས། ཕྱི་པ་མུ་སྟེགས་པ་དང་ནང་པ་གཤེན་རབ་པ། ཞེས་པས་གང་ཟག་གི་བདག་ཏུ་ལྟ་བ་དང་། གང་ཟག་གི་བདག་མེད་པར་ལྟ་བ་གཉིས་ཡོད་པའི་ཕྱིར་རོ། །དེ་ཡང་ཕྱི་རོལ་རགས་པ་གོང་བུ་དང་། ནང་ཤེས་པའི་རྒྱུད་རྟག་པར་འདོད་པའི་གང་ཟག་གི་བདག་ཏུ་ལྟ་བའོ། །གཟུང་ལ་རྟུལ་ཕྲན་དང་། འཛིན་པའི་སྐད་ཅིག་དོན་དམ་དུ་འདོད་པ་ནི་བོན་གྱི་བདག་ཏུ་ལྟ་བའོ༎

ཐུག་པ་མཐུན་དཔེ་ནི། ཡེ་ཁྲི་ལ་ཟླ་ལས། ཐེག་པའི་ངོ་བོ་བསྟན་པ་ནི། །ཤེས་རབ་དང་ནི་སྙིང་རྗེ་ཡིན། །དོན་གཉིས་ཆེ་ན་ཐེག་པ་ཆེ། །དོན་གཉིས་ཆུང་ན་ཐེག་པ་ཆུང་། །ཐེག་པའི་ངེས་ཚིག་བསྟན་པ་ནི། །འདེགས་དང་བསྐྱེད་པར་བྱེད་པ་ཡིན། །དབྱེ་བ་མང་ཡང་བསྡུ་ན་གཉིས། །རྒྱུ་རྐྱེན་ལམ་ཁྱེར་མཚན་ཉིད་དང་། །འབྲས་བུ་ལམ་

ཁྱེར་གསང་སྔགས་ཐེག་པའོ། །རྒྱལ་པ་གྲུ་ཛོགས་ལྟ་བུ་ནི། །རྒྱུ་ལྟ་མཚན་ཉིད་ཐེག་པའི་དཔེ། །ཟབ་པ་ས་གཞི་ལྟ་བུ་ནི། །གསང་སྔགས་པ་ཡི་ཐེག་པའི་དཔེ། །ཞེས་པས། རྒྱུའི་ཐེག་པ་ནི་འབད་རྩོལ་དང་ཉམ་ང་ཅན་ཏེ། ཐབས་འགྱུང་བས་སོ། །གསང་སྔགས་ནི་ཉམ་ང་དང་རྩོལ་སྒྲུབ་མི་དགོས་ཏེ། ཐབས་ཟབ་པས་སོ།།

གཉིས་པ་སོ་སོའི་དོན་ལ་གཉིས་ཏེ། ངོ་བོའི་དོན་དང་། ཡན་ལག་གི་དོན་ནོ། །དང་པོ་ལ་གསུམ་སྟེ། དབྱེ་བའི་མཚན་ཉིད་དང་། འབྱེད་པའི་རྒྱུ་མཚན། སྒྲ་དོན་ནོ། །དང་པོ་ལ་གཉིས་ཏེ། ཕྱི་པ་དང་། ནང་པའི་དབྱེ་བ་མཚན་ཉིད་དོ།།

དང་པོ་ནི། མུ་སྟེགས་ལྟ་བ་བསྡུས་ན་རྣམ་པ་གཉིས། །སྔོན་འབྱུང་སྟེང་ནི་ལྟ་ཡུལ་གྲགས་པ་དང་། །རྗེས་འཇུག་འོག་ནི་མི་ཡུལ་གྲགས་པའོ། །ཞེས་པས་འཁྲུལ་པའི་འབྱུང་ཁུངས་དང་། དེ་ལས་བྱུང་བའི་རྗེས་འཇུག་པ་གཉིས་ལས་དབྱེ་སྟེ། དེ་ཡང་ཕྱི་པ་ལ། གང་ཟག་གི་བདག་ཏུ་ལྟ་བ་དང་། དེ་དུས་གསུམ་དུ་འགྱུར་མེད་དུ་ལྟ་བ་དང་། ཤི་ཕན་ཆད་ཉིང་མཚམས་མི་སྦྱོར་བར་ལྟ་བ་ནི། རིམ་པ་ལྟར་མུ་སྟེགས་ཙམ་དང་། རྟག་པར་ལྟ་བ་དང་། ཆད་པར་ལྟ་བའི་མཚན་ཉིད་དོ། །གཟུང་བའི་གང་ཟག་གི་བདག་མེད་ནི་བརྗོད་མེད་གསང་བ་པས་རྟོགས་པའོ།།

གཉིས་པ་ནང་པའི་དབྱེ་མཚན་ལ། ནང་པ་གསེན་རབ་ཐེག་པ་བསྡུས་ནས་ནི། །རྒྱུ་དང་འབྲས་བུ་གཉིས་སུ་བཤད་པ་ཡིན། །ཞེས་པས། གསེན་རབ་སྐྱབས་གནས་སུ་འཛིན་པའམ། འཛིན་པ་སེམས་ཀྱི་གང་ཟག་གི་བདག་མེད་རྟོགས་པ་དང་། དེ་འབྲས་བུ་ཡི་རྣམ་པ་ལམ་དུ་བྱེད་མི་ནུས་པ་དང་། བྱེད་ནུས་པ་ལས་རིམ་པ་ལྟར་གསེན་རབ་པ་ཙམ་དང་། རྒྱུ་ཡི་དང་། འབྲས་བུའི་མཚན་ཉིད་དོ། །རྒྱུ་ཡི་ཐེག་པ་དེ་ལ་རྣམ་པ་

གཉིས། །ཐེག་པ་ཆེན་པོ་དང་ནི་ཆུང་ངུའོ། །འཛིན་པ་སེམས་ཀྱི་གང་ཟག་གི་བདག་མེད་རྟོགས་ཤིང་། བདག་དོན་དང་། གཞན་དོན་གཙོ་བོར་སྟོན་པ་ནི། རིམ་པ་ལྟར་ཐེག་པ་ཆུང་ངུ་དང་། ཐེག་པ་ཆེན་པོའི་མཚན་ཉིད་དོ། །དེས་སྟུགས་ལ་ཡང་ཁྱབ་བོ། །འབྲས་བུའི་ཐེག་པ་ལ་ཡང་གཉིས་ཡིན་ཏེ། །ཕྱི་པ་དང་ནི་ནང་པ་གཉིས་སུ་བཤད། །ཅེས། འབྲས་བུས་རྣམ་པ་ལམ་དུ་བྱེད་ནུས་ཤིང་འབྲས་བུ་གཞན་ནས་ཐོབ་པར་འདོད་པ་དང་། རང་ལས་ཐོབ་པར་འདོད་པ་ནི། རིམ་པ་ལྟར་སྟགས་ཕྱི་པ་དང་ནང་པའི་མཚན་ཉིད་དོ། །དེ་ལ་ཕྱི་ནང་གསང་བའི་ཐེག་པ་གསུམ་ཞེས་བྱ། །འགྲེལ་ལས། མཚན་ཉིད་རྒྱུ་ཡི་ཐེག་པ་ལ་ཕྱི་ཞེས་བྱའོ། །སྟགས་ཕྱི་པའི་ཐེག་པ་ལ་ནང་ཞེས་བྱའོ། །ནང་པའི་ཐེག་པ་ལ་གསང་བ་ཞེས་བྱའོ། །ཞེས་པས་བསྙེན་བསྒྲུབ་ལ་མི་ལྟོས་པའི་ལམ་འགྱུར་པ་ཅན། སོ་ཐར་གྱི་སྡོམ་པ་སྤྱོད་པ་རྐྱང་པ་ལ་གཙོ་བོར་འཛིན་པ་དང་། གསང་བའི་སྤྱོད་པ་ཐབས་ཆེན་མེད་ཀྱང་ཉེ་ལམ་བསྙེན་བསྒྲུབ་མངའ་བ་དང་། སྦྱོར་སྒྲོལ་གྱི་སྤྱོད་པ་ཐབས་ཆེན་བློ་ཆུང་ལ་གསང་བའམ། ཇི་བཞིན་ཉིད་ཀྱི་ལྟ་བ་རང་བཞིན་གྱིས་ཐེག་དམན་ལ་གབ་པས་དེ་སྐད་ཅེས་བྱའོ། །ཐེག་པ་ཆུང་ངུ་ལ་ནི་རྣམ་པ་གཉིས། །ལྷ་མི་གཞན་རྟེན་ཐེག་པ་དང་། །རང་རྟོགས་གཞེན་རབ་ཐེག་པའོ། །ཞེས་པས། བདག་མེད་རྟོགས་པ་མེད་ཅིང་གཞེན་རབ་སྐྱབས་གནས་སུ་འཛིན་པ་དང་། དེས་ངན་སོང་དུ་འཕེན་པའི་ལས་སྤང་བ་དང་། འཇིག་རྟེན་འདི་ཡི་ངན་པར་གྲགས་པར་ཙམ་ལས་སྤང་མི་ནུས་པ་ནི། རིམ་པར་ལྟར་ལྷ་མི་གཞན་རྟེན་ཙམ་དང་། དེ་ཡང་དག་ལ་ཕྱོགས་པ་དང་། འབྲུལ་པ་ལ་ཕྱོགས་པའི་མཚན་ཉིད་དོ། །འོ་ན་ལྷ་མི་གཞན་རྟེན་དེ་ནང་པ་མ་ཡིན་པ་ཐལ། བདག་མེད་མ་རྟོགས་པའི་ཕྱིར་རོ་ཞེ་ན། གཞེན་རབ་སྐྱབས་

གནས་སུ་འཛིན་པ་ལ་ནང་པ་བཏགས་པ་ཡིན་གྱི། ཨུ་སྟེགས་པ་ཡང་ལྷ་མི་གཞན་རྟེན་གྱི་ཐེག་པ་ལ་སྣང་པ་ཡང་སྣང་ངོ་། །གང་ཟག་གི་བདག་མེད་རྟོགས་ཤིང་བོན་གྱི་བདག་མེད་མ་རྟོགས་པ་དང་། དེས་ཤེས་དོན་འབྲེལ་མེད་དུ་འདོད་པ་དང་། འབྲེལ་བ་ཡོད་པར་འདོད་པ་ནི། རིམ་པ་ལྟར་རྣམ་རྫོང་ཅམ་དང་། རྣམ་པ་མེད་པ་དང་། རྣམ་བཅས་པའི་མཚན་ཉིད་དོ། །བོན་གྱི་བདག་མེད་ཕྱོགས་གཅིག་རྟོགས་པ་དང་། དེ་སྐྱོ་ཤས་དང་ང་རྒྱལ་ཤས་ཆེ་བ་དང་། ཤས་ཆུང་བ་ནི་རིམ་པ་ལྟར། རང་རྟོགས་པ་ཙམ་དང་། བསེ་རུ་ལྟ་བུར་དང་། ནེ་ཙོ་ལྟ་བུར་མཚན་ཉིད་དོ། །འོ་ན་རྣམ་རང་གཉིས་ཐེག་པ་གཅིག་ཏུ་འཛོག་པ་དེ་མི་འཐད་པ་ཐལ། བོན་གྱི་བདག་མེད་རྟོགས་མ་རྟོགས་པ་ཡོད་པའི་ཕྱིར་རོ་ཞེ་ན། གཉིས་ཀས་བོན་གྱི་བདག་མེད་ཕྱོགས་གཅིག་ལས་མ་རྟོགས་པ་དང་། བདག་མེད་དོན་གྱི་སྙིང་རྗེ་ཙམ་ལས་མེད་པའི་ཐེག་པ་གཅིག་ཏུ་འཛོག་པར་ཟད་དོ།།

ཐེག་པ་ཆེན་པོ་ལ་ནི་རྣམ་པ་གཉིས། །ཐུགས་རྗེ་སེམས་དཔའི་ཐེག་པ་ཆེན་པོ་དང་། །གཡུང་དྲུང་སེམས་དཔའི་ཐེག་པ་སྤྲོས་མེད་དོ། །ཞེས་དང་། རྒྱུ་ཡི་ཐེག་པ་ཆེན་པོ་ལ། འབྲས་བུའི་རྣམ་པ་ལམ་དུ་མི་བྱེད་ཅིང་བོན་གྱི་བདག་མེད་མཐའ་དག་རྟོགས་པ་དང་། དེས་ཡང་དག་པར་སེམས་སུ་སྨྲ་བ་དང་། ཡང་དག་པ་སྤྲོས་བྲལ་དུ་སྨྲ་བ་ནི། རིམ་པ་ལྟར། རྒྱུ་ཡི་ཐེག་ཆེན་པ་ཙམ་དང་། སེམས་ཙམ་པ་དང་། སྤྲོས་མེད་པའི་མཚན་ཉིད་དོ། །དེ་གཉིས་ནི་སྙིང་རྗེ་ཆེན་པོ་མངའ་བ་ལ། གཉིས་སུ་འབྱེད་པ་མི་འཐད་དོ་ཞེ་ན། ཡང་དག་པར་སྤྲོས་པ་དང་བྲལ་མ་བྲལ་ལ་བྱད་ཞུགས་པའོ། །སེམས་ཙམ་པ་ལ་ཡང་ཁ་དོག་གི་སྐྱེ་མཆེད་གཞན་དབང་དུ་འདོད་པ་དང་། ཀུན་བཏགས་སུ་

འདོད་པ་ནི། རིམ་པ་ལྟར་ཡང་དག་པ་དང་། འབྲུལ་བར་དབྱེ་བའོ། །སྒྲིས་མེད་པ་ལ་ཡང་དེས་སྒྲིས་པ་འགེགས་པ་ལ་ཡོངས་གཅོད་བྱེད་པ་དང་། རྣམ་པར་བཅད་པ་ཙམ་ལས་མི་བྱེད་པ་ནི་རིམ་པ་ལྟར། རོལ་པ་ལྟར་སྣང་བ་དང་། ཅིར་མི་གནས་ཀྱི་མཚན་ཉིད་དོ། །སེམས་ཙམ་པ་བོན་ཅན། བོན་གྱི་བདག་མེད་མཐའ་དག་མ་རྟོགས་པར་ཐལ། སེམས་དོན་དམ་དུ་འདོད་པའི་ཕྱིར་རོ་ཞེ་ན། ཐ་སྙད་པའི་ཤེས་པ་དེ་དོན་དམ་དུ་འདོད་པའི་ཕྱིར་ཞེ་ན། རྟགས་མ་གྲུབ་ལ། གཟུང་འཛིན་གཉིས་མེད་ཀྱི་ཡེ་ཤེས་དོན་དམ་དུ་འདོད་པ་ཞེ་ན། ཁྱབ་པ་མ་གྲུབ་བོ།།

འབྲས་བུ་སྔགས་ཀྱི་ཐེག་པ་གཉིས་ཡིན་ཏེ། །བྱ་བ་གཙང་སྤྱོད་ཡེ་བོན་གྱི་ཐེག་པ་དང་། །རྣམ་པ་ཀུན་ལྡན་མངོན་ཤེས་ཐེག་པའོ། །ཞེས་པས། དམ་རྫས་བདུད་རྩི་ལྡོ་ལ་ལོངས་སྤྱོད་མི་ནུས་ཤིང་ཡེ་ཤེས་སེམས་དཔའ་རྗེ་བོར་ལྟ་བ་དང་། དེས་ཡེ་ཤེས་སེམས་དཔའ་གྲོགས་པོར་ལྟ་བ་ལས། རིམ་པ་ལྟར་བྱ་བ་དང་། རྣམ་པའི་མཚན་ཉིད་དོ། །འོ་ན་སློང་རྒྱུས་རྣམ་པ་ཀུན་ལྡན་མ་ཡིན་པ་ཐལ། ཡེ་ཤེས་སེམས་དཔའ་གྲོགས་པོར་མི་བལྟ་སྟེ། བདག་ཉིད་ལ་རྫོགས་པར་ལྟ་བའི་ཕྱིར་ཏེ། བདག་ཉིད་ལྟའི་གཞལ་ཡས་གྲུབ། །ཅེས་པའི་ཕྱིར་ཞེ་ན། དེ་ནི་གཙང་མ་མཐོ་ཐོག་སྤྱི་རྒྱུག་གི་བོན་དུ་གཏོགས་པས། མདོ་སྔགས་བསྲེས་མའི་ཐེག་པ་ཡིན་ཏེ། དཔེར་ན་མངོན་རྟོགས་རིག་པའི་རྩེ་འབུམ་ཡང་། མདོ་སྡེ་དང་རྫོགས་ཆེན་གཉིས་ཀར་མི་འགལ་བ་བཞིན་ནོ།།

གསང་སྔགས་ནང་གི་ཐེག་པ་གསུམ་ཡིན་ཏེ། །དངོས་སྐྱེད་ཐུགས་རྗེ་རོལ་པའི་ཐེག་པ་དང་། །ཤིན་ཏུ་དོན་ལྡན་ཀུན་རྫོགས་ཐེག་པ་དང་། །ཡེ་ནས་རྫོགས་ཆེན་ཡང་རྩེ་བླ་ན་མེད་པའོ། །ཞེས་པས། དམ་རྫས་བདུད་རྩི་ལྡོ་ལ་འཛོལ་སྟོག་ཏུ་སྤྱོད་ནུས

ཤིང་ལྷ་སྐུ་ཡིག་འབྲུ་ཐིག་ལེ་བསྐྱེད་པ་དང་། དེས་ལྷ་དབྱིངས་ནས་ཉི་ཟླ་ཤར་བ་ལྟར་རྫོགས་ཚུལ་དུ་སྒོམ་པ་དང་། སྤྱོད་པ་དགག་སྒྲུབ་དང་བྲལ་ཞིང་སྒོམ་མེད་ཐོབ་མེད་དུ་ལ་བཟླས་པ་གསུམ་ལས། རིམ་པ་ལྟར་དངོས་བསྐྱེད་པ་དང་། ཀུན་རྫོགས་པ་དང་། རྫོགས་ཆེན་པ་གསུམ་གྱི་མཚན་ཉིད་དོ།།

གཉིས་པ་འབྱེད་པའི་རྒྱུ་མཚན་ནི། འཇུག་ཚུལ་མི་འདྲ་བ་དགུ་ཡོད་པས་དགུར་དབྱེ་སྟེ། ཁྱབ་པ་སྣང་ལྡན་གྱི་ཐེག་པའི་རབ་དབྱེ་ལས། དེ་ལ་ལྷ་མི་གཞན་རྟེན་ནི་མ་ངེས་སྤྱོད་པའི་སྒོ་ནས་འཇུག་གོ །རང་རྟོགས་གཤེན་རབ་ནི་བདེན་པ་དང་རྟེན་འབྲེལ་གྱི་སྒོ་ནས་འཇུག་གོ །ཐུགས་རྗེ་སེམས་དཔའ་ནི་མཚན་ཉིད་གསུམ་གྱི་སྒོ་ནས་འཇུག་གོ །གཡུང་དྲུང་སེམས་དཔའ་ནི་བདེན་པ་གཉིས་ཀྱི་སྒོ་ནས་འཇུག་གོ །བྱ་བ་གཙང་སྤྱོད་ནི་དག་པ་གསུམ་གྱི་སྒོ་ནས་འཇུག་གོ །རྣམ་པ་ཀུན་ལྡན་ནི་འགྱུར་པ་གཉིས་ཀྱི་སྒོ་ནས་འཇུག་གོ །དངོས་སྐྱེད་ཐུགས་རྗེ་རོལ་པ་ནི་ཐབས་དང་ཤེས་རབ་ཀྱི་སྒོ་ནས་འཇུག་གོ །ཤིན་ཏུ་དོན་ལྡན་ཀུན་རྫོགས་ནི་དབྱིངས་དང་ཡེ་ཤེས་ཀྱི་སྒོ་ནས་འཇུག་གོ །རྫོགས་པ་ཆེན་པོའི་ཕྱོགས་རིས་གཉིས་མེད་ཀྱི་སྒོ་ནས་འཇུག་སྟེ། དེས་ན་འཇུག་སྒོ་ལ་ཡང་ཁྱད་ཡོད་དོ། །ཞེས་སོ།།

གཉིས་པ་སོ་སོའི་དོན་ནི། ལ་ཟླའི་བམ་པོ་ལས། སྟོན་པའི་གསུང་ལ་རག་ལུས་པས། །གཞན་རྟེན་མིང་གི་ངེས་ཚིག་ཡིན། །བསྟན་པ་གཞན་ལ་མི་ལྟོས་པར། །གོམས་པའི་མཐུ་ཡིས་རང་སངས་རྒྱས། །བསྒྲུབ་པས་འབྲས་བུ་ཐོབ་འདོད་པ། །རང་རྟོགས་མིང་གི་ངེས་ཚིག་ཡིན། །སྙངས་དང་ཡེ་ཤེས་ཐུགས་རྗེ་དང་། ཕྲིན་ལས་ཕུན་སུམ་ཚོགས་ལྡན་པས། །དེ་དོན་གཞན་ལ་སྒྲོགས་བྱེད་པ། །ཐུགས་རྗེ་མིང་གི་ངེས་ཚིག་ཡིན། །

ཁྲུས་དང་གཙང་སྦྲ་འདུད་པ་དང་། །གཟའ་དང་རྒྱུ་སྐར་གཙོར་སྟོན་པ། །གཡུང་དྲུང་མིང་གི་ངེས་ཚིག་ཡིན། །སྤྱོད་པ་དགེ་སྤྱོད་མས་ཡར་འཛེགས། །ལྟ་བ་འཁྲུལ་མེད་ཡས་མར་དབུབ། །གཙང་སྤྱོད་མིང་གི་ངེས་ཚིག་ཡིན། །རིགས་བཞིའི་སངས་རྒྱས་སོ་སོ་ཡི། །ཡང་དག་དོན་ཉིད་རྣལ་མ་ལ། །རང་གི་ལུས་ངག་ཡིད་གསུམ་སྦྱོར། །གཞན་དོན་རྒྱ་ལག་ཕྱེད་པར་བྱེད། །རྣལ་མ་མིང་གི་ངེས་ཚིག་ཡིན། །ཉིང་འཛིན་རྣམ་གསུམ་རབ་ལྡན་ཞིང་། །ཐབས་དང་ཤེས་རབ་གཙོར་བྱས་ནས། །ཡང་དག་དོན་ལ་འབྲལ་མེད་འཇུག །དངོས་སྐྱེད་མིང་གི་ངེས་ཚིག་ཡིན། །བསྐྱེད་རིམ་རྫོགས་པར་རྒྱས་འདེབས་ཤིང་། །འཁྲུལ་མེད་རོལ་པ་ཆེན་པོར་བལྟ། །དོན་ལྡན་མིང་གི་ངེས་ཚིག་ཡིན། །སྣང་ཞིང་སྲིད་པའི་འཁོར་འདས་ཀུན། །བོན་སྐུར་ཡེ་ནས་རྫོགས་སངས་རྒྱས། །མ་སྤངས་གཉིས་མེད་ཚུལ་དུ་འཇུག །རྫོགས་ཆེན་མིང་གི་ངེས་ཚིག་ཡིན། །ཞེས་སོ།།

དེ་ལ་ཐེག་པ་འགའ་ཞིག་ནས། རྣམ་རྟོད་པ་ལྷ་མི་གཞན་རྟེན་དུ་བསྟུད་པའམ། མུ་སྟེགས་པ་ལྷ་མི་གཞན་རྟེན་དུ་བསྟུད་པ་ནི། ཉན་ཐོས་བྱེ་བྲག་ཏུ་སྨྲ་བས་བརྗོད་དུ་མེད་པའི་བདག་ཁས་ལེན་པས་མུ་སྟེགས་པ་དང་ཆ་མཚུངས་པ་ལ་དགོངས་སོ།། གཡུང་དྲུང་སེམས་དཔའ་བྱ་བ་གཙང་སྤྱོད་དང་བསྲེ་བ་ཡང་། དེ་གཉིས་ཀྱི་ནང་མཐུན་རྣམ་གླིང་ལྟ་བུ་ཡོད་པ་ལ་དགོངས་པའོ།།

གཉིས་པ་ཡན་ལག་གི་དོན་ལ། ཐེག་པ་དེ་དག་ཀུན་ལ་སྤྱི་དོན་བདུན་གྱིས་བསྟན་ཏེ། རྟོགས་པའི་ལྟ་བ་དང་ནི་བསྲུང་བའི་དམ་ཚིག་དང་། །སྒོམ་པའི་རིམ་པ་དང་ནི་བསྒྲུབ་པའི་ཐབས་དག་དང་། །སྤྱོད་པའི་འཕྲིན་ལས་དང་ནི་གྲུབ་པའི་འབྲས་བུ་དང་། །གོང་འོག་ཐེག་པའི་ལ་བཟླལ་ཤན་དབྱེའོ། །དེ་ཡང་ལྟ་བ་ནི་གྲུབ་མཐའི་

འཛིན་སྟངས་ཏེ། ལ་ཟླ་ལས། ལྔ་བའི་ངེས་ཚིག་བསྟན་པ་ནི། །ཡང་དག་ཤེས་བྱའི་ངོ་བོ་དེ། །གྲུབ་པའི་མཐར་ཕྱུར་ལྔ་བའོ། །ཞེས་སོ། །དམ་ཚིག་ནི་མི་འདའ་བའི་བསྲུང་བྱ། སྒོམ་པ་ནི་ལྔ་བ་ལ་བློ་གོམས་པ། བསྒྲུབ་ཐབས་ནི་ལམ་གྱི་རྩོལ་ཐབས། ཕྲིན་ལས་ནི་གཞན་དོན་གྱི་བྱ་བྱེད། འབྲས་བུ་ནི་དོན་དུ་གཉེར་བྱ་ཐོབ་པ། ལ་ཤན་ནི་གོང་འོག་ཁྱད་པར་བཞག་པའོ། །འདི་དག་གི་ཁྱད་པར་རྒྱས་པར་གཞུང་དུ་འབྱུང་བའོ། །གླེང་བསླང་བ་སྟེ་སྐབས་གཉིས་པའི་འགྲེལ་པའོ།། །།

ལྔ་པ་དགོས་འབྲེལ་ལ། འགྲེལ་ལས། ད་ནི་དགོས་འབྲེལ་བཤད་པར་བྱ་སྟེ། དེ་ལ་དོན་ལྔ་སྟེ། བརྗོད་བྱ་དང་། རྗོད་བྱེད་དང་། དགོས་པ་དང་། དགོས་པའི་དགོས་པ་དང་། འབྲེལ་བའོ། །དེ་ལ་གང་ཐེག་པ་རང་རེའི་འདོད་པའི་གྲུབ་མཐའ་ཅི་ལྟ་བ་དེ་ནི་བརྗོད་བྱའོ། །དེ་ཡི་དོན་གཏན་ལ་འབེབས་པའི་བཀའ་ཚིག་དང་ཡི་གེར་སྣང་བ་ནི་རྗོད་བྱེད་དོ། །དེ་གཉིས་དོན་གཉིས་མེད་དུ་གནས་པ་ནི་བདག་ཉིད་གཅིག་པའི་འབྲེལ་བའོ། །བརྗོད་བྱ་མཚོན་པར་བྱེད་པ་ལས་རྗོད་བྱེད་འབྱུང་བས་དེ་ལས་བྱུང་བའོ། །དོན་མཚོན་པར་བྱེད་པ་ལས་སྒྲ་བྱུང་ཞིང་། སྒྲ་ཡིས་དོན་གཏན་ལ་འབེབས་པར་བྱེད་པ། ཐབས་དང་ཐབས་ལས་བྱུང་བའི་འབྲེལ་བའོ། །གཞན་ཡང་གང་དང་གང་དོན་ཡོད་ངེས་པ་དེ་ནི་བརྗོད་བྱ་ལ། དེ་སྟོན་པར་བྱེད་པའི་སྒྲ་དེ་རྗོད་བྱེད་དོ། །དོན་ཐམས་ཅད་སྒྲ་དེ་ལས་བྱུང་བ་ནི་འབྲེལ་བའོ། །དེས་ཐེག་པ་རང་རང་གི་འབྲས་བུ་ཐོབ་པ་དེ་ནི་དགོས་པའི་དགོས་པའོ། །ཞེས་པ། དེ་ལ་གསུམ་སྟེ་དགོས་པ། མཚན་ཉིད། དབྱེ་བའོ། །དང་པོ་ནི། དགོས་འབྲེལ་བཤད་པས། རྟོག་དཔྱོད་ཅན་འཇུག་པའི་དགོས་པ་ཡོད་དེ། དེས་འདི་དགོས་སོགས་ཡན་ལག་ལྔ་ལྡན་དུ་རྟོགས་པའི་ཕྱིར་རོ། །

གཉིས་པ་མཚན་ཉིད་ལ་སྤྱིར་དགོས་འབྲེལ་གྱི་མཚན་ཉིད་ནི། གང་ལ་འཇུག་པར་རིགས་པའི་འཐད་པའོ། །ཡན་ལག་ལྔ་ལ་བརྗོད་བྱ་ནི་བརྗོད་པས་གོ་བར་བྱ་བ། བརྗོད་པ་ནི་བརྗོད་བྱ་གོ་བྱེད། འབྲེལ་བ་ནི་དགོས་སོགས་ཀྱི་མཐུན་འཇུག དགོས་པ་ནི་གང་ཞིག་རྟོགས་པའི་ཕྱིར་ཉེར་འགོ། ཉིང་དགོས་ནི་ཉེར་མཁོའི་ཉེར་མཁོའོ།།

གསུམ་པ་དབྱེ་བ་ལ་གཉིས་ཏེ། ཐུན་མོང་གི་དང་། སོ་སོའི་དབྱེ་བའོ། །དང་པོ་ལ་སྤྱིར་ངག་ཙམ་ལ་ཡོད་པའི་དགོས་འབྲེལ་ལྔ་ནི། ངག་གང་གིས་བསྟན་པ་བརྗོད་བྱ། ངག་དེ་རྗོད་བྱེད། དེས་དེ་རྟོགས་པ་དགོས་པ། དེས་སྐྱེས་བུའི་དོན་གྲུབ་པ་ཉིང་དགོས། ཉིང་དགོས་དགོས་པ་ལས་བྱུང་། དགོས་པ་རྗོད་བྱེད་ལས་བྱུང་། དེ་བརྗོད་བྱ་ལས་བྱུང་བ་ནི་འབྲེལ་བའོ། །ཁྱད་པར་དགོས་འབྲེལ་ངག་ལ་ཡོད་པའི་དགོས་སོགས་ལྔ་ནི། དགོས་འབྲེལ་གྱི་གཞུང་གིས་བསྟན་པའི་དགོས་སོགས་ལྔ་བརྗོད་བྱ། གཞུང་དེ་རྗོད་བྱེད། དེས་དེ་རྟོགས་པ་དགོས་པ། དེས་བློ་ལྡན་གཞུང་ལ་འཇུག་པ་ཉིང་དགོས། དེ་དེ་ལས་བྱུང་བ་འབྲེལ་བའོ།།

གཞུང་ལ་ཡོད་པའི་དགོས་སོགས་ལྔ་ནི། ཐེག་པ་རིམ་དགུའི་ལྟ་སྤྱོད་བརྗོད་བྱ། དེ་སྟོན་པའི་གཞུང་འདི་བརྗོད་པ། དེས་ཐེག་པ་རང་རང་གི་གྲུབ་མཐའ་རྟོགས་ཤིང་འཇུག་པ་དགོས་པ། དེས་ཐེག་པ་རང་རང་གི་འབྲས་བུ་ཐོབ་པ་ཉིང་དགོས། དེ་དེ་ལས་བྱུང་བ་འབྲེལ་བའོ། །འཆད་པའི་རྒྱུ་མཚན་བསལ་བྱའི་ལོག་རྟོག་ལྔ་དང་ཐེ་ཚོམ་ལྔ་ངེས་པས་ལྔར་དབྱེ་སྟེ། འདི་ལ་བརྗོད་བྱ་གྱ་ནོམ་པ་དང་། བརྗོད་པ་ངག་རྣམ་དག དེའི་གནས་སྐབས་ཀྱི་དགོས་པ། མཐར་ཐུག་གི་ཉིང་དགོས། དེ་དག་གཅིག་མེད་ན་གཅིག་མི་འབྱུང་བའི་འབྲེལ་པ། ཡོད་དམ་མེད་དམ་སྙམ་པའི་ཐེ་ཚོམ་ལྔར་ངེས་པས་

སོ། །དབྱེ་དོན་རྒྱུ་འབྲས་ཀྱི་གོ་རིམ་སྟེ། སྔ་མ་སྔ་མ་ལ་བརྟེན་ནས་ཕྱི་མ་ཕྱི་མ་འབྱུང་བས་སོ།།

གཉིས་པ་སོ་སོའི་དབྱེ་བ་ལ་བརྗོད་བྱ་ལ་གཉིས་ཏེ། དངོས་ཀྱི་བརྗོད་བྱ་ནི། སྒྲ་སྤྱི་དང་འདྲེས་རུང་བའི་དོན་སྤྱིའོ། །རང་མཚན་ནི་ཞེན་པའི་བརྗོད་བྱ་སྟེ། སྒྲ་སྤྱི་དང་འདྲེས་མི་རུང་བས་སོ། །དེས་ན་རང་མཚན་ཉིད་བརྗོད་བྱ་བཏགས་པ་ལ། དོན་སྤྱི་ནི་བརྗོད་བྱ་མཚན་ཉིད་པའོ། །བརྗོད་པ་ལ་གཉིས་ལས། དངོས་ཀྱི་བརྗོད་པ་ནི། དོན་སྤྱི་དང་འདྲེས་རུང་བའི་སྒྲ་སྤྱིའོ། །སྒྲ་རང་མཚན་པ་ནི་ཞེན་པའི་བརྗོད་པ་སྟེ། དོན་སྤྱི་དང་འདྲེས་རུང་བས་སོ། །དཀའ་དང་མི་ནུས་འབྲས་མེད་ཕྱིར། །རང་གི་མཚན་ཉིད་བརྗོད་བྱ་ཡིན། །ཞེས་རིགས་གཞུང་ལས་བཤད་དེ། འབྲེལ་བ་ལ་མཚན་ཉིད་པ་དང་། བཏགས་པ་བ་གཉིས་ཡོད་དེ། བྱས་པ་དང་མི་རྟག་པ་ལྟར་བདག་གཅིག་ཏུ་འབྲེལ་བ་དང་། མེ་དུད་ལྟར་དེ་བྱུང་གི་འབྲེལ་བ་ནི་མཚན་ཉིད་པ་ལ། འདི་ནི་ཐབས་དང་ཐབས་ལས་བྱུང་བའི་འབྲེལ་པ་སྟེ། དོན་མཚོན་ཕྱིར་སྒྲ་བྱུང་ཞིང་། སྒྲ་དེས་དོན་གཏན་ལ་ཕེབས། དེས་གནས་སྐབས་ཀྱི་དགོས་པ་རྟོགས། དེས་མཐར་ཐུག་གི་ཉིང་དགོས་ལ་འཇུག་པའི་ཕྱིར་རོ།།

སྦྱོར་འབྲེལ་བའི་རྣམ་གྲངས་ནི། གཞིའི་བམ་པོ་ལས། བདག་ཉིད་གཅིག་པའི་འབྲེལ་པ་ནི། །ཐམས་ཅད་སེམས་ཉིད་གཅིག་པའོ། །ཤེས་བྱ་ཤེས་བྱེད་འབྲེལ་བ་ནི། །བོན་ཉིད་གཤིས་དང་ཤེས་རབ་བོ། །སྟོད་དང་བཅུད་ཀྱི་འབྲེལ་བ་ནི། །གདུལ་བྱ་སྐལ་ལྡན་གཤེན་རབ་དང་། །གདམས་ངག་བདུད་རྩིའི་ཐིགས་པའོ། །ལས་དང་ཐུགས་རྗེའི་འབྲེལ་པ་ནི། །གཤེན་རབ་སྐལ་ལྡན་ལས་འགྲོ་དང་། །དཔོན་གསས་སྟོན་པའི་ཐུགས་

རྗེ་གཉིས། །འཛོམ་ཞིང་འགྲོ་འབྲེལ་འཕྲུད་པའོ། །ཞེས་སོ། །དགོས་འབྲེལ་བཤད་པའི་འགྲེལ་པའོ།། །།

གཉིས་པ་གཞུང་གི་དོན་ལ། འགྲེལ་ལས། ད་ནི་མདོ་རྒྱུད་ཉིད་རྒྱས་པར་འཆད་དེ། ཞེས་པས་དེ་ལ་གཉིས་ཏེ། སྔོན་འབྱུང་སྟེང་ལྷ་ཡུལ་དུ་གྲགས་པ་དང་། རྗེས་འཇུག་འོག་མི་ཡུལ་དུ་གྲགས་པའོ། །དང་པོ་ནི། འགྲེལ་ལས། སྔོན་འབྱུང་སྟེང་ལྷ་ཡུལ་དུ་གྲགས་པའི་ཡོག་ལྷ་ནི། སུམ་ཅུ་རྩ་གསུམ་ལྷའི་གནས་ན། ལྷ་བུ་དྲང་སྲོང་ཤེས་དགའ་རབ་ལྡན་དེས། །སེམས་ཅན་ཚེ་འཕོས་གཟུགས་མི་ལེན་པ་གཅིག །ཕོའི་མངོན་པར་ཤེས་པས་ རྣག་མཐོང་སྟེ། །གཏན་གྲོགས་འཁོར་མོ་དེ་ལ་འདི་སྐད་སྨྲས། །ཀྱེ་གཏན་གྲོགས་བཟང་མོ་རྒྱལ་ཕྲད་འཁོར་དང་བཅས། །མ་ཤི་བར་དུ་དགའ་མགུ་ཆེམ་མཛོད་ཅིག །ཤི་ན་དེའི་སྤྱོད་ཡུལ་མ་ལགས་ཏེ། །ལུས་རྣག་ཐལ་བ་བཞིན་དུ་སོང་བ་ནི། །སླར་འཚོ་བ་ནི་ག་ལ་ཡོད་དེ་དེ་ལ་ཡང་། །སེམས་དེ་ཐེར་ཟུག་མི་འགྱུར་ལུས་རྒྱུན་ཆད། །དེ་སྐད་ཟེར་བ་དེ་ལ་ལོག་པར་བཟུང་། །སེམས་དེ་ཐེར་གཟུགས་མི་འགྱུར་ཞེས་པ་ལ་རྟག་པར་བཟུང་། ལུས་རྒྱུན་ཆད་ཅེས་པ་ལ་ཆད་པར་བཟུང་ནས། འཁྲུལ་པའི་ལྷ་བ་བསམ་གྱིས་མི་ཁྱབ་པ་བྱུང་ངོ་། །ཞེས་པས། གང་ཚེ་འཁྲུལ་ན་སྔོན་འབྱུང་དང་། གནས་གང་ན་རྩ་གསུམ། གང་འཁྲུལ་ན་ཤེས་དགའ། ཅི་ལྟར་འཁྲུལ་ན་གཉེན་གྱི་དགྲ་བཅོམ་གཅིག་གཉིས་མེད་ཀྱི་བོན་ཉིད་རྟོགས་པས་སླར་ལུས་མི་ལེན་པ་ལ། རྟག་ཆད་གཉིས་སུ་བརྟགས། དེ་གང་ལ་བསྒྲགས་ན་འཁོར་མོ་ལ། ཅི་སྐད་ན་ཚིགས་སུ་བཅད་དེ་བསྒྲགས་སོ།།

གཉིས་པ་རྗེས་འཇུག་འོག་མི་ཡུལ་དུ་གྲགས་པ་ལ་གཉིས་ཏེ། སྤྱིར་ལྷ་ཡོག་ཙམ་

གྱི་དབྱེ་བསྡུ་དང་། ཁྱད་པར་གྱི་སྟོན་པ་བཅུ་གཉིས་ཀྱི་བཞེད་ལུགས་སོ། །དང་པོ་ལ་བརྒྱད་དེ། སུམ་བརྒྱ་དྲུག་ཅུ་དང་། དགུ་བཅུ་རྩ་དགུ། དྲུག་ཅུ་རྩ་གཉིས། རི་བོ་ཉི་ཤུ། ལུང་མ་བསྟན་བཅུ་བཞི། ལུང་དུ་བསྟན་པ་བཅུ་གཉིས། འཇིག་ཚོགས་ལ་ལྟ་བ་ལྔ་དང་། སྒྲོ་སྐུར་གྱི་རྟག་ཆད་དུ་ལྟ་བ་གཉིས་སོ། །དང་པོ་ནི། རྗེས་འཇུག་འོག་ཏུ་གྲགས་པའི་ལོག་ལྟ་ནི་རྒྱས་པར་སུམ་བརྒྱ་དྲུག་ཅུ་ཡོད་ཅེས་པས། གཟུགས་དང་། སེམས་དང་། སེམས་བྱུང་གསུམ་ལ་རྟོག་པ་བརྒྱ་དང་ཉི་ཤུ་རེ། དེ་བསྡུས་དགུ་བཅུ་རྩ་དགུ་བདེན། །ཞེས་པས་འདས་མ་འོངས་ད་ལྟ་གསུམ་གྱི་ཕུང་པོ་ལ་རྟོག་པ་སུམ་ཅུ་རྩ་གསུམ་རེའོ། །གསུམ་པ་ནི། དེ་ལས་ཡང་བསྡུས་དྲུག་ཅུ་གཉིས། །ཞེས་པ་ལ་སྨྲ་བའི་སེང་གེ་ལས། ལྟ་བ་དྲུག་ཅུ་རྩ་གཉིས་སུ་འདོད་པ་ནི། སྔོན་གྱི་མཐའ་ལ་རྟོག་པའི་མཐའ་བཅོ་བརྒྱད། ཕྱི་མའི་མཐའ་ལ་རྟོག་པའི་མཐའ་བཞི་བཅུ་རྩ་བཞིའོ། །དེ་ལ་སྔོན་གྱི་མཐའ་ལ་རྟོག་པ་ནི། རེས་ཤིག་རྟག་པར་ལྟ་བ་རྣམས་ཀྱི་བཞི་དང་། ཁ་ཅིག་རྟག་པར་ལྟ་བ་རྣམས་ཀྱི་བཞི་དང་། མཐའ་ཡོད་པ་དང་མེད་པར་ལྟ་བ་བཞི་དང་། རྒྱུ་མེད་པར་ལྟ་བ་གཉིས་སོ་ཞེས་པས། རེས་ཤིག་རྟག་པར་ལྟ་བ་རྣམས་ཀྱི་བཞི་ནི་ཕྱི་རོལ་པའི་མངོན་ཤེས་ཀྱིས་བར་སྐལ་ཉི་ཤུ་མཐོང་བ་དང་། བཞི་བཅུ་དང་། བརྒྱད་ཅུ་མཐོང་བ་དང་། ཡང་སེམས་ཅན་ལ་མདོག་བཟང་ངན་ཤེ་ནས་དེ་ལྟ་བུར་སྐྱེས་པ་མཐོང་བས། བདག་དང་འཇིག་རྟེན་ལ་རྟག་པར་ལྟ་བ་བཞིའོ། །ཁ་ཅིག་རྟག་པར་ལྟ་བ་རྣམས་ཀྱི་བཞི་ནི་ཚངས་པ་ཆེན་པོའི་འཁོར་ན་ལྷ་འགའ་ཞིག་འཕོས་ཏེ་མིར་སྐྱེས་ནས། རབ་ཏུ་བྱུང་སྟེ་མངོན་ཤེས་བསྒྲུབས་ནས་བལྟས་པས། ཚངས་པ་ཆེན་པོ་མ་ཤི་བར་མཐོང་བས། སྨྲ་པས་ཚངས་པ་ཆེན་པོ་ནི་རྟག་ལ་དེས་སྤྲུལ་པའི་ལྷ་གཞན་ནི་མི་རྟག་གོ་ཞེས་ལྟ་བ་དང་།

ཡང་ཚངས་པ་ཆེན་པོའི་གཟུགས་ཀྱི་རྒྱུན་འགག་ཅིང་སེམས་ཀྱི་རྒྱུན་མི་འགག་པར་མཐོང་བས། གཟུགས་ནི་མི་རྟག་ལ་སེམས་ནི་རྟག་པར་ལྟ་བ་དང་། ཡང་རྩེད་མོས་ཉེས་བཞིན་མ་ཡིན་པའི་འདོད་ལྷ་ཡོད་དེ། དེ་དག་རྩེད་མོ་དང་ག་ཞས་དྲན་ཉེས་བཞིན་ཉམས་པས་ཤི་སྟེ། སྔ་མ་བཞིན་དུ་གྱུར་ནས་བལྟས་པས་རང་གི་བླ་བོ་མ་ཤི་བར་མཐོང་སྟེ། ལྷ་རྩེད་མོས་བསླུས་པ་རྣམས་ལ་གང་ཞིག་རྩེད་མོ་ལ་ཆེས་དགའ་བ་རྣམས་ནི་མི་རྟག་ལ། གཞན་ནི་རྟག་པར་ལྟ་བ་དང་། ཡང་ལྷ་ཡིད་ཀྱི་སྡང་བ་ཅན་ཞེས་བྱ་བའི་འདོད་ལྷ་ཡོད་དེ། དེ་དག་རང་གི་བླ་བོ་ལ་སྡང་སེམས་སྐྱེ་བས་བསོད་ནམས་ཟད་ནས་ཤི་སྟེ་སྔ་མ་ལྟ་བུར་གྱུར་ནས་བལྟས་པས། གང་ལྷ་ཡིད་འཁྲུག་པ་དེ་དག་ནི་མི་རྟག་ལ། གཞན་ནི་རྟག་པར་ལྟ་བ་དང་བཞི་འོ།།

མཐའ་དང་ལྡན་མི་ལྡན་དུ་སྨྲ་བ་རྣམས་ཀྱི་བཞི་ནི། ཕྱི་རོལ་པ་ཁ་ཅིག་སྟེང་བསམ་གཏན་བཞི་དང་འོག་ཏུ་མནར་མེད་སྐྱེ་བར་མཐོང་བས། བདག་དང་འཇིག་རྟེན་མཐའ་དང་ལྡན་པར་ལྟ་བ་དང་། ཐད་ཀར་ཕྱུག་པ་མེད་པར་མཐའ་དང་མི་ལྡན་པར་ལྟ་བ་དང་། ཁ་ཅིག་མིའི་འཇིག་རྟེན་མཐའ་དང་བཅས་ལ་ཚངས་པའི་འཇིག་རྟེན་མཐའ་མེད་པར་མཐོང་བས་མཐའ་ཡོད་མེད་གཉིས་ཀ་ཡིན་པར་ལྟ་བ་དང་། ཡན་མན་དུ་མཐའ་མེད་པ་མ་ཡིན་ཞིང་ཐད་ཀར་ཡོད་པ་མ་ཡིན་པས་མཐའ་ཡོད་མེད་གཉིས་ཀ་ཡིན་པར་ལྟ་བའོ།།

རྒྱུ་མེད་པར་ལྟ་བ་རྣམས་ཀྱི་གཉིས་ལས། བསམ་གཏན་ལ་བརྟེན་ནས་བྱུང་བ་ནི། གཟུགས་མེད་ནས་འདོད་པར་སྐྱེ་བར་འགའ་ཞིག་བསམ་གཏན་མན་ཆད་ན་རྒྱུ་ཚོགས་སྔར་ཡོད་མ་མཐོང་བས། རྒྱུ་མེད་པ་ལས་བྱུང་བར་ལྟ་བ་དང་། རྟོག་གེ་ལ་

བརྟེན་ནས་བྱུང་བ་ནི། ཕྱི་རོལ་པའི་རྟོག་གེ་བ་དག་གིས་རྒྱུ་ཚོགས་པ་སྔར་ཡོད་མ་མཐོང་བར་ཆར་རླུང་ལ་སོགས་གློ་བུར་དུ་འབྱུང་བ་ལ། བདག་དང་འཇིག་རྟེན་རྒྱུ་མེད་པ་ལས་བྱུང་བར་ལྟ་བའོ།།

གཞན་ནས་ལྟ་མི་སྤྱོད་པ་རྣམས་ཀྱི་བཞི་ནི་རང་བཞིན་གྱི་ཤེས་པ་ཞན་ཞིང་དབང་པོ་རྟུལ་བ་དང་། རང་གི་གྲུབ་མཐའ་ལ་བློ་མ་བྱང་བ་དང་། བྱང་ཡང་མ་ངེས་པ་དང་། ངེས་ཀྱང་མངོན་པའི་ང་རྒྱལ་ཅན་དང་བཞི་ལས། དགེ་སྡིག་གི་འབྲས་བུ་དང་། ཚེ་སྔ་ཕྱི་དང་བདེན་བཞི་ལ་བརྩམས་ནས་དྲིས་པ་ལ། རིམ་པ་ལྟར་དེ་དག་གི་མི་ཤེས་པ་དང་། གསལ་བར་མི་ཤེས་པ་དང་། ཤེས་ཀྱང་ལུང་རིགས་ཀྱིས་མ་ངེས་པས། བརྒལ་ཞིང་བརྟགས་པས་འཇིག་པ་དང་། གཞན་ལ་ཟླར་མ་མཐོང་བ་དང་། རྫུན་སྨྲ་ན་ཕྱི་མར་ལྟར་མི་སྐྱེ་མི་དགོས་པས། བདག་ནི་ལྟ་མི་སྤྱོད་བ་ལགས་སོ་ཞེས་སྨྲས་པ་དང་བཞི་སྟེ་བཅོ་བརྒྱད་དོ།།

ཡང་སྨྲ་བའི་སེང་གེ་ལས། ཕྱི་མའི་མཐའ་ལ་རྟོག་པ་བཞི་བཅུ་རྩ་བཞི་ནི། འདུ་ཤེས་ཡོད་པར་སྨྲ་བ་བཅུ་དྲུག་དང་། འདུ་ཤེས་མེད་པར་སྨྲ་བ་བརྒྱད་དང་། འདུ་ཤེས་ཅན་ཡང་མ་ཡིན། འདུ་ཤེས་མེད་པ་ཡང་མ་ཡིན་པར་སྨྲ་བ་བརྒྱད་དང་། ཆད་པར་སྨྲ་བ་བདུན་དང་། ཚེ་འདི་མྱ་ངན་ལས་འདས་པར་སྨྲ་བ་ལྔའོ། །ཞེས་པས། དང་པོ་འདུ་ཤེས་ཡོད་པར་སྨྲ་བ་བཅུ་དྲུག་ནི། ཕྱི་རོལ་པ་དག་གིས་བདག་གཟུགས་ཅན་ཡིན་པ་དང་། མ་ཡིན་པ་དང་། གཉིས་ཀ་ཡིན་པ་དང་། གཉིས་ཀ་མ་ཡིན་པ་དང་། བདག་མཐའ་དང་ལྡན་པ་དང་། མི་ལྡན་པ་དང་། གཉིས་ཀ་ཡིན་པ་དང་། གཉིས་ཀ་མ་ཡིན་པ་བཞི་དང་བརྒྱད། བདག་བདེ་བ་དང་། སྡུག་བསྔལ་བ་དང་། གཉིས་ཀ་ཡིན་པ་དང་།

གཉིས་ཀ་མ་ཡིན་པ་བཞི་སྟེ་བཅུ་གཉིས། སེམས་ཅན་ཐམས་ཅད་ལ་བདག་གཅིག་ལས་མེད་པ་དང་། རེ་རེ་ཡོད་པ་གཉིས། བདག་ཆུང་ངུ་དང་། བདག་ཆེན་པོ་སྟེ་བཅུ་དྲུག་པོ་དེ་ལ་འདུ་ཤེས་ཡོད་པ་བདེན་གྱི། གཞན་གཏི་མུག་ཏུ་ལྟ་བའོ། །དེ་དག་ཀྱང་རིམ་པ་ལྟར་གཟུགས་ཡོད་མེད། མཐའ་ཡོད་མེད། བདེ་སྡུག གཅིག་དང་ཐ་དད། ཆེ་ཆུང་གི་མཐའ་ལ་རྟོག་པའོ།།

གཉིས་པ་འདུ་ཤེས་མེད་པར་སྨྲ་བ་རྣམས་ཀྱི་བརྒྱད་ནི། གོང་དུ་བཤད་པའི་གཟུགས་ཡོད་མེད་བཞི་དང་། མཐའ་ཡོད་མེད་བཞི་སྟེ་བརྒྱད་པོ་དེ་ལ་འདུ་ཤེས་མེད་པར་སྨྲ་བ་བདེན་གྱི་གཞན་གཏི་མུག་ཏུ་ལྟ་བའོ།།

གསུམ་པ་འདུ་ཤེས་ཡོད་མེད་གཉིས་ཀ་ཡིན་པའི་བརྒྱད་ནི། ཡང་གོང་གི་བརྒྱད་པོ་དེ་ལ་འདུ་ཤེས་ཡོད་མེད་གཉིས་ཀ་ཡིན་པ་བདེན་གྱི་གཞན་གཏི་མུག་ཏུ་ལྟ་བའོ།།

བཞི་པ་ཆད་པར་སྨྲ་བ་བདུན་ནི། འདོད་ཁམས་ཀྱི་མི་དང་། འདོད་ལྷ་དང་། གཟུགས་ཁམས་ཀྱི་ལྷ་དང་། གཟུགས་མེད་རིགས་བཞི་སྟེ་བདུན་པོ་དེ་མ་ཤི་ཙམ་ཆད་རྟག་ལ། ཤི་ན་ཡེ་མེད་དུ་ལྟ་བའོ།།

ལྔ་པ་ཚེ་འདི་མྱ་ངན་ལས་འདས་པར་སྨྲ་བ་ལྔ་ནི། འདོད་པའི་ཡོན་ཏན་ལྔ་ལ་འཇོམ་བག་མེད་པར་སྤྱོད་ན་མྱ་ངན་ལས་འདས་པར་སྨྲ་བ་དང་། བསམ་གཏན་དང་པོ་དང་། གཉིས་པ་དང་། གསུམ་པ་དང་། བཞི་པ་ཐོབ་ན་མྱ་ངན་ལས་འདས་པར་སྨྲ་བའོ།།

བཞི་པ་རི་བོ་ཉི་ཤུ་ནི་དེ་ལས་བསྡུས་པ་ཉི་ཤུ་སྟེ། ཞེས་པས་དེར་ཡང་སྨྲ་པའི་སེང་གེ་ལས་འཇིག་ཚོགས་ལ་ལྟ་བ་ཉི་ཤུ་ནི། གཟུགས་བདག་ཡིན་པར་ལྟ་བ་དང་། གཟུགས་བདག་དང་ལྡན་པར་ལྟ་བ་དང་། གཟུགས་བདག་གི་ཡིན་པར་ལྟ་བ་དང་།

གཟུགས་ལ་བདག་གནས་པར་ལྟ་བ་དང་། དེ་བཞིན་དུ་ཚོར་བ་དང་། འདུ་ཤེས་དང་། འདུ་བྱེད་དང་། རྣམ་པར་ཤེས་པ་རྣམས་དེ་བཞིན་ཏེ། དང་པོ་ལྔ་ནི་བདག་ཏུ་ལྟ་བའོ། །བཅོ་ལྔ་ནི་བདག་གིར་ལྟ་བའོ། །ཞེས་སོ།།

ལྟ་བ་ལུང་མ་བསྟན་བཅུ་བཞི་ནི། དེ་བསྡུས་བཅུ་བཞི་བཅུ་གཉིས་སོ། །ཞེས་པ་ལ། སློབ་དཔོན་སེང་གེ་ལས། ལུང་དུ་མ་བསྟན་པའི་ལྟ་བ་ནི་བཅུ་བཞི་སྟེ། གཤེན་རབ་ལ་བདག་དེ་ཡན་ཆད་ཡོད་དམ། མེད་དམ། གཉིས་ཀའམ། གཉིས་ཀ་མ་ཡིན་ཞེས་དྲིས་པ་ལ། ལན་མ་གསུངས་པ་དང་། བདག་དང་འཇིག་རྟེན་མཐའ་དང་ལྡན་པ། མི་ལྡན་པ། གཉིས་ཀའམ། གཉིས་ཀ་མ་ཡིན་ནམ་ཞེས་དྲིས་པ་ལ། ལན་མ་གསུངས་པ་དང་། བདག་དང་དེ་ལ་སྲོག་དང་དེའི་བདག་དང་གཞན་ལ་སྲོག་དང་གཞན་མ་ཞེས་དྲིས་པ་ལ་ལན་མ་གསུངས་པས། ལུང་དུ་མ་བསྟན་པའོ། །ཞེས་སོ།།

གཞན་ནས་མྱ་ངན་ལས་འདས་པ་ལ་བརྟེན་པ་བཞི་ནི། དེ་བཞིན་གཤེགས་པ་གྲོངས་ཕན་ཆད་འབྱུང་བ་དང་། མི་འབྱུང་བ་དང་། གཉིས་ཀ་ཡིན་པ་དང་། གཉིས་ཀ་མ་ཡིན་པར་ལྟ་བ་བཞིས་ཁ་བསྐང་བའོ། །ཡང་གཅིག་གྲངས་ཅན་པ་རྣམས་ནི་བདག་དང་འཇིག་རྟེན་རྟག་པར་འདོད་ལ། རྒྱང་འཕེན་པ་རྣམས་ནི་ཞིག་ན་སླར་མི་སྐྱེ་བར་འདོད་པ། གཅེར་བུ་བ་རྣམས་ནི་རང་བཞིན་རྟག་པ་གནས་སྐབས་མི་རྟག་པ་གཉིས་ཀ་ཡིན་པ་དང་། རྣ་ཕྱུག་པ་རྣམས་ནི་རྟག་དང་མི་རྟག་གཉིས་ཀར་བརྗོད་དུ་མེད་པར་ལྟ་བ་བཞི་བསྟན་པའོ། །དེ་ལ་ལུང་དུ་མ་བསྟན་ནི། མུ་སྟེགས་ཀྱི་སྟོན་པ་འགའ་ཞིག་གིས་གཤེན་རབ་ལ་དྲིས་པ་ལ། གང་ཟག་གི་བདག་ལ་བརྟེན་ཏེ་དྲིས་པར་མཁྱེན་ནས། རི་བོང་གི་རྭ་མ་གྲུབ་པས། དེ་ལ་གྲུས་གཉེར་མེད་པ་ལྟར་ཅང་མ་གསུངས་པ་ལས་ཀྱིས་པར་བཤད་དོ། །

དྲུག་པ་ལྟུང་དུ་བསྟན་པ་བཅུ་གཉིས་ནི་འོག་ཏུ་རྒྱས་པར་འབྱུང་བ་དེའོ།།

བདུན་པ་འཇིག་ཚོགས་ལ་ལྟ་བ་ལྔ་ནི། དེ་ལས་བསྡུས་པའི་ལྟ་བ་ལྔ། །ཞེས་པས། སྙེ་བའི་སེང་གེ་ལས། ལྟ་བ་ལྔ་ནི། འཇིག་ཚོགས་ལ་ལྟ་བ་དང་། མཐར་འཛིན་པར་ལྟ་བ་དང་། ལོག་པར་ལྟ་བ་དང་། ལྟ་བ་མཆོག་ཏུ་འཛིན་པ་དང་། ཚུལ་ཁྲིམས་རྟུལ་ཞུགས་མཆོག་ཏུ་འཛིན་པའོ། །ཞེས་པས། དང་པོས་ནི་ཕུང་པོ་ལྔ་རྟག་པ་དང་གཅིག་བུ་རང་དབང་ཅན་དུ་ལྟ་བའོ། །གཉིས་པས་ནི། ཕུང་པོ་ལྔ་ལ་ཡོད་པའམ། མེད་པའམ། རྟག་པའམ། ཆད་པའི་མཐར་ལྟ་བའོ། །གསུམ་པས་ནི། ཕུང་པོ་ལྔ་མ་ཤི་ཙུན་ཆད་རྟག་ལ་ཤི་ན་ཡེ་མེད་དུ་ལྟ་བའམ། འཆི་བ་བྱུས་པས་མཐོ་རིས་སུ་འགྲོ་བར་ལྟ་བའོ། །བཞི་པས་ནི། གོང་གི་ལྟ་ངན་དེ་དག་ལ་མཆོག་དང་གྱ་ནོམ་པར་ལྟ་བའོ། །ལྔ་པས་ནི། ཚུ་ལ་མ་བྱིན་པར་མི་ལེན་པ་ལྟ་བའི་ངལ་བ་དོན་མེད་པའི་ཚུལ་ཁྲིམས། མེ་ལྔ་བསྟེན་པ་དང་། དབྱུ་གུ་གསུམ་པ་ལྟ་བའི་རྟུལ་ཞུགས་དེ་དག་གིས་སྡིག་པ་འདག་བྱེད་དང་འཁོར་བ་ལས་འགྲོལ་བྱེད་དུ་ལྟ་བའོ། །དེ་ལ་དང་པོ་གསུམ་ནི་ཐར་པ་ལས་ལོག་པར་ཞུགས་པའོ། །ཕྱི་མ་གཉིས་ནི་སྒྲུབ་ཐབས་ལ་ལོག་པར་ཞུགས་པའོ། །བརྒྱད་པ་སྒྲོ་སྐུར་གྱི་ལྟ་བ་རྟག་ཆད་གཉིས་སུ་བསྡུ་བ་ནི། མཐར་རྒྱས་ཡང་བསྡུས་རྣམ་པ་གཉིས། འདིར་མ་འདུས་པ་གང་ཡང་མེད། རྒྱས་པ་གོང་དུ་བསྟན་པ་དེ་དག་དང་། འོག་ཏུ་བསྟན་པ་དེ་དག་གོ།

གཉིས་པ་ཁྱད་པར་གྱི་སྟོན་པ་བཅུ་གཉིས་ལ། གསུང་གནས་དང་བཞེད་གཞུང་ངོ་། །དང་པོ་ནི། གྲུབ་མཐའ་ཀུན་གྱི་སྙིང་པོ་འདུས། །བཅུ་གཉིས་ཡིན་ཕྱིར་འདི་བཤད་བྱ། །དེ་ཡང་གང་དང་གང་ཞེ་ན། །ཕྱི་མ་གཡུང་དྲུང་ལྟ་ཡུལ་ན། །ཕྱི་བྲག་སེར་སྐྱའི་

བཞེད་གཞུང་དང་། །ཕྱུ་ལུང་འོད་ལྡན་འོད་ཡུལ་ན། །གཞོན་ནུ་གྲངས་ཅན་བཞེད་གཞུང་དང་། །འབར་བ་གཡུ་ལུང་བདེ་ཡུལ་ན། །དྲང་སྲོང་གོས་མེད་བཞེད་གཞུང་དང་། །ཀྱུར་ཎ་པ་ཎ་བཟང་ཡུལ་ན། །ཡེ་མཁྱེན་སྐྱོས་མཁན་བཞེད་གཞུང་དང་། །ཙན་དན་སྙིང་པོ་གཤེན་ཡུལ་ན། །ཕྱུ་སྲས་ཀུན་སྟོན་བཞེད་གཞུང་དང་། །རྒྱ་མཚོ་རླབས་ཀྱི་ནོར་གླིང་ན། །ཁང་ཟག་བདེན་སྟོན་བཞེད་གཞུང་དང་། །སྲིན་པོ་འདུལ་བའི་དྲག་ཡུལ་ན། །སྐུ་ཚོགས་རླབས་སྟོན་བཞེད་གཞུང་དང་། །ཁྲི་ཤོ་མེ་ཏོག་མདངས་ཡུལ་ན། །བདག་ཉིད་ཆེ་བརྩུན་བཞེད་གཞུང་དང་། གཡུང་དྲུང་བརྩེགས་པའི་གསས་ཡུལ་ན། །བརྗོད་མེད་གསང་བའི་བཞེད་གཞུང་དང་། །འགིར་ལི་ཁྲི་སྣ་ལྷ་ཡུལ་ན། །རྒྱལ་ཆེན་རྗེས་འཇུག་བཞེད་གཞུང་དང་། །མང་ཚེ་སྟག་ཚང་སྐར་ཕུག་ན། །ལྷུན་ཆེན་ཉི་མའི་བཞེད་གཞུང་དང་། །ངན་ཆེན་ནགས་ཀྱི་སྨན་ལུང་ན། །དྲང་སྲོང་རྒྱལ་ཆེན་བཞེད་གཞུང་རྣམས། །སྨུ་སྟེགས་བོན་གྱི་སྙིང་པོ་སྟེ། །མཁས་པ་བཅུ་གཉིས་བཞེད་གཞུང་རྣམས། །བདེན་པའི་དོན་དུ་གཏན་ལ་འབེབས། །ཞེས་པས་གནས་བཤད་པ་ཙམ་དུ་བས། གནས་དང་གྲུབ་མཐའི་བརྗ་སྦྲད་ནི་མེད་པའོ། །དེ་ལ་རྟག་ལྟ་བ་སྡེ་དགུ་དང་། ཆད་པར་ལྟ་བ་སྡེ་གསུམ་སྟེ། རྟག་ལྟ་དགུ་ལ་རྣམ་གྲངས་ཀྱིས་དབྱེ་ན། ཤེས་བྱར་གྲངས་ཅན་གཅོད་པ་བཞི་དང་། མི་གཅོད་པ་ལྔའོ། །བདག་གི་འདོད་ལུགས་ཀྱིས་དབྱེ་ན། དེ་ཡང་གང་ཟག་གི་བདག་ལ་འཛིན་སྟངས་མི་འདྲ་བ་དགུར་འདོད་དེ། གང་ཟག་བདེན་སྟོན་གྱིས་ནི་གང་ཟག་གི་བདག་དེ་བརྗོད་དུ་མེད་པར་འདོད། གཞན་པ་བརྒྱད་ཀྱིས་ནི་བརྗོད་དུ་ཡོད་པར་འདོད་དོ། །བརྒྱད་པོ་ལ་ཡང་གསང་བའི་ཁམས་གསུམ་པོ་ཐམས་ཅད་ལ་བདག་གཅིག་ལས་མེད་པ་འདོད་ལ། གཞན་ནི་གང་ཟག་རེ་རེར་ཡོད་

པར་འདོད་དེ། ཆེ་བཙུན་བས་བདག་དེ་ཁ་དོག་དང་དབྱིབས་དང་བོངས་ཚད་ཡོད་པར་འདོད་ལ། གཞན་ནི་མེད་པར་འདོད་དོ། །བྱེ་བྲག་པས་ལུས་ངག་ཡིད་གསུམ་ཀུན་ཀར་བདག་ཡོད་ལ། རིག་བྱེད་པས་ངག་དང་ཡིད་གཉིས་ལས་བདག་མེད་པར་འདོད་དོ། གཞན་དྲུག་ནི་སེམས་མ་ཡིན་པར་བདག་མི་འདོད་དོ། །རྒྱུའི་འདོད་ལུགས་ཀྱིས་དབྱེ་ན། སྤྱིར་རྒྱུའི་འདོད་ལུགས་བདུན་ཏེ་འབྱུང་བ་རྒྱུ་རུ་འདོད་པ་དང་། དུས་ལ་དང་། ངོ་བོ་ཉིད་ལ་དང་། རང་བཞིན་དང་། བྱེད་པ་པོ་དང་། དགེ་སྡིག་དང་། བདག་ཉིད་རྒྱུ་རུ་འདོད་པའོ། །དེ་ལ་བྱེ་བྲག་པས་ནི་གཙོ་ཆེ་བར་འབྱུང་བ་རྒྱུར་འདོད་ལ། གྲངས་ཅན་པས་ནི་རང་བཞིན་རྒྱུར་ལྟ་བའོ། །གཅེར་བུ་བས་དགེ་སྡིག ཕྱུ་སྲས་ཀུན་སྟོན་ནི་ཚངས་པའི་བྱེད་པ། སྣ་ཚོགས་ནླབས་སྟོན་པ་ནི་ཁྱབ་འཇུག་བྱེད་པར་ལྟ་བའོ། །བདག་ཉིད་ཆེ་བཙུན་དང་གསང་བ་བས་བདག་ཉིད་རྒྱུར་ལྟ་ལ། ཆད་ལྟ་སྡེ་གསུམ་ནི། འབྱུང་བ་དང་དུས་ངོ་བོ་ཉིད་རྒྱུར་ལྟ་བའོ། །རྟག་ལྟ་ཤས་ཆེ་བས་དབང་ཕྱུག་བྱེད་པ་པོར་ལྟ་བ། གཅེར་བུ་བས་ནི་དབང་ཕྱུག་ཚངས་པ་ཁྱབ་འཇུག་གསུམ་སྐུ་གསུམ་དུ་འདོད་ལ། དབང་ཕྱུག་པ་ཕལ་ཆེས་ནི་ཁྱབ་འཇུག་པ་མེད་པར་འདོད་དེ། ཆད་ལྟ་བ་རྣམས་ནི་སྔོན་ཆེ་ལྷ་དང་ལྷ་མིན་འཐབ་དུས། ལྷ་རྣམས་ཀྱིས་ཕྱི་མའི་སྡིག་པ་འཇོམ་པས། ལྷ་མིན་དང་འཐབ་མ་ནུས་པ་ལ། ལྷ་ཕམ་ལ་ཁད་པས། གཟའ་ཕུར་བུས་ཚེ་ཕྱི་མ་མེད་པ་དང་། ལས་དགེ་སྡིག་མེད་པའི་ཚིག་བཅད་བསྡེབས་པས། གཞོད་གཅིག་འཐབ་པར་མོས་པ་ལས་སྲིད་པར་བཤད་དོ།།

གཉིས་པ་བཞེད་ལུགས་ལ་གཉིས་ཏེ། རྟག་ལྟ་བ་དང་། ཆད་ལྟ་བའོ། །དང་པོ་ལ་བཞི་སྟེ། རིགས་པ་སྨྲ་བ་བཞི། བྱེད་པ་པོར་སྨྲ་བ་གཅིག དབུ་མ་པར་སྨྲ་བ་གཉིས།

སེམས་སུ་སྨྲ་བ་གཉིས་སོ། །དང་པོ་ལ་བཞི་ནི། བྱེ་བྲག་པ། གྲངས་ཅན་པ། གཅེར་བུ་བ་དང་། རིགས་པ་ཅན་ནོ། །དེ་ལ་བྱེ་བྲག་པ་བཞི་སྟེ། མིང་གི་རྣམ་གྲངས་དང་། སྟོན་པ་དང་། གཞུང་དང་། གྲུབ་མཐའོ། །དང་པོ་ནི། བྱེ་བྲག་ཁས་ལེན་པས་བྱེ་བྲག་པ། རིག་པ་ཁས་ལེན་པས་རིགས་པ། དབང་ཕྱུག་ལྟར་འཛིན་པས་དབང་ཕྱུག་པ། ཞུག་པ་ལྟར་འཛིན་པས་ཞུག་པ་པའམ། ཞུག་ཕྱུག་པ་ཞེས་བྱ་སྟེ། དྲང་སྲོང་གཟེགས་ཟན་གྱིས་དབང་ཕྱུག་བསྒྲུབས་པས། དེ་ནི་རྟེན་རྫོའི་ཕོ་མཚན་གཅིག་ཡོད་པའི་ཁར་ཞུག་པ་གཅིག་བབས་པས། དབང་ཕྱུག་ཡིན་པར་བཟུང་ནས་རྫས་ཡོད་དམ་ཞེས་དྲིས་པ་ལ་མགོ་ཙོག་བྱས། ཡོན་ཏན་ལ་སོགས་དྲུག་དྲིས་པ་ལ། མགོ་ཙོག་བྱས་པའི་རྗེས་སུ་འཕྲུར་བས་ཤེས་བྱར་གྲངས་ཚན་དྲུག་ཏུ་འདོད་པའི་གཏན་ཚིགས་སོ། །སྟོན་པ་ནི། བྱེ་བྲག་སེར་སྐྱས་འདི་ལྟར་བཞེད། །ཅེས་པ་སྟེ། དྲང་སྲོང་ཆེན་པོ་སེར་སྐྱ་ཞེས་བྱ་བ་ཐམས་ཅད་མཁྱེན་པར་འདོད་པའོ། །དེའི་རྗེས་འཇུག་དྲང་སྲོང་གཟེགས་ཟན་ནོ། །གཞུང་ནི་ཞི་བའི་རྒྱུད་ལ་སོགས་པའོ། །གཉིས་པ་གྲུབ་མཐའ་ནི། རྫས་དང་ཡོན་ཏན་ལས་དང་སྤྱི། །བྱེ་བྲག་འདུ་བ་དྲུག་ཏུ་འདོད། །ཅེས་པས། དང་པོ་རྫས་ནི་འགྲེལ་པས་ཅེས་བྱ་བའི་དོན་ནི། དང་པོ་རྟག་པ་ཉིད་ཀྱི་རྫས་ནི་དགུ་སྟེ། ས་དང་། ཆུ་དང་། མེ་དང་། རླུང་དང་། བདག་དང་། དུས་དང་། ཕྱོགས་དང་། ཡིད་དང་། ནམ་མཁའ་འོ། །དེ་ལ་དང་པོ་ས་ལ་སའི་ཡན་ལག་ཅན་གྱི་རྫས། རླུམ་པོང་ཕྱོགས་ཆ་མེད་པའི་རྟག་པ་གཅིག་པུ་གཅིག་གིས་ཡན་ལག་ཐམས་ཅད་ལ་ཁྱབ་པར་འདོད་དེ། དེ་ཡང་ཅི་ལྟར་ཡིན་ན། རྡུལ་ཕྲ་རབ་ཆ་མེད་གཉིས་འདུས་པ་ལས། གཉིས་འདུས་ཡན་ལག་ཅན་གྱི་རྫས་དེ་བཞིན་རྒྱུ་གཉིས་གཉིས་པ་གཉིས་འདུས་ལས། བཞི་འདུས་ཡན་ལག་ཅན་གྱི་

རྫས། དེ་བཞིན་དུ་བརྒྱད་འདུས་དང་། བཅུ་དྲུག་འདུས། སུམ་ཅུ་རྩ་གཉིས་འདུས་དང་། དྲུག་ཅུ་རྩ་བཞི་འདུས་ལ་སོགས་རྫས་ཀྱི་འཕྲེང་བ་ཚོགས་པ་ལས། འདུས་པ་རགས་པ་གྲུབ་པར་འདོད་དེ། དེ་ཡང་ཆ་མེད་དུ་ནི་མངོན་སུམ་ཚད་པས་གྲུབ་པར་འདོད་དེ། ཆུ་ལས་སོགས་པ་བརྒྱད་ལ་ཡང་དེ་ལྟར་ཤེས་པར་བྱའོ། །ཞེས་སོ། །དེ་ལ་ཅི་ཐྲག་པས་ནི་རྒྱུའི་གཙོ་བོ་འབྱུང་བར་ལྟ། འཇིག་རྟེན་དང་པོ་མེ་ཆུ་རླུང་གསུམ་གང་གིས་ཞིག་ཀྱང་། རྡུལ་ཕྲ་རབ་མི་འཇིག་པས། གང་ཚེ་དབང་ཕྱུག་གི་བྱེད་པ་དང་། སེམས་ཅན་སྤྱི་མཐུན་གྱི་ལས་ལས་རྡུལ་ཕྲ་རབ་གཉིས་འབྱར་བ་ནི་རླུང་གི་རླུང་གི་ཕྲ་རབ། བཞི་འབྱར་བ་རླུང་གི་མེ། བརྒྱད་འབྱར་བ་རླུང་གི་ཆུ། བཅུ་དྲུག་འབྱར་བ་རླུང་གི་ས་ལས་སོགས་དེས་འགྲེས་ཏེ། བཞི་འབྱར་བ་མེའི་མེ། བརྒྱད་འབྱར་ཆུའི་ཆུ། བཅུ་དྲུག་འབྱར་བའི་ས་ལས་སོགས་ལས་ཕྱི་སྣོད་སེ་གོལ་གཏོགས་པ་ཙམ་ལ་རླུང་གི་དཀྱིལ་འཁོར་ཆགས་པར་འདོད་དེ། ཆུའི་དཀྱིལ་འཁོར་ལ་སོགས་ཀྱང་དེ་བཞིན་ནོ། །ཡན་ལག་ཅན་ཐམས་ཅད་ཀྱང་ཤུང་ཀར་གྱི་རྒྱལ་པོ་ལྟར་རླུམ་གོང་འཚོགས་པའི་ཕྱིར། ཆ་མེད་དུ་མངོན་སུམ་གྱིས་གྲུབ་པར་འདོད་དོ། །དེ་བཞིན་དུ་བདག་རྟག་པ་ཆེན་པོ་ཡང་བདག་ལ་འདུས་པས། ཡིད་ཀྱང་ཡིད་ཀྱི་རྫས་སུ་འདུས། ནམ་མཁའ་ཡང་ནམ་མཁའི་རྫས་ཚོགས་སུ་འདོད་པའོ། །དེ་ལ་ས་སྲ་བ། མེ་ཚ་བ། ཆུ་གཤེར་བ། རླུང་ཡང་བ། བདག་རྟག་དངོས་ཤེས་རིག དུས་ལ་སྔ་ཕྱི་བར་གསུམ། ཕྱོགས་མཚམས་སྟེང་འོག ཡིད་དེ་དྲན་རྟོག་འགྱུ་བ། ནམ་མཁའ་སྟོང་པའོ།།

གཉིས་པ་ཡོན་ཏན་ནི། འགྲེལ་ལས། ཡོན་ཏན་ཉི་ཤུ་རྩ་བཞི་སྟེ། གཟུགས་དང་། གྲང་དང་། དྲི་དང་། རོ་དང་། རེག་དང་། མིག་གི་བློ་དང་། རྣ་བ་དང་། སྣ་བ་དང་། ལྕེ་

དང་། ལུས་ཀྱི་སྒོ་དང་། གྲངས་དང་། ཚོངས་ཚད་དང་། སོ་སོ་བ་དང་། འཕྲད་པ་དང་། བྲེར་བ་དང་། གཞན་དང་། གཞན་མ་ཡིན་པ་དང་། བདེ་བ་དང་། སྡུག་བསྔལ་བ་དང་། འདོད་པ་དང་། སྡང་བ་དང་། བོན་དང་། བོན་མ་ཡིན་པ་འདུ་བ་དང་། བྱ་བའི་ཤུགས་དང་། འབད་པའི་དོན་ནོ། །ཞེས་པས་འབྱུང་བ་ལྔ་ལ་ནམ་མཁའི་ཡོན་ཏན་སྒྲ་དང་ལྡན། རླུང་སྒྲ་དང་རེག་བྱ་གཉིས་ཀ་དང་ལྡན། མེ་སྒྲ་ཁ་དོག་རེག་བྱ་གསུམ། ཆུ་སྒྲ་དང་། ཁ་དོག་རེག་བྱ་རོ་བཞི། ས་སྒྲ་དང་ཁ་དོག་རེག་བྱ་རོ་དྲི་ལྔ་དང་ལྡན། བདག་ནི་བཅུ་བཞི་དང་ལྡན་ཏེ། ཡུལ་འཛིན་གྱི་སྒོ་ལྔ་དང་། བདེ་སྡུག་དང་། འདོད་སྡང་། བོན་དང་བོན་མིན། འདུ་བ་བྱ་བ་འབད་དོན་ནོ། །ཡིད་ནི་ཡུལ་འདས་མ་འོངས་ཀུན་བཏགས། །ནམ་མཁའ་གོ་འབྱེད་དོ། །ཡོན་ཏན་ཉི་ཤུ་རྩ་བཞིའི་མཚན་ཉིད་ནི། དེ་ལ་ཡང་ཡུལ་ལྔ་ནི་དབང་ཤེས་ཀྱིས་རྟོགས་པར་བྱ་བའོ། །དབང་ཤེས་ལྔས་ཡུལ་ལྔ་སོ་ན་རྟོགས་པའོ། །མང་ཉུང་གི་གྲངས། ཆེ་ཆུང་གི་ཚོངས། འཕྲད་མ་འཕྲད་པའི་སོ་སོ་བ་དང་། ཕྲད་བྲེར་རིས་ཆད་ཀྱི་རང་གཞན། སེམ་གདུང་གི་བདེ་སྡུག འདོར་ལེན་གྱི་འདོད་སྡང་། མངོན་མཐོ་དང་ངེས་ལེགས་འབྱུང་མི་འབྱུང་གི་བོན་དང་བོན་མིན། འདུ་བ་ནི་རྣམ་ཤེས་ཡུལ་ལ་གཅིག་ཆར་མི་འཇུག་པ། རིམ་གྱིས་བསྒྲི་བར་བྱེད་པ། གོམས་པ་རྗེས་སུ་བྱེད་པ། བྱ་བའི་ཤུགས་རྩལ་ཆེ་ཆུང་། འབྲས་བུ་མཐོ་དམན་འབད་པའི་དོན་ནོ།།

གསུམ་པ་ལས་ནི་འགྲེལ་ལས། ལས་ནི་ལྔ་སྟེ། འདེགས་པ་དང་། འཇོག་པ་དང་། བརྐྱང་བ་དང་། བསྐུམ་པ་དང་། འདུག་པ་དང་། འགྲོ་བའོ་ཞེས་པས་ཡར་མར་ཕར་ཚུར་གནས་གཞན་དུ་སྤོ་སྤྲོའོ།།

བཞི་པ་ནི་སྤྱི་ནི་འགྲེལ་ལས། སྤྱི་ནི་གཉིས་ཏེ། ཁྱབ་པའི་སྤྱི་དང་། ཉེ་ཚེ་བའི་སྤྱིའོ། །ཞེས་པས། དང་པོ་ནི་བྱེ་བྲག་ཐམས་ཅད་ལ་ཡོད་པ་ཉིད་ཅེས་བྱ་བ་ཞིག་གིས་ཁྱབ་པའོ། །ཉེ་ཚེ་བའི་སྤྱི་ལ་གཉིས་ཏེ། བར་གྱི་སྤྱི་ནི་དངོས་པོ་ལ་དོན་བྱེད་ཉིད་ཅེས་པས་ཁྱབ་པ་ལྟ་བའོ། །སྤྱི་ཆུང་ངུ་ནི་ཡན་ལག་ཐམས་ཅད་ལ་ལུས་ཉིད་ཅེས་པས་ཁྱབ་པ་ལྟ་བུའོ། །སྤྱི་དེ་དག་ཀྱང་མཚན་ཉིད་གསུམ་དང་ལྡན་པ་སྟེ། ཁྱབ་པ། རྟག་པ། གཅིག་པུ།

ལྔ་པ་བྱེ་བྲག་ནི། འགྲེལ་ལས། བྱེ་བྲག་ལ་གཉིས། རྟག་པ་ལ་བརྟེན་པ་ཡན་ལག་ཅན་དང་། མི་རྟག་པ་ལ་བརྟེན་པ་ཡན་ལག་གོ །ཞེས་པས། བྱེ་བྲག་ནི་གསལ་བ་རྣམས་ལ་མ་འདྲེས་པ་སྟེ། བུམ་སྣམ་མ་འདྲེས་པ་ནི། དེ་གཉིས་ལས་གཞན་ཉིད་པའི་གཞན་ཉིད་ཅེས་པ་ཞིག་གིས་བྱེ་བའོ།།

དྲུག་པ་འདུ་བ་ལ། འགྲེལ་ལས། འདུ་བ་ལ་གཉིས་ཏེ། དེ་དག་འདིར་འདུ་བ་དང་། དེ་དང་དེའི་བདག་ཉིད་དུ་ཕར་འདུས་པའོ། །ཞེས་པས། དེ་ལ་གཉིས་ཏེ། ཐ་དད་ཀྱི་འདུ་བ་དང་། ཐ་མི་དད་ཀྱི་འདུ་བའོ། །དང་པོ་ནི། མགོ་ལ་རྭ་གཉིས་སམ། ཁྱིམ་དུ་གཡོ་སྤྱད་འདུ་བ་ལྟ་བུའོ། །གཉིས་པ་ནི། དུང་ལ་དཀར་ཉམས་སམ། མེ་ལ་དམར་འབར་འདུས་པ་ལྟ་བུ་སྟེ། གཅིག་ཉིད་ཅེས་པ་གཅིག་གིས་མ་བསྡུས་ན་འགྱེས་པར་འགྱུར་བའོ། །འགྲེལ་ལས། དེ་ཡང་འདུ་བའི་མཚན་ཉིད་ཀྱིས། འབྲེལ་བའི་སྦྲེལ་བར་འདོད་དེ། དེ་ཡང་དབང་ཕྱུག་རྒྱུར་འདོད་པ་ཉིད་དོ། །ཞེས་སོ། །དེ་ཡང་དྲུག་པོ་དེ་དེ་ཁོ་ན་ཉིད་ཤེས་ན་གྲོལ་བར་འདོད་པའོ།།

གཉིས་པ་གྲངས་ཅན་པ་ལ་བཞི་སྟེ། མིང་དང་། སྟོན་པ་དང་། གཞུང་དང་།

གྲུབ་མཐའ་འོ། །དང་པོ་ནི་རྣམ་གྲངས་ཉེར་ལྔ་དང་། མཚན་ཉིད་ལྔ་བཅུའི་གྲངས་ཁས་ལེན་པས་གྲངས་ཅན་ཞེས་བྱའོ། །གཉིས་པ་སྟོན་པ་ནི། གཞོན་ནུ་གྲངས་ཅན་འདི་ལྟར་བཞེད་ཅེས་པ་དེའོ། །གསུམ་པ་གཞུང་ནི་དབང་ཕྱུག་ནག་པོ་དང་། རྒྱུད་དྲུག་རྩ་པ་དང་། མཚན་ཉིད་ལྔ་བཅུ་པ་ལ་སོགས་པའོ། །བཞི་པ་གྲུབ་མཐའ་ནི་རལ་པ་སྤྱི་བོའི་གཙུག་བཅིངས་ཏེ། །དེ་ཙམ་ཉི་ཤུ་རྩ་ལྔར་ཤེས་ན། །གྲོལ་འགྱུར་འདི་ལ་ཐེ་ཚོམ་མེད། །དབང་ཕྱུག་ཉིད་དུ་ཐར་པ་ཐོབ། །ཅེས་པས་དེ་ལ་བདུན་ཏེ། ཟ་བ་པོ་གཙོ་བོའི་རང་བཞིན། ཟ་བ་ཡུལ་གྱི་ཁྱད་པར། དེ་དག་ལ་གསལ་བ་བློའི་མེ་ལོང་། གཙོ་བོ་ཡོད་པའི་རྟགས་ཀྱི་རྣམ་འགྱུར། རྣམ་འགྱུར་ཉེར་ལྔའི་སྐྱེ་ལུགས། དེ་དག་བརྟན་འགྱུར་གྱི་ཁྱད་པར། གྲངས་ངེས་བསམ་པའོ། །དང་པོ་གཙོ་བོ་ལ། གཞན་ལུགས་དོར་བ། གཞུང་ལུགས་བཞག་པའོ། །དང་པོ་ནི། ཁ་ཅིག་གིས། གཙོ་བོ་ཞེས་པ་རྡུལ་མུན་པ་སྙིང་སྟོབས་གསུམ་ཆ་མཉམ་པ་ལས། མཚུངས་པར་གྱུར་པའི་གཙོ་བོ་ཞེས་བྱ་བ། སྐྱེས་བུ་མ་ཚོར་བར་འདྲེ་མོ་འདྲ་བ་གཅིག་སྐྱེས་བུ་ལ་འགྲོགས་པས། གཙོ་བོ་མཚན་ཉིད་ལྔ་ལྡན་ཏེ། བེམ་པོ་ཡིན་ལ། རྟག་པ། གཅིག་པུ། འགྲོ་བའི་བྱེད་པ་པོ། མི་སྣང་བའོ། །དེ་ལས་གཅིག་པུ་ཤེས་བྱ་ཐམས་ཅད་ལ་ཁྱབ་པའི་གཙོ་བོ་གཅིག་ལས་མེད་པས། དེས་ཕྲུག་མ་ནས་རྣམ་འགྱུར་ཐམས་ཅད་སྟོན་པས། སྐྱེས་བུས་དེ་ལ་ལོངས་སྤྱོད་དེ། དེ་སྐྱུག་ལོག་ན་བསམ་གཏན་བསྒོམ་པས་གཙོ་བོ་མཐོང་བས། གཙོ་བོ་ངོ་ཚ་ནས་ཐུགས་སུ་འབྲོས་པས། སྐྱེས་བུ་ཁོ་ནར་གནས་པ་ནི་མྱ་ངན་ལས་འདས་པ་ཞེས་བྱ་སྟེ། དཔེར་ན་རྐུན་མ་དང་ཁྱི་ཕོ་ངོས་ཟིན་ན་ངོ་ཚ་ནས་འབྲོས་པ་བཞིན་ནོ། །ཟེར་བ་ནི། གཞུང་ནས་གཙོ་བོ་ཤེས་ཤིང་རིག་པའི་སྐྱེས་བུར་བཤད་པ་དང་། བྱེད་པ་པོ་མ་ཡིན་པར་

བཤད་པ་འགལ་ལོ།།

གཉིས་པ་གཞུང་ལུགས་བཞག་པ་ནི། འགྲེལ་ལས། ཞེས་བྱ་བའི་དོན་ནི། །སྙིང་སྟོབས་དང་། རྡུལ་དང་། མུན་པ་གསུམ་ཆ་མཉམ་པ་ལས། མཚུངས་པར་གྱུར་པའི་གཙོ་བོ་ཞེས་བྱ་བའི་རང་བཞིན་གཅིག་ཡོད་དེ། གཙོ་བོ་དེ་ནི་སེམས་དང་སེམས་ལས་བྱུང་བ་སྤྱི་བྱེ་བྲག་མ་ཕྱེས་པར་འདོད་དེ། དེའི་མཚན་ཉིད་ནི་ཤེས་ཤིང་རིག་པའི་སྐྱེས་བུ། ལས་ནི་བྱེད་པ་པོ་མ་ཡིན་ལ། ཟ་བ་པོ་ཡིན་པ། རང་བཞིན་རྟག་པ། གཅིག་པུ་ནི་གཅིག་སྟེ། དེ་ལྟ་བུ་དེ་སེམས་ཅན་ཐམས་ཅད་ལ་རང་ཆས་སུ་ཡོད་པ་ཡིན་ནོ། །ཞེས་པས། སྙིངས་སྟོབས་ནི་འདོད་ཆགས་བདེ་བ་སྟེ། སེམས་ནང་ན་ཞེན་པས་སེམས་ནང་དུ་འདོད། རྡུལ་ནི་སྡུག་བསྔལ་ཞེ་སྡང་སྟེ་རྣམ་འགྱུར་ཕྱིར། མངོན་པས་ཁྱབ་ཕྱི་རུ་འདོད། མུན་པ་ནི་གཏི་མུག་འདུ་འཕྲོ་མེད་པ་བར་མ་བཏང་སྙོམས་ལས་བར་ཁྲག་ཏུ་འདོད་པའོ། །དེ་གསུམ་ཤས་ཆེ་ཆུང་དུ་སོང་བ་སྙིང་སྟོབས་ཤས་ཆེ་ན་ལྷ་དང་མིའི་འགྲོ་བར་སྐྱེ་ལ། རྡུལ་ཤས་ཆེ་ན་དམྱལ་བ་ཡི་དྭགས། མུན་པ་ཤས་ཆེ་ན་ཀླུ་དང་བྱོལ་སོང་། ཏྲི་ཟ་ཉེ་འཁོར་དུ་སྐྱེ་བའོ། །དེ་གསུམ་ཆ་མཉམ་ནི་གཙོ་བོའམ་སྐྱེས་བུ་སྟེ། ཡུལ་སྡུག་མི་སྡུག་བར་མ་གསུམ་ལ་ཁྱད་མེད་དུ་གཙོད་པའི་ཕྱིར་རོ། །སེམས་དང་སེམས་འབྱུང་ཡང་སྤྱི་དང་བྱེ་བྲག་མ་ཕྱེ་པ་སྟེ། དོན་གྱི་ངོ་བོ་དང་ཁྱད་པར་ལ་ཁྱད་མེད་དུ་གཙོད་པའི་ཕྱིར་རོ། །ལས་ཀྱང་བྱེད་པ་པོ་མ་ཡིན་ཏེ། ཡིན་ན་མི་རྟག་པར་ཐལ་བའི་ཕྱིར་རོ། །ཤེས་བྱ་ཐམས་ཅད་ལ་ཁྱབ་སྟེ། མ་ཁྱབ་ན་མ་ཁྱབ་པའི་སར་འགྲོ་དགོས་པས། བྱ་བྱེད་དང་ལྡན་པར་ཐལ་བའི་ཕྱིར་རོ། །འཁོར་བ་ལ་གནས་ཚེ་ཟ་བ་པོ་དང་གཙོ་བོ། ཐར་པའི་ཚེ་སྐྱེས་བུ་དང་རྟག་པ་ཆེན་པོའོ།།

གཉིས་པ་ཟ་བ་ཡུལ་གྱི་ཁྱད་པར་ནི། འགྲེལ་ལས། དེའི་ཡུལ་གང་ཡིན་ཇི་ལྟར་འདོད་ཅེ་ན། ཚོར་བ་བདེ་སྡུག་བཏང་སྙོམས་གསུམ་སྟེ། ཡུལ་གྱི་བོན་བེམ་པོར་འདོད་དེ། ཞེས་པས། ཚོར་བ་གསུམ་ནི་སིམ་པར་སྨྱོང་བ། གདུང་བ་སྨྱོང་བ། ཐ་མལ་དུ་སྨྱོང་བའོ། །ཚོར་བ་དེ་གསུམ་བེམ་པོ་ཡིན་ཏེ། སྐྱེ་བུ་ཅན་ནམ་མི་རྟག་པའི་ཕྱིར་ཞེས་ཟེར་རོ། །གསུམ་པ་དེ་གང་ལ་གསལ་བའི་བློའི་མེ་ལོང་ནི། འགྲེལ་ལས། འཇུག་པའི་རྣམ་པར་ཤེས་པ་བེམ་པོ་སྟེ། བློ་དོན་གྱི་མེ་ལོང་ཞེས་བྱ་བ་མེ་ལོང་ངོ་གཉིས་པ་དང་འདྲ་བར་ཡོད་པའོ། །དེས་གཙོ་བོའི་ཡུལ་ལ་ལོངས་སྤྱོད་པའི་གོ་བ་ཡང་། ཚོགས་དྲུག་མེ་ལོང་ངོས་གཉིས་དང་འདྲ་བ་དེ་ལ། ཕྱི་ཡུལ་གྱི་གཟུགས་བརྙན་འཆར། ནང་གཙོ་བོའི་གཟུགས་བརྙན་འཆར། གཟུགས་བརྙན་དེ་གཉིས་འདྲེས་པ་ཙམ་ལ་གཙོ་བོའི་ཡུལ་ལ་ལོངས་སྤྱོད་པར་འདོད་དེ། ཞེས་པས། དེས་ན་བདག་ཤེས་རིག་གི་སྐྱེས་བུས་ཡུལ་དངོས་སུ་གཅོད་པ་དང་། ཡུལ་ལྟས་ཀྱང་དངོས་སུ་སྣང་བ་ནི་མེད་དེ། ཚོགས་དྲུག་འཇུག་ཤེས་མི་རྟག་པ་བེམ་པོ་དེ་ཤེལ་གྱི་ཁང་པའམ། མེ་ལོང་ངོས་གཉིས་པ་འདྲ་བ་དེ་ལ་ཕྱི་ནང་གི་གཟུགས་བརྙན་འདྲེས་པ་ཙམ་སྟེ། ཡུལ་སེམས་གཉིས་ནི་ཐོག་ན་མོ་སོ་སོར་གནས་པའོ།།

བཞི་པ་གཙོ་བོ་ཡོད་པའི་རྟགས་ཀྱི་རྣམ་འགྱུར་ནི། འགྲེལ་ལས། དེ་ལྟ་བུའི་གཙོ་བོ་དེ་རྟགས་མེད་ན་མི་གསལ་ཏེ། རྟགས་ནི་ལས་ཆེན་པོ་ཚུང་ཟད་ཙམ་དང་འགྱུར་པ་ཚུང་ཟད་ཙམ་སྐྱེའོ། །ལས་ཆེན་པོ་ཚུང་ཟད་ཙམ་ལས་ང་རྒྱལ་ཤིན་ཏུ་གསལ་བ་སྐྱེའོ། །ང་རྒྱལ་ཤིན་ཏུ་གསལ་བ་དེ་ལ་གསུམ་སྟེ། རྣམ་པར་འགྱུར་བ་ལས་གྱུར་པའི་ང་རྒྱལ་དང་། རྡུལ་ལས་གྱུར་པའི་ང་རྒྱལ་དང་། འབྱུང་བ་ལས་གྱུར་པའི་ང་རྒྱལ་ལོ། །

ཞེས་པས། དེ་ལ་རྟུལ་ནི་སེམས་ཡུལ་ལ་འཇུག་མི་འདོད་པའི་རང་བཞིན། སྙུན་པ་ནི་ཡུལ་ལ་ཁ་མི་ཕྱོགས་པའི་རང་བཞིན། སྙིང་སྟོབས་ནི་ཡུལ་ལ་གསལ་བར་སྨྱུར་དུ་འཇུག་པའི་རང་བཞིན་ནོ།།

རང་བཞིན་ནི། ངོ་བོ་གཞན་དུ་མི་འགྱུར་བ། སྐྱེད་བྱེད་གཞན་གྱིས་མ་བསྐྱེད་པ། རྣམ་འགྱུར་བསྐྱེད་པ་སྟེ། ཁྱད་པར་གསུམ་ལྡན་ནོ། །རང་བཞིན་ལས་ཆེན་པོ་ཞེས་བྱ་བ་ནི། སྐྱེས་བུ་ཡུལ་ལ་ཞེན་པར་བྱེད་པའོ། །ཆེན་པོའི་ནང་ནས་ང་རྒྱལ་ཞེས་བྱ་བ་ནི། ཡུལ་ཡིད་དུ་འོང་བ་དང་མི་འོང་བ་ལ་འདོར་ལེན་བྱེད་པའོ། །དེ་ལ་རྟགས་ཀྱི་ལས་ཆེན་པོ་ཙུང་ཟད་ནི། ཡིད་དགའ་བ་དང་ཡོངས་སུ་གདུང་། །སྨྱ་ངན་དང་ནི་འཁྲུག་པ་དག །ལན་འགར་ཡང་ནི་སྣང་གྱུར་པ། །འདི་དག་སྡུག་བསྔལ་རྟགས་སུ་འདོད། །རྨོངས་དང་དེ་བཞིན་གཉི་སྨུག་དང་། །བག་མེད་གཉིད་དང་གཡེང་བ་དག །ལན་འགར་ཡང་ནི་སྣང་གྱུར་པ། །འདི་དག་མུན་པའི་ཡོན་ཏན་ནོ། །རངས་དང་མགུ་དང་ཀུན་དགའ་དང་། །བདེ་དང་ཞི་བའི་སེམས་ཉིད་དག །ལན་འགར་ཡང་ནི་སྣང་གྱུར་པ། །འདི་དག་སྙིང་སྟོབས་ཡོན་ཏན་ནོ། །ཞེས་པས། གཞན་ནས་བཤད་དོ།།

ལྔ་པ་རྣམ་འགྱུར་ཉི་ཤུ་རྩ་ལྔའི་སྐྱེ་ལུགས་ལ་གཉིས་ཏེ། སྐྱེ་ལུགས་དངོས་དང་། སྲིད་རྒྱུ་ལ་འབྲས་བུ་གནས་ཚུལ་ལོ། །དང་པོ་ནི། འགྲེལ་ལས། རྣམ་པར་འགྱུར་བ་ལས་གྱུར་པའི་ང་རྒྱལ་སྙིང་སྟོབས་ཤས་ཆེ་བ་དེ་ལས་དབང་པོ་བཅུ་གཅིག་སྐྱེ་སྟེ། མིག་གི་དབང་པོ་དང་། རྣ་བ་དང་། སྣ་དང་། ལྕེ་དང་། ལུས་དང་། ཡིད་དང་། ངག་དང་། རྐང་པ་དང་། ལག་པ་དང་། འཕོངས་དང་། འདོམས་ཀྱི་དབང་པོ་ཞེས་བྱའོ། །ཞེས་པས་མིག་གིས་ལྟ་བ་ལ་དབང་བྱེད། རྣ་བས་ཉན། སྣས་སྣོམ་པ། ལྕེས་མྱོང་བ། ལུས་

གྱིས་ཚོར་བ་ལ་དབང་བྱེད་དོ། །དེ་ལྟ་ནི་བློའི་དབང་པོའོ། །ངག་གི་དབང་པོས་བརྗོད་ཚིག་སྤྱོར་བ་ལ་དབང་བྱེད། རྐང་པས་འགྲོ་བ། ལག་པས་བྱ་བྱེད་ལ། འཕོངས་ཀྱིས་དྲི་མ་འདོར་བ། འདོམས་ཀྱིས་བདེ་བ་སྤྱོར་བ་ལ་དབང་བྱེད་དེ། དེ་ལྟ་ནི་ལས་ཀྱི་དབང་པོའོ། །ཡིད་ཀྱི་དབང་པོས། འདས་མ་འོངས་པ་ལ་རྟོག་སྟེ། དེ་ནི་ལས་བློ་ཐུན་མོང་གི་དབང་པོའོ། །འགྲེལ་ལས། འབྱུང་བ་ལས་གྱུར་པའི་ང་རྒྱལ་མུན་པ་ཤས་ཆེ་བ་དེ་ལས་ནི་དེ་ཙམ་ལྔ་སྐྱེ་སྟེ། གཟུགས་དེ་ཙམ་པ་དང་། སྒྲ་དང་། དྲི་དང་། རོ་དང་། རེག་དེ་ཙམ་པའོ། །རྫུལ་ལས་གྱུར་པའི་ང་རྒྱལ་གཡོ་བ་ཤས་ཆེ་བ་དེ་ལས་ནི་ཁོ་ན་ཉིད་ལྔ་སྐྱེ་སྟེ། སའི་དེ་ཁོ་ན་ཉིད་དང་། ཆུ་དང་། མེ་དང་། རླུང་དང་། ནམ་མཁའི་དེ་ཁོ་ན་ཉིད་དོ། །གཟུགས་མེའི་ཡོན་ཏན། སྒྲ་ནམ་མཁའི། དྲི་སའི། རོ་ཆུའི། རེག་རླུང་གི་ཡོན་ཏན་ཡིན་པའོ་ཞེས་པས། མེ་ཏོག་ལས་སོགས་གཟུགས་དབྱིབས་ལེགས་པ་དབྱར་གྱིས་མེ་ཏོག་གིས་བསྐྱེད་ལ། ཛ་ལྟ་བུ་མ་འགྱུར་བ་དང་བར་སྐབས་ཅན་ལ་སྒྲ་འབྱུང་བས་ནམ་མཁའི། སྨུ་ཟེ་ལྟ་བུ་ས་ཤས་ཅན་དྲི་ཆེ་བས་དང་། ལན་ཚྭ་ལྟ་བུ་ཆུ་ཤས་ཅན་རོ་ཆེ་བས་དང་། རེག་བྱ་རླུང་གིས་གཡོ་བ་དང་བསྐྱེད་པ་ལས་འབྱུང་བས་དེ་དག་གི་ཡོན་ཏན་དུ་འདོད་པའོ། །འདི་ལ་གཟུགས་ཀྱི་ཡོན་ཏན་མེ། སྒྲ་ཡི་ནམ་མཁའ། དྲིའི་ས། རོའི་ཆུ། རེག་བྱའི་ཡོན་ཏན་རླུང་དུ་འདོད་པ་ལྟར་ན་ཞེའོ། །འགྲིག་པར་སྣང་ངོ།།

གཉིས་པ་ཕྱིར་རྒྱུ་ལ་འབྲས་བུའི་གནས་ཚུལ་ནི། དངོས་པོ་རྣམས་མེད་པ་གསར་དུ་སྐྱེ་བ་ནི་མ་ཡིན་གྱི། ཡེ་ནས་རང་བཞིན་ལ་གནས་པས། རྒྱུ་ལ་འབྲས་བུ་གནས་ཞེས་བྱ་སྟེ། སྣམ་བུ་སྣལ་མའི་རང་བཞིན་དང་། གསེར་བུམ་གསེར་གྱི་རང་བཞིན་དུ་གནས་པས་འབྲས་བུ་རྣམས་རྒྱུའི་རང་བཞིན་གྱི་རྗེས་སུ་བྱེད་པའི་ཕྱིར་

དང་། ཏིག་ཏའི་ཐང་ཁ་ལ། བུ་རམ་གྱི་ཐང་མངར་བ་དང་། ལྷུགས་ཀྱི་བུམ་པ་ལ་གྲིབ་མ་འབྱུང་ལ། ཤེལ་ལ་གྲིབ་མ་མི་འབྱུང་བ་ལྟར། འབྲས་བུ་རྣམས་རྒྱུའི་ནུས་པས་རྗེས་སུ་བྱེད་པའི་ཕྱིར་དང་། ཏིལ་ལས་ཏིལ་མར་འབྱུང་གི་བྱེ་མ་ལས་མི་འབྱུང་བ་དང་། ཕྱི་མོའི་མངལ་ནས་ཕྱིའུ་འབྱུང་གི་མི་ལས་མི་འབྱུང་བ་བཞིན། འབྲས་བུ་རྣམས་རྒྱུ་དང་མཐུན་པར་སྐྱེ་བའི་ཕྱིར་རོ། །འོ་ན་འཛིམ་པ་ལ་བུམ་པ་ཡོད་ན་རྫ་མཁན་མི་དགོས་པར་ཐལ་བའི་ཉེས་པ་ནི་མེད་དེ། ཡོད་པ་རྐྱེན་གྱིས་གསལ་བར་བྱེད་པའི་ཕྱིར་ཏེ། དཔེར་ན་མུན་ཁང་གི་བུམ་པ་ལ་མར་མེ་བཞིན་ནོ། །ཡོད་ཀྱང་སྐྱེ་དགོས་ན་ཐུག་མེད་དུ་སྐྱེ་བས། མར་ཏིང་ལ་ཡང་སྔོན་གྱི་རྩེ་ཏོག་གིས་ཕན་འདོགས་པའི་ཉེས་པ་ནི་མེད་དེ། གསལ་བ་ལ་སྐྱེ་མི་དགོས་པའི་ཕྱིར་རོ། །དཔེར་ན་ཉིན་པར་གྱི་བུམ་པ་ལ་མར་མེས་གསལ་མི་དགོས་པ་བཞིན་ནོ། །འཛིམ་པ་ལ་བུམ་པ་ཡོད་ན་མཐོང་བར་ཐལ་བའི་ཉེས་པ་ཡང་མེད་དེ། དངོས་པོ་རྣམས་ཡོད་ཀྱང་རྒྱུ་མཚན་བརྒྱད་ཀྱིས་དམིགས་པར་མི་ནུས་པའི་ཕྱིར་ཏེ། རྒྱུད་དྲུག་ཅུ་པ་ལས། ཧ་ཅང་ཉེ་ཕྱིར་རིང་ཕྱིར་དང་། །དབང་པོ་ཉམས་ཕྱིར་ཡིད་མེད་ཕྱིར། །ཆ་ཕྲའི་ཕྱིར་དང་སྒྲིབ་པའི་ཕྱིར། །ཟིལ་གྱིས་ནོན་ཕྱིར་འདྲེས་ཕྱིར་རོ། །ཞེས་པས། དེ་ལ་རིང་བས་མ་མཐོང་བ་ནི་ཀླའི་འགྲོས། ཉེ་བ་མིག་ཤྨགས། དབང་ཉམས་ལོང་བ་ལྟ་བུའི་གཟུགས། ཡིད་མེད་གྲོགས་ཀྱི་རྫི་བའི་གྲངས། ཕྲ་བ་བག་ཕྱེའི་རྡུལ། སྒྲིབ་པ་ནང་རོལ། ཟིལ་གྱིས་ནོན་པ་ཉིན་པར་གྱི་སྐར་མ། འདྲེས་པས་མ་མཐོང་བ་དང་ཁྲག་དང་འོ་མ་ལ་འདྲེས་པ་ལྟ་བུའོ།།

རྟག་པ་བརྟན་འགྱུར་གྱི་ཁྱད་པར་ནི། འགྲེལ་ལས། གཙོ་བོ་ནི་རང་བཞིན་ཁོ་ན་ཡིན་ལ་འགྱུར་བ་མ་ཡིན་ཏེ། དེ་ཅིའི་ཕྱིར་ཞེ་ན། གཙོ་བོ་གང་ལས་ཀྱང་མ་སྐྱེས་

པའི་ཕྱིར་རོ། །ཆེན་པོ་དང་ང་རྒྱལ་གསུམ་དང་། དེ་ཙམ་ལྔ་དང་། དེ་རྣམས་ནི་རང་བཞིན་མི་འགྱུར་བ་ཡིན་ནོ། །འབྱུང་བ་ལྔ་དང་དབང་པོ་བཅུ་གཅིག་ནི་འགྱུར་བ་པོ་ན་ཡིན་ནོ། །ཞེས་པས། ཆེན་པོ་ནི་དུག་གསུམ་ཆ་མི་མཉམ་པ་ལས་སྐྱེས་ལ། ང་རྒྱལ་གསུམ་ནི་ལས་དང་རྣམ་འགྱུར་ལས་སྐྱེས། དེ་ཙམ་ལྔ་ལས་འབྱུང་ལྔ་སྐྱེས་ཤིང་། འབྲས་བུ་ཞིག་བསྐྱེད་པས་རང་བཞིན་མི་འགྱུར་བའོ། །འབྱུང་ལྔ་དང་དབང་པོ་བཅུ་གཅིག་ནི་སྐྱེ་བ་ཅན་ནམ་མི་རྟག་པ་ཡིན་པས། འགྱུར་བ་པོ་ནའོ།།

བདུན་པ་གྲངས་ངེས་ནི། འགྲེལ་ལས། དེ་ལྟར་གཙོ་བོ་དང་། རང་བཞིན། སྐྱེས་བུ། ཆེན་པོ། ང་རྒྱལ་དབང་པོ་བཅུ་གཅིག དེ་ཙམ་ལྔ། དེ་པོ་ན་ཉིད་ལྔ་དང་བཅས་པ་ནི། རྣམ་གྲངས་ཉི་ཤུ་རྩ་ལྔ་ཞེས་བྱ་བ་ཡིན་ནོ། །ཞེས་པས། དེ་ཡང་དེ་ལྟར་འབྱུང་བ་དང་། སྐྱེ་ལུགས་དེ་ཅི་ལྟ་བར་ཤེས་ནས། ལུས་ཀྱི་དཀའ་སྤྱད་ལ་མི་ལྟོས་པར། དབང་ཕྱུག་པ་ལྟར་རལ་བའི་ཁུར་འཛིན་པའམ། ཀུན་ཏུ་རྒྱུ་ལྟར་སྐྲ་གཙུག་ཕུད་དུ་བཅིངས་པའམ། གཅེར་བུ་ལྟར་སྐྲ་བྲེགས་ཀྱང་ཉན་ཏེ། སེམས་ཀྱི་བསམ་གཏན་བསྒོམ་ན། རྣམ་འགྱུར་རྣམས་སྐྱེ་བའི་རིམ་པ་ལྟར་བཟློག་ནས། རང་བཞིན་དུག་གསུམ་ལ་ཐིམ་ནས། གཙོ་བོ་ཟེར་བ་ཡོད་དེ། སྐྱེས་བུ་རྟག་པ་ཆེན་པོར་གྲོལ་བའོ།།

གསུམ་པ་གཅེར་བུ་པའི་གྲུབ་མཐའ་ལས། མིང་གི་རྣམ་གྲངས་དང་། སྟོན་པ། གཞུང་དང་། གྲུབ་མཐའ། དང་པོ་ནི། གོས་མེད་པས་གཅེར་བུ་པ། ནམ་མཁའི་ཕྱོགས་ཀྱི་གོས་ཅན་ཞེས་ཀྱང་བྱ། དཀའ་ཐུབ་སྣ་ཚོགས་བྱེད་པས་དཀའ་ཐུབ་ཅན། སྲོག་ཤིག་བཀག་ཕྱིར་ལུས་ལ་ཐལ་བ་བསྐུས་པས་ཐལ་བ་པ། གནས་ངེས་མེད་དུ་སློང་མོ་བྱེད་པས་ཀུན་ཏུ་རྒྱུའོ།།

གཉིས་པ་སྟོན་པ་ནི། དྲང་སྲོང་གོས་མེད་འདི་ལྟར་བཞེད། །ཅེས་པ་སྟེ། བྲམ་ཟེ་རྒྱལ་བ་དམ་པའོ། །གཉིས་པ་གཞུང་ནི། རྒྱལ་བྱེད་ལས་སོགས་པའོ། །གསུམ་པ་གྲུབ་མཐའ་ནི། ཚིག་གི་དོན་འདྲའི་དེ་ཁོ་ན། །བཅུ་གསུམ་སྙིང་པོ་ཡང་དག་བཤད། །ཅེས་པས། དེ་ལ་གཉིས་ཏེ། དབྱེ་བ་དང་མཚན་ཉིད། བདག་གི་འདོད་ལུགས་སོ། །དང་པོ་ནི་འགྲེལ་ལས། ཞེས་བྱ་བའི་དོན་ནི། ཚིག་གི་དོན་དེ་ཁོ་ན་ཉིད་བཅུ་གསུམ་སྟེ། དཀའ་ཐུབ་དང་། སྡོམ་པ་དང་། བཅིངས་པ་དང་། ཉོན་མོངས་པ་དང་། སྲོག་དང་། ཟག་པ་དང་། སྡིག་པ་དང་། ངེས་པར་དགག་པ་དང་། སྲོག་མིན་དང་། ལས་དང་། གྲོལ་བ་དང་། བསོད་ནམས་དང་། ཐར་པ་ཞེས་བྱ་སྟེ། ཞེས་པས། དཀའ་ཐུབ་ནི་ཟ་མ་མི་ཟ་བ་དང་། གཅེར་བུ་དང་། སྐྱུབ་ཆུ་བཏུང་བ་དང་། རྣྭ་ཟ་བའི་ཕྱུགས་ཀྱི་རྟུལ་ཞུགས་ཀྱི་རྟུལ་ཞུགས་དང་། སྐྲ་འབལ་བ་དང་། མགོ་ཐྲེགས་ཧེ་ཙན་ཧི་ཀ་ལ་འབུལ་བ་དང་། ཁྲི་ཞུལ་ལ་མཆོང་བ་དང་། དབྱར་གྱི་དུས་སུ་ཆུའི་ནང་དུ་འཇུག །དགུན་གྱི་དུས་སུ་བླ་གབ་མེད་པར་སྡོད། །ཚ་བའི་དུས་སུ་མེ་ལྔ་བསྟེན་པར་བྱེད། །བྲམ་ཟེ་དེ་ནི་དཀའ་ཐུབ་དྲག་པོ་སྤྱོད། །ཅེས་པ་ལྟ་བུ་དང་། བྲམ་ཟེའི་སྔོར་སློང་མོ་བྱེད་པ་སྟེ། རྒྱལ་རིགས་ལ་སློང་མོ་ནི་སྲིབ་བྱང་གི་ཚིག་མང་བར་བརྗོད་ལ་བཟའ་བ་དང་། དམངས་རིགས་ལ་གཙང་སྦྲ་མེད་པས་ཡོན་ནི་མི་བླངས་ལ། གལ་ཏེ་བླང་ན། བྲམ་ཟེའི་ཕོང་བུར་སྐྱེ་བར་འགྱུར། །ཕོང་བུའི་སྐྱེ་བ་བཅུ་གཉིས་ལེན། །གྲོང་ཁྱེར་བཅུ་པའི་བྲན་བཅུ་དང་། །སྨྱུ་ངམ་གྱི་ནི་རི་དྭགས་བཅུ། །མདའ་དགུ་ཚལ་གྱི་དུར་བར་སྐྱེ། །བྲམ་ཟེ་དེ་ལ་མ་བསམ་མམ། །ཞེས་སོ།།

གཉིས་པ་སྡོམ་པ་ནི། མི་དགེ་བ་བཅུ་སྤང་པ་སྟེ། སྲོག་ཆགས་རྗོག་འཇོག་ཏུ་མི་

གཏོང་བའི་ཕྱིར་རྐང་ལ་གཡེར་ཁ་འདོགས་པ་དང་། སྲོག་གཅོད་བསྲུང་བའི་ཕྱིར་ཤིང་མི་གཅོད་པ་དང་། མ་བྱིན་པར་ལེན་པ་བསྲུང་བའི་ཕྱིར་ལམ་དུ་ལྷུང་བ་མི་ལེན་དང་། འོ་མ་མི་བཏུང་བ། རྫུན་མི་སྨྲ་བའི་ཕྱིར་སྨྲ་བ་བཅད་པའོ། །བཅིངས་པ་ནི་བདག་འཁོར་བར་འཁྲམས་པའི་བར་རོ། །ཉོན་མོངས་པ་ནི་ཆགས་སྡང་རྨོངས་གསུམ་མོ། །སྲོག་ནི་སེམས་པ་ཅན་ཡིན་པས། དེ་ལ་དབང་པོ་གཅིག་པ་དང་། གཉིས་པ་དང་། གསུམ་པ་དང་། བཞི་པ་དང་། ལྔ་པ་སྟེ། དེ་ལས་ཆུ་མེ་རླུང་བཞི་དབང་པོ་གཅིག་པ་སྟེ། མནན་ན་ན་བ། བསྲེག་ན་ཚ་བ། བོར་ན་གཡང་ཟ་བ་ཡོད་པའོ། །ཤིང་རྣམས་ལ་ཤིང་རིན་ཏ་རིང་ཀ་ནི། སེམས་ཡོད་དེ་ལོ་མ་མཚན་མོ་ཟུམ་ཞིང་། ཉིན་པར་ཕྱེ་བ་དང་། དྲི་དུས་སུ་སྐྱེ་བ་དང་། ཉམས་པ་འཚོ་བའི་ཕྱིར་རོ། །ཀྲུན་འབྲུམ་ལས་སོགས་འཁྲི་ཤིང་རྣམས་ནི་མིག་ཡོད་དེ། གཞན་ལ་བརྟེན་ནས་སྐྱེ་བའི་ཕྱིར་རོ། །ཆུ་ཤིང་ལས་སོགས་ལ་རྣ་བ་ཡོད་དེ། འབྲུག་སྒྲ་བྱུང་ན་འབྲས་བུ་རྫོམ་པའི་ཕྱིར་རོ། །ཤིང་མ་དུ་ལུ་ཀ་ལ་སྣ་ཤེས་ཡོད་དེ། ཙ་བར་ཁྲི་རོ་རུལ་བ་བཞག་ན་གཞན་དུ་འཕྱོར་བར་སྐྱེ་བའི་ཕྱིར་རོ། །སྐྱུ་རུ་ར་ལ་ལྕེ་ཤེས་ཡོད་དེ། ཙ་བར་འོ་མ་བླུགས་ན་འབྲས་བུ་མང་པོ་འབྱུང་བའི་ཕྱིར་རོ། །ཤིང་ས་མངར་ཀ་ལ་ཐལ་སྦྱོར་ལ་ལུས་དབང་ཡོད་དེ། རེག་པ་ཙམ་གྱིས་འཛུམ་པའི་ཕྱིར་རོ། །ཤིང་སྨྱ་ངན་མེད་པ་ལ་ཡིད་ཤེས་ཡོད་དེ། བུ་མོ་ལང་ཚོ་མ་སྨིན་མོ་ཞིག་གིས་རྐང་པ་ལ་རྐང་གདུབ་བཙུག་ཅིང་རྒྱ་སྐྱག་གི་ཁུ་བས་བྱུགས་སྐེ་རྡོག་པས་མནན་ན། འབྲས་བུ་མང་དུ་འབྱུང་བའི་ཕྱིར་རོ། །སྲིན་བུ་དང་དུང་དང་ཉ་ཕྱིས་ནི་ལུས་དབང་དང་ལྕེ་དབང་ཡོད་པས་དབང་པོ་གཉིས་པ། སྲིན་བུ་མེ་ཁྱེར་དང་གྲོག་མ་ནི་ལུས་ལྕེ་སྣ་གསུམ་ཡོད་པས་དབང་པོ་གསུམ་པ། བུང་བ་དང་སྦྲང་བུ་མཆུ་རིང་ནི་ལུས་

ལྔེ་སྣ་ཙྪ་ཡོད་པས་དབང་པོ་བཞི་པ། མི་དང་རྐང་བཞི་ནི་དབང་པོ་ལྔ་ཚང་བས་དབང་པོ་ལྔ་པའོ། །ཟག་པ་ནི་བུ་ག་དགུའི་ཟག་པའོ། །སྡིག་པ་ནི་འབྲས་བུ་ཡིད་དུ་མི་འོང་བ་འབྱིན་པ་སྡིག་བཅུའོ། །ངེས་པར་དགག་པ་ནི་ཚུལ་ཁྲིམས་ཀྱི་འགལ་བ་སྤང་བ། སྲོག་མ་ཡིན་པ་ནི་སེམས་མེད་པ་སྟེ། སྒྲ་དང་དྲི་རོ་འོད་དང་གྲིབ་མ་འཇའ་ཚོན་དང་ནམ་མཁའ་རྣམས་ཏེ། དེ་ལ་སྲོག་འཛོམ་མི་དགོས་པས། ལས་བྱ་བྱེད་དགེ་སྡིག་ལུང་མེད་གསུམ། གྲོལ་བ་ནི་བདག་མེད་ཉིད་དཔྱོད། ཉོན་མོངས་པའི་སྐྱོན་ལས་གྲོལ་བས་སྲིད་པའི་རྩེ་མོ་ན་ཁ་དོག་དཀར་པོར་གནས་པ་སྟེ། ཁ་བ་རྒྱ་སྤྱོས་མེ་ཏོག་མདོག །པ་ཤོ་བ་མོ་བུ་ཏིག་མདོག །གདུགས་ཀུན་བཟུང་བའི་དབྱིབས་འདྲ་བ། །ཐར་པར་ཡིན་པར་རྒྱལ་བས་བཤད། །ཅེས་སོ། །བསོད་ནམས་ནི་འབྲས་བུ་ཡིད་འོང་འབྱིན་པ་སྟེ་དགེ་བཅུའོ། །ཐར་པ་ཡང་གོང་དུ་བཤད་པའི་གྲོལ་བ་དང་མཚུངས། གཉིས་པ་དེ་དག་གི་མཚན་ཉིད་ནི། འགྲེལ་ལས། དེ་ཡང་མ་བསྡུས་ལ་མཚན་ཉིད་གཅིག་པར་འདོད་དེ། དཔེར་ན་ནོར་བུ་གཟིའི་བདག་ཉིད་ལྟ་བུར་བཞེད་པའོ། །ཞེས་པས། སོ་སོ་རང་རང་མ་འདྲེས་པ་གཅིག་ཏུ་རྫོགས་པར་བཞེད་དེ། གཟི་སྣོང་ངམ་ཕྱུག་རོན་གྱི་གྲེ་བ་ལྟར་སོ་སོར་བཀྲ་བར་འདོད་དོ།།

གསུམ་པ་བདག་དང་བདག་གི་འདོད་ལུགས་ནི། འགྲེལ་ལས། ཕལ་ཆེར་ནི་རྣམ་པར་ཤེས་པའི་ཕུང་པོ་ལ་བདག་ཏུ་འཛིན། ཕུང་པོ་གཞན་བཞི་ལ་བདག་གིར་འཛིན་པའོ། །ཞེས་པས། རྣམ་ཤེས་ཟ་བ་པོ། གཟུགས་བདག་གི་གཞི། ཚོར་བ་ཉམས་མྱོང་། འདུ་ཤེས་ཐ་སྙད། འདུ་བྱེད་བྱ་བྱེད་དུ་ལྟ་བའོ།།

བཞི་པ་རིག་པ་ཅན་ལ་གསུམ་སྟེ། མིང་གི་རྣམ་གྲངས་དང་། སྟོན་པ་དང་། གྲུབ་

མཐའ་འོ། །དང་པོ་ནི། དབང་ཕྱུག་ལྟར་འཛིན་པས་དབང་ཕྱུག་པ། རིགས་པར་སྨྲ་བས་སྨྲ་སྐེགས་རིགས་པ་ཅན་ནོ། །གཉིས་པ་སྟོན་པ་ནི། ཡེ་མཁྱེན་སློས་མཁན་འདི་ལྟར་བཞེད། །ཅེས་པའོ། །གསུམ་པ་གྲུབ་མཐའ་ནི། དེ་ཉིད་བཅུ་དྲུག་དབང་ཕྱུག་རྒྱུ། །སྒྲ་ཡི་དོན་དུ་ངས་བཤད་དོ། །ཞེས་བྱ་བའི་དོན་ནི་དབང་ཕྱུག་གི་རང་བཞིན་ལས་གྲུབ་པ། ཚིག་གི་དེ་ཁོ་ན་ཉིད་བཅུ་དྲུག་ཡོན་ཏན་འདོད་དེ། དེ་ཡང་བདེན་པ་ཁོ་ནར་འདོད་པའོ། །དེ་གང་ཞེ་ན། གཞལ་བྱ་དང་། ཐེ་ཚོམ་དང་། ཚད་མ་དང་། དགོས་པ་དང་། དཔེ་དང་། གྲུབ་པའི་མཐའ་དང་། ཆ་ཤས་དང་། རྟོག་གེ་བ་དང་། གཏན་ལ་དབབ་པ་དང་། རྩོད་པ་དང་། སུན་འབྱིན་པ་དང་། ཕྱིན་ཅི་ལོག་ཏུ་རྒོལ་བ་དང་། རྒྱུ་ལྟར་སྣང་བ་དང་། ཚོར་ཚིག་དོར་བ་དང་། ལྟག་ཆད་དེ། ཆད་པའི་གནས་སྐབས་ཞེས་བྱའོ། །བཅུ་དྲུག་པོ་དེ་ཡང་དག་པའི་དོན་ནོ། །ཞེས་པས། གཞལ་བྱ་ནི་མངོན་གྱུར་ལྐོག་གྱུར་ཤིན་ཏུ་ལྐོག་གྱུར་ཏེ་ཤེས་བྱ་ཐམས་ཅད་དོ། །ཐེ་ཚོམ་ནི་མཐའ་གཅིག་ཏུ་མ་ངེས་པ་སྟེ། མ་རྟོགས་ལོག་རྟོག་ཡིད་དཔྱོད་དོ། །ཚད་མ་ནི་དྲུག་ཏུ་འདོད་དེ། ཡུལ་མངོན་གྱུར་འཇལ་བ་མངོན་སུམ་ཚད་མ། ལྐོག་གྱུར་འཇལ་བ་རྗེས་དཔག་ཚད་མ། གཞན་ཡང་ཁང་བའི་ནང་ནས་བུམ་པ་ཕྱིར་ཤོག་བྱས་པ་ལ། བུམ་པ་ཡོད་པར་དཔགས་པ་སྒྲ་བྱུང་གི་ཚད་མ། ཡུལ་འདི་ཡི་བ་གླང་ལ་ནོག་ལྐོག་ཤལ་དང་ལྡན་པས། ཡུལ་གཞན་གྱི་བ་ལང་ཡང་ལྐོག་ཤལ་དང་ལྡན་པར་དཔགས་པ་ཉེར་འཇལ་གྱི་ཚད་མ། བུ་ག་མར་མེའི་འོད་ལ་ནོར་བུའི་འོད་དུ་རྟོགས་པ་ལ་འཇལ་པས། པད་མ་ར་ག་ཞེས་པའི་ནོར་བུ་ཐོབ་པས་དོན་ཐོབ་གྱི་ཚད་མ། ཤིན་ཏུ་ལྐོག་གྱུར་འཇལ་བ་ལུང་ཚད་མའོ། །དགོས་པ་ནི་གཏན་ལ་དབབ་པའོ། །དཔེ་ནི་མཐུན་དཔེ་དང་མི་མཐུན་དཔེའོ། །གྲུབ་མཐའ་ནི་རྟག་ཆད

ཀྱི་མཐའ་འམ་བདག་བཅས་ཀྱིའོ། །ཆ་ཤས་ནི་གྲུབ་མཐའ་དེ་ལས་བྱུང་བའི་ཞོར་བྱུང་ངོ་། །རྟོག་གེ་བ་ནི་ཡིན་མིན་སོ་མཚམས་ཏེ་མཐའ་མ་ཆོད་པ། གཏན་ལ་དབབ་པ་ནི་ངེས་པ་ནི་ངེས་པའི་གཏན་ཚིགས་ཀྱིས་སོ། །རྩོད་པ་ནི་རྒོལ་ཕྱི་རྒོལ་སོ་སོར་འགོ་བསྐྲེའོ། །སུན་འབྱིན་བརྗོད་པ་ཕྱི་རྒོལ་ཕྱིན་ཅི་ལོག་ཏུ་རྒོལ་བ་གྲུབ་མཐའ་བཀོད་པ། རྒྱུ་སྐར་ལྟར་སྣང་བ་སྒྲུབ་ངག་ངན་པ་ལྟག་ཆད་ཅན་ཚོགས་ཚིག་དོར་བ་མཐུན་སྣང་དུ་མ་གྲུབ་པའི་ཤེས་བྱ་སྟེ། ཕྱི་ནང་གི་བདག་དང་བདག་མེད་ལྟ་བུའོ། །ལྟག་ཆད་སུན་འབྱིན་ལྟར་སྣང་། ཆད་པའི་གནས་ནི། རྒོལ་བ་ཁས་ལེན་མི་བརྗོད་པ་དང་། ཕྱི་རྒོལ་སུན་འབྱིན་མི་བརྗོད་པ་སྟེ། ཚར་གཅོད་པའི་གནས་སོ།།

གཉིས་པ་བྱེད་པ་པོར་སྨྲ་བ་ལ། མིང་གི་རྣམས་གྲངས་ནི་དབང་ཕྱུག་ལྟར་འཛིན་པས་དབང་ཕྱུག་པ་དང་། ཚངས་པ་ལྟར་འཛིན་པས་ཕྱྭ་སྲུས་པའོ། །སྟོན་པ་ནི། ཕྱྭ་སྲུས་ཀུན་སྟོན་འདི་ལྟར་བཞེད། །ཅེས་པས། གསུམ་པ་གྲུབ་མཐའ་ནི། བདེན་དོན་ཕྱྭ་འམ་དབང་ཕྱུག་ལ། །ངེས་བྱས་སྣ་ཚོགས་འགྲུབ་བྱེད་པས། །མཆོད་པ་ལེགས་དང་དེ་བཟློག་ན། །མཐོ་རིས་ངན་སོང་བྱེད་པར་ངེས། །ཞེས་བྱ་བའི་དོན་ནི། བོན་ཐམས་ཅད་ཀྱི་བྱེད་པོ་ཕྱྭ་དང་དབང་ཕྱུག་ཡིན་ཏེ། འདིའི་རང་བཞིན་ནི་མི་འགྱུར་བའི་གཡུང་དྲུང་ཞེས་བྱ་སྟེ། རྟག་པ་ཡོ་ནའོ། །ཕྱི་ནང་སྣོད་བཅུད་སྣ་ཚོགས་སྣང་བ། ཡན་ལག་དང་ཡན་ལག་ཅན་ཐམས་ཅད་ངེས་བྱས་པ་སྟེ། བྱས་པའི་བོན་འདི་རྣམས་ནི་མི་རྟག་པའོ། །དེས་ན་ཕྱྭ་འམ་དབང་ཕྱུག་མཆོད་ལེགས་ཏེ་མགུ་ན། མཐོ་རིས་སུ་ཡང་ངེས་གཏོང་ལ། མཆོད་ཉེས་ཏེ་མ་མགུ་ན་ངན་སོང་དུ་ཡང་ངེས་གཏོང་བའི་ཕྱིར་རོ། །དེ་མགུ་བར་བྱས་པས་ཆོག་གོ །དེ་དག་ཀྱང་ལོའི་ཚེད་དུ་འབབ་རྩོལ་གྱིས་བསྒྲུབ་མི་

དགོས་ཏེ། རང་བཞིན་ཟུགས་ཀྱིས་ཅི་ལྟ་བུར་ཡང་འགྱུར་བོ། །ཞེས་པས། དེ་ལ་གཉིས་ཏེ། བྱེད་པ་པོ་དབང་ཕྱུག་གི་རང་བཞིན། བྱེད་པ་པོས་བྱས་པའི་སྒྲུབ་བྱེད་དོ། །དང་པོ་ནི་དབང་ཕྱུག་དེ་ཁྱད་པར་ལྔ་དང་ལྡན་པ་སྟེ། རྟག་པ། གཅིག་པུ། ལས་རྣམས་བློ་སྔོན་དུ་གཏོང་བའི་གཡོ་བ་བྱེད་པ། ལྷས་བསྡུས་པ། གཙང་ཞིང་མཆོད་པར་འོས་པའོ། །དེ་ལ་རྟག་པ་ནི་ཐོག་མ་ནས་ཐ་མའི་བར་དུ་ཡོད་པ་སྟེ། སྐྱེ་འཆི་མེད་པའོ། །གཅིག་པུ་ནི་འཇིག་རྟེན་ན་དབང་ཕྱུག་གཅིག་ལས་མེད་པའོ། །ལས་རྣམས་བློ་སྔོན་ལ་གཏོང་བའི་གཡོས་པ་བྱེད་པ་ནི། བཅིངས་ཐར་དང་མདོག་དབྱིབས་ཐམས་ཅད་དེས་བྱས་ཏེ། འཇིག་རྟེན་སྟོང་པ་ན། དབང་ཕྱུག་གི་འཇིག་རྟེན་སྤྲུལ་པར་འདོད་པའི་བློ་སྐྱེ་སྟེ། རླུང་མེ་ཆུ་སའི་རྡུལ་རྣམས་བསྡུས་ནས་འབྱུང་བཞིའི་དཀྱིལ་འཁོར་རྫོམ་པའོ། །དེའི་ནང་དུ་ཚངས་པའི་སྣོད་རྫོམ་པའོ། །དེའི་ནང་དུ་འཇིག་རྟེན་གྱི་མེས་པོ་ཚངས་པ་ཞེས་པ་རལ་པ་ཅན་གཅིག་བྱུང་བ་ལ། དེའི་ཡིད་ལས་སྤྲུལ་པའི་བུ་མོ་གཅིག་བྱུང་བས། བུ་མོ་ལ་རང་ཆགས་པ་སྟེ། བུ་མོ་དེ་གཡོན་དང་རྒྱབ་དང་། གཡས་དང་། སྟེང་དུ་སོང་བས། དེ་ལ་ཡིད་ཆགས་པས་གདོང་པ་རེ་རེ་སྟེ་ལྔ་བྱུང་བས། ཡིད་ཀྱི་བུ་མོ་ལ་རང་ཆགས་པས་ངོ་ཚ་ནས། ཕྱག་གཡས་གསེར་གྱི་འཁོར་ལོས་སྟེང་གི་དབུ་བཅད་པས། ཚངས་པ་གདོང་བཞི་པར་གྲགས་སོ། །དེ་པད་མའི་གདན་ལ་བཞུགས་པ། ཁ་བཞི་ན་རིག་བྱེད་བཞི་ཡི་སྒྲ་འདོན་པ་ཞིག་བྱུང་བ་སྟེ། འཇིག་རྟེན་འདི་སྦལ་པ་ཆེན་པོ་གཅིག་གི་སྟེང་དང་། ཉ་ཆེན་པོ་གཅིག་གི་ལྟོ་ལ་ཆགས་སོ། །དེ་ལས་མི་རིགས་བཞི་མཆེད་དེ་ཁ་ནས་བྲམ་ཟེ། དཔུང་པ་ནས་རྒྱལ་རིགས། བརླ་ལས་རྗེ་རིགས། རྐང་མཐིལ་ནས་དམངས་རིགས་རྣམས་སྐྱེས་སོ། །ལྷས་བསྡུས་པ་ནི་གཞན་འཕྲུལ་དབང་

བྱེད་དོ། །གཙང་ཞིག་མཆོད་པར་འོས་པ་ནི་ཁྲི་ཤ་ལ་སོགས་པ་ལ་མི་དགྱེས་ཤིང་གཙང་མས་མཆོད་ན་དངོས་གྲུབ་སྟེར་བའོ།།

གཉིས་པ་བྱེད་པས་བྱས་པའི་སྒྲུབ་བྱེད་ནི། ཐམས་ཅད་དབང་ཕྱུག་གིས་བྱས་པར་ངེས་པ་སྟེ། རྒྱ་ཤུག་ལ་སོགས་པའི་ཚད་ངེས་པའམ། ཚེར་མ་རྣོ་བར་ངེས་པ་དང་། དབྱར་དགུན་གྱི་དུས་ངེས་པ་དང་། དགེ་སྤྱོད་སྔ་མར་སྙིང་རྗེ་བསྒོམ་པ་དང་། སྡིག་འདོན་བྱས་པ་ལ་དད་ལྷ་ཚེ་ཐུང་བ་དང་། ནོར་ལྡན་སྔ་མར་སྦྱིན་པ་གཏོང་བ་ལ་དད་ལྷ་དབུལ་བར་སོང་བ། སྡིག་སྤྱོད་སྔ་མར་བསམ་ངན་དང་གནོད་འགལ་བྱས་པ་དད་ལྷ་སྐྱིད་པར་དམིགས་པའི་ཕྱིར་རོ། །ཡོན་ཏན་ནོར་ལྡན་ཚེ་ཐུང་ཞིང་གཏོང་ལྡན་དབུལ་པོར་སོང་བ་དང་། སྡིག་སྤྱོད་སྐྱིད་པར་དམིགས་པའི་ཕྱིར། དབང་ཕྱུག་གིས་བྱས་གསལ་བ་ཡིན་ཞེས་སོ།།

གསུམ་པ་དབུ་མར་སྨྲ་བ་གཉིས་ལས། གཅིག་པ་གང་ཟག་བདེན་སྟོན་དང་། གཉིས་པ་སྣ་ཚོགས་ཐབས་སྟོན་ནོ། །དང་པོ་ལ་གཉིས་ཏེ། སྟོན་པ་ནི། གང་ཟག་བདེན་སྟོན་འདི་ལྟར་བཞེད། །ཅེས་པ་སྟེ། འདི་རིགས་ཅན་གྱི་སྡེར་གཏོགས་པས། རྒྱན་འདོགས་མེད་པས་རྣ་བ་མ་ཕུག་པས་རྣ་མ་ཕུག་པ་ཞེས་བྱའོ། །གྲུབ་མཐའ་ནི། དངོས་པོ་བརྗོད་དུ་མེད་པའི་གང་ཟག་རང་བཞིན་རྟག་པའོ། །ཞེས་པའི་དོན་ནི། སྐྱེ་འགྲོ་ཐམས་ཅད་ཀྱི་སྙིང་པོ་ལ་གང་ཟག་རྟག་པའི་དངོས་པོ་གཅིག་ཡོད་དེ། གང་ཟག་དེ་ནི་ཚིག་སྒྲས་ཡོད་པར་བརྗོད་དུ་མ་བཏུབ་ལ། མེད་པར་ཡང་བརྗོད་དུ་མ་བཏུབ་སྟེ། རང་བཞིན་རྟག་པ་ཤེ་ནའོ། །དེའི་ཡོན་ཏན་ནི་སྣ་ཚོགས་སྣང་བའི་བོན་འདི་དག་ཐམས་ཅད་དོ། །གང་ཟག་དེས་འདི་དག་ལ་དབང་བསྒྱུར་ཞིང་མངའ་མཛད་པའི་ཕྱིར་རོ། །

དབང་ཕྱུག་ཅེས་ཀྱང་བྱའོ། །དེ་ལྟ་བུ་ནི་ཡང་དག་པའི་དོན་ཡིན་ནོ། །ཞེས་པས། མུ་སྟེགས་ཀྱི་གཞུང་ལུགས་ལས། ཡོད་མིན་མེད་མིན་དུ་མ་མིན། །གཅིག་མིན་ཕྲ་མིན་ཆེན་པོ་མིན། །འདི་ནི་རྟག་མིན་མི་རྟག་མིན། །བདག་མིན་གཞན་མིན་དེ་ཉིད། །ཅེས་པ་ལྟ་བུའོ།།

གཉིས་པ་སྣ་ཚོགས་ཐབས་སྟོན་པ་བཞི་སྟེ། མིང་གི་རྣམ་གྲངས་དང་། གཞུང་དང་། སྟོན་པ་དང་། གྲུབ་མཐའོ། །དང་པོ་ནི། རིག་བྱེད་ཀྱི་ཚིག་ཚད་མར་འདོད་པས་རིག་བྱེད་པ། རིགས་བྲམ་ཟེ་ཁོ་ན་བཟང་བར་འདོད་པས་བྲམ་ཟེ་པ། ཁྱབ་འཇུག་ལྷར་འཛིན་པས་ཁྱབ་འཇུག་པ། སྤྱོད་པ་རྒྱང་གིས་གྲོལ་བ་འདོད་པས་སྤྱོད་པའོ། །གཉིས་པ་སྟོན་པ་ནི། སྣ་ཚོགས་ཐབས་སྟོན་འདི་ལྟར་བཞེད། །ཅེས་པ་ལྟར། བྲམ་ཟེ་རྒྱལ་དཔོག་ཏུ་འདོད་པའོ། །གསུམ་པ་གཞུང་གི་རྟོག་པ་ལ་ཕན་པའི་ཡན་ལག་དང་། དྲང་སྲོང་སྐྱེད་བྱེད་ཀྱི་ཡལ་ག་ལས་སོགས་པའོ། །བཞི་པ་གྲུབ་མཐའ་ནི་ལྔ་སྟེ། ཁྱབ་འཇུག་གི་དོན་དང་། རིག་བྱེད་ཚད་མ་ཡིན་པ་དང་། སྤྱོད་པས་བག་ཆགས་དག་ལུགས་དང་། དངོས་པོ་རྒྱུ་མེད་དང་། ཤེས་པས་རང་མི་རིག་པའོ། །དང་པོ་ནི། དངོས་པོ་ཐམས་ཅད་ཁྱབ་འཇུག་གི་རྣམ་པར་འཕྲུལ་པ་སྟེ། སྐལ་ལྡན་ནོར་ལྷ་འདི་ནི་ཐམས་ཅད་མཁྱེན་ཞིང་གཟིགས། །འགྲོ་བ་ཐམས་ཅད་ལྟར་འདྲེན་ཐར་པར་སྨིན་པར་བྱེད། །ནོར་ལྷ་སྟོབས་བཟང་འཆི་མེད་ལས་སོགས་ངོ་བོར་གནས། །ཀུན་གྱི་བདག་ཉིད་ཀུན་ལ་འཇུག་ཅིང་ཀུན་ལ་ཁྱབ། །ཅེས་པས། དེས་འགྲོ་བ་འདུལ་བའི་འཇུག་པ་ནི་བཅུ་སྟེ། ཉ་དང་རུ་སྦལ་ཕག་རྒོད་དང་། །ར་མ་གཉིས་དང་ནག་པ་དང་། །མིའི་སེང་གེ་མི་ཐུང་དང་། །སངས་རྒྱས་དང་བ་ཅན་ཧེ་བཅུ། །ཞེས་བཤད་པས། དེ་དག་ཅི་ལྟར་ཞེ་ན། མུ་

གེ་ལ་ཉ་ཆེན་དུ་སྤྲུལ་ནས་ལུས་སྦྱིན་པ་དང་། ཏ་སྟལ་གྱིས་རྩེ་དུག་དབྱེ་བ། ཕག་རྒོད་གྱིས་དུག་སྦྲུལ་འཇོམས་པ། རྒྱལ་པོ་ཤིང་རྟ་བཅུ་པའི་བུ་ར་མ་ཎས་སྦྱིན་པ་བཏང་བ་དང་ཁྲིམས། འཛིན་ན་ཨ་ནེའི་བུ་ར་མ་ཎས་སྨན་དཔྱད་དང་འཛངས། ནག་པོའི་རྒྱལ་གྱིས་གཞན་གྱི་ང་བོ་གཅོག་པ། མིའི་སེང་གེའི་གདོང་པ་ཅན་ཁྲབ་འཇུག་རང་ཉིད་དངོས་སུ་སྟོན་པ། མི་ཁྱུང་གིས་བསད་ཚད་ཐར་པ་བཀོད་པ། སངས་རྒྱས་ཐུབ་པས་བགྲིད་དྲང་གིས་ལམ་ལ་འགོད་པ། ཚེ་ལོ་བཅུ་པར་རྟ་དང་པ་ཅན་གྱིས། ཤེས་ཆེ་འཛངས་པ་རྒྱ་འགྱུར་དང་བྲག་རར་བསྐྱལ་ནས། མཆོན་གྱི་བསྐལ་པ་ལས་ཐར་བ་ལ་ཐར་པར་བྱེད་ཟེར་རོ། །གཉིས་པ་རིག་བྱེད་ཀྱི་ཚད་མར་འདོད་པ་ནི། རིག་བྱེད་སྒྲའི་རང་བཞིན་རྟག གསལ་བའི་རོལ་པ་ཞེས་ཡང་འགྱུར། ཞེས་གསུངས་པའི་དོན་ནི། ད་ལྟར་གྱི་ངག་ཏུ་བརྗོད་པ་གསལ་བ་འདི་དག་ནི། གནས་སྐབས་ཞེས་བྱ་སྟེ། མི་རྟག་འགྱུར་བ་དང་བཅས་པའོ། །དེའི་རང་བཞིན་རིག་བྱེད་ཀྱི་ཚིག་རྟག་པའི་དངོས་པོ་གཅིག་ཡོད་དེ། དེ་མེད་ན་ཐོགས་བཏབ་པས་སྐད་འབྱུར་ཞེ་བའི་ནུས་མཐུ་འམ། ཚིག་མི་དགའ་བ་སྨྲས་ན་མི་དགའ་བའི་འདུ་ཤེས་སྐྱེ་བའམ། བཟང་པོ་བརྗོད་ན་དགའ་བ་སེམས་ལས་འབྱུང་བ་ལས་སོགས་པ་མི་འོང་བར་རིགས་པ་ལ། ད་ལྟ་དེ་འོང་གི་འདུག་པའི་ཕྱིར། ཚིག་དེའི་རང་བཞིན་རྟག་པ་སྟེ། གཡུང་དྲུང་མི་འགྱུར་བའི་བྱེད་པོ་ཐེར་ཟུག་རྒྱུན་དུ་གནས་པ་ཞེས་བྱ་བ་གཅིག་ཡོད་ངེས་པའོ། །ནུས་མཐུ་ལས་སོགས་པ་ཐམས་ཅད་ཀྱང་དེས་བྱས་པ་སྟེ། དེ་ཡང་དག་ཁོ་ནའོ། །ཞེས་པས། རིག་བྱེད་ལ་གཞུང་བཞི་སྟེ། མཆོད་སྦྱིན་གྱི་རིག་བྱེད་དང་། ལོ་རྒྱུས་ཀྱི་དང་། གསང་ཚིག་གི་དང་། སྲིད་སྲུང་གི་རིག་བྱེད་དོ། །མཆོད་སྦྱིན་ལ་ཕྱུགས་བསད་པ་དང་མི་བསད་པ་

སྦྱིན་ནོ། །བཤད་ཀྱང་ལྷ་མཉེས་པས་ཐར་པར་འདྲེན་ཏེ། རིག་བྱེད་འཚེ་བ་གང་བསྟན་པ། །བསྟན་བཅོས་གཞན་ལ་རྨད་གྱུར་ཕྱིར། །དེ་ནི་སྡིག་བྱས་མི་འགྱུར་བས། །གཞན་དུ་སྐྱེ་བར་བདག་གིས་བཤད། །ཅེས་སོ། །ལོ་རྒྱུས་ནི། ཁྱབ་འཇུག་གི་ཕ་དང་། དབང་ཕྱུག་གི་ཆུང་མ་ཨུ་མ་དེ་བ་ཕན་ཚུན་ཕྲོག་པ་ལས་སོགས་སོ། །གསང་ཚིག་ནི་དངོས་པོ་ཐམས་ཅད་རང་རང་ངོ་བོ་ཉིད་ཀྱིས་གྲུབ་པའི་ལྟ་བའོ། །སྲིད་སྲུང་པ་ནི། བྲམ་ཟེའི་རིགས་བཟང་བཞག་པའི་བསྟན་བཅོས་ཏེ། གོའུ་ཏ་བུད་མེད་མེ་ཉིད་ཡིན། དེས་ཉེ་གནས་ཐབ་ཁྲུང་ཡིན། དེ་སྐྱེས་བུ་ནི་དུ་བ་ཡིན། དེའི་ནང་ཞུགས་སོལ་བ་ཡིན། དེའི་ཁུ་བ་མེ་སྟག་ཡིན། དེ་ལྟ་བུའི་མེ་འདི་ལ། །སྐྱེས་བུ་ལྷའི་ས་བོན་སྲེག །སྦྱིན་སྲེག་དེ་ལས་སྐྱེས་བུ་འབྱུང་། །དེ་སྐྱེས་ཚོར་བར་གྱུར་པ་ཡིན། །ཞེས་སོ། །རིག་བྱེད་དེ་བཞི་ཡང་མཚན་ཉིད་གསུམ་དང་ལྡན་པ་སྟེ། སྐྱེས་བུས་མ་བྱས་པ། རྟག་པ། བདེན་པའི་དོན་ཅན་ནོ། །དེ་ཡང་ཐོག་མ་ནས་ནམ་མཁའི་ཁམས་ན་རྟག་ཏུ་ཡོད་པ་ལ། སྔོན་ཚངས་པས་ཐོབ་པས་གསང་བར་བརྗོད་པའོ། །ཕྱིར་སྒྲ་ཐམས་ཅད་རྟག་པ་ཉིད་དེ། བརྡའ་འཇུག་པའི་ཕྱིར་དང་། གོམས་པར་བྱ་རུང་བའི་ཕྱིར་དང་། རང་གི་ཤེས་པ་གཞན་ལ་བསླབ་ཏུ་ཡོད་པའི་ཕྱིར་དང་། མཉན་བྱ་ཡིན་པའི་ཕྱིར་དང་། ལན་གཅིག་འབྱུང་ཕྱིར་གོམས་བྱའི་ཕྱིར། །ཕྱིས་ཀྱང་ཤེས་ཕྱིར་དེ་བཞིན་དུ། །མཉན་བྱ་ཡིན་ཕྱིར་སྒྲ་ཉིད་བཞིན། །སྒྲ་ནི་རྟག་པར་ཤེས་པར་བྱའོ། །ཞེས་སོ། །རིག་བྱེད་ནི་འཆད་དོ་ཅོག་ལ་མི་བདེན་སྲིད་དེ། ཆགས་རྗོགས་རྐྱེན་གྱིས་ཉམས་པའི་ཕྱིར། །སྐྱེས་བུའི་ཚིག་ནི་རྫུན་ཡིན་ལ། །རིག་བྱེད་སྐྱེས་བུས་མ་བྱས་སོ། །དེས་ན་ཚད་མར་བཟུང་བར་བྱ། །ཞེས་སོ།།

གསུམ་སྦྱོད་པས་སྒྲིབ་པ་འདག་ལུགས་ལ་དྲུག་སྟེ། ཁྲུས་ཀྱིས་དག་པར་འདོད་པ་ནི། ཀླུ་ཀླུའི་སྒོ་ནས་ཀུ་ཤ་འཁྱིལ། །སིལ་བ་ཅན་དང་སྔོན་པོའི་རི། །ཀ་ན་ཀའི་འཇུག་ངོགས་སུ། །ཁྲུས་བྱས་ཡང་འབྱུང་སྲིད་མ་ཡིན། །ཞེས་པའོ། །ཡུལ་གྱིས་དག་པ་ནི་ཀུ་རུ་ཞེས་བྱ་བར་ཕྱིན་ཚད་ཐར་ཏེ། ཀུ་རུའི་ཞིང་གི་རྡུལ་དག་ནི། །རླུང་གིས་ཁྱེར་ནས་རེག་འགྱུར་ཀྱང་། །ཉེས་པ་བྱས་པའི་ལས་ཅན་རྣམས། །འགྲོ་བ་མཆོག་ཏུ་ཁྱེར་བར་བྱེད། །ཅེས་པའོ། །སྲིད་སྲུང་བས་དག་པ་ནི། བྲམ་ཟེའི་རིགས་བཞག་ན་མཐོ་རིས་སུ་སྐྱེ་ལ། བུ་མེད་པ་ནི་ངན་འགྲོ་སྐྱེ་སྟེ། ཚངས་པར་སྤྱོད་པས་ཀྱང་ལོ་བཞི་བཅུ་རྩ་གཉིས་ན་ངོར་ཏེ། གང་ཞིག་བུ་དང་ལྡན་པ་དེ། །ཤི་ན་མྱ་ངན་མེད་པར་འགྲོ། །ལམ་ཡང་དེ་ནི་བདེ་འགྲོའི་ལམ། །དེས་ན་མར་ཡང་འཁྲིག་པར་བྱ། །ཞེས་པའོ། །གཡུལ་གྱིས་དག་པ་ནི། ངས་པ་རྩེ་མེད་དཔའ་བོའི་ས། །གཡུལ་ངོར་འབྲོས་པ་མེད་པར་ནི། །གཡུལ་ལ་མངོན་པར་ཕྱོགས་འགྱུར་ན། །ཤི་ན་མཐོ་རིས་འགྲོ་བར་འགྱུར། །ཞེས་སོ། །ཁྲིམས་བསྲུང་བ་དག་པ་ནི། བྲམ་ཟེ་དང་རིག་བྱེད་སློབ་མའི་བླ་མ་གནོད་པ་བྱེད་པ་གསོད་ན་སྡིག་པ་འདག་སྟེ། སྐྱེ་དགུའི་བསྐྱང་ལ་གསོ་བའི་ཕྱིར། །ལྷ་མིན་ལྷའི་ཚེར་མ་དག །བསད་ཀྱང་སྐྱོན་ནི་ཡོད་མིན་ཏེ། །དེ་ནི་ཁྲིམས་སྲུང་ཡིན་པའི་ཕྱིར་རོ། །ཞེས་པའོ། །སྲོག་བསྲུངས་བས་དག་པ་ནི། སྨུ་གེ་ཆེན་པོ་སྟོན་པའི་ཚེ་ཤ་ན་དགེ་བར་འགྱུར་ཏེ། བྲམ་ཟེ་ཕུངས་པའི་ཚེ་ཤ་བ་དགེ་བར་བཤད། གཞན་ནོར་ལ་མཐོང་བར་ཡང་བླང་བར་གྱིས་ཞེས་པའོ།།

བཞི་པ་དངོས་པོ་རྒྱུ་མེད་ནི། ཉི་ཤར་ཆུ་བོ་ཐུར་དུ་བབ་པ་དང་། །སྲན་ཟླུམ་ཚེར་མའི་བཟང་རིང་རྣོ་བ་དང་། །རྨ་བྱའི་མདངས་ལེགས་ལ་སོགས་རྣམས་པ་ཀུན། །སུས་

ཀྱང་མ་བྱས་རང་གི་ངོ་བོ་བྱུང་། །ཞེས་པ་སྟེ། གོང་དུ་རིག་བྱེད་བཞི་ལས་གསང་ཚིག་དོན་ཀྱང་འདི་ཁོ་ནའོ།།

ལྡེ་པ་ཤེས་པས་རང་མི་རིག་པ་ནི། བདག་དེ་ཉིད་ཀྱིས་ཡུལ་ལྡེ་ནི་རིག་གི་རང་གི་མི་རིག་སྟེ། རང་ལ་རིག་བྱ་དང་རིག་བྱེད་ཆ་གཉིས་མེད་པའི་ཕྱིར་རོ། །ཞེས་ཟེར་རོ།།

བཞི་པ་སེམས་སུ་སྨྲ་བ་ལ་གཉིས་ལས། དང་པོ་ནི། བདག་ཉིད་ཆེ་བཙུན་འདི་ལྟར་བཞེད། །བདག་ནི་རྟག་ལ་གནས་སྐབས་འགྱུར། །སེམས་ཅན་སྙིང་པོ་ང་ཉིད་ནི། །ཇ་བཅག་བྱ་འཕྱུར་ཅི་བཞིན་ནོ། །ཞེས་བྱ་བའི་དོན་ནི། རྟག་པའི་དངོས་གཅིག་ཡོད་དེ། གནས་གང་ན་ཡོད་ན་སེམས་ཅན་ཐམས་ཅད་ཀྱི་སྙིང་གི་དཀྱིལ་ན་ཡོད། མིང་གང་ཡིན་ན་བདག་རྟག་པ་ཞེས་བྱའོ། །བོངས་ཚད་ནི་ཆེ་སྟེ་ཆེ་ལ་ཐིབ་ལོང་ཙམ། ཆུང་སྟེ་ཆུང་ན་ཉུངས་འབྲུ་ཙམ་གཅིག་ཡོད་དེ། ཁ་དོག་ནི་དཀར་ལ་འཚེར་བ། རང་བཞིན་སྨུམ་ལ་འཇྲིལ་བ། ཤེལ་སྒོང་ཡོངས་སུ་དག་པའི་རང་བཞིན་ལྟ་བུ། མཚན་ཉིད་ནི་རླུམ་རིལ་གྱི་དངོས་པོ་ཆ་ཤས་མེད་པ་གཅིག་ཡོད་དེ། དེས་ཡོན་ཏན་གང་བྱས་ན་གནས་སྐབས་ཀྱི་བོན་སྣ་ཚོགས་སུ་སྣང་བ་འདི་དག་ཐམས་ཅད་བྱས་པའོ། །བྱས་པ་འདི་དག་ནི་མི་རྟག་པའོ། །རང་བཞིན་ནི་རྟག་པའོ། །ཞེས་པས། ལྷ་མི་དང་རྟ་གླང་ལྟ་བུར་སྐྱེ་བའི་བདག་ནི་འཐིབ་ལོང་ཙམ་པོ་དེ་ཡིན་ལ། གྲོག་སྦུར་ལྟ་བུར་སྐྱེ་བ་ནི་ཉུངས་འབྲུ་ཙམ་པོ་དེའོ། །དེ་ནི་བདག་གི་གནས་ལུགས་སོ། །འཕོ་འཇུག་ནི་འགྲེལ་ལས། འོ་ན་སེམས་ཅན་གཅིག་འཆི་བའི་དུས་སུ་བདག་དེ་ཡང་འཆི་འམ་ཞེ་ན། མི་འཆི་སྟེ། ལུས་ཤ་ཁྲག་འདུས་པའི་ཕུང་པོ་འདི་ལ་གནས་ཤིང་འཛིག་པ་འོང་སྟེ། ལུས་ཞིག་པའི་ཚེ་བདག་རྟག་པ་དེ་སེམས་ཅན་གྱི་ལུས་གསར་པ་གཅིག་གི་ནང་དུ་འཕོས་

ནས་དེར་གནས་པའོ། །དེ་ཡང་དཔེར་ན་རྫ་མ་དག་གི་ནང་དུ་བྱེའུ་གཅིག་བཙུག་སྟེ་བཞག་ན། རྫ་མ་སའི་རང་བཞིན་ཉེ་ལྷག་དང་ཆར་པས་གདུང་སྟེ་ཆག་པའི་ཚེ། བྱེའུ་འཕུར་ནས་རྫ་མ་གསར་པ་གཅིག་གི་ནང་དུ་འགྲོ་བ་དང་འདྲའོ། །ཞེས་པ་སྟེ་སྨྲོ།།

གཉིས་པ་ནི། བརྗོད་མེད་གསང་བས་འདི་ལྟར་བཞེད། །ཅེས་པ་ནི་སྟོན་པ་སྟེ། ཕྱི་རོལ་གྱི་ཡུལ་མ་གྲུབ་པར་གསང་བ་སེམས་སུ་སྨྲ་བའམ། རིག་བྱེད་བཞི་ལས་གསང་ཚིག་གཙོ་བོར་འདོད་པའོ། །གཞུང་ནི་དྲན་པར་བྱེད་པ་བསྟན་པའི་འཁོར་ལོ་ལས་སོགས་པའོ། །གྲུབ་མཐའ་ནི། ཕྱི་རོལ་ཡུལ་རྣམས་གང་ཡང་མེད། །སྣ་ཚོགས་སྣང་བ་སེམས་སུ་འདུས། །གཅིག་པུ་ཚངས་པ་མཆོག་བདེ་རྟག །རིག་པའི་རྒྱལ་པོ་མུ་མཐའ་ཡས། །ཞེས་པས་དེ་ལ་གསུམ་སྟེ། རང་བཞིན་དང་། གྲོལ་ཚུལ་དང་། བསྒྲུབ་བྱེད་ཀྱི་རིགས་པའོ། །དང་པོ་ནི། འགྲེལ་ལས་ཞེས་བྱ་བའི་དོན་ནི། ཕྱི་ནང་ཁམས་གསུམ་སྣ་ཚོགས་སྣང་བ་འདི་དག་ཐམས་ཅད་ཀྱང་། ཕྱི་ཡུལ་གྱི་ངེམ་པོར་གྲུ་ཆད་པ་མེད་དེ། སེམས་སུ་འདུས་སོ། །སེམས་དེའི་རང་བཞིན་ཡང་རྟག་པ་ཡིན་ཏེ། སེམས་ཀྱི་རང་བཞིན་དེ་ནི་རིག་པའི་རྒྱལ་པོ་ཞེས་བྱ་སྟེ། དེས་བོན་ཐམས་ཅད་ལ་ཁྱབ་ཅིང་རྒྱས་ཐེབས་པའོ། །སེམས་དེ་ལ་མ་གཏོགས་པའི་བོན་གཞན་མེད་དེ། སེམས་དེ་ཡང་ཁམས་གསུམ་གྱི་སེམས་གཅིག་ལས་མེད་དེ། གཅིག་པོ་དེ་ཉོན་མོངས་པ་ཐམས་ཅད་ལས་གྲོལ་ཞིང་ཚངས་པ་སྟེ་རང་བཞིན་རྟག་པའོ། །གནས་སྐབས་ཀྱི་སེམས་ཀྱི་སྐད་ཅིག་མ་འདི་ནི་མི་རྟག་པའོ། །ཞེས་པས་དེ་ལ་དཔྱད་པར་དགུ་སྟེ། ངོ་བོ་སེམས་ཡིན་པ། ལུས་ཡོད་པ། ཁྱབ་པ། རྟག་པ། གཅིག་པུ། འབྱུང་འདིག་གི་རྟེན་བྱེད་པ། ལུས་ཅན་གྱི་སྐྱོན་གྱི་མ་གོས་པར་བློའི་ཡུལ་དུ་མ་གྱུར་པ། ངག་གིས་བརྗོད་དུ་མེད་པའོ། །དང་པོ་ནི།

ལུས་འདོད་ཀྱང་དོན་ལ་མེད་དེ་ཤེས་ཤིང་རིག་པ་ཙམ་མོ། །གཉིས་པ་ལུས་ལ་ཡོད་མེད་དུ་འདོད་པ་གཉིས་ཡོད་པ། ལུས་ཡོད་པ་ནི། སྟེང་ཕྱོགས་ནི་སྐྱེས་བུའི་མགོ། ཕྱོགས་བཞི་ལག་པ། འོག་ཕྱོགས་རྐང་པ། ནམ་མཁའ་ལྟེ་བ། གཟའ་སྐར་སྤྲ། རི་རབ་བྲང་། རིའི་ཕྲེང་བ་རྣམས་ནི་རུས་པ། ཆུ་བོ་དང་ཆུ་ཕྲན་རྣམས་ནི་རྩ་ཡི་དྭ་བ། ནགས་ཚལ་ནི་བ་སྤུ། མཐོ་རིས་ཀྱིས་འཇིག་རྟེན་ནི་རྒྱབ། ངན་སོང་ནི་ལྟོ། ཚངས་པ་ནི་དཔྲལ་བ། དགེ་སྡིག་ནི་སྨིན་མ་གཡས་གཡོན། འཆི་བདག་ནི་ཁྲོ་གཉེར། ཉི་ཟླ་ནི་སྤྱན་མིག་གཡས་གཡོན། རླུང་ནི་ཁ་དབུགས། རི་བྲན་ནི་སོ་སེན། ལྷ་མོ་དབྱངས་ཅན་ནི་ལྕེ། ཉིན་མཚན་ནི་མིག་འབྱེད་འཛུམ། སྐྱེས་པ་དང་བུད་མེད་ནི་གཞོག་གཡས་གཡོན། རིའི་བར་བར་སོར་མོ། འཇིག་རྟེན་དང་འདས་པ་ནི་ནུ་མ་གཡས་གཡོན། ལྷའི་བུ་སེར་ལྷ་ནི་ཕུས་མོ་གཉིས་སོ། །ཐ་སྐར་ནི་རྗེ་ངར་གཉིས། ཉིན་ཞག་ནི་ཁེད་སྨད། དབང་པོ་ནི་ཕོ་མཚན། སྐྱེ་དགུའི་བདག་པོ་ནི་དག་པའི་རང་བཞིན། ཁྱབ་འཇུག་ནི་རྐང་པ། ཁ་དོག་རྣམས་ནི་ཁྲག་གོ །དེས་ན་ཤེས་བྱ་ཐམས་ཅད་ལ་ཁྱབ་པའོ། །རྟག་པ་ནི་མཐའི་བར་དུ་གནས་པའོ། །གཅིག་པུ་ཀུན་ཁྱབ་རྟག་པ་སྟེ། ཚངས་མཆོག་འཆི་བ་མེད་པའི་གཅིག །ཅེས་སོ། །གཅིག་པུ་ནི་འཁྲུལ་པ་ལ་སྲོག་ཏུ་མར་སྣང་ཡང་། བདག་ལ་གཅིག་ལས་མེད་པའོ། །འབྱུང་འཇིག་གི་རྟེན་ཡིན་པ་ནི། ལུས་ཅན་འབྱུང་ཐིམ་བདག་གི་ངང་ལ་བྱེད་པའོ། །དེས་ན་རྟོགས་བྱ་འདི་ལས་ལྷག་ཅིང་ཟབ་པ་མེད་དེ། གང་ལ་མཆོག་གྱུར་གཞན་མེད་ཅིང་། །གང་ལས་དམ་པ་གཞན་མེད་ལ། །འདི་ལ་ཕྲད་འགྱུར་གཞན་མེད་པས། །སྣ་ཚོགས་འདི་དག་རྒྱུ་གཅིག་ཉིད། །ཅེས་སོ། །ལུས་ཅན་གྱིས་སྐྱོན་གྱིས་མ་གོས་པ་ནི། ལུས་ཅན་སྐྱེ་ཤི་དང་། དགེ་སྡིག་དང་བདེ་སྡུག་ཀྱང་བདག་ལ་མེད་

དེ། ལུས་ཅན་འབྱུང་ཞིག་འཇིག་པ་ལྟར། དེ་བདག་ཡིན་པར་བདག་མི་འདོད་ཅེས་དང་། ལུས་ལ་གནས་ཀྱང་མ་ཆགས་དང་། སྤྱོད་པར་བྱེད་ཀྱང་མ་གོས་དང་། འདོད་བཞིན་སྤྱོད་ཀྱང་རྒྱལ་པོ་ནི། སྡིག་ལས་གནོས་པའི་མི་འགྱུར་རོ། །ཞེས་སོ། །བློའི་སྤྱོད་ཡུལ་དུ་མ་འགྱུར་པ་ནི། ཟབ་ཅིང་ཆ་ཕྲ་བས་སོ། །བརྗོད་དུ་མེད་པ་ནི་བསམ་པར་མི་ནུས་པའོ། །དེ་ནི་རྟག་པ་རྟོག་མེད་པས། །གང་གི་སྤྱོད་ཡུལ་གང་མ་འགྱུར། །ཞེས་སོ།།

གཉིས་པ་གྲོལ་ཚུལ་ནི། འགྲེལ་ལས། དེ་ལྟ་བུ་ནི་སེམས་ཀྱི་དོན་དེ་རྟོགས་ན་གྲོལ་ངེས་སོ། །ཞེས་པས་དཔེར་ན། ནམ་མཁའ་ལ་བུམ་པ་བརྒྱ་བཟློས་ན་ནམ་མཁའ་བརྒྱ་བྱུབ། བཅགས་ན་ཐམས་ཅད་ནམ་མཁའ་དང་དབྱེར་མེད་དུ་འགྲོ་བ་ལྟར། རྣལ་འབྱོར་པ་རྣམས་ཀྱི་བསྒོམ་ན་རང་རང་གི་སྲོག་བདག་ཆེན་པོ་དང་དབྱེར་མེད་དུ་ཐིམ་པའོ། །ཐི་ལམ་ན་ལས་བྱེད་པ་དང་། འབྲས་བུ་མྱོང་བར་སྣང་བ་ལ་བདེན་ཞེན་ལྟར། བདག་མ་རྟོགས་ཀྱི་བར་དུ་དགེ་སྡིག་གིས་མཐོ་དམན་དུ་སྐྱེ་བར་རྟོགས་ཏེ། བདག་མ་ཤེས་མ་རྟོགས་ན། །ཐི་ལམ་ལོངས་སྤྱོད་ང་རྒྱལ་བཞིན། །ལས་རྣམས་སོགས་ཤིང་དགེ་བ་དང་། །མི་དགེའི་འབྲས་བུ་སྤྱོད་པ་ཡིན། །ཞེས་སོ། །གཉིད་སད་ན་ཐི་ལམ་བདེན་མེད་དུ་གོ་བ་ལྟར། བདག་རྟོགས་ན་དགེ་སྡིག་གཉིས་ཀ་ཡང་འཁོར་བས་བསླུ་བར་རིག་ནས། ཅི་ཡང་མ་བྱས་པར་གྲོལ་ཏེ་བྱེད་པ་པོ་དབང་ཕྱུག་གསེར་མདོག་ཏུ། གང་གིས་མཐོང་ཞིང་ལྟ་བ་དེ། །སྡིག་དང་བསོད་ནམས་ལས་འདས་ནས། །མཆོག་ཏུ་ཞི་བ་ཐོབ་པར་འགྱུར། །ཞེས་སོ།།

གསུམ་པ་སྒྲུབ་བྱེད་ནི། དེ་ལྟ་བུའི་རང་བཞིན་རྟག་པ་དེ་སྒྲུབ་བྱེད་ཚད་མ་ནི། རང་རིག་མངོན་སུམ་གྱི་ཤུགས་ལས་འགྲུབ་སྟེ། ཅི་ལྟར་འགྲུབ་ན། ད་ལྟ་ནང་གི་ཤེས་

པ་ཉམས་སུ་མྱོང་བ་འདི་ནི་མི་རྟག་པར་དངོས་སུ་འགྲུབ་པའོ། །དེ་ལས་བཟློག་ནས་མྱོང་བའི་རང་བཞིན་རྟག་པ་གཅིག་ཡོད་ཤེས་པའོ། །ཞེས་ཤེས་པ་ལ་རྟོགས་པའམ། བློ་ལ་གོ་བ་དེ་ཉིད་ཡིན་ནོ། །རང་བཞིན་རྟག་པ་དེ་མེད་ན་གསལ་བ་མི་རྟག་པ་དེ་ཡང་མི་ཡོང་སྟེ། དཔེར་ན། མེ་མེད་ན་དུ་བ་མི་འབྱུང་བ་བཞིན་នོ། །ཞེས་སོ།།

གཉིས་པ་ཆད་ལྟ་བའི་དོན་ལ་གཉིས་ཏེ། མིང་གི་རྣམས་གྲངས་དང་། སོ་སོའི་དབྱེ་བའོ། །དང་པོ་ནི་ཤི་ན་ནང་རིག་རྒྱུན་ཆད་པར་འདོད་པས་ཆད་པ་བ། ཕྱི་མ་རྒྱང་དུ་བོར་ནས་འདིའི་ཕན་པ་བསྒྲུབ་པས་རྒྱང་འཕེན་པ། ཚེ་སྔ་ཕྱི་མེད་པར་འདི་རྐྱང་པར་འདོད་པས་རྐྱང་པ་བ། ལས་འབྲས་དང་མ་མཐོང་བའི་འགྲོ་བ་མེད་པར་འདོད་པས་མེད་པ་བ། འཇིག་རྟེན་འདིར་གང་མཛེས་གང་འདོད་ཕོ་ནར་སྒྲུབ་པས་ཕྱི་རོལ་མཛེས་པར་སྨྲ་བ། དྲང་སྲོང་ཕུར་བུའི་རྗེས་སུ་འཇུག་པས་ཕུར་བུ་བའོ།།

གཉིས་པ་སོ་སོའི་དབྱེ་བ་ལ་གསུམ་སྟེ། འབྲས་བུ་རྣམ་སྨིན་མེད་པ། ལས་དགེ་སྡིག་མེད་ན། ཚེ་སྔ་ཕྱི་མེད་པའོ། །དང་པོ་ལ་གཉིས་ཏེ། སྟོན་པ་དང་། གྲུབ་མཐའོ། །དང་པོ་སྟོན་པ་ནི། རྒྱལ་ཆེན་རྗེས་འཇུག་བཞེད་གཞུང་ནི། །ཞེས་པས། ཕུར་བུའི་རྗེས་འཇུག་ཏུ་མངོན་ནོ། །གཉིས་པ་གྲུབ་མཐའ་ནི། སངས་རྒྱས་གཤེན་རབ་མིང་ཡང་མེད། །དེ་མེད་ཕྱིར་ན་དེས་གསུངས་མེད། །དེ་བསྒྲུབ་བོན་སྒོམ་ཡོད་མི་སྲིད། །ཡོད་ཀྱང་ཐོབ་པ་གཏན་མི་སྲིད། །ཅེས་པས། དེ་ལ་གཉིས་ཏེ། སྤངས་པ་མཐར་ཐུག་མེད་པ་དང་། རྟོགས་པ་མཐར་ཐུག་མེད་པའོ། །དང་པོ་ནི། འགྲེལ་ལས། ཞེས་བྱ་བའི་དོན་ནི། དང་པོ་ནང་པ་གཤེན་རབ་པའི་ཕྱི་མོ་སངས་རྒྱས་ཞེས་བྱ་བ་གཏན་ནས་མེད་དེ། སངས་རྒྱས་ཞེས་བྱ་བའི་རྒྱུ་མཚན་ནི། ཉོན་མོངས་པ་ཐམས་ཅད་སྤངས་པའམ། སྦྱང་སྟེ་སངས་

པ་ཡིན་ལ། དེའི་ཕྱིར་ཡེ་ཤེས་ཕུན་སུམ་ཚོགས་པ་རབ་ཏུ་རྒྱས་པ་ཡིན་ཏེ། ཉོན་མོངས་པ་མ་སྤང་ན་ཡེ་ཤེས་ཕུན་སུམ་ཚོགས་པ་མི་རྒྱས། དེས་ན་སངས་རྒྱས་མི་འགྲུབ་སྟེ། དཔེར་ན་སྤྲིན་མ་དྭངས་བར་ཉི་མ་མི་འབྱུང་བ་བཞིན་ནོ། །དེས་ན་དང་པོ་ཉོན་མོངས་པ་སྤང་དུ་མི་རུང་སྟེ། སེམས་ཀྱི་རང་བཞིན་ཡིན་པའི་ཕྱིར་རོ། །དཔེར་ན་སོལ་བའི་ནག་པོ་བཞིན་ནོ། །གཏན་ཚིགས་ནི་རང་རིག་པས་འགྲུབ་བོ། །སེམས་ཀྱི་རང་བཞིན་ཡིན་ཡང་སྤང་དུ་བཏུབ་ན་ཅི་སྟེ་སྟེ་ཁྲབ་པ་མ་གྲུབ་ཅེ་ན། སོལ་བ་ཕྱིས་པས་ཀྱང་དཀར་པོར་འགྱུར་རོ། །ཡང་ན་ཉོན་མོངས་པ་རྟག་པ་ཡིན་པའི་ཕྱིར་དང་། སྤོང་བའི་གཉེན་པོ་མེད་པའི་ཕྱིར་དང་། སྤོང་བའི་ཐབས་མེད་པའི་ཕྱིར་རོ། །དཔེར་ན་རི་རབ་བསྒྲུབ་པ་ལ་རྐང་པ་ཞབ་བཞིན་ནོ། །དེས་ན་སངས་རྒྱས་མེད་པས་དེས་གསུངས་པའི་ཐོན་མེད། དེ་མེད་པས་དེ་བསྒྲུབ་པའི་ཐབས་མེད་པ་ཁོ་ནའོ། །ཞེས་པས། དེ་ལ་རྟགས་བཞི་སྟེ། དྲི་མ་སེམས་ཀྱི་རང་བཞིན་ཡིན་པས་སྤོང་དུ་མི་རུང་སྟེ། སོལ་བ་དང་སོལ་བའི་ནག་པོ་བཞིན་ནོ། །སྤོང་བྱེད་ཀྱི་གཉེན་པོ་མེད་དོ། །སེམས་དང་སེམས་འབྱུང་ལྔ་བཅུ་ རྩ་དགུ་ནི་སྤོང་བ་མེད་ལ། གཞན་ནི་གཉེན་པོ་མེད་པའོ། །སྤོང་བའི་ཐབས་མེད་དེ། སེམས་ཀྱིས་སེམས་སྤོང་བ་མེད་པའི་ཕྱིར་རོ། །དཔེར་ན་རལ་གྲི་ཇི་ལྟར་རྣོ་ཡང་རང་གིས་རང་མི་ཆོད་པ་བཞིན་ནོ། །ལན་གཅིག་སྤོངས་ཀྱང་སླར་ལྡོག་སྟེ། བྱད་ཀྱི་དྲི་མ་བཀྲུས་པ་བཞིན་ནོ།།

གཉིས་པ་རྟོགས་པ་མཐར་ཐུག་མེད་པ་ནི། འགྲེལ་ལས། དེས་ན་ནང་པ་གཞན་རབ་པའི་བོན་སློམ་རྣམས་ཀྱིས་ཇི་ལྟར་བསྒོམས་ཀྱང་སེམས་ལས་སུ་རུང་བའི་གོམས་པ་ཙམ་འབྱུང་སྲིད་ཀྱི། ཁྱད་པར་ཅན་མཐར་ཐུག་གི་སངས་རྒྱས་མི་ཐོབ་སྟེ། ཐོབ་

བྱ་དེ་མེད་པའི་ཕྱིར་རོ། །ཡང་ན་སེམས་བསྒོམ་པས་ཀྱང་མི་ཐོབ་སྟེ། དཔེར་ན་ཆུ་ཅི་ཙམ་བསྐོལ་ཡང་ཚ་བ་ལས་མེ་རུ་འགྲོ་མི་སྲིད་པ་བཞིན་ནོ། །ཞེས་པས། རྟོགས་པ་མཐར་ཐུག་པ་མེད་པའི་རྟགས་བཞི་སྟེ། མངལ་ཅན་གྱི་མ་ཤི་བ་ལྟར་རྟོགས་པའི་རྟེན་མི་བརྟན། ཆུའི་ཚ་བ་ལྟར་ཁྱད་པར་དུ་མི་འགྱུར། མཆོངས་གོམས་པ་ལྟར་འབད་པ་ལ་ལྟོས་དགོས་པ་དང་། གསེར་ཞུན་གྱི་སྲ་བ་ལྟར་རྟོགས་པ་བརྗེད་པར་འགྱུར་བའི་ཕྱིར་རོ། །འོ་ན་དེས་གསུངས་པའི་འབུམ་སྡེ་དང་མདོ་སྡེ་རྣམས་ནི་དམིགས་པའི་ཕྱིར། སངས་རྒྱས་བྱུང་བ་མ་ཡིན་ནམ་བྱས་པ་ལ། མང་དུ་ཐོབ་པས་གང་སླ་བ། །དུར་ཁྲོད་ལྡེ་སྒྲུང་དམག་དང་མཚུངས། །ཟེར་རོ།།

གཉིས་པ་ལས་དགེ་སྡིག་མེད་པ་ལ་སྐྱོན་པ་ནི། ལྷུན་ཆེན་ཉི་མའི་བཞེད་གཞུང་ནི། །ཞེས་པས། གྲགས་ཅན་ནོར་ལྡན་འཁྱལ་ཚིག་གཅིག་ཡིན་པར་མངོན་ནོ། །གྲུབ་མཐའ་ནི། འགྲེལ་ལས། ས་བོན་རྒྱུ་འབྲས་དགེ་སྡིག་མེད། །དེའི་ཕྱིར་ན་རང་སོར་གནས། །དཔེར་ན་ས་བོན་འབྲས་བུ་བཞིན། །ཞེས་བྱ་བའི་དོན་ནི། དང་པོ་ལས་རྒྱུ་འབྲས་མེད་དེ། ཡོད་ན་སྣང་དུ་རུང་བ་ལས་མ་དམིགས་པའི་ཕྱིར་རོ། །དཔེར་ན་ས་ཕྱོགས་ན་བུམ་པ་མེད་པ་བཞིན་ནོ། །དེ་མེད་པས་ལས་དགེ་སྡིག་ཀྱང་མེད། དེ་མེད་པས་མཐོ་རིས་ངན་སོང་དུ་འགྲོ་བ་ཡང་མེད་དེ། འོ་ན་ད་ལྟའི་དེ་དག་འདུག་པ་མངོན་སུམ་དང་འགལ་ལོ་ཞེ་ན། དེ་ནི་ལས་དགེ་སྡིག་སྤྱད་པས་ད་ལྟ་ཐོབ་པ་མ་ཡིན་ཏེ། ཐོག་མ་ཉིད་ནས་རང་རང་གིས་ས་བོན་ལས་བྱུང་བ་ཡིན་ཏེ། དེས་ན་ད་ལྟ་ཡང་མི་ཤི་བ་མི་རང་དུ་སྐྱེ། ལས་དགེ་སྡིག་གིས་མཐོ་རིས་དང་ངན་སོང་དུ་འགྲོ་བ་ནི་མི་སྲིད་དོ། །དེ་སྲིད་ན་ས་བོན་ནས་བཏབ་པ་ལས་འབྲས་བུ་བྲ་བོ་འོང་བ་རིགས་སོ། །དེས་ན་མཐོ

རིས་ནས་ལས་སྡིག་པས་ངན་སོང་དུ་འགྲོ་བ་མེད་ལ། ངན་སོང་ནས་ལས་དགེ་བའི་རྒྱུས་མཐོ་རིས་སུ་སྐྱེ་བ་ཡང་མེད་ངེས་སོ། །ཞེས་པས། ལྷ་དང་དམྱལ་བ་ལས་སོགས་མཐོང་བའི་འགྲོ་བ་མེད་དེ། ཇི་ཙམ་དབང་པོའི་སྤྱོད་ཡུལ་གྱུར། །འགྲོ་ལ་དེ་ཙམ་ཁོ་ནར་ཟད། །ཅེས་ཟེར་རོ། །རང་བཞིན་རྟག་པ་དང་། མཐུན་དཔེ་ནི་དཔྱད་སྐབོ།།

གསུམ་པ་ཚེ་སྔ་ཕྱི་མེད་པ་ལ་སྟོན་པ་ནི། དྲང་སྲོང་རྒྱལ་ཆེན་བཞེད་གཞུང་ནི། །ཞེས་པ་སྟེ། ལོག་པའི་རྒྱལ་རིགས་ཤིག་གིས་ལུས་སེམས་རྫས་གཅིག་པས་སྲོག་བསྲུང་བའོ། །གྲུབ་མཐའ་ནི། སྔ་ཕྱི་ཚེ་ཡོད་ཅི་ལ་སྲིད། །ཁ་རྗེ་དབང་སྟེག་ལས་འདི་བྱུང་། །དེ་ཞིག་མེ་ཤི་ཐལ་བ་འདྲ། །ཞེས་པས་དེ་ལ་བཞི་སྟེ། ཚེ་སྔ་འཕྱི་མེད་ལུགས། ལུས་རྒྱུ་མེད་ལས་གྲུབ་ལུགས། ལུས་སེམས་རྫས་གཅིག ཆད་པའི་མཐུན་དཔེའོ། །དང་པོ་ནི། འགྲེལ་ལས། ཞེས་བྱ་བའི་དོན་ནི། ཚེ་སྔ་མ་ནས་སྐྱེ་བ་འདིར་འོངས་བ་མེད། ཚེ་འདི་ནས་སྐྱེ་བ་ཕ་རོལ་དུ་འགྲོ་བ་མེད། ཚེ་སྔ་ཕྱི་ཡོད་སྐད་ཟེར་བ་ནི་ཀུན་བརྟགས་སོ། །ཞེས་པས། དེ་ཡང་ལུས་ཀྱི་སྔ་མར་སེམས་མེད་དེ། ཐ་སྙད་མ་གོམས་པར་བྱུང་བ་མེད་དེ། ཕྱི་སྨ་ལ་བརྟེན་བསླབ་དགོས་པའི་ཕྱིར་རོ། །སེམས་དེ་ལུས་ཀྱི་སྔ་ཕྱི་ན་མེད་དེ། ཤའི་རི་བོ་རི་རབ་ཙམ་སྤུངས་ནས་ཞག་བདུན་དུ་ཆར་འབེབ་ན་སྲིན་གྱི་གྲོང་ཁྱེར་དེ་སྐད་དུ་འགྱུར་བ་དེ་ཤི་དེ་སྙེད་ཀྱི་རྣམ་ཤེས་དེ་འགྲོ་བ་དང་འོང་ས་མེད་པའི་ཕྱིར་རོ། །གཉིས་པ་ལུས་རྒྱུ་མེད་ཀྱི་འགྲུབ་ལུགས་ནི། འགྲེལ་ལས། སྐྱེ་བ་འདི་གང་ལས་བྱུང་ཞེ་ན། འདི་དག་ཐམས་ཅད་རྒྱུ་མེད་པ་ལས་བྱུང་བ་ཡིན་ཏེ། དེ་ཡང་ལུས་འབྱུང་བ་དྲུགས་པའི་ནུས་མཐུ་ལས་གློ་བུར་དུ་གྲུབ། སེམས་རང་བཞིན་མེད་པ་ནམ་མཁའ་ལས་གྲུབ་སྟེ། དཔེར་ན་ནམ་མཁའ་ལ་འབྲུག་ཐུག་ཟེར་ཙམ་ན། སྤང་ལ་ཤ་མོ་ཐོལ་

གྱིས་འོང་བ་དང་འདྲ་སྟེ། ཁ་རྗེ་འམ་དབང་སྐྱེགས་ཀྱིས་འབྱུང་བའོ། །ཞེས་པའོ། །འདི་ལ་འགའ་ཞིག་གིས་ནི། ངོ་བོ་ཉིད་ཀྱིས་འབྱུང་བར་འདོད་དེ། ལུང་གོང་དུ་བརྗོད་ཟིན་ནོ། །འགའ་ཞིག་གིས་དུས་ཀྱི་འབྱུང་བ་སྟེ། དུས་ཀྱིས་འབྱུང་བ། དུས་ཀྱིས་འགག་པ། དུས་ལ་གནས་པ་སྟེ། རྩེ་ཤིང་ཡང་སོས་ཀར་སྐྱེ་ལ་དགུན་ཁ་འགག་པ་དང་། ནུ་སྲོ་ཡང་དུས་ཀྱི་བཅའ་བས། འབྱུང་བ་རྣམས་ནི་དུས་ཀྱིས་འདྲེན། དུས་ཀྱི་སྐྱེ་རྒྱུ་རྣམས་སྡུད་ཅིང་། དུས་ཀྱིས་གཉིད་ལོག་སད་པར་བྱེད། དུས་ནི་འདར་བར་དཀའ་བ་ཡིན། ཞེས་པ་ལྟ་བུའོ། །རྟག་པར་ལྟ་བ་འགས་ནི་བྱེད་པོས་བྱས་པར་ལྟ་བའོ།།

གསུམ་པ་ལུས་སེམས་རྫས་གཅིག་ནི། འགྲེལ་ལས། དེ་ཡང་ལུས་ལ་ཤེས་པ་བརྟེན་ཏེ། ལུས་ཞིག་ཙམ་ན་ཤེས་པ་ཡང་འཇིག་སྟེ། སྐྱེ་བ་སྔ་ཕྱི་མེད་དོ། །ཞེས་པས། ལུས་སེམས་རྫས་གཅིག་སྟེ། བློའི་འཕེལ་འགྲིབ་དང་། འདོད་ཆགས་ལ་སོགས་ཀྱང་ལུས་ཀྱིས་དར་རྒུད་རྗེས་སུ་བྱེད་པ་དང་། ལུས་ལ་མཚོན་བསྣུན་ན་སེམས་ན་བ་དང་། ལུས་ཀྱིས་གོད་སྐྱོད་ཟོས་པས་ཤེས་རབ་འགྲིབ་པར་འགྱུར་པའི་ཕྱིར་རོ།།

བཞི་པ་ཆད་པའི་མཐུན་དཔེ་ནི། འགྲེལ་ལས་དེ་ཡང་ཤེས་པ་རང་བཞིན་མེད་པ་ནམ་མཁའི་བག་ལ་ཞ་ལུས་ཤ་ཁྲག་འདུས་པས་འབྱུང་བའི་བག་ལ་ཞ་སྟེ་སྔ་ཕྱི་གཏན་མེད་པའོ། །དཔེར་ན་ཤིང་སྣ་མང་པོ་སྤུངས་པ་ལ་མེ་བཏངས་ཏེ་བསྲེགས་པའི་ཐལ་བ་ར྄ླུང་ལ་བསྐུར་ན། ཕྱིས་ཐལ་བ་དེ་རྣམས་ཚོགས་ནས་ཤིང་བུ་རང་རང་གི་ཐལ་བ་ཡིན་ཞེས་ཡོད་སྲིད་དམ། ཞེས་པས། དེ་ཡང་གྱང་གི་རི་མོ་བཞིན། ལུས་སེམས་གཉིས་རྟེན་དང་བརྟེན་པ་ཅན། སོལ་བ་དང་སོལ་བའི་ནག་པོ་བཞིན། རང་བཞིན་དང་རང་བཞིན་ཅན། ཆང་དང་ཆང་གི་རོ་བཞིན་ནུས་པ་དང་ནུས་པ་ཅན། སྟོང་པོ་

དང་སྟོང་ལོ་བཞིན་འབྲས་བུ་དང་འབྲས་བུ་ཅན་ཡིན་པའི་ཕྱིར། དེ་ཟད་ན་དེ་ཡང་འཇིག་ཟེར་རོ།།

གཉིས་པ་ནང་པ་སངས་རྒྱས་པའི་ཐེག་པ་ལ་གཉིས་ཏེ། མཚན་ཉིད་རྒྱུའི་ཐེག་པ་བཞི་དང་། འབྲས་བུ་སྔགས་ཀྱི་ཐེག་པ་ལྔའོ། །དང་པོ་ལ་གཉིས་ཏེ་ཐེག་པ་ཆུང་ངུན་དང་། ཐེག་པ་ཆེན་པོའོ། །ཐེག་ཆུང་ལ་གཉིས་ཏེ། བདག་མེད་མ་རྟོགས་པ་ལྷ་མི་གཞན་རྟེན་ཕྱོགས་གཅིག་ཏུ་ཕྱེ་བ་དང་། བདག་མེད་རྟོགས་པའི་གཤེན་རབ་ལྷན་གཅིག་ཏུ་བསྟུ་བའོ།།

དང་པོ་ལ་གཉིས་ཏེ། ངོ་བོའི་དོན་དང་། ཡན་ལག་གི་དབྱེ་བའོ། །དང་པོ་ལ་གཉིས་ཏེ། ངོ་བོ་ངོས་བཟུང་བ་ནི། དེ་ལ་ལྷ་མི་གཞན་རྟེན་ཐེག་པ་ནི། །ཞེས་པས། ལྷ་མི་གོ་འཕང་ཐོབ་པར་འདོད་པ། གཞན་སྲུ་སྐྱེགས་ཅན་གྱི་ལྟ་བ་ལ་ཉེ་བས་གཞན་རྟེན་ནོ། །དབྱེ་བ་ནི་འགྲེལ་ལས། འདི་ལ་གཉིས་སུ་འདོད་དེ། ཡང་དག་པ་ལ་ཕྱོགས་པ་དང་། འཁྲུལ་པ་ལ་ཕྱོགས་པའོ། །ཞེས་པས་རིམ་པ་ལྟར་ངན་སོང་དུ་འཕེན་པའི་ལས་སྤོང་པ་དང་། འཇིག་རྟེན་འདིའི་ངན་པར་གྲགས་པའི་སྤྱོད་པ་ལས་སྤོང་མི་ནུས་པའོ།། ཚངས་སྤྱོད་ཀྱི་དགེ་བསྙེན་དང་། སྣ་འགའ་བསྲུང་བའི་དགེ་བསྙེན་ལྔ་བུའོ། །གཉིས་པ་ཡན་ལག་གི་དབྱེ་བ་ལ། འགྲེལ་ལས། དེ་གཉིས་ཀ་ལ་སྤྱི་དོན་བདུན་བདུན་དུ་བཤད་དེ། གང་ཞེ་ན། རྟོགས་པའི་ལྟ་བ་དང་། བསྲུང་བའི་དམ་ཚིག་དང་། བསྒོམ་པའི་རིམ་པ་དང་། བསྒྲུབ་པའི་ཐབས་དང་། སྤྱོད་པའི་ཕྲིན་ལས། གྲུབ་པའི་འབྲས་བུ་དང་། དེ་གཉིས་ཀྱི་ཁྱད་པར་རོ།།

དེ་ལ་ཡང་དག་པ་ལ་ཕྱོགས་པ་དང་། འཁྲུལ་པ་ལ་ཕྱོགས་པ་གཉིས་ལྟ་བ་མཐུན་

ཏེ། དངོས་པོ་སྣ་ཚོགས་སྣང་བ་བདེན་པར་རྟོགས། །ཡུལ་སེམས་མི་འབྱེད་འདི་ཀ་ལྟ་བུར་ཤེས། །ཕྱི་ནང་འཛིག་རྟེན་བོན་བརྒྱད་ལ་ཞེན་པའི་དངོས་པོ་འདི་དག་འདི་ཁོ་ན་ལྟ་བུ་བདེན་པར་རྟོགས་ཏེ། ཡུལ་སེམས་སམ་ཕྱི་ནང་དུ་ཡང་འབྱེད་མ་ཤེས་ཏེ་རང་རྒྱུད་པར་ཤེས་པའོ། །ཞེས་པས་རྟོལ་མེད་པར་སྨྲན་པའི་ཤེས་པ་བླུན་པའི་ཕྱིར་རོ། །བོན་བརྒྱད་ནི། བདག་གཞན་གཉིས། གཟུང་འཛིན། ཡོད་མེད། བདེ་སྡུག་གོ །དེ་ནི་དེ་གཉིས་ཀྱི་ལྟ་བ་ཕྱོགས་གཅིག་ཏུ་བསྡུས་པའོ། །སྤྱོད་འབྲས་ལས་སོགས་ནི་སོ་སོར་འབྱེད་དེ། ཅུང་ཟད་ཁྱད་པར་ཞུགས་པའི་ཕྱིར་རོ། །འགྲེལ་ལས། དེ་ལས་ཡང་དག་པའི་བསྔུང་བའི་དམ་ཚིག་ནི། དགེ་སྦྱོར་བོན་སྤྱོད་དུས་བཟང་ལ་བསྔུང་། ཉ་སྟོང་ལས་སོགས་པའི་དུས་བཟང་པོར་བསྔུང་སྟེ། དེའི་དུས་སུ་དགེ་བ་ལ་ཕྱོགས་ཅིང་བོན་སྤྱོད་བཟང་པོར་བསྔུང་བའོ། །ཞེས་སོ། །ཡང་རྩེ་ཀློང་ཆེན་ལས། དུས་ཁྱད་པར་ཅན་ལ་དགེ་བའི་འགྱུར་བཅེ་སྟེ། ཐུན་མོང་གི་འགྱུར་དང་། ཁྱད་པར་གྱི་འགྱུར་དང་། ཡང་ཁྱད་ཀྱི་འགྱུར་རོ། །དེ་ལ་ཐུན་མོང་ནི་ཉ་སྟོང་ཚེས་བརྒྱད་གསུམ་ལ་དགེ་བ་སྟོང་འགྱུར། ཁྱར་པར་དུ་ཚེ་འཕྲུལ་གྱི་ཟླ་བ་བཞིའི་ཉ་སྟོང་ལ་ཁྲི་འགྱུར། ཡང་ཁྱད་ནི་སངས་རྒྱས་ཀྱི་སྐྱེ་བ་བཞེས་དུས་སམ། འདས་དུས་དང་། ཉི་ཟླ་འཛིན་དུས་དང་། སྒྲ་འོད་འབྱུང་དུས་དང་། ས་གཡོས་འབྱུང་བའི་དུས་སུ་བྱེ་བ་ཁྲི་འགྱུར་རོ། །ཞེས་སོ།།

འགྲེལ་ལས། བསྒོམ་པའི་རིམ་པ་ནི། གོང་མ་ལ་སེམས་རང་གི་བསྒྲུབ་བྱ་བསྒོམ། ལྷ་མི་ཁྱད་པར་ཅན་གྱི་གོ་འཕང་ཐོབ་པར་བསྒོམ་པའོ། །ཡི་དམ་གྱི་ལྷའམ་མི་རྟོག་པ་ཙམ་སྒོམ་པ་ཡང་ཡོད་ཅེས་པས། རང་རིག་གི་བསྒྲུབ་བྱ་བསྒོམ་པ་ལས་མེད་དེ།

གཞན་དོན་གྱི་སེམས་བསྐྱེད་རྒྱ་ཆེན་མེད་པའི་ཕྱིར་རོ། །ཡི་དམ་གྱི་ལྷ་ཡང་རང་རྒྱུད་པར་སྒོམ་པ་ལས་མེད། རྫོགས་པའི་རྒྱས་འདེབས་མི་ཤེས་པའོ། །མི་རྟོག་པ་ཙམ་བསྒོམ་པ་ནི་ཡོད་དེ། བསམ་གཏན་དང་འདོད་ལྷ་ལས་སོགས་བདེ་བ་དང་གསལ་བའི་ཞི་གནས་ཞེན་པ་མ་ཡིན་པས་མི་ཐོབ་པའི་ཕྱིར་རོ།།

སྐྱབ་ཐབས་ནི། ལུས་ངག་ཡིད་གསུམ་ངན་སྤང་བཟློག་སྟེ་སྒྲུབ། །ལུས་ངག་ཡིད་གསུམ་གནས་ངན་ལེན་ལས་བཟློག་སྟེ་ཉོན་མོངས་པ་དེ་ཙམ་སྤོང་ནས་སྒྲུབ་པོ་ཞེས་པས། མདོན་པའི་སྡིག་སྤྱོད་སྤོང་བའོ།།

འགྲེལ་ལས། སྤྱོད་པའི་ཕྲིན་ལས་ནི། དགེ་བ་རང་གི་དོན་སྤྱོད་སྡིག་སྤྱོད་སྤོང་། དགེ་བ་ཕྲ་མོ་རང་དོན་དུ་སྤྱོད་ཅིང་སྡིག་སྤྱོད་སྤོང་བའོ། །ཞེས་པས། ཕྱིར་ན་སངས་རྒྱས་ཐུགས་རྗེའི་སྤྱོད་པ་གཞན་དོན་དུ་སྤྱོད། སེམས་ཅན་ལས་ཀྱི་སྤྱོད་པ་རང་དོན་དུ་སྤྱོད། སྒྲུབ་པ་པོ་ལམ་གྱི་སྤྱོད་པ་རང་གཞན་གཉིས་ཀའི་དོན་དུ་སྤྱོད་པ་ན་འདི་ལ་སེམས་ཅན་ལས་སྤྱོད་ལས་མེད་པའི་ཕྱིར་རོ།།

འགྲེལ་ལས་དེ་ལྟར་སྤྱོད་པས་གྲུབ་པའི་འབྲས་བུ་ནི། ཁམས་གསུམ་གོང་འོག་འཕར་བ་དེའི་འབྲས། རང་སེམས་མཐོ་བའི་བདེ་སྐྱིད་དང་ལྡན་པ་ལྷ་བུའམ། བོན་སྤྱོད་པའི་གཤེན་རབ་བམ་འབྲིང་གིས་ལྷ་མ་ཡིན་ནམ། ལྷའི་གནས་སམ། སྲིད་པའི་རྩེ་མོ་མན་ཆད་ཐོབ་པའོ། །ཞེས་པས། ཐ་མ་དང་འབྲིང་དང་རབ་ཀྱི་འབྲས་བུ་སྟེ། སྲིད་རྩེ་ལས་ནི་འཕར་བ་མེད་དེ། ཡེ་ཤེས་ཀྱི་ཚོགས་བསགས་པ་མེད་པའི་ཕྱིར་རོ།།

འགྲེལ་ལས། ལྷ་མི་འཕྲུལ་པའི་བསྲུང་བའི་དམ་ཚིག་ནི། འཇིག་རྟེན་འདིའི་ངན་པར་གྲགས་པའི་སྤྱོད་པ་ཐམས་ཅད་སྲུང་པའོ། །མནའ་དང་དཔང་པོ་བཀྱལ་བ་ལྟ

བྱ་ལས་སྤྱོང་མི་ནུས་ཏེ། འདིར་ངན་གྲགས་སྤྱང་པ་ལས་མེད་པས་སོ།།

འགྲེལ་ལས། སྒོམ་པའི་རིམ་པ་ནི། རང་བས་མཐོ་ཞིང་བཙན་པ་དེའི་རྗེས་བསྙེག་པར་སེམས་ཤིང་། རང་གང་དང་གང་འདོད་པའི་དོན་དེ་བསྒོམ་པའོ། །ཞེས་པས་ཚེ་རིས་བཟང་བ་རྣམས་ལ་འགྲུབ་པའོ།།

འགྲེལ་ལས། སྒྲུབ་པའི་ཐབས་ནི། དེ་ཉིད་སྒྲུབ་པའི་ཐབས་སྣ་ཚོགས་སོ། །ཞེས་པས་སྡིག་པ་དང་བསླུ་སྤྱོད་ཀྱིས་ཀྱང་བསྒྲུབ་པའོ།།

འགྲེལ་ལས། སྤྱོད་པའི་ཕྲིན་ལས་ནི། སྡུག་བསྔལ་ལས་སོགས་འཇིག་རྟེན་འདི་ཡང་སྤྱོད། ཞིང་ཆུ་ཁྲིམ་ཐབས་ལྟ་བུའོ། །འཐབ་པ་དང་། སྲོག་གཅོད་པ་དང་། རྐུ་བ་དང་། རྫུན་ལས་སོགས་མི་དགེ་བ་སྣ་ཚོགས་ཀྱང་ཚེ་འདིའི་དོན་དུ་སྤྱད་པའོ།།

དེ་ལྟར་སྤྱོད་པས་གྲུབ་པའི་འབྲས་བུ་ནི། ངན་སོང་འོག་ནས་འོག་འཕར་དམྱལ་བའི་འབྲས། །རང་བས་དམའ་བ་སྡུག་བསྔལ་བའི་མི་འམ། དུད་འགྲོ་འམ། བྱོལ་སོང་ངམ། ཡི་དྭགས་སམ། དམྱལ་བའི་ཁམས་སོ། །ཞེས་པས། སྡིག་ཚབས་ཆུང་འབྲིང་ཆེ་གསུམ་གྱིས་སོ།།

འགྲེལ་ལས། དེ་གཉིས་ཀྱི་ཁྱད་པར་ནི། ཐེག་པ་དེ་ལ་མ་ངེས་གཉིས་སུ་བཤད། །ལས་དགེ་བ་སྤྱོད་པས་མཐོ་རིས་དང་ཐར་པ་ཐོབ་པར་བྱེད་པ་དང་། ལས་སྡིག་པ་སྤྱོད་པས་ངན་སོང་དང་དམྱལ་བར་ལྷུང་བར་བྱེད་པའོ། །དེས་ན་ཐེག་པ་དེ་ལ་མ་ངེས་པར་ཡར་མར་གཉིས་སུ་བཤད་པའོ། །ལྷ་མི་གཞན་རྟེན་གྱི་ཐེག་པ་གཏན་ལ་དབབ་པའི་མདོ་རྒྱུད་ཀྱི་འགྲེལ་པ་སྟེ་སྐབས་གསུམ་པའོ།། །།

གཉིས་པ་རྣམ་རྟོད་དང་རང་རྟོགས་ལྡན་ཅིག་སྦྱེབས་པ་ལ་གཉིས་ཏེ། ངོ་བོའི་

དང་། ཡན་ལག་གི་དོན་ནོ། །དང་པོ་ནི། རང་རྟོགས་གཤེན་རབ་ཀྱི་ཐེག་པའི་འདོད་གཞུང་ནི། འདིར་གཤེན་རབ་རྣམ་རྫོང་རང་རྟོགས་ཀྱི་ཁུངས་སུ་བསྟུས་ཀྱང་། དེ་གཉིས་ཐེག་པ་ཆེ་ཆུང་སོ་སོ་བ་སྟེ། དེ་གཉིས་ཀྱིས་ལྟ་སྤྱོད་ཕལ་ཆེར་ནང་འགལ་བས། འགྲེལ་ལས། འདི་ལ་གཞུང་མི་མཐུན་པ་གཉིས་སུ་ཡོད་དེ། ཕྱི་རོལ་གྱི་དངོས་པོ་ཡང་དག་དང་། ཡང་དག་མ་ཡིན་པར་འདོད་པའོ། །ཕྱི་རོལ་གྱི་དངོས་པོ་ཡང་དག་ཏུ་འདོད་པ་ལ་གཉིས་ཏེ། རྣམ་བཅས་རྫས་སུ་མེད་པར་འདོད་པ་དང་། རྣམ་མེད་རྫས་སུ་ཡོད་པར་འདོད་པའོ། །ཞེས་པས། ཕྱི་རོལ་ཡང་དག་ཏུ་འདོད་པ་ནི་རྣམ་རྫོང་པ། ཡང་དག་མ་ཡིན་པར་འདོད་པ་ནི་རང་རྟོགས་པའོ། །དེ་གཉིས་ཀྱི་གོ་དོན་ནི་རྣམ་པར་བཞག་མ་བཞག་ལ་རྫོང་པས་ན་རྣམ་རྫོང་པ། སློབ་དཔོན་མེད་པར་རང་འབྱུང་གི་ཞི་བདེ་རྒྱུད་ལ་སྐྱེས་པས་རང་རྟོགས་པའོ། །འོན་ཀྱང་གཉིས་ཀ་རང་དོན་སྤྱོད་པས་རང་རྟོགས་གཤེན་རབ་པའོ། །རྣམ་རྫོང་པ་ནི་སློབ་དཔོན་གཞན་ལ་བརྟེན་ཞིང་དེ་ལས་ཐོབ་པའི་དོན་གཞན་ལ་སྒྲོགས་པས་ཉན་ཐོས་ཞེས་བྱའོ། །འོ་ན་ནི་བྱང་ཆུབ་སེམས་པ་ཡང་ཉན་ཐོས་སུ་འགྱུར་ཏེ། རྒྱུ་མཚན་དེ་དང་ལྡན་པས་སོ་ཞེ་ན། མ་ཡིན་ཏེ་སྒྲ་བཤད་དུ་ཡོད་ཀྱང་འཇུག་པ་མེད་པའོ། །རྣམ་རྫོང་པ་ལ་སྡེ་གཉིས་ཏེ། བྱེ་བྲག་ཏུ་སྨྲ་བ་དང་། མདོ་སྡེ་པའོ། །དེ་གཉིས་ཀྱང་དང་པོ་ནི་མུ་སྟེགས་བྱེ་བྲག་གི་གྲུབ་མཐའ་དང་ཆ་མཐུན་མང་པ་སྨྲ་ལ། གཉིས་པ་ནི། མདོ་སྡེའི་རྗེས་སུ་འབྲང་པས་དེ་ལ་དེ་སྐད་ཅེས་བྱ་སྟེ། ཡེ་ཁྲི་མཐའ་སེལ་གྱི་ལ་བཟླའི་བམ་པོ་ལས། མདོ་སྡེ་བྱེ་བྲག་རྣམ་གཉིས་འདོད། །ཅེས་སོ། །རང་རྟོགས་པ་ལ་ཡང་གཉིས་ཏེ། དབང་པོ་རྩལ་ཞིང་ཡོན་ཏན་ཆུང་བའི་ནེ་ཙོ་ལྟར་མང་པོ་ལྷན་དུ་འགྲོགས་པ་དང་། དབང་པོ་རྣོ་ཞིང་ཡོན་ཏན་ཆེ་བས་བསེ་རུ་

ལྟར་རང་ཉིད་གཅིག་པུར་གནས་པའི་སྐྱེ་ཤེས་ཅན་ནོ། །ལ་བཟླའི་རང་རྟོགས་བཤད་པ་ལས། ནེ་ཙོ་བསེ་རུ་ལྟ་བུར་གནས། །ཞེས་སོ།།

གཉིས་པ་ཡན་ལག་གི་དོན་ལ་བདུན་ཏེ། རྟོགས་པའི་ལྟ་བ་དང་། བསྒྲུང་བའི་དམ་ཚིག་དང་། བསྒོམ་པའི་རིམ་པ་དང་ནི་བསྒྲུབ་པའི་ཐབས་དང་། སྤྱོད་པའི་ཕྲིན་ལས་དང་ནི་གྲུབ་པའི་འབྲས་བུ་དང་། གོང་འོག་ཐེག་པའི་ལ་བསྡུལ་ཤན་དབྱེའོ། །

དང་པོ་ལ་གཉིས་ཏེ། རྣམ་རྫོད་པའི་དང་། རང་རྟོགས་པའི་བཞེད་ལུགས་སོ། །དང་པོ་ལ་བཞི། སྨྲིར་བདེན་དངོས་ཀྱི་འདོད་ལུགས་དང་། ཤེས་དོན་གྱི་བཞག་འཛོག ཤེས་དོན་གྱི་འབྲེལ་བ་ཡོད་མེད། གཞི་ལྡ་རྫས་སུ་ཡོད་མེད།

དང་པོ་ནི། འགྲེལ་ལས། སྨྲིར་དེ་གཉིས་ཀའི་ལྟ་བ་ནི། རྟག་ཆད་གཉིས་གྲོལ་ཡུལ་སེམས་དོན་དམ་རྫོབ། །ཕྱི་དང་ནང་དུ་འདོད་དེ། དེ་གཉིས་ཀའི་དོན་དམ་གྱི་ཆ་དང་། ཀུན་རྫོབ་ཀྱི་ཆར་འདོད་པའོ། །དེ་ལ་ནང་ཤེས་པའི་དོན་དམ་པ་ནི། རྣམ་པར་ཤེས་པའི་ཚོགས་དྲུག་ཐ་དད་དུ་འདོད་ཅིང་། སེམས་ལས་བྱུང་བའི་ཚོར་བ་ལ་སོགས་ཀྱང་ཐ་དད་དུ་འདོད་དེ། དེ་ཡང་སྐད་ཅིག་མའོ། །ནང་ཀུན་རྫོབ་ནི་རྣམ་པར་ཤེས་པའི་ཚོགས་དྲུག་གི་ཤེས་པའི་རྒྱུན་དེའོ། །ཕྱི་ཡུལ་གྱི་ཀུན་རྫོབ་ནི། འདུས་པ་རགས་པ་གོང་བུའི་རྣམ་པ་འདི་དག་གོ །ཕྱི་ཡུལ་གྱི་དོན་དམ་པ་ནི། ཕྲ་བའི་དངོས་པོ་ཙམ་ཟབ་མོ་དེ་ལ་ཟེར་རོ། །ཞེས་པས། དེ་ཡང་སྨུ་སྟེགས་ཅན་གྱི་རྟག་ཆད་ཀྱི་མཐའ་ལས་ནི་གྲོལ་ཏེ། གང་ཟག་གི་བདག་མེད་འདོད་པའི་ཕྱིར་ཏེ། ཕྱི་རགས་པ་གོང་བུ་དང་ནང་ཤེས་པའི་རྒྱུན་ཀུན་རྫོབ་ཏུ་ལྟ་བའི་ཕྱིར་ཏེ། རྟུལ་ཚོགས་པ་དང་། སྐད་ཅིག་གི་འཕྲེང་བར་རྟོགས་པའི་ཕྱིར་རོ། །དེ་ཡང་རྡུལ་གཅུན་ཁུང་དུ་ཅི་ལྟར་བརྟུངས་ཀྱང་ཉི་ཟེར་གྱི་རྡུལ་

ལས་ཆ་བཞི་བཅུ་རྩ་དགུར་བགོས་པའི་ཆ་ཙམ་གཅིག་ལས་ཆ་བཤིག་ཏུ་མི་བཏུབ་པ་དང་། འཕགས་པའི་སྤྱན་གྱིས་ཀྱང་དེ་ལས་ཆ་འཕྲ་བ་མཐོང་བ་མེད་པས་ཡུལ་ཆའི་ཐུག་པའོ། །སྐྱེས་བུ་དར་མའི་རྩ་ཐང་གཅིག་འཕར་བ་ཙམ་ལ་དྲུག་ཅུར་དགོས་པའི་ཆ་ཙམ་ནི་དུས་ཀྱི་ཆ་དེ་ལས་དབྱེར་མེད་པས་དུས་ཆའི་ཐུག་པ་སྟེ། དེ་གཉིས་ནི་དོན་དམ་ལ། གོང་བུ་ནི་དམག་བཞིན་རྡུལ་ཕྲན་དུ་མ་ཚོགས་པ་ཡིན་པ་དང་། ཤེས་རྒྱུན་ནི་འཕྲེང་བ་བཞིན་སྐད་ཅིག་གི་འཕྲེང་བ་ཡིན་པའི་ཕྱིར་ཏེ་ཀུན་རྫོབ་ཡིན་པས་སོ།། རྣམ་ཤེས་ཚོགས་བརྒྱད་ལ་ཡང་ཚོགས་དྲུག་ལས་མི་འདོད་དེ། འབུམ་གྱི་འགྲེལ་རྐང་དྲུག་ལས་མ་གསུངས་ཤིང་། རིགས་པས་ཀྱང་ཡུལ་དྲུག་དམིགས་པའི་ཚོགས་དྲུག་ཤེས་པ་དྲུག་ལས་མ་དམིགས་པའི་ཕྱིར་རོ། །མཆན་ཡིག་ལས། ཀུན་གཞི་དང་ཉོན་ཡིད་མི་སྨྲ། ཞེས་པས་སོ།། མདོ་སྡེ་པ་ན་རེ། གལ་ཏེ་བརྟེན་པའི་ཤེས་པ་གཅིག་ཡོད་ན་དེ་ཉིད་གང་ཟག་གི་བདག་ཡིན་པའི་ཕྱིར་རོ། །ཟེར་རོ།།

གཉིས་པ་ཤེས་དོན་གྱི་བཞག་འཛོག་ལ་གཉིས་ཏེ། གཞུང་ལུགས་བཞག་པ་དང་། གཞན་ལུགས་བརྗོད་པའོ། །དང་པོ་ནི། འགྲེལ་ལས། ཕྲ་བ་ཟབ་མོ་དེ་དོན་དམ་ཡོད་ལུགས་ལ་མ་མཐུན་ཏེ། རྣམ་མེད་པས་ནི་གཞན་རིག་མཚན་མ་མེད་པར་འདོད་དེ། གཅེར་མཐོང་དུ་འདོད་དོ། །ཡུལ་དང་སེམས་དུས་མཉམ་ཐུག་ཕྲད་དུ་འདོད་དེ། དཔེར་ན་ལྕགས་ཀྱུས་ཉ་འཛིན་པ་དང་འདྲའོ། །ཕྲ་བ་ཟབ་མོ་དེ་ནི་དབུས་ལ་གནས་པ་ལ། མཐའ་ན་གནས་པ་དེས་བསྐོར་བའི་ཚུལ་དུ་གནས་ཏེ། དེ་ཡང་བར་དང་བཅས་པའོ། །དཔེར་ན་གཡག་རྫ་དང་ནེའུ་སེང་བཞིན་ནོ། །འོ་ན་མི་གྱིས་སམ་ཞེ་ན། འཛིན་བྱེད་ཀྱི་རླུང་གིས་བཟུང་བར་འདོད་དོ། །ཞེས་པས། ཤེས་པས་ཡུལ་འཛིན་པའི་ཚེ་ན། ཡུལ་ཤེས་གཉིས་སྔ་ཕྱིའི་རྒྱུ་འབྲས་ཀྱི་རྣམ་བཞག་འཛོག་མི་དགོས་པར་དུས་མཉམ་

ཐུག་ཐད་དུ་འདོད་དེ། ལྟགས་ཀྱུས་ཉ་འཛིན་པ་དང་འདྲའོ།།

གཉིས་པ་གཞན་ལུགས་བརྗོད་པ་ནི། དེ་ཡང་ཤེས་པ་རྟེན་པའི་དབང་པོ་གཟུགས་ཅན་དེས་ཡུལ་དངོས་སུ་རིག་གི ཤེས་རབ་རང་ཉིད་ཀྱིས་ཡུལ་དངོས་སུ་རིག་པ་ནི་མ་ཡིན་ཏེ། གལ་ཏེ་ཡིན་ན་ཤེས་པ་ཐོགས་མེད་ཡིན་པའི་ཕྱིར། བར་དུ་ཆོད་པ་ཡང་རིག་པར་ཐལ་བའི་ཕྱིར་རོ། །མིག་གི་གཟུགས་མཐོང་ལ་རྟེན་བཅས། །དེ་ལ་རྟེན་པའི་རྣམ་ཤེས་མིན། །གང་ཕྱིར་བར་དུ་ཆོད་པ་ཡི། །གཟུགས་ནི་མཐོང་བ་མེད་ཕྱིར་རོ། །ཞེས་པ་གཞན་ནས་བཤད་དོ།།

རྒྱལ་ཕྲན་རགས་པ་རྫོམ་པའི་ཆེ་བར་དང་བཅས་པ། ཕྲད་མ་ཕྲད་ཆ་མེད་ཀྱི་དངོས་པོར་འདོད་དོ། །ཡང་འགྲེལ་ལས། རྣམ་བཅས་པས་ནི་གཞན་རིག་མཚན་མ་དང་བཅས་པར་འདོད་དེ། འདུས་པར་སྣང་བ་འདིའི་ཕག་ན་རྣམ་པར་འཛོག་མཁན་གྱི་ཕྲ་བ་ཟབ་མོ་གཅིག་ཡོད་དེ། དེ་ཡང་འགྱུར་ཡང་མ་འགྱུར་བར་ཡང་མེད་པར་འདོད་དེ། དཔེར་ན་ཚགས་པར་ཁས་བསྡམས་པ་བཞིན་ནོ། །ཞེས་པས། ཤེས་པ་ལ་སྣང་བའི་ཡུལ་ལྡོ་ནི་དབང་པོ་ལ་རང་འདྲའི་རྣམ་པ་གཏད་པ་ཡིན་གྱི། ཕྱི་རོལ་གྱི་དོན་ནི་དབང་པོར་སྣང་བ་འདིའི་ཕག་ནས་ཡོད་ཀྱིས་དོན་ལྐོག་ན་མོ་ཞེས་བྱ་སྟེ། དེ་བཞིན་དུ་ལུས་ལ་བསྟན་པའི་མཚོན་གྱི་ལུས་ཤེས་རང་འདྲའི་རྣམ་པ་ཅན་ཡིན་གྱི། མཚོན་ཆ་ནི་དེའི་ཕག་ན་ཡོད་ཀྱིས། དཔེར་ན་ཤེས་པས་ཡུལ་འཛིན་ཞེས་པས། བུས་པ་ཡི་བྱེད་ལག་ན་མ་བཟུང་ཡང་། ཕའི་སྐྱེ་མཆེད་དང་འདྲ་བར་བྱུང་པ་ལ་ཕའི་བྱེད་བཟུང་ཞེས་པ་ལྟར་རམ། རགས་པ་རྫོམ་པའི་ཆེ་ཡང་རྒྱལ་རྣམས་འགྱུར་བར་མི་འདོད་དེ། འགྱུར་ན་འགྱུར་མ་འགྱུར་གཉིས་གཉིས་ཡོད་པས་ཆ་ཤས་ཅན་དུ་འགྱུར་ལ། བར་

ཡང་མེད་དེ། ཡོད་ན་སྣང་སྲུན་གྱི་རྟུལ་ཆ་དྲུག་ཏུ་འགྱུར་བའི་ཕྱིར་རོ། །དེའི་ཕྱིར་ན་མདོ་སྡེ་པས་ནི། དོན་གྱིས་རྣམ་པ་ཙམ་རིག་གི་དོན་དངོས་སུ་རིག་པ་མེད་པར་འདོད་དོ། །ཕྱི་ཐག་ཏུ་སྨྲ་བས་ནི། ཤེས་པ་རང་གིས་རང་རིག་པ་མེད་དེ། རང་ལ་རིག་བྱ་དང་རིག་བྱེད་ཆ་གཉིས་མེད་པའི་ཕྱིར་རོ། །དཔེར་ན་རལ་གྲི་ཊི་ལྟར་རྣོ་ཡང་རང་གིས་རང་མི་ཆོད་པ་བཞིན་ཞེར།

གསུམ་པ་ཤེས་དོན་གྱི་འབྲེལ་བ་ཡོད་མེད་ནི། འགྲེལ་ལས། ཡུལ་དང་སེམས་ལ་འབྲེལ་བ་ཡོད་མེད་ལ་མ་མཐུན་པ་ནི། རྣམ་མེད་པས་ནི་གོང་ལྟར་འབྲེལ་བ་མེད་དེ། མཐོང་ཐོས་པར་འདོད་དོ། །ཀཤེན་རབ་རྣམ་བཅས་པས་ནི་འབྲེལ་བ་ཡོད་དེ། ཤེས་པ་ནི་རྣམ་པར་བཞག་བྱ། ཡུལ་ནི་རྣམ་པར་འཇོག་བྱེད་དེ། རྣམ་པར་བཞག་འཇོག་གི་རྒྱུ་འབྲས་དེ། རྒྱུ་འབྲས་ཀྱི་འབྲེལ་བ་ཡོད་སྐད་དོ། །ཞེས་པས། ཡུལ་གྱིས་རང་འདྲའི་རྣམ་པ་དབང་པོ་ལ་མ་བཞག་པར་ཤེས་པ་སྐྱེ་ན། མིག་ཤེས་ཀྱིས་སྒྲ་ཡང་ཐོས་པར་ཐལ་བའི་ཕྱིར་རོ། །དེས་ན་སྔྲིར་ཉན་ཐོས་མདོ་སྡེ་པའི་ལུགས་ཀྱི་རྒྱུ་དྲུག་དང་རྐྱེན་བཞི་ཁས་ལེན་ཏེ། དེ་ལ་རྒྱུ་དྲུག་ནི། བྱེད་པའི་རྒྱུ་དང་། ལྷན་འབྱུང་། སྐལ་མཉམ་དང་། མཚུངས་པར་ལྡན། ཀུན་འགྲོ་དང་། རྣམ་སྨིན་སྐྱེད། བྱེད་པའི་རྒྱུ་ནི་རང་ལས་གཞན་པའི་བདག་རྐྱེན་ཐམས་ཅད་དེ། སྣམ་བུ་ལ་ཐག་མཁན་དང་ཐག་ཆའམ། ལྷུ་གུ་ལ་རྒྱུ་ལུད་དང་སོ་བ་ལྟ་བུའོ། །ལྷན་ཅིག་འབྱུང་བ་ནི་གང་ཞིག་དུས་མཉམ་ཕན་ཚུན་བསྐྱེད་པ་སྟེ། ཨི་གེ་དང་ང་རོའམ། མདུང་ཁྱིམ་ཕན་ཚུན་གཅིག་གཅིག་ལ་བརྟེན་པ་ལྟ་བུའོ། །སྐལ་བ་མཉམ་པའི་རྒྱུ་ནི། ཁམས་གསུམ་ས་དགུ་ཕན་ཚུན་རིས་མཐུན་དུ་བསྐྱེད་པའོ། །མཚུངས་པར་ལྡན་པའི་རྒྱུ་ནི་སེམས་དང་སེམས་འབྱུང་ཕན་ཚུན་དོན་

གྱི་ངོ་བོ་དང་ཁྱད་པར་རང་སྟོབས་ཀྱིས་རིག་པར་བསྐྱེད་པའོ། །ཀུན་ཏུ་འགྲོ་བའི་རྒྱུ་ནི་རྣམ་ཤེས་ཀུན་གྱི་འཁོར་དུ་འབྱུང་བའི་སེམས་པ་ཡིད་ལ་བྱེད་པ་རིག་ཚོར་འདུ་ཤེས་ལྔ་སྟེ། ཁམས་ཀུན་ཏུ་འབྱུང་བ་དང་། དགེ་སྡིག་ལུང་མེད་ཀུན་དང་འགྲོགས་པའོ། །རྣམ་སྨིན་གྱི་རྒྱུ་ནི་མི་དགེ་བ་དང་། དགེ་བ་ཟག་བཅས་ཕོ་ན་སྟེ། འཕེན་པ་མཐོ་རིས་ངན་སོང་གཉིས་སུ་ངེས་པའི་ཕྱིར་རོ། །ཟག་མེད་དགེ་བ་ལ་སྲིད་ལེན་གྱི་ནུས་དང་བྲལ་བས་དང་། ལུང་མ་བསྟན་ནི་རྒྱུ་མཐུན་ལས་བསྐྱེད་མི་ནུས་པས་རྣམ་སྨིན་བསྐྱེད་རྒྱུར་མི་རུང་བའོ།།

རྐྱེན་བཞི་ནི། རྒྱུ་རྐྱེན། བདག་པོའི་རྐྱེན། དམིགས་པའི་རྐྱེན། དེ་མ་ཐག་པའི་རྐྱེན་ནོ། །དང་པོ་ནི། མིག་ཤེས་ཀྱི་ས་བོན་ལྟ་བུ་སྟེ། འབྲས་བུའི་ངོ་བོ་བསྐྱེད་པའོ། །བདག་རྐྱེན་ནི་མིག་དབང་ལྟ་བུ་སྟེ། འབྲས་བུ་རང་དབང་ཅན་དུ་བསྐྱེད་པའོ། །དམིགས་རྐྱེན་ནི་འབྲས་བུ་རང་གི་རྣམ་པ་ཅན་དུ་བསྐྱེད་པ་སྟེ། གཟུགས་དང་ཁ་དོག་ལྟ་བུའོ། །དེ་མ་ཐག་པའི་རྐྱེན་ནི་འབྲས་བུ་ཡུལ་ལ་འཛིན་ནུས་སུ་བསྐྱེད་པ་སྟེ། རང་གི་སྔ་ལོགས་སུ་འགག་མ་ཐག་གི་ཤེས་པས་གོ་ཕྱེ་བའོ། །འོན་ཀྱང་བདག་རྐྱེན་ནི་སེམས་པ་ལ་ཡང་ཡོད་དེ། སྨན་བུ་འཐག་མཁན་དང་མྱུ་གུའི་རྫི་བ་བཞིན་ནོ། །དེ་བཞིས་འབྲས་བུ་བསྐྱེད་ཚུལ་ནི། སེམས་དང་སེམས་འབྱུང་ཐམས་ཅད་ལ་དེ་བཞི་ཚང་དགོས་ཏེ། གཅིག་མ་ཚང་ན་མི་འབྱུང་བའོ། །སྙོམས་པར་འཇུག་པ་གསུམ་ལ་དམིགས་རྐྱེན་མི་དགོས་ཏེ། ཡུལ་སྣང་བ་མེད་པའོ། །བེམ་པོ་གཞན་ནི་རྒྱུ་རྐྱེན་གཉིས་ལ་སྐྱེ་བའོ། །སྙོམས་འཇུག་ཏུ་འཇུག་ཁའི་ཤེས་པ་དེ་བསྐལ་པའམ་བསྐལ་པ་བས་ལྷག་ཀྱང་རུང་སྟེ། ལྡང་ཁའི་དེ་མ་ཐག་པའི་རྐྱེན་དུ་འདོད་དོ།།

བཞི་པ་གཞི་ལྔ་རྫས་སུ་ཡོད་མེད་ལ་གསུམ་སྟེ། གཞི་ལྔ་ངོས་བཟུང་བ་དང་། བྱེ་བྲག་ཏུ་སྨྲ་བས་རྫས་གྲུབ་དང་། མདོ་སྡེ་པས་རྫས་མ་གྲུབ་ཏུ་འདོད་པའོ། །དང་པོ་ནི། འགྲེལ་ལས། གཞི་ལྔ་རྫས་སུ་ཡོད་མེད་ལ་མི་མཐུན་ཏེ། གཞི་ལྔ་ནི་སྣང་བ་གཟུགས་ཀྱི་གཞི། གཙོ་བོ་སེམས་ཀྱི་གཞི། འཁོར་སེམས་འབྱུང་གི་གཞི། ལྡན་པ་མ་ཡིན་པ་འདུ་བྱེད་ཀྱི་གཞི། རང་བཞིན་འདུས་མ་བྱས་གཞིའོ། །ཞེས་པས། གཞི་ལྔའི་ངོ་བོ་ངོས་བཟུང་བ་ནི། སྣང་བ་གཟུགས་ནི་ཐོགས་པར་བཅས་པ་སྟེ། རང་གི་ནང་དུ་གཟུགས་རིགས་མཐུན་འོང་བའི་གེགས་བྱེད་པའོ། །དབྱེ་ན་གསུམ་ལས། བསྟན་དུ་ཡོད་ལ་ཐོགས་པར་བཅས་པ་རྒྱུ་འབྱུང་བའི་གཟུགས་བཞི་ནི། ས་ཆུ་མེ་རླུང་ངོ་། །འབྲས་བུའི་གཟུགས་ལྔ་ལ་ཡུལ་གྱི་གཟུགས་ལྔ་ནི་གཟུགས་སྒྲ་དྲི་རོ་རེག་ལྔ་སྟེ། དེ་ཡང་བསྟན་ཡོད་ཐོགས་བཅས་པའོ། །དབང་པོའི་གཟུགས་ལྔ་ནི་མིག་རྣ་སྣ་ལྕེ་ལུས་ཀྱི་དབང་པོ་ལྔ་སྟེ། བསྟན་རྒྱུ་མེད་ལ་ཐོགས་པར་བཅས་པའོ། །དེ་ལ་ཡང་མིག་རྣ་གཉིས་ནི་ཡུལ་དབང་ཆེ་ཆུང་ཡོད་དེ། རྒྱང་རིང་པོར་འཛིན་པའོ། །སྣ་ལྕེ་ལུས་གསུམ་ནི་དབང་ཡུལ་མཉམ་སྟེ། ཉེ་བར་མ་སྦྱར་ན་མི་རྟོགས་པའོ། །དེ་དག་ལ་རྡུལ་ཅི་ཙམ་འགྲོགས་ཤེ་ན། སྒྲ་ལ་རྡུལ་མེད་པས། འབྱུང་བཞི་ལས་རྡུལ་བརྒྱད་དེ། འབྱུང་བཞི་རང་གི་རྡུལ་བཞི་དང་ཡུལ་གྱི་རྡུལ་བཞིའོ། །ལུས་དབང་ཁོ་ན་ལ་ནི་ལུས་དབང་གི་རྡུལ་བསྟན་ནས་དགུའོ། །མིག་རྣ་སྣ་ལྕེ་བཞི་ལ་རང་གི་རྡུལ་དང་རྫས་ལྔའོ། །རིག་བྱེད་མ་ཡིན་པའི་གཟུགས་ནི་སྡོམ་པ་དང་བསམ་གཏན་ཏེ། ཐོགས་བསྟན་རྡུལ་གསུམ་གང་ཡང་མེད་པའོ། །འོན་ཀྱང་སྡོམ་པ་ནི་རབ་ཏུ་བྱུང་བ་གཉིད་པའམ། བསམ་པ་མི་དགེ་བ་དང་ལུང་མ་བསྟན་དུ་གནས་ཀྱང་། འགལ་རྐྱེན་མ་བྱུང་ན་སྡོམ་པ་དང་ལྡན་པས་གཟུགས

སོ། །བསམ་གཏན་ཡང་ཐར་པའི་ལམ་སྟེགས་བྱེད་པས་གཟུགས་སུ་འདོད་དེ། གཙོ་བོ་སེམས་ནི་དོན་གྱི་ངོ་བོ་རང་སྟོབས་ཀྱིས་རིག་པ་སྟེ། དབང་ཤེས་ལྔ་ཡིད་ཤེས་དང་དྲུག་གོ །དེ་ཡང་དབང་པོ་གཟུགས་ཅན་ལས་སྐྱེས་པ་དང་། ཡིད་དབང་ལས་སྐྱེས་པ་སྟེ་ཡིད་དབང་ནི་རང་གི་སྔ་ལོགས་སུ་འགགས་མ་ཐག་གི་ཤེས་པ་དེའོ། །འཁོར་སེམས་ལས་འབྱུང་བ་ནི་དོན་གྱི་ཁྱད་པར་རང་སྟོབས་ཀྱིས་རིག་པ་སྟེ། དེ་ཡང་ལྔ་བཅུ་རྩ་གཅིག་ཡོད་པ་ལ། སྡེ་ཚན་གསུམ་སྟེ། ཀུན་མ་བསྟན་བཅུ་བཞི་ལ་ཡང་སྡེ་གསུམ། སེམས་པ་དང་ཡིད་ལ་བྱེད་པ་རེག་ཚོར་འདུ་ཤེས་ལྔ་ནི། ཁམས་གསུམ་བ་དག་དང་། རྣམ་ཤེས་དྲུག་གང་གི་འཁོར་དང་། དགེ་སྡིག་ལུང་མེད་གང་དང་ཡང་འགྲོགས་པས་ཀུན་འགྲོའོ། །འདུན་མོས་དྲན་རིག་ཤེས་རབ་ལྔ་ནི། ཡུལ་ངེས་པ་ཅན་མ་ཡིན་པར་མི་འབྱུང་བས་ཡུལ་ངེས་ལྔའོ། །རྟོག་དཔྱོད་འགྱོད་གཉིད་བཞི་ནི་གྲོགས་གཞན་གྱི་དབང་གིས་བསྒྱུར་བས་གཞན་འགྱུར་རོ། །དགེ་བ་བཅུ་གཅིག་ནི། དད་པ་ངོ་ཚ་ཤེས་པ་ཁྲེལ་ཡོད་པ་མ་ཆགས་པ་ཞེ་སྡང་མེད་པ་གཏི་མུག་མེད་པ། བརྩོན་འགྲུས་ཤིན་ཏུ་སྦྱང་དང་བག་ཡོད། བཏང་སྙོམས་རྣམ་པར་མི་འཚེ་བ་ནི། འབྲས་བུ་ཡིད་འོང་འབྱིན་པའི་དགེ་བའོ། །ཆགས་སྡང་ཚོངས་གསུམ་ང་རྒྱལ་ཐེ་ཚོམ་ལྟ་བ་ལྔ་ནི། རང་རྒྱུད་ཉམ་ཐག་པར་བྱེད་ཅིང་རིགས་པས་རྩ་བའི་ཉོན་མོངས་སོ། །ཁོང་ཁྲོ་དང་། འཁོན་འཛིན་འཆབ་པ་དང་། འཚིག་པ་ཕྲག་དོག་སེར་སྣ་སྒྱུ། གཡོ་རྒྱགས་རྣམ་འཚེ་ངོ་ཚ་མེད། ཁྲེལ་མེད་རྨུག་རྒོད་མ་དད་པ། ལེ་ལོ་བག་མེད་བརྗེད་ངེས་དང་། རྣམ་གཡེངས་ཤེས་བཞིན་མ་ཡིན་པ། མི་དགེ་བ་འདོད་ཁམས་ལ་ཉེ་བས་ཉེ་བྲུ་ནི་ཉེ་བའི་ཉོན་མོངས་སོ། །ལྔ་བཅུ་རྩ་གཅིག་པོ་དེ་སེམས་དང་དུས་གནས་རྫས་དང་དམིགས་པ་དང་རྣམ་པ་

མཚུངས་པས་སེམས་ལྡན་ཞེས་བྱའོ། །ལྡན་པ་མ་ཡིན་པ་བཅུ་བཞི་ནི། ཐོབ་པ་དང་། འདུ་ཤེས་མེད་པ་དང་། འགོག་པ་དང་། འདུ་ཤེས་མེད་པ་འབྲས་བུའི་སྙོམས་འཇུག་གསུམ། སྲོག་དང་རིགས་མཐུན་གཉིས། སྐྱེ་བ་གནས་པ་རྒས་པ་མི་རྟག་པ་འདུས་བྱས་ཀྱི་མཚན་ཉིད་བཞི། མིང་ཚིག་ཡི་གེ་གསུམ། སོ་སྐྱེས་དང་བཅུ་བཞིའོ། །ཆ་མཐུན་གྱི་འདུ་བྱེད་དགུ་ནི། འཇུག་པ་དང་ནི་སོ་སོར་ངེས། །འབྱོར་འབྲེལ་མགྱོགས་པ་གོ་རིམ་དང་། །ཡུལ་དུས་གྲངས་དང་ཚོགས་པ་སྟེ། །དེ་དགུ་ཡང་ལྡན་མིན་དུ་སྡུད་པའོ། །རང་བཞིན་འདུས་མ་བྱས་ནི་བཞི་སྟེ། ནམ་མཁའ་ནི་གཟུགས་ཀྱི་གོ་འབྱེད་པའོ། །སེམས་ཉིད་ལ་གཉིས། སོ་སོ་ཀུན་ཏུ་བརྟགས་པའི་འགོག་པ་ནི། གཉེན་པོ་ལམ་གྱི་དྲི་མ་བྲལ་བར་བྱས་པའི་སེམས་ཉིད་དོ། །སོ་སོར་ཀུན་ཏུ་མ་བརྟགས་པའི་འགོག་པ་ནི། ཉོན་མོངས་པ་རང་གི་རྒྱུ་རྐྱེན་མ་ཚང་བས་འགག་པའི་དྲི་བྲལ་སེམས་ཉིད་དོ། །དེ་བཞིན་ཉིད་ནི་ཐོན་ཅན་རང་རང་གི་སྟོང་པའི་སྟོང་ཉིད་དང་། ཐོན་བདག་མེད་པར་རྟོགས་པའི་རིགས་ཤེས་སོ།།

གཉིས་པ་བྱེ་བྲག་ཏུ་སྨྲ་བའི་རྫས་གྲུབ་ལ། འགྲེལ་ལས། དེ་ལྟ་རྒྱུ་ཚད་ཀྱི་ཉ་བཞིན་དུ་རྫས་སུ་གྲུབ་པར་འདོད་པ་རྣམ་མེད་པའོ། །ཞེས་པས། འདི་ལ་དྲུག་སྟེ། གཞི་ལྔ་རྫས་ཐ་དད། འཇིག་པ་དོན་གཞན། དུས་གསུམ་རྫས་གྲུབ། མཚན་མཚོན་རྫས་ཐ་དད། བརྗོད་མེད་ཀྱི་བདག་ཡོད། ཐེག་ཆེན་མེད་པའོ། །དང་པོ་ལ་བྱེ་བྲག་ཏུ་སྨྲ་བས་དབང་གཟུགས་ཡུལ་ཡང་རྫས་ཐ་དད་དེ། འབྱུང་གཟུགས་ཡོད་ཀྱང་ཡུལ་གྱི་རྣམ་པ་འཆར་བ་མེད་པའི་ཕྱིར་རོ། །གཙོ་བོ་ཚོགས་དྲུག་གི་རྣམ་ཤེས་ཀྱང་རྫས་ཐ་དད་དེ། བདག་རྐྱེན་དབང་པོ་ཐ་དད་ལས་སྐྱེས་པའོ། །སེམས་དང་སེམས་འབྱུང་གཉིས་ཀྱང་

རྫས་ཐ་དད་དེ། དོན་ཙམ་གཅིག་འཛིན་པ་ཡོད་ཀྱང་ཁྱད་པར་ཞིབ་ཏུ་འཛིན་པ་མེད་པས་ཡོད་པའི་ཕྱིར་རོ། །སེམས་རྣམས་ཀྱང་རྫས་ཐ་དད་དེ། རྣམ་པ་ཐ་དད་པའི་ཕྱིར་ཏེ། ཀུན་འགྲོ་ཡུལ་ངེས་པར་རེས་ཚད་མེད་ཀྱང་ཡུལ་ངེས་ལ་གསལ་བ་དང་། དགེ་བ་རྣམས་ཀྱང་མི་མཐུན་ཕྱོགས་སོ་སོར་ཡོད་པ་དང་། ཉོན་མོངས་པ་རྣམས་ཀྱང་རྣམ་པ་ཐ་དད་དང་། གཞན་འགྱུར་ཡང་འཛིན་སྟངས་ཐ་དད་པའི་ཕྱིར་རྫས་མི་གཅིག་གོ །ལྡན་མིན་གྱི་སྐྱེ་གནས་རྒས་མི་རྟག་པ་ཡང་གང་རུང་རེ་ཡོད་ཀྱང་གང་རུང་རེ་མེད་དེ། གསར་འབྱུང་དང་རྒྱུན་ཆགས་དང་བྲི་ཡལ་རྒྱུན་ཆད་བཞི་གང་རུང་རེ་ཡོད་ཀྱང་གང་རུང་རེ་མ་ཚང་བའི་ཕྱིར་རོ། །དེས་ན་དངོས་པོ་ཐམས་ཅད་སྐྱེ་དུས་དང་གནས་དུས་མི་རྟག་པ་མ་ཡིན་ཏེ། རྒྱུན་གྱི་མཐར་མི་རྟག་པ་ཞེས་བྱ་ཏེ། བུམ་པ་བཤིགས་པ་ཐོ་བ་ལྟོས། ཟན་གོང་བཤིགས་པ་ཐལ་མོར་ལྟོས་པ་ཡིན་ཟེར་རོ། །རང་བཞིན་འདུས་མ་བྱས་ལ། དེ་བཞིན་ཉིད་རྣམས་ཀྱང་སོ་སོ་རྫས་ཐ་དད་དེ། ཐལ་གཞི་ཐོན་ཐ་དད་པའི་ཕྱིར་ཏེ། དེ་དག་གི་རྟུལ་ཕྲན་དང་སྐད་ཙམ་སོ་སོ་ཐ་དད་པའི་ཕྱིར་ཟེར་རོ།།

གསུམ་པ་མདོ་སྡེ་པས་རྫས་མ་གྲུབ་པ་ནི། འགྲེལ་ལས། རྣམ་བཅས་ནི། གཞི་ལྔ་པོ་དེ་རྫས་མ་གྲུབ་པར་བཏགས་པ་ཙམ་དུ་འདོད་དེ། དེ་ལྔ་མཚོ་ལ་འཁྲུགས་པ་ཞུ་པའམ། ནམ་མཁའ་ལ་སྤྲིན་དྭངས་པ་ལྟར་འདོད་དེ། ཞེས་པས། སེམས་དང་སེམས་འབྱུང་ཡང་རྫས་གཅིག་སྟེ། གཙོ་འཁོར་མཚུངས་པ་ལྔ་མཚུངས་པའི་ཕྱིར་རོ། །སེམས་འབྱུང་ཐམས་ཅད་ཀྱང་ཀུན་འགྲོའི་ཚོར་ཤེས་དང་རྫས་གཅིག་སྟེ། ཉམས་མྱོང་དང་མཚན་མར་འཛིན་པའོ། །དགེ་བ་བཅུ་གཅིག་ཀྱང་ཤིན་ཏུ་སྦྱངས་པ་དང་བརྩོན་འགྲུས་དང་ངོ་བོ་གཅིག་པའོ། །ཉོན་མོངས་པ་དྲུག་ཀྱང་མ་རིག་པ་དང་རྫས་གཅིག

ལ། ཉེ་ཉོན་ཡང་རྩ་ཉོན་གྱི་ཆ་ལ་བཏགས་པ་སྟེ། ཁྲོ་འཁོན་འཚེ་འཚིག་ཕྲག་དོག་ལྔ་ཞེ་སྡང་ལ་བཏགས་པ་ལས་སོགས། འཆབ་དང་ཉོན་ཤིས་རྨོངས་པ་གཡོ་གཡེང་ངོ་ཚ་ཁྲེལ་བག་མེད་ཆགས་རྨོངས་གཉིས་ཀའི་ཆ་དེས་འགྲེའོ། །ལྡན་པ་མ་ཡིན་ཐམས་ཅད་ནི་གཟུགས་དང་སེམས་དང་སེམས་འབྱུང་གསུམ་གྱི་གནས་སྐབས་ལ་བཏགས་པས་དེ་གསུམ་ལས་རྫས་སུ་མ་གྲུབ་པ་མཚོ་དང་འཁྱག་པ་ལྟ་བུའོ། །རང་གཞིན་འདུས་མ་བྱས་ཀྱང་སྟོང་པ་ཉིད་ལ་རྫས་གཞན་འགལ་བས་ནམ་མཁར་སྤྲིན་དེངས་པ་ལྟར་སྣ་ཚོགས་རོ་གཅིག་གོ །དེ་ནི་ངོ་བོ་རྫས་སུ་ཡོད་མེད་དོ། །ཁ་དོག་དང་དབྱིབས་རྫས་སུ་ཡོད་མེད་ནི། འགྲེལ་ལས། ཁ་དོག་དབྱིབས་རྫས་སུ་གྲུབ་པར་འདོད་པ་རྣམ་མེད་པའོ། །རྫས་སུ་མ་གྲུབ་པར་འདོད་པ་རྣམ་བཅས་པའོ། །ཕྱི་རོལ་གྱི་དངོས་པོ་ཡང་དག་ཏུ་འདོད་པའི་གཤེན་རབ་ཀྱི་གྲུབ་མཐའ་འོ། །ཞེས་པས། དབྱིབས་ལུས་ལ་སྣང་ཡང་ཁ་དོག་སྣང་བ་མེད་པས་རྫས་སོ་སོ་བ་དང་། མིག་ཤེས་ལ་དེ་གཉིས་ཆར་སྣང་བས་རྫས་གཅིག་གོ །ཡང་གཅིག་ཉན་ཐོས་སྡེ་གཉིས་ལ། ནོག་སྐོག་ཤལ་དང་ལྡན་པས། བ་ལང་དཀར་ཟལ་བ་ལང་དུ་མཚོན་པའི་ཚེ། བྱེ་བྲག་ཏུ་སྨྲ་བས། མཚན་ཉིད་མཚན་གཞི་མཚོན་བྱ་དེ་གསུམ་རྫས་ཐ་དད་དེ། རྫས་གཅིག་ན་མཚན་ཉིད་དེས། དཀར་ཟལ་གྱི་སྟེང་དུ་བ་ལང་མཚོན་མི་ནུས་པར་འགྱུར་ཏེ། བྱ་བ་དང་བྱེད་པ་དང་བྱེད་པ་པོ་གསུམ་གཅིག་ཏུ་འདོད་པའི་ཕྱིར་རོ།། དཔེར་ན་ཡོས་དང་ཕྱེ་དང་འཐག་མཁན་གསུམ་གཅིག་པར་གྱུར་པ་བཞིན་ནོ་ཟེར་རོ། །མདོ་སྡེ་བས་ནི་མཚན་ཉིད་ནོག་སྐོག་ཤལ་དང་ལྡན་པ་ནི་རྫས་ཡོད་ལ། མཚོན་བྱ་བ་ལང་ནི་བློ་འདོགས་ཏེ་བཏགས་ཡོད་ཡིན་པས། མཚན་གཞི་དཀར་ཟལ་གྱི་སྟེང་དུ་མཚོན་པས་རྫས་གཅིག་ཏུ་འདོད་དོ།།

གཉིས་པ་འཇིག་པ་དོན་གཞན་ནི། བུམ་པ་འདུས་བྱས་སུ་མཚོན་པའི་མཚན་

ཉིད་བཞི་དང་། རྗེས་སུ་མཐུན་པའི་མཚན་ཉིད་བཞི་དང་བརྒྱད། འདུས་བྱས་ཙམ་ལ་ཡང་དེ་དང་མཐུན་པ་བརྒྱད་དེ། དེ་ལ་མཚན་ཉིད་བཞི་ནི། སྐྱེ་བ། གནས་པ། རྒས་པ། མི་རྟག་པ་བཞི། རྗེས་མཐུན་བཞི་ནི། སྐྱེ་བའི་སྐྱེ་བ། གནས་པའི་གནས་པ། རྒས་པའི་རྒས་པ། མི་རྟག་པའི་མི་རྟག་པའོ། །བཅུ་དྲུག་པོ་དེ་མི་རིང་བཅུ་དྲུག་གཤིབས་པ་ལྟར་ཐ་དད་སོ་སོ་བར་འདོད་དེ། དེ་ཡང་བུམ་པ་ལྟ་བུ་གཅིག་སྐྱེ་ན། སྐྱེ་བའི་སྐྱེ་བས་མ་འོངས་པ་ནས་ད་ལྟའི་བར་འདྲེན་ལ། དེ་སྐྱེ་བས་འདྲེན་པར་བྱེད་དེ། དེས་ན་བུམ་པ་རྫས་བརྒྱད་སྐྱེ་བ་ནི་སྐྱེ་གཞན་པོ་དེའི་མཐུ་ཡིན་ལ། དེ་སྐྱེ་བ་ནི་སྐྱེ་བ་གཞན་དེའི་མཐུ་ཡིན་ནོ། །དེ་བཞིན་དུ་བུམ་པ་རང་ཉིད་མི་འཇིག་པ་ལ། འཇིག་པའི་འཇིག་པས་བུམ་པའི་རྫས་བརྒྱད་དང་བཅས་པ་འདས་པའི་སར་འཕུལ་བར་བྱེད་དོ། །དེ་འཕུལ་བ་ནི་འཇིག་པ་གཞན་པོ་དེའི་མཐུའོ།།

གསུམ་པ་དུས་གསུམ་རྫས་ཡོད་ནི། འདས་པའི་དངོས་པོ་བུམ་པ་ཆག་པ་ལས་སོགས་ཀྱང་གཏན་ནས་མ་ཞིག་པར་རྟག་ཏུ་ཡོད་ལ། མ་འོངས་པའི་དངོས་པོ་ཉི་བདུན་ལ་སོགས་ཀྱང་སྔོན་ནས་རྟག་ཏུ་ཡོད་མོད་ཀྱི། འདས་པ་མ་འོངས་ཀྱི་ས་ན་བསྐལ་པའི་མ་མཐོང་བའོ། །དངོས་པོ་རྣམ་རྟག་ཏུ་ཡོད་ན་དུས་གསུམ་གྱི་ཁྱད་པར་གང་ཞེ་ན། འབྲས་བུ་བསྐྱེད་པའི་བྱ་བ་བྱས་ཟིན་པ་ནི་འདས་པ། བྱ་བ་མ་བྱས་པ་ནི་མ་འོངས་པ། བྱེད་བཞིན་པ་ནི་ད་ལྟ་བའོ། །འོ་ན་ཕྱིས་ཀྱི་བུམ་པ་འཇིམ་པའི་དུས་སུ་ཡོད་ན། གྲངས་ཅན་པ་དང་ཁྱད་པར་ཅི་ཞེ་ན། གྲངས་ཅན་པས་ནི་རང་བཞིན་རྟག་སྟེ་ལྷ་ནས་ལྷར་རྒྱུད་མི་ནས་མིར་རྒྱུད་པར་ལྟ་ལ། འདིར་ནི་ད་ལྟར་གྱི་སྐད་ཅིག་མ་ལ་མི་གནས། སྐད་ཅིག་ཅི་སྙེད་པའི་རྒྱུ་འབྲས། འཇིམ་པ་བུམ་པ། གྱོ་མོ་ལས་སོགས་ཐ་དད

པའི་ཕྱིར་རོ༎

བཞི་པ་མཚན་མཚོན་རྫས་ཐ་དད་དང་། ལྟ་བ་བརྗོད་དུ་མེད་པའི་བདག་ནི་འོག་ཏུ་བསྟན་ནོ། །དྲུག་པ་ཐེག་ཆེན་མེད་པ་ནི། ཐུབ་པས་གསུངས་ལ་ནི། འདུལ་བ་ལུང་སྡེ་བཞི་དང་། མདོ་སྡེ་གཅིག་ལས་འཕྲོས་པ་ལས་སོགས་དང་། མངོན་པ་དང་གཏོགས་པའི་སྡེ་གཉིས་ཙམ་དུ་བས། དེ་ལས་གཞན་པའི་ཤེས་རབ་ཀྱི་ཕ་རོལ་ཕྱིན་པ་སྟོང་ཕྲག་བརྒྱ་པ་ལས་སོགས་ནི། སྟོན་པས་མ་གསུངས་ཤིང་། སྟོན་པ་འདས་རྗེས་སུ་བདུད་དང་མུ་སྟེགས་པས་སངས་རྒྱས་ཀྱི་བསྟན་པ་ལ་ཐོ་འཚམ་པའི་ཆེད་དུ་བྱས་ཏེ། ཕྱག་རྒྱ་བཞི་དང་འགལ་བའི་ཕྱིར་དང་། སྡེ་སྣོད་གསུམ་དང་འགལ་བ་དང་། ལས་འབྲས་དང་འགལ་བའི་ཕྱིར་རོ། །ཕྱག་རྒྱ་བཞི་དང་ཇི་ལྟར་འགལ་ཞེ་ན། འདུས་བྱས་མི་རྟག་པ་དང་འགལ་ཏེ། རྫོགས་སྐུ་རྟག་པར་སྟོན་པའི་ཕྱིར་རོ། ། བདག་མེད་པ་དང་འགལ་ཏེ། ཀུན་གཞི་རྣམ་ཤེས་བརྟན་པར་ཡོད་པར་བསྟན་པའི་ཕྱིར་རོ༎ སྡུག་བསྔལ་དང་འགལ་ཏེ། བྱང་ཆུབ་སེམས་དཔའ་བདེ་བར་འདོད་པའི་ཕྱིར་རོ། །མྱང་འདས་ཞི་བ་དང་འགལ་ཏེ། ཉན་ཐོས་རང་སངས་རྒྱས་སུ་ལུང་སྟོན་པའི་ཕྱིར་རོ། །སྡེ་སྣོད་གསུམ་དང་འགལ་ཏེ། ཁྲིམས་པ་ལ་ཕྱག་བྱེད་པ་དང་། བཤེས་གཉེན་གྱིས་བསད་ཕྱོག་བྱེད་པར་སྟོན་པའི་ཕྱིར་རོ། །ལས་འབྲས་དང་འགལ་བ་ནི། མཚམས་མེད་ཀྱི་སྡིག་ལས་ཚེ་འདིར་དག་པར་འདོད་པའི་ཕྱིར་རོ། །ས་བཅུ་ཡང་མེད་དེ། ཁམས་གསུམ་ས་དགུའི་སྒོམ་སྤང་དགུ་དགུ་བརྒྱད་ཅུ་རྩ་གཅིག་རིམ་པ་སྤང་དགོས་པའི་ཕྱིར་རོ། །ཐུབ་པ་ནི་སྤྲུལ་སྐུ་མ་ཡིན་ཏེ། ཞབས་ནས་རྣག་ཟག་པ་དང་། སྐུ་རྒྱབ་སྣུང་བ་དང་། འཁྲུལ་པ་ལ་སོགས་རྣམ་སྨིན་ལྷག་མ་དང་བཅས་པའི་ཕྱིར། མི་བཞིན་ནོ། །རྟག་ཏུ་མཉམ་པར་བཞག་པ་ཡང་མ་ཡིན་ཏེ། མཉམ་པ་ལས་བཞེངས་ནས་བསོད་སྙོམས་སྤྱོད་པས་སོ། །འགྲོ་དོན་རྟག་ཏུ

བྱེད་པ་ཡང་མ་ཡིན་ཏེ། སྦྱ་ངན་ལས་འདས་ན་ཐུགས་ནམ་མཁའི་སྦྲིན་དེངས་པ་ལྟར་ཞི་བའི་ཕྱིར་རོ། །ཞེས་ཟེར་རོ།།

གཉིས་པ་རང་རྟོགས་པའི་བཞེད་ལུགས་ནི། འགྲེལ་ལས། ཕྱིར་རོལ་གྱི་དངོས་པོ་ཡང་དག་པ་མ་ཡིན་པའི་གཤེན་རབ་ཀྱི་གྲུབ་མཐའ་ནི། ཕྱི་ཡུལ་དངོས་པོ་མེད་དེ་ནང་ཤེས་རྒྱུ་དང་འབྲས། །ཕྱི་རོལ་དོན་གྱི་དངོས་པོ་ཁས་མི་ལེན་ཏེ་མི་འདོད་དོ། །ཀུན་རྫོབ་ཙམ་དུ་སྣང་བ་མི་འགོག་པའོ། །དོན་དམ་པ་ནང་འཛིན་བྱེད་ཀྱི་ཤེས་པ་ཡང་དག་ཏུ་ཡོད་པ་འདོད་པའོ། །སེམས་ཡང་དག་པ་དེ་ཡང་ཤེས་པ་རང་ནང་བཟུང་འཛིན་དུ་འདོད་དེ། ཤེས་པ་སྐད་ཅིག་སྔ་མ་ནི་གཟུང་ཆ། ཤེས་པ་སྐད་ཅིག་མ་ཕྱི་མ་ནི་འཛིན་ཆའོ། །དེ་ཡང་རྒྱུ་འབྲས་སུ་འདོད་དེ། ཤེས་པ་སྐད་ཅིག་མ་སྔ་མ་ནི་རྒྱུ། ཕྱི་མ་འབྲས་བུའོ། །ལྟ་བ་དེ་ལྟར་འདོད་དོ། །ཞེས་པས། ཉན་ཐོས་ལས་ཅུང་ཟད་དཔགས་པ་སྟེ། བོན་གྱི་བདག་མེད་ཕྱེད་རྟོགས་པའི་ཕྱིར་ཏེ། རྣལ་ཐབ་དོན་དམ་མི་འདོད་ལ། སེམས་ཀྱི་སྐད་ཅིག་བདེན་པར་ལྟ་བས། དོན་དམ་གྱི་གཟུང་འཛིན་དང་དོན་དམ་གྱི་རྒྱུ་འབྲས་ནི་ལྟ་བའོ།།

གཉིས་པ་སྲུང་བའི་དམ་ཚིག་ལ། སྤྱིར་ཚུལ་ཁྲིམས་ཉིས་བརྒྱ་ལྔ་བཅུའི་རྣམ་བཞག་དང་། སྔོས་ཁྲིམས་ཆེན་དགུའི་རྣམ་བཞག དེ་དག་ལ་བདག་ཏུ་ལྟ་བ་ཡོད་མེད་དེ། དང་པོ་ནི། ཁྲབ་པ་སྣང་ལྡན་གྱིས་མཛད་པའི་ཐེག་པའི་རབ་དབྱེ་ལས། དམ་ཚིག་སྡོམ་ཁྲིམས་ཉིས་བརྒྱ་ལྔ་བཅུ་སྲུང་། །ཞེས་པས་འདི་ལ་དྲུག་སྟེ། མཁན་པོ་ལས་ཐོབ་པ་ཕྱིའི་ཚུལ། སློབ་དཔོན་ལས་ཐོབ་པ་ནང་གི་ཁྲིམས། དེ་དག་གི་ཐོབ་ཚུལ་དང་། གཏོང་ཚུལ། གཏོང་ཐོབ་ལ་རྩོད་པ། སྤྱོད་སྟེའི་གྲངས་སོ། །དང་པོ་ལ་ཚུལ་ལྔ་སྟེ། མགོ

ཡི་སྒྲ་བཞར་བ། དག་པའི་ཁྲུས་གསོལ་བ་དང་། ལུས་ཀྱི་གོས་སྔོན། གནང་བའི་རྒྱན་གཏད་པ། སྤྱོད་ཚུལ་ལེགས་པར་སློབ་པའོ། །གོས་ནི་པད་ལོ་རིས་དྲུག གདེང་བ་དང་བདུན། རྒྱན་ནི་རིན་ཆེན་རྒྱན་ལྔ་ཕྲེང་བ་མཆོད་སེལ་དང་བདུན་ནོ། །སྤྱོད་ལམ་ནི་འགྲོ་འདུག་ཟ་གཏམ་ཉལ་བ་དང་། ཕྱག་སྐོར་འདོན་པའོ། །གཉིས་པ་ནང་གི་ཁྲིམས་ལ་སྤྱིར་དུས་ཁྲིམས་གཙང་མ། ཕྱོགས་གཅིག་སྤྱོད་པ། དག་པ་དྲང་སྲོང་གསུམ་དུ་རིན་པོ་ཆེ་ཁྲིམས་ཀྱི་མདོ་ལས་བཤད་དེ། ཕྱོགས་གཅིག་སྤྱོད་པ་ནི་གཙང་དགེ་གཉིས་སོ། །དུས་ཁྲིམས་ནི་བསྙེན་གནས་སོ། །དག་པ་དྲང་སྲོང་ལ་རྩ་བ་བཞི་སྟེ། གྲེས་པའི་རྩ་བ་བཞི་ནི། མི་དགེ་བ་བཅུ་སྤོང་བའི་རྩ་བ། ཉོན་མོངས་པ་ལྔ་སྤོང་བའི་རྩ་བ། ཁ་ཟས་སྡེ་བཞི་སྤོང་བའི་རྩ་བ། རྒྱན་དང་གྲོགས་བཞི་སྤོང་པའི་རྩ་བ་སྟེ་བཞིའོ། །ཁ་ཟས་ནི་ཤ་ཆང་སྔོག་གསུམ་དགོང་ཟྲ་བཞིའོ། །རྒྱན་ནི་རིན་ཆེན་རྒྱན་དང་གོ་མཚོན་རྒྱན། བུད་མེད་སྡིག་ཅན་གྱི་གྲོགས་དང་བཞིའོ། །ཚར་ཕྱེས་པས་ཉི་ཤུ་རྩ་གསུམ་མོ། །ཡན་ལག་བརྒྱ་དང་ལྔ་བཅུ་ནི། མི་དགེ་བ་བཅུ་ལས་གྲེས་པ་སྟེ། ཞེ་སྡང་གི་སྲོག་གཅོད་ལས་སོགས་སོ། །ལོ་མ་བདུན་ཅུ་རྩ་བདུན་ནི། སྤྲོ་ཐུང་བ་དང་། ངོ་མ་གཉིས་ཆེ་བ་དང་། གཏོང་འདོད་ཆེ་བ་ལ་སོགས་ཏེ། རྒྱས་པར་གཡུང་དྲུང་ལས་རྣམ་དག་ལས་བལྟའོ།།

གསུམ་པ་དེ་དག་གི་ཐོབ་ཚུལ་ནི། གཙང་གཙུག་གི་སྟོམ་པ་ཆག་ཉམས་མེད་པས་དྲང་སྲོང་ཡིན་ན། རྩ་བཞི་གསར་དུ་ཡིན་ནམ་མི་ཡིན། ཡིན་ན་སྔར་གྱི་རྩ་བཞི་དེ་ཡིན་ནམ། དེ་ལས་གསར་དུ་ཡིན། དང་པོ་ལྟར་ན་བླངས་པ་ལ་དགོས་པ་མེད་དེ། མི་ཐོབ་པའི་ཕྱིར། སྔར་ཐོབ་ཀྱི་རྩ་བ་ལ་མ་ཉམས་ན་བུམ་པ་མཉམ་པོ་ཆག་ཞུམ་མེད་པ་གཉིས་གཅིག་ནང་གཅིག་མི་ཚུད་པ་ལྟར་རོ། །གསར་ཡིན་ན་རྩ་བརྒྱད་དུ་འགྱུར་

རོ། །འདོད་ན་ལུང་དང་འགལ་ལོ། །མི་ལེན་ན་དྲང་སྲོང་གཙང་གཙུག་ལས་ཁྱད་པར་དུ་འཕགས་པ་མ་ཡིན་པ་ཐལ། དེ་ལས་རྩ་བ་ཁྱད་ཅན་ལེན་པ་མེད་པས་སོ། །ཞེ་ན། གཏོང་ཐོབ་ལ་རྩོད་པ། སྤྱི་སྡེའི་གྲངས་སོ། །མདོ་སྡེ་པས་སྔར་གྱི་རྩ་བ་ཐོབ་པ་དེ་གནས་འགྱུར་དུ་ལེན་པས་སྐྱོན་གཉིས་ཀ་མེད་དེ། དཔེར་ན་རྒྱལ་བུ་རྒྱལ་སར་བཏོན་པ་བཞིན་ནོ། །བྱེ་བྲག་ཏུ་སྨྲ་བས་ནི་སྣ་ཚོགས་པའི་རྒྱུན་ལྟར་བརྩིགས་པར་ཡང་འདོད་དོ།།

བཞི་པ་གཏོང་ཚུལ་ནི། ཉམས་པའི་རྩ་བ་བཞི་སྟེ། སྲོག་གཅོད་རྐུ་རྫུན་མི་ཚངས་སྤྱོད་བསྲུང་བ་བཞི་ནོ། །རྩ་བཞི་གཅིག་ཉམས་པས་གསུམ་གནས་མི་གནས། གནས་ན་རྩ་གསུམ་པའམ་རྩ་གཉིས་པའམ་རྩ་བཞི་པའི་རབ་བྱུང་སྲིད་པར་འགྱུར་ལ། མི་གནས་ན་ཕྱོགས་རེ་བསྲུང་བའི་ཕན་ཡོན་མེད་པས་སྣ་འགའི་དགེ་བསྙེན་མེད་པར་འགྱུར་རོ་ཞེ་ན། མདོ་སྡེ་པ་ནི་རེ་རེ་བསྲུང་བའི་ཕན་ཡོན་ཡོད་ཀྱང་རྩ་བཞི་མ་ཚང་བའི་རབ་བྱུང་མེད་པའོ། དཔེར་ན་ཤུགས་ལྡན་གྱི་ཁྲིག་བཞི་གཅིག་ཆག་ན་གསུམ་གྱིས་ས་མི་ཚོད་པ་བཞིན་ནོ། །བྱེ་བྲག་ཏུ་སྨྲ་བ་ནི་ནོར་ཆེ་ལ་བུ་ལོན་མང་བ་ལྟར་ཀྱང་འདོད་དོ། །ཕལ་ཆེན་པའི་སྡེ་ལ་རྩ་བ་གསུམ་ཡོད་པའི་ཕྱིར།

ལྔ་པ་གཏོང་ཐོབ་རྩོད་པ་ནི། སྡོམ་པ་དེ་མངོན་གྱུར་གྱིས་གཏོང་ཐོབ་བྱེད་ན། བརྒྱལ་བ་གཉིད་ཚེ་སྡོམ་མེད་དུ་འགྱུར་ཏེ། མངོན་འགྱུར་མེད་དེ། ཡིད་ཤེས་མེད་པའི་ཕྱིར་རོ། །སྡོམ་མེད་འདོད་ན་རབ་བྱུང་དང་འགལ་ལོ། །ས་བོན་གཏོང་ཐོབ་བྱེད་ན་ཉམས་པ་མེད་པ་དང་སླར་མི་དགོས་ཏེ། ས་བོན་ཤེས་པ་རང་ཆས་སུ་ཡོད་པའི་ཕྱིར་རོ་ཞེ་ན། དེ་ནི་བསམ་པ་དབང་ཤུས་པ་མཐུ་ལྡན་གྱི་ཚུལ་གྱིས་ཐོབ་སྟེ་འགལ་རྐྱེན་མ་སྐྱུད་ཀྱི་བར་དུ་རྒྱུད་ལ་བསོད་ནམས་རྒྱུན་ཆགས་སོ།།

དྲུག་པ་སྤྱིར་སྡེ་ནི་འདུལ་བ་སྡེ་བཞི་འདོད་དེ། དུས་ཆེན་པ་དང་། སོ་སོར་ཐར་པ། ཕལ་ཆེན་པ་དང་། འགོག་པའོ། །འདུལ་བ་དུང་ཕོར་མ་ལས། ཕལ་ཆེར་སྡོམ་བྱེད་དམ་པའི་རྒྱུད། །དུས་ཆེན་དུས་བརྟན་སྡོམ་བྱེད་རྒྱུད། །ཡོངས་རྫོགས་རྣམ་དག་སྡོམ་བྱེད་རྒྱུད། །དེ་གསུམ་ཁྲིམས་བཅས་ཕོའི་རྒྱུད། །སོ་སོ་ཐར་པ་བྱེ་བྲག་འབྱེད་སྡོམ་རྒྱུད། །གཅིག་ཉམས་གཅིག་ལེན་ལས་སྡོམ་རྒྱུད། །ཕྱི་ལྟོས་འགོག་པ་ཕྱོགས་སྡོམ་རྒྱུད། །དེ་གསུམ་ཚུལ་བཅས་མོ་རྒྱུད་དོ། །དེ་དྲུག་མདོན་གཞིར་ཕྱེས་བ་ནི། །སྡུག་བསྔལ་ཡང་དང་བ་བསྐྱེད་པའི་མདོན། །ངེས་པའི་ཚུལ་ཁྲིམས་སྲུར་དུ་བླང་བའི་མདོན། །སྤྱོད་ཚུལ་ཐབས་ཀྱི་སྡོམ་པ་བསྲུང་བའི་མདོན། །འཆལ་དང་ཉམས་དང་ཆག་པ་བསྐང་བའི་མདོན།།

གཉིས་པ་ཁྲིམས་ཆེན་དགུའི་རྣམ་བཞག་ནི། འགྲེལ་ལས། དགེ་སྦྱོང་མ་ཉམས་ཁྲིམས་ཆེན་དགུ་པོ་བསྲུང་། ལུས་ངག་ཡིད་གསུམ་གྱི་སྒོ་ནས་ཁྲིམས་དགེ་སྦྱོང་བཟང་པོ་དགུ་བསྲུང་སྟེ། ལུས་ཀྱི་སྲོག་གཅོད་པ་དང་། མ་བྱིན་པར་ལེན་པ་དང་། མི་ཚངས་པར་སྤྱོད་པའོ། །ངག་གི་ངག་འཁྱལ་བ་དང་། ཚིག་རྩུབ་མོ་དང་། དོན་དང་མ་འབྲེལ་བའི་ཚིག་གོ །ཡིད་ཀྱི་མནར་སེམས་དང་། གནོད་སེམས་དང་། ལོག་པར་ལྟ་བའོ། །དེ་དགུ་བསྲུང་སྟེ། དུས་བཟང་པོའི་ཚེ་ཁྱད་པར་དུ་བསྲུང་ཞིང་། ལུས་ཀྱིས་བསྐོར་བ་དང་ལྷ་ཕྱག་བྱེད། ངག་གིས་མདོས་ཀློག་དང་བཀའ་སྒྲོགས་དང་། ཡིད་ཀྱིས་ཚད་མེད་བཞི་སེམས་དེ་ལྟར་སྤྱོད་ཅིང་བསྲུང་བའོ། །ཅེས་པས། དེ་ལ་གསུམ་སྟེ། ངོ་བོ་ངོས་བཟུང་བ་དང་། སྐྱོན་ཡོན་ནོ། །དང་པོ་ལ་སྲོག་གཅོད་དབུགས་དང་བྲལ་བ་དང་། མ་བྱིན་ལེན་མི་དབང་བར་སྤྱད་པ། མི་ཚངས་མངལ་སྤྱོད་ཀྱི་བདེ་བ་མྱོང་། ངག་འཁྱལ་བག་མེད་ཀྱི་

ཚིག ཚིག་རྐྱང་ཅེ་འགེམས་ཀྱི་ཚིག དོན་དང་མ་འབྲེལ་བ་རྫུན་ཚིག མནར་སེམས་འཕྲལ་དུའོ། །གནོད་སེམས་ཕུགས་སུའོ། །ལོག་ལྟ་ནི་རྒྱུད་ཕྱིན་ཅི་ལོག་ཏུ་ལྟ་བའོ།།

གཉིས་པ་སྐྱོན་ཡོན་ནི། ཡེ་ཁྲི་ལས། དགེ་སྡིག་སྐྱོན་ཡོན་བསྡུས་ཏེ་བསྟན། །སྲོག་གཅོད་སྤངས་པས་ཚེའི་དངོས་གྲུབ་འབྱུང་། །མ་བྱིན་ལེན་པ་སྤངས་པས་རྫས་ཀྱི་དངོས་གྲུབ་ཐོབ། །འདོད་ལོག་སྤངས་པས་དབང་པོ་གསལ་ཞིང་རྫུས་ནས་སྐྱེས། །རྫུན་མཆུ་སྤངས་པས་ཅི་སྨྲ་ངག་བཙུན་སྙན། །ཕྲ་མ་སྤངས་པས་ངག་སྙན་གང་འདོད་གྲོགས་དང་འཕྲད། །ངག་འཁྱལ་སྤངས་པས་ཞི་བདེས་བདེན་པའི་དོན་དང་མཐུན་པ་སྨྲ། །ཚིག་རྐྱང་སྤངས་པས་བོན་གྱི་སྨྲ་རུ་འགྱུར། །མནར་སེམས་སྤངས་པས་ཡིད་ལ་གང་བསམ་འགྲུབ། །གནོད་སེམས་སྤངས་པས་ཐམས་ཅད་གྲོགས་སུ་འགྱུར། །ལོག་ལྟ་སྤངས་པས་བཀའ་རྒྱུད་བླ་མ་མཚན་ལྡན་འཕྲད། །སྲོག་གཅོད་པས་ནི་ཚེ་ཐུང་ཞིང་། །མ་བྱིན་བླང་བས་དབུལ་པོར་འགྱུར། །འདོད་ལོག་ཁྱུང་སྐྲན་དམུ་ཆུ་ཅན། །རྫུན་དུ་སྨྲ་བ་སྐུར་བ་སྟེ། །སྐྱོན་ཕྲ་བས་ནི་གཉེན་དང་བྲལ། །ཚིག་རྐྱང་ཐམས་ཅད་སྡང་བར་འགྱུར། །ངག་འཁྱལ་དིག་ལྐུགས་ཅན་དུ་འགྱུར། །མནར་སེམས་ཡིད་ལ་རེ་བ་འཛོམས། །གནོད་སེམས་ཅི་བསམ་འགྲུབ་མི་འགྱུར། །ལོག་ལྟ་མུ་སྟེགས་ལྟ་ངན་ཁྲིད། །ལྟ་བ་རང་གྲོལ་དོན་རྟོགས་ཀྱང་། །སེམས་ཅན་སྲོམ་ཕྲའི་སྲོག་མི་གཅོད། །མཉམ་པ་ཉིད་ཀྱི་དོན་རྟོགས་ཀྱང་། །འཁྲིག་སྤྱོད་རྫས་ལ་ཆགས་མི་བྱ། །རང་གྲོལ་ཆེན་པོའི་དོན་རྟོགས་ཀྱང་། །ཡི་དམ་ལྷ་སྟུགས་འབྲལ་མི་བྱ། །ཞེས་སོ།།

གསུམ་པ་དེ་དག་ལ་གདགས་སུ་ལྟ་བ་ཡོད་མེད་ནི། ཉན་ཐོས་བྱེ་བྲག་ཏུ་སྨྲ་བ་ན་རེ། ལས་བྱེད་པ་པོ་དང་ལོངས་སྤྱོད་པོའི་གང་ཟག་གི་བདག་གཅིག་ཡོད་ངེས་

ཏེ། དེ་མེད་ན་མིས་ཚུལ་ཁྲིམས་བསྲུང་ནས་ལྷར་སྐྱེ་ཙམ་ན། མི་འགགས་པས་ལས་བྱས་ཚད་ཟྒོས་པ་དང་། ལྷས་ཚུལ་ཁྲིམས་མ་སྲུང་བར་འབྲས་བུ་སྨྱོང་བས། མ་བྱས་པའི་འབྲས་བུ་དང་འཕྲད་པར་འགྱུར་བར་ཐལ་བའི་ཕྱིར་ཏེ། ཐུབ་པས། བདག་ཉིད་བདག་གི་མགོན་ཡིན་གྱི། །སུ་ཞིག་བདག་གི་མགོན་དུ་འགྱུར། །བདག་གིས་བྱས་པའི་ལས་རྣམས་ནི། །བདག་ལ་སྨིན་གྱིས་གཞན་དུ་མིན། །ཞེས་ཟེར་རོ། །དེས་ན་བདག་དེ་ཕུང་པོ་འདི་ཉིད་ཀྱང་མ་ཡིན་ལ། འདི་ལས་ལོགས་གཅིག་ཏུ་ཡང་བརྗོད་དུ་མེད་པའོ། །རྟག་པ་དང་མི་རྟག་པར་ཡང་བརྗོད་དུ་མེད་པའོ། །མདོ་སྡེ་བས་ནི། གང་ཟག་དེ་མེད་ཀྱང་ཡིད་ཤེས་ཀྱིས་དགེ་སྡིག་གི་ལས་ཀྱི་ནུས་པ་འཛིན་པས། དེས་ཉིང་མཚམས་སྦྱར་ཏེ། མཚམས་སྦྱར་བའི་འཆི་འཕོ་སྐྱེ་བ་རྣམས་ཡིད་ཀྱི་རྣམ་པར་ཤེས་པ་ཁོ་ན་ཡིན་ཟེར་རོ། །དུས་ཁྱད་པར་ཅན་ནི་དུས་ཀྱི་འཁྱུར་བཅེ་སྐྱེ་གོང་དུ་བཤད་ཟིན་ལ། སྒོ་གསུམ་གྱི་དགེ་སྤྱོད་ནི་སྒོ་གསུམ་རང་རང་གིས་བསགས་པའི་སྡིག་སྒྲིབ་དག་པར་བྱེད་པའི་རྒྱུ་མཐུན་ནོ།།

གསུམ་པ་སྒོམ་པའི་རིམ་པ་ནི། འགྲེལ་ལས། བསྒོམ་པའི་རིམ་པ་ནི། དེ་དོན་འདུ་འཛི་ཀུན་སྤངས་མཚན་མ་ཕྱི་ཡུལ་འགོག ཕྱིའི་ཡུལ་དང་མཚན་མ་ཀུན་འགོག་སྟེ། རང་གི་མཐོང་བའི་དོན་ལ་མ་ཡེངས་པར་སྒོམས་པར་འཇུག་སྟེ་རྟོགས་ཞིང་གནས་སོ། །ཞེས་པ་ལ་གཉིས་ཏེ། རྣམ་རྟོད་པའི་སྒོམ་ལུགས་དང་། རང་རྟོགས་པའི་བསྒོམ་ལུགས་སོ། །དང་པོ་ནི། རྣམ་རྟོད་སྡེ་གཉིས་ཀྱིས། ལྟ་བ་བདག་མེད། སྐྱབས་དཀོན་མཆོག ལམ་ཚུལ་ཁྲིམས། ལོ་བྱད་བཟང་བ། དགེ་སྦྱོར་གྱི་བོན་སྤྱོད་བཞི་ནི། འཁྲོ་བ་ལ་སླར་མི་འཁྲོ་བ། བརྡེག་པ་ལ་སླར་མི་བརྡེག་པ། གཤེ་བ་ལ་སླར་མི་གཤེ་བ།

མཚང་འབྲུ་བ་ལ་སླར་མི་འབྲུ་བ་སྟེ། ཟས་ཀྱི་ཚོད་བཟུང་བ། སྤྱོད་དང་ཐོ་རངས་ཉལ་འཁྱོར་ལ་བརྩོན་པ། འདོད་ཆགས་ཀྱི་གཉེན་པོ་མི་སྡུག་པ་དང་མི་གཙང་བར་བསྒོམ་པ་ལ་སོགས། ཞེ་སྡང་གི་གཉེན་པོ་བྱམས་པ། གཏི་མུག་གི་གཉེན་པོ་རྟེན་འབྲེལ། ང་རྒྱལ་གྱི་གཉེན་པོ་ཁམས་ཀྱི་རབ་ཏུ་དབྱེ་བ། རྣམ་རྟོག་གཉེན་པོ་དབུགས་འབྱུང་རྔུབ་ཀྱི་ཚད་བཟུང་བ། ཟད་པར་ལས་སོགས་བསྒོམ་པ་སྟེ། ལ་བཟླ་ལས། ལྷ་མི་གཞན་རྟེན་བསྒོམ་པ་ནི། །རང་ལུས་གདོས་བཅས་ཕུང་པོ་ལ། མི་གཙང་རྫས་སུ་འདུ་ཤེས་བསྐྱེད། །རྣམ་པར་སྔོ་དང་བམ་པོ་དང་། །རྟུལ་དང་མྱགས་པ་བསྒོམ་པ་སྟེ། །གཟུགས་ཕུང་ཞེན་པའི་མཐའ་ལས་བཟློག །ཞི་གནས་ཡན་ལག་བཅུ་གཉིས་ལྡན། །ཚོགས་དྲུག་ཡུལ་དང་རྟོག་པ་སྤྱོངས། །ཞེས་སོ། །ཡན་ལག་བཅུ་གཉིས་ནི། བདེ་བ་གསལ་བ་མི་རྟོག་པ་གསུམ། མི་གཡོ་བ་འཇམ་པ་མཉེན་པ་གསུམ། དང་བ་ཡང་བ་བཙའ་སླ་བ། ཟབ་པ་འཕྲུག་པ་གདགས་དཀའ་བའོ། །གནས་ལུགས་ནི་འགོག་པའི་དབང་དུ་བྱས་ཏེ། ཆ་ལག་ལས། གནས་ལུགས་ནི་གཏོ་རྒྱལ་གྱི་བསྟན་པ་ལ་སྙོམས་པར་ཞུགས་ནས། གཤེན་རབ་མི་བོའི་བསྟན་པ་ལ་བོན་ཛ་བོ་ཆེ་བརྡུངས་པས་སད་པའམ་གཤེན་རབ་ཀྱི་བསྟན་པ་ལ་སྙོམས་པར་ཞུགས་ནས་འོད་དེ་མི་ཆུང་གི་བསྟན་པ་ལ་སད་པར་བཤད་དེ། དེ་དག་ལ་ལྷུང་བའི་འདུ་ཤེས་སྟོན་ལ་བཏང་བས་སད་པའོ། །ལྷུང་བའི་དེ་མ་ཐག་རྐྱེན་དེ། སྟོན་ཚེ་སྙོམས་པར་ཞུགས་པའི་འདུ་ཤེས་དེ་ཡིན་པར་འདོད་དོ།།

གཉིས་པ་རང་རྟོགས་པ་ནི། ལ་བཟླ་ལས། རང་རྟོགས་གཤེན་རབ་བསྒོམ་པ་ནི། དང་པོ་མ་རིག་ལ་སོགས་ནས། །ཐ་མ་རྒ་ཤི་ཕྲུག་པར་སྒོམ། །རང་གི་དཔྲལ་བར་སེམས་གཏད་དེ། །ཀིང་ཙུས་དཀར་པོ་ཐེབ་ལོང་ཙམ། །དེ་ལ་སེམས་འཛིན་གཏད་པ་དང་། །དེ་

ལ་མཆེད་ནས་ཀེང་རུས་བལྟ། །དེ་ལྟར་རིམ་པས་འགག་པར་བསྒོམ། །ཞེས་པས་ཏེ་རྒྱས་པར་འོག་ཏུ་འབྱུང་ངོ་།།

བཞི་པ་སྒྲུབ་ཐབས་ལ་གཉིས་ཏེ། རྣམ་རྗོད་པ་དང་། རང་རྟོགས་པའི་ལུགས་སོ། །དང་པོ་ནི། འགྲེལ་ལས། སྒྲུབ་པའི་ཐབས་ནི། ཕྱི་རོལ་གྱི་དོན་ཡང་དག་ཏུ་འདོད་པ་དང་། འཁྲུལ་བར་འདོད་པ་གཉིས་མ་མཐུན་ཏེ། ཕྱི་རོལ་ཡང་དག་ཏུ་འདོད་པས་ནི། ཡེ་ཤེས་ཆ་ཡིས་ཁམས་གསུམ་ཉོན་མོངས་འཇོམས། བདེན་པ་བཞི་ལ་ཡེ་ཤེས་བཅུ་དྲུག་ཏུ་ཕྱེ་སྟེ་སྒྲུབ་པའོ། །ཞེས་པས། དེས་དོན་ལ་གསུམ་སྟེ། དམིགས་ཡུལ་བདེན་པ་བཞིའི་རྣམ་བཞག རྟོགས་པ་ཡེ་ཤེས་ཀྱི་སྐྱེ་ལུགས། དེས་ཁམས་གསུམ་གྱི་སྒྲིབ་པ་སྤོང་ལུགས། དང་པོ་ལ་གསུམ་སྟེ། ངོས་བཟུང་གི་དབྱེ་བ་དང་། མཚན་ཉིད་ཀྱི་དབྱེ་བ་དང་། རྒྱུད་ལ་བསྟེན་ལུགས་སོ། །དང་པོ་ནི། འགྲེལ་ལས། དེ་ཡང་ཉོན་མོངས་ཀྱི་བདེན་པ་རྒྱུ་གཞི་དངོས་དང་བཅས་པ་ནི། འཁོར་བའི་རྒྱུ་འབྲས་དོར་བྱ་ཐབས་དང་བཅས་པའོ།། རྣམ་བཅད་ཀྱི་བདེན་པ་བསྒྲོད་བྱེད་ཐབས་དང་བཅས་པ་ནི། མྱ་ངན་ལས་འདས་པའི་རྒྱུ་འབྲས་བླང་བྱ་ཐབས་དང་བཅས་པའོ། །ཞེས་པས་དེ་ཡང་ཀུན་འབྱུང་གིས་དཀྲུག་པས། སྡུག་བསྔལ་ཐོབ་ལ། ལམ་རྒྱུད་ལ་བསྟེན་པས་དྲི་མ་བྲལ་ནས་འགོག་པ་མངོན་དུ་གྱུར་པའོ། །སྡུག་བསྔལ་ལ་ངོ་བོས་དབྱེ་ན་གཉིས་ཏེ། སྐྱེ་ས་ཕྱི་སྣོད་ཀྱི་འཇིག་རྟེན་དང་། སྐྱེ་བ་ནང་བཅུད་ཀྱི་སེམས་ཅན་ནོ། །ཀུན་འབྱུང་ལ་ཡང་གཉིས་ཏེ། ཀུན་སློང་ཉོན་མོངས་རྐྱེན་དང་བཅས་པ་དང་། དེས་བསླང་བའི་ལས་སོ། །འགོག་པ་ལ་ཡང་གཉིས་ཏེ། ལམ་གྱི་དྲི་མ་བྲལ་བར་བྱས་པའི་སེམས་ཉིད་སོ་སོར་ཀུན་ཏུ་བཏགས་པའི་འགོག་པ་དང་། ཉོན་མོངས་པ་རང་གིས་རྒྱུ་རྐྱེན་མ་ཚང་བས་འགགས་པའི་དྲི་བྲལ་

བརྟགས་པ་མ་ཡིན་པའི་འགོག་པའོ། །ལམ་ལ་ཡང་གཉིས་ཏེ། བོན་ཉིད་ནམ་མཁའ་ལྟ་བུའི་ཡུལ་ཅན་མི་རྟོག་པ་དང་། བོན་ཅན་སྒྱུ་མ་ལྟ་བུའི་ཡུལ་ཅན་རྗེས་ཐོབ་བོ། །རྒྱུ་མཚན་ནི་སྤང་ལེན་གཉིས་ལས། སྤང་བྱ་ལ་རྒྱུ་འབྲས་གཉིས། ལེན་བྱ་ལ་བྲལ་བྱེད་དང་འབྲལ་བྱ་གཉིས་བཞིའོ། །དོན་ནི་སྡུག་ཀུན་ལམ་གསུམ་སྤྱི་རིགས་ངོ་བོ་གཅིག་སྟེ། ཚོགས་ལམ་དེ་གསུམ་ཆར་གྱི་བྱེ་བྲག་ཡིན་པའི་ཕྱིར་རོ། །དེ་གསུམ་དང་འགོག་པ་ནི་དེ་ཉིད་གཞན་བརྗོད་དུ་མེད་དོ།།

གཉིས་པ་མཚན་ཉིད་ལ་བློ་ཡུལ་གནོད་མེད་ནི་བདེན་པ་ཙམ་གྱི་མཚན་ཉིད་དོ། །ཁྱད་པར་དུ་ལས་ཉོན་གྱི་འབྲས་བུ་དང་། སྡུག་བསྔལ་སྐྱེད་བྱེད། དྲི་མ་གང་གི་དབེན་པའི་སེམས་ཉིད། བདག་མེད་རྟོགས་པའི་ཤེས་རབ་དང་། དེ་བློ་ཡུལ་དུ་གནོད་མེད་ནི་རིམ་པ་ལྟར་སྡུག་ཀུན། འགོག་ལམ་དང་། དེ་བདེན་པའི་མཚན་ཉིད་དོ། །བཅུ་དྲུག་ནི། འགྲེལ་ལས། དེ་ལྟར་བདེན་པ་བཞི་ལ་བོན་བདེན་པ་བཞི་ལ་བཅུ་དྲུག་ནི། ཉོན་མོངས་པ་ལ། མི་རྟག་པ། ཉོན་མོངས། སྟོང་པ། བདག་མེད་པའོ། །གཞི་དངོས་ལ། རྒྱུ། གཞི་དངོས་ཉིད། རབ་ཏུ་བསྐྱེད་པ། རྐྱེན་གྱི་རྣམ་པའོ། །རྣམ་བཅད། ཞི་བ། གྱ་ནོམ། ངེས་པར་འབྱུང་བའོ། །བགྲོད་བྱེད། རིག་པ། སྒྲུབ་པ། ངེས་པར་འབྱིན་པའོ། །ཞེས་པས། དེ་ཡང་སྐད་ཅིག་ལ་སྐྱེ་འགག་བྱེད་པའི་མི་རྟག རྒྱུད་ཉམ་ཐག་པས་ཉོན་མོངས་པ། བརྟགས་ནས་མེད་པས་སྟོང་པ། རྟག་དངོས་མེད་པ་བདག་མེད། སྡུག་བསྔལ་གྱི་གནས་ཡིན་པས་རྒྱུ། འདུན་པ་དང་འདོད་ཆགས་ཀྱི་རྩ་བ་ཡིན་པས་གཞི་དངོས། ཡང་ནས་ཡང་དུ་འཁོར་བར་ཉིང་མཚམས་སྦྱོར་བས་རབ་ཏུ་བསྐྱེད་པ། ཉོན་མོངས་ཐམས་ཅད་ཀྱི་བདག་རྐྱེན་དང་དམིགས་རྐྱེན་གཉིས་ཀ་བྱེད་པས་རྐྱེན་གྱི་རྣམ་པ། སྡུག་

བསྡུལ་དང་བྲལ་བས་རྣམ་བཅད། མཚན་མ་མེད་པས་ཞི་བ། འདོད་དགུ་འབྱུང་བས་གྱ་ནོམ། འཁོར་བའི་མཐའ་ལ་མི་གནས་པས་ངེས་འབྱུང་། མྱ་ངན་ལས་འདས་པར་སྐྱེལ་བས་བསྒྲོད་བྱེད། ཕྱིན་ཅི་མ་ལོག་པས་རིག་པ། དོན་ཆེ་བས་བསྒྲུབ་པ། ངེས་འབྱུང་གི་ཐབས་ཁྱད་པར་ཅན་ཡིན་པས་ངེས་པར་འབྱིན་པའོ།།

གསུམ་པ་རྒྱུད་ལས་བསྟན་ཚུལ་ནི། ཁམས་བརྒྱད་ལས། སྡུག་བསྔལ་ཤེས་པར་བྱ་བ། ཞེས་དང་། ཀུན་འབྱུང་སྤང་བར་བྱ། ཞེས་དང་། འགོག་པ་མངོན་དུ་བྱ་བ། ཞེས་དང་། ལམ་བསྒོམ་པར་བྱ་བ། ཞེས་པས། འབྲས་བུ་ནད་ངོ་ཤེས་ན་དེའི་རྒྱུ་མཁྲིས་པ་དང་བད་ཀན་སྤོང་ཐབས་ལ་འཇུག་པ་ལྟར། འབྲས་བུ་སྡུག་བསྔལ་གྱི་ཉེས་དམིགས་ཤེས་ན་དེ་རྒྱུ་ཀུན་འབྱུང་སྤོང་ཐབས་ལ་འཇུག་པས་སྡུག་བསྔལ་ཤེས་པར་བྱའོ། །རྒྱུ་མི་བསད་ན་དུ་བ་རང་ལོག་ལ་འགྲོ་བ་ལྟར། རྒྱུ་ཀུན་འབྱུང་སྤོངས་ནས་འབྲས་བུ་སྡུག་བསྔལ་གྱི་ཕུང་པོ་རང་ལོག་ལ་འགྲོ་བས་ཀུན་འབྱུང་སྤང་བར་བྱའོ། །ནད་བྲལ་བདེ་བའི་ཡོན་ཏན་ཤེས་ན་སྨན་དོན་དུ་གཉེར་བ་ལྟར། འབྲས་བུ་འགོག་པའི་ཡོན་ཏན་ཤེས་ན་ལམ་དོན་དུ་གཉེར་བས་འགོག་པ་མངོན་དུ་བྱའོ། །ཕན་པའི་སྨན་བསྟེངས་ན་ནད་གདུང་སེལ་བ་ལྟར། བདག་མེད་རྒྱུད་ལ་ངང་གིས་བསྟེངས་ན་འཁོར་བ་ལས་ངེས་པར་སྒྲོལ་བས་ལམ་བསྒོམ་པར་བྱའོ།།

གཉིས་པ་རྟོགས་པ་ཡེ་ཤེས་ཀྱི་སྐྱེ་ལུགས་ནི། འགྲེལ་ལས། དེ་ལྟར་སྐད་ཅིག་མ་བཅུ་དྲུག་ལ་ཡེ་ཤེས་དྲུག་གོ །ཞེས་པས་དེ་ལ་གཉིས་ཏེ། གཞུང་ལུགས་དང་། གཞན་ལུགས་སོ། །དང་པོ་ནི། རྣམ་རྟོག་པས་རང་གིས་སྦྱོར་ལམ་རྫོགས་པའི་རྗེས་སུ། བདེན་པ་བཞི་ལ་གང་ཟག་གི་བདག་མེད་མངོན་སུམ་གྱིས་གསར་དུ་མཐོང་བའོ། །སྐད་

ཅིག་མ་བཅུ་དྲུག་ར་ཟམ་པ་ལ་འཁྲིམ་པ་ལྟར་རིམ་ཆགས་སུ་སྐྱེ་སྟེ། དེ་ཡང་སྐད་ཅིག་མ་དང་པོ་ནས་བཅུ་དྲུག་གི་བར། བདེན་བཞི་མཚན་ཉིད་བཅུ་དྲུག་དེ་རིམ་པ་ལྟར་གསར་དུ་མཐོང་བའོ། །དེའི་སྐད་ཅིག་ནི་བྱ་བ་རྫོགས་པའི་སྐད་ཅིག་སྟེ། ཕྱི་མ་ཕྱི་མའི་རྟོགས་པ་མ་སྐྱེས་ཀྱི་བར་ལ་བསྐལ་པའམ། དེ་ལས་ལྷག་པར་གནས་ཀྱང་རུང་སྟེ། སྐད་ཅིག་གཅིག་ཅེས་བྱའོ། །དུས་མཐའི་སྐད་ཅིག་ནི་སེ་གོལ་གཏོགས་པ་ཙམ་མོ། ། དེ་དག་གི་སྐྱེ་ཚུལ་གྱི་སྔ་ཕྱི་འཐད་པ་ནི། སྡུག་ཀུན་གཉིས་ཚུར་རོལ་རགས་པས་སྔོན། འགོག་ལམ་གཉིས་ཕ་རོལ་ཞི་བས་རྗེས་སུ་མཐོང་ལ། དང་པོ་ལ་ཡང་འབྲས་བུ་མངོན་གྱུར་པས་དང་། དེའི་རྒྱུ་ཐག་རིང་དེ་རྗེས་མཐོང་ལ། འགོག་ལམ་ཡང་བྲལ་བ་མངོན་གྱུར་དང་། བྲལ་བྱེད་རྒྱུ་ཡིན་པས་རིམ་པ་མཐོང་བ་དེ་དོན་གྱིས་འཐད་པའོ།།

གཉིས་པ་གཞན་ལུགས་ནི། ཕར་ཕྱིན་བས་སྡུག་བསྔལ་བོན་ཤེས་པ། སྡུག་བསྔལ་ལ་བོན་ཤེས་ཀྱི་བཟོད་པ། སྡུག་བསྔལ་ལ་རྗེས་སུ་ཤེས་པ། སྡུག་བསྔལ་རྗེས་སུ་ཤེས་པའི་བཟོད་པ་ཡིན་ཏེ་བཞི། གཞན་ལ་བཞི་རེ་བཅུ་དྲུག་ཏུ་འདོད་པ་ཡང་སྣང་ངོ་། །དེ་ལ་བོན་ཤེས་ནི་དེ་ཁོ་ན་རྟོགས་པ། རྗེས་ཤེས་ནི་སྔ་མ་གཅིག་གི་དང་འདྲ་བ། བཟོད་པ་ནི་མི་སྐྲག་པ་ཡིན་ཟེར་རོ། །གསུམ་པ་དེས་ཁམས་གསུམ་སྒྲིབ་པ་སྤོང་ཚུལ་ནི་བཞི་སྟེ། སྤྱིར་ཁམས་གསུམ་ས་དགུའི་ངོས་བཟུང་། འདོད་པའི་མཐོང་སྤང་སྤོང་ཚུལ། ཁམས་གོང་མའི་སྤང་བྱ་སྤོང་ནུས་མི་ནུས། སྤང་གཉེན་རྒྱུ་འབྲས་གང་འཕྲད་ཀྱི་འཐད་པའོ། །དང་པོ་ལ། ཁམས་གསུམ་གྱི་འདོད་ཁམས་ནི། སེམས་རྩེ་གཅིག་ཏུ་མི་གནས་པ་སྟེ། ཁ་ཕྱི་རོལ་དུ་གཡེང་བའོ། །ཁམས་གོང་མ་ནི། སེམས་རྩེ་གཅིག་ཏུ་གནས་པའོ། །གཟུགས་ཁམས་ནི་དོན་སྣང་གི་བག་ཆགས་མ་སད་པའོ། །གཟུགས་མེད་

ནི་དོན་སྣང་གི་བག་ཆགས་མ་སད་པའོ། །ཇི་སྐད་དུ། སྟོང་པོ་རབ་དབྱེ་ལས། འདོད་ཁམས་གནས་རིགས་ཉི་ཤུ་ས་གཅིག་ཏུ་བསྡུས་པ་ནི། འདོད་པའི་ཡོན་ཏན་ལྔ་ལ་སེམས་ཀྱི་ཆ་མཉམ་པའི་ཕྱིར་རོ། །གཟུགས་ཁམས་བཅུ་བདུན་ས་བཞིར་བསྡུད་པ་ནི། བསམ་གཏན་བཞི་པོ་ལ་ཏིང་འཛིན་རེ་རེ་ཡོད་པའོ། །གཟུགས་མེད་པའི་ཁམས་ས་བཞིར་བསྡུད་པ་ནི། སྐྱེ་མཆེད་མི་བཞི་ལ་ཉི་ཚོའི་ཆད་པ་རེ་རེ་ཡོད་པས་ས་བཞིར་བསྡུད་པའོ། །ཞེས་སོ། །ས་དགུ་ནི་འབུམ་ཏིག་ལས། འདོད་པའི་ས་དང་། རྟོག་པའི་ས་དང་། དཔྱོད་པའི་ས་དང་། རྟོག་དཔྱོད་མེད་པའི་ས་དང་། དགའ་བདེ་མེད་པའི་ས་དང་། ནམ་མཁའ་ཙམ་ལ་བརྟེན་པ་དང་། རྣམ་ཤེས་ཙམ་ལ་བརྟེན་པ་དང་། ཅི་ཡང་མེད་པ་ལ་བརྟེན་པ་དང་། ཡོད་མིན་མེད་མིན་ལ་བརྟེན་པའོ། །ཞེས་པས། བསམ་གཏན་དང་པོར་དགའ་བ་དང་རྟོག་པ་གཉིས་འབྱུང་བ། གཉིས་པར་དགའ་རྟོག་མེད་ལ་བདེ་དཔྱོད་འབྱུང་བ། གསུམ་པར་བདེ་དཔྱོད་མེད་ལ་བཏང་སྙོམས་དང་ཤེས་བཞིན་འབྱུང་བ། བཞི་པར་དེ་མེད་ལ་བཏང་སྙོམས་ཡང་དྭག་དང་དྲན་པ་ཕོན་འབྱུང་བའོ། །གཟུགས་མེད་ནི་ཕྱི་ནམ་མཁའ་ཙམ་དང་། རྣམ་ཤེས་ཙམ་དང་། རྣམ་ཤེས་ཙམ་དུ་ཙུང་ཟད་མེད་པ། ཡོད་མིན་མེད་མིན་ལ་བརྟེན་པའོ།།

གཉིས་པ་འདོད་པའི་མཐོང་སྤང་སྤོང་ཚུལ་ནི། འགྲེལ་ལས། དེ་བསྡུས་ན་ཡེ་ཤེས་ཆེ་འབྲིང་རྣམ་པ་གསུམ་སྟེ། དེས་འདོད་ཁམས་ཀྱི་ཉོན་མོངས་པ་ཆེ་འབྲིང་རྣམ་པ་གསུམ་འཛོམས། ཡེ་ཤེས་ཆུང་ངུས་ཉོན་མོངས་པ་ཆེན་པོ་འཛོམས། ཡེ་ཤེས་འབྲིང་གིས་ཉོན་མོངས་པ་འབྲིང་འཛོམས། ཡེ་ཤེས་ཆེན་པོས་ཉོན་མོངས་པ་ཆུང་ངུ་བག་ལ་ཉལ་བ་འཛོམས་སོ། །ཞེས་པས། འདོད་པའི་ཉོན་མོངས་པ་ནི། ཉེ་བའི་ཉོན་

ཉོངས་པ་ཉི་ཤུ་མི་དགེ་བར་ཉེ་བ་དང་། ཉེས་པ་ལྔ་སྟེ། འདོད་པར་ལྷག་པར་འདུན་པ་དང་། གནོད་སེམས་དང་། རྒོད་འགྱོད་དང་། རྨུགས་གཉིད། ཐེ་ཚོམ་མོ། །ཡེ་ཤེས་ནི་སྦྱོར་ལམ་མོ། །གསུམ་པ་ཁམས་གོང་མའི་སྤང་བྱ་མི་ནུས་པ་ནི། འགྲེལ་ལས། འོ་ན་གཟུགས་ཁམས་དང་གཟུགས་མེད་པའི་ཉོན་མོངས་པ་ནམ་སྤང་ཞེ་ན། འབྲས་བུ་ཐོབ་པའི་དུས་ན་སྤོང་བའོ། །ཞེས་པས། འདི་ལ་འབྲས་བུ་ཟུང་བཞི་ཡ་བརྒྱད་དུ་ཕྱེ་བའི་ལུགས་ཏེ་འོག་ཏུ་འབྱུང་ངོ་།།

བཞི་པ་སྤང་གཉེན་རྒྱུ་འབྲས་གང་འཕྲད་ཀྱིས་འཐད་པ་ནི། འབུམ་ཏིག་ལས། དཔེར་ན་དྲི་མ་དང་མུན་པ་ཆེ་ལོང་ནི་འདག་རྫི་དང་སྣང་བ་ཆུང་ངུ་ཡིས་སེལ་ནུས་ལ། ཐྲ་བ་དག་ལ་ཆེན་པོ་འབད་དགོས་པ་བཞིན་དང་། ཡེ་ཤེས་ཆེན་པོ་ཡོད་པན་ཆད་ཉོན་མོངས་ཆེན་པོ་ཡོད་མི་སྲིད་པ་དང་། ཉོན་མོངས་ཆེན་པོ་ཡོད་ན་ཡེ་ཤེས་ཆེན་པོ་སྐྱེ་མི་སྲིད་དེ། ཕན་ཚུན་སྤང་གཉེན་འགལ་བའི་ཕྱིར། ཞེས་པས། དུས་དང་པོ་ལ་མཐོང་ལམ་གྱི་ཉེ་རྒྱུ་དང་མཐོང་སྤང་ནུས་མེད་ཀྱི་དངོས་རྒྱུ་གཉིས་པོ་དེ་འཕྲད། གཉིས་པ་ལ་མཐོང་ལམ་གྱི་དངོས་རྒྱུ་དང་མཐོང་སྤང་ནུས་མེད་གཉིས་པོ་དེ་འཕྲད། གསུམ་པ་མཐོང་ལམ་སྐྱེ་བ་དང་མཐོང་སྤང་འགག་པ་དུས་མཉམ་པའོ། །དེས་ན་མཐོང་ལམ་ནི་སྤང་བྱ་ལ་རྒྱུས་གནོད་པ་བྱས་པ་ཡིན་ཏེ། རྒྱུས་མཐོང་སྤང་ལ་གནོད་པ་བྱས་སྟོབས་ཀྱིས་སྐྱེ་བའོ། །ངོ་བོས་ནི་གནོད་པ་མ་བྱས་ཏེ། དེ་དེ་དང་འཕྲད་པ་མེད་པའི་ཕྱིར་ཏེ། དེ་སྐྱེས་ན་དེ་འགག་ཟིན་པའི་ཕྱིར་རོ། །འགག་འགྱུར་སློམ་ལམ་ཐམས་ཅད་ནི་ངོ་བོས་སྤང་བྱ་ལ་གནོད་པ་བྱས་པ་སྟེ། དུས་མཉམ་དུ་འགྲོགས་ནས་དུས་མཉམ་དུ་འགག་པའི་ཕྱིར་རོ། །དེ་ཡང་ཕྱེ་བྲག་ཏུ་སྨྲ་བས་ནི་ལས་ཆུད་མི་ཟ་སྟེ། ཐུབ་

པས་ཀྱང་དགྲ་བཅོམ་ཐོབ་ཀྱང་མི་ནག་མདུང་ཐུང་ཅན་གྱི་སྲོག་གི་ལན་ཆགས་ཁེལ་བའི་ཕྱིར་རོ། །དེ་ཡང་དཔལ་ལྡན་གསོན་ཆེ་ལས་སོ་སོར་གནས་ལ། འཆི་ཁའི་ཚེ་འདོད་པའི་དགེ་སྡིག་གི་ལས་གཅིག་ཏུ་འདྲིལ་ཞིང་། དེ་ནས་བར་དོར་ཁམས་གསུམ་གྱི་ལས་དང་ཟག་མེད་ཀྱི་ལས་ཆུད་མི་ཟ་བ་བཞི་སྨྲགས་ནས་འཕོ་སྟེ། རྣམ་སྨིན་མྱོང་བ་ཆུད་མི་ཟ་བ་བར་དོར་གནས་ཏེ། བུ་ལོན་ཁེལ་བའི་མ་ཡིག་མ་སུབས་པ་བཞིན་ནོ། །འོ་ན་ནམ་འགག་ཅེ་ན། གང་ཟག་ཟུང་བཞི་གོང་མ་གོང་མ་ཐོབ་ན་འོག་མ་འོག་མའི་ལས་འགག་པར་འདོད་དོ། །ཁམས་གསུམ་གྱི་ལས་ཀྱང་དེས་འགྲེའོ།།

གཉིས་པ་རང་རྟོགས་པའི་ལུགས་ནི། འགྲེལ་ལས། ཕྱི་རོལ་འབྲུལ་བར་འདོད་པའི་ལམ་ནི། རྟེན་འབྲེལ་དུར་ཁྲོད་རོ་ལ་ཟློག་སྒོ་བལྟ། །དེ་ཡི་སྒོ་ནས་བོན་ཉིད་ཟབ་རྟོགས་བསྒོམ། །རྟེན་འབྲེལ་བཅུ་གཉིས་ལུགས་ལས་བཟློག་པ་ཡིན་ཏེ། ཞེས་པས། འདི་ལ་གཉིས་ཏེ། ལུགས་མཐུན་གྱི་གནས་ལུགས་དང་། ལུགས་བཟློག་གི་གནས་ལུགས། ཞར་བྱུང་ཕྱིའི་རྟེན་འབྲེལ་ལོ། །དང་པོ་ནི། འགྲེལ་ལས། ལུགས་ལས་འབྱུང་བ་ཉམས་སུ་མི་ལེན་པ་ཅིའི་ཕྱིར་ཞེ་ན། ལུགས་ལས་བྱུང་བ་ནི་འཁོར་བའི་རྒྱུ་དང་འབྲས་བུ་ཡིན་པས། སྤང་བྱ་ཐབས་དང་བཅས་པར་འདོད་དེ། ཅི་ལྟར་ཡིན་ཞེ་ན། མ་རིག་པའི་རྐྱེན་གྱིས་འདུ་བྱེད་བྱུང་། འདུ་བྱེད་རྐྱེན་གྱིས་རྣམ་པར་ཤེས་པ་བྱུང་། དེའི་རྐྱེན་གྱིས་མིང་དང་གཟུགས། སྐྱེ་མཆེད་དྲུག རེག་པ། ཚོར་བ། སྲེད་པ། ལེན་པ། སྲིད་པ། སྐྱེ་བ། ན་ཤི་འབྱུང་བའོ། །ཞེས་པས། ཚེ་གསུམ་ལ་བརྩིས་ཏེ། སྔ་མར་ལས་ཀྱི་ཀུན་སློང་གི་ཉོན་མོངས་པ་དེ་མ་རིག་པ་དང་། དེས་བསླངས་པའི་ཟག་བཅས་ཀྱི་ལས་ལུང་དུ་བསྟན་པ་དེ་འདུ་བྱེད། དེའི་ལས་ཀྱི་ས་བོན་དང་བཅས་པའི་ཤེས་པ་ཚེ་འདིའི་ཉིང་

མཚམས་སྦྱོར་བ་དེ་རྣམ་ཤེས། དེས་འདིར་མངལ་དུ་མིང་གཟུགས་འབྲེལ་ནས་དབང་པོའི་སྒོ་མ་དོད་པ་དེ་མིང་གཟུགས། དེ་དོད་ནས་ཡུལ་གཅོད་མི་ནུས་པ་དེ་སྐྱེ་མཆེད། དེས་ཡུལ་གཅོད་རེག་པ། ཉམས་མྱོང་ཚོར་བ། དེ་ནས་མངལ་ནས་བྱུང་གཞོན་ནུ་འཁྲིག་པ་ལ་ཞེན་སྐྱེས་པ་དེ་སྲེད་པ། དེས་འཁྲིག་ཡུལ་དང་དུ་བླང་བ་དེ་ལེན་པ། དེས་ཕྱི་མར་མངལ་དུ་འཇུག་པའི་ལས་ནུས་པ་ཅན་དེ་སྲིད་པ། ནུས་ཅན་དེས་སྐྱེ་བ་ཕྱི་མའི་མཚམས་སྦྱོར་དེ་སྐྱེ་བ། དེ་ནས་ཕྱི་མའི་མིང་གཟུགས་རྒྱུན་འགྱུར་བ་དེ་ཀ་ཤིའོ། །འཕེན་གྲུབ་ཀྱིས་དབྱེ་ན། མ་རིག་པ་ནས་ཚོར་བ་ཡན་ཆད་ཀྱི་བར་བདུན་ནི་སྔ་མ་ནས་འདིར་འཕེན་པ་དང་འཕངས་པའི་ཡན་ལག་སྐོར་གཅིག སྲེད་ལེན་ནས་ཀ་ཤིའི་བར་ལྔ་པོ་ནི་འདི་ནས་ཕྱི་མའི་འགྲུབ་བྱེད་དང་གྲུབ་པའི་ཡན་ལག་སྐོར་གཅིག་གོ །རྒྱུ་འབྲས་ཀྱིས་དབྱེ་ན། མ་རིག་སྲེད་ལེན་ཉོན་མོངས་ལ། །སྲིད་པ་འདུ་བྱེད་ལས་ཡིན་ཏེ། །དེ་ལྔ་རྒྱུ་ནི་ཀུན་འབྱུང་ཆ། །ལྷག་མ་འབྲས་བུ་སྡུག་བསྔལ་ལོ། །ཐིག་ལེ་དབྱིངས་ཆད་ལས། ལུས་འཁོར་བ་ལ་ལོང་འདོགས་པ་ནི། ཚེ་གསུམ་དུམ་བུ་གསུམ་གྱིས་བསྟན། ཞེས་དང་། དེའི་འགྲེལ་ལས། རྣམ་སྨིན་གྱི་ལུས་འདི་གཅིག་ནས་ཤི་ཡང་གཅིག་ཏུ་སྐྱེ་ལ། གཅིག་ལ་གནས་པས་འཁོར་བས་འཁོར་ཞིང་ལོང་འདོགས་པ་ནི་གསུམ་སྟེ། ཚེ་སྔ་མ་དང་། ད་ལྟ་བའི་ཚེ་དང་། ཚེ་ཕྱི་མའོ། །ཞེས་དང་། མཁས་བཞིའི་མཛོད་འགྲེལ་ལས། རྒྱུ་ནི་ལས་དང་ཉོན་མོངས་པའོ། །དེ་དག་ཀྱང་ཡན་ལག་ལྔར་འགྱུར་ཏེ། ཉོན་མོངས་པ་ནི་མ་རིག་པ་དང་སྲེད་ལེན་ནོ། །ལས་ནི་སྲིད་པ་དང་འདུ་བྱེད་དོ། །འབྲས་བུ་ནི་ཡན་ལག་བདུན་ཏེ། རྣམ་པར་ཤེས་པ་དང་། མིང་གཟུགས་དང་། སྐྱེ་མཆེད་དྲུག་དང་། རེག་པ་དང་། ཚོར་བ་དང་། སྐྱེ་བ་དང་། ཀ་ཤིའོ། །ཞེས་སོ།།

གཉིས་པ་ལུགས་བཟློག་གི་སྒོམ་ལུགས་ནི། འགྲེལ་ལས། ལུགས་ལས་བཟློག་པ་ནི། སྡུ་ངན་ལས་འདས་པའི་རྒྱུ་འབྲས་བླང་བྱ་ཐབས་དང་བཅས་པ་ཡིན་ཏེ། དེ་ཅི་ལྟར་ཞེ་ན། དུར་ཁྲོད་དུ་ཕྱིན་ཏེ་བརྟགས་པས། ཀེང་རུས་ཀྱི་རི་རབ་ཕུང་པོ་འདི་ཅི་ལས་བྱུང་བརྟགས་པས། ཤི་བ་ལས་བྱུང་བར་རིག ཤི་བ་ཅི་ལས་བྱུང་ན་རྒས་པ་ལས་བྱུང་། རྒས་པ་ཅི་ལས་བྱུང་ན་མཐར་མ་རིག་པ་ལ་ཐུག་སྟེ། མ་རིག་པ་ཕོ་ནར་སྤང་བའོ། །དེའི་ཕྱིར་བསླབ་པ་ཐབས་ཀྱི་ལམ་མོ། །ཞེས་པས། ཁ་དོག་དང་། དབྱིབས་དང་། རེག་བྱ་དང་། བསྙེན་བསྐུར་ལ་ཆགས་པ་བཞིའི་གཉེན་པོ་རིམ་པ་ལྟར། དུར་ཁྲོད་ཀྱི་རོ་རྣམ་པར་བམ་པ་དང་སྔོ་བ་དང་རྣག་པ་དང་། ཀེང་རུས་ཤ་ར་རི་དང་རུས་པ་ཐྲང་ཐྲེང་དུ་འབྲེལ་བ་དང་། ཉི་ལྷགས་ཀྱིས་ལྷགས་ཤར་ཟ་ཟེས་རེག་ན་རྩ་འཛིན་པ་དང་། རོ་གོས་དང་རོ་ཟས་ལ། གཡོ་བ་མེད་པ་དམིགས་ཡུལ་དུ་བྱེད་པ་དང་། གཞན་འཛིག་རྟེན་རྟག་པར་བལྟ་བས་གཉེན་པོར་རུས་པ་སྔོ་སྟེ། བྱ་ཐེ་བ་ལྟ་བུ། སེར་ཏེ་གསེར་ལྟ་བུ། སྐྱ་དུང་ངེ་བ། དཀར་ཏེ་དུང་ལྟ་བུ་དམིགས་ཡུལ་དུ་བྱས་ཏེ། འདིས་ལོ་དུའི་གོང་དུ་འཛིག་རྟེན་གྱི་བྱ་བཞག་བྱས། ཡང་རོ་བམ་པ་སྔོ་བ་ལ་ཟླ་བ་དང་། རོ་གསར་ཁ་སྣ་ནས་ཁྲག་ཟག་པ། ནང་རོལ་བྱ་སླག་གིས་ནམ་མཁར་ཁྱེར་བ། གཅན་སྤྱང་གིས་ས་ལ་དྲུད་བར་དམིགས་ཡུལ་དུ་བྱས་ནས། འདིས་ཞག་དུའི་གོང་དུ་གཉེན་བཤེས་དང་འགྲོགས། འཛིག་རྟེན་གྱི་བྱ་བཞག་བྱས། བདག་ཀྱང་འདི་དང་མཚུངས། འདི་ལས་འདའ་ས་མེད་པར་བསྒོམ་པའོ།།

གསུམ་པ་ཞར་བྱུང་ཕྱིའི་རྟེན་འབྲེལ་ནི། མཆན་ལས། ཕྱིའི་རྟེན་འབྲེལ་བཅུ་གཉིས་ནི། འབྱུང་ལྔ་དུས་ཀྱི་འགྱུར་བ་དང་དྲུག ཛ་བ་དང་། སྡོང་པོ། ཡལ་ག ལོ་མ།

མི་རྟག འབྲས་བུ་ཡིན་ཏེ། དེ་ནི་མི་འདོད་དེ། ཕོས་ཕྱི་རོལ་གྱི་གཟུང་བ་སྤངས་པའི་ཕྱིར་རོ། །ཞེས་པས། འབྱུང་བ་རྟེན་གྱི་དང་། དེ་ལ་བརྟེན་པ་དྲུག་རེའོ།།

ལྔ་པ་སྤྱོད་པའི་འཕྲིན་ལས་ལ། འགྲེལ་ལས། སྤྱོད་པའི་འཕྲིན་ལས་ནི། ཕྱི་རོལ་ཡང་དག་པར་འདོད་པ་ནི། རང་དོན་འབའ་ཞིག་རང་དོན་དེ་ཉིད་དུ། །རང་དོན་འབའ་ཞིག་སྤྱོད་པ་སྟེ། གཞན་དོན་སྤྱོད་མི་ནུས་སོ། །ཞེས་པས། ཉན་ཐོས་པས་ནི་སྤྱངས་པའི་ཡོན་ཏན་བཅུ་གཉིས་ཀྱི་ལུས་སེམས་ཆ་ལ་དབབ་སྟེ། གོས་ལ་སྦྱང་པ་གསུམ། ཟས་ལ་གསུམ། གནས་ལ་ལྔ། སྤྱོད་ལམ་ལ་གཅིག་གོ །གོས་ནི་ཕྱག་དར་ཁྲོད་པ། ཕྱིང་བ་དང་། ཆོས་གོས་གསུམ་པའོ། །ཟས་ནི་བསོད་སྙོམས་པ་དང་། གདན་གཅིག་པ། ཕྱིས་མི་ལེན་ནོ། །གནས་ནི་དགོན་པ་དང་། དུར་ཁྲོད་པ་དང་། ཤིང་དྲུང་པ། བླ་གབ་མེད་པ། ངེས་པ་མེད་པའོ། །སྤྱོད་ལམ་ནི་ཙོག་པུ་བའོ། །འགྲེལ་ལས། ཕྱི་རོལ་འཕྲུལ་བར་འདོད་པ་ནི། རྫུ་འཕྲུལ་སྣ་འགའི་སྒོ་ནས་འགྲོ་དོན་ཤས་ཙམ་སྤྱོད། །དེ་ཡང་རང་དོན་འབའ་ཞིག་ཏུ་སྤྱོད་པའོ། །ཞེས་པ། བསེ་རུ་ལྟ་བུ་དེ་ཡང་། དབང་པོ་འབྲིང་གི་རྣོན་པོ་ཡིན་པས། དགྲ་བཅོམ་པ་དེས་སྟོང་གསུམ་རྒྱུན་ཆད་ཀྱང་མཐོང་ལ། གདུལ་བྱ་ཡང་མང་པོར་ལུས་ཀྱི་བརྡ་ཞིག་གིས་ལམ་ལ་འགོད་པར་འདོད་དོ།།

དྲུག་པ་འབྲས་བུ་ལ་གསུམ་སྟེ། གང་ཐོབ་པ་འབྲས་བུའི་ཁྱད་པར་དང་། གང་གིས་ཐོབ་པའི་གང་ཟག་གི་རིགས་དབྱེ། དགྲ་བཅོམ་གྱི་རིགས་ངེས་པ་ཡོད་མེད་དོ། །དང་པོ་ནི། འགྲེལ་ལས། ཐོབ་པའི་འབྲས་བུ་ནི། རྫུ་འཕྲུལ་ཆེར་སྤྱོད་ཤེས་རབ་མགྱོགས་ཆེན་ཐོབ། །རྫུ་འཕྲུལ་ཆེར་སྤྱོད་དང་། ཤེས་རབ་མགྱོགས་ཆེན། ཡིད་བཞིན་བདེ་མཆོག་གི་ས་ཐོབ་པའོ། །ཞེས་པས། རྫུ་འཕྲུལ་དང་། ཤེས་རབ་དང་། བསམ་གཏན་

གསུམ་པོ་ཕྱོགས་རེ་བ་སྟེ། རྒྱུ་ལམ་ལ་རྫོགས་པ་མ་ཚང་བའི་ཕྱིར་ཏེ། སྙིང་རྗེ་དང་ཤེས་རབ་ཕྱོགས་གཅིག་པའི་འབྲས་བུའི་ཕྱིར་རོ། །རྫུ་འཕྲུལ་ཆེད་སྤྱོད་ནི་སངས་རྒྱས་ཀྱི་ཞིང་བྱེ་མ་ལའི་གྲངས་ཙམ་བགྲོད་ནུས་ཀྱང་ཤེས་རབ་དང་ཏིང་འཛིན་ཞན་པ། ཤེས་རབ་མགྱོགས་ཆེན་ནི་སངས་རྒྱས་འབུམ་ཕྲག་དུ་མ་ལ་བོན་ཉན་པ་འཛིན་ཡང་རྫུ་འཕྲུལ་བསམ་གཏན་ཞན་པ། ཡིད་བཞིན་བདེ་མཆོག་ནི། སྒོམས་པར་ཞུགས་པ་ལ་གང་གིས་མི་བསྐྱོད་ཀྱང་ཤེས་རབ་དང་རྫུ་འཕྲུལ་ཞན་པའོ། །གཉིས་པ་གང་གིས་ཐོབ་པ་གང་ཟག་གི་རིགས་དབྱེ་ནི། འགྲེལ་ལས། ཡང་ཉོན་མོངས་པའི་སྐྱོན་ཕྱིན་ཅི་ལོག་ཐམས་ཅད་ཀྱིས་མི་ཚུགས་པའི་ས་ཞེས་བྱ་བ་དེའི་འབྲས་བུ་ཐོབ་སྐད། ཅེས་པས། ཁྱབ་པ་སྣང་ལྡན་གྱིས་མཛད་པའི་ཐེག་པའི་རབ་དབྱེ་ལས། ས་ནི་ཟླུང་བཞི་ཡ་བརྒྱད་མགྱོགས་ཆེན་ཐོབ། ཅེས་དང་། མཁས་བཞིའི་མཛོད་འགྲེལ་ལས། སྟོན་པ་ནི་སྐྱེས་བུ་བརྒྱད་ཀྱི་ཆ་དང་ལྡན་པ་ཡིན་ཏེ། རྒྱུན་དུ་ཞུགས་པ་མངོན་དུ་བྱས་པའི་ཕྱིར་ཞུགས་པ་དང་། རྒྱུན་དུ་ཞུགས་པ་དང་། ལན་གཅིག་ཕྱིར་འོང་བ་མངོན་དུ་བྱས་པའི་ཕྱིར་ཞུགས་པ། ལན་གཅིག་ཕྱིར་འོང་བ་དང་། ཕྱིར་མི་འོང་བ་མངོན་དུ་བྱས་པའི་ཕྱིར་ཞུགས་པ་དང་། ཕྱིར་མི་འོང་བ་དང་། མངོན་པར་བྱང་ཆུབ་པར་དང་། རྣམ་པར་དག་པའོ། །ཞེས་དང་། ཆ་ལག་ལས། འབྲས་བུ་ཟླུང་བཞི་ཡ་བརྒྱད་ནི། སྐད་ཅིག་མ་བཅོ་ལྔ་ལ་རྒྱུན་དུ་ཞུགས་པའི་རྒྱུ། བཅུ་དྲུག་ལ་འབྲས་བུ་སྨིན་ཏེ། ལན་གཅིག་ཕྱིར་བཟློན་པའི་རྒྱུ། འདོད་ཁམས་ཀྱི་ཉོན་མོངས་གསུམ་བཅོམ་པས་ཕྱིར་བཟློན་པའི་འབྲས་བུ་ཏེ། མི་ལྡོག་པའི་རྒྱུའོ། །ཞེས་དང་། མཁས་བཞིའི་མཛོད་འགྲེལ་ལས། དེ་ལྟར་འདོད་པའི་ཁམས་ཀྱི་སྒོམ་པའི་སྤང་བར་བྱ་བའི་ཉོན་མོངས་པ་ཐམས་ཅད་སྤངས་ཏེ་ཕྱིར་

མི་འོང་གི་འབྲས་བུ་ཐོབ་པས་འོག་ཏུ་དེ་ཕན་ཆད་བསམ་གཏན་བཞི་དང་སྙོམས་པར་འཇུག་པ་བཞི་དེ་དག་རེ་རེ་ལ་ཡང་སོ་སོའི་བསྒོམ་པས་སྤང་པར་བྱ་བའི་ཉོན་མོངས་པ་དགུ་དགུར་ཕྱེ་སྟེ་བདུན་ཅུ་རྩ་གཉིས་ཡོད་པ་ལས། དང་པོ་བསམ་གཏན་དང་པོའི་ཆེན་པོའི་ཆེན་པོ་སྤངས་ནས་བཟུང་སྟེ། སྲིད་པའི་རྩེ་མོའི་འབྲིང་མན་ཆད་སྤང་བའི་བར་ཐམས་ཅད་པ་དེ་ནི། རྣམ་པར་དག་པ་པོ་ལ་འཇུག་པའོ། །ཞེས་དང་། ཡང་དེ་ལས། སྲིད་པའི་རྩེ་མོའི་བར་ཆ་བརྒྱད་ཟད་པ། རྣམ་པར་དག་པ་ཉིད་ལ་ཞུགས་པ་སྟེ། ཞེས་དང་། ཆ་ལག་ལས། གཟུགས་མེད་ཀྱི་ཉོན་མོངས་བཅོམ་པས་བདུད་བཅོམ་པའི་འབྲས་བུའོ། །ཞེས་སོ། །བདུད་བཅོམ་དང་དགྲ་བཅོམ་དང་རྣམ་པར་དག་པ་གསུམ་ནི་མིང་གི་རྣམ་གྲངས་པའོ། །དེས་ན་རྒྱུན་ཞུགས། ཕྱིར་འོང་། ཕྱིར་མི་འོང་། དགྲ་བཅོམ་བཞི་ལ། ཞུགས་པ་དང་འབྲས་གནས་གཉིས་རེར་ཕྱེ་བས་བརྒྱད་དེ། དང་པོ་ནི། རྒྱུན་ཞུགས་ཀྱི་རྒྱུ་ལ་ཞུགས་པའི་མཚན་ཉིད་ནི། མཐོང་ལམ་སྐད་ཅིག་དང་པོ་ཐོབ་ཅིང་བཅུ་དྲུག་པ་མ་ཐོབ་པའོ། །དཔེར་ན་དབང་རྟོན་ཤེས་རབ་ཀྱི་རྗེས་འབྲང་དང་། དབང་རྣུལ་དད་པའི་རྗེས་འབྲང་ངོ༎

གཉིས་པ་འབྲས་གནས་ནི། མཐོང་ལམ་ཛོགས་ཤིང་འདོད་པའི་སྒོམ་སྤངས་བདུན་པ་མ་སྤངས་པའོ། །སྒྲ་དོན་ནི་ལྷ་དང་མིའི་རྟེན་ལ་རང་དབང་ཅན་གྱི་སྐྱེ་བ་རྒྱུད་མར་ལེན་པས་རྒྱུན་ཞུགས་པའོ། །དཔེར་ན། མཁས་བཞིའི་མཛོད་འགྲེལ་ལས། དེ་ལྟར་ཐོགས་ཀྱང་སྲིད་པ་ལན་བདུན་པ་དང་། རིགས་ནས་རིགས་སུ་སྐྱེ་བའོ། །ཞེས་པས། དང་པོ་ནི། དེ་ལས་དབང་པོ་རྟུལ་པོ་གཅིག་ཡང་ཡང་ལེན་ཏེ། ལྷའི་ནང་དུ་ལན་བདུན། མིའི་ནང་དུ་ལན་བདུན། དེ་གཉིས་ཀྱི་སྲིད་པ་བར་མ་དོར་ལན་བདུན་བདུན་

ཏེ། སྐྱེ་བ་ཉི་ཤུ་རྩ་བརྒྱད་བླངས་ནས། རྣམ་པར་དག་པ་ཀུན་ཏུ་སྦྱོར་བ་བདུན་འདུས་པ་དང་། ཞེས་སོ། །གཉིས་པ་ནི། དེ་ལས། དེ་ལྟར་ལྷ་མིའི་ནང་དུ་ལན་བདུན་ནམ་གཉིས་སུ་སྐྱེ་བ། ཞེས་པ་དེ་ལ་ཡང་ལྷའི་དང་མིའི་རིགས་ནས་རིགས་སུ་སྐྱེས་པའོ། །གཉིས་པ་ཕྱིར་འོང་གི་རྒྱུ་ལ་ཞུགས་པ་ཡང་དེའོ།།

བཞི་པ་ཕྱིར་འོང་གི་འབྲས་གནས་ནི། རང་གི་འདོད་ཁམས་ཀྱི་སྒོམ་སྤང་ཆེ་འབྲིང་སྤངས་ལ་ཆུང་ངུ་མ་སྤང་པའོ། །དེ་ཡང་མཛོད་འགྲེལ་ལས། ཅིའི་ཕྱིར་ཕྱིར་འོང་ཞེ་ན། ལྷའི་ནང་དུ་སོང་སྟེ་མིའི་འཇིག་རྟེན་དུ་ལན་གཅིག་ཕྱིར་འོང་བ་དང་། ཕྱིར་འོང་ཕན་ཆད་སྐྱེ་བ་མེད་པའི་ཕྱིར་ཏེ། དེ་ཉིད་འབྲས་བུ་ལ་གནས་པའོ། །ཞེས་སོ། །དེ་ཡང་བསོད་ནམས་ཚོགས་ཀྱི་ལྷག་མ་རྫོགས་དགོས་པ་ལ། བསོད་ནམས་ཀྱི་གཙོ་བོ་ཚུལ་ཁྲིམས་ཡིན་པས། དེ་འདོད་ཁམས་མ་ཡིན་པར་བསགས་པ་མེད། ཅེས་སོ།།

ལྔ་པ་ཕྱིར་མི་འོང་གི་རྒྱུར་ཞུགས་ཀྱང་དེ་ཉིད་དོ། །ཇི་སྐད་དུ་དེ་ལས། ཉེས་ཆ་བདུན་དང་བརྒྱད་ཟད་པའི་ཕྱིར་མི་འོང་བ་ལ་ཞུགས་པ་ཞེས་བྱའོ། །དེ་ཉིད་བར་ཆད་གཅིག་པ་ཞེས་བྱ་སྟེ། ཚེ་གཅིག་ལུས་གཅིག་པའི་ཕྱིར་རོ། །ཞེས་སོ།།

དྲུག་པ་ཕྱིར་མི་འོང་གི་འབྲས་གནས་ཀྱི་མཚན་ཉིད། རང་གི་འདོད་ཁམས་ཀྱི་སྒོམ་སྤང་ཟད་ནས་སྲིད་རྩེའི་སྒོམ་སྤང་བརྒྱད་པ་མ་སྤང་པ་སྟེ། དེ་ལ་དབྱེ་ན་བཞི་སྟེ། གཟུགས་ཁམས་སུ་ཉེ་བར་འགྲོ་བ་དང་། གཟུགས་མེད་དུ་ཉེ་བར་འགྲོ་བ། མཐོང་བའི་བོན་ལ་མྱ་ངན་ལས་འདས་པ། ཞི་བ་ལུས་ཀྱི་མངོན་སུམ་དུ་བྱེད་པའོ། །དང་པོ་ལ་བདུན་ཏེ། བར་མ་དོར་འདའ་བ། སྐྱེས་ནས་དང་། མངོན་པར་འབད་པ། འབད་པ་མེད་པ་མྱ་ངན་ལས་འདའ་བ། འཕར་གསུམ་གྱི་གོང་དུ་འཕར་བ། གནས་ཐམས

ཅད་དུ་འཆི་འཕོ་བྱེད་པའོ། །དང་པོ་ནི། ཕྱིར་མི་འོང་བ་འདོད་པའི་རྟེན་ཅན་གཅིག
གཟུགས་ཁམས་སུ་སྐྱེ་བའི་ལས་སྤྱངས་ཤིང་། བར་མ་དོ་འགྲུབ་བྱེད་ཀྱི་ལས་མ་སྤྱངས་
པས་འདོད་པའི་རྟེན་ལ་ཤི་ནས། གཟུགས་ཁམས་ཀྱི་བར་དོར་སྐྱེ་ནས། རྟེན་དེ་ལ་
ཁམས་གོང་མ་གཉིས་ཀྱི་སྒོམ་སྤང་སྤངས་ནས་ལྷག་མེད་དུ་མྱ་ངན་འདའ་བ་སྟེ།
ཞུགས་མེའི་མེ་སྟག་གནམ་དུ་ཡལ་བ་ལྟ་བུའོ། །གཉིས་པ་ནི། ཕྱིར་མི་འོང་འདོད་པའི་
རྟེན་ཅན་གཅིག གཟུགས་མེད་དུ་སྐྱེ་བའི་ལས་སྤྱངས་པས། ཤི་ནས་གཟུགས་ཁམས་
སུ་སྐྱེ་སྟེ། སྐྱེས་ཚེ་ལམ་མངོན་པར་བརྩོན་པ་མེད་པར་ངང་གིས་ལྷག་བཅས་སུ་འདའ་
བའོ། །འབད་པ་དང་འབད་མེད་གཉིས་ནི། གོང་གི་འདོད་ཁམས་ཀྱི་རྟེན་ཅན་དེ་ལམ་
ལ་གོམས་པ་ཆུང་བས་འབད་པ་དང་། གོམས་པ་ཆེ་བས་འབད་མེད་ངང་གིས་འབྱུང་
བར་ལྷག་བཅས་སུ་འདའ་བའོ། །འཕར་བ་གསུམ་ལ་སྤྱི་རིགས་གཉིས་ཏེ། ལྷག་མཐོང་
སྤྱོད་པའི་གང་ཟག་བསམ་གཏན་སྤེལ་མར་བསྒོམས་པས་འོག་མིན་གྱི་མཐར་ཐུག་
པར་འགྲོ་བ་དང་། ཞི་གནས་སྤྱོད་པའི་གང་ཟག་བསམ་གཏན་སྤེལ་མ་མི་སྒོམ་པས་
སྲིད་རྩེའི་མཐར་ཐུག་པར་འགྲོ་བའོ། །དང་པོ་ནི་ཕྱིར་མི་འོང་འདོད་པའི་རྟེན་ཅན་
གང་ཞིག་བསམ་གཏན་བཞི་པའི་ཏིང་འཛིན་ཐོབ་ནས། ཟག་མེད་ཀྱི་བསམ་གཏན་
གཉིས་སྤེལ་བ་ཡིན་པས། སྒོམ་ལུགས་ལྔ་སྟེ། ཆུང་ངུར་སྤེལ་བ་དང་། འབྲིང་དང་།
ཆེན་པོ་དང་། ཤིན་ཏུ་ཆེན་པོ་དང་། ཤིན་ཏུ་ཆེས་ཆེར་སྤེལ་བའོ། །དང་པོ་ནི། ཟག་
བཅས་ཀྱི་བསམ་གཏན་གཅིག་དང་ཟག་མེད་གཉིས་སྤེལ་བའོ། །གཉིས་པ་ནི། ཟག་
བཅས་གཉིས་དང་ཟག་མེད་བཞི། གསུམ་པ་ནི། ཟག་བཅས་གསུམ་དང་ཟག་མེད་
དྲུག བཞི་པ་ནི། ཟག་བཅས་བཞི་དང་ཟག་མེད་བརྒྱད། ལྔ་པ་ནི། ཟག་བཅས་ལྔ་དང་

ཟག་མེད་བཅུ་སྤེལ་ནས་སྒོམ་པའོ། །དེ་ཡང་བསམ་གཏན་ལ་སྲིད་བཅས་བྲལ་བའོ།། དེ་ལས་གོང་དུ་འཕར་བས་ནི་ཆེས་ཆེར་སྤེལ་བར་སྒོམ་པས་ཚངས་རིས་སུ་སྐྱེས་ནས། རྗེན་དེ་ལ་བསམ་གཏན་བཞི་པའི་སེམས་ཐོབ་པར་བྱས་ནས་ཟག་བཅས་ཀྱི་ལྔ་དང་ཟག་མེད་བཅུ་སྟེ། བཅོ་ལྔ་སྤེལ་བར་སྒོམ་པས། ཤི་ནས་འོག་མིན་ཏུ་སྐྱེས་ནས་མྱ་ངན་ལས་འདའ་བའོ། །ཕྱེད་དུ་འཕར་བ་ནི། སྟ་མ་ལྟ་བུ་གཅིག་བཅོ་ལྔ་སྤེལ་མ་ནུས་ནས་བཅུ་གཉིས་སྤེལ་ཙམ་དུ་བསྒོམས་པས། ཚངས་རིས་ནས་འོག་མིན་དུ་འཕོ་མ་ནུས་པར། གནས་གཙང་འོག་མ་གང་རུང་གཅིག་ཏུ་སྐྱེས་ནས། དེ་ནས་བཟོད་གཅིག་འོག་མིན་དུ་སྐྱེས་ནས་འདའ་བའོ། །གནས་ཐམས་ཅད་དུ་འཆི་འཕོ་བ་ནི། རྗེན་སྟ་མ་ལྟ་བུ་གཅིག་དགུ་སྤེལ་ཙམ་ལས་མ་ནུས་པས། ཚངས་པ་ཆེན་པོ་མ་གཏོགས་པའི་ཚངས་རིས་ནས་འོག་མིན་གྱི་བར་དུ་སྐྱེས་ནས་འདའ་བའོ། །དེ་ཚངས་ཆེན་ལ་མི་སྐྱེ་བ་ནི་འགྲན་ཟླ་མེད་པའི་ལས་བསགས་པས། དེར་སྐྱེ་ནས་ཚངས་ཆེན་དང་དོ་མཉམ་དུ་འགྱུར་བའི་ཕྱིར་རོ། །ཟག་བཅས་དང་ཟག་མེད་ཀྱི་ཁྱད་པར་ནི། མ་རིག་པ་ཤས་ཆེ་བ་དང་། སྲིད་པ་དང་། ང་རྒྱལ་ཤས་ཆེ་བ་དང་། ཐེ་ཚོམ་ཤས་ཆེ་བ་ཟག་བཅས་ལ། དེ་དང་བྲལ་བ་ཟག་མེད་དོ། །འདིར་ནི་སྲིད་པ་ཤས་ཆེ་བ་ཉིད་དོ།།

གཉིས་པ་ཞི་གནས་སྤྱོད་པའི་གང་ཟག་སྲིད་རྩེའི་མཐར་ཐུག་པར་འགྲོ་བ་ནི། ཕྱིར་མི་འོང་ཞི་གནས་སྤྱོད་པ་གང་ཞིག་བསམ་གཏན་སྤེལ་མ་མི་སྒོམ་པས་གནས་གཙང་དུ་མི་སྐྱེ་བར་བསམ་གཏན་བཞི་དང་གཟུགས་མེད་བཞིར་སྐྱེ་ནས་འདའ་བའོ། ། དེ་ལྟར་བར་དོར་དང་། སྐྱེས་ནས་འདའ་བ་དང་། འཕར་བ་ལས་སོགས་གསུམ་གྱི་ཁྱད་པར་ནི། རིམ་པ་ལྟར་དབང་པོ་རྣོ་འབྲིང་རྟུལ་གསུམ་གྱི་ཁྱད་པར་རོ། །གཟུགས་མེད་

དུ་ཉེ་བར་འགྲོ་བ་ནི་ཕྱིར་མི་འོང་འདོད་པའི་རྟེན་ཅན་གང་ཞིག་རྟེན་དེ་ལ་གཟུགས་ཁམས་ཀྱི་ཉོན་མོངས་སྤངས་པས་གཟུགས་ཁམས་སུ་གཏན་མི་སྐྱེ་བར། གཟུགས་མེད་དུ་སྐྱེས་ནས་མྱ་ངན་ལས་འདའ་བའོ། །གཟུགས་མེད་ལ་བར་དོ་མེད་པས་བར་དོར་འདའ་བ་ནི་མེད་པའོ། །མཐོང་བར་མྱ་ངན་ལས་འདས་པ་ནི། ཕྱིར་མི་འོང་བ་འདོད་པའི་རྟེན་ཅན་དེ་ཉིད་ཀྱིས་ལྷག་བཅས་སུ་འདའ་བའོ། །ལྷག་བཅས་ལྷག་མེད་ཀྱི་ཁྱད་པར་ནི། རྒྱུ་ལས་ཉོན་མོངས་ཟད་ཀྱང་འབྲས་བུ་ཕུང་པོའི་ལྷག་མ་བོར་དང་མ་བོར་བའོ། །ཞི་བ་ལུས་ཀྱི་མངོན་དུ་བྱེད་པ་ནི། ཕྱིར་མི་འོང་གང་ཞིག་འགོག་པའི་སྙོམས་པར་ཞུགས་པ་ཐོབ་སྟེ། དེ་མྱ་ངན་ལས་འདས་པ་དང་འདྲ་བའི་བོན་ལུས་ཀྱིས་མངོན་སུམ་དུ་བྱེད་པའི་ཕྱིར་ཏེ། དགྲ་བཅོམ་མ་ཐོབ་ཀྱང་ཚོགས་དྲུག་མེད་པས་དེའི་འཁོར་གྱི་ཉོན་མོངས་པ་མཐའ་དག་བྲལ་བའི་ཕྱིར་རོ།།

བདུན་པ་དགྲ་བཅོམ་གྱི་རྒྱུར་ཞུགས་པ་ནི། སྲིད་རྩེའི་སྒོམ་སྤངས་བརྒྱད་པ་སྤང་ལ་དགུ་པ་མ་སྤང་པའོ། །འབྲས་གནས་ནི་སྒོམ་སྤང་མ་ལུས་པ་སྤངས་པའོ། །དེ་ཡང་རང་རིག་གིའོ། དེ་ཡང་འབྲས་བུ་ཟུང་བཞི་ཡ་བརྒྱད་པོ་འདི། རྣམ་རང་ཁོ་ནས་བཞེད་དེ། ས་དགུའི་སྒོམ་སྤང་རིམ་པར་སྤང་བར་འདོད་པའི་ཕྱིར་རོ། །བྱང་སེམས་ཀྱིས་ནི་ཅིག་ཆར་སྤངས་ཏེ། ཆེན་པོའི་ཆེན་པོ་དགུ་ས་བཅུའི་དང་པོར་སྤང་བའི་ཕྱིར་རོ།།

གསུམ་པ་དགྲ་བཅོམ་རིགས་ངེས་པ་ནི། རྣམ་རང་རང་རིག་ན་རེ། དགྲ་བཅོམ་འདས་པ་ནི་མར་འཁོར་བར་ཡང་མི་འཁྲུམ་སྟེ། མཐོང་སྤང་དང་སྒོམ་སྤང་ཟད་པས་སོ། །ཡར་སངས་ཀྱང་མི་རྒྱ་སྟེ། ཚོགས་གསོགས་པ་མེད་པའི་ཕྱིར་ཏེ། ཚོགས་གསོགས་པ་འཁོར་བ་ལ་མི་གནས་པའི་ཕྱིར་རོ། །ཅི་ཙེའི་ས་བོན་ལས་འབྲས་མི་སྐྱེ་བ་བཞིན་

ནོ། །དེས་ན་ཉན་ཐོས་གྲངས་མེད་བདུན་དུ་ཚོགས་ལམ་ལ་འགོར་ལ། ནེའུ་ཙོ་ལྷ་བུ་ཡང་ཚོགས་ལམ་ལ་འགོར་ནས། བདག་ནི་བསྐལ་པ་གྲངས་མེད་དུ་འཁྱམས་ནས་སྡུག་བསྔལ་བསྟན་པར་ཡང་མི་ནུས་ལ། ལམ་ལས་ཀྱང་ཉམས་པར་ཡང་འགྱུར་བའི་ཕྱིར་དང་། སངས་རྒྱས་ཀྱང་སེམས་ཅན་དམྱལ་ཁྲོད་དཔག་ཏུ་མེད་པའི་དོན་བྱ་མི་ནུས་པས། ཚེ་གཅིག་ལ་ཚོགས་ལམ། གཉིས་ལ་སྦྱོར་ལམ། གསུམ་ལ་འཕགས་པའི་ལམ་གསུམ་སྐྱེས་ནས་མྱུར་དུ་མྱ་ངན་ལས་འདའ་བར་བྱེད་དོ། །མར་མེ་ཤི་བར་གྱུར་པ་བཞིན་དེའི་སེམས་ནི་སྟོང་པར་ཡལ། བསེ་རུ་ལྷ་བུ་ནི་དབང་པོ་འབྲིང་གི་རྣོན་པོ་ཡིན་པས་བསྐལ་པ་བརྒྱ་ལ་ཚོགས་བསོགས་ཀྱང་ཚོག་གོ །གྲངས་མེད་བདུན་དུ་ཚོགས་སོགས་འོག་ཏུ་སྟོན་ནོ།།

བདུན་པ་ཁྱད་འདོན་ནི། འགྲེལ་ལས། ཁྱད་པར་ནི་གཉིས་ཏེ། ལྷ་མི་གཞན་རྟེན་གྱི་ཐེག་པ་ལས་ཁྱད་འདོན་པ་དང་། མུ་སྟེགས་པ་ལས་ཁྱད་འདོན་པའོ། །ལྷ་མི་གཞན་རྟེན་གྱི་ཐེག་པ་ལས་ཁྱད་འདོན་པ་ནི་རེ་ཤིག་ལྟ་སྟེ། རྟོགས་སྤྱོད་སྒོམ་ལམ་ཀུན་གྱི་ཁྱད་པར་འཕགས། །ལྟ་བ་དང་། སྤྱོད་པ་དང་། བསྒོམ་པ་དང་། སྒྲུབ་ཐབས་དང་། འབྲས་བུ་ལས་ཁྱད་འདོན་པའོ། །དེ་ལ་ལྷ་མིའི་ཐེག་པས་ནི་ལྟ་བ་གང་ཡང་མ་ཤེས་ཏེ། རྟོལ་མེད་པར་སྨན་པའི་ཤེས་པ་འདི་ཡོ་ན་ལྟར་དུ་བདེན་པར་ངེས་པར་བྱེད་དེ། རང་རྟོགས་གཤེན་གྱི་ཐེག་པ་བས་ནི་ཕྱི་དང་ནང་དོན་དམ་དང་ཀུན་རྫོབ་ཏུ་ཕྱེས་ནས། རྒྱུ་འབྲས་དང་བདེན་པ་གཉིས་སུ་རྟོགས་པས་འཕགས་པའོ། །སྤྱོད་པའི་ཕྲིན་ལས་ནི་ལྷ་མི་དགེ་བ་ལ་ཕྱོགས་པ་ཙམ་ལས་མེད་དེ། འདིས་རྫུ་འཕྲུལ་ཡ་མ་ཟུང་གི་སྒོ་ནས་གཞན་གྱི་དོན་སྣ་འགའ་ཡང་རང་དོན་དུ་བྱེད་ནུས་སོ། །བསྒོམ་པའི་རིམ་པ་ནི།

དེས་ལྷ་མི་ཁྱད་པར་གྱི་གོ་འཕང་ཐོབ་པ་བསྒོམ་པ་ཙམ་ལས་མེད་དེ། འདིས་མཚན་མ་འགོག་སྟེ། རང་གིས་མཐོང་བའི་དོན་ལ་སྒོམས་པར་འཇུག་གོ །སྒྲུབ་ཐབས་ནི་དེས་ལུས་ངག་ཡིད་གསུམ་གནས་ངན་ལེན་ལས་བཟློག་སྟེ། ཉོན་མོངས་པ་དེ་ཙམ་སྤང་བར་འདོད་པ་ལས་མེད་དེ། འདིས་ནི་བདེན་པ་བཞི་ལ་བོན་བཅུ་དྲུག་ཏུ་ཕྱེས་ནས་བསྒྲུབས་པའམ། རྟེན་འབྲེལ་ལུགས་ལས་བཟློག་པར་བསྒྲུབས་པའོ། །ཐོབ་པའི་འབྲས་བུ་ནི་དེས་འཇིག་རྟེན་ལས་ཇི་ལྟར་སྤྱད་ཀྱང་དཔག་མི་ནུས་ཏེ། འདིས་འཇིག་རྟེན་ལས་འདས་པའི་འབྲས་བུ་ཐོབ་པའོ། །དེ་དག་ནི་ལྷ་མི་གཞན་རྟེན་གྱི་ཐེག་པ་ལས་ཁྱད་འདོན་པའོ། །ཞེས་སོ།།

གཉིས་པ་མུ་སྟེགས་པ་ལས་ཁྱད་འདོན་པ་ལ་གསུམ། འཇལ་བྱེད་ཚད་མ་དང་། ཚད་མིན་གྱི་དབྱེ་བ། གཞལ་བྱ་རྟག་ཆད་ཀྱི་ལྟ་བ་དགག་པ། །གཤེན་རབ་པའི་ཐུན་མོང་གི་བཀའ་རྟགས་ཕྱག་རྒྱ་བཞི་ལས་ཁྱད་འདོན་པ་དང་གསུམ་མོ། །དང་པོ་ལ་གཉིས་ཏེ། ཚད་མ་དང་། ཚད་མིན་གྱི་རྣམ་བཞག་གོ །དང་པོ་ལ་ཁ་ཅིག་ཚད་མའི་མཚན་ཉིད། གཞལ་བྱ་ལ་མི་བསླུ་བ་ཞེས་པ་ནི་མེ་དུ་བོན་ཅན། ཚད་མ་ཡིན་པར་ཐལ། གཞལ་བྱ་ལ་མི་བསླུ་བའི་ཕྱིར་ཏེ། གཞལ་བྱ་ལ་རྒྱུ་འབྲས་ཡིན་པའི་ཕྱིར་རོ། །ཚད་གཞུང་ལས། མ་རྟོགས་དོན་གྱི་གསལ་བྱེད་ཀྱང་། །རང་གི་ངོ་བོ་རྟོགས་འོག་ཏུ། །ཕྱིའི་རྣམ་པར་ཤེས་པ་ཐོབ། །ཅེས་པས། ཚད་མའི་མཚན་ཉིད་མ་རྟོགས་དོན་གྱི་གསལ་བྱེད་དུ་འདོད་དེ། དབུས་གཏེར་གྱི་ཚད་མ་གཅིག་ལས་ཀྱང་། མ་རྟོགས་པའི་དོན་རྟོགས་པར་བྱེད་པ་དང་། རྟོགས་པའི་དོན་ཤེན་ཏུ་གསལ་བར་བྱེད་པའོ། །ཞེས་པས། དེ་ཚད་མའི་མཚན་ཉིད་འདོད་ཀྱང་། བོན་གསུམ་སྟེ། ངོ་བོའི་ཁྱད་པར་སྒྲོ

འདོགས་གཅོད་བྱེད། འཛིན་སྟངས་ཀྱི་ཁྱད་པར་དོན་ལས་མི་འཁྲུལ་བ། ཡུལ་གྱི་ཁྱད་པར་སྔར་མ་རྟོགས་པ་ལ་གསར་དུ་འཇུག་པའོ། །འོ་ན་དུ་བའི་རྟགས་ལས་མེ་ལྡན་རྟོགས་ཀྱི་རྗེས་དཔག་ཚད་མས་སྒྲོ་འདོགས་མ་ཆོད་དེ། ལ་མེའི་དོན་སྤྱི་ལ་མེར་ཞེན་པས་སོ་ཞེ་ན། དེ་འཇུག་ཡུལ་ལ་མི་བསླུ་བའོ། །དབྱེ་ན་གཞལ་བྱ་མངོན་གྱུར་གཞལ་བ་མངོན་སུམ་ཚད་མ། ལྐོག་གྱུར་གཞལ་བ་རྗེས་དཔག་ཚད་མ། ཤིན་ཏུ་ལྐོག་གྱུར་གཞལ་བ་ལུང་ཚད་མ་དང་གསུམ་མོ། །ལུང་ཚད་མ་ནི་ཚད་མ་བཏགས་པ་བ་སྟེ། དང་པོ་མངོན་སུམ་ཚད་མ་ནི། རྟོག་བྲལ་མ་འཁྲུལ་བའི་ཤེས་པ་གཞལ་བྱ་ལ་མི་བསླུ་བའོ། །དབྱེ་ན་བཞི་སྟེ། བདག་རྐྱེན་དབང་པོ་གཟུགས་ཅན་ལས་སྐྱེས་པ་དབང་པོ་མངོན་སུམ་དང་། བདག་རྐྱེན་ཡིད་ཀྱི་དབང་པོ་ལས་སྐྱེས་པ་ཡིད་ཀྱི་མངོན་སུམ། བདག་རྐྱེན་རང་གི་ཤེས་པ་སྣང་སྟོབས་ཀྱིས་མི་བསླུ་བ་རང་རིག་གི་མངོན་སུམ་མོ། །བོན་ཉིད་མཐོང་སྟོབས་མི་བསླུ་བ་རྣལ་འབྱོར་མངོན་སུམ་མོ། །རྗེས་དཔག་ཚད་མ་ནི་ཚུལ་གསུམ་ཚང་བའི་རྟགས་ལ་བརྟེན་ནས་གཞལ་བྱ་ལ་མི་བསླུ་བའོ། །ཚུལ་གསུམ་ནི་རྟགས་བསྒྲུབ། རྗེས་འགྲོ་དང་ལྡོག་ཁྱབ་བསྒྲུབ་སྟེ་འོག་ནས་དྲུག་པར་འབྱུང་ངོ་། །དབྱེ་ན་རང་དོན་རྗེས་དཔག་དང་། གཞན་དོན་རྗེས་དཔག་གོ །དང་པོ་རྗེས་དཔག་མཚན་ཉིད་པ་སྟེ། རྟགས་འཛིན་གྱི་རིགས་ཤེས་ཡིན་པས་སོ། །གཉིས་པ་ནི། རྗེས་དཔག་བཏགས་པ་སྟེ། སྒྲུབ་པའི་ངག་ཡིན་པའི་ཕྱིར་རོ།།

གཉིས་པ་ཚད་མ་དེ་གསུམ་གྱི་བསལ་བྱའི་བློ་གསུམ་སྟེ། མ་རྟོགས་ལོག་རྟོག་ཐེ་ཚོམ་གསུམ། མ་རྟོགས་པ་དོན་གྱི་རྣམ་པ་མ་ཤར་བའི་བློ། ལོག་རྟོག་དོན་དང་མི་མཐུན་པར་འཛིན་པ། ཐེ་ཚོམ་དོན་ལ་མཐའ་གཅིག་ཏུ་མ་ངེས་པའི་བློའོ། །སྦྱོང་བ་

དང་རྟགས་ལ་མ་བརྟེན་པར་དོན་བདེན་པར་ངེས་པ་ཡིད་དཔྱོད་གང་དུ་འདུ་ཞེ་ན། ཐེ་ཚོམ་དུ་འདུ་སྟེ། ཅུང་ཟད་དཔྱད་ན་སྒྲུབ་བྱེད་མེད་པའོ། །བཅད་ཤེས་ནི་སྔར་གྱི་རྟོགས་བྱེད་མ་ཉམས་པ་སྟེ། རྗེས་དཔག་ཚད་མ་ལས་སྐྱེས་པ་ཁོ་ནའོ། །རྒྱ་མིག་པས་ནི་མངོན་སུམ་ལ་ཡང་བཅད་ཤེས་འདོད་དེ། རྣམ་ངེས་ལས་འདི་ཚད་མ་སྔ་མའི་དོན་འཛིན་པ་ཡང་མ་ཡིན་ཏེ། ཚད་མ་ནི་མ་རྟོགས་པའི་ཡུལ་ཅན་ཡིན་པའི་ཕྱིར་རོ། །ཞེས་ཟེར་རོ། །ལོག་ཤེས་ལ་དབྱེ་ན་རྟོག་པ་ལོག་ཤེས་དང་། རྟོག་མེད་འཁྲུལ་པའོ། །རྟོག་མེད་འཁྲུལ་པ་ལ་ཡང་བཞི་སྟེ། འཁྲུལ་པ་ཡུལ་གནས་དབང་པོ་དེ་མ་ཐག་ལ་ཞུགས་པ་བཞིར་དབྱེའོ། །ཐེ་ཚོམ་ལ་གསུམ་སྟེ། ཕལ་ཆེར་ཡིན་རྟོག་མིན་རྟོག་ཡིན་མིན་ཆ་མཉམ་དུ་འཛིན་པ་གསུམ་མོ། །ས་སྐྱ་པས། མ་རྟོགས་ལོག་རྟོག་ཐེ་ཚོམ་གསུམ། ཚད་མའི་བློ་གཉིས་ལྟར་ངེས་པར་འདོད་པ་ལ། རྒྱ་མིག་སེང་གེ་དཔལ་གྱིས། མྱ་ངན་ལས་འདས་པ་ལ་ཡིད་ཆེས་ཐོབ་འགྱུར་གི་བློ། དེ་ལྟར་གང་དུ་ཡང་མི་འདུ་ཞེས་པ་མི་འཐད་དེ། དེ་སྒྲ་རྟོག་ཡིན་ན་རྗེས་དཔག་སྟེ་ལུང་རྣམ་དག་ལས་སྐྱེས་པའི་ཕྱིར་རོ། །སྒོམ་འབྱུང་ཡིན་ན་ཡིད་ཀྱི་མངོན་སུམ་སྟེ། ཉམས་མྱོང་ཡིན་པས་སོ། །བཅད་ཤེས་ནི་དེ་ལྟ་གང་དུ་ཡང་མི་འདུ་བར་ཟད་དེ། ཁ་ཅིག་སྔོར་ལམ་བློ་བདུན་གང་དུ་ཡང་མི་འདུ་ཞེས་པ་ཡང་ཡིད་ཆེས་ཉམས་མྱོང་ཡིན་པས་མངོན་སུམ་དུ་འདུའོ། །འགའ་ཞིག་གིས་གོང་དུ་བཤད་པའི་བློ་ལྔ་དང་བཅད་ཤེས་ཡིད་དཔྱོད་བདུན་དུ་བློ་རིག་ཐམས་ཅད་འདུ་བར་འདོད་པ་ནི། འདུན་པ་དང་། མོས་པ་དེ་ལྟ་གང་དུ་ཡང་མི་འདུ་བ་ཡིན་ནོ།།

གཉིས་པ་གཞལ་བྱ་རྟག་ཆད་ཀྱི་ལྟ་བ་ལ་གཉིས་ཏེ། རྟག་ཆད་ཀྱི་ལྟ་བ་ཙམ་སྤྱིར་དགག་པ། སོ་སོའི་ལོག་རྟོག་སྒོས་སུ་དགག་པའོ། །དང་པོ་ནི། འགྲེལ་ལས། སྨྲ་

སྟོགས་པ་ལས་ཁྱད་འདོན་པ་ལ་གཉིས་ཏེ། རྟག་པ་ལས་ཁྱད་འདོན་པ་དང་། ཆད་པ་ལས་ཁྱད་འདོན་པའོ། །ཞེས་པས་རྟག་པ་ལས་ཁྱད་འདོན་པ་ལ་གཉིས་ཏེ། སྒྲུབ་བྱེད་མེད་པ་དང་། གནོད་བྱེད་ཡོད་པའོ། །སྒྲུབ་བྱེད་མེད་པ་ནི། འགྲེལ་ལས། དང་པོ་ནི། ཁྱོད་ཀྱི་རྟག་པ་དེ་ཡང་དག་པར་མེད་དེ། སྒྲུབ་བྱེད་མེད་ལ་གནོད་བྱེད་ཡོད་པའི་ཕྱིར་རོ། །སྒྲུབ་བྱེད་མེད་པའི་གཏན་ཚིགས་མ་གྲུབ་ཅེ་ན། འོ་ན་ཚད་མ་གསུམ་ལ་མངོན་སུམ་གྱིས་གྲུབ་བམ། རྗེས་དཔག་པས་གྲུབ་བམ། ལུང་གིས་གྲུབ། མངོན་སུམ་གྱིས་གྲུབ་ཅེ་ན། ཚུར་རོལ་མཐོང་བའི་མངོན་སུམ་གྱིས་འགྲུབ་བམ། ཕ་རོལ་མཐོང་བའི་མངོན་སུམ་གྱིས་གྲུབ། ཚུར་རོལ་མཐོང་བའི་མངོན་སུམ་གྱིས་འགྲུབ་ཅེ་ན། དེས་མི་འགྲུབ་སྟེ། རང་བཞིན་རྟག་པ་དེ་ཉམས་སུ་མ་མྱོང་བའི་ཕྱིར་རོ། །དེ་ཅིའི་ཕྱིར་ཞེ་ན། དེ་ཁོ་ན་ཉིད་མ་མཐོང་བའི་ཕྱིར་རོ། །གལ་ཏེ་མཐོང་ངོ་ཞེ་ན། འོ་ན་བདེན་པར་མཐོང་བར་འགྱུར་ཏེ། དེ་ཁོ་ན་ཉིད་མཐོང་བའི་ཕྱིར་རོ། །འདོད་ན། མངོན་སུམ་གྱིས་བསལ། ཡང་ན་འབད་པ་མེད་པར་གྲོལ་བར་ཡང་འགྱུར་རོ། །ཡང་རང་རིག་པའི་ཤུགས་ལས་འགྲུབ་བོ་ཞེ་ན། མ་ཡིན་ཏེ། ཁྱོད་རང་གི་འཛིན་བྱེད་འཁྲུལ་པ་དེས་དངོས་པོ་མི་རྟག་པ་ལས་བཟློག་པའི་རྟག་པ་གཅིག་ཡོད་པར་སེམས་པ་དེ་ནི་ཡིད་དཔྱོད་ཀྱི་ཤེས་པ་ཡིན་པས་ཕྱིར་དེས་མི་འགྲུབ་བོ། །ཕ་རོལ་མཐོང་བས་འགྲུབ་བོ་ཞེ་ན། དེས་མི་འགྲུབ་སྟེ། ད་ལྟ་རྣལ་འབྱོར་གྱི་མངོན་སུམ་ཤེས་པ་རྒྱུད་ལ་མ་སྐྱེས་པའི་ཕྱིར་རོ། །གཏན་ཚིགས་མ་གྲུབ་ཅེ་ན། འོ་ན་སེམས་ཅན་ཀུན་མཐོང་ལམ་སྐྱེས་པར་འགྱུར་ཏེ། རྣལ་འབྱོར་མངོན་སུམ་ཤེས་པ་རྒྱུད་ལ་སྐྱེས་པའི་ཕྱིར་རོ། །དེ་མ་སྐྱེས་པར་དེ་བསྒྲུབ་མི་བཏུབ་སྟེ། དཔེར་ན་རི་བོང་གི་རྭ་མེད་པས་དེས་ཕུག་པ་མི་སྲིད་པ་བཞིན་ནོ། །རྗེས་སུ

དཔག་པས་འགྲུབ་བོ་ཞེ་ན། དེས་མི་འགྲུབ་སྟེ། དེ་ནི་རྟགས་ཁྱད་པར་ཅན་ལ་བརྟེན་ནས་སྐྱེ་བ་ཡིན་ཏེ། རྟགས་མེད་ན་གཞལ་དུ་མི་བཏུབ་པས། ཁྱོད་ཀྱི་རྟག་པ་ལ་འདི་ན་རྟགས་མི་སྣང་བའི་ཕྱིར་རོ། །རྟགས་ནི་གནས་སྐབས་འདི་དག་ཡིན་ནོ་ཞེ་ན། མ་ཡིན་ཏེ། དོན་རྟགས་ལ་འབྲེལ་དགོས་ཏེ། ཁྱོད་ཀྱི་རང་བཞིན་དང་གནས་སྐབས་ལ་འབྲེལ་བ་མེད་པའི་ཕྱིར་དང་། ཕན་ཚུན་རྣམ་པ་འགལ་བའི་ཕྱིར་དང་། རྗེས་སུ་འགྲོ་ལྡོག་ངེས་པ་མེད་པའི་ཕྱིར་རོ། །ལུང་གིས་འགྲུབ་ཅེ་ན། ལུང་འདམ་གྱི་ཕུར་པ་དང་འདྲ་བས། གར་དྲང་དྲང་དུ་འོང་སྟེ། རིགས་པའི་རྒྱབ་བརྟེན་མེད་པར་ཡིད་མི་ཆེས་པ་ལ། ཁྱོད་ཀྱི་སློམ་ཕྱིན་ཅི་ལོག་གི་ལུང་དེ་འཁྲུལ་པའི་ཕྱིར། གཙིག་ཤིན་ཏུ་ཡང་ཆུང་ངོ། །ཞེས་སོ།།

གཉིས་པ་གནོད་བྱེད་ནི་འགྲེལ་ལས། གནོད་བྱེད་ཡོད་པའི་གཏན་ཚིགས་མ་གྲུབ་བོ་ཞེ་ན། རྟག་པ་མཐའ་གཅོད་ཀྱིས་བསྒྲུབ་སྟེ། རྟག་པའི་རང་བཞིན་དེ་དངོས་པོའི་བོན་དུ་ཡོད་དམ་མེད། མེད་ཅེ་ན། ཇི་སྐད་འདོད་པའི་རྟག་པ་དེ་བོན་ཅན། ཡང་དག་པའི་རྟག་པ་མེད་དེ། དངོས་པོའི་བོན་དུ་མ་གྲུབ་པའི་ཕྱིར་རོ། །དཔེར་ན་ནམ་མཁའི་མེ་ཏོག་བཞིན་ནོ། །དངོས་པོར་མེད་ཀྱང་རྟག་པར་ཡོད་ན་ཅི་སྐྱོ་སྟེ་ཁྱབ་པ་མ་གྲུབ་བོ་ཞེ་ན། འོ་ན་དངོས་པོར་མ་གྲུབ་པའི་ནམ་མཁའི་མེ་ཏོག་ཀྱང་ཡོད་བྱའོ། །དངོས་པོའི་བོན་དུ་ཡོད་དོ་ཞེ་ན། དངོས་པོའི་བོན་གྱི་གོ་བ་དོན་བྱེད་ནུས་པ་མ་ཡིན་ནམ། ཡིན་ཙམ་ན། དོན་བྱེད་ནུས་པ་ལ་རིམ་དང་ཅིག་ཆར་གྱིས་ཁྱབ། རིམ་དང་ཅིག་ཆར་ལོག་ན་དོན་བྱེད་ནུས་པ་ལྡོག་གོ །དེ་ལོག་པས་དངོས་པོའི་བོན་ལྡོག །དེ་ལོག་པས་རང་བཞིན་རྟག་པ་ལྡོག་སྟེ། ཁྱབ་བྱེད་ལོག་ན་ཁྱབ་བྱ་མི་ལྡོག་པའི་ཐབས་མེད་དེ།

དཔེར་ན་ས་ཕྱོགས་འདིར་ཤིང་ཙམ་ལྡོག་ན་ཤ་པ་མི་ལྡོག་པའི་ཐབས་མེད་པ་བཞིན་ནོ། །དེས་ན་ཁྱོད་ཀྱི་ཁས་བླངས་པའི་རྟག་པ་དེ། ཡང་དག་པ་མེད་དེ། དོན་བྱེད་ནུས་པ་མཐའ་དག་གིས་སྟོང་པའི་ཕྱིར། དཔེར་ན་རི་བོང་གི་རྭ་བཞིན་ནོ། །གཏན་ཚིགས་མ་གྲུབ་ཅེ་ན། རྟག་པ་མཐའ་གཅོད་ཀྱིས་བསྒྲུབ་སྟེ། རིམ་གྱིས་དོན་བྱེད་དམ། ཅིག་ཆར་གྱིས་དོན་བྱེད། རིམ་གྱིས་དོན་བྱེད་ན། རྟག་པའི་མཚན་ཉིད་ཉམས་ཤིང་མི་རྟག་པར་འགྱུར་ཏེ། རིམ་གྱིས་མི་འདྲ་བར་དོན་བྱེད་པའི་ཕྱིར་རོ། །དཔེར་ན་ས་བོན་གྱིས་མྱུ་གུ་བསྐྱེད་པ་བཞིན་ནོ། །ཅིག་ཆར་དུ་བྱེད་ན། བུ་ཆུང་གི་ཚེ་རྒན་པོར་སོང་བའམ། མྱུ་གུའི་ཚེ་འབྲས་བུ་འོང་བར་འགྱུར་རོ། །རིམ་གྱིས་དོན་བྱེད་ནུས་པས་སྟོང་པ་མ་གྲུབ་སྟེ། རང་བཞིན་རྟག་པ་དེས་གནས་སྐབས་མི་རྟག་པ་ལ་རིམ་གྱིས་དོན་བྱེད་དོ་ཞེ་ན། རང་བཞིན་རྟག་པ་དང་གནས་སྐབས་མི་རྟག་པ་གཅིག་གམ་ཐ་དད། གཅིག་གོ་ཞེ་ན། འོ་ན་རང་བཞིན་རྟག་པ་བཞིན་དུ་གནས་སྐབས་ཀྱང་རྟག་པར་འགྱུར་ལ། ཡང་ན་གནས་སྐབས་མི་རྟག་པ་བཞིན་དུ་རང་བཞིན་ཡང་མི་རྟག་པར་འགྱུར་ཏེ། གཅིག་པའི་ཕྱིར་རོ། །ཐ་དད་དོ་ཞེ་ན། རང་བཞིན་རྟག་པ་དེས་གནས་སྐབས་མི་རྟག་པ་ལ་དོན་ཕྱིར་མི་བཏུབ་སྟེ། ཐ་དད་པའི་ཕྱིར་རོ། །ཐ་དད་ཀྱང་དོན་ཕྱིར་བཏུབ་ན་ཅི་སྟོ་སྟེ་ཁྱབ་པ་མ་གྲུབ་བོ་ཞེ་ན། འོ་ན་རྟ་ལས་ཀྱང་གླང་པོ་སྐྱེ་བར་འགྱུར་རོ། །ཡང་ན་རང་བཞིན་རྟག་པ་དེ་བོན་ཅན་དུ་བཞག་ནས། རྟག་པ་དེ་ཉིད་འགོག་པའི་དུས་ན། བོན་ཅན་དང་དགག་བྱ་ལ་ལྡོག་པ་བཅས་པའི་ཐ་དད་ཡོད་ན། བོན་ཅན་ལ་དོན་བྱེད་ནུས་པས་སྟོང་པའི་ཕྱིར། བྱ་བའི་གཏན་ཚིགས་ཞུགས་སམ་མ་ཞུགས། ཞུགས་ན་བོན་ཅན་རྟག་པ་ཡིན། རྟག་པ་དགག་བྱ་ཡིན། དགག་བྱ་མི་མཐུན་ཕྱོགས་ཡིན། དེ་ལ་གཏན་

ཚིགས་ཞུགས་ན། གཏན་ཚིགས་དེ་འགལ་བའམ་མ་ངེས་པར་འགྱུར་ཏེ། མི་མཐུན་ཕྱོགས་ལ་གཏན་ཚིགས་ཞུགས་པའི་ཕྱིར་རོ། །མ་ཞུགས་ན་ཐོན་ཅན་ལ་གཏན་ཚིགས་མ་ཞུགས་པས། གཏན་ཚིགས་དེ་མ་གྲུབ་པའི་སྐྱོན་དུ་འགྱུར་རོ་ཞེ་ན། དེ་ལྟར་མ་ཡིན་ཏེ། དགག་བྱའི་རྟག་པ་དེ་རྣམ་པར་བཅད་པ་ཙམ་དུ་ཞུགས་ལ། ཡང་དག་པའི་དངོས་པོ་ལྟ་བུར་མ་ཞུགས་ཞེས་བྱའོ། །ཡང་རང་བཞིན་རྟག་པ་དེ་ཐོན་ཅན་དུ་བཞག་ནས། རྟག་པ་དེ་ཉིད་འགོག་པའི་དུས་སུ། རྟག་པ་དེ་ཚད་མས་གྲུབ་བམ་མ་གྲུབ། གྲུབ་ན་ཚད་མ་གཅིག་གིས་གྲུབ་པ་ཚད་མ་གཅིག་གིས་དགག་མི་བཏུབ་སྟེ། གལ་ཏེ་བཏུབ་ན་ཚད་མ་ངེས་མེད་རྫོལ་མེད་དུ་འགྱུར་རོ། །མ་གྲུབ་ན། དགག་བྱ་མེད་པས་ཐོན་མ་གྲུབ་པའི་སྐྱོན་དུ་འགྱུར་རོ། །ཞེ་ན། དེ་ལ་རྟག་པ་དེ་ཚད་མ་གང་གིས་ཀྱང་མ་གྲུབ་ལ། རང་རིག་པའི་ཤུགས་ལས་འགྲུབ་ཅེས་བྱའོ། །དེས་ན་དགག་ཏུ་བཏུབ་པོ་ཞེས་སོ།།

གཉིས་པ་ཚད་པ་ལས་ཁྱད་འདོན་པ་ལ་གསུམ་སྟེ། འབྲས་བུ་རྣམ་མཁྱེན་མེད་པ་དགག་པ། ལས་དགེ་སྡིག་དང་། ཚེ་སྔ་ཕྱི་མེད་པ་དགག་པའོ། །དང་པོ་ནི། འགྲེལ་ལས། གཞན་ཡང་མེད་པར་འདོད་པ་དག མེད་པ་ཙོ་ན་མ་ཡིན་ཏེ། ཡོན་ཏན་ཁྱད་པར་ཅན་སྒྲུབ་བྱེད་ཀྱི་ཚད་མ་ནི་གཉིས། སྔར་བྱུང་ཟིན་དཔག་པ་དང་། ཕྱིས་འབྱུང་ངེས་པར་དཔག་པའོ། །དེ་ལ་སྔར་བྱུང་བ་ནི་འབྲས་བུའི་གཏན་ཚིགས་ཀྱིས་དཔོག་སྟེ། ཡོན་ཏན་ཁྱད་པར་ཅན་ཡོད་པར་འདོད་པ་དག ཐམས་ཅད་མཁྱེན་པའི་སངས་རྒྱས་ཡོད་དེ། འབུམ་ལས་སོགས་པའི་འབྲས་བུ་ཁྱད་པར་ཅན་འདི་དག་དམིགས་ཕྱིར་རོ། །དཔེར་ན་མེ་དང་དུ་བ་བཞིན་ནོ། །གསུང་རབ་འབྲས་བུ་ཁྱད་པར་ཅན་འདུག་ཀྱང་དེ་མེད་ན་ཅི་སྟོ་སྟེ་ཁྱབ་པ་མ་གྲུབ་ཅེ་ན། འོ་ན་དུ་བ་འདུག་ཀྱང་མེ་མེད་ཅེས་བྱའོ། །ཞེས་

པས། འབྲུམ་བོན་ཅན། མཆིན་པ་རྣམ་པར་དག་པ་སྔོན་དུ་སོང་སྟེ། བརྗོད་པ་རྣམ་དག་ཡིན་པའི་ཕྱིར། དཔེར་ན་ཤེས་རབ་ཅན་གྱི་སྨན་ངག་བཞིན་ནོ། །དེ་ནི་རྒྱུས་འབྲས་བུ་སྒྲུབ་པའི་འབྲས་རྟགས་ཏེ། དཔེར་ན་མེ་དུ་བཞིན་ནོ། །འགོ་མཚུངས་ཀྱང་དེ་དང་སྦྱོར། འགྲེལ་ལས། ཕྱིས་འབྱུང་ངེས་པ་ནི། རང་བཞིན་གྱི་གཏན་ཚིགས་ཀྱིས་དཔོག་སྟེ། དོན་དམ་བསྒོམ་པའི་གཤེན་རབ་ཀྱི་ཤེས་པ་བོན་ཅན། ཡོན་ཏན་ཁྱད་པར་ཅན་གྱི་སངས་རྒྱས་འབྱུང་ངེས་ཏེ། རྟེན་བརྟན་པ་ལ་གོམས་པ་ཁྱད་པར་དུ་འགྱུར་བའི་ཕྱིར་རོ། །དཔེར་ན་ས་བོན་དང་མྱུ་གུ་བཞིན་ནོ། །གཏན་ཚིགས་ནི་སེམས་ཀྱི་མི་འགྱུར་བ་ཚེ་འདི་ལ་མ་ཐོབ་ཀྱང་། སྐྱེ་བ་ཕྱི་མ་ལ་བསྒོམས་པས་ཐོབ་ངེས་སོ། །རྟེན་བརྟན་ལ་གོམས་པ་ཁྱད་པར་ཅན་དུ་འགྱུར་ཡང་སངས་རྒྱས་ཐོབ་པས་མ་ཁྱབ་ཅེ་ན། འོ་ན་ས་བོན་མ་ཞིག་པ་ལ་རྐྱེན་སྔོན་དུ་སོང་ན་ཡང་མྱུ་གུ་སྔོན་པོ་མི་འོང་ཞེས་བྱའོ། །ཞེས་པས། དོན་དམ་བསྒོམ་པའི་གཤེན་རབ་ཀྱི་ཤེས་པ་བོན་ཅན། གསལ་སྣང་ཁྱད་པར་ཅན་གོང་ནས་གོང་དུ་འཕེལ་བ་སྟེ། རྟེན་བརྟན་ལ་གོམས་པའི་བག་ཆགས་རྒྱུ་མཐུན་དུ་བསོག་པའི་ཕྱིར་རོ། །དཔེར་ན་འདོད་པ་དང་འཇིག་ཚོགས་བསྒོམ་པ་བཞིན་ནོ། ། སྲིད་མེད་བུའི་འཛའ་མོ་རོ་ལངས་མའི། ཀླུའི་བྱ་ཁྱུང་གི་གསལ་སྣང་བཞིན་ནོ། །འགོ་མཚུངས་ཀྱང་སྦྱར་རོ།།

གཉིས་པ་ལས་ནི། འགྲེལ་ལས། གཞན་ཡང་རྒྱུ་འབྲས་མེད་པར་འདོད་པ་དག་དགེ་སྡིག་གིས་མཐོ་རིས་ངན་སོང་ཐོབ་སྟེ། ད་ལྟར་གྱི་ཤེས་པ་ལ་ཡང་རྒྱུ་འབྲས་འདུག་པའི་ཕྱིར་རོ། །ད་ལྟར་གྱི་ཤེས་པ་ལ་རྒྱུ་འབྲས་འདུག་ཀྱང་། ལས་དགེ་སྡིག་གིས་མཐོ་རིས་ངན་སོང་ཐོབ་ངེས་པས་མ་ཁྱབ་ཅེ་ན། འོ་ན་ད་ལྟར་གྱི་ཤེས་པ་ལ་ཡང་བདེ་སྡུག་

དགའ་མི་དགའ་མི་འོང་བར་འགྱུར་བྱའོ། །དེ་ཅིའི་ཕྱིར་ཞེ་ན། ཕྱི་མ་ལ་དགེ་སྡིག་གིས་མཐོ་རིས་ངན་སོང་མི་ཐོབ་པའི་ཕྱིར་བྱའོ། །ད་ལྟར་གྱི་ཤེས་པ་རང་སོའི་གཤིས་ལ་བདེ་སྡུག་དང་དགའ་མི་དགའ་མེད་དེ། ཕ་རོལ་གཞན་གྱི་རྐྱེན་ལ་ལྟོས་ནས་དེ་འོང་བ་ཡིན་ནོ་ཞེ་ན། ངས་ཀྱང་ཤེས་པ་རང་སོའི་གཤིས་ལ་མཐོ་རིས་ངན་སོང་མེད་དེ། ལས་དགེ་སྡིག་གི་རྐྱེན་ལ་ལྟོས་ནས་དེ་བྱུང་བ་ཡིན་བྱའོ། །ཤེས་པ་རང་སོའི་གཤིས་ལ་མཐོ་རིས་ངན་སོང་གི་གཞི་མ་གྲུབ་པའི་ཕྱིར། ལས་དགེ་སྡིག་སྤྱད་ཀྱང་མཐོ་རིས་ངན་སོང་མི་ཐོབ་པར་འགྱུར་ཏེ། དཔེར་ན་ནམ་མཁའ་ལ་མེ་ཏོག་བཏགས་ཀྱང་མེད་པ་བཞིན་ནོ་ཞེ་ན། འོ་ན་ཁྱོད་ཀྱི་ཡང་ཤེས་པ་རང་སོའི་གཤིས་ལ་བདེ་སྡུག་གི་གཞི་མ་གྲུབ་པའི་ཕྱིར། གཞན་གྱི་རྐྱེན་གྱིས་ཀྱང་བདེ་སྡུག་མི་འོང་བར་ཐལ། དཔེར་ན་རི་བོང་ལ་རྭའི་གཞི་མ་གྲུབ་པས། རྭ་བཏགས་ཀྱང་མེད་པ་བཞིན་ཞེས་བྱའོ། །ཞེས་པས། རྒྱུ་ལས་བཟང་ངན་གྱིས་འབྲས་བུ་དེ་ལྟར་འབྱིན་ངེས་ཏེ། དེ་ལྟར་ཡང་བསད་པའི་ལན་དུ་གསོད། བརྐུས་པའི་ལན་དུ་རྐུ། བརྡུངས་པའི་ལན་དུ་བརྡུང་། ཐ་ན་ཚིག་གི་ངན་སྨྲས་པའི་ལན་ཡང་ཚིག་ངན་སྨྲ། དེ་ལས་བཟློག་པ། སྲོག་བཏོན་པའི་ལན་དུ་སྲོག་འདོན། གོས་ཟས་བྱིན་པའི་ལན་དུ་གོས་ཟས་སྦྱིན། ཐ་ན་ཚིག་སྙན་པའི་ལན་ཡང་དེ་བཞིན་པའི་ཕྱིར་རོ།།

གཉིས་པ་ཚེ་ཕྱི་མ་མེད་པ་ནི། འགྲེལ་ལས། གཞན་ཡང་ཚེ་སྔ་མ་ཡོད་པ་ནི་འབྲས་བུའི་གཏན་ཚིགས་ཀྱིས་དཔོག ཕྱི་མ་རང་བཞིན་གྱི་གཏན་ཚིགས་ཀྱིས་འགྲུབ་པའོ། །དང་པོ་ནི། སྐྱེ་གནས་ཀྱི་དང་པོའི་ལུས་སེམས་ངག་གསུམ་པོན་ཅན། དེ་ལ་སྐྱེད་པར་བྱེད་པའི་ཤེས་པ་ཕྱི་མོ་སྔོན་དུ་སོང་སྟེ། དབུགས་ཕྱི་ནང་དུ་རྒྱུ་བའི་ཕྱིར་རོ།།

དབུགས་ཕྱི་ནང་དུ་རྒྱུ་ཡང་ཤེས་པ་སྔ་མ་སྔོན་དུ་སོང་བས་མ་ཁྱབ་ཅེ་ན། འོ་ན་མྱུ་གུ་སྔོན་པོ་འདུག་ཀྱང་ས་བོན་མ་ཞིག་མ་རུལ་བ་སྔོན་དུ་མ་སོང་བྱའོ། །ཡང་ན་འབྱུང་བ་ཁ་ཡར་བ་རྗེ་ལས་ཀྱང་དབུགས་ཕྱི་ནང་ཡོང་བར་འགྱུར་ཏེ། རྒྱུ་ཤེས་པ་སྔོན་མ་མེད་ཀྱང་དབུགས་ཕྱི་ནང་དུ་རྒྱུ་བའི་ཕྱིར་རོ། །དེས་ན་ཤེས་པ་སྔོན་མ་ཡོད་ཅེས་བྱའོ། །ཕྱི་མ་བསྒྲུབ་པ་ནི། འཆི་བའི་སེམས་ཀྱི་ཐ་མ་དེ་བོན་ཅན། འདི་འགག་པའི་ཕྱི་མ་ཤེས་པ་གཅིག་གི་རྒྱུ་བྱེད་དེ། ཤེས་པ་ཡིན་པའི་ཕྱིར་རོ། །སེམས་ཡིན་པས་ཤེས་པ་ཕྱི་མ་བསྐྱེད་པའི་མ་ཁྱབ་ཅེ་ན། འོ་ན་ད་ལྟ་བའི་ཤེས་པ་ལ་ཡང་སྔ་མས་ཕྱི་མ་མི་བསྐྱེད་པར་འགྱུར་བྱའོ། །དེས་ན་སྐྱེ་བ་ཕྱི་མ་ཡོད་ངེས་སོ་བྱའོ། །ཞེས་སོ། །དེ་ནི་ལྟ་བ་ལས་ཁྱད་འདོན་པའོ། །ཞེས་སོ།།

གཉིས་པ་སོ་སོའི་ལོག་རྟོག་སྙོམས་སུ་དགག་པ་ལ། བྱེ་བྲག་པའི་ཡན་ལག་ཅན་གྱི་རྫས་རླུམ་གོང་ཕྱོགས་ཆ་མེད་པའི་རྟག་པ་གཅིག་བུར་འདོད་པ་ནི། དེ་ཕྱོགས་མེད་གཅིག་བུ་མ་ཡིན་པར་ཐལ། གོང་བུ་དང་འདུས་བསགས་ཡིན་པའི་ཕྱིར་རོ། །དུས་དང་ཕྱོགས་དང་ཡིད་དང་། ནམ་མཁའ་རྟག་པར་འདོད་པ་ཡང་མི་འཐད་དེ། སྐྱེ་འགག་དང་། ཕྱོགས་ཆ་དང་། འགྱུ་བ། སྣང་སྲུན་དུ་མར་འགྱུར་བའོ། །གྲངས་ཅན་གྱི་རྟུལ་སྲུན་པ་སྙིང་སྟོབས་གསུམ་ཆ་མཉམ་ཡང་མེད་དེ། དམིགས་རྣམ་འགལ་བའི་ཕྱིར་རོ། །སེམ་གདུང་ཐ་མལ་དུ་མྱོང་བ་གསུམ་མྱོང་བ་གཅིག་ཏུ་འགལ་བའོ། །ཚོར་བ་བེམ་པོར་འདོད་པ་ཡང་མི་འཐད་དེ། ཉམས་མྱོང་ཡིན་པས་སོ། །རྒྱུ་ལ་འབྲས་བུ་གནས་པ་ཡང་མི་འཐད་དེ། འབྲས་ཐྲོས་ན་མི་གཙང་བ་ཐྲོས་པའམ། རྒྱུས་འབྲས་བུའི་བྱ་བ་བྱེད་པར་ཐལ་ཏེ། ཤིང་ཁུར་གྱིས་ལུས་འཆིག་པ་དང་། རས་ཀྱི་ས་བོན་གྱིས་རས་གོས་

གྲུབ་པར་འགྱུར་བའི་ཕྱིར་རོ། །དེ་ཙམ་ཉི་ཤུ་རྩ་ལྔ་ཤེས་པས་ཀྱང་གྲོལ་བར་མི་འགྱུར་ཏེ། ཤེས་བྱའི་དེ་ཁོ་ན་ཉིད་མ་ཡིན་པའི་ཕྱིར་རོ། །གཙེར་བུ་པའི་མེ་ལྔ་བརྟེན་པ་དང་། ཆུ་ལ་མ་བྱིན་པར་མི་ལེན་པས་ཀྱང་སྡིག་པ་མི་འདག་སྟེ། ངལ་བ་དོན་མེད་ཡིན་པའོ། །འབྱུང་བཞི་དང་ཤིང་ལ་སེམས་མེད་དེ། ཕྱི་རོལ་གྱི་དོན་གང་གི་དྲོད་དང་ཆུ་སེར་མ་དམིགས་པའོ། །དེས་ན་དེ་ལ་སྲོག་གཅོད་སྤང་མི་དགོས་ཏེ། སྲོག་ཆགས་མ་ཡིན་པས་སོ། །དེ་ཁོ་ན་ཉིད་བཅུ་གསུམ་མ་འདྲེས་ལ་མཚན་ཉིད་གཅིག་པ་ཡང་མི་འཐད་དེ། མ་འདྲེས་པའི་ཕྱིར། དཔེར་ན་སྣར་མ་བཞིན་ནོ། །རིགས་པ་ཅན་གྱི་སྒྲ་བྱུང་ཉེར་འཇལ་གྱི་ཚད་མ་ཡང་མི་འཐད་དེ། ཚད་མ་ཡིན་ན་གཉིས་སུ་ཁ་ཚོན་ཆོད་པའི་ཕྱིར་རོ། །དབང་ཕྱུག་པས་དབང་ཕྱུག་རྟག་པ་ཡང་མི་འཐད་དེ། དོན་བྱེད་ནུས་སྟོང་ཡིན་པས། གཅིག་པུ་ཡང་མི་འཐད་དེ། ཡན་ལག་ཅན་ཡིན་པས་སོ། །འགྲོ་བ་ཐམས་ཅད་ཀྱི་བྱེད་པ་པོ་ཡང་མ་ཡིན་ཏེ། འགྲོ་བ་ཐམས་ཅད་རང་རང་གི་ལས་ལས་བྱུང་བའི་ཕྱིར་རོ། །གཏོང་ལྡན་དབུལ་བ་དང་། སྡིག་སྤྱོད་སྐྱིད་པས་ཀྱང་དབང་ཕྱུག་གི་བྱེད་པས་བྱས་པར་མི་འགྱུར་ཏེ། འབྲས་བུ་ཐམས་ཅད་མཐོང་བར་སྨྱོང་བ་དང་སྐྱེས་ནས་སྨྱོང་བ་མ་ཡིན་ཏེ། ལན་གྲངས་གཞན་ལ་སྨྱོང་བ་ཡང་ཡོད་པའི་ཕྱིར་རོ། །འགལ་རྐྱེན་ནུས་ཅན་གྱིས་བར་དུ་གཅོད་པ་ཡང་ཡོད་པའི་ཕྱིར་རོ། །དབང་ཕྱུག་མཆོད་འོས་ཀྱང་མི་རུང་སྟེ། བརྩེ་བ་དང་བྲལ་བའི་ཕྱིར་ཏེ། སྲོག་ཟ་བ་དང་མི་གཙང་བ་ལ་ཁྲོ་བའི་ཕྱིར་རོ། །རིགས་བྱེད་པས། རིགས་བྱེད་ཀྱི་སྒྲ་སྐྱེས་བུས་མ་བྱས་པ་ཡང་མི་འཐད་དེ། ཚིག་ཡིན་པའོ། །སྒྲ་རྟག་དང་དོན་ལྡན་ཡང་མ་ཡིན་ཏེ། སྐྱེ་འགག་དང་དོན་འགལ་བའི་ཕྱིར་ཏེ། འཆི་བ་ལ་སྡིག་མེད་དང་། མ་བག་མར་ལེན་པའི་ཕན་ཡོན་ལས་སོགས་པ་བཤད་

པའོ། །བདག་ཉིད་པས་བདག་དབྱིབས་ཅན་མི་འཐད་དེ། ཤེས་པ་ཡིན་པའོ། །གསང་བ་བས་ཁམས་གསུམ་གྱི་སེམས་གཅིག་པ་ཡང་མི་རུང་སྟེ། བཅིང་གྲོལ་དུ་མར་སྣང་བའི་ཕྱིར་རོ། །ལྷུན་ཆེན་བས་མ་མཐོང་བའི་འགྲོ་བ་མེད་པར་འདོད་པ་ཡང་མི་འཐད་དེ། ཐམས་ཅད་ཀྱིས་ཐམས་ཅད་ལ་མཐོང་བའི་ཕྱིར་ཟེར་ན། རྟགས་མ་གྲུབ། འགའ་ཞིག་གིས་འགའ་ཞིག་ཡང་མཐོང་བའི་ཕྱིར་ཞེ་ན། མ་ངེས་ཏེ། དཔེར་ན་མིག་དང་ནང་རོལ་བཞིན་ནོ།།

གསུམ་པ་ཐུན་མོང་གི་ཕྱུག་རྒྱ་ལས་སོགས་པས་ཁྱད་འདོན་པ་ལ། འགྲེལ་ལས། གཞན་ཡང་བོན་རྟགས་ཕྱག་རྒྱ་བཞིའི་སྒོ་ནས་ཁྱད་འདོན་པ་དང་། བསྟན་པ་ལྷ་མཆོད་ལུགས་ཀྱི་སྒོ་ནས་ཁྱད་འདོན་པ་དང་། སྣང་ཚུལ་གྲུབ་རྟགས་ཀྱི་སྒོ་ནས་ཁྱད་འདོན་པ་དང་། ཐོབ་ཚུལ་འབྲས་བུའི་སྒོ་ནས་ཁྱད་འདོན་པ་དག་ཡོད་དེ། དེ་དག་ནི་ཕྱི་པ་མུ་སྟེགས་པ་དང་ནང་པ་གཤེན་རབ་པའི་ཁྱད་པར་རྣམ་པར་བཞག་པའི་ཚད་མར་ཤེས་པར་བྱའོ། །ཞེས་པས། སྒྲ་བའི་སེང་གེ་ལས། བོན་གྱི་མདོ་བཞི་ཁས་ལེན་པ་ནི་གཤེན་རབ་པ། དེ་བཞི་ཁས་ལེན་མི་ནུས་པ་ནི་མུ་སྟེགས་པ། དེ་ལ་མདོ་བཞི་ནི། འདུས་བྱས་ཐམས་ཅད་ཀྱི་མདོ་མི་རྟག་པ། ཟག་པ་དང་བཅས་པའི་ཐམས་ཅད་ཀྱི་མདོ་སྡུག་བསྔལ་བ། བོན་ཐམས་ཅད་ཀྱི་མདོ་བདག་མེད་པ། མྱ་ངན་ལས་འདས་པ་ཐམས་ཅད་ཀྱི་མདོ་ཞི་བའོ། །ལྷ་བ་ནི་བདག་དང་བཅས་པ་དང་བདག་མེད་པའོ། །ལྷ་ནི་གཤེན་རབ་ཐུགས་རྗེ་ཅན་དང་དབང་ཕྱུག་ཐེར་ཟུག་པའོ། །སྤྱོད་པ་ནི་དགེ་བ་དང་སྡིག་པའོ། །བཟང་ངན་གྱི་རིག་པ་ཆེ་ཆུང་ཤེས་པའོ། །དེ་ལ་ཕྱི་མར་འཛོག་པར་རྒྱུ་མཚན་ནི། ལྟ་བ་ངན་པའི་སྡུའམ་འཁོར་བའི་རྒྱ་མཚོ་ལ་སྟེགས་འཆའ་བའི་ཕྱིར་རོ། །

ཞེས་པས། དེ་ལ་ལྔ་སྟེ། ལྟ་བ་དང་། ལྔ། གྲུབ་རྟགས་དང་། འབྲས་བུ། སྤྱོད་པ་ལས་ཁྱད་འདོན་ནོ། །དང་པོ་ལ་ཕྱག་རྒྱ་བཞིའི་རེ་རེ་ལ་གསུམ་རེ་སྟེ། མི་རྟག་པ་ལ་གསུམ་སྟེ། རྒྱུན་གྱི་མི་རྟག་པ་དང་། སྐད་ཅིག་གི་མི་རྟག་པ། རྐྱེན་གྱི་མི་རྟག་པའོ། །སྡུག་བསྔལ་ལ་གསུམ་སྟེ། འགྱུར་བའི་སྡུག་བསྔལ། འདུ་བྱེད་ཀྱི་སྡུག་བསྔལ། སྡུག་བསྔལ་གྱི་སྡུག་བསྔལ་ལོ། །སྟོང་པ་ལ་གསུམ་སྟེ། སྐྱ་མཚན་དཔེ་གཟུགས་བརྟན་ལྟར་སྟོང་། གསུང་དབྱངས་སྒྲ་བརྙན་ལྟར་སྟོང་། ཐུགས་དྲན་རྟོགས་མེད་པར་ནམ་མཁའ་ལྟར་སྟོང་པའོ། །བདག་མེད་པ་ལ་ཡང་གསུམ་སྟེ། གང་ཟག་གི་བདག་དང་། བོན་གྱི་བདག་དང་། བདག་གཞན་གྱི་བདག་འཛིན་མེད་པའོ། །དེ་ལ་ཕྱི་ནང་གི་ཁྱད་པར་ནི། ཁ་ཅིག་རྟག་པའམ་ཆད་པར་ལྟ་བའི་ཕྱི་པ་ལ། བདག་མེད་པའི་ལྟ་བ་ཅན་ནི་ནང་པ་ཡིན་ཟེར་ཏེ། འོ་ན་གྲུབ་མཐས་བློ་མ་བསྒྱུར་བ་གང་གི་ཕྱི་རོལ་པར་འགྱུར་ཏེ། ཐུང་པོ་ལ་རྟག་པའམ་ཆད་པར་ལྟ་བའོ། །འདོད་ན། གྲུབ་མཐའ་ཅན་དུ་འགྱུར་རོ། །ཁ་ཅིག་གིས་ཚངས་པ་ལས་སོགས་འབྲས་བུར་འཛིན་པ་ནི་ཕྱི་པ་ལ། སྐུ་གསུམ་འབྲས་བུར་འཛིན་པ་ནང་པ་ཡིན་ཞེས་པ་ཡང་། ཆད་ལྟ་བ་ཕྱི་པ་མ་ཡིན་པར་འགྱུར་ཏེ། གང་ཡང་འབྲས་བུ་མི་འཛིན་པའོ། །ས་སྐྱ་བས་གྲུབ་མཐའི་བློ་བསྒྱུར་བ་གང་ཞིག་ཡང་དག་པའི་བསླབ་པ་གསུམ་ལ་མི་སློབ་པ་ནི་ཕྱི་པ་ལ། དེས་ཡང་དག་པའི་བསླབ་པ་གསུམ་ལ་སློབ་པའམ། དེ་མཐར་ཕྱིན་པ་ནང་པ་ཡིན་ཞེས་པ་ཡང་། དག་པའི་ས་གསུམ་ཡན་ཆད་ཕྱི་རོལ་པར་འགྱུར་ཏེ། གྲུབ་མཐས་བློ་འགྱུར་ཞིང་བསླབ་གསུམ་ལ་མི་སློབ་པའོ། །བསླབ་པ་གསུམ་ལྟར་ན་ཚུལ་ཁྲིམས་རྐྱང་པའི་སངས་རྒྱས་པ་ལ་མ་ཁྱབ་པ་སྟེ། བསླབ་པ་གསུམ་མ་ཚང་བའོ། །དེས་ན་བཀའ་རྟགས་ཀྱི་ཕྱག་རྒྱ་བཞིའི་ལྟ་བའི་རིགས་ཀྱི་ཆ་ཤས་ཀྱིས་

ཟིན་པ་ནི་ནང་པ་ལ། དེ་ལས་ལྡོག་པའི་ལྷ་བའི་ཆ་ཤས་ཅན་ནི་ཕྱི་རོལ་པའོ། །འོ་ན་ཉན་ཐོས་བྱེ་བྲག་ཏུ་སྨྲ་བ་ནང་པ་མ་ཡིན་པར་འགྱུར་ཏེ། ཐོན་ཐམས་ཅད་བདག་མེད་དུ་མ་རྟོགས་པ་སྟེ། བརྗོད་དུ་མེད་པའི་གང་ཟག་གི་བདག་ཁས་ལེན་པས་སོ་ཞེ་ན། གཟུང་འཛིན་རགས་པ་ལ་བདག་ཏུ་མི་ལྟ་བ་ཉིད་དོ། །ལྷ་ལ་དབང་ཕྱུག་ལས་སོགས་འཇིག་རྟེན་ལྷ་ལ་སྐྱབས་གནས་འཛིན་པ་ཕྱི་པ་ལ། དཀོན་མཆོག་གསུམ་ལ་སྐྱབས་གནས་འཛིན་པ་ནང་པ་ཡིན་ཏེ། འོ་ན་དེ་བཞིན་གཤེགས་པ་ནང་པ་མ་ཡིན་པར་ཐལ། དཀོན་མཆོག་ལ་སྐྱབས་འགྲོ་མེད་དེ། རིག་པ་ལ་རང་དབང་ཐོབ་པའི་ཕྱིར་རོ། །ཞེ་ན། སྐྱབས་འགྲོ་མེད་པར་མ་གྲུབ་སྟེ། སྐྱབས་སྡོམ་སྔར་སྐྱེས་མ་ཉམས་པས་སོ། །སྐྱབས་འགྲོ་ནི་འཇིགས་པ་ལས་འདའ་འདོད་ཀྱིས་གང་ལ་སྐྱོབ་པར་སེམས་ཏེ། དེས་ཡུལ་དམ་པ་ལ་སྐྱབས་པ་ནི་ཡང་དག་གི་སྐྱབས་འགྲོ་ཡིན་པས། དེ་ལ་དབྱེ་ན་གཉིས། འཇིག་རྟེན་དུ་ཡང་དག་པར་གྲགས་པའི་དང་། ཐོན་ཉིད་ལས་ཐོབ་པའི་སྐྱབས་འགྲོའོ།།

དེ་གསུམ་གྱི་འགལ་བ་སྤང་བ་ནི། ཡང་རྩེ་ཀློང་ཆེན་ལས། སངས་རྒྱས་ལ་སྐྱབས་སུ་སོང་ན་སེམས་ཅན་ལ་འཚེ་བ་མི་བྱ། ཐོན་ལ་སྐྱབས་སུ་སོང་ན་བཀའ་ལ་སྐུར་པ་མི་འདེབས། གཤེན་རབ་ལ་སྐྱབས་སུ་སོང་ན་གྲོགས་སྡིག་པ་ཅན་དང་མི་འགྲོགས་ཞེས་སོ། །འཇིག་རྟེན་ལྷ་ལ་གཏན་སྐྱབས་འཚོལ་བ་ནི་ཕྱི་རོལ་པའོ། །གནས་སྐབས་སུ་ཕན་འདོད་ཀྱི་ཕྱག་ལ་ནི་མ་ངེས་ཏེ། ཡོན་ཏན་གྱི་མགྲོན་ནམ་ལན་ཆགས་ཀྱི་མགྲོན་ལ་འཚལ་བ་ལྟ་བུའོ། །གྲུབ་རྟགས་ཀྱང་རྒྱུད་ཞི་བ་དང་རྫུབ་པར་འགྲོ་བ་དང་། འཇིག་རྟེན་ལ་མངོན་ཞེན་ཆེ་ཆུང་དང་། གཏན་མེད་འཁྲུལ་པ་ཞིག་པ་དང་། དབང་ཕྱུག་སྨྲོན་པའི་རྟུལ་ཤུགས་འཛིན་པ་ལྟ་བུའོ། །འབྲས་བུ་ལ་རགས་སྣང་གི་ལྷ་མངོན་ཞེན

དུ་བསྒོམ་པས་དབང་ཕྱུག་གམ་ཚངས་པའམ་ཁྱབ་འཇུག་ལྷ་བུའི་རིགས་པ་ཅན་ཐོབ་པ་དང་། ཕྱག་འཚལ་བར་བསྒོམ་པས་སྲིད་རྩེའམ་འབྱུང་བའི་བག་ལ་ཞ་བའི་ཉེ་འཁོར་ཐོབ་པའི་ཕྱི་པ་སྟེ། ཁྱབ་པ་སྣང་ལྡན་གྱི་ཐེག་པའི་རབ་དབྱེ་ལས། ས་ནི་ལྷ་ཆེན་པོ་བདེ་སྐྱིད་ལྡན་པའི་མཚན་ཡོངས་སུ་རྫོགས་པའམ། ནམ་མཁའི་བག་ལ་ཞ་དང་འབྱུང་བའི་བག་ལ་ཞའི་ས་ཐོབ་ཅེས་སོ། །ནང་པ་ནི་དོན་གཉིས་མཐར་ཕྱིན་སྐུ་དང་ཡེ་ཤེས་ཀྱི་སྣང་བ་བསམ་དུ་མེད་པ་ཐོབ་པའོ། །སྤྱོད་པ་ནི་ཕྱི་པས་མེ་ལྷ་བརྟེན་པ་དང་། དབྱུག་གུ་གསུམ་པ་ལྷ་བུའི་རྟུལ་ཞུགས་འཛིན་པ་དང་། འཚོ་བའི་མཆོད་སྦྱིན་དུག་ཅན་གྱི་ཟས་ལྷ་བུ་དང་། ཆུ་ལ་མ་བྱིན་པར་མི་ལེན་པ་ལྷ་བུ་ངལ་བ་དོན་མེད་སྤྱོད་པ་སྟེ། སྒྲིབ་གཉིས་ལ་མི་གནོད་པ་དང་ཚོགས་གཉིས་མི་བསོག་པའོ། །ནང་པས་ནི་འཚེ་བ་མེད་པའམ་སྤྱོད་ཀྱང་ཐབས་ཀྱིས་ཟིན་པའོ། །དེས་ན་ད་ལྟའི་བོན་པོ་རྣམས་ཀྱིས་འཚེ་བའི་ལས་བྱེད་རྣམས་ནི་བདུད་སྲིན་དུ་ཁ་བརྒྱུད་ལ། བོན་ལ་གཤེ་སྐུར་གྱི་བཤེས་གཉེན་ཁ་ཅིག་ནི། དམྱལ་བ་ཆེན་པོ་གཅིག་གིས་མི་འཁོར་བར་མི་བཅད་དེ་འདིའི་ཕྱོགས་བཅུའི་འཇིག་རྟེན་དམྱལ་བ་ཆེན་པོ་བཅུ་གཅིག་གི་ཁ་བརྒྱུད་པར་བཤད་དོ། །རང་རྟོགས་གཤེན་རབ་ཀྱི་ཐེག་པ་བཤད་པའི་འགྲེལ་པ་སྟེ། སྐབས་བཞི་པའོ།། ༎

ཐུགས་རྗེ་ཆེན་པོ་སེམས་དཔའི་ཐེག་པ་ནི། འདི་ལ་གཞུང་ལུགས་གཉིས་སུ་ཡོད་དེ། ཤེས་པའི་སྐྱེ་མཆེད་ཡང་དག་ཏུ་འདོད་པ་དང་། ཤེས་པའི་སྐྱེ་མཆེད་འཁྲུལ་བར་འདོད་པའོ། །དེ་ལ་སྐྱེ་མཆེད་ཡང་དག་ཏུ་འདོད་པའི་ལུགས་ལ་གཉིས་ཏེ། སྐྱེ་མཆེད་སྣ་ཚོགས་གཅིག་ཏུ་བདེན་པ་རྒྱུ་འབྲས་དང་བཅས་པ་དང་། རྒྱུ་འབྲས་མེད་པའི་སྐྱེ་མཆེད་དོ། །སྐྱེ་མཆེད་འཁྲུལ་བར་འདོད་པ་ལ་གཉིས་ཏེ། སྐྱེ་མཆེད་མཐའ་

དག་འབྲུལ་བར་འདོད་པ་དང་། ཕྱོགས་གཅིག་འཁྲུལ་བར་འདོད་པའོ། །དེ་བཞི་གཞན་མཐའ་དག་མཐུན་པ་ལ། ལྟ་བའི་ཕྱོགས་རེ་ཙམ་ལ་མ་མཐུན་པ་ལས་བཞི་རུ་ཕྱེ་བའོ། །ཞེས་པས། ངོ་བོ་དབྱེ་བ་སྟེ། དེ་ལ་ཐུགས་རྗེ་ཆེན་པོ་ནི། གཞན་དོན་གཙོ་བོར་བྱེད་པ་ལ། སེམས་ཙམ་པ་ནི་བོན་ཐམས་ཅད་སེམས་ཙམ་དུ་ལྟ་བས་ཏེ། གཟུང་འཛིན་གཉིས་ཀྱི་ཤེས་པ་དོན་དམ་དུ་ལྟ་བའོ། །དེ་ལ་ཡང་དག་པས་ནི་ཡུལ་གྱི་སྐྱེ་མཆེད་གཞན་དབང་དུ་འདོད་ལ། འཁྲུལ་པས་ནི་ཡུལ་གྱི་སྐྱེ་མཆེད་ཀུན་བཏགས་སུ་འདོད་པའོ། །སྣ་ཚོགས་གཉིས་མེད་པས་ནི། ཡུལ་གྱི་སྐྱེ་མཆེད་སྣ་ཚོགས་ཤེས་པ་གཅིག་གི་ངོ་བོར་བདེན་པར་འདོད་དོ། །རྒྱུ་འབྲས་མེད་པས་ནི་དོན་དམ་པར་སྐྱེ་མཆེད་མེད་པར་ལྟ་བའོ། །ཕྱོགས་གཅིག་འཁྲུལ་པས་ནི། རིག་པ་བདེ་སྡུག་སྣང་བའི་ཤེས་པ་བདེན་པར་འདོད། མཐའ་དག་འཁྲུལ་པས་ནི། བརྟག་པ་ཁ་དོག་དང་། རིག་པ་བདེ་སྡུག་གི་སྐྱེ་མཆེད་གཉིས་ཀ་རྫུན་པར་འདོད་པའོ། །རང་རིག་བདེན་པ་ཡོངས་གྲུབ་ཏུ་འདོད་པའོ།།

གཉིས་པ་ཡན་ལག་གི་དབྱེ་བ་ལ་བདུན་ཡོད་པའི་དང་པོ་ལྟ་བ་ལ་གསུམ་སྟེ། གཟུང་འཛིན་གང་ལ་བྲལ་གཞིའི་མཚན་ཉིད་གསུམ། གང་ཕྱིར་བྲལ་བའི་གཏན་ཚིགས་བཞི། གང་ལྟར་བྲལ་བ་གཉིས་མེད་ཀྱི་ཤེས་པའི་གནས་ལུགས་སོ།།

དང་པོ་ལ་གསུམ་སྟེ། ངོ་བོ། སྒྲ་དོན། མཚན་ཉིད་དབྱེ་བའོ། །དང་པོ་ནི། ཆ་ལག་ལས། དེ་ལ་གཡུང་དྲུང་སེམས་དཔའ་ལས་སོགས་མཚན་ཉིད་གསུམ་དུ་ཡང་བཞེད། གསུམ་ནི་ཀུན་བཏགས་དང་། གཞན་དབང་དང་། ཡོངས་གྲུབ་བོ། །ཞེས་པས་སེམས་ཙམ་པའི་བཞེད་ལ་ཕྱི་དོན་ལ་མེད་པ་ལ་ཡོད་པར་སྒྲོ་བཏགས་པས་ཀུན་བཏགས་སུ་

འདོད་དོ། །ནང་ཁམས་གསུམ་གྱི་སེམས་དང་སེམས་འབྱུང་རྒྱུ་རྐྱེན་བཞི་ལ་རགས་ལས་པས་གཞན་དབང་དུ་འདོད་དོ། །རང་རིག་རང་གསལ་བློ་གང་གིས་ཀྱང་མི་གནོད་པ་ནི་ཡོངས་སུ་གྲུབ་པར་འདོད་པའོ།།

གཉིས་པ་མཚན་ཉིད་ནི། ཆ་ལག་ལས། ཀུན་བཏགས་ནི་སྒྲོ་བཏགས་ཀྱི་ངོ་བོར་གྲུབ་པའོ། །གཞན་དབང་ནི་རྣམ་རྟོག་གི་ངོ་བོ་ཡིན་པའོ། །ཡོངས་སུ་གྲུབ་པ་ནི་དོན་དམ་དུ་གྲུབ། རྟོག་པ་ཡང་མི་རྟོག་པར་གྲུབ་པའོ། །ཞེས་སོ།།

གསུམ་པ་དབྱེ་བ་ལ་ཆ་ལག་ལས། ཀུན་བཏགས་ལ་གཉིས་ཏེ། གཟུང་བ་དང་། འཛིན་པའོ། །གཟུང་བ་སྒྲོ་བཏགས་ཀྱི་ངོ་བོ་ཡོད་དེ། ཕྱི་དོན་དུ་ཡོད་པའི་ཕྱིར་རོ། །ནང་འཛིན་པ་ནི་ཡུལ་གྱི་མིང་གིས་ཡུལ་ཅན་ལ་བཏགས་པ་སྟེ། སྒྲོ་འདོགས་ཀྱི་ངོ་བོར་གྲུབ་པའི་ཕྱིར་རོ། །ཞེས་དང་། མཚན་ཉིད་གསུམ་གྱི་རབ་དབྱེ་ལས། སྣང་བའི་ཀུན་བཏགས་ནི་གཟུང་འཛིན་ཆ་གཉིས་སོ། །མི་སྣང་བའི་ཀུན་བཏགས་ནི་རི་བོང་གི་རྭ་དང་། མོ་གཤམ་གྱི་བུ་དང་། ནམ་མཁའི་མེ་ཏོག མུ་སྟེགས་ཀྱི་བདག་དང་། འཕན་ཡུལ་སྔོ་བའི་རྩལ་ཕྲ་རབ་བོ། །ཞེས་སོ། །གཟུང་འཛིན་ཆ་གཉིས་ལ་ནི་རྣམ་གྲངས་དང་མཐུན་པའི་ཀུན་བཏགས་ཟེར། རི་བོང་གི་རྭ་དང་མུ་སྟེགས་བདག་ལ་མཚན་ཉིད་ཡོངས་སུ་ཆད་པའི་ཀུན་བཏགས་ཟེར་རོ། །ཆ་ལག་ལས། གཞན་དབང་ནི་རྣམ་པར་རྟོག་པའི་ཤེས་པ་སྟེ། རྒྱུ་རྐྱེན་གཞན་གྱི་དབང་གིས་རྫས་སུ་གྲུབ་པའི་ཕྱིར། ཞེས་དང་། མཚན་ཉིད་གསུམ་གྱི་རབ་དབྱེ་ལས། གཞན་དབང་ལ་གཉིས། བསྐྱེད་པའི་གཞན་དབང་དང་། ཕྱོས་པའི་གཞན་དབང་ངོ་། །བསྐྱེད་པའི་གཞན་དབང་ནི། ཁམས་གསུམ་ཀྱི་སེམས་དང་སེམས་ལས་བྱུང་བའི་བོན་རྒྱུ་རྐྱེན་གྱིས་བསྐྱེད་པའོ། །རྒྱུ་མཚན་དང་

རྣམ་རྟོག་རྣམས་གཞན་དབང་དུ་བསྡུ་ཞེས་སོ། །དེ་ལ་ལྟོས་པ་ནི་རིང་ཐུང་ཆེ་ཆུང་ལས་སོགས་ཕན་ཚུན་ལྟོས་འཛོག་རྣམས་ཏེ། གཞན་དབང་བཏགས་པ་བ་དང་། ཆ་ལག་ལས། ཡོངས་སུ་གྲུབ་པ་ནི་གཉིས་ཏེ། མི་འགྱུར་བའི་ཡོངས་སུ་གྲུབ་པ་ནི་སྟོང་ཉིད་དོ། །ཕྱིན་ཅི་མ་ལོག་པའི་ཡོངས་སུ་གྲུབ་པ་ནི། མི་རྟོག་པའི་ཡེ་ཤེས་དེ་ཉིད་རིག་པའོ། ཞེས་སོ། །རྒྱུ་མཚན་ནི་ཕྱིན་ཅི་ལོག་པ་དང་མ་ལོག་པ་གཉིས་ལས། དང་པོ་བཏགས་དང་འདོགས་བྱེད་གཉིས་ལས། ཀུན་བཏགས། གཞན་དབང་། ཡོངས་གྲུབ་རིམ་པ་ལྟར་རོ།།

དབྱེ་དོན་ལ་དང་པོ་གཉིས་ནི། དངོས་པོ་ཐ་དད་དེ། ཐམ་རིག་ཡིན་པའོ། ། གཞན་དབང་ནི་ཡོངས་གྲུབ་དང་ངོ་བོ་གཅིག་སྟེ། ཚོགས་ལམ་གྱི་སྒྲ་རྟོག་གམ། འཕགས་པའི་རྗེས་ཐོབ་དེ་གཉིས་ཆར་གྱི་བྱེ་བྲག་ཡིན་པའི་ཕྱིར་རོ།།

གཉིས་པ་གང་ཕྱིར་བྲལ་བའི་གདན་ཚིགས་བཞི་ནི། གདན་ཚིགས་ཆེན་པོ་སྦྱོར་བ་རྣམ་པ་བཞིས། །ཕྱི་ནང་ལོགས་ན་མེད་པར་གཟུང་འཛིན་བྲལ་བའི་སེམས། །ཉམས་མྱོང་ཤེས་པའི་རྣམ་པ་འདུག་བཅས་ལྟ། །ཞེས་པས། འགྲེལ་ལས། དེ་ལ་སྦྱིར་གདན་ཚིགས་ཆེན་པོ་སྦྱོར་བ་བཞི་ཡོད་པ་ལས། ཡོད་པ་མ་ཡིན་ལ་དོན་དུ་སྣང་བ་རང་བཞིན་གྱི་གདན་ཚིགས་ནི། སྣང་བ་ཉམས་སུ་མྱོང་བ་བོན་ཅན། རྣམ་རིག་གི་ཤེས་པ་ཙམ་ཡིན་ཏེ། ཡོད་པ་མ་ཡིན་དོན་དུ་སྣང་བའི་ཕྱིར། དཔེར་ན་དུང་ལ་སེར་པོ་སྣང་བ་བཞིན་ནོ། །ཞེས་པས། གདན་ཚིགས་བསྒྲུབ་པ་ནི། རྟགས་མ་གྲུབ་ཅེ་ན། རང་རང་གི་བག་ཆགས་སད་སྟོབས་ཀྱིས་འབྱུང་བ་གཅིག་ལ་ཡང་སྣང་བ་ཐ་དད་དུ་མཐོང་བའི་ཕྱིར་ཏེ། ཆུ་ལ་ལྷས་བདུད་རྩི། དམྱལ་བས་མེ་མ་མུར། ཡི་དྭགས་ཀྱིས་གྲམ་ཁྲིད།

མིས་ཆུར་མཐོང་བའི་ཕྱིར། ཡང་རང་རང་གི་འཛིན་སྟངས་ཀྱིས་གང་ཟག་གཅིག་ལ་ཡང་དགའ་གདུང་དུ་མར་སྣང་བའི་ཕྱིར་ཏེ། གཉེན་གྱི་མཛེས་པ་ཡིད་འོང་དུ་མཐོང་ལ། དགྲས་མི་སྡུག་པར་མཐོང་བའི་ཕྱིར་རོ། །ཡང་རྫས་གཅིག་ལ་ཡང་གོམས་མ་གོམས་ཀྱིས་མཛེས་མི་མཛེས་ཐ་དད་དུ་མཐོང་བའི་ཕྱིར་ཏེ། དཔེར་ན་ཧོར་མོའི་མདུང་ཙུ་བཞིན་ནོ།།

ཡང་འགྲེལ་ལས། ཕྱི་རོལ་གྱི་དོན་ལ་གནོད་པ་གཏོང་བ་གཅིག་དང་དུ་བྲལ་ནི། ཤེས་པ་ལས་མ་གཏོགས་པའི་ཕྱི་རོལ་གྱི་དོན་པོན་ཅན། ཡང་དག་པར་མེད་དེ། གཅིག་དང་དུ་མ་བྲལ་བའི་ཕྱིར། རི་བོང་གི་རྭ་བཞིན་ནོ། །ཞེས་པས། འཁྲུལ་པའི་ཤེས་པས་སྒྲོ་བཏགས་པའི་ཕྱིར། ནམ་མཁའི་སྐྲ་ཤད་ཐང་གི་སྨྲིག་རྒྱུ་ལྷ་བུའམ། མིག་གི་རྫི་གོར་བཞིན་ནོ།།

ཡང་འགྲེལ་ལས། རིགས་པའི་གཏན་ཚིགས་དང་། ལྷན་ཅིག་དམིགས་པར་ངེས་པའི་གཏན་ཚིག་ནི། ཡང་དག་པ་དང་འཁྲུལ་པ་གཉིས་མ་མཐུན་ཏེ། སྐྱེ་མཆེད་ཡང་དག་པས་བཀོད་ན། སྐྱེ་མཆེད་སྔ་ཚོགས་དང་ཤེས་རིག་གཉིས་ཀ་པོན་ཅན། ཤེས་པ་ལས་གཞན་མ་ཡིན་ཏེ། ངོ་བོ་གཅིག་ལ་ལྷན་ཅིག་དམིགས་པར་ངེས་པའི་ཕྱིར་རོ། །ཞེས་པས། སྔོན་པོའི་རྣམ་པ་ཉིད་སྔོ་འཛིན་གྱི་ཤེས་པ་ཉིད་ཡིན་ལ། ཤེས་པ་ཉིད་སྔོན་པོའི་རྣམ་པ་ཡིན་པས་སོ། །འགྲེལ་ལས། ཡང་སྐྱེ་མཆེད་དང་ཤེས་པ་གཉིས་ཀ་པོན་ཅན། །ཤེས་པ་རིག་བཅས་ལས་མི་གཞན་ཏེ། རིག་པར་བྱེད་པ་གཅིག་གིས་རང་ལས་ཐ་དད་དུ་མ་དམིགས་པའི་ཕྱིར་རོ། །ཞེས་པས། སྔོན་པོ་དང་སྔོན་འཛིན་གཉིས་དུས་གནས་རྫས་ཐ་དད་དུ་མ་དམིགས་པའི་ཕྱིར་རོ།།

འགྲེལ་ལས། སྐྱེ་མཆེད་འཕྲུལ་པ་ན་རེ། སྐྱེ་མཆེད་ཁ་དོག་སྣ་ཚོགས་གཅིག་པུ་བོན་ཅན། ཤེས་རིག་ལས་གཞན་མེད་དེ། ཐ་དད་ཀྱི་འབྲེལ་བ་མེད་ལ་ལྷན་ཅིག་དམིགས་པ་ངེས་པའི་ཕྱིར་རོ། །ཡང་ཁ་དོག་སྣ་ཚོགས་ཀྱི་སྐྱེ་མཆེད་གཅིག་པུ་བོན་ཅན། ཤེས་རིག་ལས་མི་གཞན་ཏེ། རིག་པར་བྱེད་པ་གཅིག་གིས་གཞན་དུ་མ་དམིགས་པའི་ཕྱིར་རོ།།

ཡང་དག་པས་དམ་བཅའ་ལ་མ་ཡིན་དགག་བྱེད། འཕྲུལ་པས་དམ་བཅའ་ལ་མེད་དགག་བྱེད་དོ། །ཞེས་པས། འདི་ལ་དགག་སྒྲུབ་དང་། འགལ་འབྲེལ་གཉིས་སྟེ། དང་པོ་དགག་སྒྲུབ་ལ་དགག་པ་ནི་བྲལ་བའི་ཚིག་ལ། སྒྲུབ་པ་ནི་ལྡན་པའི་ཚིག་སྟེ། མཚན་ཉིད་རིམ་པ་ལྟར་དེའི་སྒྲ་འཆར་བ་དེ་མ་ཡིན་གྱི་སྒྲ་འཆར་བ་ལ་ལྟོས་པ་དང་། མི་ལྟོས་པ་སྟེ། བུམ་མེད་བུམ་པ་ལྟ་བུའོ། །དབྱེ་ན་སྒྲུབ་པ་གཉིས་ཏེ། ཡིན་པར་སྒྲུབ་པ་ནི་བུམ་པ་དངོས་པོ་ཡིན་ཞེས་པ་ལྟ་བུ་ལ། ཡོད་པར་སྒྲུབ་པ་ནི་ཆེ་རིགས་མང་ཞེས་པ་ལྟ་བུའོ། །དགག་པ་ལ་གཉིས་ཏེ། མེད་དགག་ནི་འགལ་ཟླའི་གཅིག་ཤོས་བཀག་ནས་གཅིག་ཤོས་མི་འཕེན་པ་སྟེ། བུམ་མེད་བདག་མེད་ཅེས་པ་ལྟ་བུའོ། །མ་ཡིན་དགག་ནི། འགལ་ཟླ་གཅིག་ཤོས་བཀག་ནས་གཅིག་ཤོས་འཕེན་པ་སྟེ། བུམ་པ་རིག་པ་མ་ཡིན་ཞེས་པའམ། རྟ་བ་ལང་མ་ཡིན་པ་ལྟ་བུའོ།།

གཉིས་པ་འགལ་འབྲེལ་ལ། འགལ་བ་ནི་གང་ཞིག་གང་གིས་དབེན་པ་སྟེ། དབྱེ་ན་དངོས་འགལ་དང་རྒྱུད་འགལ་ཏེ། འདི་ལ་ཁ་ཅིག་བར་ན་གཉིས་མ་ཡིན་གྱི་ཕུང་གསུམ་མེད་པ་དང་། ཡོད་པ་སྟེ། སྔོན་པོ་དང་སྔོན་པོ་མ་ཡིན་ནམ་སྔོ་སེར་ལྟ་བུ་ཡིན་ཟེར་བ་ལ་ཡིད་བརྟན་མེད་དོ། །འདི་འགྲེལ་གྱི་དགོངས་པས། འགལ་བ་

གང་ཞིག་དངོས་སུ་གཅིག་གིས་གཅིག་དཔེན་པ་དང་། རིམ་པས་བརྒྱུད་ནས་གཅིག་གཅིག་གིས་དཔེན་པའོ། །ལྷན་ཅིག་མི་གནས་པའི་འགལ་བ་དང་། ཕན་ཚུན་སྤང་བའི་འགལ་བ་ནི་རིམ་པ་ལྟར་སྤང་གཉེན་ནུས་ལྡན་འགྲོགས་སུ་མི་རུང་བ་དང་། རང་བཞིན་འགལ་བས་གཅིག་གཅིག་མ་ཡིན་པ་སྟེ། ཚ་རེག་གྲང་རེག་ནུས་ལྡན་ནམ། ཚ་རེག་གྲང་རེག་ལྟ་བུའོ།།

འབྲེལ་བ་ནི་མེད་ན་མི་འབྱུང་བ་སྟེ། བདག་གཅིག་གི་འབྲེལ་བ་དང་། དེ་བྱུང་གི་འབྲེལ་བ་སྟེ། རིམ་པ་ལྟར་དངོས་པོ་རང་བཞིན་ཅན་ཡིན་སྟོབས་ཀྱིས་མེད་ན་མི་འབྱུང་བ་དང་། དེ་རྒྱུ་འབྲས་ཡིན་སྟོབས་ཀྱིས་མེད་ན་མི་འབྱུང་བའོ། །དཔེར་ན་བྱས་པ་དང་མི་རྟག་པ་ལྟ་བུའོ། །མེ་དང་དུ་བ་ལྟ་བུའོ།།

གསུམ་པ་གང་ལྟར་བྲལ་བ་གཉིས་མེད་ཀྱི་ཤེས་པའི་གནས་ལུགས་ནི། འགྲེལ་ལས། དེ་ལྟར་སྐྱེ་མཆེད་ཡང་དག་པ་ན་རེ། ཁ་དོག་དབྱིབས་ཀྱི་སྐྱེ་མཆེད་སྣ་ཚོགས་མེད། སྣ་ཚོགས་སུ་སྣང་བ་ཤེས་པའི་སྐྱེ་མཆེད་ཡིན་ཏེ། དེ་ཤེས་པའི་ངོ་བོར་བདེན། དེ་ཡང་སྣ་ཚོགས་སུ་སྣང་བ་ཤེས་པའི་སྐྱེ་མཆེད་དང་། ཤེས་པ་རང་གི་ངོ་བོ་བདག་ཉིད་གཅིག་པའི་འབྲེལ་བར་འདོད་དེ། གཞན་དབང་དུ་འདོད་དོ། །སྐྱེ་མཆེད་འཁྲུལ་པ་ན་རེ། ཁ་དོག་དབྱིབས་ཀྱི་སྐྱེ་མཆེད་སྣ་ཚོགས་སུ་སྣང་བ་འདི་རྫུན་པར་འདོད་དེ། ཀུན་བཏགས་སུ་འདོད། དེ་ཉིད་དང་གཞན་དུ་བརྗོད་དུ་མེད་པར་འདོད་དེ། སྐྱེ་མཆེད་དང་ཤེས་པ་རང་གི་ངོ་བོ་ལ་འབྲེལ་བ་མེད་པར་འདོད། དེ་ལ་དེ་ཉིད་དང་གཞན་དུ་བརྗོད་དུ་མེད་པ་ནི། གཞན་དབང་དངོས་པོ་རྫས་གྲུབ་གཉིས་ལ་མི་བརྟེ། ཀུན་བཏགས་གཏན་མེད་གཉིས་ལ་མི་བརྟེ། གཞན་དབང་དང་ཀུན་བཏགས་གཉིས་ལ་མི་

བརྗོད། །དེ་ལ་དཔེར་ན་རི་བོང་གི་རྭ་འདི། བུམ་པ་དེ་ཉིད་ཀྱང་མིན་ལ། བུམ་པ་ལས་གཞན་ནའང་བརྗོད་དུ་མེད་དེ། རི་བོང་རྭ་གཏན་ནས་མེད་པ་དེ་བཞིན་དུ། ཁ་དོག་དབྱིབས་ཀྱི་སྐྱེ་མཆེད་སྣ་ཚོགས་འདི། ཤེས་པ་རང་གི་ངོ་བོ་དེ་ཉིད་ཀྱང་མ་ཡིན་ལ། དེ་ལས་ཀྱང་གཞན་ན་བརྗོད་དུ་མེད་དེ། སྣ་ཚོགས་སུ་སྣང་བ་ཀུན་བཏགས་སུ་འདོད་པའོ། །དེ་ལ་ཤེས་པའི་སྐྱེ་མཆེད་མཐའ་དག་འཁྲུལ་བར་འདོད་པ་ན་རེ། སྣ་ཚོགས་སུ་སྣང་བའི་ཤེས་པའི་སྐྱེ་མཆེད་འཁྲུལ་བའམ་རྫུན་པ་ཡིན་ལ། ཤེས་པ་གཉིས་མེད་དེ་ས་བཅུད་མན་ཆད་དུ་བདེ་སྡུག་ཏུ་སྣང་བ་ཡིན་ཏེ། ལེགས་པའི་བློ་གྲོས་ཡན་ཆད་དུ་བདེ་སྡུག་ཁ་དོག་ཀྱང་མེད་དེ། རང་རིག་གི་ཤེས་པ་ཙམ་སྒྲོང་བ་ཙམ་ཡོད་དེ། དེ་ཡང་རྒྱུ་འབྲས་དང་བཅས་པའོ། །དེ་ལ་ཤེས་པ་རང་རྐྱང་བ་ཞེས་ཐ་སྙད་བྱེད་དོ།།

སྐྱེ་མཆེད་ཕྱོགས་གཅིག་འཁྲུལ་པར་འདོད་པ་ན་རེ། ཤེས་པའི་སྐྱེ་མཆེད་ལ་གཉིས། བརྟག་པ་དང་རིག་པའོ། །དེ་ལ་བརྟག་པ་ཁ་དོག་དབྱིབས་ཀྱི་སྐྱེ་མཆེད་རྫུན་ཏེ། ཤེས་རིག་རང་གི་ངོ་བོ་དེ་ལ་བདེ་སྡུག་ཏུ་སྣང་བ་མི་སྐྱོ་བ་ཡིན་ཏེ། སངས་རྒྱས་ཀྱི་ས་ན་དེ་ཡོད་པའོ། །དེ་ཡང་རྒྱུ་འབྲས་དང་བཅས་པའོ། །ཁ་དོག་སྣ་ཚོགས་སུ་སྣང་བའི་ཤེས་པའི་སྐྱེ་མཆེད་གནས་སྐབས་རྣམ་པར་རྟོག་པ་ཞེས་བྱའོ། །ཤེས་པ་རང་གི་ངོ་བོ་རིག་པ་གཉིས་མེད་དེ་ལ་རང་བཞིན་རྣམ་པར་དག་པ་ཞེས་བྱའོ། །དེའི་ཕྱིར་ཁ་དོག་སྣ་ཚོགས་སྣང་བ་ཤེས་པའི་སྐྱེ་མཆེད་འདི་མ་རིག་པ་ལ་སྣང་བར་འདོད་དོ། །དེ་ལ་མ་རིག་པ་སེལ་བའི་དུས་སུ་བསལ་བྱ་དང་། སེལ་བྱེད་ཡེ་ཤེས་སོ། །སྤང་བྱ་མ་རིག་པས་བསྐྱེད་པའི་ཉོན་མོངས་པ་ལ་གསུམ། ཕྲ་མའི་ཆ་དང་། དཀྲ་བའི་ཆ་དང་། མ་འོངས་པའོ། །གཉེན་པོའི་ཡེ་ཤེས་ལ་ཡང་ཕྲ་མ་དང་། དཀྲ་བ་དང་། མ་འོངས་པའོ། །དེ་ལ་

གཉེན་པོས་སྤང་བྱ་སེལ་དུས་སུ། ཡེ་ཤེས་སྟོན་མས་ཉོན་མོངས་པ་སྟོན་མ་སྤྱོང་ངམ། ད་ལྟ་བས་ད་ལྟ་བ་སེལ་ལམ། མ་འོངས་པས་མ་འོངས་པ་སྤྱོང་། གལ་ཏེ་ཡེ་ཤེས་སྟོན་མས་ཉོན་མོངས་པ་ད་ལྟ་བ་སྤྱོང་ངམ། ད་ལྟ་བས་སྟོན་མ་སྤྱོང་བྱས་པ་ལ། ཡེ་ཤེས་སྟོན་མས་ཉོན་མོངས་སྟོན་སྤྱོང་། ད་ལྟར་གྱིས་ད་ལྟར། མ་འོངས་པས་མ་འོངས་པ་སྤྱོང་ཞེ་ན། དུས་མཉམ་པར་རང་གི་ངོ་བོ་གྲུབ་པ་མཉམ་པོ་ལ་ཕན་གདགས་བྱ་འདོགས་བྱེད། གནོད་བྱ་དང་གནོད་བྱེད་མེད་པའི་ཕྱིར་རོ། །ཡང་ཡེ་ཤེས་སྟོན་མས་ཉོན་མོངས་པ་ད་ལྟ་བ་སྤྱོང་ཞེ་ན། མ་ཡིན་ཏེ། སྤྱོང་བྱེད་ཡེ་ཤེས་དེ་ཡོད་ཙམ་ན་སྤང་བྱ་ཉོན་མོངས་པ་དེ་མེད་དེ། དུས་ཐ་དད་པས་ཕྱིར་རོ། །དཔེར་ན་དབྱར་གྱི་ཆུ་དང་དགུན་གྱི་ཞིང་བཞིན་ནོ། །འོ་ན་ཅི་ལྟར་སྤང་ཞེ་ན། རྒྱུ་ལ་གནོད་པ་བྱས་པས་འབྲས་བུ་ནུས་པ་ཆུང་ངུར་སོང་བ་སྟེ། དཔེར་སྲ་བའི་ཕུང་པོ་ཆེན་པོའི་ནང་དུ། མེ་ཆུང་ངུས་སྲ་བ་ཀུན་མེར་འགྱུར་བ་བཞིན་ནོ། །སྐད་ཅིག་མི་གནས་པའི་ཡེ་ཤེས་སྐྱེས་ཙམ་ན་ཉོན་མོངས་པ་འགག་པའོ། །དེས་ན་ཁ་དོག་དབྱིབས་ཀྱི་སྐྱེ་མཆེད་མི་བདེན་པའོ།།

ཤེས་པའི་སྐྱེ་མཆེད་སྣ་ཚོགས་སུ་བདེན་པ་རྒྱུ་འབྲས་དང་བཅས་པའི་འདོད་པ་ནི། སྣང་བའི་ངོ་བོ་ལ་ཁ་དོག་དང་། དབྱིབས་དང་། རྣམ་པར་རིག་བྱེད་དུ་མར་སྣང་ལ། དེ་བཞིན་ཏུ་བདེ་བ་དང་། སྡུག་བསྔལ་བ་དང་། འཇམ་རྩུབ་དང་། གྲང་དྲོ་དང་། བཏང་སྙོམས་དུ་མར་སྣང་ཡང་། རིག་པ་ཚད་མའི་ངོ་བོ་དེ་ལ་ཀུན་གཅིག་ཏུ་བདེན་པ་སྟེ། གཉིས་སུ་དབྱེར་མེད་པའོ། །དཔེར་ན་ཟ་འོག་ལྷིང་བའི་ཁྲུད་དུ་ཤེལ་སྒོང་ཡོངས་སུ་དག་པ་གཅིག་བཞག་ན། ཁ་དོག་དུ་མར་སྣང་ཡང་། བདེན་པ་ཤེལ་སྒོང་དུ་བདེན་པ་ལྟར་རོ། །ཤེས་རིག་དེ་ཡང་རྒྱུ་འབྲས་སུ་འདོད་དེ། རྒྱུ་འབྲས་དེ་འདས་པ་ལ་མི་བརྩི་

སྟེ། རྒྱུ་རྐྱེན་གྱི་བྱ་བ་བྱས་ཟིན་པའི་ཕྱིར་རོ། །མ་འོངས་པ་ལ་མི་བཙེ་སྟེ། རང་གི་ངོ་བོ་མ་ཐོབ་པའི་ཕྱིར་རོ། །ད་ལྟ་བ་ལ་བཙེ་སྟེ། དེ་ཡང་དུས་མཉམ་པོ་ལ་མི་བཙེ། དུས་ཐ་དད་པ་ལ་བཙེ་བ་སྟེ། དེ་ཡང་རང་ལས་གཞན་པ་མི་རྟག་པ་རྒྱུ་མ་ཞིག་པ། སྔར་བསགས་པ་ལས། འབྲས་བུ་ཕྱིས་བསགས་པ་སྐྱེ་བའོ། །དཔེར་ན་སྲང་འགོ་དང་སྲང་མཇུག་ལྟ་བུའོ།།

རྒྱུ་འབྲས་མེད་པའི་སྐྱེ་མཆེད་པའི་འདོད་པ་ནི། བདེན་པ་གཉིས་ལ་ལྟོས་པ་སྟེ། ཀུན་རྫོབ་ལ་ལྟོས་པའི་ཆ་ལ་ཁ་དོག་དང་། དབྱིབས་དང་། རིག་བྱེད་སྣ་ཚོགས་ཀྱང་ཡོད། བདེ་སྡུག་ཚ་གྲང་བཏང་སྙོམས་སྣ་ཚོགས་ཀྱང་ཡོད་དེ། དགག་སྒྲུབ་དང་། ཕན་གནོད་དང་། གྲོལ་ཕྱི་གྲོལ་དང་། བཟང་ངན་དང་། ཆེ་ཆུང་དང་། རང་གཞན་ཐམས་ཅད་ཡོད་སྐད། དོན་དམ་ལ་ལྟོས་ན་མེད་དོ་སྐད། འོ་ན་གཏན་མེད་དམ་ཞེ་ན། ཤེས་པ་ཙམ་སྒྲོང་བ་ཙམ་ཡོད་དེ། དེ་ཡང་རྒྱུ་འབྲས་སུ་བརྗོད་དུ་མེད་པའོ། །དེ་ལྟ་བུའི་ཤེས་པ་དེ་ཡོད་པར་ཅིས་མངོན་ཞེ་ན། དོན་རང་རིག་པའི་མངོན་སུམ་གྱིས་གྲུབ་ལ། ཐ་སྙད་དུ་ཇེས་སུ་དཔག་པ་འགྲུབ་སྟེ། ཉམས་སྒྲོང་གི་ཤེས་རིག་པོན་ཅན། གསལ་བ་གཉིས་མེད་ཡིན་ཏེ། གསལ་བྱེད་གཞན་ལ་མི་ལྟོས་པའི་ཕྱིར། མར་མེ་རྣང་གིས་མ་བསྒྱུད་པ་བཞིན་ནོ། །དེ་ལྟར་རྒྱུ་འབྲས་ཀྱི་སྟོང་པའི་ཤེས་པ་རང་རིག་གཉིས་མེད་དུ་འདོད་པའོ། །དེ་དག་ནི་ཐུགས་རྗེ་སེམས་དཔའི་ལྟ་བ་གཏན་ལ་དབབ་པའོ། །ཞེས་སོ།།

གོང་དུ་བྱུང་བའི་ཀུན་བཏགས་དང་། གཞན་དབང་གི་དབྱེ་བཤད་དེ་དག་གང་ཞེ་ན། དེ་ལ་གཞན་དབང་གསུམ་ནི། ཕྱི་དོན་སྣང་གི་ཤེས་པ་དང་། ནང་བདེ་སྡུག་སྣང་བའི་ཤེས་པ། མངོན་སུམ་སྣང་ལ་མ་ངེས་པའོ། །ཀུན་བཏགས་གསུམ་ནི། ཕྱི་རོལ་དོན་

དང་། མེད་པ་གསལ་སྣང་དང་། རྟོག་པ་ལོག་ཤེས་ཀྱི་ཞེན་ཡུལ་ལོ། །སངས་རྒྱས་ས་ན་བདེ་སྟུག་སྣང་བའི་ཤེས་པ་ཡོད་པ་ནི། འགྲོ་ལ་སྙིང་རྗེའི་མཆི་མ་ཤོར་བ་ལྟ་བུའོ།།

གཉིས་པ་བསྲུང་བའི་དམ་ཚིག་ནི། འགྲེལ་ལས། བསྲུང་བའི་ཁྲིམས་ནི། སྡོམ་པ་ལུས་ངག་ཡིད་གསུམ་སྒོ་ནས་བསྲུང་། །ལུས་ངག་ཡིད་གསུམ་གྱི་སྒོ་ནས་ངན་པ་བཟློག་སྟེ། དུས་བཟང་པོ་ལ་དགེ་སྤྱོད་བསྲུང་པའོ། །ཞེས་དང་། ཁྱབ་པ་སྣང་ལྡན་གྱིས་མཛད་པའི་ཐེག་པའི་རབ་དབྱེ་ལས། དམ་ཚིག་ནི་ཐུགས་རྗེའི་སྡོམ་པ་ཉི་ཤུ་བསྲུང་སྟེ། ཞེས་པས། ཡེ་ཁྲིའི་ལ་ཟླའི་བམ་པོ་ལས། ཐུན་མོང་སྤྱོད་པ་དབྱེ་ན་གཉིས། །འཇིག་རྟེན་མི་མཐུན་སྤྱོད་པ་དང་། །ལྷ་མི་གཞན་རྟེན་རང་རྟོགས་དང་། །མ་འདྲེས་པ་ཡི་སྤྱོད་པའོ། །དང་པོ་དག་ལ་ལྔ་ཡིན་ཏེ། །ཡུལ་དམན་གཅེས་པར་བཟུང་བ་དང་། །སེམས་ཀྱི་དྲི་མ་བཀྲུད་སྤང་དང་། །རྐྱེན་ངན་བྱང་ཆུབ་གྲོགས་འགྱུར་དང་། །འཇིག་རྟེན་ཕུན་སུམ་ཚོགས་པ་ནི། །སྙིང་རྗེའི་གནས་སུ་ལྟ་བ་དང་། །གཞན་གྱི་འཁྲུལ་པ་བརྟག་མི་བྱ། །ཡུལ་དམན་གཅེས་བཟུང་གསུམ་ཡིན་ཏེ། །སངས་རྒྱས་བས་ཀྱང་སེམས་ཅན་གཅེས། །དམ་པ་བས་''ཀྱང་ཐལ་པ་བཟུང་། །ཕན་འདོགས་བས་ཀྱང་གནོད་སྐྱེལ་གཅེས། །ཕ་རོལ་ཕྱིན་དྲུག་འགྲོ་ཕྱིར་དང་། །སྙིང་རྗེ་སྐྱེ་ཡུལ་ཡིན་ཕྱིར་དང་། །གནོད་པའི་སྦྱོར་བ་བཟློལ་ཕྱིར་གཟུང་། །ཁྲུངས་སུ་འདུས་པའི་ཚུལ་ཕྱིར་ཡང་། །ཡུལ་དམན་གཅེས་པར་བཟུང་བའོ། །ཞེས་དང་། གཉིས་པ་དྲི་མ་བཀྲུད་སྤང་པ། ཁེ་གྲགས་དགེ་བའི་དྲི་མ་དང་། །དབང་མེད་རྙེད་པའི་དྲི་མ་དང་། །ཚེ་འདི་ཕན་འདོད་དྲི་མ་དང་། །བྱས་པ་ལན་རེའི་དྲི་མ་དང་། །གཞན་སྤྱོད་ཕྲག་དོག་དྲི་མ་དང་། །ང་རྒྱལ་རློམ་སེམས་དྲི་མ་དང་། །མ་བརྟགས་སྤྱོད་པའི་དྲི་མ་དང་། །ཕྱིར་ཤོར་འཁྱོད་སེམས་དྲི་མའོ། །རྐྱེན

ངན་གྲོགས་འགྱུར་གཉིས་ཡིན་ཏེ། །འཇིག་རྟེན་འདི་རྐྱེན་གྲོགས་འགྱུར་དང་། །ཕྱི་མའི་རྐྱེན་ངན་སྨོན་ལམ་གཟུང་། །འདི་ཡི་རྐྱེན་ངན་ལ་ཡང་གཉིས། །སྒྲུབ་པའི་རྐྱེན་ངན་གྲོགས་འགྱུར་དང་། །ལས་གྱུར་རྐྱེན་ངན་གྲོགས་འགྱུར་རོ། །འཁྲུལ་པ་མི་བརྟག་རྣམ་པ་གསུམ། །ཕྱིར་ན་སེམས་ཅན་འཁྲུལ་མི་བརྟག །གྲོས་ཀྱི་དགེ་བྱེད་འཁྲུལ་མི་བརྟག །ཡང་སྒོས་སློབ་དཔོན་འཁྲུལ་མི་བརྟག །འཇིག་རྟེན་མི་མཐུན་སྤྱོད་པའོ། །ལྷ་མི་གཞན་རྟེན་རང་རྟོགས་དང་། །མ་འདྲེས་སྤྱོད་པ་གཉིས་ཡིན་ཏེ། །དགེ་བ་ཅི་དང་ཅི་བྱེད་པ། དམ་པ་གསུམ་གྱིས་ཟིན་པར་བྱ། །ལུང་དུ་མ་བསྟན་དགེ་བར་བསྒྱུར། །ལས་བསགས་སྡིག་པ་བཀྲུང་ཞིང་བཤགས། །དགེ་བའི་རྩ་བ་ཐམས་ཅད་ཀུན། །རྫོགས་པའི་གཡུང་དྲུང་མཆོག་ཏུ་བསྔོ། །དམ་པ་ཟིན་བྱ་དབྱེ་ན་གཉིས། །བསྡུས་པ་དང་ནི་རྒྱས་པའོ། །སྦྱོར་བ་སྟོང་ཉིད་དམ་པའོ། །དངོས་གཞི་སྙིང་རྗེ་དམ་པའོ། །རྗེས་ལ་གཡུང་དྲུང་མཆོག་སེམས་སོ། །རྒྱས་པ་དབྱེ་ན་རྣམ་པ་གཉིས། །སྟོང་ཉིད་སྙིང་རྗེའི་སྙིང་པོ་ཅན། །དངོས་གཞི་ཕ་རོལ་ཕྱིན་དྲུག་ལྡན། །རྗེས་ལ་རང་བཞིན་མེད་པར་ཤེས། །ལུང་དུ་མ་བསྟན་ཤེས་པ་རྣམས། །དགེ་བར་བསྒྱུར་བ་བཞི་ཡིན་ཏེ། །བྱེད་དགུ་ཚོགས་སུ་བསྒྱུར་བ་དང་། ཁ་ཟས་བདུད་རྩིར་བསྒྱུར་བ་དང་། །ནམ་ལྷ་དོན་ཡོད་འདའ་བ་དང་། རྒྱུད་ཉིད་སྟོམ་ལ་གནས་པའོ། །ཞེས་སོ། །ནམ་ལྷ་དོན་ཡོད་འདའ་ལ་ནི། དགེ་བའི་བསམ་པ་དང་མི་འབྲལ་བའོ།།

གསུམ་པ་བསྒོམ་རིམ་ནི། འགྲེལ་ལས། བསྒོམ་པའི་རིམ་པ་ནི། གསལ་ལ་རིག་པ་ཉམས་སུ་མྱོང་བ་སྟེ། །རྣམ་རིག་དེ་དམིགས་ཤེས་པ་དེ་ཙམ་སྒོམ། །རྣམ་རིག་ཤེས་པ་གསལ་ལ་ཉམས་སུ་མྱོང་བ་དེ་ཙམ་ལ་སེམས་གཏད་ནས། དེ་སྐམ་དུ་དམིགས་ཏེ།

བསྒོམ་པ་ཉིད་དེ་ཙམ་ཉིད་ལ་ཡང་མི་གནས་པར་འཛོག་གོ །ཞེས་སོ།།

བཞི་པ་བསྒྲུབ་ཐབས་ནི། ལམ་ལྔ་སྦྱུད་པས་ཡེ་ཤེས་བསོད་ནམས་རྫོགས། ལམ་གྱི་མི་རྟོག་པའི་ཆ་ཡེ་ཤེས་ཀྱི་ཚོགས་ལ། རྗེས་ཐོབ་བསོད་ནམས་ཀྱི་ཚོགས་སུ་ཡང་རྩེ་སྙིང་ཆེན་ལས་བཤད་པའམ། ཡང་ན་ཚོགས་ལམ་མན་ཆད་བསོད་ནམས་ལ། སྦྱོར་ལམ་ཡན་ཆད་ཡེ་ཤེས་ཀྱི་ཚོགས་སུ་འདོད་དོ། །འདི་ལ་ལྔ་སྟེ། ལམ་ལྔའི་རྟེན་གང་ལ་ཆགས་པ། རྒྱུ་གང་ལས་སྐྱེ་བ། རྐྱེན་གང་གིས་བསྐྱེད་པ། ངོ་བོ་སྤང་གཉེན་ཅི་ལྟར་སྐྱོང་བ། དེ་དག་ཏུ་བསྒོམ་པའི་ཕན་ནོ། །དང་པོ་རྟེན་ལ་གཉིས། མ་ཐོབ་པ་ཐོབ་བྱེད་ཀྱི་རྟེན་དང་། ཐོབ་པ་མི་ཉམས་པར་བྱེད་པའི་རྟེན་ནོ། །དང་པོ་ལ་ངན་སོང་གསུམ་ལས་མི་སྐྱེ་སྟེ། དལ་ཁོམ་མེད་པའོ། །སྒྲ་མི་སྙན་ལ་རིགས་སད་མེད་པ་དང་། འདོད་ལྷ་ཡང་འདོད་ཡོན་ལ་སེམས་གཡེངས་དྲགས་པས་སྐྱོ་ཤས་མེད་པ་དང་། ཚུལ་ཁྲིམས་མེད་པས་ཚོགས་ལམ་གྱི་རྟེན་དུ་མི་རུང་བའི་ཕྱིར། །གཟུགས་ཁམས་ཀྱི་ལྷ་རིགས་ཀྱང་སྙོམས་འཇུག་གི་སྲེད་པས་ལམ་དོན་དུ་མི་གཉེར་བའི་ཕྱིར་དང་། གཟུགས་མེད་ཀྱང་སེམས་མི་གསལ་བས་ལྷག་མཐོང་མི་སྐྱེ་བའི་ཕྱིར། མ་ཐོབ་པ་ཐོབ་བྱེད་ཀྱི་རྟེན་དུ་མི་རུང་ངོ་། །གླིང་གསུམ་གྱི་མ་ནིང་ཡང་མི་རུང་སྟེ། བསམ་གཏན་མི་སྐྱེ་བ་དང་། སྡོམ་པ་ཚོགས་ལམ་གྱི་རྟེན་མེད་པའོ། །དེས་ན་སྔར་མ་ཐོབ་པ་ཐོབ་བྱེད་ཀྱི་རྟེན་ནི། གླིང་གསུམ་གྱི་ཕོ་མོ་ངེས་པ་ཅན་ནོ། །སྔར་ཐོབ་པ་ལ་མི་ཉམས་པའི་རྟེན་ནི། ངན་སོང་དང་ལྷ་རིགས་ཀྱང་རུང་སྟེ། ཀླུའི་གཡུང་དྲུང་སེམས་དཔའ་དང་། ཐྲེའུ་བྱང་ཆུབ་སེམས་དཔའ། ཁྱིས་ཉ་སྡོམ་བསྲུང་བ་ཡོད་པ་དང་། ལན་གཅིག་ཕྱིར་འོང་དང་ཕྱིར་མི་འོང་རྣམས་ཡོད་པའི་ཕྱིར་རོ། །འོ་ན་མདོ་ལས། གཏོ་བུ་དོན་དེ་དཀྱིལ་བར་འདུག་པ་

ལ། བཟློད་པའི་ཡེ་ཤེས་ཐོབ་པར་བཤད་པ་དང་འགལ་ལོ་ཞེ་ན། དེ་ནི་སྔར་མིའི་རྟེན་ལ་དགེ་སྡིག་གི་སྐྱོན་ཡོན་བཤད་པའི་བག་ཆགས་སྟོན་པའི་ཐུགས་རྗེ་དོས་དྲག་གིས་སད་པར་བྱས་པ་ཡིན་གྱི། གལ་ཏེ་རྐྱེན་དེས་དེ་བྱས་པས་དེར་འགྱུར་ན། དམྱལ་ཡོང་བས་གཟུགས་མཐོང་བ་དང་། ཞ་བོ་ཡང་ཡན་ལག་མཉེན་པར་ཏེ། སྟོན་པའི་འོད་ཟེར་རིག་པས་དེར་བཤད་དོ། །འདོད་ན། དབང་པོ་ཉམས་མ་ཉམས་ཁྱད་མེད་དུ་འགྱུར་རོ།།

གཉིས་པ་རྒྱུ་གང་ལ་སྐྱེ་བའི་རིགས་བདུན་ཏེ། སྒྲ་དོན་དང་། མཚན་ཉིད། ངོ་བོ། དབྱེ་བ། ཆེ་ཆུང་དང་། རིགས་ངེས་པ་དང་མ་ངེས་པ། རིགས་ཅན་དང་རིགས་ཆད། སད་པ་དང་མ་སད་པའི་སྐྱོན་ཡོན་ནོ། །དང་པོ་ནི། སེམས་དབྱིངས་དྲི་བཅས་དེ་མྱ་ངན་ལས་འདས་པའི་ངོ་བོ་མ་ཡིན་ཡང་། དེའི་རིགས་དང་ཞད་ཡིན་པས་རིགས་ཞེས་བྱའོ།།

གཉིས་པ་མཚན་ཉིད་ལ། དབྱིངས་ཀྱི་ས་བོན་གང་ཞིག སྐུའི་རྒྱུར་ཡོད་པ་དང་། ངོ་བོ་ཉིད་སྐུའི་བྲལ་རྒྱུ་ཡོད་པ་དང་། སངས་རྒྱས་ཀྱི་སྐུའི་སྐྱེད་རྒྱུར་ཡོད་པ་ནི་རིམ་པ་ལྟར་རིགས་ཙམ་དང་། རང་བཞིན་དུ་གནས་པའི་རིགས་དང་། རྒྱས་འགྱུར་གྱི་རིགས་ཀྱི་མཚན་ཉིད་ཡོད་དེ་ཞེས་པ་ནི། རྣམ་ཤེས་རིགས་སུ་འགྱུར་ཏེ། སངས་རྒྱས་ཀྱི་རྒྱུར་ཡོད་པའི་ཕྱིར་ཏེ། ཡེ་ཤེས་རིགས་བཞིའི་གནས་འགྱུར་གྱི་རྒྱུར་དབྱེ་བཤད་ལས་བཤད་པའི་ཕྱིར་ཏེ། ཀུན་གཞི་མེ་ལོང་ཡེ་ཤེས་སུ་འགྱུར་བ་ལ་སོགས་བཤད་པའི་ཕྱིར་རོ། །གཞན་ཡང་ལམ་ཐམས་ཅད་རིགས་སུ་འགྱུར་ཏེ། སངས་རྒྱས་ཀྱི་རྒྱུ་ཡིན་པའི་ཕྱིར་རོ། །འདོད་དེ། རྒྱས་འགྱུར་གྱི་རིགས་ཡིན་ནོ་ཞེ་ན། རྒྱུ་འབྲས་ཁྱད་མེད་དུ་འགྱུར་ཏེ། ལམ་ཉིད་རིགས་ཀྱི་འབྲས་བུ་དང་རིགས་གཉིས་ཀ་ཡིན་པར་ཐལ་བའི་ཕྱིར་རོ། །གཞན་ཡང་གྲུབ་མཐར་ཞུགས་པ་ཐམས་ཅད་རིགས་ཆད་དུ་འགྱུར་ཏེ། རྒྱས་འགྱུར་ལམ་དེ་

མེད་པའི་ཕྱིར་རོ། །རང་བཞིན་དུ་གནས་པས་ཁྱབ་བདལ་དུ་ཡོད་པས་རིགས་ཆད་ཀྱི་བཅེ་བལྡབ་མི་ནུང་ངོ་། །སློབ་དཔོན་བསོད་རིན་གྱི་ཀུན་གཞི་ལས་ངོ་བོ་གཞན་དུ་མ་གྲུབ་པ་གང་ཞིག མྱང་འདས་ཀྱི་རྒྱུར་ཡོད་པ་ཞེས་པ་ཡང་། ཀུན་གཞིའི་རྣམ་ཤེས་ཁོ་ཉིད་དེར་འགྱུར་རོ། །དེས་ན་ཀུན་གཞིའི་ངོ་བོ་མ་ཡིན་པ་ཀུན་གཞིའི་དང་དབྱེར་མེད་པ་གང་ཞིག བྱང་ཆུབ་ཀྱི་བསྒྲུབ་རྒྱུད་ཡིན་པ་དང་། སེམས་དབྱིངས་དྲི་མར་བཅས་པ་དང་། ཟག་མེད་ཀྱི་དགེ་བའི་ས་བོན་སད་ནུང་དུ་ཡོད་པ་ནི། རིམ་པ་ལྟར་རིགས་ཙམ་དང་། རང་བཞིན་དུ་གནས་པའི་རིགས་དང་། རྒྱས་འགྱུར་གྱི་རིགས་ཀྱི་མཚན་ཉིད་དོ།།

གསུམ་པ་ངོ་བོའི་དབྱེ་བ་ལ་རིགས་གཉིས་པོ་དེའོ། །བཞི་པ་ཆེ་ཆུང་གི་རིགས་ནི་གསུམ་སྟེ། ཉན་ཐོས་ཀྱི་རིགས་ནི། ཐོག་མེད་ནས་དབང་པོ་རྟུལ་བ་གཞན་གྱི་སློབ་མ་བྱས་ཏེ་རང་ཉིད་མྱུར་དུ་མྱ་ངན་ལས་འདའ་བར་དགའ་བའོ། །རང་རྟོགས་པའི་རིགས་ནི། དབང་འབྲིང་གཅིག་པུ་དབེན་པར་སྤྱོད་དེ། མྱུར་དུ་མྱ་ངན་ལས་འདའ་བར་དགའ་བའོ། །བྱང་ཆུབ་སེམས་དཔའི་རིགས་ནི་དབང་རྣོན་སེམས་ཅན་ལ་སྙིང་རྗེ་ཆེ་བས་འགྲོ་དོན་རྒྱ་ཆེ་བ། བོན་ཐམས་ཅད་བདག་མེད་པར་རྟོགས་པ། སངས་རྒྱས་དང་བྱང་ཆུབ་སེམས་དཔའི་སྤྱོད་ཚུལ་དང་ཡོན་ཏན་ཐོས་པས་མཆི་མ་འབྱུང་བ། ཕ་རོལ་ཕྱིན་དྲུག་གི་སྤྱོད་ཚུལ་བརྩོན་པའོ། །འོ་ན་སློབ་དཔོན་དྲན་པས། བོན་གྱི་དབྱིངས་ལ་དབྱེར་མེད་ཕྱིར། །རིགས་ལ་ཐ་དད་ཡོད་མ་ཡིན། །ཞེས་པ་དང་འགལ་ལོ་ཞེ་ན། དེ་ནི་རང་བཞིན་དུ་གནས་པ་ལ་དགོངས་ཀྱི། འདིར་ནི་བུམ་པ་ལ་ཁྱད་མེད་ཀྱང་འོ་མའམ་ཆུས་བཀང་བའི་བུམ་པ་ལ་འོ་བུམ་དང་ཆུ་བུམ་ཞེས་པ་ལྟར། རྟེན་གང་ཟག་གི་ཡོན་ཏན་ཆེ་ཆུང་ལས་བཏགས་པའོ།།

ལྔ་པ་རིགས་ངེས་མ་ངེས་ལ། ཉན་རང་རིགས་ངེས་པ་ཅན་དུ་འདོད་དེ། གང་དུ་བཤད་ཟིན་ནོ། །བྱང་སེམས་ཀྱི་རིགས་ངེས་མི་འདོད་དེ། ཉན་རང་གཉིས་ཀྱང་གང་གི་རྐྱེན་གྱིས་རིགས་སད་ནས་བྱང་སེམས་སུ་འཇུག་ཏུ་བཏུབ་པར་འདོད་དོ།།

དྲུག་པ་རིགས་ཅན་དང་རིགས་ཆད་ལ། རིགས་ཅན་ནི་གོང་དུ་བཤད་པའོ། །རིགས་ཆད་ནི་དཀོན་མཆོག་ཡོན་ཏན་བཤད་ཀྱང་དད་པ་མི་སྐྱེ་བ་དང་། ལས་འབྲས་བཤད་ཀྱང་ཡིད་མི་ཆེས་པ། ངན་སོང་གི་སྡུག་བསྔལ་ཐོས་ཀྱང་མི་སྐྲག་པ། རབ་ཏུ་བྱུང་བ་དང་བསྟན་པ་ལ་འཇུག་པའི་བསམ་པ་ཙུང་ཟད་ཀྱང་མི་སྐྱེ་བ། གལ་ཏེ་རབ་ཏུ་བྱུང་ཡང་ཁེ་གྲགས་དང་རྙེད་པའི་ཆེད་དུ་བྱེད་པ། དེ་ནི་བསྒྲིགས་མ་ལ་སོ་ནམ་བྱས་ཀྱང་སྟོན་ཐོག་མི་འབྱུང་བ་ལྟར་རོ།།

བདུན་པ་སད་མ་སད་ཀྱི་སྐྱོན་ཡོན་ནི། ཉོན་མོངས་དར་དྲག་ཅིང་ཡུལ་རིངས་པ་དང་། གྲོགས་མི་དགེ་བའི་བཤེས་དང་འཕྲད་པ་དང་། བསླུབ་པའི་མཐུན་རྐྱེན་གྱིས་འཕང་པ། གཞན་གྱི་དབང་གིས་དགེ་བར་འཇུག་མི་ཚོམ་པ་དང་། དེ་ལས་བཟློག་པ་རྒྱུད་འཇམ་ལ་དད་པ་ཆེ་བ། དགེ་བའི་བཤེས་དང་ཕྲད་པ་ལ་སོགས་པའོ།།

གསུམ་པ་རྐྱེན་གང་གིས་བསྐྱེད་པ་ལ་གསུམ། སྟོན་འགྲོ་སྐྱབས་འགྲོ་སེམས་བསྐྱེད་དུ་འབྲེལ་བ། ལག་ལེན་ཚོགས་གཉིས་ཐབས་ཤེས་སུ་འབྲེལ་བ། རྗེས་ལ་བསྔོ་བ་སྨོན་ལམ་དུ་འབྲེལ་པའོ། །དེ་ལ་སྐྱབས་འགྲོ་གོང་དུ་བཤད་ཟིན་ལ། སེམས་བསྐྱེད་ནི་འོག་ཏུ་སྤྱོད་པར་འབྱུང་ངོ་། །ཚོགས་གཉིས་ཐབས་ཤེས་སུ་འབྲེལ་བ་ནི། འདིར་ཕྱི་རྒྱུད་ལམ་འགྱུར་པ་ཅན་ཡིན་པས། ཕར་ཕྱིན་བཅུའི་ཐབས་ཤེས་ཙམ་ཡོད་ཀྱི། ནང་རྒྱུད་གསང་རྒྱུད་ལྟར་འདོད་པ་ནི་མ་ཡིན་ནོ། །འོན་ཀྱང་འདོད་པའི་ཉེས་པ་ལྔའི་

གཉེན་པོར། ཚོགས་ལམ་ཆུང་འབྲིང་མན་ཆད་དུ་འདོད་ཆགས་གཉེན་པོ་མི་སྡུག་པར་སྒོམ་པ་དང་། རྣམ་རྟོག་གཉེན་པོ་དབུགས་ཕྱི་ནང་དུ་རྒྱུ་བ་དྲན་པ་ལས་སོགས་པ་ལས་ཀྱང་བསྐྱེད་དེ། མདོ་འདུས་ལས། འདོད་པའི་འདོད་ཆགས་ངན་པ་སྤྱོད་བཞིན་འདོད། །དེའི་གཉེན་པོར་མི་སྡུག་བསྒོམ། །ལན་ཆྭའི་ཆུ་ནི་འཐུང་ཞིང་ཕྱིར་ཕྱིར་སྐོམ། ། རྗེ་ཅན་ནད་ནི་འཕྲུག་ཅིང་ཕྱིར་ཕྱིར་ཟ། །མ་ཕྲུག་བཞག་ན་དེ་ལས་ཟ་བ་མེད། །ཅེས་དང་། མདོ་ལས། ཚེས་གཅིག་ཞག་འགྲོས་སུམ་ཅུ་རྩུག་གཉིད་ཡང་། །ལུས་དབེན་དབུགས་ཀྱི་ཆ་མཉམ་ཕྲུག་རྒྱའི་སྐུར་ལྡན་ན། །ཐར་པ་ཆེན་པོའི་ཐྲོད་ཚད་དང་དུ་ལེན་པའོ། །ཞེས་པ་ལྟ་བུའོ། །རྫུ་འཕྲུལ་གྱི་རྐང་པ་ཡན་ཆད་ནི་སྐྱོན་དྲུག་སེལ་པའི་ཡོན་ཏན་དྲུག་སྒོམ་པ་ལས་སྐྱེ་སྟེ། གཡུང་དྲུང་ཡང་རྩེ་ལས། ཕྱིར་དགོངས་པ་མཉམ་པ་ལ་འཇོག་པའི་དུས་སུ་སྐྱོན་དྲུག་སྤང་བར་བྱ་བ་ནི། དམིགས་པ་བརྗེད་པ་དང་གཅིག ལེ་ལོ་དང་གཉིས། བྱིང་བ་དང་གསུམ། རྒོད་པ་དང་བཞི། རྩོལ་བ་དང་ལྔ། མི་རྩོལ་བ་དང་དྲུག་འབྱུང་སྟེ་སེམས་འཛིན་གྱི་ཚེ་འཕྲུལ་ཡིན་ནོ། །དེ་ལས་གྲོལ་བར་བྱ་བ་ནི། གཟུངས་དང་ལྡན་པ་དང་། བརྩོན་འགྲུས་དང་། གསལ་བ་དང་། མ་ཡེངས་པ་དང་། མ་རྩལ་བ། ལྷུན་གྱིས་གྲུབ་པ་དང་དྲུག་ཤར་བ་ནི་སེམས་ཀྱི་ཆེ་བའི་ཡོན་ཏན་ཡིན་ནོ། །དེ་ལ་མཉམ་པར་བཞག་པའི་དུས་སུ། སྐྱོན་ཞོར་ལ་འགག ཡོན་ཏན་ཞོར་ལ་འཆར་བར་བཞེད་དོ། །ཞེས་པ་ལྟ་བུའོ།།

གསུམ་པ་བསྔོ་བ་སྨོན་ལམ། དགེ་བ་ཆུད་མི་ཟ་བར་བྱེད་པ་གང་ཞིག་རྗེས་ཀྱི་བྱ་བར་གྱུར་པའོ། །དབྱེ་ན་གསུམ་སྟེ། ཡོངས་ལ་བསྔོ་བའི་བསྔོ་བྱ། མཐར་ཐུག་པའི་བསྔོ་བ། རྣམ་པར་དག་པའི་བསྔོ་ལུགས་སོ། །བསྔོ་བ་ལོག་པའི་མཐའ་གསུམ་ནི།

བསམ་པའི་མཐའ་ལོག་པ་ཚེ་འདི་ཡི་ཕན་བདེ་རུ་བསྔོ་བ། བསམ་པའི་རྒྱ་ཆུང་བ་རང་དོན་གོར་ཙེ་རུ་བསྔོ་བ། འབྲས་བུ་མཐར་མ་ཕྱིན་པ་འཁོར་བའི་ལས་ལ་བསྔོ་བའོ།།

བཞི་པ་ལམ་ལྔའི་སྤང་གཉེན་ཅི་ལྟར་སྤོང་བ་ལ། འགྲེལ་ལས། ལམ་ལྔ་བསྡུབ་པ་སྟེ། གང་ཞེ་ན། ཚོགས་ཀྱི་ལམ་དང་། སྦྱོར་བའི་ལམ་དང་། མཐོང་བའི་ལམ་དང་། བསྒོམ་པའི་ལམ་དང་། མི་སློབ་པའི་ལམ་མོ། །དེ་ལ་ལམ་བཞི་ནི། མཚན་ཉིད་པ་ཞེས་བྱ་སྟེ། བགྲོད་དུ་ཡོད་པའི་ཕྱིར་རོ། །མཐར་ཕྱིན་པའི་ལམ་ནི་བཏགས་པ་བ་སྟེ། འབྲས་བུ་ཉིད་ལ་ལམ་དུ་བཏགས་པ་ལྟའོ། །ཞེས་པ་འདི་ལ་གསུམ་སྟེ། ལམ་ལྔའི་སྒྲ་དོན། མཚན་ཉིད། དབྱེ་བའོ། །དང་པོ་ལ། བསོད་ནམས་ཀྱི་ཚོགས་གཙོར་བྱས་པས་ཚོགས་ལམ་སྟེ། འབུམ་ཏིག་ལས། བསོད་ནམས་ཀྱི་ཚོགས་དང་དུ་བླངས་པའི་དུས་ནི། ཁམས་གསུམ་འཁོར་བའི་གནས་ན་ཟེས་པ་ཞན་ཞིང་ལམ་གྱི་སྔོར་མ་ཞུགས་པའི་དུས་ན། སྦྱིན་པ་དང་ཚུལ་ཁྲིམས་ལས་སོགས་དང་དུ་བླང་བ་དང་། རྒྱུ་གཙོ་བོར་བྱས་པས་ཚོགས་ཀྱི་ལམ་དང་། ཞེས་སོ། །འབྲས་བུ་འཕགས་ལམ་ལ་ཉེ་བར་སྦྱོར་བས་སྦྱོར་ལམ་ཏེ། དེ་ལས་མོས་པར་སྤྱོད་པའི་ས་བཞི་ནི་འབྲས་བུ་ལ་ཉེ་བར་སྦྱོར་བའི་ལམ་ཡིན་ཏེ། དགེ་བའི་ཕྱོགས་ལ་གཞོལ་ཞིང་མོས་པ་དང་ལྷག་པར་མོས་པའི་མོས་པར་སྤྱོད་པའི་ས་བཞི་སྟེ། ཞེས་སོ། །དོན་ཉིད་སྔར་མ་མཐོང་བས་མཐོང་ལམ་སྟེ། དེ་ལས་ས་དང་པོ་ལ་གནས་པ་གཡུང་དྲུང་གི་ས་ལ་གཟིགས་པའི་ལམ་ནི། དབུལ་པོས་གཏེར་རྙེད་པ་དང་འདྲ་བར་སྔར་མ་མཐོང་བའི་དོན་ཉིད་ཀྱི་དོན་མཐོང་བས། ཞེས་སོ། །དེའི་དུས་སུ་ཐར་པ་ཆེན་པོའི་དོན་ཙམ་མ་མཐོང་བ་ནི་མ་ཡིན། གོམས་པའི་གདེངས་སུ་གྱུར་པ་ནི་མ་ཡིན། ཞེས་སོ། །དོན་ཉིད་སྔར་མཐོང་བའི་དོན་ལ་གོམས་པས་སྒོམ་ལམ་

སྟེ། དེ་ལས་གཉིས་སོགས་གོམས་བྱེད་རྫོག་པ་སྦྱོང་བ་ནི། ཞེས་སོ། །གོམས་པ་དེ་མཐར་སོན་པའི་མཐར་ལམ་མམ། བསླབ་པ་ལ་ཆེད་བྱས་སློབ་མི་དགོས་པས་མི་སློབ་པའི་ལམ་མོ།།

གཉིས་པ་མཚན་ཉིད་ནི། བདག་མེད་རྟོགས་པའི་བསྒོམ་བྱུང་གསལ་སྣང་མ་ཐོབ་པ་དང་། འཇིག་རྟེན་བསྒོམ་བྱུང་ཡེ་ཤེས་ཐོན་ཉིད་ལ་གསལ་སྣང་སྐྱེས་པ་དང་། ཐོན་ཉིད་མངོན་སུམ་གྱིས་གསར་དུ་རྟོགས་པ་དང་། ཐོན་ཉིད་མངོན་གསུམ་གྱིས་མཐོང་བ་ལ་གོམས་པ་དང་། དེ་མཐར་ཐུག་པ་དང་། དེ་གོ་སྐབས་འབྱེད་པ་ནི། རིམ་པ་ལྟར་ཚོགས་ལམ་སྦྱོར་ལམ་མཐོང་བསྒོམ་མཐར་ཕྱིན་དང་། ལམ་གྱི་མཚན་ཉིད་དང་།

གསུམ་པ་དབྱེ་བ་ལ་ལྔ་སྟེ། ཚོགས་ལམ་སྣང་གཉེན། སྦྱོར་ལམ་སྣང་གཉེན། མཐོང་ལམ་སྣང་གཉེན། བསྒོམ་ལམ་དང་། མི་སློབ་སྣང་གཉེན་ནོ། །དང་པོ་ལ་གསུམ་དང་། གཉེན་པོ་ལམ་དང་། སྣང་བྱ་ཉོན་མོངས་པའོ། །དང་པོ་ལ་གཉིས་སྟེ། ངོ་བོའི་དང་། ཆེ་ཆུང་གི་དབྱེ་བའོ། །དེ་ལ་དང་པོ་ནི་མོས་པ་དང་། དྲན་པ་དང་། ཏིང་འཛིན་གསུམ་སྟེ། འབུམ་ཏིག་ལས། མོས་པ་ནི་ས་གཞི་དང་འདྲ་བ་ཡིན། ཏིང་འཛིན་ནི་མི་འགྱུར་བ་གསེར་དང་འདྲ་བ་ཡིན། དྲན་པ་ནི་ཟླ་བ་ཡར་ངོ་དང་འདྲ་བ་ཡིན་ཏེ། ས་གཞི་ལ་སྐྱེ་འགྲོངས་ཀྱི་རྩེ་ཤིང་དང་ལོ་ཐོག་ཐམས་ཅད་འབྱུང་བ་དང་འདྲ་བར། དགེ་ལ་མོས་པ་བརྟེན་ནས་འབྱུང་བ་ཡིན་པས་མོས་པ་ཞེས་བྱའོ། །ཏིང་ངེ་འཛིན་ནི་སེམས་རྩེ་གཅིག་གིས་གཞན་གྱིས་བསྒྱུར་དུ་མི་བཏུབ་པོ། །གསེར་གྱི་ཁ་དོག་གཞན་དུ་མི་འགྱུར་བཞིན་ནོ། །ནམ་ཞིག་ཐར་པ་ཆེན་པོ་མ་ཐོབ་ཀྱི་བར་དུ་མི་འགྱུར་བར་སེམས་བསྐྱེད་དོ། །དྲན་པ་ནི་འདྲིས་པ་དང་མི་བརྗེད་པར་གསལ་འདེབས་པ་སྟེ། ཟླ་བ་ཡར་

གྱི་ངོ་གོང་ནས་གོང་དུ་འཕེལ་བ་བཞིན། དགེ་བ་སྤྱོད་པ་མ་བརྗེད་པར་གོང་ནས་གོང་དུ་འཕེལ་བའོ། །དེ་ནི་ཚོགས་ཀྱི་ལམ་ཆུང་ངུ་དང་འབྲིང་དང་ཆེན་པོ་གསུམ་བསྟན་པ་ཡིན་ནོ། །ཞེས་སོ། །ཚེ་ཆུང་གི་དབྱེ་བ་ཡང་དེའོ།།

གཉིས་པ་སྦྱང་བྱ་ནི་འདོད་པའི་ཉེས་པ་ལྔ་སྤོང་སྟེ། འདོད་པ་ལ་ལྷག་པར་འདུན་པ་དང་། གནོད་སེམས་དང་། རྨོད་འགྱོད་དང་། རྨུག་གཉིད་དང་། ཐེ་ཚོམ་མོ།།

གཉིས་པ་སྦྱོར་ལམ་ལ་གཉིས་ཏེ། གཉེན་པོ་ཡེ་ཤེས་རིགས་བཞི་དང་། སྤང་བྱ་རྟོག་པ་ཆ་བཞིའི་དབྱེ་བའོ། །དང་པོ་ལ་དྲོད་རྩེ་བཟོད་པ་བཞི་རིམ་པ་ལྟར། འདིག་རྟེན་སྒོམ་བྱུང་ཡེ་ཤེས་པོན་ཉིད་རྟོགས་པ་ལ་གསལ་སྣང་ཐོབ་པ་མི་མཆེད་པ་དང་། དེ་མཆེད་པ་མི་བརྟན་པ་དང་། དེ་མི་གཡོ་བརྟན་པ་མཐར་འཛིན་ཡོད་པ་དང་། དེས་སྤང་ལེན་རོ་གཅིག་ཏུ་རྟོགས་པའོ། །འབུམ་ཏིག་ལས། མཉམ་པ་ཆེན་པོས་ཉོན་མོངས་པའི་བུད་ཤིང་བྲེད་བས་དེའི་སྔ་ལྟས་ཡིན་པས་དྲོད་སྟེ། མེ་དང་རྩུབ་ཤིང་ལྟ་བུའོ། །ཞེས་དང་། དང་པོ་དྲོད་ཙེས་མོས་པར་སྤྱོད་པ་དེ་བསྟན་ཏེ། དེ་ནི་ཐེག་པའི་བཞེད་ཀྱི་སྣང་པ་ཐོབ་པའོ། །ཞེས་དང་། ཐར་པའི་ཆ་དང་མཐུན་པའི་དགེ་བའི་རྩ་བ་གཡོ་བའི་རྩེ་མོ་ཡིན་ཏེ། འདི་ནི་ཡུལ་ལ་ཤེས་པ་རྒྱས་པ་སྟེ། ཡུལ་ལ་རྒྱུ་མེད་པར་ཤེས་པ་རྒྱས་པ་སྟེ་ཞེས་བྱའོ། །ཞེས་དང་། དེ་ལྟ་བུ་བཟོད་པ་ཙན་ངན་འགྲོ་གཏན་མེད་པ་སྟེ། དོན་དམ་ཟབ་མོས་བློ་མི་སྐྲག་ཅིང་མི་གཡོ་བས་བཟོད་པར་གྱུར་པ་སྟེ། ཞེས་དང་། འཇིག་རྟེན་པའི་པོན་གྱི་ནང་ནས་མཆོག་དང་གཙོ་བོ་དང་བཟང་པོར་སྣང་བས་ན་དེ་སྐད་ཅེས་བྱའོ། །ཞེས་དང་། པོན་གྱི་མཆོག་མཐར་ཕྱིན་པ་ནི། བདག་དང་པོན་དང་ཉིང་ངེ་འཛིན་ཐར་པའི་འབྲས་བུ་རྣམས་ངོ་བོ་ཉིད་གཅིག་པ་ཉིད་དོ་ཞེས་བྱའོ། །ཞེས་སོ། །ཡེ་

ཤེས་རིགས་བཞིའི་སྒྲ་དོན་ཡང་དེའོ། །དེ་བཞི་ལ་དབྱེ་ན་གཉིས་རེ་སྟེ། འབུམ་ཏིག་ལས། རྒྱུ་དེ་ལ་ཡང་ཐོག་མ་སྐྱེས་མ་ཐག་པ་དང་། ཕྱི་མ་ཤེས་པ་བརྟས་པ་གཉིས་སུ་རིགས་པར་བྱའོ། །ཞེས་སོ། །གཞན་ལས་ནི་གསུམ་རེར་དབྱེ་བས་བཅུ་གཉིས་སུ་འདོད་དེ། གཉིས་པ་སྤང་བྱ་རྟོག་པ་ཆ་བཞི་ལ། ཉོན་མོངས་སྤང་བྱར་ཞེན་པ། ཡེ་ཤེས་གཉེན་པོར་ཞེན་པ། བདག་ཏུ་ལྟ་བའི་ཞེན་པ། བདག་ལྟ་སྒྲ་ལ་དངོས་ལྟའི་ཞེན་པ་བཞི་ནི། རིམ་པ་ལྟར་ཀུན་ནས་ཉོན་མོངས་ཀྱི་གཟུང་རྟོག གཉེན་པོ་རྣམ་བྱང་གི་བཟུང་རྟོག གང་ཟག་རྫས་འཛིན། སྐྱེས་བུ་བཏགས་འཛིན་གྱི་རྟོག་པའོ། །དེ་ལ་ཉོན་མོངས་པ་ཡོད་པར་རྟོག་པའི་ངན་རྟོག་དང་། གཉེན་པོ་ཡོད་པར་རྟོག་པའི་བཟང་རྟོག་གཉིས་ཀས་དོན་ལ་སྒྲིབ་པར་བྱེད་པས་ན་སྤང་བར་བྱ་སྟེ། དཔེར་ན་སྤྲིན་དཀར་བ་དང་ནག་པ་གཉིས་ཀས་ཉི་མ་སྒྲིབ་པ་བཞིན། དེ་ལ་རྒྱུ་དང་པོ་ལ་ནི་མ་རིག་པའི་མུན་པ་ལས་སོགས་བཟློག་ལ། གཉིས་པ་ནི་དེའི་གཉེན་པོར་རྟོག་པ་བཟློག་པའོ། །རྒྱུ་ལོག་མ་འཛིན་པའི་སེམས་སྦྱོང་བ་ལ་གཉིས་ཏེ་མ་རབས་ལོག་པར་ལྟར་བས་བདག་བྱེད་པའི་སྐྱེས་བུར་ལྟ་བ་སྤང་བ་དང་། ལུས་སེམས་དངོས་པོར་ལྟ་བ་སྦྱོང་བའོ། །དེ་ལ་གཉིས་པའི་དང་པོ་ལ་ནི་ལོག་པར་ལྟ་བ་གཞི་ནས་སྦྱོང་ལ། གཉིས་པ་ལ་ནི་དངོས་པོར་ལྟ་བ་གཞི་ནས་སྤང་བའོ། །ཞེས་སོ།།

གསུམ་པ་མཐོང་ལམ་ལ་གསུམ་སྟེ། གཉེན་པོ་མཐོང་ལམ་དང་། སྤང་བྱ་མཐོང་སྤང་དང་། དེས་ཅི་ལྟར་སྤང་བའི་ཚུལ་ལོ། །དང་པོ་ནི། བདེན་པ་བཞི་ལ་དམིགས་པའི་སྐད་ཅིག་བཅུ་དྲུག་སྟེ། གོང་དུ་རང་རྟོགས་ཀྱི་སྐབས་སུ་བཤད་ཟིན་ཏོ། །གཉིས་པ་མཐོང་སྤང་ལ་མཚན་ཉིད་ནི། ཀུན་ནས་དཀྲིས་པའི་ཉོན་མོངས་པ་སྟེ། དེའི་གོ་

དོན་ནི་བདག་མེད་མངོན་སུམ་གྱིས་རྟོགས་པ་ལ་འཆིང་བའོ། །དབྱེ་བ་ལ་གཉིས་ཏེ། བྱང་ཆུབ་སེམས་དཔའི་ལུགས་དང་། ཞར་ལ་རང་རྟོགས་པའི་བཞེད་པ་བཤད་པའོ། །དང་པོ་ཆགས་སྡང་རྨོངས་གསུམ་ང་རྒྱལ་ཐེ་ཚོམ་ལྔ། ལྟ་བ་ལྔར་དབྱེ་བས་རྩ་བའི་ཉོན་མོངས་བཅུར་འདོག་པ་ལ། དབྱེ་ན་བདེན་པ་བཞི་ལ་དམིགས་པའི་ལོག་ཞུགས་བརྒྱ་དང་བཅུ་གཉིས་ཏེ། འདི་ལྟར་འདོད་ཁམས་ཀྱི་སྡུག་བསྔལ་བདེན་པ་ལ་དམིགས་པའི་ལོག་ཞུགས་ལྔ་ནི། འཇིག་ཚོགས་ལ་ལྟ་བས་སྡུག་བསྔལ་བདེན་པ་ལ་བདག་དང་བདག་གི་བར་འཛིན། མཐར་འཛིན་གྱི་ལྟ་བས་ཡོད་མེད་རྟག་ཆད་དུ་འཛིན། ལོག་པར་ལྟ་བས་མེད་པར་འཛིན། མ་རིག་པའི་སྡུག་བསྔལ་གྱི་མཚན་ཉིད་མི་ཤེས་བཞིན་དུ་འདུག ཐེ་ཚོམ་གྱིས་ཕུང་པོ་ལྔ་སྡུག་བསྔལ་ཡིན་མིན་ཐེ་ཚོམ་ཟ་བཞིན་འདུག་གོ། ལོག་པར་ཞུགས་པ་ལས་ལོག་པར་ཞུགས་པ་ལྔ་ནི། འདོད་ཆགས་ཀྱིས་ལྟ་བ་ལྔ་ལ་ཆགས་ཤིང་ཞེན་པར་བྱེད། ང་རྒྱལ་གྱིས་ལྔ་ལ་རློམ་ཞིང་ངེས་པར་བྱེད། ལྟ་བ་མཆོག་འཛིན་གྱིས་ལྟ་ལོག་དེ་དག་མཆོག་དང་གཙོ་བོར་འཛིན། ཚུལ་ཁྲིམས་རྟུལ་ཞུགས་མཆོག་འཛིན་གྱིས་དེ་དག་ལ་དམིགས་པའི་ཚུལ་ཁྲིམས་རྟུལ་ཞུགས་དེ་དག་བདག་འགྲོལ་བར་འཛིན། ཁོང་ཁྲོས་བདག་བཅས་ཀྱི་ལྟ་བ་དང་། མི་མཐུན་པའི་བདག་མེད་ཀྱི་ལྟ་བ་ཐོས་པའི་ཚེ་ཁོང་ཁྲོ་བའོ། །དེ་བཞིན་འདོད་པའི་ཀུན་འབྱུང་འགོག་ལམ་གསུམ་ལ་ཡང་བཅུ་རེ་སྟེ་ཀུན་དུ་བཞི་བཅུ། གཟུགས་ཁམས་ལ་ཁོང་ཁྲོ་མེད་པས་བདེན་པ་བཞི་ལ་དགུ་རེ་སྟེ་སུམ་ཅུ་རྩ་དྲུག གཟུགས་མེད་ལ་ཡང་སུམ་ཅུ་རྩ་དྲུག་སྟེ། བརྒྱ་དང་བཅུ་གཉིས་སོ།།

གཉིས་པ་ཞར་བྱུང་རྣམ་རྗོད་པའི་ལུགས་ནི། དབྱེ་བཤད་ལས། མཐོང་བས་སྤང་

པ་བརྒྱད་ཅུ་ཙ་བརྒྱད་ནི། ཞེས་པའི་གོ་དོན་དེ་ལས། དེ་དག་བཅུ་སྡེ་བདུན་བདུན་བརྒྱད་ཅེས་པས། འདོད་ཁམས་ཀྱི་སྡུག་བསྔལ་བདེན་པ་ལ་དམིགས་པའི་ལོག་ཞུགས་བཅུ། ཀུན་འབྱུང་དང་འགོག་པ་གཉིས་ལ། ལྟ་བ་དང་པོ་གཉིས་དང་ཐ་མ་དང་གསུམ་དོར་བས་བདུན་རེ་ལས་མེད། ལམ་བདེན་ལ་ནི་ལྟ་བ་དང་པོ་གཉིས་དོར་བ་བརྒྱད་དེ། ཀུན་ཏུ་སུམ་ཅུ་ཙ་གཉིས་སོ། །ཁམས་གོང་མ་གཉིས་ལ། དེ་དག་དགུ་སྡེ་དྲུག་དྲུག་བདུན། ཞེས་པས། གཟུགས་ཁམས་ཀྱི་སྡུག་བསྔལ་བདེན་པ་ལ་ཁོང་ཁྲོ་དོར་བས་དགུ། ཀུན་འབྱུང་དང་འགོག་པ་གཉིས་ལ་ལྟ་བ་དང་པོ་གཉིས་དང་ཐ་མ་དང་གསུམ་ཁོང་ཁྲོ་དང་བཞི་དོར་བས་ལོག་ཞུགས་དྲུག་རེ་ལས་མེད། ལམ་བདེན་ལ་ནི་ལྟ་བ་དང་པོ་གཉིས་དང་ཁོང་ཁྲོ་དོར་བས་བདུན་ལས་མེད་པས་ཉི་ཤུ་ཙ་བརྒྱད་དོ། །གཟུགས་མེད་ལ་ཡང་ཉི་ཤུ་ཙ་བརྒྱད་དོ། །ཀུན་ཏུ་མཐོང་སྤང་བརྒྱད་ཅུ་ཙ་བརྒྱད་དོ།།

རང་རྟོགས་གཞན་རབ་ཀྱི་ལུགས་ལ། དེ་དག་བཅུ་སྡེ་བརྒྱད་བརྒྱད་དོ། །ཞེས་པས། འདོད་པའི་སྡུག་བསྔལ་བདེན་པ་ལ་དམིགས་པའི་ལོག་ཞུགས་བཅུ། ཀུན་འབྱུང་འགོག་ལམ་གསུམ་ལ་ལྟ་བ་དང་པོ་གཉིས་རེ་དོར་བས་བརྒྱད་རེ་སྡེ་སུམ་ཅུ་ཙ་བཞི་འོ། །ཁམས་གོང་མ་གཉིས་ལ། དེ་དག་དགུ་སྡེ་བདུན་བདུན་ནོ། །ཞེས་པས། གཟུགས་ཁམས་ཀྱི་སྡུག་བསྔལ་བདེན་པ་ལ་ཁོང་ཁྲོ་དོར་བས་དགུ། ཀུན་འབྱུང་འགོག་ལམ་གསུམ་ལ་ལྟ་བ་དང་པོ་གཉིས་དང་ཁོང་ཁྲོ་གསུམ་དོར་བས་བདུན་རེ་སྡེ་སུམ་ཅུ། གཟུགས་མེད་ལ་ཡང་དེ་དང་འདྲ་བར་སུམ་ཅུ་སྟེ། ཀུན་ཏུ་དགུ་བཅུ་ཙ་བཞི། འདི་དག་ལ་ལྟ་བ་དང་པོ་འཇིག་ཚོགས་ལྟ་བ་དང་། མཐར་འཛིན་གྱི་ལྟ་བ་སྤངས་མི་ནུས་པ་ནི། རྣམ་རྟོག་པས་བརྗོད་དུ་མེད་པའི་བདག་ཁས་ལེན་པ་དང་། རང་རྟོགས

པས་ཀྱང་བོན་གྱི་བདག་ཕྱོགས་གཅིག་ཁས་ལེན་པའི་གནས་ཀས་སོ།།

གསུམ་པ་དེས་དེ་སྤང་ཚུལ་ནི། སྐྱེ་འགྱུར་གྱི་ལམ་གྱིས་སྤང་བ་སྟེ། གོང་དུ་རང་རྟོགས་སུ་བཤད་ཟིན་ཏོ། །དེ་ལ་རྩོད་པ་ནི། མཐོང་སྤང་གཉེན་པོ་མཐོང་ལམ་ཡིན་ནམ། བོན་མཆོག་ཡིན། མཐོང་ལམ་ཡིན་ན་དེ་དེ་དང་མ་འཕྲད་པས་སོ། །བོན་མཆོག་ཡིན་ན་མཐོང་སྤང་གི་སྤྲ་དོན་འགལ་ལོ་ཞེ་ན། བོན་མཆོག་ནི་མཐོང་སྤང་ནུས་མེད་དུ་བྱེད་པ་ཡིན་ལ། སྐྱེ་འགག་ལྷན་ཅིག་བྱེད་པའི་གཉེན་པོ་མཐོང་ལམ་ཡིན་པས་སྐྱོན་གཉིས་ཀ་ལས་གྲོལ་ལོ།།

བཞི་པ་སྒོམ་ལམ་ལ་གསུམ་སྟེ། གཉེན་པོ་སྒོམ་ལམ་དང་། སྤང་བྱ་བསྒོམ་སྤང་དང་། དེས་དེ་སྤོང་ཚུལ་ལོ། །དང་པོ་ནི། འབུམ་ཏིག་ལས། སྒོམ་པའི་ལམ་ནི་ས་གཉིས་པ་ནས་བཅུ་པའི་བར་ཡིན་ཏེ། ཞེས་པས་དེ་ཆུང་འབྲིང་ཆེ་གསུམ་རེར་ཕྱེས་པའི་དགུ་སྟེ། དེ་དག་གི་མཚན་ཉིད་ནི། བོན་ཉིད་ཐར་རྟོགས་ཀྱི་རྒྱུད་ལ་གོམས་པ་སྒོམ་སྤང་ཆེན་པོའི་ཆེན་པོ་འཇོམས་བྱེད་ནས་རིམ་པ་ལྟར་བསྒོམ་སྤང་ཆུང་ངུན་ཆུང་ངུ་འཇོམས་བྱེད་པར་དུ་སྒོམ་སྤང་ཆུང་ངུའི་ཆུང་ངུ་ནས་སྒོམ་ལམ་ཆེན་པོའི་ཆེན་པོར་སྨྲོར། འོ་ན་དེ་དག་ལ་བོན་དང་བོན་ཉིད་གསར་རྟོགས་ཡོད་དམ་མེད། ཡོད་ན་ལམ་དུ་མར་འགྱུར་ལ། མེད་ན་སྤངས་པ་ལ་ཁྱད་པར་མེད་པར་འགྱུར་ཏེ། ཁ་ཅིག་གིས་གསར་མཐོང་མེད་ཀྱང་གོམས་པ་ཆེ་ཆུང་གི་ཁྱད་པར་ཡོད་དེ་དར་གྱི་ཡོལ་བ་བཅུས་བསྒྲིབ་པའི་བུམ་པ་ལ་ལྟ་བ་བཞིན་ཟེར། འོན་ཀྱང་བོན་དང་བོན་ཉིད་ཀྱི་རིགས་གསར་མཐོང་མེད་པས་མཐོང་ལམ་དུ་མར་མི་འགྱུར་ལ། རྫས་གསར་མཐོང་ཡོད་དེ། སྟོན་དང་ཕྱི་མའི་གནས་བརྒྱའམ། སྟོང་དང་འབུམ་ལ་སོགས་ལ་ཡེ་ཤེས་འཇུག་པའམ།

ཧིང་ངེ་འཛིན་དེ་སྐྱེད་ལ་སློམས་པར་འཇུག་པ་ཡོད་པའི་ཕྱིར་རོ།།

གཉིས་པ་སློམ་སྤང་གི་མཚན་ཉིད་ནི་བག་ལ་ཉལ་གྱི་ཉོན་མོངས་སོ། །དབྱེ་བ་ལ་གཉིས་ཏེ། བྱང་སེམས་ཀྱི་ལུགས་དང་། ཞར་འབྱུང་རང་རྟོགས་དང་རྣམ་རྫོད་ཀྱི་བཞེད་ལུགས་སོ། །དང་པོ་ནི། ཁམས་གསུམ་ས་དགུ་ལ་དམིགས་པའི་འདོད་ཆགས་མ་རིག་ང་རྒྱལ་ཐེ་ཚོམ་ལྟ་བ་ལྔ་པོ་ལ་ཆེ་འབྲིང་ཆུང་གསུམ། དེའི་ཡང་གསུམ་རེར་དབྱེ་བས། བརྒྱད་ཅུ་རྩ་གཅིག་རེ་སྟེ་བཞི་བརྒྱ་དང་རྩ་ལྔ། དེ་ལ་འདོད་ཁམས་ཀྱི་ཧོང་ཁྲོ་ཆེ་འབྲིང་དགུ་བསྣན་པས་བཞི་བརྒྱ་དང་བཅུ་བཞིའོ། །ཁམས་གོང་མ་གཉིས་ལ་ཧོང་ཁྲོ་མེད་དེ་རྒྱུད་ཞི་གནས་ཀྱིས་བརླན་པས། ཀུན་ནས་མནར་སེམས་ཀྱི་གཞི་དགུ་མེད་པའོ། །གཞི་དགུ་ནི་འདིས་སྔར་བདག་ལ་གནོད་པར་བྱས། ད་ལྟ་ཡང་བྱེད། མ་འོངས་པ་བྱེད་པར་འགྱུར་སྙམས་པ་གསུམ་དང་། འདིས་གཉེན་ལ་གནོད་པ་བྱེད་སྙམ་པ་གསུམ། འདིས་དགྲ་ལ་ཕན་འདོགས་སྙམ་པ་གསུམ་ཏེ་དགུའོ། །དེ་ལ་བརྒལ་བ། ཁམས་གོང་མ་ལས་ཉམས་ནས་འདོད་སར་སྐྱེ་ན་ཞེ་སྡང་མི་འབྱུང་བར་ཐལ། ཞེ་སྡང་གི་ས་བོན་མེད། ས་བོན་འཇོག་མཁན་མེད་པས་ཞེ་ན། ཁམས་གོང་མས་བཞག་པ་མེད་ཀྱང་སྔར་འདོད་པས་བཞག་པའི་ས་བོན་ཡོད་པའི་ཕྱིར་རོ།།

གཉིས་པ་ཞར་བྱུང་ལ་རང་རྒྱལ་གྱི་ལུགས་ནི་བྱང་སེམས་དང་མཐུན་ལ། རྣམ་རྫོད་པའི་བཞེད་ལུགས་ལ་སློམ་སྤང་གི་སྐབས་སུ་ཙ་ཉོན་ཆགས་སྡང་རྨོངས་གསུམ་ང་རྒྱལ་བཞི་ལས་མི་འདོད་པས། ཆགས་རྨོངས་ང་རྒྱལ་གསུམ་ལ་ས་དགུ་དགུར་ཕྱེས་པས་ཉིས་བརྒྱ་དང་བཞི་བཅུ་ཞེ་གསུམ། དེ་ལ་འདོད་པའི་ཧོང་ཁྲོ་དགུ་བསྣན་པས། ཀུན་ཏུ་ཉིས་བརྒྱ་ལྔ་བཅུ་ཙ་གཉིས་སོ།།

དབྱེ་བཤད་ལས། གསུམ་པ་དེས་སྤོང་ཚུལ་ནི་སྒོམ་ལམ་ཐམས་ཅད་འགག་འགྱུར་གྱི་ལམ་གྱིས་སྤོང་སྟེ། དེའི་གོ་དོན་ཡང་སྤང་གཉེན་དུས་མཉམ་དུ་འཕྲད་ནས་དུས་མཉམ་དུ་འགྲོགས་ཤིང་དུས་མཉམ་དུ་འགག་གོ །དེ་ལ་བརྒལ་བ་ནི། སྒོམ་ལམ་དེ་དག་རང་རང་གི་སྤང་བྱ་འགག་པ་དེ་དག་རང་རང་གི་སྤང་བྱ་མཉམ་དུ་བྱས་སམ་མ་བྱས། བྱས་ན་སྐྱེ་འགྱུར་གྱི་ལམ་དུ་འགྱུར་ལ། མ་བྱས་ན་སྤང་བྱ་སྤོང་བ་དང་། རྟོགས་པ་གོང་དུ་གྱུར་པ་མ་ཡིན་པར་ཐལ། ངོ་བོ་མ་ཐོབ་པའི་ཕྱིར་རོ་ཞེ་ན། ས་བཅུ་རྒྱུན་མཐའ་དེ་མ་སྐྱེས་པར་ཐལ། རང་གི་སྤང་བྱ་ཆོད་རྒྱུད་གི་བག་ཆགས་འགག་པ་དང་དུས་མཉམ་མ་བྱས་པའི་ཕྱིར་རོ། །རྟགས་མ་གྲུབ་ན། རྒྱུན་མཐའ་དྲི་བྲལ་དུ་འགྱུར་རོ། །ཁྱབ་པ་ཡང་དེ་དྲི་མ་ཕྲ་ཤོས་ཡིན་པས་གཞི་གྲུབ་བོ། །ཁ་ཅིག་དེ་ལ་ཕྲ་རགས་གཉིས་ཡོད་པས་རགས་པ་དང་སྐྱེ་འགག་ལྷན་ཅིག་བྱེད་ལ་ཕྲ་བ་དང་འགྲོགས་ཤིང་དེ་སངས་རྒྱས་པས་སྤོང་ཟེར་རོ། །འོ་ན་སངས་རྒྱས་ལམ་དུ་འགྱུར་ཏེ། སྤང་བྱ་སྤོང་བའི་བྱ་བ་བྱེད་པའོ། །ཐལ་འགྱུར་འདི་སྤྱི་རབས་པས་མ་རྟོགས་པའོ།།

ལྔ་པ་ཐར་ལམ་ལ་དབྱེ་ན་གསུམ་སྟེ། ཐེག་དམན་གྱི་དང་། བྱང་སེམས་དང་། སངས་རྒྱས་གསུམ་མོ། །དང་པོ་ནི། རྣམ་རང་དགྲ་བཅོམ། གཉིས་པ་ནི། རྒྱུན་མཐའ། གསུམ་པ་ནི། ཀུན་ཏུ་འོད་སྐྱེས་མ་ཐག་གོ །བར་མ་ནི་མི་སློབ་བཏགས་པ་བ་ལ། ལམ་མཚན་ཉིད་པ་སྟེ། སྤངས་པ་མཐར་མ་ཕྱུག་པའོ། །སྔ་ཕྱི་གཉིས་ནི་མི་སློབ་པ་མཚན་ཉིད་པ་སྟེ། རང་གི་སྤང་བྱ་རྟོགས་པ་མཐར་ཕྱུག་པའོ། །ལམ་ནི་བཏགས་པ་བའོ།།

ལྔ་པ་དེ་དག་ཏུ་བསྒོམ་པའི་ཕན་ནི། འགྲེལ་ལས། དེ་ལ་ལམ་ལྔ་ལ་ཕྱུགས་རྫེ་གཡུང་དྲུང་ཕྱོགས་ཀྱི་ཕན་སུམ་ཅུ་རྩ་བདུན་རྫོགས་ཏེ། ཞེས་པས། དེ་ལ་སྔེ་ཚན་ལྔ་སྟེ།

ཚོགས་ལམ་ལ་སྒོམ་པ་དང་། སྦྱོར་ལམ། མཐོང་ལམ། སྒོམ་ལམ། མི་སློབ་པའི་ལམ་ལ་སྒོམ་པའོ། །དང་པོ་ལ་ཚོགས་ལམ་ཆུང་འབྲིང་ཆེ་གསུམ་དུ་སྒོམ་པ་གསུམ་སྟེ། འགྲེལ་ལས། དྲན་པ་ཉེར་བར་བཞག་པ་བཞི་ནི། ལུས་དང་། ཚོར་བ་དང་། སེམས་དང་། བོན་དྲན་པ་ཉེར་བར་བཞག་པའོ། །ཞེས་ནས། ཚོགས་ལམ་ཆུང་ངུ་ལ་སྒོམ་པ་སྟེ། ལམ་དང་ལམ་མིན་གྱི་ཤེས་བྱ་རྣམ་འབྱེད་དྲན་པ་དང་མཚུངས་པ་སྟེ། ལྟ་འགྲེལ་ལས། དྲན་པ་ནི་ཤེས་རབ་ཀྱི་ཆར་གཏོགས་ཏེ། ཉེ་བར་བཞག་པ་ནི་ཡིད་ཀྱི་སྟོན་དུ་བཏང་བའོ། །ཞེས་སོ། །དབྱེ་ན་ལུས་དྲན་པ་ཉེར་བཞག་གིས་ལུས་མི་སྡུག་པར་བསྒོམ། ཚོར་བས་ཚོར་བ་ཐམས་ཅད་སྡུག་བསྔལ། སེམས་ཀྱིས་སེམས་མི་རྟག་པ། བོན་ཉེར་བཞག་གིས་བོན་ཐམས་ཅད་བདག་མེད་པར་བསྒོམ་པའོ། །དང་པོ་ནི་འདོད་ཆགས། ཐ་མ་གཉིས་ནི་ལྟ་བའི་གཉེན་པོའོ། །ཚོགས་ལམ་འབྲིང་གི་བསྒོམ་པ་ནི། འགྲེལ་ལས། ཡང་དག་པར་སྤོང་བ་བཞི་ནི་ཞེས་པ་ལ། ལམ་དང་ལམ་མིན་སྤོང་གཉེན་འདོར་ལེན་གྱི་བརྩོན་འགྲུས་ཏེ། ལྟ་འགྲེལ་ལས། ཡང་དག་པར་ཉམས་སུ་བླང་བའི་བརྩོན་འགྲུས་ཀྱིས། མ་དག་པའི་རྣམ་པ་རང་བཞིན་སྤངས་པས་ཕྱིའི་མཚན་ཉིད་བརྩོན་འགྲུས་སོ། །ཞེས་དང་། དབྱེ་བ་ནི། ནམ་མཁའ་འཕྲུལ་མཛོད་ལས། སྡིག་པ་མི་དགེ་བའི་སེམས་མི་བསྐྱེད་པ་དང་། སྐྱེས་པ་སྤང་བར་བྱ་བ་གཉིས། དགེ་བའི་རྩ་བ་སྔར་མ་སྐྱེས་པ་སྐྱེད་པ་དང་། སྐྱེས་པ་འཕེལ་བར་བྱ་བ་གཉིས་ཏེ་བཞིའོ། །ཞེས་པས། མི་དགེ་བ་མི་སྐྱེད་པའི་འབད་རྩོལ། སྐྱེས་པ་སྤང་བའི་བརྩོན་འགྲུས་དང་གཉིས་ནི་སྤང་བ་གཉིས་སོ། །བསྒྲུབ་པ་གཉིས་ནི་དགེ་བ་མ་སྐྱེས་པ་བསྐྱེད་པའི་རྩོལ་སེམས། སྐྱེས་པ་གནས་པའི་སེམས་རབ་ཏུ་འཛིན་པའོ། །ཚོགས་ལམ་ཆེན་པོར་སྒོམ་པ་ནི། འགྲེལ་ལས། རྫུ་འཕྲུལ་གྱི་རྐང་པ་

བཞི་ནི་འདུན་པ་དང་། བརྩོན་འགྲུས་དང་། སེམས་པ་དང་། དཔྱོད་པའོ། །བོན་བཅུ་གཉིས་པོ་དེ་ཚོགས་ལམ་དུ་རྫོགས་པའོ། །ཞེས་པས། རྫུ་འཕྲུལ་རྐང་པ་ནི་བདག་མེད་པ་ལ་རྩེ་གཅིག་མི་གཡོ་བསམ་གཏན་ཐོགས་པ་མེད་པ་སྟེ། ལྷ་འགྲེལ་ལས། རྫུ་འཕྲུལ་གྱི་རྐང་པ་ནི་དངོས་སུ་ན་ཏིང་ངེ་འཛིན་ཡིན་ཏེ། སྤྱིའི་མཚན་ཉིད་དོ། །ཞེས་སོ། །ངེས་པར་སེམས་པའི་འདུན་པ་དང་། ཉེ་བར་བསྒྲུབ་པའི་བརྩོན་འགྲུས། དྲན་ཤེས་བཞིན་གྱིས་འཛིན་པའི་སེམས་པ། རྣམ་པར་འབྱེད་པའི་དཔྱོད་པ་སྟེ། ཉོན་མོངས་རགས་པ་ཡོད་མེད་ལའོ། །དེ་བཞི་ནི་བདག་རྐྱེན་ལས་དབྱེ་བའོ།།

གཉིས་པ་སྦྱོར་ལམ་བསྒོམ་པའི་བོན་ལ། འགྲེལ་ལས། སྦྱོར་ལམ་དུ་བོན་བཅུ་རྫོགས་ཏེ། དབང་པོ་ལྔ་ནི་དད་པ་དང་བརྩོན་འགྲུས་དང་། དྲན་པ་དང་། ཏིང་འཛིན་དང་། ཤེས་རབ་ཀྱི་དབང་པོའོ། །སྟོབས་ལྔ་ནི་དེ་ཉིད་དོ། །ཞེས་པས། དྲོད་རྩེ་གཉིས་ལ་སྒོམ་པའི་དབང་པོ་ནི། རྣམ་བྱང་བསྐྱེད་པའི་བདག་རྐྱེན་ཏེ། འབུམ་ཏིག་ལས། དོན་རྣམས་ཀུན་ལ་དབང་བསྒྱུར་ལྡན། །ཞེས་སོ། །རྫུ་འཕྲུལ་རྐང་པའི་འབྲས་བུ་སྦྱོར་ན་ལེགས་སོ། །དབྱེ་བ་ལ། དད་པས་ཡིད་ཆེས་གཞན་གྱིས་མི་འཕྲོག་པར་བྱེད། བརྩོན་འགྲུས་ཀྱིས་བར་མ་ཆད་དུ་རྩོམ། དྲན་པས་བག་དང་ལྡན་པར་གནས། ཏིང་ངེ་འཛིན་གྱིས་དམིགས་པ་ལས་གཞན་དུ་མི་འགྱུར། ཤེས་རབ་ཀྱིས་ཐེ་ཚོམ་མེད་པར་ངེས་པར་བྱེད་དོ། །བཟོད་བོན་དུ་བསྒོམ་པའི་སྟོབས་ལྔའི་མཚན་ཉིད་ནི། རྣམ་བྱང་ངེས་པར་ཅན་དུ་བསྐྱེད་པའོ། །དབང་པོ་དང་སྟོབས་གཉིས་ནི་བྱེད་ལས་གཉིས་སུ་ཡོད་པས་གཉིས་སུ་ཕྱེ་བའོ།།

གསུམ་པ་མཐོང་ལམ་ལ་བསྒོམ་པ་ནི། འགྲེལ་ལས། མཐོང་ལམ་དུ་གཡུང་དྲུང་

གི་ཡན་ལག་བདུན་རྫོགས་ཏེ། དྲན་པ་ཡང་དག་དང་། ཆོས་རྣམ་པར་འབྱེད་པ་ཡང་དག་དང་། བརྩོན་འགྲུས་ཡང་དག་དང་། དགའ་བ་ཡང་དག་དང་། ཤིན་ཏུ་སྦྱངས་བ་ཡང་དག་དང་། ཏིང་འཛིན་ཡང་དག་དང་། བཏང་སྙོམས་ཡང་དག་གཡུང་དྲུང་ཡན་ལག་གོ་ཞེས་པས། མཚན་ཉིད་ནི་བདེན་པ་མཐོང་བའི་ཆ་རྐྱེན་ནོ། །དཔེ་ན་རྒྱལ་སྲིད་རིན་ཆེན་སྣ་བདུན་གྱིས་འཁོར་ལོ་བསྒྱུར་རྒྱལ་གྱིས་ཆེ་བའི་ཡན་ལག་བྱེད་པ་བཞིན་ཏུ། བྱང་ཆུབ་ཡན་ལག་བདུན་པོས་ཀྱང་འཕགས་པ་དེ་ཕྱིར་མི་ལྡོག་པའི་ཡན་ལག་བྱེད་དེ། འདི་ལྟར་དྲན་པ་ཡང་དག་ནི་རྣམ་བྱང་གི་ཆོས་ཐམས་ཅད་ལ་དབང་བསྒྱུར་བས་འཁོར་ལོ་དང་འདྲའོ། །རྣམ་པར་འབྱེད་པ་ཡང་དག་ནི་མཚན་མའི་རྟོག་པ་འཇོམ་པར་བྱེད་པའི་སྟོབས་དང་ལྡན་པས་གླང་པོ། བརྩོན་འགྲུས་ཡང་དག་ནི་མྱུར་དུ་རྫོགས་པར་ཕྱིན་པར་བྱེད་པས་རྟ་མཆོག དགའ་བ་ཡང་དག་ནི་ཆོས་ཀྱི་སྣང་བ་འཕེལ་བའི་དགོས་འདོད་འབྱུང་བས་ནོར་བུ། ཤིན་ཏུ་སྦྱངས་པ་ཡང་དག་ནི་ལས་སུ་རུང་བར་བྱེད་པས་ལུས་སེམས་བདེ་བར་གནས་བྱེད་བཙུན་མོ། ཏིང་འཛིན་ཡང་དག་ནི་འགྱུར་བ་དང་ཡོ་གལ་མེད་པས་ལྷང་གཙོད་ཀྱི་བློན་པོ། བཏང་སྙོམས་ཡང་དག་ནི་མི་མཐུན་ཕྱོགས་བྱུང་ཚོར་གྱི་སྟོབས་འཛོམས་པས་དམག་དཔོན་རིན་པོ་ཆེ་དང་འདྲ་བ་ཡིན་ནོ།།

བཞི་པ་སྒོམ་ལམ་བསྒོམ་པ་ནི། འགྲེལ་ལས། བསྒོམ་པའི་ལམ་དུ་གཉེན་རབ་ཀྱི་ལམ་ཡན་ལག་བརྒྱད་རྫོགས་ཏེ། ཡང་དག་པའི་ལྟ་བ་དང་། རྟོགས་པ་དང་། ངག་དང་། ལས་ཀྱི་མཐའ་དང་། འཚོལ་བ་དང་། རྩོལ་བ་དང་། དྲན་པ་དང་། ཡང་དག་པའི་ཏིང་ངེ་འཛིན་ནོ། །དེ་ལྟར་ལམ་ལྔ་ལ་བཞི་པོ་དེ་བསྡུབ་སྟེ་བགྲོད་པའོ། །ཞེས་པས།

མཚན་ཉིད་འཁོར་བའི་གཡང་ས་ལས་ཐར་པའི་འཕགས་རྟོགས་ཏེ། འབུམ་ཏིག་ལས། འཁོར་བའི་གཡང་ས་ལས་ཐར་དང་། ཞེས་སོ། །དབྱེ་ན་བཀྲ་ཤིས་རྫས་བརྒྱད་བཞིན་དུ་འཕགས་པ་རྣམས་ལ་ཡོངས་སུ་བརྒྱན་པའི་རྒྱན་ཏེ། ཡང་དག་པའི་ལྟ་བ་ཕྱོགས་འཛིན་མེད་པ་ཀུན་སློམས་པས་གདུགས་ལྟ་བུ། རྟོག་པ་མེད་པས་ནུབ་པ་མེད་པ་རྒྱལ་མཚན། ངག་གི་གཞན་དབང་མེད་པའི་ལྟ་བ་སྟོན་པའི་ངག་དངོས་སུ་གྲགས་པས་དུང་། ལས་ཀྱི་མཐའ་ལོག་པ་མེད་པའི་བྱ་བྱེད་ལ་དབང་བསྒྱུར་བས་འཁོར་ལོ། འཚོ་བ་ནི་ལོག་འཚོ་མེད་པས་དྲི་མ་མེད་པ་ལ་རྩོམ་པ་ནི་ཐོགས་པ་མེད་པར་བདེ་སླག་ཏུ་གྱུར་པས་གསེར་ཉ། དྲན་པ་ནི་མི་གསལ་བ་མེད་པས་བ�རྗེད་འཕོ་མེད་པས་བུམ་པ། ཡང་དག་པའི་ཏིང་འཛིན་གཡེང་བ་མེད་པས་འཁྲུལ་མེད་དཔལ་དབྱེ་ལྟ་བུའོ། །དེ་བརྒྱད་ལ་དང་པོ་གཉིས་ནི་ཡོངས་སུ་གཅོད་པའི་ཡན་ལག དེ་ནས་གསུམ་ནི་ཡིད་ཆེས་པར་བྱེད་པའི་ཡན་ལག་གོ །དེ་དག་ཁམས་བརྒྱད་ལས། ཡང་དག་པའི་ལྟ་བ་ཐར་པའི་ལམ་ལ་རང་བཞིན་མེད་དེ། རྟོག་འཛིན་ལ་རང་བཞིན་མེད་པ་དང་། རྟོག་པ་ལ་རང་བཞིན་མེད་པ་དང་། ངག་ལ་རང་བཞིན་མེད་དེ། གཞན་དབང་ལ་རང་བཞིན་མེད་པ་དང་། ལས་ཀྱི་མཐའ་ལོག་ལ་རང་བཞིན་མེད་དེ། ལོག་པ་ལ་རང་བཞིན་མེད་པ་དང་། འཚོ་བ་ལ་རང་བཞིན་མེད་དེ། གསོས་ལ་རང་བཞིན་མེད་པ་དང་། རྩོལ་པ་ལ་རང་བཞིན་མེད་དེ། མ་གྲུབ་པ་ལ་རང་བཞིན་མེད་པ་དང་། དྲན་པ་ལ་རང་བཞིན་མེད་དེ། མི་གསལ་བ་ལ་རང་བཞིན་མེད་པ་དང་། ཏིང་ངེ་འཛིན་ལ་རང་བཞིན་མེད་དེ། འཁྲུལ་པ་ལ་རང་བཞིན་མེད་པའོ། །ཞེས་སོ།།

མི་སློབ་པའི་ལམ་ལ་སྒོམ་པ་ནི། ནམ་མཁའ་འཕྲུལ་མཛོད་ལས། མཐར་ཕྱིན་

པའི་ལམ་དུ་རྣམ་པར་ཐར་པའི་སྒོ་གསུམ་ལ་བོན་ཉིད་སྟོང་པ་ཆེན་པོ་བོན་ཉིད་མཚན་མ་མེད་པ་དང་། བོན་ཉིད་སྨོན་སེམས་མེད་པ་སྟེ། མཐར་ཕྱིན་བསླབ་བྱ་ལས་འདས་པའི་ལམ་ཞེས་བྱའོ། །ཞེས་སོ།།

ལྔ་པ་འཕྲིན་ལས་ནི། འགྲེལ་ལས། སྤྱོད་པའི་འཕྲིན་ལས་ནི། བདག་གཞན་གཉིས་དོན་ཐུགས་རྗེ་ཤུགས་ཀྱིས་སྤྱོད། །བདག་གཞན་གཉིས་ཀའི་དོན་ཐུགས་རྗེ་ཆེན་པོ་རྫོགས་པར་སྤྱོད་དོ། །ཞེས་དང་། ཡེ་ཁྲི་མཐའ་སེལ་གྱི་ལ་ཟླའི་བམ་པོའི་སེམས་ཅམ་པའི་ཁྱད་འདོན་ལས། ཚད་མེད་རྣམ་པ་བཞི་དང་ནི། །བསྡུ་བ་རྣམ་བཞིས་དོན་མཛད་པས། །དེས་ན་སྤྱོད་པ་ཁྱད་པར་འཕགས། །ཞེས་སོ། །འདི་ལ་གཉིས་ཏེ། ཀུན་སློང་སེམས་བསྐྱེད་ཀྱི་རང་བཞིན། དེས་བསླང་པའི་བྱང་ཆུབ་སེམས་སྤྱོད་ཀྱི་བསྡུ་བ་རྣམ་པ་བཞིའོ། །དང་པོ་ལ་བཞི་སྟེ། མཚན་ཉིད། དབྱེ་བ། དམིགས་ཡུལ། འགྲོགས་ཟླའོ། །དང་པོ་ལ། སེམས་བསྐྱེད་ཀྱི་མཚན་ཉིད་ནི། གཞན་དོན་དུ་རྫོགས་པའི་བྱང་ཆུབ་ཐོབ་འདོད་ཀྱི་བསམ་པའོ། །ཇི་སྐད་དུ། རྒྱ་གར་གྱི་མདོ་སྡེ་ཉི་ཤུའི་སེམས་བསྐྱེད་ཀྱི་མདོ་ལས། སེམས་བསྐྱེད་པ་ནི་གཞན་དོན་ཕྱིར། །ཡང་དག་རྫོགས་པའི་སངས་རྒྱས་འདོད། །ཅེས་པའོ། །འོ་ན་སངས་རྒྱས་ལ་སེམས་བསྐྱེད་མེད་པར་ཐལ། བྱང་ཆུབ་ཐོབ་འདོད་མེད་དེ། ཐོབ་ཟིན་པའོ། །མེད་པར་འདོད་ན། བྱང་སེམས་མ་ཡིན་པར་ཐལ་ཞེ་ན། དེ་སེམས་བསྐྱེད་ཀྱི་ས་མཚམས་ལས་འདས་ལ། སེམས་བསྐྱེད་སྐྱེས་ལ་མ་ཉམས་ཡོད་པའོ། །གཉིས་པ་དབྱེ་བ་ལ། སྤྱིར་སེམས་ལྷུང་སྒྲོན་མ་ལས། སེམས་བསྐྱེད་མ་བཞིའི་བརྟན་པར་མ་སྐྱེས་ན། །བྱང་ཆུབ་སེམས་ཀྱི་མྱུ་གུ་འབྲུངས་མི་འགྱུར། །ཞེས་པས། མི་རིག་པ་རིག་པའི་ཡེ་ཤེས་སུ་ངོ་སྤྲད་དེ་སེམས་བསྐྱེད། འཁོར་བ་ལ་མ་ཆགས་

པའི་རྒྱལ་ཐུགས་ཀྱིས་སེམས་བསྐྱེད། དགྲ་ཀློ་བུར་བ་ལ་ཚད་མེད་ཟུང་འཇུག་གིས་སེམས་བསྐྱེད། འགྲོ་བ་ལ་ཚད་མེད་བཞི་ལྡན་གྱིས་སེམས་བསྐྱེད་པ་དང་བཞིར་བཤད་ཀྱང་། དང་པོ་གསུམ་ཐེག་པ་ཐུན་མོང་དུ་བཤད་པས་འདིར་བྱང་སེམས་ཀྱི་ལུགས་ལ་དབྱེ་གཞི་རྣམ་ཤེས་བརྒྱད་ལས། ཀུན་གཞི་དང་ཉོན་ཡིད་གཉིས་དམིགས་རྣམ་མི་གསལ་བ་དང་། སྒོ་ལྔའི་དབང་ཤེས་ནི་འདས་མ་འོངས་ལ་དམིགས་མི་ནུས་པ་དང་། ཡིད་ཤེས་ལ་ཡང་སྡིག་དང་ལུང་མེད་མཚུངས་པ་ནི་སེམས་བསྐྱེད་དང་རྫས་འགལ་བས་དབྱེ་གཞི་མི་རུང་ངོ་། །ཡིད་ཤེས་དགེ་བ་དང་མཚུངས་པ་ལ་ཡང་དད་པ་ཙམ་དང་སྙིང་རྗེ་ཙམ་དང་མཚུངས་པ་མ་ཡིན་ཏེ། རྣམ་རྟོད་རང་རྟོགས་གཉིས་ལ་ཡང་ཡོད་པའི་ཕྱིར་རོ། །དེས་ན་ཡིད་ཤེས་དགེ་བ་རླབས་ཆེན་དང་མཚུངས་པ་སྟེ་དབྱེ་གཞིའོ། །དབྱེ་བའི་ངོ་བོ་ལ། ཡེ་ཁྲི་གཞི་ཡི་བམ་པོ་ལས། གཡོ་ལྡང་གཡུང་དྲུང་བྱང་ཆུབ་སེམས། །སྨོན་པ་གཡུང་དྲུང་བྱང་ཆུབ་སེམས། །འཇུག་པ་གཡུང་དྲུང་བྱང་ཆུབ་སེམས། །གནས་པ་གཡུང་དྲུང་བྱང་ཆུབ་སེམས། །གྲོལ་བ་གཡུང་དྲུང་བྱང་ཆུབ་སེམས་དང་ལྔར་བཤད་ཀྱང་། དྲང་དོན་མུན་སེལ་སྒྲོན་མ་ལས་གཉིས་སུ་བསྡུ་སྟེ། སྐྱབས་འགྲོའི་དོན་མཐོང་བྱང་ཆུབ་སེམས་ཀྱང་བསྐྱེད། །སྨོན་འཇུག་གཉིས་ཀྱི་དོན་ལ་བརྩོན་པར་བྱ། །སྨོན་པས་སེམས་ཅན་དོན་ལ་སྨོན་བྱེད་ཅིང་། །འཇུག་པས་རྒྱུ་ལ་རབ་ཏུ་བརྩོན་པར་བྱ། །ཞེས་སོ། །དེ་གཉིས་གྲོགས་པོ་ཆའི་དང་། སྦྱོར་བའི་བརྩོན་འགྲུས་དང་འགྲོགས་པས་དབྱེའོ། །ཡང་གཅིག་གནག་རྫི་ལྟ་བུ། གྲུ་པ་ལྟ་བུ། ལམ་མཁན་ལྟ་བུ་གསུམ་ཡང་འདོད་དོ།།

གསུམ་པ་དམིགས་ཡུལ་ནི་གཉིས་ཏེ། ཆེད་དུ་བྱ་བ་སེམས་ཅན་གྱི་དོན་དུ་

གཉེར་བྱ་བླ་ན་མེད་པའི་བྱང་ཆུབ་སྟེ། རྩེ་འབུམ་ལས། གཟུགས་དེ་བཞིན་ཉིད་ལ་རྣམ་པར་འཛོག་པའི་གཡུང་དྲུང་སེམས་དཔའ་འདི་ལྟར་ཡོངས་སུ་དམ་བཅའ་སྟེ། བདག་གི་ཅི་ནས་ཀྱང་གཡུང་དྲུང་མཆོག་ཏུ་སེམས་བསྐྱེད་པས། བླ་ན་མེད་པ་ཡང་དག་པར་རྫོགས་པའི་འབྲས་བུ་ཐོབ་པར་བྱས་ལ། བདག་གི་ཐུགས་རྗེ་ཆེན་པོའི་ཤུགས་དཔག་ཏུ་མེད་པ་སངས་རྒྱས་ཀྱི་ཞིང་ཁམས་དེ་ན་གནས་པའི་སེམས་ཅན་མོས་པ་ཆུང་བ་རྣམས་དང་། བཙོན་འགྲུས་ཞན་པ་རྣམས་དང་། དམིགས་ཕྲ་བ་རྣམས་དང་། ལོག་འཛིན་པ་རྣམས་དང་། སེམས་ཅན་དམྱལ་བའི་སྐྱེ་གནས་རྣམས་དང་། ཡི་དྭགས་ཀྱི་གྲོང་ཁྱེར་རྣམས་དང་། གཤིན་རྗེའི་འཇིག་རྟེན་རྣམས་དང་། འཆལ་བའི་བརྩོན་འགྲུས་ཅན་རྣམས་དང་། རྣམ་པར་གཡེང་བ་ཅན་རྣམས་དང་། ཕྱིན་ཅི་ལོག་གི་བློ་བསྒྱུར་བ་གང་ཅི་སྙེད་གཅིག་ཡོད་པ་དེ་དག་ཐམས་ཅད་དང་། གཡུང་དྲུང་མཆོག་ཏུ་སེམས་བསྐྱེད་ལ། བླ་ན་མེད་པ་ཡང་དག་པར་རྫོགས་པའི་འབྲས་བུ་ཐོབ་པར་བྱའོ། །བདེར་གཤེགས་ཀྱི་ཞིང་ཁམས་དག་པར་བྱའོ། །སེམས་ཅན་ཡོངས་སུ་གྲོལ་བར་བྱའོ་ཞེས་དམ་བཅའོ། །ཞེས་སོ།།

བཞི་པ་གྲོགས་ཟླ་ནི་གཏན་དུ་བའི་གྲོགས་བྱམས་དང་སྙིང་རྗེ། རེ་འགའ་བའི་གྲོགས་པར་ཕྱིན་དྲུག་གོ།

གཉིས་པ་བྱང་ཆུབ་སེམས་སྤྱོད་ཀྱི་བསྡུ་བ་བཞི་ནི། སྦྱིན་པའི་གཡབ་མོས་ལེགས་བོས་ཏེ། །སྙན་པར་སྨྲ་བའི་གཏམ་སྨྲས་ནས། །དོན་ཡོད་སྤྱོད་པས་བག་ཕབ་སྟེ།། དོན་མཐུན་བློ་གྲོས་ངེས་པར་གདབ། །སྨྲས་ནས། སྒྲུབ་ཐབས་མདོ་ལས། སྦྱིན་པ་དང་། སྙན་པར་སྨྲ་བ་དང་། དོན་སྤྱོད་པ་དང་། དོན་དང་མཐུན་པའོ། །ཞེས་སོ།།

དྲུག་པ་འབྲས་བུ་ནི། འགྲེལ་ལས། གྲུབ་པའི་འབྲས་བུ་ནི་ཡེ་ཤེས་སྒྲོ་མེད་ཀུན་ཏུ་འོད་ཀྱི་ས། བཅུ་གཅིག་གཡུང་དྲུང་ལྷ་བུ་ཞེས་ཀྱང་བྱ། ཀུན་ཏུ་འོད་ཀྱི་ས་ཞེས་བྱ་བ། སྐུ་གསུམ་ལྷུན་གྲུབ་ཐོབ་པའོ། །ཞེས་སོ། །འདི་ལ་གསུམ་སྟེ། རྟེན་སྐུ་གསུམ། བརྟེན་པ་ཡེ་ཤེས་ལྔ། མཛད་པ་འཕྲིན་ལས་བཞིའོ། །དང་པོ་ལ་བཞི་སྟེ། སྤྱིར་སྐུ་བདུན་དང་སྐུ་གསུམ་གྱི་དབྱེ་བསྡུ། སོས་སྐུ་གསུམ་གྱི་རང་བཞིན། གཅིག་གམ་ཐ་དད་ཀྱི་རང་བཞིན་གྱི་དོན། དེ་ལ་རྩོད་པ་སྤང་བའོ། །དང་པོ་ནི། ཡེ་ཁྲི་མཐའ་སེལ་ལས། བོན་སྐུ། རྫོགས་སྐུ། ངོ་བོ་ཉིད་ཀྱི་སྐུ་དང་། མངོན་བྱང་། མི་འགྱུར་སྐུ་དང་། ལྷུན་གྲུབ། སྤྲུལ་པའི་སྐུ་དང་བདུན་བཤད་དེ། དེ་ལ་བོན་སྐུ་ནི་སངས་རྒྱས་ཀྱི་དབྱིངས་དྲི་མ་མེད་པ། རྫོགས་སྐུ་ནི་ཡེ་ཤེས་དྲི་མ་མེད་པ། སྤྲུལ་སྐུ་ནི་མོས་པ་སྣ་ཚོགས་སུ་སྣང་བའི་གཟུགས་བརྙན། ངོ་བོ་ཉིད་ཀྱི་སྐུ་ནི་སེམས་ཉིད་དྲི་བྲལ། མངོན་པ་བྱང་ཆུབ་ཀྱི་སྐུ་ནི་སྣང་བཅས་ཡེ་ཤེས་དྲི་མ་མེད་པ། མི་འགྱུར་སྐུ་ནི་སྣང་མེད་ཡེ་ཤེས་དྲི་མེད། ལྷུན་གྱིས་གྲུབ་པ་ནི་ས་བཅུ་པའི་ལམ་སྟེ། དེ་སངས་རྒྱས་དང་ཆ་འདྲ་བའི་སྐུ་དང་ཡེ་ཤེས་བོན་སྒོ་སྟོན་མཁྱེན་པར་བཤད་དོ། །དེ་ལ་ངོ་བོ་ཉིད་སྐུར་འདུས་ལ། མི་འགྱུར་བ་དང་། མངོན་བྱང་རྫོགས་སྐུར་འདུས་པས། སྐུ་གསུམ་དུ་གྲངས་ངེས་པའོ།།

གཉིས་པ་སྐུ་གསུམ་གྱི་རང་བཞིན་ལ། སྤང་རྟོགས་མཐར་ཕྱིན་དང་། སྤང་རྟོགས་མཐར་ཕྱིན་ཡེ་ཤེས་ཀྱི་རྟེན་བྱེད་པ་ནི། སངས་རྒྱས་ཙམ་དང་སངས་རྒྱས་སྐུའི་མཚན་ཉིད་དོ། །ཕྱེ་བྲག་སྐུ་གསུམ་གོང་དུ་བསྟན་ཟིན་ནོ། །བོན་སྐུ་ལ་མེད་པ་ལྔ་སྟེ། སྐུ་འཁོར་བཀའ་གནས་དུས་མེད་པ་སྟེ། དབྱིངས་ཀྱི་ཆ་ཡིན་པའོ། །རྫོགས་སྐུ་ལ་ངེས་པ་ལྔ་སྟེ། སྐུ་ངེས་པ་ཡེ་ཤེས་ཀྱི་གསལ་ཆ། འཁོར་ངེས་པ་སེམས་དཔའ། བོན་ངེས་པ

ཐེག་ཆེན། གནས་འོག་མིན། དུས་རྟག་ཏུའོ། །ཐུན་མོངས་མ་ཡིན་པའི་སྟོན་པ་ཡིན་པའོ། །སྤྲུལ་སྐུ་ལ་མ་ངེས་པ་ལྔ་སྟེ། སྐུ་ངེས་མེད་གང་མོས། འཁོར་སྐྱེ་འཕགས་ངེས་མེད། བོན་དྲང་དོན་ངེས་དོན་གང་འཚམ། གནས་འདོད་གཟུགས་ངེས་མེད། དུས་ངེས་མེད་རིང་ཐུང་སྟེ། ཐུན་མོང་གི་སྟོན་པ་ཡིན་པས་སོ།།

གསུམ་པ་གཅིག་དང་ཐ་དད་ཀྱི་དབྱེ་དོན་ནི། འགྲེལ་ལས། དེ་ལ་སྐུ་གསུམ་ནི། བོན་གྱི་སྐུ་དང་། རྫོགས་པའི་སྐུ་དང་། སྤྲུལ་པའི་སྐུ་དང་གསུམ་མོ། །དེ་གསུམ་སངས་རྒྱས་ཀྱི་ས་ན་དངོས་སུ་གཅིག་ལས་གཅིག་ལོགས་པ་གསུམ་རྒྱང་ཐེང་ངེ་ཡོད་དམ། དེ་ཉིད་དང་གཞན་ཏུ་བརྗོད་མེད་པར་ཡོད་དམ། ངོ་བོ་གཅིག་ལ་ཚུལ་གྱིས་ཐ་དད་པར་ཡོད་ཅེ་ན། །དང་པོ་ལྟར་ན་སྐུ་གསུམ་དངོས་པོར་འགྱུར་ཏེ། དངོས་སུ་གཅིག་ལས་གཅིག་ལོགས་པ་གསུམ་ཡོད་པའི་ཕྱིར་རོ། །དཔེར་ན་འཁྲུལ་པའི་སྣང་བ་ལ་བེམ་པོ་འདི་ལྟ་བུའོ། །གཉིས་པ་ལྟར་ན་སྐུ་གསུམ་གཏན་མེད་པར་འགྱུར་ཏེ། དེ་ཉིད་དང་གཞན་དུ་བརྗོད་དུ་མེད་པའི་ཕྱིར་རོ། །དཔེར་ན་ནམ་མཁའི་མེ་ཏོག་བཞིན་ནོ། །ངོ་བོ་གཅིག་ལ་ཚུལ་གྱིས་ཐ་དད་པ་ཡོད་ཅེ་ན། བོན་སྐུར་གཅིག་གམ། རྫོགས་སྐུར་གཅིག་གམ་སྤྲུལ་སྐུར་གཅིག བོན་སྐུའི་མཚན་ཉིད་ཅི་ཡང་མི་སྣང་བ་གཅིག་ལ་འདོད་ཅིང་། རྫོགས་སྐུའི་མཚན་ཉིད་ཡེ་ཤེས་ལྷུན་གྲུབ་ཀྱི་རོལ་པ་ཡིན་ཅིང་། སྤྲུལ་སྐུ་དངོས་སུ་སྣང་བའི་གཟུགས་ཅན་ཡིན་པའི་ན། བོན་སྐུར་གཅིག་ན་སྐུ་གཉིས་པོ་གཏན་མེད་ནས་མི་སྣང་བར་འགྱུར་ཏེ། སྟོང་པ་ཉིད་དུ་གཅིག་པའི་ཕྱིར་རོ། །རྫོགས་སྐུ་གཅིག་ན། བོན་སྐུ་ལམ་དུ་མཚན་བཅས་སུ་འགྱུར་ཏེ། རྫོགས་སྐུ་ཡེ་ཤེས་ཀྱི་རོལ་པ་གཅིག་པའི་ཕྱིར་རོ། །སྤྲུལ་སྐུ་གཅིག་ན། སྐུ་གཉིས་པོ་གཟུགས་དངོས་སུ་ཡོད་པ་འགྱུར་ཏེ། སྤྲུལ་

སྐུ་གཅིག་པའི་ཕྱིར་རོ། །འོ་ན་ཅི་ལྟར་ཡིན་ཞེ་ན། དོན་གྱི་ངོ་བོ་ཉིད་བོན་སྐུར་གནས་པ་ལ། དེའི་ཡེ་ཤེས་རོལ་པ་རྫོགས་སྐུ་ཤར་བ་ཡིན་ཏེ། དཔེར་ན་ཉི་མ་དང་ཉི་མའི་འོད་ཟེར་བཞིན་ནོ། །དེའི་སྤྲུལ་པ་གཟུགས་བརྙན་ལྟར་སྣང་གི་འགྲོ་དོན་བྱེད་དེ། ཉི་ཟེར་གནམ་ལ་ཤར་ཡང་འོད་ཀྱིས་ས་ལ་དོན་བྱེད་པ་ལྟ་བུའོ། །དེ་ནི་འབྲས་བུའོ། །ཞེས་པས། དབྱེ་དོན་ལ་ཕྱེ་ན་གསུམ་སྟེ། ཀ་བ་དང་བུམ་པ་ལྟ་བུ་དངོས་པོ་ཐ་དད། བྱས་པ་དང་མི་རྟག་པ་ལྟར་ངོ་བོ་གཅིག་ལ་ལྡོག་པ་ཐ་དད། དངོས་པོ་དངོས་མེད་ལྟ་བུ་གཅིག་པ་བཀག་པའི་ཐ་དད་དོ། །གཞི་ཡི་བམ་པོ་ལས། གཏན་མེད་པའི་དབྱེར་མེད་དང་། །དེ་ཉིད་གཞན་དུ་བརྗོད་མེད་དང་། །ངོ་བོ་གཅིག་པའི་དབྱེར་མེད་དང་། །ཡང་དག་དོན་གྱི་དབྱེར་མེད་དོ། །དང་པོ་ནི། ནམ་མཁའི་པད་མོའམ། མོ་གཤམ་བུའམ། སུ་སྟེགས་བདག རི་བོང་རྭ་ལས་སོགས་པའམ། གཉིས་པ་བུམ་པ་ཡང་མིན་ལ། དེ་ལས་ལོག་པ་གཅིག་མིན་གཞན་དུ་བརྗོད་དུ་མེད་པའོ། །གསུམ་པ་བུམ་པའི་དངོས་པོ་དེ་བྱས་པ་ཡང་ནི་ཡིན་པ་ལ། མི་རྟག་པ་ཉིད་ལྟ་བུའོ། །དེ་དག་འབྲེལ་པའི་དབྱེར་མེད་དོ། །ཞེས་སོ། །ཡང་དག་དོན་གྱི་དབྱེར་མེད་ནི་འོག་ཏུ་དངོས་བསྐྱེད་པའི་སྐབས་ལས་འབྱུང་ངོ་། །དེ་ལ་གཟུགས་སྐུ་གཉིས་ནི་དངོས་པོ་ཐ་དད་ལ། དེ་གཉིས་དང་བོན་སྐུ་ནི་དེ་ཉིད་ཀྱང་མིན་ལ་གཞན་གཅིག་ཀྱང་བརྗོད་དུ་མེད་པས་ལྡོག་པ་ཐ་དད་དོ།།

བཞི་པ་དེ་ལ་རྩོད་པ་ལ་གཉིས་ཏེ། རིག་པ་གཅིག་གམ་དུ་མ་དང་། བློ་ཡི་ཡུལ་དུ་བྱས་སམ་མ་བྱས་ལ་རྩོད་པའོ། །དང་པོ་ལ། སྤྲུལ་སྐུ་གཅིག་ལས་བྱེ་བ་ཕྲག་བརྒྱ་འགྱེད་པ་ཡོད་དམ་མེད། ཡོད་ན་ཤེས་རྒྱུད་ཐོག་མར་ཡོད་པར་འགྱུར་ཏེ། དང་པོ་རྒྱུད་གཅིག་ལས་ཕྱིས་བྱེ་བ་ཕྲག་ཁྲིག་ཏུ་བགྱིས་པའི་ཕྱིར་རོ། །མེད་ན་སངས་རྒྱས་མ་ཡིན་

པ་ལ། ཡེ་ཤེས་མེད་པའི་ཕྱིར་རོ་ཞེ་ན། སྐུ་གཅིག་པོ་ཉིད་ཐུག་ཁྲིག་སྣང་བའི་ཕྱིར་ཏེ། ཡང་རྩེ་ཀློང་ཆེན་ལས། སྐུ་གཅིག་དུ་མ་སྣང་བ་ཡུལ་གྲུའི་ཉི་མ་ལྟ་བུའོ། །ཞེས་སོ། ། ཐབས་ཞགས་ལས་ཀྱང་། ཧ་བདུན་ཉི་མ་རི་བོང་ཅན། །ཐྲ་བ་དཀྱིལ་འཁོར་གཞལ་མེད་ཁང་། །དེའི་ངང་ལས་མ་གཡོས་པ། །ཀུན་ལ་ཐ་དད་སྣང་བ་ལྟར། །འགྲོ་འདོང་མེད་པ་གདུལ་བྱ་ཀུན། །འདུལ་བ་སྤྲུལ་པ་མཆོག་ཡིན་ནོ། །ཞེས་སོ། །གཉིས་པ་བློ་ཡུལ་དུ་བྱས་སམ་མ་བྱས། བྱས་ན་ཤེས་པར་འགྱུར་ཏེ། དེས་ན་རང་སྣང་བཞིན་ནོ། །མ་བྱས་ན་ཡེ་ཤེས་མེད་པར་འགྱུར་ཏེ། རང་རིག་མེད་པའི་ཕྱིར་རོ་ཞེ་ན། བོན་སྐུའི་བོན་ཅན་རྫོགས་སྐུའི་ཡེ་ཤེས་ཀྱི་ཡུལ་དུ་བྱས་སོ།།

གཉིས་པ་བརྟེན་པ་ཡེ་ཤེས་ལ་ལྔ་སྟེ། ངོ་ལོག་གི་མཚན་ཉིད། ཁྱད་པར་གྱི་དབྱེ་བ། གནས་འགྱུར་གྱི་རྒྱུ། སྐུ་གསུམ་གང་དུ་འདུས་པ། རྟོགས་ཚུལ་ལ་རྩོད་པ་སྤང་བའོ། །དང་པོ་ལ། འབུམ་ཏིག་ལས། ཡེ་ཤེས་ཀྱི་ངོ་བོ་ནི་ཤེས་རབ་རྣམ་པར་དག་པ་སྟེ། ཞེས་པས། རང་བཞིན་མེད་པ་གསལ་བའི་ཤེས་རབ་དང་། དེ་མཐར་ཐུག་པ་ནི། ཡེ་ཤེས་དང་སངས་རྒྱས་ཀྱི་ཡེ་ཤེས་ཏེ་རིམ་པ་ལྟར་རོ། །གཉིས་པ་ཁྱད་པར་གྱི་དབྱེ་བ་ལ་གཉིས་ཏེ། ངོ་བོའི་དབྱེ་བ་ལྔ་སྟེ། སྟོང་ཉིད་མེ་ལོང་སོར་རྟོགས་བྱ་གྲུབ་མཉམ་ཉིད་ཡེ་ཤེས་སོ། །རིམ་པ་ལྟར། བོན་ཐམས་ཅད་རང་བཞིན་སྐྱེ་བ་མེད་པར་རྟོགས་ལ། ངོ་བོ་མ་སྒྲིབ་པར་རྟོགས་པ། མཚན་ཉིད་མ་འདྲེས་པར་རྟོགས་པ། རོལ་པ་མ་འགག་པ། ངང་རོལ་གཅིག་ཏུ་གནས་པར་རྟོགས་པ་ལས་དབྱེའོ། །ཡུལ་གྱི་དབྱེ་ན་གཉིས་ཏེ། དོན་དམ་མཁྱེན་པ་སྣང་མེད་ཅི་ལྟ་བ་མཁྱེན་པ་དང་། ཀུན་རྫོབ་མཁྱེན་པ་སྣང་བཅས་ཇི་སྙེད་མཁྱེན་པའི་ཡེ་ཤེས་གཉིས་སོ། །མཐོ་དམན་གྱི་དབྱེ་ན་ལམ་འབྲས་ཀྱི་ཡེ་ཤེས་གཉིས་

སུ་དབྱེར་ཡོད་པའོ།།

གསུམ་པ་གནས་འགྱུར་གྱི་རྒྱུ་ནི། དབྱེ་བཤད་ལས། ཀུན་གཞི་མེ་ལོང་ཡེ་ཤེས། ཡིད་སོར་རྟོགས། དབང་ཤེས་ནན་ཏན། ཉོན་ཡིད་མཉམ་ཉིད་དུ་གནས་འགྱུར་བཤད་དོ།།

དབྱེ་བཤད་ལས། བཞི་པ་སྐུ་གསུམ་གང་དུ་འདུས་པ་ནི། འབུམ་ཏིག་ལས། དེ་ལ་སྐུ་གསུམ་ལས། བོན་ཉིད་དབྱིངས་ཀྱི་ཡེ་ཤེས་ཀྱིས། བོན་གྱི་སྐུ་བསྡུས་ལ། བྱ་བ་ནན་ཏན་གྱིས་སྤྲུལ་པའི་སྐུ་བསྡུས་ལ། ལྷག་མ་གསུམ་གྱིས་ལོངས་སྤྱོད་རྫོགས་པའི་སྐུ་བསྡུས་སོ།།

ལྔ་པ་རྟོགས་ཚུལ་ལ་རྩོད་པ་སྤང་བ་ལ་གསུམ་སྟེ། དུས་གསུམ་མཉམ་དུ་མཁྱེན་མི་མཁྱེན། རྫུན་པ་ཀུན་རྫོབ་སྣང་མི་སྣང་། ཤེས་པ་ཡིན་མ་ཡིན་ལ་རྩོད་པའོ། །དང་པོ་ནི་ཐམས་ཅད་མཁྱེན་པའི་ཡེ་ཤེས་ད་ལྟ་བ་དེས། དུས་སྔ་ཕྱི་གཉིས་མཁྱེན་ནམ་མི་མཁྱེན། མི་མཁྱེན་ན་ཐམས་ཅད་མཁྱེན་པ་མ་ཡིན་པར་འགྱུར་ལ། མཁྱེན་ན་སྣང་ནས་མཁྱེན་ནམ་མི་སྣང་ནས་མཁྱེན། མི་སྣང་ནས་མཁྱེན་ན་རྟོག་པར་འགྱུར་ལ། སྣང་ནས་མཁྱེན་ན་རྟོག་མེད་འཁྲུལ་པར་འགྱུར་ཏེ། དངོས་མེད་སྣང་བའི་ཕྱིར་ཏེ། འགག་པ་དང་མ་སྐྱེས་པ་གཉིས་སྣང་བའི་ཡུལ་ཅན་ཡིན་པས་སོ་ཞེ་ན། ཡེ་ཤེས་སྐད་ཅིག་མ་དེས་ཤེས་བྱ་ཀུན་ལ་ཁྱབ་པས། དེ་ལ་དུས་གསུམ་མངོན་དུ་གྱུར་པ་ཡིན་ནོ། །མཁས་པ་བཙན་ཆོད་པས་ནི། སངས་རྒྱས་ལ་རྟོག་པ་ཡོད་པ་འདོད་དེ། ལུང་ལས། ཀུན་ཏུ་རྟོག་པའི་ཡེ་ཤེས་བཤད་པའི་ཕྱིར་རོ། །རྟོག་པ་མེད་པའི་སྐྱོན། གཉིས་པ་ཀུན་རྫོབ་སྣང་མི་སྣང་ནི། ཡེ་ཤེས་དེ་ལ་དོན་དང་སེམས་ཅན་སྣང་ངམ་མི་སྣང་། མི་སྣང་ན་ཅི་སྙེད་མི་མཁྱེན་པ་འགྱུར་ལ། སྣང་ན་བག་ཆགས་ངན་པ་ཡོད་པར་འགྱུར་ཏེ། ཁྲ་བྱུག་ལས།

དངོས་པོ་མེད་པར་དངོས་པོ་འབྱུང་རྟོག་པ། །འདི་ནི་རྟོག་པའི་དབང་གི་ཕྱིན་ཅི་ལོག ། རྟོག་པའི་རང་བཞིན་བརྟགས་ཤིང་ཕྱིར་ཕྱིར་མང་། །བག་ཆགས་མཐུ་བརྟས་བལྟས་པ་བཞིན་དུ་སྣང་། །ཞེས་སོ། །ཞེ་ན། སེམས་དཔའ་སྤྲོས་མེད་པས་ནི། དོན་སྣང་ཤེས་སྣང་མེད་དེ། སྣང་བཅས་འདི་ཐེག་དམན་དང་སློ་བསྟུན་པའི་རྣམ་བཞག་ཏུ་འདོད་དོ། །སེམས་ཙམ་པ་ལ་སྐྱེ་མཆེད་འཁྲུལ་པ་བས་ནི། སྣང་བཅས་མེད་པར་འདོད་ལ། ཕྱོགས་གཅིག་འཁྲུལ་བ་བས་ནི་སངས་རྒྱས་ས་ན་བདེ་སྡུག་སྣང་བ་ཙམ་ཡོད་པ་མི་འགལ་ཏེ། དཔེར་ན་སྟོན་པ་གཙོ་རྒྱལ་ཡང་ཁམས་གསུམ་མ་རྫོང་པ་ལ་བཟུམ་པ་ལྟ་བུ་འདོད་དོ།།

གསུམ་པ་ཡེ་ཤེས་ཤེས་པ་ཡིན་མིན་ལ། ཤེས་པ་མ་ཡིན་ན་ཡུལ་རིག་པ་མ་ཡིན་ལ། ཡིན་ན་ཀུན་གཞི་ཡོད་པར་འགྱུར་ཏེ། མཛོད་ལས། སེམས་ཉིད་ཀུན་གཞིའི་རྣམ་ཤེས་དེ། །འཇུག་པའི་ཚོགས་དྲུག་འོད་དང་ཟེར། །ཞེས་སོ། །འདོད་ན། ཀུན་གཞི་མེ་ལོང་སྟེ་ཡེ་ཤེས་སུ་གནས་འགྱུར་བས་གནོད་དོ། །དེས་ན་ཤེས་པ་མཚན་ཉིད་པ་མེད་ལ་གནས་འགྱུར་ཡེ་ཤེས་ཡོད་པའི་སྐྱོན་གཉིས་ཀ་ལས་གྲོལ་ལོ། །འོན་ཀྱང་དབུ་མ་བས་ནི་ཡེ་ཤེས་སྟོང་པ་འདོད་ལ། སེམས་ཙམ་པས་ནི་ཤེས་པ་ཙམ་ཡོད་པར་འདོད་དོ།།

གསུམ་པ་ཕྲིན་ལས་ལ་གསུམ་སྟེ། མཚན་ཉིད། དབྱེ་བ། ཚོད་གཟུང་ངོ་། །དང་པོ་གཞན་འདྲེན་གྱི་བྱ་བྱེད་དང་། དེ་བདག་དོན་རྫོགས་པ་ནི། རིམ་པ་ལྟར་ཕྲིན་ལས་ཙམ་དང་། སངས་རྒྱས་ཀྱི་འཕྲིན་ལས་ཀྱི་མཚན་ཉིད་དོ། །དབྱེ་བ་ལ་བྱེད་པའི་སྒོ་ནས་བཞི་སྟེ། ལྷུན་གྱི་གྲུབ་པ། སྣ་ཚོགས་སུ་འབྱུང་བ། རྒྱ་ཆེ་བ། ཕྱོགས་རིས་མེད་པའོ། ། རྟེན་གྱི་དབྱེ་ན། སྐུ་གསུང་ཐུགས་ཕྲིན་ལས་གསུམ་མོ། །གདུལ་བྱ་དཀའ་སླའི་དབྱེ་ན།

ཞི་རྒྱས་དབང་དྲག་གི་འཕྲིན་ལས་བཞིའོ། །གཞན་ཡང་ཚོག་གི་དང་སྐྱེ་བའི་སྤྲུལ་པ་གཉིས་ཀྱིས་སོ།།

གསུམ་པ་རྩོད་པ་སྤང་བ་ལ་དྲུག་སྟེ། རྟོགས་མེད་ལ་དང་། ལྷུན་གྲུབ། རྒྱུན་མེད། ཕྱོགས་མེད། རྒྱ་ཆེ་ལ། འཁོར་བ་སྟོང་པར་ཐལ་པའི་སྐྱོན་སྤངས་པའོ། །དང་པོ་ནི། སངས་རྒྱས་ཀྱི་ཕྲིན་ལས་ཏེ། ལྷུན་གྲུབ་མ་ཡིན་པར་ཐལ། བྱ་བྱེད་དང་བཅས་པས་སོ་ཞེ་ན། གཟུངས་སྡེ་ལྔ་པ་ལས། བྱ་བརྩལ་བྲལ་ཡང་ཕྲིན་ལས་ལྷུན་གྱིས་གྲུབ། །གཟའ་གཏད་མེད་པ་འདམ་གྱི་ཕུར་པ་འདྲ། །ཞེས་སོ། །ཕྲིན་ལས་དེ་བྱ་བྱེད་མེད་པར་ཐལ། སྐུ་ལ་རྟོག་པ་མེད་པས་སོ་ཞེ་ན། དེ་ལས། འཛིན་རྟོག་སྤང་ཡང་དགོས་པ་འབྱུང་བའི་གཞི། །ཡིད་བཞིན་ནོར་བུ་དཔག་བསམ་ལྗོན་ཤིང་འདྲ། །ཞེས་སོ། །རྒྱུན་མེད་ལ་སྤང་བ་ནི། དེ་རྒྱུ་མེད་མ་ཡིན་པར་ཐལ། སྐལ་ངན་ལ་མི་འབྱུང་བས་སོ་ཞེ་ན། རྟགས་མ་གྲུབ་སྟེ། མཆོག་གི་སྤྲུལ་པ་མེད་ཀྱང་སྐྱེ་བའི་སྤྲུལ་པས་དོན་མཛད་པའོ། །ཕྱོགས་མེད་སྤང་བ་ནི་དེ་དེ་མ་ཡིན་པར་ཐལ། སྟོད་ངན་གྱི་དོན་དུ་མི་ཉུང་བས་སོ་ཞེ་ན། ཉུང་པར་ཉེ་རིང་མི་འབྱེད་པའོ། །རྒྱ་ཆེ་ལ་སྤང་བ་ནི། དེ་རྒྱ་ཆེ་མ་ཡིན་པ་ཐལ། མི་མཇེད་པར་འདས་ཀྱི་དོན་མི་མཛད་པ་བཤད་པའི་ཕྱིར་རོ། །རྟགས་མ་གྲུབ་ན། བསྟན་པ་གཅིག་ལ་སྟོན་པ་གཉིས་སུ་འགྱུར་ཏེ། རང་གཞན་གཉིས་ཀའི་སྟོན་པའི་ཞིང་གཅིག་འདུལ་བས་སོ་ཞེ་ན། ཕ་རོལ་ཡང་འདིར་སྐྱེ་ཁ་མའི་དོན་བྱས་པ་ལ་མཐའ་མི་དཔོག་པའོ། །འཁོར་བ་སྟོང་པར་ཐལ་བ་སྤང་བ་ནི། འཁོར་བ་སྟོང་པར་ཐལ། འཕྲི་བྱེད་ཡོད་པ་ལ་སྣོན་བྱེད་མེད་པའི་ཕྱིར་ཏེ། ཕྲིན་ལས་ཁྱད་པར་ལྷ་ལྡན་དེ་རྟག་ཏུ་གནས་པ་ལ་ཤེས་རྒྱུད་ལ་གསར་སྐྱེས་མེད་པའི་ཕྱིར་རོ། །ཞེ་ན། ཁྱབ་པ་མེད་དེ། སེམས་ཅན་ལ་

མཐའ་མེད་པའོ། །དཔེར་ན་ནམ་མཁའི་ཚད་གཞལ་བ་བཞིན་ནོ།།

བདུན་པ་ཤན་འབྱེད་ལ། འགྲེལ་ལས། རང་རྟོགས་གཉེན་གྱི་ཐེག་པ་འོག་མ་ལ་ཁྱད་འདོན་པ་ནི། རྟོགས་སྤྱོད་ཡེ་ཤེས་བརྩོན་འགྲུས་ཐབས་ཆེན་པོ། །འབྲས་བུ་འཕྲིན་ལས་དེ་ཙམ་ཁྱད་པར་འཕགས། །ཁྱད་པར་བདུན་ཡོད་དེ། གང་ཞེ་ན། ལྟ་བ་དང་། འཕྲིན་ལས་དང་། ཡེ་ཤེས་དང་། བརྩོན་འགྲུས་དང་། ཐབས་དང་། འབྲས་བུ་དང་། བསྒྲུབ་པའོ། །དང་པོ་ལ་གཉིས་ཏེ། ཕྱི་རོལ་བདེན་པ་འདོད་པ་དགག་པ་དང་། བྱང་ཆུབ་སེམས་དཔའི་དོན་མེད་པར་འདོད་པ་དགག་པའོ། །དང་པོ་ནི། འགྲེལ་ལས། །དང་པོ་ཕྱི་ཡུལ་གྱི་དངོས་པོ་བདེན་པ་འདོད་པ་ལ་གནོད་བྱེད་ཀྱི་ཚད་མ་བཞི་ཡོད་པ་ལས་ཞེས་པས། འབྲེལ་པ་ཡོད་མེད་གཉིས་དང་། སྣང་མི་སྣང་གི་སྒོ་ནས་དགག་པའོ། །འགྲེལ་ལས། དང་པོ་འབྲེལ་བའི་སྟོབས་ཀྱིས་གནོད་པ་ནི། ཁྱོད་ཀྱི་འདོད་པའི་ཕྱིར་རོལ་གྱི་དངོས་པོ་ཡང་དག་ཏུ་འདོད་པ་དེ། མཐོང་ནས་ཡོད་དམ། མ་མཐོང་བར་ཡོད། མ་མཐོང་བ་ཡོད་དོ་ཞེ་ན། འོ་ན་རི་བོང་གི་རྭ་ཡང་ཡོད་པར་འགྱུར་ཏེ། མ་མཐོང་བ་ཡོད་པའི་ཕྱིར་རོ། །མུ་སྟེགས་ཀྱི་བདག་བཞིན་ནོ། །གལ་ཏེ་མཐོང་ནས་ཡོད་དོ་ཞེ་ན། འབྲེལ་བ་ཡོད་ནས་མཐོང་ངམ་མེད་ནས་མཐོང་། འབྲེལ་བ་མེད་ཀྱང་མཐོང་ངོ་ཞེ་ན། འོ་ན་མིག་གི་རྣམ་པར་ཤེས་པས་ཀྱང་སྒྲ་ཐོས་པར་འགྱུར་རོ། །དེ་ལྟར་མ་ཡིན་ཏེ། སྒྲ་ཡུལ་མ་ཡིན་ཏེ། སྒྲ་ཡུལ་མ་ཡིན་པས་མི་ཐོས་ལ། གཟུགས་ཡུལ་ཡིན་པས་མཐོང་ངོ་ཞེ་ན། འོ་ན་གཅིག་ཡུལ་མ་ཡིན་པ་བཞིན་དུ། གཅིག་ཀྱང་ཡུལ་མ་ཡིན་པར་འགྱུར་ཏེ། འབྲེལ་བ་མེད་པར་འདྲ་བའི་ཕྱིར་རོ། །གལ་ཏེ་འབྲེལ་བ་ཡོད་ནས་མཐོང་ངོ་ཞེ་ན། འོ་ན་བདག་ཉིད་གཅིག་གམ་དེ་ལས་བྱུང་། གལ་ཏེ་བདག་ཉིད་གཅིག་གོ་ཞེ་ན།

ཕྱི་ཡུལ་ལ་ཕར་གཅིག་གམ་ནང་ཤེས་པ་ལ་ཚུར་གཅིག དང་པོ་ལྟར་ན། ཐམ་པོ་དང་བདག་ཉིད་གཅིག་པའི་ཕྱིར། ཤེས་པ་ཡང་ཐམ་པོ་འགྱུར་རོ། །ཡང་ན་ཐམ་པོ་ཡང་རིག་པར་འགྱུར་ཏེ། བདག་ཉིད་གཅིག་པའི་ཕྱིར་རོ། །གལ་ཏེ་དེ་ལས་བྱུང་ངོ་ཞེ་ན། དུས་ཐ་དད་ལས་བྱུང་ངམ་དུས་མཉམ་པོ་ལས་བྱུང་། དུས་མཉམ་པོ་ལས་བྱུང་ངོ་ཞེ་ན། དེ་ལ་ཕན་གདགས་ནས་བྱུང་ངམ། མ་གདགས་པ་ཡང་བྱུང་། གལ་ཏེ་ཕན་མ་གདགས་པར་བྱུང་ངོ་ཞེ་ན། འོ་ན་རྟ་ལས་ཀྱང་གླང་པོ་ཆེ་རྒྱུ་འབྲས་སུ་འགྱུར་ལ། མེ་ལས་ཀྱང་ཆུ་སྐྱེ་བར་འགྱུར་རོ། །ཕན་གདགས་ནས་རྒྱུ་འབྲས་བྱུང་ངོ་ཞེ་ན། འོ་ན་འབྲས་བུ་གྲུབ་པ་གཅིག་ལ་ཕན་གདག་གམ། མ་གྲུབ་པ་གཅིག་ཕན་གདག མ་གྲུབ་པ་གཅིག་ལ་ཕན་གདག་ཅེ་ན། དུས་མཉམ་པོར་འདོད་པ་ཉམས་སོ། །གྲུབ་པ་གཅིག་ལ་ཕན་བཏགས་སོ་ཞེ་ན། ཕན་འདོགས་པ་ལ་ཐུག་པ་མེད་པར་འགྱུར་ཏེ། གྲུབ་ཟིན་པ་ལ་ཕན་འདོགས་པའི་ཕྱིར། གྲུབ་པ་སྒྲུབ་པ་ཡང་འགྱུར་རོ། །དུས་མཉམ་པོའི་ཡུལ་དང་ཤེས་པ་གཉིས་ཀ་འབྲས་བུར་འདོད་དེ། དཔེར་ན་མདུང་ཁྲིམ་བཞིན་ནོ། །ཞེ་ན། དུས་མཉམ་པོའི་མདུང་ཁྲིམ་གཉིས་གཅིག་གཅིག་ལ་ཕན་བཏགས་པ་མེད་དེ། འབྲས་བུ་ཚོག་གེ་བ་གཉིས་འདུག་པས་སོ། །ཕྱི་མ་གཅིག་ལ་ཕན་གདགས་པ་ཡིན་ཏེ། དུས་མཉམ་པོར་ཕན་བཏགས་པའི་དཔེ་རང་མ་གྲུབ་པའི་ཕྱིར་རོ། །དེ་བཞིན་དོན་ལ་ཡང་རྒྱུ་འབྲས་མ་གྲུབ་བོ། །གལ་ཏེ་དུས་ཐ་དད་པ་ལ། རྒྱུ་འབྲས་ཀྱི་འབྲེལ་བ་འདོད་དེ་ཞེ་ན། དུས་ཐ་དད་པར་འདོད་པའི་ལུགས་ཀྱི། རྒྱུ་ཡོད་པའི་དུས་ན་འབྲས་བུ་མེད་ལ། འབྲས་བུ་ཤེས་པ་སྐྱེས་པའི་དུས་ན་རྒྱུ་འགགས་པ་མ་ཡིན་ནམ། ཡིན་ཙམ་ན་འབྲས་བུ་སྐྱེད་པའི་དུས་ན་རྒྱུ་འགགས་པའི་ཕྱིར། མཐོང་ནས་ཡོད་བྱ་བ་ཉམས་སོ། །གལ་ཏེ་རྒྱུ་འགགས་

ཀྱང་དེས་བཞག་པའི་རྣམ་པ་མཐོང་བ་ཡིན་ཞེ་ན། རྣམ་པ་དེ་ནི་ཤེས་པ་ལ་ཡོད་ཀྱི། ཕྱི་རོལ་ཡུལ་གྱི་རྣམ་པ་མ་ཡིན་ཏེ། དཔེར་ན་ཟླ་གཉིས་སུ་སྣང་བའི་ཤེས་པ་བཞིན་ནོ། །དེ་ལྟར་འབྲེལ་བ་མེད་པའི་ཕྱིར། རང་ལ་མ་གཏོགས་པའི་ཕྱི་རོལ་གྱི་དོན་ཡོད་པར་མི་འགྲུབ་བོ།།

ཕྱི་རོལ་གྱི་དོན་རྣམ་པ་སྣང་མི་སྣང་གི་སྒོ་ནས་དགག་པ་ནི། ཁྱེད་འདོད་པའི་ཕྱི་རོལ་གྱི་དོན་ཡང་དག་ཏུ་ཡོད་ཅེས་བྱ་བ་དེ། མཐོང་ནས་ཡོད་དམ་མ་མཐོང་བར་ཡོད། མ་མཐོང་བར་ཡོད་ཅེ་ན། གོང་དུ་བསྟན་པའི་སྐྱོན་གནོང་ངོ་། །གལ་ཏེ་མཐོང་ནས་ཡོད་དོ་ཞེ་ན། རྣམ་པ་སྣང་ནས་མཐོང་ངམ། མི་སྣང་བ་མཐོང་། མི་སྣང་བ་སྣང་ངོ་ཞེ་ན། ཁྱེད་ཅེ་སྐད་འདོད་པའི་དོན་དེ་གཏན་ནས་མི་མཐོང་བ་འགྱུར་ཏེ། རྣམ་པར་མི་སྣང་བའི་ཕྱིར་རོ། །རི་བོང་གི་རྭ་བཞིན་ནོ། །གལ་ཏེ་རྣམ་པར་སྣང་ནས་མཐོང་བར་ཡོད་དོ་ཞེ་ན། འོ་ན་ཁ་དོག་ལ་སོགས་པའི་རྣམ་པ་དེ་ཡུལ་གྱི་རྣམ་པར་ཡིན་ནམ་ཤེས་པའི་རྣམ་པ་ཡིན། ཡུལ་གྱི་རྣམ་པ་ཡིན་ནོ་ཞེ་ན། ཡུལ་དང་ཤེས་པ་བདག་ཉིད་གཅིག་པ་མ་ཡིན་ནམ། བདག་ཉིད་གཅིག་ན་དེ་འགག་པ་བཞིན་དུ་རྣམ་པ་ཡང་འགག་པར་འགྱུར་རོ། །དཔེར་ན་མེ་འགགས་ན་ཚ་བ་འགགས་པ་བཞིན་ནོ། །གལ་ཏེ་དེ་ལས་བྱུང་ན། རྒྱུ་འབྲས་ཀྱི་ལུགས་ཀྱིས་ཐ་དད་དུ་འདོད་པ་མ་ཡིན་ནམ་ཡིན་ནོ་ཞེ་ན། འབྲས་བུ་སྐྱེས་པའི་དུས་སུ་རྒྱུ་འགག་པས། དེའི་རྣམ་པ་སྣང་ནས་མཐོང་བར་འདོད་པ་ཉམས་སོ། །གལ་ཏེ་རྣམ་པ་དེ་ཤེས་པའི་རྣམ་པ་ཡིན་ནོ་ཞེ་ན། སེམས་ལས་མ་གཏོགས་པའི་ཕྱི་རོལ་གྱི་དོན་ཡོད་པས་འབྱུང་བ་ཡིན་ཞེས་བྱ་བ་ཉམས་སོ།།

ཕྱི་རོལ་གྱི་དངོས་པོ་ཡང་དག་མ་ཡིན་པར་འདོད་པའི་གཞན་རབ་ཀྱི་གྲུབ་

མཐའ་ལ་གནོད་བྱེད་ཀྱི་ཚད་མ་ནི། ཁྱོད་ཅི་ལྟར་འདོད་པའི་ནང་གི་ཤེས་པ་འཛིན་བྱེད་དེ། དོན་དམ་པ་མེད་དེ། ཕྱི་ཡུལ་གཟུང་བ་དོན་དམ་པ་མེད་པའི་ཕྱིར་རོ། །ཕྱི་ཡུལ་གྱི་བཟུང་བ་དོན་དམ་པར་མེད་ཀྱང་དེར་འཛིན་པའི་སེམས་ཡོད་ན་ཅི་སྐྱོ་སྐྱེ་ཁྱབ་པ་མ་གྲུབ་ཅེ་ན། འོ་ན་འགལ་ལམ་མ་ངེས། མ་ངེས་ཤེ་ན། དངོས་ཀྱི་མ་ངེས་སམ། ཐེ་ཚོམ་ཟ། དངོས་ཀྱི་མ་ངེས་ཏེ། དཔེར་ན་ཟླ་བ་གཉིས་མེད་ཀྱང་ཟླ་བ་གཉིས་སུ་འཛིན་པ་བཞིན་ནོ་ཞེ་ན། འོ་ན་ཤེས་པ་འཁྲུལ་བའམ་མ་འཁྲུལ་བ་སྐྱེ། འཁྲུལ་པ་སྐྱེ་འོ་ཞེ་ན། འོ་ན་ནི་ཤེས་པ་དོན་དམ་ཡིན་པར་འདོད་པར་ཉམས་སོ། །མ་འཁྲུལ་བ་སྐྱེ་འོ་ཞེ་ན། འོ་ན་ཟླ་བ་གཉིས་སུ་འཛིན་པ་མ་འཁྲུལ་བ་འགྱུར་རོ། །དེ་ལྟར་ལྟ་བའི་ཁྱད་པར་རོ། །ཞེས་སོ། །འགལ་བའི་རྟགས་ནི་སྒྲ་རྟགས་པར་སྒྲུབ་པ་ལ་བྱས་པ་རྟགས་སུ་བཀོད་པ་ལྟ་བུའོ། །ཐེ་ཚོམ་ཟ་བ་ནི། ཐུ་བའི་འབྲས་ཚོས་ཏེ། ཁ་ནང་གི་འབྲས་དང་ལྷན་ཅིག་བཙོས་ཤིང་ཁ་ནང་གི་འབྲས་ཚོས་པའི་ཕྱིར། ཞེས་པ་ལྟ་བུའོ། །བྱེ་བྲག་ཏུ་སྨྲ་བའི་ཡུལ་སེམས་འབྲེལ་མེད་དང་། རྒྱུ་འབྲས་དུས་མཉམ་ནི་ཞོར་ལ་བཀག་ཟིན་ལ། དགྲ་བཅོམ་ཤེས་རྒྱུད་ཆད་པ་ནི། སྲིད་པ་ཐ་མའི་ཤེས་པ་ཆོས་ཅན། ཤེས་པ་ཕྱི་མའི་རྒྱུ་བྱེད་དེ། རིག་ཙམ་ཡིན་པའི་ཕྱིར་རོ། །ཉོན་མོངས་ཅན་གྱི་ཡིད་ཀྱང་ཡོད་དེ། རྟག་ཏུ་ངར་འཛིན་ཡོད་པའི་ཕྱིར་རོ། །དབྱེ་བཤད་ལས། ཉོན་མོངས་ཅན་གྱི་ཡིད་མེད་ན། །གཉིས་མེད་གསུམ་དང་འགལ་བར་འགྱུར། །ཞེས་སོ། །ཀུན་གཞི་རྣམ་ཤེས་ཀྱང་ཡོད་དེ། རྟག་ཏུ་ལུས་ལེན་པ་ཡོད་པའི་ཕྱིར། དབྱེ་བཤད་ལས། ཀུན་གཞི་མེད་ན་སྐྱོན་བདུན་ཡོད་དེ། སྙོམས་འཇུག་གསུམ་ལས་ལྡང་བ་མི་འཐད། གཉིད་དང་བརྒྱལ་ཆེ་མེད་པ་མི་འཐད། འཁོར་བ་ལུགས་མཐུན་ལུགས་ལྡོག་མི་འཐད། ཅེས་སོ། །བྱང་ཆུབ་

སེམས་དཔའི་བོན་ཀྱང་ཡོད་དེ། ཐེག་དམན་ཡོད་ན་ཐེག་ཆེན་ཡང་ཡོད་ལ། སྤྱང་ལམ་ཡོད་ན་བསྒྱུར་གྲོལ་གྱི་ལམ་ཡོད་པའི་ཕྱིར་རོ། །དཔེར་ན་སྣང་སྲུན་དང་མཐོ་དམན་བཞིན་ནོ། །འགྲེལ་ལས། ཕྱིན་ལས་བཞི་ནི། རང་རྟོགས་གཤེན་རབ་པས། རང་དོན་ལས་སྤྱོད་མི་ནུས་ཏེ། འདིས་རང་དོན་དང་གཞན་དོན་གཉིས་ཀར་བྱེད་དེ། སེམས་ཅན་ཐམས་ཅད་ཀྱི་དོན་ལ་བཏང་སྙོམས་སུ་མཛད་པས་སོ། །ཡེ་ཤེས་ནི། དེས་གང་ཟག་གི་བདག་དང་བོན་གྱི་བདག་ཕྱོགས་གཅིག་ལ་བདག་མེད་ཙམ་ལས་མ་རྟོགས་ཏེ། འདིས་བདག་མེད་གཉིས་ཀ་རྟོགས་པས་སོ། །བརྩོན་འགྲུས་ནི། དེས་བསྐལ་པ་ཆེན་པོ་གྲངས་མེད་པ་བདུན་ན་འབྲས་བུ་ཐོབ་སྟེ། འདིས་ནི་ལྔ་ནས་ཐོབ་པའོ། །ཞེས་པས། གྲངས་མེད་བདུན་ན་ཚོགས་བསགས་པ་ནི། ཚོགས་ལམ་དང་གཅིག སྦྱོར་ལམ་བཞི་ལ་བཞི། མཐོང་སྒོམ་གཉིས་དང་བདུན་དུ་གྲངས་མེད་རེ་རེའོ། །ལྔར་སོགས་པ་ནི་ཐུགས་རྗེ་སེམས་དཔའ་སྟེ། ཚོགས་ལམ་དང་གཅིག དྲོད་རྩེ་དང་གཉིས། བཟོད་བོན་དང་གསུམ། མཐོང་སྒོམ་དང་ལྔ་ལས། གྲངས་མེད་རེ་རེའི་ཚོགས་བསོགས་པའོ། །བྱང་སེམས་དབུ་མ་བ་གྲངས་མེད་གསུམ་གྱིས་ཚོག་སྟེ། ལྡེ་འགྲེལ་ལས། ས་དང་པོ་མ་ཐོབ་པར་དུ་དཀའ་བ་སྤྱོད་པ་བྱས་ཏེ། ས་དང་པོ་མན་ཆད་ལ་བསྐལ་པ་གྲངས་མེད་གཅིག དེ་ནས་བརྒྱད་པ་ལ་གཅིག དེ་ནས་བཅུ་གཅིག་པ་ལ་གཅིག་སྟེ། བསྐལ་པ་གྲངས་མེད་གསུམ་གྱི་དམྱལ་བ་དོང་ནས་སྤྱུག་ནས། ཐམས་ཅད་འབྲས་བུ་སངས་རྒྱས་པའོ། །ཞེས་སོ། །གྲངས་མེད་ནི་གྲངས་ཀྱི་གནས་གཞན་དྲུག་ཅུ་པའོ། །འོ་ན་བསེ་རུ་བསྐལ་པ་བརྒྱས་ཚོག་པ་དང་། མྱུར་བ་སྲིད་པ་གསུམ་ཐར་པ་བཤད་དོ་ཞེ་ན། དེ་འཁོར་བ་ལ་ཡུན་རིང་ནས་སྐར་ཕྱོག་དགོས་ཀྱི་སྐབ་སྤྱངས་ཀྱི་ལམ་ལ་ཆེས་རྩོད་པས། དེས་ཞི་

བ་ཕྱོགས་གཅིག་པའི་ཡེ་ཤེས་ཕྱོགས་རེ་ལས་མེད་པའོ། །འགྲེལ་ལས། ཐབས་ནི་དེས་རང་གི་ཤེས་རབ་ཕྱོགས་གཅིག་གི་ཐབས་ལས་མེད་དེ། འདི་ལ་ཤེས་རབ་ཆེན་པོ་དང་། སྙིང་རྗེ་ཆེན་པོ་ཉིད་ཀྱི་ཐབས་མངའ་བའོ། །ཞེས་སོ། །བྱང་སེམས་ཀྱི་སྲིད་ཞི་མཐའ་ལ་མི་གནས་པའི་མྱང་འདས་ནི། ཤེས་རབ་ཆེ་བས་འཁོར་བའི་མཐའ་ལ་མི་གནས་ལ། སྙིང་རྗེ་ཆེ་བས་མྱང་འདས་ཀྱི་མཐའ་ལ་གནས་པའོ། །རྣམ་རང་གི་ཤེས་རབ་ཆུང་བའི་གང་ཟག་གི་བདག་མེད་དམ། བོན་གྱི་བདག་མེད་ཕྱོགས་གཅིག་ལས་མ་རྟོགས་པས་འཁོར་བའི་མཐའ་ལ་གནས་ལ། སྙིང་རྗེ་ཆུང་བས་གཞན་དོན་མི་བྱེད་པའམ། གཞན་དོན་གཙོ་བོ་མི་བྱེད་པས། མྱང་འདས་ཀྱི་མཐར་གནས་པའོ། །ཡང་གཅིག་ཐེག་ཆེན་གྱི་བཤད་ཉན་གྱི་མ་ཟིན་ཏེ་དེ་བཞིན་གཤེགས་པ་ཡང་རྣམ་སྨིན་གྱི་ལྷག་མ་ཅན་འདས་གྲོངས་སུ་མཐོང་ལ། རང་རང་གི་མོས་པ་དང་མཐུན་པའི་བོན་གསུངས་པ་མཐོང་བའོ། །འགྲེལ་ལས། འབྲས་བུ་ནི། དེས་ཤེས་རབ་མགྱོགས་ཆེན་ཙམ་ལས་མེད་དེ། འདིས་ཀུན་ཏུ་འོད་ཀྱི་སྐུ་གསུམ་ཐོབ་པའོ། །སྒྲུབ་ཐབས་ནི། འདིས་ལམ་ལྔ་ལ་བོན་སུམ་ཅུ་རྩ་བདུན་རྫོགས་པ་སྒྲུབ་སྟེ། དེ་ལ་དེ་མེད་པའི་ཕྱིར་ཁྱད་པར་འཕགས་པའོ། །ཞེས་སོ། །འོ་ན་རྣམ་རང་པ་གཉིས་ལ་ཡང་ལམ་ལྔའི་རྣམ་བཞག་བྱེད་པ་མ་ཡིན་ནམ། ཞེ་ན། དེ་ནི་བྱང་སེམས་དང་ཆ་མཐུན་པ་ཙམ་དུ་བྱས་པས་སོ། །རང་གི་ཐུན་མོང་མ་ཡིན་པ་བདེན་བཞི་ལ་བོན་བཅུ་དྲུག་ཏུ་སྒོམ་པ་དང་། རྟེན་འབྲེལ་ལུགས་ལྡོག་ཤས་ཆེ་ལ། ལམ་སུམ་ཅུ་རྩ་བདུན་ཁ་མ་ཚང་པ་མངོན་ནོ། །དེ་དག་ཐུགས་རྗེ་སེམས་དཔའི་ཐེག་པ་ཆེན་པོ་བཤད་པའི་མདོ་རྒྱུད་ཀྱི་འགྲེལ་པ་སྟེ་སྐབས་ལྔ་པའོ།། །།

བཞི་པ་གཡུང་དྲུང་སེམས་དཔའ་སྤྲོས་མེད་ལ་གཉིས་ཏེ། ངོ་བོའི་དོན་དང་།

ཡན་ལག་གི་དོན་ནོ། །དང་པོ་ལ་གཉིས་ཏེ། སྤྱི་དོན་དབྱེ་བའོ། །དང་པོ་ནི། གཡུང་དྲུང་སེམས་དཔའི་ཐེག་པ་སྲོས་མེད་ནི། འགྱུར་བ་དང་མཚན་མ་མེད་པའི་ཕྱིར་གཡུང་དྲུང་། དེ་ལ་སེམས་སྟོབས་སུ་གྱུར་པའི་ཕྱིར་སེམས་དཔའ་འོ། །མཐའ་བརྒྱད་ལས་གྲོལ་བའི་ཕྱིར་སྲོས་མེད་དོ། །ཞེས་པས། མཐའ་བརྒྱད་ནི། སྣང་སྟོང་གཉིས། རྟག་ཆད་གཉིས། སྐྱེ་འགག གྲོང་ལེན། བདག་ཡོད་མེད། དབེན་དང་མི་དབེན། སྐྱོན་པ་ཡོད་མེད། ཐོག་མཐའ་ལྔ་བའོ། །གཉིས་པ་དབྱེ་བ། འགྲེལ་ལས། རོལ་པ་སྐྱེ་མཆེད་ལྟར་སྣང་བ་དང་། མཚན་མ་ཀུན་བྲལ་ཅིར་མི་གནས་སོ། །མཚན་མ་ཀུན་བྲལ་ཅིར་མི་གནས་ལ་གཉིས་ཏེ། མཚན་མ་འགོག་པ་དང་། མཚན་མ་ཤུགས་སྣང་ངོ་། །ཞེས་པས། གཅིག་དང་དུ་བྲལ་གྱི་རྟགས་ཀྱིས། སྣང་བ་ལ་ཡང་དག་གི་སྲོས་པ་གཅོད་པའི་ཚེ། ཤུགས་ལ་སྐྱེ་མཆེད་སྒྱུ་མ་ཛྭན་དུ་སྒྲུབ་པའི་རང་རྒྱུད་ཀྱི་དམ་བཅའ་བཀོད་པ་དང་། དེ་ཚེ་རྣམ་པར་བཅད་པ་ཙམ་གྱི་ཐལ་འགྱུར་བརྗོད་ཀྱི་དམ་བཅའ་མི་བྱེད་པ་གཉིས་ལས། ལྟར་སྣང་བ་དང་། ཅིར་མི་གནས་གཉིས་སུ་དབྱེ་བའོ། །འདིར་རང་རྒྱུད་དང་ཐལ་འགྱུར་བ་ཡང་ཟེར་རོ། །ནམ་མཁའི་མེ་ཏོག་ལྟར་སྣང་བ་འགོགས་པ་དང་། སྒྱུ་མ་ལྟར་སྣང་བ་སྣང་ལ་བདེན་པ་མེད་པ་འདོད་པ་གཉིས་ལས། མཚན་མ་འགོགས་པ་དང་ཤུགས་སྣང་དབྱེའོ།།

གཉིས་པ་ཡན་ལག་གི་དོན་བདུན་ཡོད་པའི་དང་པོ་ལྟ་བ་ལ། དོན་ལྷ་ཁྱད་པར་བཞག་པའི་ཚད་མ་ཡིས། །དོན་དམ་ཀུན་རྫོབ་གཉིས་འཇལ་ཤེས་པ་དེས། །བོན་རྣམས་བདག་མེད་སྲོས་དང་བྲལ་བར་བལྟ། །སྲོས་ལ་གནོད་བྱེད་ཚད་མའི་དེ་སེམས་བསྒོམ། ། ཅེས་པས། དེ་ལ་གསུམ་སྟེ། གང་གཏན་ལ་དབབ་པར་བྱ་བའི་བདེན་པ་གཉིས། གང་གིས་གཏན་ལ་འབེབ་བྱེད་ཀྱི་གཏན་ཚིགས་བརྒྱད། ཚུལ་ཅི་ལྟར་དབབ་པའི་དོན་

ལྡོའོ། །དང་པོ་ལ་གཉིས་ཏེ། སྤྱིར་མཚན་མཚོན་གྱི་དང་། ཁྱད་པར་བདེན་གཉིས་ཀྱི་རྣམ་བཞག་གོ །དང་པོ་ལ་གསུམ་སྟེ། མཚན་ཉིད་ཐ་སྙད་དང་། མཚོན་བྱ་ཐ་སྙད། མཚན་གཞི་ཐ་སྙད་ཀྱི་རྣམ་བཞག་གོ །དང་པོ་ལ་མཚན་ཉིད། ཐ་སྙད་ཀྱི་མཚན་ཉིད་ནི་དོན་ལྡོག་ཏུ་གྲུབ་པའོ། །མཚན་ཉིད་ཡང་དག་ཐ་སྙད་ཀྱི་མཚན་ཉིད་ནི། སྤྱིར་དོན་ལྡོག་ཡིན་པ། མཚོན་བྱ་གཞན་གྱི་དོན་ལྡོག་མ་ཡིན་པ། མཚན་གཞི་ལ་གྲུབ་པ་སྟེ། ཕོན་ཁྱད་པར་གསུམ་ལྡན་ནོ། །དེས་སྐྱོན་གསུམ་བསལ་ཏེ། མཚོན་བྱ་མཚན་ཉིད་དུ་བཀོད་པ་རང་ལྡོག་རྫས་སུ་མ་གྲུབ། གཞན་གྱི་མཚན་ཉིད་དུ་བཀོད་པ་ནི་དོན་ལྡོག་གཞན་འགྱུར། མཚན་ཉིད་མཚན་གཞི་ལ་མི་སྲིད་པ་གསུམ་བསལ་ལོ། །དོན་ལྡོག་གཞན་འགྱུར་ལ་མ་ཁྱབ་ཁྱབ་ཆེས་ཁྱབ་མཉམ་གསུམ་མོ། །རང་ལྡོག་རྫས་སུ་མ་གྲུབ་པ་ལ་ཡང་། རང་དང་རང་གི་ཁྱད་པར་དང་། གཞན་གྱི་མཚོན་བྱ་མཚན་ཉིད་དུ་བཀོད་པ་གསུམ་མོ། །མི་སྲིད་པ་ལ་གཉིས་ཏེ། ཐ་དད་མེད་ནས་མི་སྲིད་པ་དང་། འགལ་ནས་མི་སྲིད་པའོ། །མཚོན་བྱ་ཐ་སྙད་ཀྱི་མཚན་ཉིད་ནི། བཏགས་ཡོད་དུ་གྲུབ་པའོ། །མཚོན་བྱ་ཡང་དག་གི་མཚན་ཉིད་ནི། སྤྱིར་རྣམ་པར་བཞག་བྱ་ཡིན་པ། མཚན་ཉིད་གཞན་གྱི་རྣམ་པར་བཞག་བྱ་མ་ཡིན་པ། མཚན་གཞི་ལ་གྲུབ་པ་སྟེ། དེས་མཚོན་བྱའི་སྐྱོན་གསུམ་བསལ་བའོ། །མཚན་ཉིད་མཚོན་བྱར་བཀོད་པ་ལ་རང་ལྡོག་ཐ་སྙད་དུ་མ་གྲུབ་པ་དང་། མཚོན་བྱ་གཞན་བཀོད་པ་ཐ་སྙད་གཞན་འགྱུར། མཚོན་བྱ་མཚན་གཞི་ལ་མི་སྲིད་པ་གསུམ་བསལ་ལོ། །དབྱེ་བ་བརྒྱད་མཚན་ཉིད་མཚུངས་པ་བསྟད་དོ། །མཚན་གཞི་ནི། མཚན་མཚོན་སྐྱོན་མེད་དུ་ཟུང་གཅིག་གི་རྟེན་བྱེད་པ་ཡིན་ལ། དེ་སྐྱོན་མེད་ཟུང་གཅིག་བརྟེན་པ་ནི། མཚན་གཞི་ཡང་དག་གི་མཚན་ཉིད་དོ། །བསལ་

བྱེ་དང་དབྱེ་བ་སྨྲོ།།

གཉིས་པ་ཁྱད་པར་བདེན་ལ་གསུམ་སྟེ། མཚན་ཉིད། དབྱེ་བ། དབྱེ་དོན་ནོ། །དང་པོ་ནི། འགྲེལ་ལས། དེ་ལ་སྤྱིར་གཡུང་དྲུང་སེམས་དཔའི་ལུགས་ཀྱིས་བདེན་པ་གཉིས་སུ་ཁས་ལེན་ཏེ། གང་ཞེ་ན་དོན་དམ་པའི་བདེན་པ་དང་། ཀུན་རྫོབ་ཀྱི་བདེན་པའོ། །ཞེས་སོ། །དེ་ལ་བདེན་པའི་མཚན་ཉིད་ལ། མི་དཔལ་དང་འ་ཞ་ལ་སོགས་ཀྱིས་ཡིན་ལུགས་དང་ལྡན་པ། ཞེས་པ་ནི། རྟོག་མེད་འཁྲུལ་པའི་སྣང་ཡུལ་ལམ། རྟོག་པ་ལོག་ཤེས་ཀྱི་ཞེན་ཡུལ་ལ་ཁྱབ་ཆེས་ཏེ། ཡིན་ལུགས་དང་ལྡན་པའི་ཕྱིར་ཏེ། སྒྲོ་བཏགས་ཀྱི་ཡིན་ལུགས་ཅན་ཡིན་པའི་ཕྱིར་རོ། །འདོད་པ་མི་ནུས་ཏེ། ལོག་ཤེས་ཀྱི་ཡུལ་ཡིན་པས་སོ། །དེས་ན་བློ་ཡུལ་དུ་གནོད་པ་མེད་པ་སྟེ། བློས་འཛིན་པ་ལྟར་ཡུལ་ཡང་དེ་ལྟར་དུ་གནས་པའོ། །འོ་ན་ལོག་ཤེས་སུ་གནས་པར་བཅས་ཏེ། བློའི་ཡུལ་དུ་གནོད་མེད་མ་ཡིན་ཏེ། གནོད་ཅན་ཡིན་པས་སོ་ཞེ་ན། བློའི་ཡུལ་དུ་གནོད་མེད་ཡིན་ཏེ། རིག་ཤེས་ཀྱི་ཡུལ་ཡིན་པས་སོ། །བྱེ་བྲག་ཏུ་ཀུན་རྫོབ་ནི་མཚན་མ་སྣང་བ་དང་། དམ་པའི་དོན་ནི་མཚན་མ་རང་གི་ངོ་བོས་སྟོང་པའོ། །མདོ་ལས། ཀུན་རྫོབ་དངོས་སུ་མཚན་མར་སྣང་། །དམ་པའི་དོན་དུ་སྟོང་པའི་སྟོང་། །ཞེས་སོ།།

གཉིས་པ་དབྱེ་བ་ལ་གཉིས་ཏེ། ཀུན་རྫོབ་དང་། དོན་དམ་མོ། །དང་པོ་ནི། འགྲེལ་ལས། ཀུན་རྫོབ་སྤྱི་ཡི་མཚན་ཉིད་གང་ཞེ་ན། སྣང་བ་ཅི་ལྟ་བ་ཡུལ་དང་ཡུལ་ཅན་དུ་བཅས་པའོ། །དེ་ཡང་རྟོག་པ་ཡོད་རུང་མེད་རུང་ཡོངས་གཅོད་བྱེད་པའི་ཤེས་པ་དེ་ནི་འཁྲུལ་པའི་ཤེས་པའོ། །འཁྲུལ་པའི་ཤེས་པ་ཀུན་རྫོབ་ཡིན་ཏེ། སྒྲིབ་པ་གཅོད་པ་ལ་བསླུ་བའི་ཕྱིར་རོ། །དེའི་ཡུལ་སྣང་བ་འདིའོ། །འདི་ཀུན་རྫོབ་ཡིན་ཏེ། རིགས་

པའམ་ཚད་མས་གནོད་པའི་ཕྱིར། རང་གི་མཚན་ཉིད་ནི་གཉིས་ཏེ། རེས་ཤེག་པའི་ཚད་མས་གྲུབ་ཅིང་རེས་ཤེག་པའི་དོན་བྱེད་ནུས་པ་ནི་བསླུ་བ་མ་ངེས་པའོ། །རེས་ཤེག་པའི་ཚད་མས་མ་གྲུབ་ཅིང་དོན་བྱེད་ནུས་པས་སྟོང་པ་ནི་བསླུ་བ་ངེས་པའི་ཀུན་རྫོབ་པའོ། །ཡང་ན་རྒྱུ་རྐྱེན་ལ་བརྟེན་ནས་སྐྱེས་པ་དང་། བརྟགས་པས་དཔེན་པ་དང་། མཐུན་པ་སྣང་བ་དང་། དོན་བྱེད་ནུས་པ་ནི་བསླུ་བ་མ་ངེས་པའོ། །དེ་ལས་ལྡོག་པ་ནི་བསླུ་བར་ངེས་པའོ། །ཡང་ན་མིང་དང་། ལས་དང་། རྒྱུ་དང་། མཚན་ཉིད་དང་ལྡན་པ་དང་། དེ་ལས་ལྡོག་པའོ། །དེ་ལས་བསླུ་བ་མ་ངེས་ཀུན་རྫོབ་ལ་གཉིས་ཏེ། རྟོག་པ་དང་བཅས་པའི་ཤེས་པ་ཡུལ་དང་ཡུལ་ཅན་དང་། རྟོག་པ་མེད་པའི་ཤེས་པ་ཡུལ་དང་ཡུལ་ཅན་དུ་བཅས་པའོ། །བསླུ་བར་ངེས་པའི་ཀུན་རྫོབ་ལ་གཉིས་ཏེ། སྣང་ལ་དོན་བྱེད་མི་ནུས་པ་དང་། སྣང་ཡང་མི་སྣང་ལ་དོན་བྱེད་ཀྱང་མི་ནུས་པའི་ཀུན་རྫོབ་བོ།།

དོན་དམ་པའི་བདེན་པ་ལ་གསུམ་སྟེ། རྒྱུ་མཚན་ངེས་པའི་ཚིག་དང་། དབྱེ་བ་དང་། མཚན་ཉིད་དོ། །ངེས་པའི་ཚིག་ནི། སངས་རྒྱས་ཀྱི་སྤྱོད་ཡུལ་དམ་པ་ཡིན་པའི་ཕྱིར་དང་། རིགས་པས་གྲུབ་ཅིང་ཚད་མས་མི་གནོད་པའི་ཕྱིར་དང་། གང་ལ་དམིགས་ན་སྒྲིབ་པ་དག་ཅིང་ཡེ་ཤེས་བསྐྱེད་ལ་ལུས་ཅན་སྒྲོལ་བའི་རྟེན་བྱེད་པའི་ཕྱིར་རོ། །དབྱེ་བ་ནི་གཉིས་ཏེ། ཟབ་མོ་གཏམ་གྱི་དོན་དམ་གང་ཞེ་ན། སྤྲོས་པའི་མཚན་མ་ཐམས་ཅད་ཡོངས་སུ་ཆོད་པ། སྐྱེ་འགག་དང་བྲལ་ཏེ་ནམ་མཁའ་ལྟར་གནས་པའི་ཅི་ལྟར་ཡང་མ་གྲུབ་པ། དངོས་པོ་ཐམས་ཅད་ཉེ་བར་ཞི་བ། དེ་ཡང་ཞི་བ་ཙམ་ལ་མི་གནས་པའི་ཡེ་ཤེས་སོ། །འཇིག་རྟེན་གྲགས་སྡེ་ཞེས་པའི་དོན་དམ་གང་ཞེ་ན། རིགས་པའི་ཤེས་པ་ཡུལ་དང་ཡུལ་ཅན་དུ་བཅས་པའོ། །རིགས་ཤེས་ཡོངས་གཅོད་མེད་པ

བོན་ཅན། དོན་དམ་ཡིན་ཏེ། སྦྱོས་པ་ཚོད་པ་ལ་བསླུ་བ་མེད་པའི་ཕྱིར་རོ། །དེ་ལྟར་ན་རིགས་པ་ཤེས་པའི་ཡུལ་སྦྱོས་བྲལ་ལ། དེ་དོན་དམ་ཡིན་ཏེ། རིགས་པས་མི་གནོད་ལ་ཤེས་པ་གང་གི་ཡང་ཡུལ་དུ་མ་གྱུར་པའི་ཕྱིར་རོ། །མཚན་ཉིད་ནི་གཉིས་ཏེ། སྦྱོས་པའི་ཕྱོགས་གཅིག་དང་བྲལ་བ་ནི་འཇིག་རྟེན་གྲགས་སྡེའི་དོན་དམ་མོ། །སྦྱོས་པའི་ཕྱོགས་མཐའ་དག་དང་བྲལ་བ་ནི་ཟབ་མོ་གཏམ་གྱི་དོན་དམ་མོ། །ཞེས་སོ།།

ཡང་ཅིག་ཀུན་རྫོབ་ལ་གོང་དུ་བཤད་པ་དེ་ནི་འཇིག་རྟེན་པའི་ཀུན་རྫོབ་དུ་འདོད་ལ། འཕགས་པའི་རྗེས་ཤེས་ལ་སྣང་བ་སྒྱུ་མའམ། སྨིག་རྒྱུ་ལྟ་བུའམ། སྣང་ལ་འཕགས་པའི་ཀུན་རྫོབ་ཟེར་རོ།།

དོན་དམ་ལ་གསུམ་སྟེ། ཐོབ་པའི་དོན་དམ་མྱ་ངན་ལས་འདས་པ། སྒྲུབ་པའི་དོན་དམ་པའི་ལམ། དོན་གྱི་དོན་དམ་དེ་བཞིན་ཉིད་དོ། །འདི་ལ་བཤད་པའི་རང་བཞིན་དོན་དམ། ཡེ་ཤེས་དོན་དམ། འབྲས་བུ་དོན་དམ་ཡང་གོ་དོན་དེའོ།།

གསུམ་པ་དབྱེ་དོན་ལ། འགྲེལ་ལས། དེ་ལས་ཀུན་རྫོབ་ཀྱི་བདེན་པ་དང་། དོན་དམ་པའི་བདེན་པ་མཚན་ཉིད་གཅིག་པ་ཡིན་ནམ་ཐ་དད་པ་ཡིན་ཞེ་ན། དེ་ལ་ཐ་དད་པ་མེ་ཆུ་ལྟ་བུ་མ་ཡིན་ཏེ། གལ་ཏེ་ཡིན་ན་དོན་དམ་རྟོགས་པས་ཀུན་རྫོབ་ཀྱི་མཚན་མ་ཟིལ་གྱིས་མི་ནོན་པར་འགྱུར་རོ། །འདོད་ན། སངས་རྒྱས་ལ་མཚན་མ་དངོས་སུ་ཡོད་པར་འགྱུར་ཏེ། ཐ་དད་པའི་ཕྱིར། ཡང་ཐ་དད་ན་ཀུན་རྫོབ་ཏུ་དགེ་བའི་བོན་སྤྱོད་བྱས་པ་དང་། ལམ་སྒོམ་པ་ཐམས་ཅད་དོན་མེད་དུ་འགྱུར་ཏེ། ཐོབ་བྱ་དོན་དམ་ཡིན་པས་ཀུན་རྫོབ་ལ་བོན་སྤྱོད་པས་དོན་དམ་པ་ལ་མི་ཕན་པའི་ཕྱིར་ཏེ། ཐ་དད་པའི་ཕྱིར། མཚན་ཉིད་གཅིག་པ་ལ་ཡང་མ་ཡིན་ཏེ། ཀུན་རྫོབ་ཀྱི་དངོས་པོ་རྟོགས་པས་དོན་

དམ་རྟོགས་པར་འགྱུར་བའི་ཕྱིར་རོ། །ཡང་ན་སངས་རྒྱས་ས་ན་ཀུན་རྫོབ་དངོས་སུ་ཡོད་པར་འགྱུར་ཏེ། གཅིག་པའི་ཕྱིར་རོ། །ཞེས་པས། དབྱེ་དོན་ལ། བདེན་པ་གཉིས་ངོ་བོ་གཅིག་པའི་སྐྱོན་བཞི། ཐ་དད་པའི་སྐྱོན་བཞིའོ། །དང་པོ་ལ། བདེན་གཉིས་ངོ་བོ་གཅིག་ན། སོ་སོར་སྐྱེ་བོས་དོན་དམ་མངོན་སུམ་དུ་རྟོགས་པ་འགྱུར་ཏེ། ཀུན་རྫོབ་མངོན་སུམ་དུ་མཐོང་བའི་ཕྱིར། ཡང་ན་དོན་དམ་ལ་བརྟེན་ན་ཟག་པ་འཕེལ་བར་འགྱུར་ཏེ། ཀུན་རྫོབ་ལ་བརྟེན་ནས་ཟག་པ་འཕེལ་བའི་ཕྱིར་རོ། །ཡང་ཀུན་རྫོབ་ལ་དབྱེ་བ་མེད་པར་འགྱུར་ཏེ། དོན་དམ་ལ་དབྱེ་བ་མེད་པའི་ཕྱིར། ཡང་ན་དོན་དམ་མཐོང་ཐོས་ཙམ་དུ་ཟད་པར་འགྱུར་ཏེ། ཀུན་རྫོབ་མཐོང་བ་ཙམ་དུ་ཟད་པའི་ཕྱིར་རོ། །ཐ་དད་པའི་སྐྱོན་བཞི་ནི། སྟོང་ཉིད་རྟོགས་ཀྱང་ཀུན་རྫོབ་ལོགས་ཤིག་ཏུ་དམིགས་པར་འགྱུར་ཏེ། ཀུན་རྫོབ་དོན་དམ་ལས་ངོ་བོ་ཐ་དད་པས་སོ། །དེ་ལྟར་སྒོམ་པའི་འདུ་བྱེད་ཀྱི་མཚན་མ་ཟིལ་གྱིས་མི་ནོན་ཞིང་གནས་ངན་ལེན་གྱི་འཆིང་བ་ལས་མི་གྲོལ་བར། མྱ་ངན་ལས་འདས་པར་ཡང་འགྱུར། གཞན་ཡང་དོན་དམ་ཀུན་རྫོབ་ཀྱི་བོན་ཉིད་མ་ཡིན་པར་འགྱུར་ཏེ། ཀུན་རྫོབ་དང་དངོས་པོ་ཐ་དད་པའི་ཕྱིར་རོ། །བུམ་པ་སྣམ་བུའི་བོན་ཉིད་མ་ཡིན་པ་བཞིན་ནོ། །གཞན་ཡང་ཀུན་རྫོབ་བདག་མེད་པ་དང་། རབ་ཏུ་མ་གྲུབ་པ་ཙམ་དོན་དམ་མ་ཡིན་པར་འགྱུར་ཏེ། བུམ་པ་མ་གྲུབ་པ་ཙམ་སྣམ་བུ་མ་ཡིན་པ་བཞིན་ནོ། །གཞན་ཡང་ཀུན་ནས་ཉོན་མོངས་པ་དང་རྣམ་པར་བྱང་བ་གཉིས་དུས་གཅིག་དམིགས་པར་འགྱུར་ཏེ། དམིགས་ཡུལ་སོ་སོར་དམིགས་པའི་ཕྱིར་རོ། །བུམ་པ་དང་སྣམ་བུ་འཛིན་པའི་བློ་བཞིན་ནོ། །གཅིག་པ་བཀག་པའི་ཐ་དད་ཀྱང་མ་ཡིན་ཏེ། གང་རུང་གཅིག་དངོས་པོར་ཐལ་བས་སོ། །དེས་ན་དོན་དམ་དེ་ཀུན་རྫོབ་ཀྱང་མ་ཡིན་

ལ། ཀུན་རྫོབ་ལས་གཞན་ནའང་བརྗོད་དུ་མེད་པ་ལྷོག་པ་ཐ་དད་པ་སྟེ། འཕགས་པའི་མི་རྟོག་པ་དང་རྗེས་ཐོབ་གཉིས་ཀྱིས་ངེས་པའི་ཕྱིར་རོ།།

གཉིས་པ་གང་གིས་གཏན་ལ་འབེབས་བྱེད་ཀྱི་གཏན་ཚིགས་ཆེན་པོ་བརྒྱད་ལ། འགྲེལ་ལས། ད་ནི་སྤྲོས་དང་བྲལ་བ་རང་བཞིན་མེད་པའི་དོན། སྐྱེ་འགག་གིས་སྟོང་པ། མཚན་མ་ལས་གྲོལ་བའི་དོན་ཡང་དག་པ་དེ་སྒྲུབ་པར་བྱེད་པའི་གཏན་ཚིགས་ཆེན་པོ་རྣམས་བཀོད་དེ་ཞེས་པས་དེ་ལ་བརྒྱད་དེ། གཡུང་དྲུང་གཟེགས་ཆེན་གྱི་གཏན་ཚིགས། མུ་བཞི་སྐྱེ་འགོག རྟེན་འབྲེལ་ཆེན་པོ། ཡོད་མེད་སྐྱེ་བ་དགག་པ། གཅིག་དང་དུ་བྲལ་གྱི་གཏན་ཚིགས་དང་ལྔ། རྟག་འཛིག་མེད་པའི་དང་། དོན་བྱེད་ནུས་པ་འགོག་པའི་དང་། འགྱུར་མི་འགྱུར་གྱི་སྟོང་པའི་གཏན་ཚིགས་གསུམ་དང་བརྒྱད་དོ།།

དེ་ཡང་འགྲེལ་ལས། གཡུང་དྲུང་གཟེགས་ཆེན་གྱི་གཏན་ཚིགས་བཀོད་པ་ནི། སྣང་བ་ཉམས་སུ་མྱོང་བའམ་དེར་འཛིན་གྱི་ཤེས་པ་བོན་ཅན། ཡང་དག་པའི་རྒྱུ་འབྲས་སུ་མེད་དེ། རང་ལས་སྐྱེ་བ་ལས་སོགས་སྐྱེ་བ་མུ་བཞི་དང་བྲལ་བའི་ཕྱིར་རོ། །དཔེར་ན་ནམ་མཁའི་མེ་ཏོག་བཞིན་ནོ། །གཏན་ཚིགས་མ་གྲུབ་ཅེ་ན། འོ་ན་རྒྱུ་འབྲས་དེ་རང་ལས་སྐྱེའམ་གཞན་ལས་སྐྱེའམ། གཉིས་ཀ་ལས་སྐྱེའམ། རྒྱུ་མེད་པ་ལས་སྐྱེ། གལ་ཏེ་རང་ལས་སྐྱེ་འོ་ཞེ་ན། རང་གྲུབ་པ་ལས་སྐྱེའམ། མ་གྲུབ་པ་ལས་སྐྱེ། མ་གྲུབ་པ་ལས་སྐྱེ་ན་རི་བོང་གི་རྭ་ལས་སྐྱེ་བར་འགྱུར་རོ། །རང་གྲུབ་པ་ལས་སྐྱེ་ན་སྐྱེ་བ་ཐུག་མེད་དུ་འགྱུར་རོ། །ཡང་གྲུབ་པ་རྒྱུ་འབྲས་སུ་མི་འཐད་དེ། རྒྱུ་འབྲས་ཀྱི་མཚན་ཉིད་དང་མི་ལྡན་པའི་ཕྱིར་རོ། །གལ་ཏེ་གློ་བུར་ལས་སྐྱེའོ། །ཞེ་ན། གློ་བུར་བ་རྒྱུ་འབྲས་སུ་མི་འཐད་དེ། རྒྱུ་འབྲས་ཀྱི་མཚན་ཉིད་དང་མི་ལྡན་པའི་ཕྱིར། གལ་ཏེ་ལྡན་ནོ། །ཞེ་

ན། མ་ཡིན་ཏེ། དེ་རྒྱུ་རྐྱེན་ལ་རྟེན་དགོས་སམ་མི་དགོས། མི་དགོས་ན་རང་ལས་སྐྱེ་བ་ཉམས་སོ། །དགོས་ན་ཡང་ན་དུས་གཅིག་ཏུ་སྐྱེ་བ་འགྱུར་ལ། ཡང་ན་གཏན་ནས་མི་སྐྱེ་བ་འགྱུར་ཏེ། གློ་བུར་བ་ལས་སྐྱེ་བའི་ཕྱིར་རོ། །གཞན་ལས་སྐྱེ་འོ། །ཞེ་ན། གཞན་རྟག་པ་ལས་སྐྱེའམ། མི་རྟག་པ་ལས་སྐྱེ། རྟག་པ་ལས་སྐྱེའོ། །ཞེ་ན། རྟག་པ་ཡང་དག་པའི་དངོས་པོ་མེད་དེ། དོན་བྱེད་ནུས་པས་སྟོང་པའི་ཕྱིར། དཔེར་ན་མོ་གཤམ་གྱི་བུ་བཞིན་ནོ། །གཏན་ཚིགས་མ་གྲུབ་ཅེ་ན། རིམ་གྱིས་དོན་བྱེད་དམ། གཅིག་ཅར་གྱིས་དོན་བྱེད། རིམ་གྱིས་དོན་བྱེད་ན་རྟག་པའི་མཚན་ཉིད་ཉམས་ཤིང་མི་རྟག་པར་འགྱུར་ཏེ། རེ་འགའ་བར་སོང་བའི་ཕྱིར་རོ། །གཅིག་ཅར་དོན་བྱེད་ན། སེམས་ཅན་ཐམས་ཅད་དུས་གཅིག་ཏུ་སྐྱེ་ཤི་བྱེད་པའམ། བུ་ཆུང་གི་ཚེ་རྒན་པོར་སོང་བར་འགྱུར་རོ། །མི་རྟག་པ་ལས་སྐྱེ་ཞེ་ན། འདས་པ་ལས་སྐྱེའམ། མ་འོངས་པ་ལས་སྐྱེའམ། ད་ལྟ་བ་ལས་སྐྱེ། འདས་པ་ལས་སྐྱེ་ཞེ་ན། མ་ཡིན་ཏེ། འདས་པ་རྒྱུ་འབྲས་སུ་མི་འཐད་དེ། རྒྱུ་རྐྱེན་གྱི་བྱ་བ་བྱས་ཟིན་པའི་ཕྱིར་རོ། །མ་འོངས་པ་ལས་མི་སྐྱེ་སྟེ། རང་གི་ངོ་བོ་མ་ཐོབ་པའི་ཕྱིར་རོ། །ད་ལྟ་བ་ལས་སྐྱེ་ཞེ་ན། དུས་མཉམ་པ་ལས་སྐྱེའམ། དུས་ཐ་དད་པ་ལས་སྐྱེ། དུས་མཉམ་པ་ལས་སྐྱེ་ཞེ་ན། རང་གི་ངོ་བོ་གྲུབ་པ་དུས་མཉམ་ལས་སྐྱེའམ། མ་གྲུབ་པ་ལ་དུས་མཉམ་པོ་ལས་སྐྱེ། རང་གི་ངོ་བོ་གྲུབ་པ་དུས་མཉམ་ལས་རྒྱུ་འབྲས་མི་འཐད་དེ། ཕན་གདགས་བྱ་འདོགས་བྱེད་མེད་པའི་ཕྱིར། དཔེར་ན་རྭ་རུ་གཡས་གཡོན་བཞིན་ནོ། །རང་གི་ངོ་བོ་མ་གྲུབ་པ་དུས་མཉམ་ལ་ཡང་རྒྱུ་འབྲས་མི་འཐད་དེ། རང་གི་ངོ་བོ་མ་ཐོབ་པའི་ཕྱིར། དཔེར་ན་རི་བོང་རྭ་དང་མོ་གཤམ་གྱི་བུ་བཞིན་ནོ། །དུས་ཐ་དད་པ་ལས་སྐྱེ་སྟེ། རང་ལས་གཞན་པ། དེ་ཡང་མི་རྟག་པ། དེ་ཡང་མ་

ཞིག་པའི་རྒྱུ་སྔ་གསེགས་པ་ལས། ཤེས་པ་དོན་དམ་ཕྱི་གསེགས་པ་སྐྱེ་བའོ་ཞེ་ན། འོ་ན་བར་དུ་ཆོད་པ་ལས་སྐྱེའམ། མ་ཆོད་པ་ལས་སྐྱེ། གལ་ཏེ་བར་དུ་མ་ཆོད་པ་ལས་སྐྱེ་ན་དུས་མཉམ་དུ་འགྱུར་ལ། བར་དུ་ཆོད་པ་ལས་སྐྱེ་ན། གཞན་དུས་ཀྱིས་བར་དུ་ཆོད་པ་ལས་སྐྱེའམ། རང་དུས་ཀྱིས་བར་དུ་ཆོད་པ་ལས་སྐྱེ། གལ་ཏེ་གཞན་དུས་ཀྱིས་བར་དུ་ཆོད་པ་ལས་སྐྱེ་ན། འདས་པ་ལས་སྐྱེ་བ་འགྱུར་ཏེ། སྔ་མ་ཕྱི་མའི་བར་དུ་སྐད་ཅིག་མ་གཞན་གཅིག་གིས་ཆོད་པའི་ཕྱིར་རོ། །གལ་ཏེ་རང་དུས་ཀྱིས་བར་དུ་ཆོད་པ་ལས་སྐྱེ་ན། རང་དུས་ཕྱོགས་ཀྱི་ཕྱོགས་གཅིག་གིས་ཆོད་དམ། རང་དུས་ཕྱོགས་ཀྱི་ཕྱོགས་མཐའ་དག་གིས་ཆོད། མཐའ་དག་གིས་ཆོད་ན། འདས་པ་ལས་སྐྱེ་བར་འགྱུར་རོ། །རང་དུས་ཕྱོགས་ཀྱི་ཕྱོགས་གཅིག་གིས་ཆོད་ན། སྔ་མ་ལ་ཡང་ཆོད་མ་ཆོད་གཉིས། ཤེས་པ་ཕྱི་མ་ལ་ཡང་ཆོད་མ་ཆོད་གཉིས་འབྱུང་སྟེ། སྐད་ཅིག་མ་ཆ་ཤས་དང་བཅས་པ་འགྱུར་རོ། །ཞེས་སོ། །དཔེར་ན་རྒྱུ་ནུས་པ་ཐོགས་མེད་ཀྱི་སྐད་ཅིག་མ་ལ་ཆ་ཤས་མི་བཟེ་སྟེ། བཟེ་ན། ཐུམ་འཛིན་དངོས་རྒྱུ་ལས་ཕྱེ་བའི་སྐད་ཅིག་དང་པོ་སྐྱེ་བའི་ཚེ། དུས་གཉིས་པ་ལ་ཐུམ་འཛིན་སྐྱེས་སམ་མ་སྐྱེས། མ་སྐྱེས་ན་སྐད་ཅིག་མ་དང་པོ་དེ། ཐུམ་འཛིན་དངོས་རྒྱུ་མ་ཡིན་པར་ཐལ། དུས་གཉིས་པ་ཐུམ་འཛིན་མ་སྐྱེས་པའི་ཕྱིར་རོ། །སྐྱེས་ན་ཐུམ་འཛིན་གྱི་དངོས་རྒྱུའི་སྐད་ཅིག་ལས་ཕྱེ་བའི་སྐད་ཅིག་གཉིས་པ་དང་གསུམ་པ་སྟེ་ཐུམ་འཛིན་གྱི་དངོས་རྒྱུ་མ་ཡིན་པར་ཐལ། རང་གི་སྔ་ལོགས་སུ་ཐུམ་འཛིན་སྐྱེས་ཟིན་པའི་ཕྱིར་རོ། །ཡང་འགྲེལ་ལས། གལ་ཏེ་གཉིས་ཀ་ལས་སྐྱེའོ་ཞེ་ན། མ་ཡིན་ཏེ་རང་གཞན་གཉིས་ཀ་ལས་སྐྱེ་བ་ཁེགས་ཙམ་ན། དེ་གཉིས་ལས་སྐྱེ་བ་མི་འཐད་པར་འགྱུར་རོ། །དེས་ན་ཅེ་བྲག་ལྟོག་ན་སྤྱི་ལྟོག་གོ །གལ་ཏེ་ཨུ་སྟེགས་རྒྱང་

འཕེན་པ་ན་རེ། སྲན་མ་ རླུམ་པོ་ལམ་རྒྱུ་མེད་དེ་ རླུམ་པོ་བྱུང་། དེ་བཞིན་ཚེར་མའི་རྩེ་མོ་རྣོ་བ་དང་། རྨ་བྱའི་སྒྲོ་ལ་བཀྲ་བའི་རྒྱུ་མེད་དེ་བཀྲ་བར་འབྱུང་། དེ་བཞིན་དུ་འདི་དག་ཐམས་ཅད་རྒྱུ་མེད་པ་བྱུང་ངོ་། །ཞེ་ན། དོན་དམ་པའི་དབང་དུ་བྱས་ན། སྲན་མ་ལ་སོགས་པ་དངོས་པོ་རང་མེད་པ་ཏུ། རྒྱུ་མེད་པ་ལས་སྐྱེ་བ་ཅི་ལ་སྲིད་དེ་མི་འཐད་དོ། །ཀུན་རྫོབ་ཀྱི་དབང་དུ་བྱས་ན། དཔེ་མ་གྲུབ་སྟེ། ཚེར་མ་སྲན་མ་རང་རེས་རྒྱུ་ལ་བརྟེན་ནས་སྐྱེ་བའོ། །དེས་ན་རྒྱུ་འབྲས་ལ་སྐྱེ་བ་མུ་བཞིའི་ཁྱབ། སྐྱེ་བ་མུ་བཞི་ལོག་ན་ཡང་དག་པའི་རྒྱུ་འབྲས་ལྡོག་སྟེ། དཔེར་ན་མེ་ལོག་ན་དུ་བ་ལྡོག་ལ། ཤིང་ལོག་ན་ཤ་པ་ལྡོག་པ་བཞིན་ནོ།།

མུ་བཞི་སྐྱེ་འགོག་གི་གཏན་ཚིགས་འགོད་པ་ནི། ཕྱི་དང་ནང་ན་གནས་པའི་ལུས་སེམས་ཆོས་ཅན། ཡང་དག་པའི་རྒྱུ་འབྲས་སུ་མེད་དེ། སྐྱེ་བ་མུ་བཞི་དང་བྲལ་བའི་ཕྱིར་རོ། །དཔེར་ན་མོ་གཤམ་གྱི་བུ་བཞིན་ནོ། །གཏན་ཚིགས་མ་གྲུབ་བོ། །ཞེ་ན། འོ་ན་རྒྱུ་དུ་མས་འབྲས་བུ་དུ་མར་བསྐྱེད་དམ། རྒྱུ་གཅིག་གིས་འབྲས་བུ་གཅིག་བསྐྱེད་དམ། རྒྱུ་དུ་མས་འབྲས་བུ་གཅིག་བསྐྱེད་དམ། རྒྱུ་གཅིག་གིས་འབྲས་བུ་དུ་མ་བསྐྱེད་དམ། གལ་ཏེ་རྒྱུ་དུ་མས་འབྲས་བུ་གཅིག་བསྐྱེད་དེ། དུ་མ་ནི་རྒྱུ་རྐྱེན་བཞི་ཡིས་མིག་གི་རྣམ་ཤེས་བསྐྱེད་དོ་ཞེ་ན། མ་ཡིན་ཏེ། དུ་མས་གཅིག་བསྐྱེད་པ་ཆོས་ཅན། རྒྱུ་འབྲས་སུ་མི་འཐད་དེ། རྗེས་སུ་འགྲོ་ལྡོག་མ་ངེས་པའི་ཕྱིར་རོ། །རྒྱུ་གཅིག་གིས་འབྲས་བུ་དུ་མ་བསྐྱེད་དེ། རྒྱུ་གཅིག་ནི་མིག་གི་དབང་པོ། འབྲས་བུ་དུ་མ་ནི་དབང་པོའི་རིགས་འདྲ། དེས་རྣམ་ཤེས་བསྐྱེད་ཅེ་ན། དེ་ཡང་རྗེས་སུ་འགྲོ་ལྡོག་ངེས་པ་མེད་པའི་ཕྱིར། རྒྱུ་འབྲས་སུ་མི་འཐད་དོ། །རྒྱུ་དུ་མས་འབྲས་བུ་གཅིག་མི་བསྐྱེད་དེ། མིག་

དང་། གཟུགས་དང་། རྣམ་པ། ཡིད་ལ་བྱེད་པ་བཞིས། མིག་གིས་གཟུགས་ལ་འཛིན་ནུས་སུ་བསྐྱེད་དེ། གཟུགས་ཀྱི་རྣམ་པར་ཅི་འདྲ་བ་བསྐྱེད། རྣམ་པས་ཡིད་ལ་བྱེད་པ་བསྐྱེད། ཡིད་ལ་བྱེད་པས་རིགས་འདྲ་བསྐྱེད་ཅེ་ན། མི་འཐད་དེ། རྒྱུ་དུ་མ་ཚོགས་ཀྱིས་འབྲས་བུ་རེ་རེ་བསྐྱེད་དམ། རྒྱུ་ངོ་སྐལ་རེས་འབྲས་བུ་ངོ་སྐལ་རེ་བསྐྱེད། ཚོགས་ནས་བསྐྱེད་ན་དུ་མས་གཅིག་བསྐྱེད་པའི་སྐྱོན་འགྱུར་ལ། ངོ་སྐལ་རེས་ངོ་སྐལ་རེ་བསྐྱེད་ན། གཅིག་གིས་གཅིག་བསྐྱེད་པའི་སྐྱོན་འགྱུར་རོ། །གལ་ཏེ་རྒྱུ་གཅིག་གིས་འབྲས་བུ་གཅིག་བསྐྱེད་དོ་ཞེ་ན། རྒྱུ་གཅིག་པོ་དེ་རྟག་པ་གཅིག་གམ། མི་རྟག་གཅིག་གིས་བསྐྱེད། གལ་ཏེ་རྟག་པས་བསྐྱེད་དོ་ཞེ་ན་མ་ཡིན་ཏེ། རིམ་དང་གཅིག་ཆར་གྱི་དོན་བྱེད་ནུས་པས་སྟོང་པས། རྟག་པ་མེད་པ་དང་། གཞི་དེ་མེད་ཙམ་ན་དེས་བསྐྱེད་པའི་འབྲས་བུ་མེད་དོ། །མི་རྟག་པ་ལས་བསྐྱེད་དོ་ཞེ་ན། མི་འཐད་པ་གཟེགས་ཆེན་གྱི་སྐབས་སུ་བཤད་ཟིན་ནོ། །གཞན་ཡང་རྒྱུ་གཅིག་སྟེ་དབང་པོའི་འབྲས་བུ་བསྐྱེད་པའི་དུས་སུ། དབང་པོའི་རིགས་འདྲ་བསྐྱེད་དམ། རྣམ་ཤེས་བསྐྱེད། རིགས་འདྲ་བསྐྱེད་ཅེ་ན། འོ་ན་སྐད་ཅིག་གཉིས་པ་ལ། འགྲོ་བ་ཐམས་ཅད་ལོན་ལོང་རྒྱུན་ཆད་པ་འགྱུར་ཏེ། དབང་པོའི་རིགས་འདྲ་བསྐྱེད་པའི་ཕྱིར་རོ། །རྣམ་ཤེས་བསྐྱེད་དེ། དབང་པོའི་རིགས་འདྲ་མི་བསྐྱེད་དོ་ཞེ་ན། ཤེས་པ་རྒྱུན་ཆད་དུ་འགྱུར་རོ། །དེས་ན་དངོས་པོ་ལ་རྒྱུ་འབྲས་ཀྱིས་ཁྱབ། རྒྱུ་འབྲས་ལ་གཅིག་དང་དུ་མས་ཁྱབ། མཐུན་པའི་རྒྱུ་འབྲས་གཉིས། མི་མཐུན་པའི་རྒྱུ་འབྲས་གཉིས་ཏེ། སུ་བཞི་དང་བྲལ་བའི་ཡང་དག་པའི་རྒྱུ་འབྲས་ལྡོག་གོ།

རྟེན་འབྲེལ་ཆེན་པོའི་གཏན་ཚིགས་འགོད་པ་ནི། སྣང་བ་ཉམས་སུ་མྱོང་བ་འདི་དག་ཐོན་ཅན། ཡང་དག་པའི་རྟེན་འབྲེལ་ལམ་ཡང་དག་པའི་རྒྱུ་འབྲས་སུ་མེད་

དེ། རེས་ཤིག་པའི་རྟེན་འབྲེལ་དུ་སྣང་བའི་ཕྱིར། དཔེར་ན་མར་མེ་བཞིན། གཏན་ཚིགས་མ་གྲུབ་བོ། །ཞེ་ན། འོ་ན་ཡང་དག་ཏུ་ཡོད་དམ། ཡོད་ན་གཅིག་ཏུ་ཡོད་དམ་དུ་མར་ཡོད། ཡང་ན་སྐྱེས་ནས་ཡོད་དམ། མ་སྐྱེས་པ་ཡོད་བྱས་པས་གྲུབ་བོ། །མཐུན་པའི་ཕྱོགས་ཁོ་ན་ཡོད་པས་འགལ་བའི་སྐྱོན་མེད་ལ། མི་མཐུན་ཕྱོགས་ལ་མ་གྲུབ་པས་མ་ངེས་པའི་སྐྱོན་མེད་དོ། །དེས་ན་ཡང་དག་པའི་རྒྱུ་འབྲས་ཡོད་ན། རེ་ཞིག་པའི་རྟེན་འབྲེལ་དུ་སྣང་དུ་མི་བཏུབ། རེས་ཤིག་སྣང་ན་ཡང་དག་ཡིན་པར་མི་འདོད། གལ་ཏེ་འདོད་ཅེ་ན། འོ་ན་རྟག་པ་དང་མི་རྟག་པ་ཡང་མི་འགལ་བྱའོ། །གལ་ཏེ་རྟེན་འབྲེལ་ཡིན་ན་དངོས་པོ་ཡོད་པར་ཡིན་པ་ལ། དངོས་མེད་རང་བཞིན་མེད་པ་དང་རྟེན་འབྲེལ་འགལ་ལོ་ཞེ་ན། དངོས་པོ་ཡོད་པ་ལ་འགལ་ལམ་མེད་པ་ལ་འགལ། དངོས་ཡོད་དང་རྟེན་འབྲེལ་དུ་སྣང་བ་མི་འགལ་ཏེ། འགལ་བ་མ་གྲུབ་པས་སོ། །མེད་པ་ལ་རྟེན་འབྲེལ་མི་འགལ་ཏེ། མེད་པ་ལ་རྟེན་འབྲེལ་མི་སྣང་བའི་ཕྱིར་རོ། །ཡོད་པ་སྐྱེ་བ་དགག་པ་དང་། མེད་པ་སྐྱེ་བ་དགག་པ་ནི། དེ་ལས་འབྲས་བུ་གཅིག་བསྐྱེད་པའི་དུས་སུ་ཡོད་པ་སྐྱེའམ། མེད་པ་སྐྱེའམ། མེད་པ་སྐྱེ་ན། འབྲས་བུ་ཡོད་པ་འདི་བོན་ཅན། མེད་པའི་བོན་དང་མི་ལྡན་ཏེ། ཕན་ཚུན་རྣམ་པ་འགལ་བའི་ཕྱིར། དཔེར་ན་ནམ་མཁའ་ལ་གཟུགས་ཅན་མི་ལྡན་པ་བཞིན་ནོ། །གལ་ཏེ་ཡོད་པ་སྐྱེ་ཞེ་ན། ཡོད་པ་འདི་རྒྱུ་འབྲས་སུ་མི་འཐད་དེ། རྒྱུ་འབྲས་གཞན་གྱི་ཁྱད་པར་དུ་བྱར་མེད་པའི་ཕྱིར་རོ། ། དེས་ན་འབྲས་བུ་ཡོད་པ་མི་འདོད་དོ།།

གཅིག་དང་དུ་བྲལ་གྱི་གཏན་ཚིགས་འགོད་པ་ནི། ཕྱི་རོལ་གྱི་དོན་སྣང་བ་ཉམས་སུ་མྱོང་བ་བོན་ཅན། ཕྱི་རོལ་གྱི་དངོས་པོ་ཡང་དག་པར་མེད་དེ། གཅིག་དང་

དུ་མ་བྲལ་བའི་ཕྱིར་རོ། །དཔེར་ན་གཟུགས་བརྙན་བཞིན་ནོ། །གཏན་ཚིགས་མ་གྲུབ་ཅེ་ན། འོ་ན་ཡང་དག་པ་གཅིག་ཏུ་ཡོད་དམ། དུ་མ་ཡོད། གལ་ཏེ་གཅིག་ཏུ་ཡོད་ཅེ་ན། སྣང་བ་ཉམས་སུ་མྱོང་བ་པོན་ཅན། ཡང་དག་པའི་གཅིག་ཏུ་མེད་དེ། ཆ་དུ་མར་དམིགས་པའི་ཕྱིར་རོ། །འོ་ན་ཕྱོགས་ཆ་དྲུག་གིས་གཅིག་པོ་དེ་འགྱུར་རམ་མ་འགྱུར། འགྱུར་ན་ཆ་དྲུག་ཏུ་འགྱུར་ཏེ། ཕྱོགས་ཆ་དྲུག་གིས་འགྱུར་བའི་ཕྱིར་རོ། །གལ་ཏེ་ཕྱོགས་ཆ་དྲུག་གིས་མ་འགྱུར་ཏེ། ཐམས་ཅད་དབུས་སུ་ཐིམ་མོ་ཞེ་ན། འོ་ན་གོང་བུ་ཐམས་ཅད་རྡུལ་ཕྲ་མོའི་ཚད་ཙམ་དུ་འགྱུར་ཏེ། ཐམས་ཅད་དབུས་ཀྱི་དངོས་པོ་དེ་ལ་ཐིམ་པའི་ཕྱིར་རོ། །གལ་ཏེ་ཕྱི་རོལ་གྱི་དངོས་པོ་དུ་མར་ཡོད་དོ་ཞེ་ན། དུ་མར་འདི་པོན་ཅན། ཡང་དག་པའི་དུ་མར་མེད་དེ། ཡང་དག་པའི་གཅིག་མ་རྙེད་པའི་ཕྱིར་རོ། །དེས་ན་ཡང་དག་པའི་གཅིག་དང་དུ་མ་བྲལ་བའི་གཏན་ཚིགས་གྲུབ་བོ། །ཞེས་སོ། །

ཡང་ཤེས་རྒྱུད་གཅིག་དུ་བདེན་པ་མེད་དེ། སྐྱེ་འགག་གནས་གསུམ་ཆ་དང་བཅས་པའོ། །ཡང་ན་སྐད་ཅིག་ཆ་མེད་རང་མ་ཡིན་པའི་ཕྱིར་རོ། དཔེར་ན་ཕྲེང་བ་གཞན་ནོ། །རྒྱུན་གཅིག་མི་བདེན་ཡང་སྐད་ཅིག་གཅིག་ཏུ་བདེན་ཞེ་ན། སྐད་ཅིག་གཅིག་དེ་དག་རང་རང་གི་སྔ་ཕྱི་དང་འཕྲད་དམ་མི་འཕྲད། མ་འཕྲད་ན་རྒྱུན་རྫོམ་མི་ནུས་པ་འགྱུར་ཏེ། དཔེར་ན་གློག་བཞིན། ཕྲད་ན་ཆ་རེ་འཕྲད་དམ། དུས་ཐམས་ཅད་དུ་འཕྲད། ཆ་རེ་ཕྲད་ན་ཆ་མེད་གཅིག་དུ་བདེན་པ་ཉམས་ལ། དུས་ཐ་དག་གིས་འཕྲད་ན། བསྐལ་པ་ཡང་སྐད་ཅིག་ཏུ་འགྱུར་ཏེ། སྐད་ཅིག་སྔ་ཕྱི་ཐམས་ཅད་དུས་ད་ལྟའི་སྐད་ཅིག་ནང་དུ་ཐིམ་པའི་ཕྱིར་རོ།།

རྟག་འཛིག་མེད་པའི་གཏན་ཚིགས་ནི། ཤེས་བྱ་པོན་ཅན། དངོས་པོ་མེད་དེ།

འདིག་མི་འདིག་གཉིས་ཀ་མེད་པའི་ཕྱིར་རོ། །རྟགས་མ་གྲུབ་ཅེ་ན། དངོས་པོ་འདིག་གམ་མི་འདིག མི་འདིག་ཅེ་ན། རིགས་པ་དུ་མས་ཁེགས་ལ། འདིག་ན་ཡོད་དུས་འདིག་གམ། མེད་དུས་འདིག ཡོད་དུས་འདིག་པ་མི་རུང་སྟེ། ཡོད་པ་ལོ་ན་ཡོད་པ་དང་། མེད་པ་གཉིས་ཀ་འགྱུར་བ་མེད་པའི་ཕྱིར། མེད་དུས་འདིག་པ་མི་རུང་སྟེ། འདིག་པའི་རྟེན་མེད་པའི་ཕྱིར་རོ། །ནམ་མཁའི་མེ་ཏོག་བཞིན་ནོ།།

དོན་བྱེད་ནུས་པ་འགོག་པའི་གཏན་ཚིགས་ནི། ཤེས་བྱ་ཙམ་པོན་ཅན། དངོས་པོ་མེད་དེ། དོན་བྱེད་པ་མེད་པའི་ཕྱིར་རོ། །རྟགས་མ་གྲུབ་ཅེ་ན། རང་ལ་དོན་བྱེད་དམ། གཞན་ལ་དོན་བྱེད། རང་ལ་དོན་བྱེད་ན། བྱ་བྱེད་གཉིས་འགལ་ལ། གཞན་ལ་དོན་བྱེད་ཞེ་ན། འཕྲད་ནས་དོན་བྱེད་ན་དུས་མཉམ་དུ་འགྱུར་ལ། མ་འཕྲད་ན་དོན་བྱེད་མི་བཏུབ་བོ།།

འགྱུར་མི་འགྱུར་གྱི་གཏན་ཚིགས་ནི། ཤེས་བྱ་ཙམ་པོན་ཅན། དངོས་པོ་མེད་དེ། འགྱུར་བ་དང་མི་འགྱུར་བ་གཉིས་ཀ་མེད་པའི་ཕྱིར་རོ། །རྟགས་མ་གྲུབ་ཅེ་ན། དངོས་པོ་རྣམས་གནས་སྐབས་གཞན་དུ་འགྱུར་རམ་མི་འགྱུར། མི་འགྱུར་བ་མི་རུང་སྟེ། ཕྱིས་པ་ལས་གཞོན་ནུ་འགྱུར་བའམ། སྣང་བ་ལས་མུན་པ་འགྱུར་བ་ལ་སོགས་དམིགས་པའི་ཕྱིར་རོ། །འགྱུར་ན་རྟག་པ་འགྱུར་རམ། མི་རྟག་པ་གཅིག་འགྱུར། རྟག་པ་འགྱུར་བ་མི་རུང་སྟེ། སྔར་གྱི་རང་བཞིན་ཉིད་ཀྱི་མི་མཉམ་པའི་ཕྱིར་རོ། །མི་རྟག་པ་ཡང་འགྱུར་བ་མི་རུང་སྟེ། སྐད་ཅིག་སྔ་ཕྱིའི་གནས་སྐབས་མི་འདྲ་བ་གཉིས་མེད་པའི་ཕྱིར་ཏེ། སྐད་ཅིག་ཆེ་སྟོང་དཀར་སྨད་ཐོན་དུ་འགྱུར་མི་སྲིད་པ་བཞིན་ནོ། །དེས་གཏན་ཚིགས་ཆེན་པོ་བཤད་ཟིན་ནོ།།

ད་འདི་ནས་མཚུངས་པ་དགག་པ་ལ་གཉིས་ཏེ། ཤེས་བྱ་ཙམ་མཚུངས་པ་ལྔ་དང་། ཡུལ་སེམས་ཙམ་མཚུངས་པ་བཞི་འོ། །དང་པོ་ལ། རྟག་དངོས་དང་། འཇིག་དངོས་མཚུངས་པ། རང་ལ་སྐྱེ་དང་གཞན་སྐྱེ་མཚུངས་པ། བདག་དང་ཕུང་པོ་མཚུངས་པ། རྒྱུན་དང་སྐད་ཅིག་མཚུངས་པ། རྨི་ལམ་དང་སད་པ་མཚུངས་པའོ། །དང་པོ་ནི། ཐ་དད་དུ་འཇིག་པའི་དངོས་པོ་གྲུབ་ན། རྟག་པའི་དངོས་པོ་ཡང་གྲུབ་ཅེས་བྱའོ། །དེ་མི་རུང་སྟེ། རིམ་དང་ཅིག་ཆར་གྱི་དོན་བྱེད་པ་མེད་པའི་ཕྱིར་རོ་ཞེ་ན། མི་རྟག་པ་ཡང་དངོས་པོ་མི་རུང་སྟེ། ཕྲད་མ་ཕྲད་དང་སྐྱེ་འཇིག་གཅིག་ཏུ་མི་རུང་བའི་ཕྱིར་བྱའོ།།

གཉིས་པ་རང་སྐྱེ་དང་གཞན་སྐྱེ་མཚུངས་པ་ནི། ཐ་སྙད་དུ་གཞན་ལས་སྐྱེ་བ་གྲུབ་ན་རང་ལས་སྐྱེ་བ་ཡང་གྲུབ་ཅེས་བྱའོ། །དེ་མི་རུང་སྟེ་གྲུབ་དུས་སམ་མ་གྲུབ་དུས་སུ་སྐྱེ་མི་རུང་བའི་ཕྱིར་རོ་ཞེ་ན། གཞན་སྐྱེ་ཡང་མེད་དེ། དུས་མཉམ་མི་མཉམ་པ་ལ་མི་རུང་བའི་ཕྱིར་དང་། ཕྲད་མ་ཕྲད་པ་ལ་མི་རུང་བའི་ཕྱིར་རོ།།

གསུམ་པ་བདག་དང་ཕུང་པོ་མཚུངས་པ་ནི། ཐ་སྙད་དུ་ཕུང་པོ་ཡོད་ན། བདག་ཀྱང་ཡོད་ཅེས་བྱའོ། །དེ་ནི་མེད་དེ་ཕུང་པོ་ལས་དེ་ཉིད་དང་གཞན་དུ་མ་རྙེད་པའི་ཕྱིར་རོ་ཞེ་ན། བུམ་པ་དང་རྡུལ་ཡང་མེད་དེ། བུམ་པ་དེ་རྡུལ་ལས་གཞན་དུ་མ་རྙེད་པའི་ཕྱིར་རོ།།

བཞི་པ་རྒྱུན་དང་སྐད་ཅིག་མཚུངས་པ་ནི། ཐ་སྙད་དུ་སྐད་ཅིག་རྫས་སུ་ཡོད་ན། རྒྱུན་ཡང་རྫས་སུ་ཡོད་ཅེས་བྱའོ། །དེ་ནི་མེད་དེ་ལོ་ཟླ་ལ་སོགས་དུ་མ་གཞིག་ཏུ་ཡོད་པས་སོ་ཞེ་ན། སྐད་ཅིག་ཀྱང་རྫས་གཅིག་ཏུ་མེད་དེ། དུས་ཕྲ་མོ་འབུམ་ཕྲག་དུ་མར་གཞིག་ཏུ་ཡོད་པའི་ཕྱིར་བྱའོ།།

ལྔ་པ་རྨི་ལམ་དང་སད་པ་མཚུངས་པ་ནི། ཐ་སྙད་དུ་མེ་ཆུ་ཡོད་ན། རྨི་ལམ་གྱི་མེ་ཆུ་རབ་རིབ་ཀྱི་སྐྲ་ཤད་ཀྱང་དངོས་པོ་ཡོད་ཅེས་བྱའོ། །དེ་ནི་མེད་དེ། གཉིད་སད་ན་གཞན་དུ་འགྲོ་ས་མེད་པ་ལ་མི་དམིགས་པའི་ཕྱིར་ཞེ་ན། སད་པའི་མེ་ཆུ་ཡང་མེད་དེ། སྣང་བ་མེད་པའི་རིག་ངོར་མ་དམིགས་པའི་ཕྱིར་རོ། །ཞེས་བྱའོ།།

གཉིས་པ་ཡུལ་སེམས་མཚུངས་པ་ནི། རང་རིག་དང་གཞན་འབྲེལ་མཚུངས། རང་རིག་དང་རང་སྐྱེ། རྨི་ལམ་གྱི་དོན་སེམས། རྗེས་དཔག་དང་ཤུགས་གྲུབ་མཚུངས་པའོ། །དང་པོ་ནི། ཐ་སྙད་དང་རང་རིག་འབྲེལ་མི་སྲིད་ན། གཞན་ཞིག་ཀྱང་འབྲེལ་མི་སྲིད་ཅེས་བྱའོ། །དེ་ནི་སྲིད་དེ་ཟླ་གཉིས་ལ་སོགས་མ་དམིགས་པའི་ཕྱིར་རོ་ཞེ་ན། རང་རིག་ཀྱང་འབྲེལ་ཏེ། སེམས་དངོས་པོ་སྣང་བའི་ཕྱིར་ཞེས་བྱའོ།།

གཉིས་པ་རང་རིག་དང་སྐྱེ་བ་མཚུངས་པ་ནི། ཐ་སྙད་དུ་རང་གིས་རང་རིག་ན་དངོས་པོ་རང་ལས་སྐྱེ་བྱའོ། །དེ་ནི་མེད་དེ། རང་གྲུབ་དུས་སུ་དང་། མ་གྲུབ་དུས་སུ་སྐྱེ་བ་མེད་པའི་ཕྱིར་ཞེ་ན། རང་གི་རང་རིག་པ་ཡང་མེད་དེ། རིག་བྱ་རིག་བྱེད་གཉིས་མེད་ཅིང་། ལྡོག་པ་དེ་ཀུན་བཏགས་ཡིན་པས། རིག་པ་ཀུན་བཏགས་སུ་འགྱུར་བའི་ཕྱིར་བྱའོ། །གལ་ཏེ་རང་མི་རིག་ན་གཞན་ཀྱང་མི་རིག་པས། རིག་པ་རྒྱུད་ཆད་དོ་ཞེ་ན། རང་ལས་མི་སྐྱེ་ན་གཞན་ལ་ཀྱང་མི་སྐྱེ་བས། སྐྱེ་བ་རྒྱུད་ཆད་དོ།།

གསུམ་པ་རྨི་ལམ་གྱི་དོན་སེམས་མཚུངས་པ་ནི། རྨི་ལམ་གྱི་སེམས་དངོས་པོ་ཡོད་ན། རྨི་ལམ་གྱི་མེ་ཆུ་ཡང་དངོས་པོ་ཡོད་ཅེས་བྱའོ། །རྨི་ལམ་གྱི་མེ་ཆུ་དེ་སད་ན་ཅི་ཡང་མི་དམིགས་པས་སོ་ཞེ་ན། རྨི་ལམ་གྱི་སེམས་ཀྱང་མེད་དེ་རིག་ངོར་རྟག་འཛིན་རྒྱུ་མེད་པའི་ཕྱིར་བྱའོ། །རྨི་ལམ་གྱི་སེམས་མེད་ན་རྨི་ལམ་མ་དམིགས་པ་ཐལ་

ཞེ་ན། རྨི་ལམ་གྱི་མེ་རྒྱུ་མེད་ན། རྨི་ལམ་གྱི་ཤེས་པ་སྐྱེ་མི་ནུས་པར་ཐལ་ཞེས་བྱའོ།།

བཞི་པ་རྗེས་དཔག་དང་ཤུགས་མཚུངས་ནི། བྱས་པས་སྒྲ་མི་རྟག་སྒྲུབ་ལ། བྱས་པ་བཞིན་ཞེས་བཀོད་པ་ནི། དཔེ་དོན་གཉིས་གཅིག་ན་ཐེ་ཚོམ་ཟ་ན་གཅིག་ལ་ཟ་སྟེ། བྱས་པ་དོན་བྱེད་པའི་ཁྱབ་བྱ་མཐོང་བ་དང་། དོན་བྱེད་པ་རྟག་པ་ལ་ཁེགས་པའི་ཤུགས་ལ། བྱས་པ་མི་རྟག་པའི་ཁྱབ་པ་གྲུབ་ན། སྒྲ་དོན་བྱེད་པའི་ཁྱབ་བྱར་མཐོང་བ་དང་། དོན་བྱེད་པའི་རྟག་པ་ཁེགས་པའི་ཤུགས་ལ། སྒྲ་མི་རྟག་པའི་ཁྱབ་པ་གྲུབ་པོ་བྱའོ། །དེ་ནི་མ་ཡིན་ཏེ། སྒྲས་དོན་བྱེད་ཅིང་དོན་བྱེད་ནུས་པ་རྟག་པ་ལ་ཁེགས་པ་ན། མི་རྟོག་ཅེས་བློ་ཡི་ཕྲེང་བ་གཉིས་སྐྱེ་བ་ལ་ལྟོས་པའི་ཕྱིར་ཞེ་ན། དེ་ཡང་མཚུངས།

གསུམ་པ་ཚུལ་ཅི་ལྟར་གཏན་ལ་འབེབས་པའི་དོན་ལྔ་ལ། འགྲེལ་ལས། དེ་ལ་དོན་ལྔ་ཁྱད་པར་བཞག་པའི་ཚད་མས། མཚན་མའི་སྤྲོས་པ་ཐམས་ཅད་ཡོངས་སུ་བཅད་ནས། དོན་དམ་པའི་བདེན་པ་གཏན་ལ་འབེབ་ཏེ། ལྔ་གང་ཞེ་ན། ཆོས་ཅན་གྱི་དོན་དང་། སྒྲུབ་བྱའི་དོན་དང་། གཏན་ཚིགས་ཀྱི་དོན་དང་། དཔེའི་དོན་ནོ། །ཞེས་པས་དེ་ལ་གཉིས་ཏེ། སྤྱི་དོན་ལྔ་ཡི་རྣམ་བཞག་དང་། སྐབས་དོན་གྱི་དོན་ལྔ་ངོས་བཟུང་བོ། །དང་པོ་ལ་ལྔ་སྟེ། ཆོས་ཅན། དགག་བྱ། བསྒྲུབ་བྱ། གཏན་ཚིགས། དཔེ་དོན་ནོ། །དང་པོ་ནི། ཆོས་ཅན་གྱི་སྒྲ་དོན་ནི། བསྒྲུབ་བྱའི་ཆོས་དང་ལྡན་པ་ཅན་ཡིན་པས་ཆོས་ཅན་ཏེ། མཚན་ཉིད་ནི་ཆོས་ཀྱི་དཔག་གཞིར་བཟུང་བའོ། །ཆོས་ནི་བསྒྲུབ་བྱའམ་དགག་བྱའི་ཆོས་སོ། །དབྱེ་ན་གསུམ་སྟེ། མཐུན་པའི་ཆོས་ཅན་ནི། རྗེས་འགྲོའི་ཁྱབ་པ་ངེས་པའི་དཔག་གཞིར་བཟུང་བའོ། །མི་མཐུན་དཔེའི་ཆོས་ཅན་ནི། ལྡོག་ཁྱབ་ངེས་པའི་དཔག་གཞིའོ། །རྩོད་གཞིའི་ཆོས་ཅན་ནི། ཤེས་འདོད་ཆོས་ཅན་ཞེས་ཀྱང་བྱ་སྟེ།

དགག་སྒྲུབ་གང་བྱེད་ཀྱང་དེ་ཉིད་ལ་གནོད་པ་མ་ཞུགས་པ་སྟེ། མཚན་ཉིད་ནི་བསྒྲུབ་བྱའི་ཐོན་གྱི་དཔག་གཞིར་བཟུང་བའོ། །དེ་གསུམ་རིམ་པ་ལྟར་བྱས་པས་སྒྲ་མི་རྟག་པ་སྒྲུབ་པ་ལ། བུམ་པ་དང་ནམ་མཁའ་དང་སྒྲ་ལྟ་བུའོ།།

གཉིས་པ་དགག་བྱ་ནི་ཚོགས་དོན་རྟགས་ཀྱི་རྣམ་པར་གཅད་བྱ་སྟེ། དབྱེ་བ་བསྒྲུབ་བྱ་དང་མཚུངས་སོ། །རྟགས་ཡང་དག་གི་དགག་བྱ་མི་སྲིད་ལ། དགག་བྱའི་ཐོན་ནི་ཅི་རིགས་སོ།།

གསུམ་པ་བསྒྲུབ་བྱ་ནི། རྟགས་ཀྱི་བྱེད་པའི་བསྒྲུབ་བྱ། རྟགས་ཀྱི་རྗེས་སུ་དཔག་པས་རྗེས་སུ་དཔག་བྱ། རྒོལ་བའི་ཕྱོགས་སུ་བྱས་པའི་ཕྱོགས། རྒོལ་བའི་དམ་བཅས་པས་དམ་བཅའ་འོ། །དེའི་མཚན་ཉིད་ནི། ཐོན་དང་ཐོན་ཅན་གྱི་ཚོགས་དོན་རྟགས་འགོད་པས་གྲུབ་བསལ་མེད་ཅིང་དཔག་འདོད་བྱས་པའོ། །དེ་ཡང་ཚོགས་དོན་གཅིག་དགོས་ཏེ། ཐོན་དང་ཐོན་ཅན་རྐྱང་པ་བསྒྲུབ་བྱར་མི་རུང་བས་སོ། །རྟག་འཛིན་གྱིས་མ་གྲུབ་པ་གཅིག་དགོས། གྲུབ་ཟིན་ན་རྟགས་ཀྱི་རྗེས་སུ་དཔག་བྱ་མེད་པས་སོ། །བསལ་བ་གཞི་ལ་མ་བསལ་བ་ཞིག་དགོས་ཏེ། བསལ་ན་བསྒྲུབ་བྱར་མི་རུང་བས་སོ། །ཕྱི་རྒོལ་གྱི་དཔག་འདོད་ཞིག་ཀྱང་དགོས་ཏེ། དེ་མེད་ན་ཤེས་འདོད་མེད་པས་རྟགས་འགོད་པའི་དགོས་པའམ། བསྒྲུབ་བྱ་སྒྲུབ་པའི་དགོས་པ་མེད་པའོ། །དབྱེ་ན་ཐོན་ཅན་གཉིས་ཀ་སྒྲུབ་པ་ཡིན་པ་དང་། གཉིས་ཀ་དགག་པ་ཡིན་པ་དང་། དགག་སྒྲུབ་སྤེལ་མ་གསུམ་མོ།།

བཞི་པ་གཏན་ཚིགས་ཀྱི་དོན་ལ་གཉིས་ཏེ། མཚན་ཉིད་དང་། དབྱེ་བའོ། །དང་པོ་ནི། གཏན་ཚིགས་གྲུབ་ཅིང་རྗེས་སུ་འགྲོ་ལྡོག་གི་ཁྱབ་པ་རྣལ་མར་ངེས་པའོ། ། གཏན་ཚིགས་གྲུབ་པ་ནི་རྟགས་བསྒྲུབ་བྱ་ཐོན་ཅན་ལ་ཡོད་པར་ངེས་པ་སྟེ། རྟགས་

བྱས་པ་སྒྲ་ལ་ཡོད་པར་ངེས་པ་ལྟ་བུའོ། །རྗེས་འགྲོའི་ཁྱབ་པ་ནི། དཔེ་ལ་ཚད་མས་གྲུབ་པའི་རྟགས་མཐུན་ཕྱོགས་ཁོ་ན་ལ་ཡོད་པར་ངེས་པ་སྟེ། བྱས་པ་ལ་མི་རྟག་པས་ཁྱབ་པ་ལྟ་བུའོ། །ལྡོག་ཁྱབ་ནི། དཔེ་ལ་ཚད་མས་གྲུབ་པའི་རྟགས་མི་མཐུན་པའི་ཕྱོགས་ལ་མེད་པར་ངེས་པ་སྟེ། མ་བྱས་པ་ལ་རྟག་པས་ཁྱབ་པ་ལྟ་བུའོ། །གཉིས་པ་དབྱེ་བ་ལ་གཉིས་ཏེ། རྟགས་སུ་བཀོད་པ་གང་ཞིག རང་གི་བསྒྲུབ་བྱའི་ཆོས་དང་བདག་གཅིག་གི་རྗེས་སུ་འགྲོ་ལྡོག་ངེས་པའོ། །དེ་ལ་དབྱེ་ན་གཉིས་ཏེ། རང་གི་རྣམ་འཇོག་ངེས་པ་ལ་ལྟོས་པའི་རང་བཞིན་ལྟོས་པའི་དང་། མི་ལྟོས་པ་རང་བཞིན་དག་པའི་གཏན་ཚིགས་གཉིས་ཏེ། རིམ་པ་ལྟར་སྒྲ་མི་རྟག་སྒྲུབ་པ་ལ་རྟགས་བྱས་པ་དང་། རྒྱུ་རྐྱེན་ལས་སྐྱེས་པ་འགོད་པ་ལྟ་བུ་དང་། མཚོན་བྱ་དང་མཚན་ཉིད་རྟགས་སྒྲུབ་པ་ལྟ་བུའོ། །དེ་ནི་རྟགས་བསྒྲུབ་བྱའི་ཆོས་ཀྱི་མཚན་ཉིད་ནི། རྟགས་བཀོད་མི་རུང་སྟེ། རྟགས་འཛིན་ཚད་མའི་བསྒྲུབ་བྱའི་དོན་གྲུབ་ཟིན་པས་སོ། །ཤེས་འདོད་མེད་དེ། དཔེར་ན་སྐད་ཅིག་མས་སྒྲ་མི་རྟག་པ་སྒྲུབ་པ་ལྟ་བུའོ། །དེ་ནི་རྟགས་མཚན་ཉིད་ཡིན་མིན་གྱི་དབྱེ་བའོ། །བསྒྲུབ་བྱའི་དོན་ངེས་མ་ངེས་ཀྱིས་དབྱེ་ན། རྟགས་འཛིན་གྱི་ཚད་མས་བསྒྲུབ་བྱའི་དོན་ངེས་པར་ཐ་སྙད་བསྒྲུབ་ཀྱི་དང་། དཔེར་ན་ནམ་མཁར་སྤོ་འཕྱུར་བ་འདི་ཐོན་ཅན། ཏུ་བ་ཡིན་པའི་ཐ་སྙད་དུ་བྱ་རུང་བ་ཡིན་ཏེ། སྤོ་ལ་འཕྱུར་ཞིང་འཚུབ་ཏུ་འཁྱུག་པ་ཡིན་པའི་ཕྱིར། ཞེས་པ་ལྟ་བུ་ཐ་སྙད་མེད་ན་ཡང་དག་ཏུ་མི་རུང་ངོ་། །གོང་དུ་བཤད་པ་རྣམས་ནི་དོན་སྒྲུབ་པའོ། །དགག་སྒྲུབ་ཀྱི་དབྱེ་ན་བསྒྲུབ་བྱའི་ཆོས་དགག་པ་ཡིན་པ་དགག་རྟགས་དང་། དེ་སྒྲུབ་པ་ཡིན་པ་སྒྲུབ་རྟགས་གཉིས་ཏེ། ཤེས་བྱས་བུམ་པ་རི་བོང་རྭ་མེད་དུ་སྒྲུབ་པ། ཤེས་བྱས་བུམ་པ་གཞི་གྲུབ་ཏུ་སྒྲུབ་པ་ལྟ་བུའོ།།

གཉིས་པ་འབྲས་བུའི་གཏན་ཚིགས་ནི། རྟགས་སུ་བཀོད་པ་གང་ཞིག རང་གི་བསྒྲུབ་བྱའི་ཆོས་དང་དེ་བྱུང་གི་རྗེས་སུ་འགྲོ་ལྡོག་གི་ཁྱབ་པར་རྣལ་མ་ངེས་པ་སྟེ། དཔེར་ན་རྒྱུའི་ངོ་བོ་སྒྲུབ་པའི་འབྲས་རྟགས་ནི། དུ་ལྡན་གྱི་ལ་ཆོས་ཅན། མེ་ཡོད་དེ། དུ་བ་ཡོད་པའི་ཕྱིར། ཞེས་པ་ལྟ་བུའོ། །རྒྱུ་སྔོན་སོང་བསྒྲུབ་པའི་འབྲས་རྟགས་ནི། ནམ་མཁའི་ལོང་ལོང་པོ་འདི་ཆོས་ཅན། མེ་སྔོན་དུ་སོང་སྟེ། དུ་བ་ཡིན་པའི་ཕྱིར་ཞེས་པ་ལྟ་བུའོ། །རྒྱུའི་ཁྱད་པར་སྒྲུབ་པའི་འབྲས་རྟགས་ནི། ནམ་མཁའི་ལོང་ལོང་པོ་ཆོས་ཅན། མེ་ཤིང་ཆེར་འབར་ཏེ། དུ་བ་དྲག་ཏུ་འཕྱུར་བའི་ཕྱིར། ཞེས་པ་ལྟ་བུའོ།།

གསུམ་པ་མ་དམིགས་པའི་གཏན་ཚིགས་ནི། རྟགས་སུ་བཀོད་པ་གང་ཞིག བསྒྲུབ་བྱའི་ཆོས་མ་གྲུབ་པས་རྗེས་སུ་འགྲོ་ལྡོག་གི་ཁྱབ་པ་རྣལ་མར་ངེས་པ་སྟེ། རང་བཞིན་མ་དམིགས་པ་ནི། སྣང་རུང་གི་བུམ་པ་དག་པའི་ས་ཕྱོགས་ཆོས་ཅན། སྣང་རུང་གི་བུམ་པ་མེད་ངེས་ཀྱི་ཐ་སྙད་བྱར་རུང་སྟེ། སྣང་རུང་གི་བུམ་པ་ཡོད་ན་སྣང་རུང་བ་ལ་ཚད་མས་མ་དམིགས་པའི་ཕྱིར་ཞེས་པ་ལྟ་བུའོ། །ཁྱབ་བྱེད་མ་དམིགས་པ་ནི། བྲག་གདོང་སྐྱ་ཐེ་བ་ཆོས་ཅན། ཤ་པ་མེད་དེ། ཤིང་ཙམ་མེད་པའི་ཕྱིར་རོ། །རྒྱུ་མ་དམིགས་པ་ནི། མཚན་མོའི་རྒྱ་མཚོ་ན་ཆོས་ཅན། དུ་བ་མེད་དེ། མེ་མེད་པའི་ཕྱིར་རོ། །འབྲས་བུ་མ་དམིགས་པ་ནི། གྲང་རེག་ནུས་ལྡན་གྱིས་ནོན་པའི་ས་ཕྱོགས་ཆོས་ཅན། མེ་རྒྱུ་ནུས་པ་ཐོགས་མེད་མེད་དེ། མེ་མ་དམིགས་ཕྱིར་ཞེས་པ་ལྟ་བུའོ། །གཞན་ཡང་གྲང་རེག་མེད་པ་ལ་ཙན་དན་གྱི་མེ་དམིགས་པ་ཁྱབ་བྱ་འགལ་དམིགས། མེ་རྒྱུ་ནུས་པ་ཐོགས་མེད་དམིགས་པ་རྒྱུ་འགལ་དམིགས། དུ་བ་རྟགས་སུ་བཀོད་པ་འབྲས་བུ་འགལ་དམིགས།

གཉིས་པ་གཏན་ཚིགས་ལྟར་སྣང་ནི་རྟགས་སུ་བཀོད་པ་གང་ཚུལ་གསུམ་མ་

ཚང་བ་སྟེ། དབྱེ་བ་ལ་གསུམ། མ་གྲུབ་པ་དང་། མ་ངེས་པ་དང་། འགལ་བའི་གཏན་ཚིགས་སོ། །དེ་ལ་མ་གྲུབ་པ་ནི། རྟགས་སུ་བཀོད་པ་གང་ཞིག་གི་བསྒྲུབ་བྱ་ཆོས་ཅན་ལ་ཡོད་པ་མ་ངེས་པ་སྟེ། དབྱེ་ན་གཉིས་ཏེ། ཐ་དད་མེད་ན་མ་གྲུབ་པ་ནི། སྒྲ་མི་རྟག་སྒྲུབ་པ་ལ་སྒྲ་རྟགས་སུ་བཀོད་པ་ལྟ་བུའོ། །འགལ་ནས་མ་གྲུབ་པ་ནི། སྒྲ་མི་རྟག་སྒྲུབ་པ་རིག་པ་རྟགས་སུ་བཀོད་པ་ལྟ་བུའོ། །མ་ངེས་པའི་རྟགས་ནི། རྟགས་མཐུན་ཕྱོགས་ཕོ་ན་ལ་ཡོད་པར་མ་ངེས་པའོ། །དབྱེ་ན་དངོས་ཀྱི་མ་ངེས་པ་ནི། སྒྲ་མི་རྟག་སྒྲུབ་པ་ལ་ཤེས་བྱ་རྟགས་སུ་བཀོད་པ་ལྟ་བུའོ། །ལྷག་ལྡན་ནི། སྐྱེས་བུ་འདོད་ཆགས་དང་ལྡན་པར་སྒྲུབ་པ་ལ་སྨྲ་བ་རྟགས་སུ་བཀོད་པ་ལྟ་བུའོ། །འགལ་བའི་གཏན་ཚིགས་ནི། རྟགས་སུ་བཀོད་པ་རྗེས་སུ་འགྲོ་ལྡོག་གི་ཁྱབ་པ་ཕྱིན་ཅི་ལོག་ཏུ་ངེས་པའོ། །དེ་ལ་ཡང་འགལ་དངོས་དང་། ལྷག་ལྡན་གཉིས་སུ་ཡོད་དོ། །ལྡོ་པ་མཐུན་དཔེ་མི་མཐུན་པའི་དཔེ་ནི་ཕོན་ཅན་དུ་བཤད་ཟིན་ནོ།།

གཉིས་པ་སྐབས་དོན་གྱི་དོན་ལྡོ་ལ་ལྡོ་སྟེ། ཕོན་ཅན་དང་། དགག་བྱ་དང་། བསྒྲུབ་བྱ་དང་། གཏན་ཚིགས་དཔེ་དང་ལྡོའོ། །དང་པོ་ནི། འགྲེལ་ལས། དེ་ལ་ཕོན་ཅན་ལ་བཞི་སྟེ། མཐུན་པ་དཔེ་ཡི་ཕོན་ཅན། མི་མཐུན་པ་དཔེ་ཡི་ཕོན་ཅན། སྐབས་སུ་མ་བབས་པའི་ཕོན་ཅན། རྩོད་གཞིའི་ཕོན་ཅན་ནོ། །དེ་ལ་ཕོན་ཅན་སྤྱི་ཡི་མཚན་ཉིད་ནི། གང་ཕོན་གྱི་རྟེན་བྱེད་པ་དེའོ། །མཐུན་པ་ནི་བསྒྲུབ་བྱའི་ཕོན་དང་ལྡན་པའོ། །རྩོད་གཞིའི་ཕོན་ཅན་ནི་གཉིས་ཏེ། གྲགས་པ་ཕོན་ཅན་དང་། བཏགས་པ་ཕོན་ཅན་ནོ། །དེ་ལ་གྲགས་པ་ཕོན་ཅན་རྒོལ་བ་ཕྱི་རྒོལ་གཉིས་ཀ་ལ་མཐུན་པར་སྣང་བའི་ཚད་མས་གྲུབ་པ་གཅིག་ལ་བྱའོ། །རྟག་པ་ནི་མི་སྣང་བ་སྣང་བྱས་ནས་འཛོག་པ་སྟེ། མཐུན་སྣང་

དུ་ཚད་མས་མ་གྲུབ་པ་ལ་བྱའོ། །ཤུགས་ལས་གྲུབ་ཀྱང་སྲིད་དོ། །ཞེས་པས་སྐབས་སུ་མ་བབ་པའི་ཆོས་ཅན་ནི་ཕྱིར་ཆོས་ཅན་དང་ཆོས་ཉིད་དུ་གྲགས་པའི་ལའོ། །རྒོལ་བ་ནི་སྒྲུབ་བྱེད་ཡང་དག་བརྗོད་པ་ཁས་ལེན་པ། ཕྱི་རྒོལ་ནི་སུན་འབྱིན་ཡང་དག་བརྗོད་པ་ཁས་ལེན་པའོ། །རྒོལ་ཕྱི་རྒོལ་གཉིས་ཀས་མཐུན་སྣང་དུ་གྲུབ་པ་ནི། དེས་ན་སངས་རྒྱས་དང་མུ་སྟེགས་པ་ལ་སྒྲ་ཆོས་ཅན་ཞེས་པ་ལྟ་བུའོ། །མཐུན་སྣང་མ་གྲུབ་པ་ནི། མུ་སྟེགས་ཀྱི་བདག་དང་། སངས་རྒྱས་ཀྱི་བདག་མེད་དོ། །ཤུགས་གྲུབ་ནི་རྟག་དངོས་ལྟ་བུའོ། །དེ་ལ་གཏན་ཚིགས་ཆེན་པོ་ལྔའི་ཆོས་ཅན་དེ། སྣང་བ་སྤྱི་འཛིན་གམ་བྱེ་བྲག་འགའ་ཞིག་འཛིན་ དང་པོ་ལྟར་ན། ཆོས་ཅན་ཚད་མས་མ་ངེས་པར་ཐལ། ཡུལ་དུས་གཞན་གྱི་སྣང་བ་ཚད་མས་མ་ངེས་པའི་ཕྱིར་རོ། །གཉིས་པ་ལྟར་ན། སྤྱི་ལྡོག་ནས་རྟོགས་པ་མི་ཆོད་པར་ཐལ། འགའ་ཞིག་ཏུ་སྤྲོས་པ་ཆོད་ཀྱང་འགའ་ཞིག་ཏུ་ཐེ་ཚོམ་ཟ་བའི་ཕྱིར་རོ་ཞེ་ན། སྣང་བའི་ཚོགས་སྤྱི་མི་འཛིན་ལ། རིགས་ཀྱི་སྤྱི་འཛིན་པས་སྐྱོན་གཉིས་ཀ་མེད་དོ། །ཀུན་གྱི་སྤྲོས་པ་གཅོད་ནུས་པ་ནི། འདམ་བུ་གཅིག་གིས་ཐམས་ཅད་སྟོང་པར་མཚོན་པ་བཞིན་ནོ།།

གཉིས་པ་དགག་བྱའི་དོན་ལ། འགྲེལ་ལས། དགག་བྱའི་དོན་ལ་གཉིས་ཏེ། རོལ་པ་སྐྱེ་མཆེད་ལྟར་སྣང་བའི་འདོད་པ་དང་། མཚན་མ་ཀུན་བྲལ་ཅིར་མི་སྣང་བའི་འདོད་པའོ། །དེ་གཉིས་ཀྱི་འདོད་པ་ནི། ཟབ་མོ་གཏམ་གྱི་དོན་ལ་མཐུན་ནོ། །དེ་ནི་གཏན་ལ་དབབ་པའི་སྐབས་སུ། བརྟགས་པ་ཆོས་ཅན་དུ་བཞག་ནས་བརྟགས་པ་འགོག་པ་མཐུན། སྣང་བ་ཆོས་ཅན་དུ་བཞག་ནས་བརྟགས་པ་འགོག་པར་མཐུན། སྣང་བ་ཆོས་ཅན་དུ་བཞག་ནས་སྣང་བ་འགོག་པ་ལ་མི་མཐུན་ཏེ། རོལ་པ་སྐྱེ་མཆེད

ཀྱི་ལུགས་ཀྱི་སྣང་བ་བོན་ཅན་ལ། གཏན་ཚིགས་གཅིག་དང་དུ་བྲལ་གྱིས། ཡང་དག་གི་སྒྲོས་པ་བཅད་ནས། ཤུགས་ལ་སྐྱེ་མཆེད་སྐྱུ་མ་རྫུན་དུ་ཡོངས་སུ་བཅད་ཅིང་སྒྲུབ་པའོ། །མཚན་མ་ཀུན་བྲལ་ཅིར་མི་སྣང་ལ་གཉིས་ཏེ། མཚན་མ་འགོགས་པ་དང་། མཚན་མ་ཤུགས་སྣང་ངོ་། །མཚན་མ་ཀུན་བྲལ་ཅིར་མི་གནས་ཀྱི་གོ་བ་ནི། སྣང་བ་རིག་པས་དཔྱད་ན་རྣམ་པར་བཅད་པ་ཙམ་ལ་ཐ་སྙད་གདགས་ཏེ། སྒྲོས་པ་ཐམས་ཅད་ཡོངས་སུ་བྲལ་བའི་ཕྱིར་རོ། །རིག་པའི་ངོ་ན་ཡོངས་གཅོད་མི་གནས་ཏེ། ཡོངས་སུ་བཅད་ན་ཡང་དག་པ་འགྱུར་བའི་ཕྱིར་རོ། །དེ་ལ་མཚན་མ་ཤུགས་སྣང་གི་འདོད་པའི་དགག་བྱ་ལ་གཉིས་ཏེ། ལམ་གྱི་དགག་བྱ་དང་རིགས་པའི་དགག་བྱའོ། །དེ་ལ་ལམ་གྱི་དགག་བྱ་ནི། རྒྱུད་འགལ་གྱིས་འགོགས། རིགས་པའི་དགག་བྱ་ནི། དངོས་འགལ་གྱིས་འགོགས་སོ། །དེ་ལ་སྤྱིར་ཁམས་གསུམ་ན་གནས་པའི་ཤེས་བྱ་ཐམས་ཅད་སྒྲོ་བཏགས་པ་ཡིན་ལ། ཤེས་པ་ཐམས་ཅད་སྒྲོ་འདོགས་ཡིན་ཏེ། དེས་ན་སྒྲོ་འདོགས་ཡིན་པས་ཀུན་དགག་བྱ་ཡིན་ནོ། །ཡིན་པ་ལ་དེ་ལྟར་རྟོགས་ན་རྟོག་པས་རྟོག་པ་འགོགས། སྒྲོས་པའི་སྒྲོས་པ་གཅོད། བཟང་རྟོག་གིས་ངན་རྟོག་འགོགས་ཏེ། དཔེར་ན་ཁྲག་གིས་ཁྲག་བཀྲུ་བ་དང་འདྲའོ། །དེ་ལ་ལམ་དང་རིགས་པའི་དགག་བྱ་གཉིས་སུ་འབྱུང་ངོ་། །དེ་ལ་ཐ་སྙད་ནི་དགག་བྱ་དང་། དགག་བྱའི་རིགས་འགོགས་བྱེད་དང་། འགོགས་བྱེད་ཀྱི་རིགས་གཉིས་སོ། །དེ་ལ་སྐྱེ་མཆེད་ཅིར་མི་གནས་གཉིས་ཀའི་ལུགས་ཀྱིས་རྣམ་པར་བཅད་པ་ཙམ་གྱི་དགག་བྱ་གང་ཡིན་ཞེ་ན། དོན་དམ་ཟབ་མོའི་བདེན་པ་ལ་དགག་སྒྲུབ་གཉིས་ཀ་མེད་དེ། བོན་ཉིད་ངོ་ཤེས་པར་བྱེད་པ་ཙམ་མོ། །ཀུན་རྫོབ་གཏན་ལ་འབེབ་པའི་སྐབས་སུ་སྣང་བ་མི་འགོགས་པ་དང་། ཚད་མ་དེས་རྣམ་བཅོད་ཡོངས་

གཅོད་གཉིས་ཀ་བྱེད་དོ། །དོན་དམ་གནས་ལ་འབེབ་པའི་སྐབས་སུ། རྣམ་པར་བཅད་པ་ཙམ་ལས་ཡོངས་སུ་གཅོད་པ་མི་བྱེད་དོ། །མི་མཐུན་པའི་ཟུ་ནི་མཚན་མ་ཤུགས་སྣང་གི་ལུགས་ཀྱི་དོན་དམ་གནས་ལ་འབེབས་པའི་སྐབས་སུ། དེའི་ཚད་མས་སྣང་བ་སྣང་ཚད་ཀྱང་མི་འགོགས། སྣང་བ་ཡང་དག་པའི་རང་བཞིན་བྱ་བ་ཙམ་ཡང་མི་འགོགས། སྣང་བ་སྒྱུ་མ་ཙམ་ཡང་མི་འགོགས། འོ་ན་གང་འགོགས་ཤེ་ན། སྣང་བ་ལས་གོང་བཏགས་པའི་བརྟགས་པའམ། སྣང་བ་རིག་ངོར་ཡོད་པའམ། ཡང་དག་ཏུ་ཡོད་པ་དེ་འགོགས་སོ། །དེ་ནི་ཚད་མ་དངོས་ཀྱི་འགལ་བས་འགོགས་སོ། །སྣང་བ་ཚད་མར་རྒྱུད་འགལ་གྱིས་འགོགས་ཏེ། ལམ་གྱི་དགག་བྱའི་འགོགས་པའི་འདོད་པ་ནི། སྣང་བ་གཅིག་དང་དུ་བྲལ་གྱིས་རང་བཞིན་མེད་པ་གནས་ལ་དབབ་སྟེ། རང་བཞིན་མེད་པར་གོ་བས་རང་བཞིན་དུ་འཛིན་པའི་བློ་ལྡོག དེ་ལོག་པའི་རང་ལྟ་ལ་མི་ཆགས། གཞན་ལྟ་ལ་མི་སྡང་། དེ་གཉིས་སུ་མེད་པས་གཏི་མུག་མེད། དེ་མེད་པས་དུག་གསུམ་ལྡོག དེ་ལོག་པས་འཁོར་བ་རྒྱུད་གསུམ་དུ་མི་སྐྱེ། དེར་མ་སྐྱེས་པས་མི་ལུས་ངན་པ་མི་ཐོབ། དེ་མ་ཐོབ་པས་མིག་ལ་སོགས་པ་དབང་པོ་ལྔ་ངན་པ་ལྡོག དེ་མ་བྱུང་བས། རྣམ་ཤེས་ངན་པ་མེད། དེ་མེད་པས་སྣང་བ་བཀྲ་ཅག་གེ་བ་འདི་གང་ལ་སྣང་སྟེ་མི་སྣང་། དེར་རྣམ་པར་མི་རྟོག་པའི་ཡེ་ཤེས་སྐྱེ། ཡེ་ཤེས་དེས་རིག་ཤེས་ལ་སོགས་པ་ཀུན་ཡེ་ཤེས་ཉིད་དུ་བསྒྱུར་བའོ། །མཚན་མ་འགོགས་པའི་ལུགས་ཀྱིས། དོན་དམ་གནས་ལ་འབེབས་པའི་སྐབས་སུ། དེའི་ཚད་མས་སྣང་བ་སྣང་ཚོད་དང་། སྒྱུ་མ་དང་། སྣང་བ་ཡང་དག་ཏུ་འདོད་པ་ལས་སོགས་ཀུན་འགོགས་སོ། །ཚད་མ་ཚད་མ་རང་གི་ངོ་ལ་ཕྱོགས་པར་སོང་བས། ཚད་མ་ཚད་མ་རང་གིས་འགོགས་སོ། །ཚད་མ་དེས་ཀྱང་མེད་

དགག་རྣམ་བཅད་འབའ་ཞིག་བྱེད་པ་ལས་ཡོངས་གཅོད་མི་བྱེད་དོ། །ཡང་མཚན་མ་འགེགས་པ་དང་ཤུགས་སྣང་གི་གོ་བ་ནི། དཔེར་ན་དུང་དཀར་པོ་ལ་སེར་པོ་འཛིན་པའི་ཤེས་པ་དེ། འཁྲུལ་པའི་དུས་སུ་སེར་པོ་སྣང་ངམ་མི་སྣང་ཞེ་ན། སྣང་ཞེས་སོ། །སེར་པོ་ཡོད་དམ་ཞེ་ན། མེད་ཅེས་སོ། །དེ་བཞིན་དུ་རིག་པའི་ཤེས་པ་ལ་སྣང་བ་སྣང་ངམ་ཞེ་ན། སྣང་ངོ་། ཡོད་དམ་ཞེ་ན། མེད་དེ། འདུ་བྱེད་ཀྱི་གཉིད་སད་ན་རྨི་ལམ་མེད། མ་རིག་པའི་གཉིད་སད་ན་མཚན་མ་མེད་དོ། །ཤུགས་སྣང་བ་ནི། རིགས་པའི་ཤེས་པ་ལ་སྣང་བ་སྣང་ངམ་མི་སྣང་ཞེ་ན། ཡང་དག་ཏུ་མི་སྣང་ལ་སྒྱུ་མར་སྣང་ཞེས་བྱའོ། །དེ་གཉིས་ཀྱི་ཁྱད་པར་ཚད་མ་ལ་སྣང་བ་སྣང་མི་སྣང་ལ་འཛོག་གོ །ཞེས་པས། འདི་ལ་བཞི་སྟེ། དབུ་མ་རང་རྒྱུད་པ་དང་། ཐལ་འགྱུར་གྱི་ཁྱད་པར་དང་། རང་རྒྱུད་ཀྱི་དང་ཐལ་འགྱུར་གྱི་སྦྱོར་བ། དངོས་རྟོགས་ཤུགས་རྟོགས་དངོས་འགལ་དང་རྒྱུད་འགལ་ཏེ། དང་པོ་ནི། གོང་དུ་བཤད་ཟིན་ནོ། །གཉིས་པ་ལ། རང་རྒྱུད་ཀྱི་སྦྱོར་བ་ཡང་གོང་དུ་རྟགས་སུ་བཤད་ཟིན་ནོ། །ཐལ་འགྱུར་ནི། རྟགས་དང་ཁྱབ་པ་ཕ་རོལ་གྱི་བློ་ངོར་གྲུབ་ཅིང་དམ་བཅའ་ལ་བསལ་བ་འབེབས་པའི་རྟགས་སྟོན་པའོ། །དེ་བཟློག་ན་ཚུལ་གསུམ་ཚང་བ་སྟོན་བྱེད་ནི་སྒྲུབ་བྱེད་འཕེན་པའི་ཐལ་འགྱུར་ལ། དེ་མི་སྟོན་པ་ནི་སྒྲུབ་བྱེད་མི་འཕེན་པའི་ཐལ་འགྱུར་ཏེ། སྒྲ་རྟག་པ་ཁས་ལེན་པ་ལ། སྒྲ་རྟག་པ་མ་ཡིན་པར་ཐལ། འདུས་མ་བྱས་མ་ཡིན་པའི་ཕྱིར་ཞེས་པ་དང་། སྒྲ་རྟག་པ་མ་ཡིན་པ་ཐལ། བྱས་པ་ཡིན་པའི་ཕྱིར་ཞེས་པ་ལྟ་བུའོ། །ཕྱིར་ན་བསལ་བ་ནི་དམ་བཅའ་བའི་གཞི་ལ་དམ་བཅའ་དང་འགལ་བ་ཚད་མས་གྲུབ་པས་གེགས་བྱེད་པ་སྟེ། དབྱེ་ན་བཞི་ལས། མངོན་སུམ་གྱི་བསལ་བ་ནི་དམ་བཅའ་བའི་གཞི་ལ་དམ་བཅའ་དང་འགལ་བ། རྟོག་

ཐལ་མ་འཁྲུལ་བའི་གེགས་བྱེད་དེ། ལྷོ་ལྷིར་བ་བུམ་པ་མ་ཡིན་པ་ཁས་ལེན་པ་མངོན་སུམ་གྱིས་བསལ་བ་ལྟ་བུའོ། །གྲགས་པའི་རྗེས་དཔག་གིས་བསལ་བ་ནི་དེའི་རྟགས་གཞལ་སྟོབས་ཀྱིས་གེགས་བྱེད་པ་སྟེ། ཟླ་རྟག་པ་ཁས་ལེན་པ་ལ་བྱས་པའི་རྟགས་ཀྱིས་བསལ་བ་ལྟ་བུའོ། །དངོས་པོ་སྟོབས་ཞུགས་ཀྱིས་བསལ་བ་ནི། དེའི་བརྡ་སྙིང་དུ་གྲགས་སྟོབས་ཀྱི་གེགས་བྱེད་པ་སྟེ། རི་བོང་ཅན་ཟླ་བའི་སྒྲས་བརྗོད་དུ་མི་རུང་བ་ཁས་ལེན་པ་ལ། སྒྲ་ཟླ་བའི་སྒྲ་རྟོག་ཏུ་སྣང་ཡུལ་རུང་བས་བསལ་བ་ལྟ་བུའོ། །ཡིད་ཆེས་པའི་བསལ་བ་ནི། དེ་དག་ སྤྱི་འགལ་སྟོབས་ཀྱི་གེགས་བྱེད་པ་སྟེ། བདག་གི་མ་མོ་སྨམ་ཏུ་ཁས་ལེན་པ་ལ། མ་ཡིས་བསལ་བ་ལྟ་བུའོ།།

གསུམ་པ་དངོས་རྟོགས་ཤུགས་རྟོགས། དོན་དེའི་རྣམ་པ་སྣང་སྟོབས་ཀྱིས་རྟོགས་པ་དང་། དོན་གང་གི་རྣམ་པ་སྣང་སྟོབས་ཀྱིས་མི་སྣང་བའི་དོན་རྟོགས་པ་སྟེ་རིམ་པ་ལྟར་རོ། །དཔེར་ན་གྲོ་དང་ནས་ཀྱི་མྱུ་གུ་དངོས་སུ་རྟོགས་པས། རྒྱ་གྲོ་ནས་ཤུགས་ལ་རྟོག་པ་ལྟ་བུའོ།།

བཞི་པ་དངོས་འགལ་དང་རྒྱུད་འགལ་ནི། འགལ་བ་གང་ཞིག་གཅིག་ཤོས་སུ་ངེས་ན་གཅིག་ཤོས་སུ་ཐེ་ཚོམ་ཟ་བ་མི་སྲིད་པ་དང་། དེ་ནི་སྲིད་པ་སྟེ། བུམ་པ་དང་བུམ་པ་མ་ཡིན་ནམ། བུམ་པ་དང་བ་ལང་བཞིན་ནོ། །བོད་སྐད་བོད་ཀུན་གྱིས་ཟེར་རོ། །ལྷན་ཅིག་མི་གནས་པའི་འགལ་བ་ནི། སྣང་གཉེན་ནུས་ལྡན་རྒྱུན་འགྲོགས་སུ་མི་རུང་བ་སྟེ། ཚ་རེག་གྲང་རེག་ནུས་ཅན་གཉིས་གཞི་གཅིག་ལ་ཚོགས་མི་སྲིད་པ་ལྟ་བུའོ། །ཕན་ཚུན་སྤང་འགལ་ནི། འགལ་བ་གཅིག་མ་ཡིན་པ་སྟེ། ལམ་དང་དྲི་མའམ། ཚ་རེག་གྲང་རེག་ལྟ་བུའོ།།

གསུམ་པ། འགྲེལ་ལས། བསྒྲུབ་བྱའི་དོན་ལ་གཉིས་ཏེ། རང་བཞིན་མེད་པའི་དོན་སྒྲུབ་པ་དང་། ཐ་སྙད་སྒྲུབ་པའོ། །དེ་གཉིས་ཀྱི་གོ་བ་ནི། དོན་གྱི་སྒྲོ་འདོགས་དང་མ་འབྲེལ་བར་འབྲེལ་བར་བྱེད་པ་དོན་སྒྲུབ་པའོ། །ཐ་སྙད་ཀྱི་སྒྲོ་འདོགས་པ་དང་མ་འབྲེལ་བར་འབྲེལ་བར་བྱེད་པ་ཐ་སྙད་སྒྲུབ་པའོ། །དེ་ལ་ཕྱོགས་མེད་ཀྱི་རང་བཞིན་མེད་པའི་དོན་སྒྲུབ་པ་འགོག་ས་པ་སྟེ། གཏན་ཚིགས་ཆེན་པོ་ལྔག་གིས་འགོགས་ཏེ། ཕྱོགས་པའི་རྒྱུ་ལ་གནོད་པ་གཏོང་བ་གཡུང་དྲུང་གཟེགས་ཆེན་དང་། རྟེན་འབྲེལ་ཆེན་པོ། ཕྱོགས་པ་རང་གི་ངོ་བོ་ལ་གནོད་པ་གཏོང་བ་གཅིག་དང་དུ་བྲལ་དང་། འབྲས་བུ་ལ་གནོད་པ་གཏོང་བ་ཡོད་མེད་སྐྱེ་བ་དགག་པའོ། །དེ་ལྟར་དོན་དང་ཐ་སྙད་སྒྲུབ་པའོ། ། དོན་སྒྲུབ་ན་ཐ་སྙད་སྒྲུབ་ཅི་དགོས་སྙམ་ན། ཐ་སྙད་མ་ཐོགས་པའི་ཕྱིར་ཏེ། གཅིག་དང་དུ་མ་བྲལ་ཡང་རང་བཞིན་ཡོད་དམ་སྙམ་པའི་སྒྲོ་འདོགས་པ་དེ་གཅོད་པ་སྟེ། གཅིག་དང་དུ་མ་བྲལ་བའི་ཕྱིར། རང་བཞིན་མེད་པའི་ཐ་སྙད་དུ་བྱ་ཞེས། ཐ་སྙད་དུ་སྒྲུབ་པའོ། །དེས་སྔོ་ལ་འཁྲུག་ཅིང་འཚུབ་ཏུ་ཀུན་རྫོབ་ཏུ་ཡང་དུད་པ་མ་ཡིན་ནམ་སྙམ་པ་ལ། མཚན་ཉིད་དེ་གསུམ་དང་ལྡན་པའི་དུད་པ་ཡིན་ཞེས་ཐ་སྙད་ངེས་པ་སྒྲུབ་པའོ། ། ཞེས་པས། བོན་དང་བོན་ཅན་སོ་སོར་བ་ནི་བསྒྲུབ་བྱ་བཏགས་པ་ལ་དེ་གཉིས་ཀྱི་ཚོགས་དོན་ནི་བསྒྲུབ་བྱ་མཚན་ཉིད་པའོ།།

གཏན་ཚིགས་ལྔག་ལས་བཞི་ནི་གོང་དུ་བཤད་པ་དེ་བཞི་ཡིན་ལ། མུ་བཞི་སྐྱེ་འགོག་ལ་གཉིས་སུ་དབྱེ་སྟེ། གཅིག་དང་དུ་མས་སྐྱེ་བ་འགོག་པ་དང་། རིགས་འདྲ་རིགས་མི་འདྲ་སྐྱེ་བ་དགག་པའོ། །དེ་ལྟར་གཏན་ཚིགས་ལྔག་གོ།

བཞི་པ་ནི་འགྲེལ་ལས། གཏན་ཚིགས་གི་དོན་ལ་གཉིས་ཏེ། གཏན་ཚིགས་ཀྱི་

ཕྱོགས་དང་། ཁྱབ་པར་སྒྲུབ་པའོ། །དེ་ལ་གཅིག་དང་དུ་བྲལ་གྱི་གཏན་ཚིགས་ཅེས་གྲུབ་ཅེ་ན། རྗེས་སུ་དཔག་པས་སྒྲུབ་སྟེ། གཅིག་དང་བྲལ་བ་ནི་རང་བཞིན་འགལ་བ་དམིགས་པས་གྲུབ་ལ། དུ་མ་དང་བྲལ་བ་གཏན་ཚིགས་ནི། ཁྱབ་བྱེད་མ་དམིགས་པའི་སྒྲུབ་པའོ། །དེ་ལ་གཅིག་དང་དུ་མ་བྲལ་བ་ཡང་མ་གྲུབ་བོ་ཞེ་ན། སྣང་བ་ཉམས་སུ་མྱོང་བ་འདི་བོན་ཅན། ཡང་དག་པའི་གཅིག་ཏུ་མེད་དེ། ཆ་དུ་མ་དམིགས་པའི་ཕྱིར་རོ། །བྱས་པ་ལ། ཕྱིར་ཁྱབ་བྱེད་ཀྱི་སྒོ་ནས་ཁྱབ་བྱ་དགག་ཏུ་བཏུབ་པ་ལས། ཁྱབ་བྱ་དུ་མའི་སྒོ་ནས་ཁྱབ་བྱེད་གཅིག་དགག་ཏུ་མི་བཏུབ་བོ་ཞེ་ན། གཅིག་དང་དུ་མ་ལ་ཁྱབ་བྱ་ཁྱབ་བྱེད་ཡིན་པའི་ཟླ་དང་། མ་ཡིན་པའི་ཟླ་གཅིག་ཡོད་དེ། ཡིན་པའི་ཟླ་ནི་སྣང་གྲགས་ཀྱི་གཅིག་དང་དུ་མ་ཁྱབ་བྱ་ཁྱབ་བྱེད་ཡིན་ཏེ། སྣང་གྲགས་ཀྱི་གཅིག་ལོག་ན་སྣང་གྲགས་ཀྱི་དུ་མ་ཡང་ལྡོག་གོ །ཡང་དག་པའི་གཅིག་དང་དུ་མ་ཁྱབ་བྱ་ཁྱབ་བྱེད་ཡིན་ཏེ། རྗེས་སུ་འགྲོ་ལྡོག་ངེས་པའི་ཕྱིར། དེའི་སྒོ་ནས་མི་ཁེགས་ཏེ། ཁྱབ་བྱ་ཁྱབ་བྱེད་མ་ཡིན་པའི་ཟླ་ནི། ཡང་དག་པའི་གཅིག་དང་སྣང་གྲགས་ཀྱི་དུ་མ་ཁྱབ་བྱ་ཁྱབ་བྱེད་མ་ཡིན་ཏེ་འགལ་ལོ། །ཡང་དག་པའི་ལུགས་གཅིག་ལོག་ཀྱང་སྣང་གྲགས་ཀྱི་དུ་མ་མི་ལྡོག་གོ །སྣང་གྲགས་ཀྱི་གཅིག་དང་ཡང་དག་པའི་དུ་མ་ཁྱབ་བྱ་ཁྱབ་བྱེད་མ་ཡིན་ཏེ། སྣང་གྲགས་ཀྱི་གཅིག་ལོག་ཀྱང་ཡང་དག་པའི་དུ་མ་མི་ལྡོག་སྟེ་འགལ་ལོ། །དེས་ན་སྣང་གྲགས་ཀྱི་གཅིག་གི་ཡང་དག་པའི་དུ་མ་མི་ཁེགས་སོ། །སྣང་གྲགས་ཀྱི་དུ་མས་ཡང་དག་གི་གཅིག་དགག་གོ །ཡང་ཆ་མེད་ཀྱི་གཅིག་དང་དུ་མ་བྲལ་བ་མངོན་སུམ་གྱིས་གྲུབ། སྣང་གྲགས་ཀྱི་གཅིག་དང་དུ་མ་བྲལ་བ་ནི་རྗེས་དཔག་གིས་གྲུབ་བོ། །ཁྱབ་པ་ཅེས་གྲུབ་ཅེ་ན། བཟློག་པ་ལ་མངོན་སུམ་གྱིས་གྲུབ་སྟེ། རྗེས་སུ་འགྲོ་བའི་ཁྱབ་པ་

ནི། ཡང་དག་པའི་གཅིག་དང་དུ་མ་བྲལ་བ་ཁྱབ་བྱ། ཡང་དག་པའི་རང་བཞིན་མེད་པ་ཁྱབ་བྱེད་དེ། རང་བཞིན་མེད་པ་ལོག་ན་གཅིག་དང་དུ་མ་བྲལ་བ་ལྡོག་གོ །དེ་ལས་ཟློག་པ། ཡང་དག་པའི་གཅིག་དང་དུ་མ་ཁྱབ་བྱེད། ཡང་དག་པའི་རང་བཞིན་ཁྱབ་བྱ། ཡང་དག་པའི་གཅིག་དང་དུ་མ་ལྡོག་ན་རང་བཞིན་ལྡོག དཔེར་ན་མེ་དང་དུ་བ་ལྟ་བུའམ། མངོན་སུམ་བུམ་པ་ལྟ་བུ་ལ་སྦྱར་བོ། །ཞེས་པས། འགལ་དམིགས་ཀྱི་དཔེར་བརྗོད་བཞི་དང་། མ་དམིགས་པའི་གཏན་ཚིགས་ཀྱི་དཔེ་བརྗོད་བཞི་གོང་དུ་བཤད་ཟིན་ནོ། །གཏན་ཚིགས་དེ་བཞི་ལ་རྟེན་འབྲེལ་ནི་སྒྲུབ་རྟགས། གཞན་ནི་དགག་རྟགས་སོ། །ཐམས་ཅད་ཀྱང་མཚན་ཉིད་རྟགས་སུ་བཀོད་པ། རང་བཞིན་དག་པའི་གཏན་ཚིགས་སོ། །ཐམས་ཅད་ཀྱང་རྟགས་འཛིན་གྱི་ཚད་མས་བསྒྲུབ་བྱའི་དོན་འགྲུབ་ཟིན་པས། ཐ་སྙད་སྒྲུབ་ཅེས་བྱའོ།།

ལྡེ་པ་ལ་འགྲེལ་ལས། དཔེ་ཡི་དོན་ལ་གཉིས་ཏེ། གཞན་འདོད་པ་དགག་པ་དང་། རང་གི་གཞུང་ལུགས་སྒྲུབ་པའོ། །དེ་ལ་དང་པོ་རང་རྗོགས་གཤེན་རབ་ཀྱི་ཐེག་པ་ན་རེ། འབྱུང་བ་དང་དེ་ལས་གྱུར་པའི་གཟུགས་གསལ་བ་གཅིག་ཡོད་དོ། །གཟུགས་བརྙན་ཡིན་བྱ་བའི་དཔེ་མ་གྲུབ་པོ་ཞེས་ཟེར་རོ། །དེ་ལ་སྒྲུབ་བྱེད་ཀྱི་ཚད་མ་ནི། མེ་ལོང་གི་ནང་ན་སྣང་བའི་གཟུགས་འདི་བོན་ཅན། འབྱུང་བ་དང་དེ་ལས་གྱུར་པའི་གཟུགས་གསལ་བ་གཅིག་མ་ཡིན་ཏེ། གཟུགས་ཅན་ཐོགས་པ་དང་བཅས་པ་གཉིས་འདུག་ས་གཅིག་ཏུ་འགལ་བའི་ཕྱིར་རོ། །གཞན་ཡང་སྨུ་སྟེགས་གཞོན་ནུ་དབང་པོ་ན་རེ། བྱད་འདི་ཉིད་ཕ་གིར་སོང་བ་ཡིན་ཏེ། གཟུགས་བརྙན་བྱ་བའི་དཔེ་མ་གྲུབ་པོ་ཟེར་རོ། །དེ་ལ་སྒྲུབ་བྱེད་ནི་མེ་ལོང་ནང་ན་སྣང་བའི་གཟུགས་བརྙན་བོན་ཅན། བྱད་

འདི་ཕ་གིར་སོང་བ་མ་ཡིན་ཏེ། ཕན་ཚུན་རྣམ་པར་འགལ་བའི་ཕྱིར་རོ། །གཞན་ཡང་ཐུགས་རྗེ་སེམས་དཔའི་ཐེག་པ་ན་རེ། དཔེར་མ་གྲུབ་སྟེ། རང་གི་སྣང་བ་སེམས་ཉིད་གཟུགས་བརྙན་དུ་སྣང་བ་ཡིན་ཟེར་རོ། །དེ་སྒྲུབ་བྱེད་ནི་གཡུང་དྲུང་གཟེགས་ཆེན་གྱི་སྐབས་སུ་བཤད་དོ། །དེ་ནས་རང་གི་འདོད་པ་གཟུགས་བརྙན་དུ་སྒྲུབ་པའོ། །ཞེས་སོ། །དེ་ནི་བདེན་པ་མེད་པའི་དཔེའོ། །གཞན་ཡང་ནམ་མཁའི་མེ་ཏོག་བཞིན་གཏན་ནས་མེད་པ་དང་། མོ་བཤམ་གྱི་བུ་བཞིན་སྐྱེ་བ་མེད་པ་དང་། མར་མེ་བཞིན་རྟེན་འབྲེལ་རེ་འགག་པ་དང་། སྐར་མ་བཞིན་སོ་སོར་ཐ་དད་དང་། ར་རུ་གཡས་གཡོན་བཞིན་གཅིག་ལ་གཅིག་མི་ཕན་པ་དང་། རི་བོང་གི་རྭ་དང་མོ་གཤམ་གྱི་བུ་བཞིན་གཞི་མེད་གཅིག་གཅིག་ལ་ཕན་འདོགས་མེད་པ་སོགས་སོ། །འགྲེལ་ལས། དེ་ནི་དོན་ལྡིའི་ཁྱད་པར་རྣམ་པར་བཞག་པའོ། །དེ་ལྟར་སྤྲོས་པ་ཐམས་ཅད་ཆོད་པའི་དོན་ནི་ལྟ་བ་ཞེས་བྱའོ། །ཞེས་སོ།།

གཉིས་པ་དམ་ཚིག་ནི། འགྲེལ་ལས། བསྲུང་བའི་དམ་ཚིག་ནི། སྒོ་གསུམ་ཟོལ་སོག་མེད་པ་སྡོམ་ཁྲིམས་དམ་པོ་བསྲུང་། ལུས་ཀྱི་སྒོ་ནས་སྡིག་པ་མི་བྱེད་པ་དང་། ངག་གི་སྒོ་ནས་འཆལ་བ་མི་སྨྲ་བ་དང་། ཡིད་ཀྱི་སྒོ་ནས་ངན་སེམས་མི་གཏོང་བ་དང་། ལུས་ངག་ཡིད་ཀྱི་ལས་རྣམ་པར་གསུམ་དུས་བཟང་པོར་བསྲུང་བའོ། །ཞེས་པས། ཐབས་ཀྱིས་མ་ཟིན་པའི་སྲོག་གཅོད་པ་ལྟ་བུ་དང་། བོན་དང་དམ་པ་ལ་སྨད་པ་ལ་ཉེས་པ་ཆེ་བ་དང་། ངན་སེམས་བྱང་ཆུབ་སེམས་དང་འགལ་བའི་སྤྱང་པའོ། །འདིས་ཀྱང་ཐུགས་རྗེའི་སྡོམ་པ་ཉེ་ཤུ་སེམས་དཔའ་བ་དང་མཐུན་ནོ།།

གསུམ་པ་སྒོམ་པ་ནི། འགྲེལ་ལས། བསྒོམ་པའི་རིམ་པ་ནི། གཟུང་ཆ་ཙིར་

མ་གྲུབ་པས་འཛིན་ཆ་ཅིར་མི་རྟོགས། བོན་རྣམས་རང་བཞིན་མེད་པའི་མ་ཡེངས་གསལ་བ་བསྒོམ། དེ་ལྟར་བོན་ཐམས་ཅད་ལ་སྤྲོས་པ་ཆོད་ནས་རང་བཞིན་མེད་པས། གཟུང་ཆ་ཅིར་ཡང་མ་གྲུབ་པས་འཛིན་ཆ་ཅིར་ཡང་མི་རྟོགས་ཏེ། རྣམ་པར་མི་རྟོག་པ་ནམ་མཁའ་ལྟར་གནས་པ་དེ་ལ་རྩོལ་བ་སྤྲོད་ལ། བོན་ཅི་བཞིན་པའི་དོན་ལ་བློ་དེ་བཞིན་པ་བཞག་སྟེ། ཅིར་ཡང་མི་རྟོག་པའི་དོན་ལ་རིག་པ་མ་གཡོས་པར་ཡེངས་བ་མེད་པར་གསལ་བར་གནས་པར་བྱའོ། །དེ་ལྟར་མི་སེམས་སོ་སྙམ་ན་རྟོག་པ་ཡིན་པས། དེ་ཉིད་དུ་མི་དམིགས་པ་གནས་པར་བྱའོ། །འོ་ན་དེ་ལྟར་མཉམ་པར་བཞག་པའི་དུས་ན་རང་སྣང་ངམ་མི་སྣང་། སྣང་ན་རང་རིག་ངོ་བོ་དངོས་པོར་འགྱུར་ཏེ། རང་སྣང་བའི་ཕྱིར་རོ། །མི་སྣང་ན་ཤེས་པ་མི་འགྱུར་ཏེ། རང་མི་སྣང་བའི་ཕྱིར་རོ། །ཞེ་ན། ཤེས་པའི་ངོ་བོ་གཅིག་ལ་རང་སྣང་ལ། བསྒོམ་པའི་མཚན་མ་ནས་རང་དུ་ཡང་མི་སྣང་ངོ་། །སྤྲོས་པ་བཅད་པ་ཙམ་ལ་གནས་པ་དེ་ཁོ་ནར་བསྒོམ་པའི་ཕྱིར་རོ། །ཞེས་པས། ཡེ་ཁྲི་ལས། ཞི་གནས་ཉིང་འཛིན་སྐབས་བདེ་དང་། །ལྷག་མཐོང་ཤེས་རབ་སྟོབས་ཀྱིས་གསལ། །ཞི་ལྷག་ཟུང་འཇུག་མི་རྟོག་དང་། །དེ་མཐར་ཕྱིན་པ་མི་གཡོ་བ། །ཞེས་པས། ཞི་གནས་ལ་བྱིང་རྨུག་གི་སྐྱོན་བསལ། ལྷག་མཐོང་ལ་རྒོད་འགྱོད་ཀྱི་སྐྱོན་བསལ་བ། བདག་མེད་ལ་རིམ་སྐྱེས་པ་དང་། ཅིག་ཆར། ཐོད་རྒལ། མཐའ་ཆགས་བཞིར་མདོན་ཡང་། འདི་ན་ཟུང་འཇུག་དང་མི་གཡོ་གཉིས་སུ་འདོད་ཀྱི། ཞི་ལྷག་གཉིས་ནི་ཐེག་དམན་གྱི་ལམ་དུ་མདོན་ནོ།།

བཞི་པ་སྒྲུབ་ཐབས་ནི། འགྲེལ་ལས། སྒྲུབ་ཐབས་ནི། ཕ་རོལ་ཕྱིན་བཅུ་ས་བཅུ་རིམ་གྱིས་བགྲོད། བླ་ན་མེད་པ་ཕྱིན་པ་བཅུ་སྤྱོད་པ་འབྲས་བུ་ས་བཅུ་རིམ་གྱིས་བགྲོད་

དོ། །ཞེས་པས། དེ་ལ་དྲུག་སྟེ། རྫོགས་པའི་རང་བཞིན། རྫོགས་པ་བླ་མེད་ཕྱིན་བཅུའི་དབྱེ་བསྡུ། ཤེས་བཅུའི་རྫོགས་ཚུལ། ས་ཐོབ་པའི་སྤྱ་ལྟས། ལུས་འཛིན་སྐྱེ་བོའི་ཁྱད་པར། ཡོན་ཏན་མངོན་དུ་བྱེད་པའི་ཁྱད་པར། དང་པོ་ལ་གསུམ་སྟེ། མཚན་ཉིད། སྒྲ་དོན། དབྱེ་བའི་ཁྱད་པར་རོ། །དང་པོ་ལ། རྟོགས་པ་གང་ཞིག་བརྟན་གཞིར་གྱུར་པ་དང་། དེས་བདག་མེད་མངོན་སུམ་གྱིས་མི་རྟོགས་པ་དང་། དེས་རྟོགས་པ་མཐར་ཐུག་པ་དང་། དེ་བདག་མེད་མཐའ་དག་མངོན་སུམ་གྱིས་རྟོགས་པ་མཐར་ཐུག་པ་དང་། དེས་རྟོགས་པ་མཐར་ཐུག་པ་ནི་རིམ་པ་ལྟར། ས་ཙམ་དང་། འཁོར་ས་དང་། འཕགས་ལམ་གྱི་ས་དང་། གཡུང་དྲུང་ཐེག་པའི་ས་དང་། འབྲས་བུའི་སའི་མཚན་ཉིད་དོ། །བྱེ་བྲག་ས་དང་པོ་ནས་བཅུ་པའི་མཚན་ཉིད་ནི་རིམ་པ་ལྟར་སྨིན་པའི་བླ་ན་མེད་པ་ཕྱིན་པ་ཡོངས་སུ་རྫོགས་པའི་རྟེན་བྱེད་པ་ནས། ཚུལ་ཁྲིམས་དང་། བཟོད་པ་དང་། བརྩོན་འགྲུས་དང་། བསམ་གཏན། ཤེས་རབ་དང་། ཐབས། སྨོན་ལམ་དང་། སྟོབས། ཡེ་ཤེས་ཀྱི་ཕ་རོལ་ཕྱིན་པ་ཡོངས་སུ་རྫོགས་པའི་བརྟེན་བྱེད་པའོ། །དངོས་སུ་རྫོགས་པས་ སྤར་རྫོགས་ཀྱི་རྟེན་བྱེད་པ་ལས་ཁྱད་པར་བའོ། །སྒྲ་དོན་ནི། རབ་ཏུ་དགའ་བ་ལ་སོགས་པ་སྟེ། འོག་ཏུ་བླ་མེད་ཀྱི་དབྱེ་བར་འབྱུང་ངོ་། །གསུམ་པ་དབྱེ་བའི་ཁྱད་པར་ནི། རྒྱུ་མཚན་རྫོགས་པ་ཕར་ཕྱིན་བཅུ་ཡོད་པ་དང་། སྤང་བྱའི་དྲི་མ་བཅུ་ཡོད་པས་དང་། སྤང་ལེན་གྱི་དགའ་སྐྱབ་དཀའ་སླའི་ཁྱད་པར་བཅུ་ཡོད་པས་དབྱེ་སྟེ། འབུམ་ཏིག་ལས། ཁམས་གསུམ་དུ་ཅི་སྲིད་དྲན་པས་དང་པོ་ལ་དགའ་བ་དང་། ངོ་ཚ་བ་དང་སྐྱུག་བྲོ་བ་དྲན་པ་ལ་བཞག་གོ །ཞེས་དང་། མདོ་ལས། གནམ་རིམ་པ་བཅུ་གཅིག་གི་སྟེང་དུ་མི་དམིགས་པའི་དད་པ་སྐྱེས་ཙམ་ན། ཕྱི་བཟུང་

བའི་ཡུལ་སྟོད་བཅུད་དང་། ནང་འཛིན་པའི་ཤེས་པ་གཉིས། འཁྲུལ་པའི་དབང་གིས་མིག་གི་རྫི་གོར་བཞིན་དུ་མེད་བཞིན་དུ་ཡོད་པར་མཐོང་སྟེ། བསོད་ནམས་དབང་གིས་ལས་དགེ་སྡིག་ཚོགས་མེ་ལོང་གཡའ་དག་པ་བཞིན་དུ་གསལ་ཏེ། སྐྱེ་འཇིགས་ཤ་འདར་གཡང་ཟ་ངོ་ཚའི་ཤས་དང་ལྡན། །ཞེས་དང་། འབུམ་ཏིག་ལས། དང་པོ་བོན་མཐོང་སྤྱོར་དང་འཁོར་བ་སྐྱེ་མེད་དང་། །དེ་བཞིན་མྱང་འདས་བཞི་མི་འགག་པ། །གཉིས་སོགས་གཡོས་བྱེད་རྟོག་པ་སྤངས་པ་ནི། །ལྷུང་དང་ཆད་པ་སྤང་བའི་རྟོགས་པ་དང་། །དངོས་དང་མཚན་མའི་རྣམ་པར་དེ་བཞིན་ནོ། །བདུན་པ་རྩོལ་བཅས་མཚན་མ་སྤང་བ་ནི། །དངོས་དང་མཚན་མའི་རང་བཞིན་འབད་པ་སྤྱང་། །བརྒྱད་པ་རྩོལ་བྱེད་གཉིས་ཀ་སྤང་བ་ནི། །བཀག་དང་མ་བཀག་སྒྲིབ་དང་མ་སྒྲིབ་སྤང་། །དགུ་པ་གནས་མེད་མཐའ་གཉིས་སྤང་པ་ནི། །དངོས་པོ་མེད་ཅིང་དམིགས་པའི་ཡུལ་ལས་འདས། །བཅུ་པ་གཡོ་མེད་དབྱིངས་ལ་མ་གཡོས་པ། །ཅི་ལྟར་འཚམས་པའི་བོན་སྒྲོགས་ནུས་པ་དང་། །གཡོས་པ་མེད་པ་སྒྲིབ་པ་ཕྲ་མོ་སྤྱངས། །རྫོགས་པའི་ལམ་ནི་མཉམ་ལ་མ་འདྲེས་པ། །ཐེག་པ་ཆེ་ཆུང་མེད་པར་གཞན་དོན་མཛད། །ཅེས་སོ། །དེའི་གོ་དོན་ནི། ས་དང་པོ་ལ་དབུལ་པོས་ནོར་རྙེད་དང་འདྲ་བར་སྔར་མ་མཐོང་བའི་བོན་ཉིད་མཐོང་བས་རབ་ཏུ་དགའ་བ་དང་། འཁྲིག་ཆགས་ལས་སོགས་བག་མེད་སྤྱོད་པ་ངོ་ཚ་བ། ཏུག་སྦྲུལ་ལ་སོགས་གདུག་པའི་ལུས་བླང་བ་སྐྱེ་འཇིགས་པ། དམྱལ་བའི་ས་ལ་གཡང་ཟ་བ། སྔར་ཡང་དེ་ལ་ལྟོག་དགོས་པའི་ཤ་འདར་བའོ། །ས་གཉིས་པ་ནས་ཏུག་པའི་བར་ལ་ནི་སྙོམས་པར་འཇུག་པ་ལ་མི་མཁས་ཏེ། སྙོམས་པར་ཞུགས་ཟྲགས་ན་ཆད་ཀྱི་དོགས་པའི་སྐྲག་སྟངས་ཀྱི་དྲི་མ་ཡོད་པ་དང་། གཞན་དོན་ལ་གཡེང་

དྲུག་ས་ན་ལྷུང་གི་དོགས་པའི་གཡང་ཟ་བ་ཡོད། ས་བདུན་པ་ལ་ནི་མཚན་མ་མེད་ཀྱང་རྩོལ་བས་འབད་དགོས་པ་དང་། བརྒྱད་པ་ལ་མཚན་མ་དང་རྩོལ་བ་གཉིས་ཀ་མེད་པ་དང་། དགུ་པ་ནི་མཐའ་འཛིན་པ་མེད་པ་དང་། བཅུ་པ་ནི་སངས་རྒྱས་དང་ཆ་འདྲ་བོན་དང་རྣམ་སྤྲུལ་འགྱེད་ནུས་པའོ། །དེ་ལ་འཁོར་གྱིས་ཀྱང་སངས་རྒྱས་ཡིན་པའི་འདུ་ཤེས་སྐྱེ་བར་བཤད་དོ།།

གཉིས་པ་བླ་མེད་ཕྱིན་བཅུའི་དབྱེ་བསྡུ་ལ་གསུམ་སྟེ། ཕ་རོལ་ཕྱིན་བཅུར་གསུམ་རེར་དབྱེ་བ་དང་། ཚོགས་གཉིས་སུ་བསྡུ་བ་དང་། བསླབ་པ་གསུམ་དུ་བསྡུ་བའོ། །དང་པོ་འགྲེལ་ལས། སྦྱིན་པ་ལ་རྣམ་པ་གསུམ་སྟེ། ཟང་ཟིང་དང་། སྐྱབས་དང་། བོན་གྱི་སྦྱིན་པའོ། །དེ་གསུམ་སྦྱད་པས་ས་དང་པོ་རབ་ཏུ་དགའ་བར་ནོན་པའོ། །ཚུལ་ཁྲིམས་རྣམ་པར་གསུམ་སྟེ། མི་དགེ་བ་སྡོམ་པ་དང་། དགེ་བ་བོན་སྡུད་པ་དང་། སེམས་ཅན་དོན་བྱེད་ཀྱི་ཚུལ་ཁྲིམས་སོ། །དེ་གསུམ་སྦྱད་པའི་གཉིས་པ་དྲི་མེད་ས་ནོན་པའོ། །བཟོད་པ་རྣམ་པ་གསུམ་སྟེ། སྡུག་བསྔལ་དང་དུ་ལེན་པ་དང་། གཞན་གྱི་གནོད་པ་ལ་ཅི་མི་སྙམ་པ་དང་། བོན་ལ་ངེས་པར་སེམས་པའི་བཟོད་པའོ། །དེ་གསུམ་སྦྱད་པས་གསུམ་པ་འོད་དུ་འགྲོ་བ་ནོན་པའོ། །བརྩོན་འགྲུས་ལ་རྣམ་པ་གསུམ་སྟེ། གོ་ཆ་དང་སྦྱོར་བ་དང་། ཡོངས་སུ་མཐར་ཕྱིན་པའི་བརྩོན་འགྲུས་སོ། །དེ་གསུམ་སྦྱད་པའི་བཞི་པ་འོད་ལྡན་ས་ནོན་པའོ། །བསམ་གཏན་ལ་རྣམ་པ་གསུམ་སྟེ། ཡོན་ཏན་མངོན་པ་སྒྲུབ་པ་དང་། མི་གཡོ་བ་དང་། དབང་འབྱོར་བ་ཅན་གྱི་བསམ་གཏན་នོ། །དེ་གསུམ་སྦྱད་པས་ལྔ་པ་ཉེས་སྤང་རྣམ་པ་བྱང་བ་ནོན་པའོ། །ཤེས་རབ་རྣམ་པ་གསུམ་སྟེ། ཐོས་པ་དང་། བསམ་པ་དང་། སྒོམ་པའི་ཤེས་རབ་བོ། །དེ་གསུམ་སྦྱད་པས་ས་དྲུག་པ

མཛོན་པ་དགའ་ནོན་པའོ། །ཐབས་ལ་རྣམ་པ་གསུམ་སྟེ། རང་གི་སྐྱོན་སྤངས་བ་དང་། སེམས་ཅན་འཇུག་པར་བྱེད་པ་དང་། མྱུར་དུ་གཡུང་དྲུང་རྫོགས་པའི་ཐབས་སོ། །དེ་གསུམ་སྤྱད་པའི་ས་བདུན་པ་མི་གཡོ་རྩོལ་བྲལ་ནོན་པའོ། །སྨོན་ལམ་རྣམ་པ་གསུམ་སྟེ། རང་གི་ཚོགས་དང་འབྲེལ་བ་དང་། སེམས་ཅན་གྱི་དོན་དང་རྗེས་སུ་འབྲེལ་བ་དང་། སངས་རྒྱས་ཀྱི་ཞིང་ཡོངས་སུ་དག་པའི་སྨོན་ལམ་མོ། །དེ་གསུམ་སྤྱད་པའི་ས་བརྒྱད་པ་ལེགས་པའི་བློ་གྲོས་ནོན་པའོ། །སྟོབས་ལ་རྣམ་པ་གསུམ་སྟེ། དགེ་བའི་སྟོབས་ལ་མི་ལྡོག་པ་དང་། ཉོན་མོངས་པ་སྤང་པ་བྱེད་པ་དང་། བདུད་དང་གཞན་གྱིས་མི་ཚུགས་པ་བྱེད་པའོ། །དེ་གསུམ་སྤྱད་པས་དགུ་པ་དོན་རྟོགས་མི་འགྱུར་བ་ནོན་པའོ། །ཡེ་ཤེས་ལ་རྣམ་པ་གསུམ་སྟེ། རྣམ་པར་མི་རྟོག་པ་དང་། རྣམ་པར་རྟོག་ཀུན་མཉམ་པ་ཉིད་དུ་མཁྱེན་པ་དང་། ཐབས་ཐམས་ཅད་ལ་སྐྱོག་ཏུ་མ་གྱུར་པའོ། །དེ་གསུམ་སྤྱད་པས་བཅུ་པ་བོན་བསམ་ཡས་རྣམ་པར་བཀོད་པ་ནོན་པའོ། །དེ་གསུམ་པོ་དེ་དག་སྤྱིན་པ་ལྟ་བུར་འདུག་གོ །བླ་ན་མེད་པ་མི་འདུག་སྟེ། ཐབས་ཀྱིས་མ་ཟིན་པའི་ཕྱིར་རོ། །ཞེ་ན། སྤྱིན་པ་ལས་སོགས་དེ་དག་ལ། སེམས་ཅི་བཞིན་མེད་པའི་ངང་ཉིད་ཡོངས་སུ་རྫོགས་པར་བྱས་ཏེ། སེམས་ཅན་ཐམས་ཅད་ལ་བཏང་སྙོམས་བདལ་པ་ཆེན་པོ་བསྒོམས་ནས། བདག་དང་གཞན་དུ་མི་འབྱེད་པར་དེ་ཁོ་ན་ཉིད་རིགས་པའི་དམིགས་གཏད་དང་བྲལ་བ་དང་སེམས་རབ་ཏུ་རྒྱས་པ་ནི། སྤྱིན་པ་ལ་སོགས་ས་བཅུ་པོ་དེ་རྣམས་བླ་ན་མེད་པ་ཞེས་བྱའོ། །ཐབས་ཀྱི་ཕབ་རྩིས་ཟིན་པ་ནི། སུམ་ཅུ་པོ་ཀུན་ལ་ཤེས་པར་བྱའོ། །དེའི་ཕྱིར་ཕ་རོལ་དུ་ཕྱིན་པ་ཞེས་བྱའོ། །ཞེས་པས། དེ་ཡང་ས་དང་པོ་ནི་ལུས་དང་སྲོག་ལ་མི་ཆགས་པའི་སྤྱིན་པ་དྲག་པོས་བོན་ཉིད་སྟར་མེད་གསར་

དུ་མཐོང་བས་རབ་ཏུ་དགའ་བ་དང་། ས་གཉིས་པ་ནི་འཆལ་བའི་དྲི་མ་མེད་པས་ཚུལ་ཁྲིམས་རྫོགས་པ་དྲི་མ་མེད་པ། ས་གསུམ་པ་ནི་སྡུག་བསྔལ་གྱི་ཚང་ཚིང་སྲེག་པའི་བཟོད་པའི་མེ་འབར་བས་འོད་དུ་འཕྲོ་བ། ས་བཞི་པ་ནི་ལེ་ལོ་སྙོམ་ལས་ཀྱི་མུན་པ་འཇོམས་པའི་བརྩོན་འགྲུས་ཀྱི་ཉི་མ་རྫོགས་པས་འོད་ལྡན་འབར་བ། ས་ལྔ་པ་ནི་རྣམ་གཡེང་གི་ཉེས་པ་རྩད་ནས་འཕྲིན་པའི་བསམ་གཏན་རྫོགས་པས་ཉེས་སྤྱང་རྣམ་པར་སྦྱང་བ། ས་དྲུག་པ་ནི་བོན་གྱི་སྣང་བ་འཕེལ་བའི་ཤེས་རབ་རྫོགས་པའི་མངོན་པ་དགའ་བའོ། །ས་བདུན་པ་ནི་རྩོལ་སྒྲུབ་མེད་པ་བདེ་བླག་གི་ཐབས་རྫོགས་པས་མི་གཡོ་རྩོལ་བྲལ། ས་བརྒྱད་པ་ནི་ཡོན་ཏན་དགོས་འདོད་འབྱུང་བ་དཔག་བསམ་ལྟ་བུ་ལྷུན་རྫོགས་པ་ལེགས་པའི་བློ་གྲོས། ས་དགུ་པ་ནི་གཞན་གྱིས་མི་བསྐྱོད་པའི་སྟོབས་རྫོགས་པའི་བོན་དོན་རྟོགས་པས་མི་འགྱུར་བ། ས་བཅུ་པ་ནི་སྐུ་དང་ཡེ་ཤེས་སངས་རྒྱས་དང་ཆ་འདྲ་བའི་སྨྲོ་བསྟུ་མཁྱེན་པའི་ཡེ་ཤེས་རྫོགས་པའི་བོན་བསམ་ཡས་རྣམ་པར་བཀོད་པའོ། །བླ་ན་མེད་པ་ཙམ་གྱི་མཚན་ཉིད་ནི། བདག་མེད་རྟོགས་པའི་ཤེས་རབ་གྲོགས་འདུག་ལྡོག་དང་མཚུངས་པའོ། །འདུག་ལྡོག་ནི་མཐུན་འགལ་གྱི་བླང་དོར་བའོ། །ཕྱི་བྲག་སྦྱིན་པའི་མཚན་ཉིད་ལ་སློབ་དཔོན་བསོད་རིན་གྱིས། རང་ལ་ཡོད་པ་གཞན་ལ་བཏང་བ་ཞེས་པ་ནི། ཆགས་མེད་ཀྱི་བློ་ལ་མ་ཁྱབ་སྟེ། གཞན་ལ་གཏོང་བ་མེད་པ་སྟེ། བླང་ལེན་མེད་པས་སོ། །མཆོད་གཏོར་གྱི་འགྲེལ་ལས། སྦྱིན་པ་གཏོང་བ་ལ་རྒྱུ་མི་དགོས། སེམས་དཀྱུ་བ་ལ་རྒྱུ་མི་དགོས། ཞེས་སོ། །དེས་ན་སྦྱིན་པ་ནི་བློས་གཏོང་བ། ཚུལ་ཁྲིམས་ནི་ཉེས་སྐྱོན་སྤྱང་བ། བཟོད་པ་ནི་གནོད་པ་ལ་སྲན་ཚུགས་པ། བརྩོན་འགྲུས་ནི་དགེ་བ་ལ་སྤྲོ་བ། བསམ་གཏན་ནི་སེམས་རྩེ་གཅིག་པ། ཤེས་རབ་ནི་ཡང

དག་པ་འབྱེད་པ། ཐབས་ནི་ཐམས་ཅད་བདེ་བླག་ཏུ་འགྲུར་བ། སྨོན་ལམ་ནི་དོན་ལ་ཐང་ཆོད་པ། སྟོབས་ནི་དགེ་ལ་འཇུག་པར་ནུས་པ། ཡེ་ཤེས་ནི་མཚན་མ་མེད་པར་རྟོགས་པའོ། །བླ་མེད་ཕྱིན་བཅུ་ཡང་མི་མཐུན་ཕྱོགས་ངེས་པར་བཅུར་ངེས་ཏེ། འདི་ལྟར་འཛིན་ཆགས་དང་འཆལ་བ། ཁྲོང་ཁྲོར་དང་ལེ་ལོ། རྣམ་གཡེང་དང་འཁྲུལ་བ། གཡོ་སྒྱུ་དང་འཁོར་ཆགས། མ་ནུས་པ་དང་མཚན་མའོ། །མཐུན་དཔེ་ནི་སྦྱིན་པ་ནམ་མཁའི་ཆར་འདྲ་བ། ཚུལ་ཁྲིམས་འཁྲུག་པ་དབང་ལ་ཐེབས་པ། བརྩོན་འགྲུས་སྐྲ་ལ་མེ་ཤོར་བ་གསོད་པ། བསམ་གཏན་གསེར་གྱི་ཐྲག་ཆེན། ཤེས་རབ་ཐབས་ཀྱི་མདའ། ཐབས་མར་མེ། སྨོན་ལམ་དཔག་བསམ། སྟོབས་ནམ་མཁའ་ལ་ཐོག་གཤེགས། ཡེ་ཤེས་ནམ་མཁའ་ལྟ་བུའོ། །ཡོངས་སུ་མཐར་ཕྱིན་པའི་བརྩོན་འགྲུས་ནི། བསྐལ་པ་གྲངས་མེད་གསུམ་དུ་མི་དགེ་བ་དང་མ་འབྲེལ་བའོ། །དབང་འབྱོར་བ་ཅན་གྱི་བསམ་གཏན་ནི། སེམས་དཔའ་རྣལ་འབྱོལ་ནི། ཞིང་ཁམས་གསེར་དུ་བསྒྱུར་བ་ལྟ་བུའོ། །གཞན་ནི་སྣའོ། །བླ་ན་མེད་པའི་ཕྱིན་པ་ནི་སྒྱུ་མའི་སྐྱེ་བུའི་བྱ་བྱེད་ལྟར་སྤྱོད་ལ་མི་རྟོག་སྤྱོད་ལ་མ་ཆགས་པའོ།།

གཉིས་པ་ཚོགས་གཉིས་སུ་བསྡུ་བ་ནི། ཁྱབ་པ་སྣང་ལྡན་གྱིས་མཛད་པའི་ཐེག་པའི་རབ་དབྱེ་ལས། སྦྱིན་པ། ཚུལ་ཁྲིམས། བཟོད་པ་གསུམ་ལ་བརྩོན་འགྲུས་ཀྱིས་གྲོགས་བྱས་པའི་བསོད་ནམས་ཀྱི་ཚོགས་རྫོགས་ལ། གཞན་དྲུག་བརྩོན་འགྲུས་ཀྱིས་གྲོགས་བྱས་པས་ཡེ་ཤེས་ཀྱི་ཚོགས་རྫོགས་སོ། །ཞེས་པ། །སྦྱིན་པས་སྤྲུལ་སྐུའི་ཞིང་ཁམས་དང་མཆོད་སྤྲིན་ཐོབ་ལ། ཚུལ་ཁྲིམས་ཀྱིས་སྐྱེས་བུ་ཆེན་པོ་སྐུ་ལྷུན་པོ་ལྟར་བརྗིད་པ། བཟོད་པས་མཚན་དཔེ་ཉི་ཟླ་ལྟར་འོད་དུ་འབར་བ་ཐོབ་པའོ། །དེ་ལ་

བསོད་ནམས་ཚོགས་ནི་སྤྲུལ་སྐུའི་ཡོན་ཏན་ཐོབ་བྱེད་དོ། །ཡེ་ཤེས་ནི་བོན་སྐུ་ཐོབ་བྱེད་དོ། །མདོ་འདུས་ལས། བསོད་ནམས་ཚོགས་བསགས་སྤྲུལ་སྐུ་ཐོབ། །ཡེ་ཤེས་ཚོགས་བསགས་བོན་སྐུ་ཐོབ། །ཅེས་སོ། འགལ་ཞིག་ནི་སློན་ལམ་གྱི་ཚོགས་དང་གསུམ་དུ་འདོད་དོ།།

གསུམ་པ་བསླབ་པ་གསུམ་དུ་བསྡུ་བ་ལ། ཕར་ཕྱིན་བཅུ་པོ་དེ་རང་གི་མི་མཐུན་པའི་ཕྱོགས་སྤང་བས་ཚུལ་ཁྲིམས་སུ་འདུ་ལ། དམིགས་པ་རྩེ་གཅིག་པས་ཏིང་འཛིན་དུ་འདུ། ལྷག་མཐོང་རྣམ་པར་འབྱེད་པའི་ཤེས་རབ་ཀྱི་བསླབ་པར་འདུ་བས། དེ་གསུམ་ནི་བསྡུ་བྱེད་ལ། ལྷག་མ་བདུན་ནི་བསྡུ་རྒྱུའོ། །དེ་ལ་བསླབ་པ་ཙམ་གྱི་མཚན་ཉིད་ནི་བསླབ་བྱ་ལ་འཇུག་པའོ། །དབྱེ་ན་ལྷག་པ་ཚུལ་ཁྲིམས། ཏིང་ངེ་འཛིན་དང་། ཤེས་རབ་ཀྱི་བསླབ་པའོ། །དང་པོ་ཚུལ་ཁྲིམས་ནི། བཅས་པའི་བསླབ་བྱ་ལ་མི་འདའ་བ་དང་། དེས་འཁོར་གསུམ་དམིགས་མེད་དུ་ཤེས་པ་ནི། ཚུལ་ཁྲིམས་ཀྱི་བསླབ་པ་ཙམ་དང་དེ་ལྷག་པའི་མཚན་ཉིད་དོ། །དབྱེ་ན་གསུམ་སྟེ། ཕྱི་སོ་སོ་ཐར་པ་དང་། ནང་རིག་འཛིན་སྔགས་ཀྱི་དང་། གསང་བ་བྱང་ཆུབ་སེམས་ཀྱི་སྡོམ་པའོ། །རྒྱུ་མཚན་མཚན་ཉིད་རིམ་པ་ལྟར། སེམས་ཅན་ལ་གནོད་བཅས་གཞི་ནས་སྤོང་པ་དང་། དམན་པའི་བྱ་བ་སྤང་པ། གཞན་དོན་གེགས་སུ་གྱུར་པ་སྤང་པ་ལས་དབྱེའོ། །མཚན་ཉིད་ཀྱང་དེའོ། །སོ་ཐར་ལ་གསུམ་དུ་བཤད་དེ། གོང་དུ་རང་རྟོགས་ཀྱི་སྐབས་སུ་བཤད་ཟིན་ནོ། །སྔགས་སྡོམ་ནི་འོག་ཏུ་སྔགས་ཀྱི་སྐབས་སུ་སྟོན་ནོ། །བྱང་ཆུབ་སེམས་སྡོམ་ནི། གོང་དུ་སེམས་ཙམ་པ་བཤད་ལ། འོག་ཏུ་རྫོགས་ཆེན་གྱི་གནང་བཀག་ལ་ཡང་འབྱུང་ངོ་། །དབྱེ་དོན་ནི་དེ་གསུམ་གྱི་རིགས་ངོ་བོ་གཅིག་སྟེ། དེ་གསུམ་གྱི་ནང་མཐུན་

རྣམས་ཡིད་ཤེས་གཅིག་གི་འཁོར་དུ་འབྱུང་བས་སོ། །དེ་ལ་རྩོད་པ་ནི། སྲིད་ན་སྟོམ་པ་གསུམ་ལྡན་གང་ཟག་སྲིད་དམ་མི་སྲིད། མི་སྲིད་ན་ངོ་བོ་གཅིག་པ་ཉམས་ལ། སྲིད་ན་དེས་སྡིག་སྤྱོད་ཀྱི་རྒྱལ་པོ་སྒྲོལ་ལམ་མི་སྒྲོལ། མི་སྒྲོལ་ན་བྱང་ཆུབ་སེམས་སྟོམ་མེད་པ་འགྱུར་ཏེ། གཞན་དོན་གྱི་དགག་སྤྱད་པས་སོ། །སྒྲོལ་ན་སོ་ཐར་གྱི་སྟོམ་པ་མེད་པར་འགྱུར་ཏེ། སྤྱོར་བ་དངོས་ཚང་བས་སྲོག་གཅོད་པས་སོ་ཞེ་ན། ཁྱབ་པ་མེད་དེ། དམན་པའི་སྲོག་གཅོད་སྤོང་པ་དང་ལྡན་ཞིང་། སྲོག་གཅོད་པ་བས་ཁས་ཆེ་བས་དགེ་རླབས་ལ་འཇུག་པའོ། །མཚན་ལྡན་ལ་སྤྱོར་བ་ལ་ཡང་དེ་དང་མཚུངས་པར་བསྒྲེད་དོ། །གཏོང་ཐབས་ཀྱི་ཚུལ་ནི་རང་རྟོགས་སུ་བཤད་ཟིན་ཏོ།།

གཉིས་པ་ཏིང་ངེ་འཛིན་གྱི་བསླབ་པ་ལ། མཚན་ཉིད་ནི་སེམས་རྩེ་གཅིག་ལ་འཇུག་པ་དང་། དེས་འཁོར་གསུམ་དམིགས་མེད་དུ་ཤེས་པ་ནི་རིམ་པ་ལྟར། ཏིང་འཛིན་གྱི་བསླབ་པ་དང་དེ་ལྷག་པའི་མཚན་ཉིད་དོ། །དབྱེ་བ་ལ་ཁམས་ཀྱི་དབྱེ་ན། བསམ་གཏན་བཞི། གཟུགས་མེད་བཞི། འགོག་པའི་སྙོམས་འཇུག་དང་དགུའོ། །ངོ་བོའི་དབྱེ་ན་བདེ་གསལ་སྟོང་གསུམ་མི་གཡོ་བ་དང་བཞི། ཡེ་ཁྲི་ལས། མཉམ་ཉིད་མི་གནས་པའི་སྐྱོན་བརྒྱད། གནས་པ་འཚོར་བའི་སྐྱོན་བརྒྱད། ལས་སུ་མི་རུང་བའི་སེམས་ཀྱི་དྲི་མ་བརྒྱད། བཤད་པ་དང་། འདོད་པའི་རྟགས་ལ་གཉིས་སུ་བཤད་དོ། །བདེ་བས་ཁྱབ་ན་སྦྱང་བའི་རྟགས། ལས་རུང་ཤིན་ཏུ་སྦྱངས་པའི་རྟགས། ཞེས་ལས་སོགས་དང་། མི་འདོད་པའི་རྟགས་ནི། ཉི་ཤུ་བཞི་ཞེས་ལས་སོགས་བཤད་དོ།།

གསུམ་པ་ཤེས་རབ་ཀྱི་བསླབ་པ་ལ་མཚན་ཉིད་ནི། ཤེས་བྱ་རྣམ་དབྱེ་ཡང་དག་ལ་འཇུག་པ་དང་། དེ་འཁོར་གསུམ་དམིགས་མེད་ཤེས་པ་ནི་རིམ་པ་ལྟར་དེ་དང་ལྷག་

པའི་མཚན་ཉིད་དོ། །དབྱེ་ན་ངོ་བོ་ཐོས་བསམ་སྒོམ་གསུམ་གྱི་ཤེས་རབ་གསུམ། བརྗོད་བྱས་དབྱེ་ན་ལམ་དང་ལམ་མ་ཡིན་འབྱེད་པ་གཉིས་སོ། །ལྷ་མོ་ཤེས་རབ་བྱམས་མ་ལ་བསྟོད་པའི་མདོ་ལས། མཐོང་བའི་ལམ་དང་ལམ་མ་ཡིན་པའི་ཉོན་མོངས་སྤངས་བས་ཟག་པ་མེད་པ་ཤེས་རབ་ཀྱི་ཕུང་པོ་ལ་མཁས་པ་དང་། ཞེས་སོ།།

གསུམ་པ་ཤེས་བཅུ་ཇོགས་ཚུལ་ནི། འགྲེལ་ལས། ས་རྣམས་དང་བླ་ན་མེད་པའི་གནས་སྐབས་དེ་ལ་ཤེས་པ་བཅུ་ཡང་ཇོགས་ཏེ། བོན་ཤེས་པ་དང་། རྗེས་སུ་རྟོགས་པ་ཤེས་པ་དང་། གཞན་གྱི་སེམས་ཤེས་པ་དང་། ཀུན་ཇོབ་སྣ་ཚོགས་ཤེས་པ་དང་། ཟག་བཅས་ཤེས་པ། གཞི་དངོས་ཤེས་པ། རྣམ་བཅད་ཤེས་པ། བགྲོད་བྱེད་ཤེས་པ། ཟག་པ་ཟད་པ་ཤེས་པ། མི་སྐྱེ་བ་ཤེས་པའོ། །དེ་དག་སྒྲུབ་པའི་ཐབས་དང་། དེའི་རྩལ་དུ་ཤེས་པར་བྱའོ། །ཞེས་པས། དང་པོ་གཉིས་མཉམ་རྗེས། དེ་ནས་མངོན་ཤེས། དེ་ནས་གཞི་བདེན་བཞི་ཤེས་པ། ཐ་མ་གཉིས་དགྲ་བཅོམ་གྱི་མངོན་ཤེས་སོ།།

བཞི་པ་ཐོབ་པའི་སྟོབས་ནི། བྱང་གཏེར་གྱི་གཡུང་དྲུང་ས་འཕར་ལས། ས་དང་པོའི་སྟོབས་ནི། སྟོང་གསུམ་གྱི་སྟོང་འཇིག་རྟེན་གྱི་ཁམས་གཏེར་བྱེ་བ་ཕྲག་ཁྲིག་བརྒྱ་སྟོང་གིས་གང་བར་བརྒྱན་པར་མཐོང་ངོ་། །ས་གཉིས་པའི་སྟོབས་ནི་སྟོང་གསུམ་གྱི་སྟོང་ཆེན་པོ་འཇིག་རྟེན་གྱི་ཁམས་ལག་མཐིལ་ལྟར་དུ་གྱུར་པ་ལས། རིན་པོ་ཆེ་བྱེ་བ་ཁྲག་ཁྲིག་བརྒྱ་སྟོང་དུ་མས་ལེགས་པར་བརྒྱན་པ་མཐོང་ངོ་། །ས་གསུམ་པའི་སྟོབས་ནི་བདག་ཉིད་དཔའ་ཞིང་གོ་ཆ་སྟོབས་ཐོགས་ནས་ཕས་ཀྱི་རྒོལ་བ་ཐམས་ཅད་འདུལ་བ་མཐོང་ངོ་། །ས་བཞི་པ་ནི་ཕྱོགས་བཞི་ནས་རླུང་གི་དཀྱིལ་འཁོར་བཞིས་ཐམས་ཅད་དང་ལྡན་པའི་དཀྱིལ་འཁོར་ཆེན་པོ་བཞི་ལ་མེ་ཏོག་སྣ་ཚོགས་ཀྱི་མངོན་པར་

འཐོར་བ་མཐོང་ངོ་། །ས་ལྔ་པ་ནི་རྒྱན་སྣ་ཚོགས་ཀྱི་བརྒྱན་པའི་བུད་མེད་མགོ་ལ་མེ་ཏོག་གི་ཕྲེང་བ་ཐོགས་པར་མཐོང་ངོ་། །ས་དྲུག་པ་ནི་རྫིང་ཐིམ་སྐས་བཞི་དང་ལྡན་པ། གསེར་གྱི་བྱེ་མ་བདལ་བ། ཡན་ལག་བརྒྱད་ལྡན་གྱི་ཆུས་ཡོངས་སུ་གང་བ། མེ་ཏོག་ཨུ་དཔལ་ལ་དང་། ཀུ་མུད་ཏ་དང་། པད་མ་དཀར་པོས་བརྒྱན་པའི་ཆུ་བོ་མཐོང་སྟེ། དེ་ལ་བདག་ཉིད་རྩེ་དགའ་ཡོངས་སུ་སྤྱོད་མཐོང་བ། ས་བདུན་པ་ནི་ཕྱོགས་གཡས་གཡོན་ན་སེམས་ཅན་དམྱལ་བའི་གཡང་ས་མཐོང་སྟེ། དེ་ནས་བདག་ཉིད་མ་སྨས་མ་ཉམས་པར་སླར་ལོག་པར་མཐོང་ངོ་། །ས་བརྒྱད་པ་ནི་འཕྲག་པ་གཉིས་ན་གཅན་གཟན་གྱི་རྒྱལ་པོ་སེང་གེ་རྩལ་རྫོགས་པ། གཅན་གཟན་ཕྲ་མོ་ཐམས་ཅད་སྐྲག་པ་བྱེད་ཅིང་འདུག་པ་མཐོང་ངོ་། །ས་དགུ་པ་ནི་འཁོར་ལོ་བསྒྱུར་བའི་རྒྱལ་པོ་མཐོང་སྟེ། འཁོར་བྱེ་བ་ཁྲག་ཁྲིག་བརྒྱ་སྟོང་དུ་མས་ཡོངས་སུ་བསྐོར་ནས་མདུན་གྱི་བལྟས་ནས། མགོ་བའི་སྟེང་ནས་རིན་པོ་ཆེ་སྣ་ཚོགས་ཀྱི་ཕྲས་པའི་གདུགས་འཛིན་པར་མཐོང་ངོ་། །ས་བཅུ་པའི་སྔ་ལྟས་ནི་བདེ་བར་གཤེགས་པའི་སྐུ་མཐོང་སྟེ། ཁ་དོག་གཡུ་ལྟ་བུ་ལ་ཡེ་གཤེན་ལྔ་སྟོང་ལྔ་བརྒྱས་ཡོངས་སུ་བསྐོར་ཞིང་མདུན་གྱི་ལྟས་ནས་བོན་སྟོན་པ་མཐོང་ངོ་། །ཞེས་བཤད་དོ།།

ལྔ་པ་ལུས་འཛིན་སྐྱེ་བ་ཁྱད་པར་གཉིས་ཏེ། སེམས་ཅན་དོན་བྱེད་དུ་ལེན་པ་དང་། རྣམ་སྨིན་རང་ལུས་སུ་ལེན་པའོ། །དང་པོ་ལ་དམན་པ་ཡང་ལེན་ཏེ། ཐབས་ཞགས་ཀྱི་མཐོང་ལམ་འཆད་པ་ལས། ཇོན་དང་སྨད་འཚོང་ལ་སོགས་པ། །སྤྲུལ་པ་ལུས་ཀྱི་གདུལ་བྱ་རྣམས། །ཡལ་བར་མི་འདོར་འདུལ་བ་བྱེད། །ཅེས་སོ། །གཉིས་པ་ནི། འགྲན་ཟླ་མེད་པའི་ལས་བསགས་པས་དམན་པ་མི་ལེན་ཏེ། ཐབས་ཞགས་ཀྱི་མཐོང་

ལམ་འཆད་པ་ལས། ཆ་བྱེད་ལྷ་དང་མི་གཉིས་ཀྱི། །རྒྱལ་པོ་སྐྱེ་བ་འཛིན་པ་སྟེ། །དེ་དང་ཁྱད་མེད་མ་ཡིན་པས། །ས་ལ་གནས་པའི་སེམས་དཔའོ། །ཞེས་སོ། །དེའི་དོན་རྣམས་ས་དང་པོ་ལ་གནས་པའི་སེམས་དཔའ་འོ། །འཛམ་བུ་གླིང་ལ་དབང་བས་འཁོར་ལོ་བསྒྱུར་བའི་ལུས་འཛིན་ནོ། །གཉིས་པ་གླིང་བཞིར་དབང་བའི་འཁོར་ལོ་བསྒྱུར་བ། གསུམ་པ་ལྷའི་དབང་པོ་བརྒྱ་སྦྱིན། བཞི་པ་ལ་མཐའ་བྲལ་གྱི་རྒྱལ་པོ། ལྔ་པ་དགའ་ལྡན། དྲུག་པ་འཕྲུལ་དགའ། བདུན་པ་གཞན་འཕྲུལ་དབང་བྱེད་ཀྱི་རྒྱལ་པོ། བརྒྱད་པ་སྟོང་གི་བདག་པོ་ཚངས་པ། དགུ་པ་སྟོང་བར་མའི་བདག་པོ་ཚངས་པ་ཆེན་པོ། བཅུ་པ་ས་ལ་གནས་པའི་སེམས་དཔའ་ནི་ཁམས་གསུམ་བདག་པོ་ལྷའི་བུ་དབང་ཕྱུག་ཆེན་པོའི་ལུས་འཛིན་ནོ། །འདི་ནི་གཟུགས་ཀྱི་དབང་ཕྱུག་སྟེ། གནས་གཙང་མའི་ས་ལ་ཡོད་པའོ།།

དྲུག་པ་ཡོན་ཏན་མངོན་དུ་བྱེད་པའི་ཁྱད་པར་གསུམ་སྟེ། ནང་བཅས་ཚོ་འཕྲུལ་གྱི་ཡོན་ཏན། དབང་འབྱེད་བསམ་གཏན་གྱི་དང་། དྲི་མ་མངོན་ཤེས་ཀྱི་ཡོན་ཏན་ནོ། །དང་པོ་ནི་ས་དང་པོ་ལ་གནས་པའི་སེམས་དཔའ་དེ་ཡོན་ཏན་བརྒྱ་ཕྲག་བཅུ་གཉིས་ཐོབ་པར་བཤད་དོ། །དུས་སྐད་ཅིག་མ་ལ་སངས་རྒྱས་ཀྱི་ཞལ་བལྟ། སངས་རྒྱས་བརྒྱ་ལ་བོན་མི་འདྲ་བ་བརྒྱ་ཉན། སངས་རྒྱས་བརྒྱའི་བྱིན་གྱིས་བརླབས་པར་ཤེས། སྤྲུལ་པ་བརྒྱ་འགྱེད། དུས་བསྐལ་པ་བརྒྱ་སྟོན། སྔོན་དང་ཕྱི་མའི་གནས་ན་བརྒྱ་ལ་ཡེ་ཤེས་འཇུག ཏིང་འཛིན་བརྒྱ་ལ་སྙོམ་པར་འཇུག་ཅིང་ལྡང་། ཞིང་བརྒྱ་གཡོ་བར་བྱེད། ཞིང་བརྒྱ་འོད་ཀྱིས་འགེངས་པར་བྱེད། བོན་གྱི་སྒོ་མོ་བརྒྱ་འགྱེད། ལུས་བརྒྱ་སྟོན། ལུས་རེ་རེ་ལ་ཡང་འཁོར་ཕུན་སུམ་ཚོགས་པ་བརྒྱ་བརྒྱས་བསྐོར་ནས་བོན་སྟོན་པའོ། །

གཉིས་པ་ལ་དེ་ལྟ་བུ་སྟོང་ཕྲག་བཅུ་གཉིས། གསུམ་པ་ལ་འབུམ་ཕྲག་བཅུ་གཉིས། བཞི་པ་ལ་བྱེ་བ་ཕྲག་བཅུ་གཉིས། ལྔ་པ་ལ་བྱེ་བ་སྟོང་ཕྲག་བཅུ་གཉིས། དྲུག་པ་ལ་བྱེ་བ་འབུམ་ཕྲག་བཅུ་གཉིས། བདུན་པ་ལ་བྱེ་བ་ཁྲག་ཁྲིག་འབུམ་ཕྲག་བཅུ་གཉིས། བརྒྱད་པ་ལ་སྟོང་ཆེན་འབུམ་ཕྲག་གཅིག་གི་རྡུལ་དང་མཉམ་པ་བཅུ་གཉིས། དགུ་པ་སྟོང་ཆེན་གྲངས་མེད་པ་འབུམ་ཕྲག་བཅུའི་རྡུལ་གྱི་གྲངས་མེད་དང་མཉམ་པ་བཅུ་གཉིས། བཅུ་པ་ལ་སངས་རྒྱས་ཀྱི་ཞིང་བརྗོད་དུ་མེད་པ་རྡུལ་གྱི་གྲངས་དང་མཉམ་པའི་སངས་རྒྱས་ཀྱི་ཞལ་བལྟ་ལས་སོགས་མངོན་དུ་བྱེད་དོ། །ཡོན་ཏན་དེ་དག་འཁོར་ལོ་བསྒྱུར་བ་དང་སངས་རྒྱས་མ་གཏོགས་པ་རྣམས་ནི། མངལ་གྱིས་སྒྲིབ་པས། དེ་བྲལ་བའི་བར་དོར་འབྱུང་ཞེས་མཁས་པ་འགས་བཞེད་དོ། །འོ་ན་དེ་དག་གཞན་སྣང་དུ་འཆར་རམ། རང་སྣང་དུ་ཟད། དང་པོ་ལྟར་ན། ད་ལྟ་འཕགས་པ་རྒྱུན་ཆད་པར་ཐལ། དེ་དག་མ་དམིགས་པའི་ཕྱིར་རོ། །གཉིས་པ་ལྟར་ན། དེས་གཞན་ལ་ཕན་པདེ་སྐྱེ་མི་ནུས་པ་ཐལ། དཔེར་ན་རྨི་ལམ་གྱི་དམིགས་པ་བཞིན་ནོ། །ཞེ་ན། དེ་ལ་དག་པའི་སྣང་ངོར་དམིགས་པ་མ་གྲུབ་ལ། མ་དག་པའི་ཞེ་ན། ཁྱབ་པ་མེད་དེ། དེས་ན་རྣལ་འབྱོར་བ་འགའ་ཞིག་འཁོར་བ་དོང་ནས་སྤྲུག་པ་འགའ་ཞིག་སྣང་བའམ། གླད་པའི་ནང་ན་སྟོང་གསུམ་མཐོང་བའམ། ནམ་མཁའི་ལྟའི་ཕྲུག་རྒྱའི་སྐུ་ཁྲིའུ་བཞི་དང་དཔའ་བོ་རྒྱལ་གྱི་མཐོང་སྣང་བཞིན་ནོ། །དེས་ན་རང་དང་གཞན་སྣང་གཉིས་ཀར་ཡོད་པར་འདོད་དོ།།

གཉིས་པ་དབང་འབྱོར་བསམ་གཏན་གྱི་ཡོན་ཏན་ནི། ཐབས་ཞགས་ཀྱི་མཐོང་ལམ་འཆད་པ་ལས། ལུས་ཡང་ཤིང་བལ་ལྟ་བུ་ཡི། །མཁའ་ལ་འགྲོ་དང་རིག་འཛིན་གནས། །ངག་གི་མཐུའི་ཚུལ་རྒྱུན་རྣམས། །བཟློག་པ་དང་ནི་ལྕུང་མི་འགྱུལ། །རིག་

པ་དེ་ཉིད་རང་སྣང་དུ། །རི་བྲག་ས་ལ་ཐོགས་མེད་འཛུལ། །ལུས་ཀྱང་ཆུ་ལ་བྱིང་མེད་དང་། །རྫས་སུ་མ་གྲུབ་མེས་མི་ཚིག །ཤ་ཁྲག་དག་གི་ལུས་མེད་པ། །མཚོན་དང་དུག་གིས་ཚུགས་མི་འགྱུར། །ཏིང་ངེ་འཛིན་གྱི་ལུས་དེ་ཉིད། །མི་སྣང་བ་དང་སྒྱུ་མ་ལྟར། །མང་དང་མང་དུ་སྤྲུལ་པ་སྟེ། །གཞན་ཡང་ཅི་ལྟར་འདོད་པ་བཞིན། །ངག་གིས་བགེགས་ལ་དབང་སྒྱུར་དང་། །དུས་དང་ཚེ་ལ་བསྲིངས་སྟོང་དང་། །སྟོང་གསུམ་ཡུང་འབྲུར་ཤོང་བ་དང་། །བ་སྤུའི་གང་དུ་བསྡུ་བ་དང་། །གང་དུ་བསྟན་པ་དེ་བཞིན་ནུས། །ཞེས་སོ།།

གསུམ་པ་དྲི་མེད་མངོན་ཤེས་ཀྱང་། དེ་ལས། མིག་གི་ལ་སོགས་རེ་རེར་ཡང་། །མངོན་པར་ཤེས་པ་ལྔ་འཆར་ཏེ། །དེ་བཞིན་གཟུགས་སྒྲ་དྲི་རོ་རེག །ཉི་ཤུ་རྩ་ལྔ་འཆར་བའོ། །མིག་ལས་སོགས་པ་དབང་པོ་གཅིག་གིས་ཀྱང་། །དེ་ཡུལ་ལྔ་འཆར་སྤྱོད་བྱེད་པས། །དབང་པོ་ཚང་དང་མ་ཚང་བས། །འཛིགས་དང་དོགས་པ་གང་ཡང་མེད། །དྲུག་གི་གང་ལ་གཞན་པ་ཡི། །མངོན་པར་ཤེས་པ་གང་ཞེ་ན། །ལྷའི་རྣ་བ་རྒྱུན་དམིགས་ནི། །དེའི་མངོན་པ་ཤེས་པ་དང་། །སྔོན་གནས་རྗེས་སུ་དྲན་པ་དང་། །འགྲོ་བ་ཕ་རོལ་སེམས་ཤེས་དང་། །འཆི་དང་འཕོ་དང་སྐྱེ་མཆེད་དང་། །རྫུ་འཕྲུལ་ཤེས་པ་རང་ཉིད་ཀྱང་། །ཟག་པ་ཟད་པའི་ཐབས་ཤེས་ལ། །གཞན་ཡང་དེ་ལ་སྦྱོར་བའོ། །ཞེས་སོ།།

བདུན་པ་ཞར་བྱུང་ལམ་གྱི་ཡོན་ཏན་ལ། སྤྱིར་ན་ལམ་གྱི་ཡོན་ཏན་ལ་ལྟ་སྤྱོད་སྒོམ་གསུམ་འདོད་པ་ལ། སྟོང་ཉིད་བཅོ་བརྒྱད་ལྟ་བ། ཕ་རོལ་ཕྱིན་བཅུའི་སྤྱོད་པ། གཡུང་དྲུང་ལམ་བཅུ་གཉིས་བསྒོམ་པར་བསྡུ་བས། ཕྱི་མ་གཉིས་གོང་དུ་བཤད་ཟིན་ལ། སྟོང་ཉིད་བཅོ་བརྒྱད་ནི། འབུམ་ཏིག་ལས། ཟིན་པ་སྟོང་པ་གང་ཞེས་བྱ། །ཡུལ་སྟོང་ཕྱིའི་

མཚན་ཉིད་ཡིན། །གཉིས་བྲལ་ཕྱི་ནང་སྟོང་པ་ཉིད། །འདུས་བྱས་དངོས་པོ་སྟོང་པ་ཉིད། །འདུས་མ་བྱས་རྒྱུ་མེད་པ་དང་། །མཐའ་ལས་འདས་པ་ཡོད་མེད་སོགས། །མི་དམིགས་པ་ནི་དམིགས་མེད་བྱེད། །ཆེན་པོ་རྒྱ་ཆེ་ནམ་མཁའ་འདྲ། །དོན་དམ་དབྱིངས་ཉིད་སྟོང་པའོ། །རང་བཞིན་མེད་པའི་དེ་དངོས་བྲལ། །རང་བཞིན་དེ་ཡི་ངོ་བོ་སྟོང་། །ཐོག་མཐའ་མེད་པར་སྤུ་ཕྱི་སྟོང་། །དོར་མེད་ལྷག་མཐོང་དོར་དུ་མེད། །དངོས་མེད་རང་གི་ངོ་བོ་ཉིད། །ངོ་བོ་མེད་པ་དེ་བྲལ་སྟོང་། །ཐམས་ཅད་སྟོང་པ་མ་ལུས་སྟོང་། ། སྟོང་ཉིད་སྟོང་པ་ཙམ་ཡང་སྟོང་། །ཞེས་སོ། །ཀླུ་འབུམ་ལས། གོང་མ་དགུ་སྤྱི་ཡི་མཚན་ཉིད་སྟོང་། ཕྱི་མ་དགུ་རང་གི་མཚན་ཉིད་སྟོང་པ་འདོད་དོ།།

ལྔ་པ་ཕྱིན་ལས་ནི། འགྲེལ་ལས། སྤྱོད་པའི་ཕྱིན་ལས་ནི། བདག་གཞན་གཉིས་དོན་ཐུགས་རྗེ་ཆེན་པོས་སྤྱོད། ཐུགས་རྗེ་ཆེན་པོ་གྲོལ་བའི་སྤྱོད་པས། བདག་དང་གཞན་དོན་གཉིས་ཀ་ཕུན་གསུམ་ཚོགས་པར་སྤྱོད་པའོ། །ཞེས་པ། ཚད་མེད་བཞི་དང་བསྡུ་བའི་དངོས་པོ་བཞི་འཇུག་པ་གོང་དུ་སེམས་དཔའ་དང་མཚུངས་པའོ།།

དྲུག་པ་འབྲས་བུ་ནི། འགྲེལ་ལས། གྲུབ་པའི་འབྲས་བུ་ནི། གཡུང་དྲུང་ལྷ་བུའི་ཡེ་ཤེས་འོད་ལྡན་པས། གཡུང་དྲུང་ལྷ་བུ་ཡེ་ཤེས་འོད་ལྡན་གྱི་ས་ནོན་པའོ། །དེ་ཡང་མི་རྟོག་པ་དང་། རྗེས་ལ་ཐོབ་པའི་ཡེ་ཤེས་གཉིས་སུ་རིག་པར་བྱ་སྟེ། མི་རྟོག་པ་སྣང་བ་མེད་པའི་ཡེ་ཤེས་ཡིན་ཏེ། ནམ་མཁའི་དཀྱིལ་ལྟར་རྟོགས་སོ། །རྗེས་ལ་ཐོབ་པ་ནི་སྣང་བ་དང་བཅས་པ་ཡིན་ཏེ། སྒྱུ་མའི་དཔེ་བརྒྱད་ལྟར་དུ་རྟོགས་སོ། །འོ་ན་མི་རྟོག་སེམས་ཀྱི་ངོ་ན་རང་རིག་ཤེས་པ་ཡོད་དམ་མེད། ཡོད་ན་རང་རིག་ཤེས་པ་དེ་དོན་དམ་པར་འགྱུར་ཏེ། རིགས་པས་གྲུབ་པའི་ཕྱིར་དང་། །རིགས་པ་དེས་གྲུབ་པ་ལ་གཞན་གྱིས

མི་གནོད་པའི་ཕྱིར་རོ། །མེད་ན་ སྤྲོས་པ་རྒྱུན་ཆད་པས་སྤྲོས་པ་མི་ཚོད་དོ་ཞེ་ན། རང་རིག་གི་ཤེས་པ་ཐ་སྙད་པའི་ངོས་ནས་ཡོད་པས། ཤེས་པ་རྒྱུན་ཆད་པའི་ཕྱིར། སྤྲོས་པ་མི་ཚོད་པའི་ངེས་པ་མེད་ལ་དོན་དམ་པར་མི་འགྱུར་ཏེ། མི་རྟོག་པའི་ཡེ་ཤེས་ཀྱི་ངོ་ན་རང་རིག་ཏུ་མི་གནས་པའི་ཕྱིར་རོ། །ཞེས་པས། མི་རྟོག་པ་དང་རྗེས་ཐོབ་གཉིས་ཀ་དངོས་རྟོགས་ཤུགས་རྟོགས་ཏེ། རྗེས་ཐོབ་ཀྱིས་བོན་ཅན་སྒྱུ་མ་ལྟ་བུ་དངོས་སུ་རྟོགས་ན། མི་རྟོག་པའི་བོན་དབྱིངས་ནམ་མཁའ་ལྟ་བུ་ཤུགས་ལ་རྟོགས་པས་དུས་དང་བློ་རྫས་གཅིག་པའོ། །འོ་ན་རང་རིག་ཏུ་མི་གནས་པས་ན། འདུལ་བྱའི་ཕན་བདེ་སྐྱེ་བའི་འཕྲིན་ལས་རྒྱུན་ཆད་པར་འགྱུར་རམ་ཞེ་ན། བོན་སྐུ་འགགས་མེད་ཀྱི་ཆེ་བ་དང་། གདུལ་བྱའི་ཞིང་ཁམས་དག་པའི་བསོད་ནམས་དང་། སྔོན་གྱི་སྨོན་ལམ་ལ་བརྟེན་ཏེ་འབྱུང་ངོ་། །དེས་ན་མྱ་ངན་ལས་འདས་པ་སྟོང་པ་ཉིད་ཡིན་པས། རང་སྣང་གི་སྐུ་དང་ཡེ་ཤེས་མེད་པ་ཉིད་དོ། །དེ་ཡོད་ན་སེམས་ཙམ་པར་ཐལ་བའོ། །འབྲས་བུ་དེ་ལ་རྫོགས་པའི་བོན་ནི་བདུན་ཏེ། གཤེན་གྱི་བོན་མ་སླད་པས་བཅོ་བརྒྱད། རྣམ་པར་ཐར་པ་བརྒྱད་དང་། བདེ་བར་གཤེགས་པའི་སྟོབས་བཅུ། མི་འཇིགས་པ་བཞི། བསྲུང་བ་མེད་པ་གསུམ། དྲན་པ་ཉེ་བར་བཞག་པ་བཞི་དང་། མི་བསྙེལ་བ་གསུམ་མོ། །མཁས་བཞིའི་མཛོད་འགྲེལ་ལས། ཐུགས་རྗེ་ཆེན་པོ་བཞི་དང་ལྡན་པའི་གཤེན་གྱི་བོན་མ་འདྲེས་པ་བཅོ་བརྒྱད་མཁྱེན་པ་ནི། འཁྲུལ་བ་མི་མངའ་བ་དང་། ཅ་ཅོ་མེད་པ་དང་། བསྙེལ་བ་མེད་པ་དང་། སེམས་མཉམ་པ་མ་བཞག་པ་མེད་པ་དང་། ཐ་དད་པའི་འདུ་ཤེས་མེད་པ་དང་། སོ་སོ་མ་བརྟགས་པའི་བཏང་སྙོམས་མེད་པ་དང་། འདུན་པ་མཉམ་པ་མེད་པ་དང་། བརྩོན་འགྲུས་མཉམ་པ་མེད་པ་དང་། དྲན་པ་མཉམ་པ་མེད་པ་དང་།

ཏིང་འཛིན་མཉམ་པ་མེད་པ་དང་། ཤེས་རབ་མཉམ་པ་མེད་པ་དང་། རྣམ་པར་གྲོལ་བ་མཉམ་པ་མེད་པ་དང་། རྣམ་པ་ཐམས་ཅད་ཀྱི་མཆོག་གི་ཡེ་ཤེས་དང་ལྡན་པ་སྟེ། ཞེས་པ། སོ་སོ་མ་བརྟགས་པ་ཡན་ཆད་དྲུག་ནི་ཞི་གནས་ཀྱི་བསྡུས་ལ། འདུན་པ་ནས་རྣམ་གྲོལ་གྱི་བར་དྲུག་ལྷག་མཐོང་། ཡེ་ཤེས་ལ་དྲུག་སྟེ། སྐུ་གསུང་ཐུགས་ཀྱི་ཕྲིན་ལས་ཡེ་ཤེས་ཀྱི་སྔོན་དུ་འགྲོ་ཞིང་ཡེ་ཤེས་ཀྱི་རྗེས་སུ་འབྲེད་པ་གསུམ་དང་། འདས་པ་དང་། ད་ལྟ་བ་དང་། མ་འོངས་པ་གསུམ་ལ་མ་ཆགས་ཤིང་མ་ཐོགས་པའི་ཡེ་ཤེས་གསུམ་སྟེ་དྲུག་གོ །གཉིས་པ་རྣམ་པར་ཐར་པ་བརྒྱད་ནི། དེ་ལས་གཟུགས་ཅན་ལ་རྣམ་པར་ལྟ་བ་དང་། ནང་གཟུགས་མེད་པས་ཕྱི་རོལ་གྱི་གཟུགས་ལ་ལྟ་བ་དང་། སྡུག་པའི་རྣམ་པ་ཐར་པ་ལུས་ཀྱི་མངོན་སུམ་དུ་བྱས་ཏེ་གནས་པ་དང་། དེ་རྣམ་པ་ཐམས་ཅད་དུ་གཟུགས་ཀྱི་འདུ་ཤེས་ལས་ཡང་དག་པ་འདས་ཏེ། ཐོགས་པའི་འདུ་ཤེས་རྣམ་པར་ནུས་པ་འགྱུར་ཆེད་རྣམ་པར་ཐར། སྣ་ཚོགས་འདུ་ཤེས་ཡིད་ལ་བྱེད་པ་མཐའ་ཡས་སོ་སྙམ་ནས་ནམ་མཁའ་མཐའ་ཡས་སྐྱེ་མཆེད་རྫོགས་པར་བྱས་ཏེ་གནས་པ་ལ་སོགས་བཞིན་ནོ། །དེ་ཟིལ་གྱིས་གནོན་པའི་སྐྱེ་མཆེད་བརྒྱད་དང་། ཞེས་པ་སོགས་ཕོང་ནས། ཅི་ཡང་མ་ཡིན་པ་དང་། ཡོད་མིན་མེད་མིན་རྫོགས་པར་བྱས་པ་དང་། འདུ་ཤེས་དང་ཚོར་བ་འགོག་པ་དང་བརྒྱད་དོ། །བདེ་བར་གཤེགས་པའི་སྟོབས་བཅུ་ནི། དེ་ལས་གནས་དང་གནས་མ་ཡིན་པ་མཁྱེན་སྟོབས་དང་། ལས་ཀྱི་རྣམ་པར་སྨིན་པ་མཁྱེན་པའི་སྟོབས་ལ་སོགས་དང་། དབང་པོ་མཆོག་དང་མཆོག་མ་ཡིན་པ་ཐམས་ཅད་འགྲོ་བའི་ལམ་མཁྱེན་པ་དང་། སྔོན་གྱི་གནས་རྗེས་སུ་དྲན་པ་དང་། འཆི་འཕོ་དང་སྐྱེ་བ་མཁྱེན་པའོ། །ཞེས་པས། སོགས་ཕོང་ནས་གསུམ་སྟེ། མོས་པ་སྣ་ཚོགས་དང་། འཇིག

རྟེན་གྱི་ཁམས་དྲུ་མ་དང་། ཟག་པ་ཟད་པའི་མཁྱེན་པའི་སྟོབས་དང་བཅུའོ། །ཡང་ན་དེ་ལས་མི་འཇིགས་པ་བཞི་དང་ལྡན་པ་དེ་གང་ལ་བྱ་ཞེ་ན། བྱང་ཆུབ་ཀྱི་འཇིགས་པ་དང་། ཟག་ཟད་པས་འཇིགས་པ་དང་། ངེས་པ་འབྱུང་བའི་ལམ་བསྟན་པ་དང་། བར་དུ་གཅོད་པའི་ཆོན་བསྟན་པ་དང་། བསྲུང་བ་མེད་པ་གསུམ་དང་ལྡན་ཏེ། ལུས་ངག་ཡིད་ཀྱི་སྤྱོད་པ་མ་དག་མི་མངའ་བས། ལ་ལས་དབྱིངས་སུ་འོང་ངོ་ཞེས་བཅའ་བར་དགོངས་བ་བསྲུང་བ་མི་མངའ་བའོ། །དྲན་པ་ཉེ་བར་བཞག་པ་གསུམ་དང་ལྡན་ཏེ། གུས་པས་ཉན་པ་རྣམས་ལ་སྙོམས་པ་དང་། གུས་པས་མི་ཉན་པ་རྣམས་ལ་སྙོམས་པ་དང་། ཉན་པ་ཡང་མ་ཡིན་མི་ཉན་པ་ཡང་མ་ཡིན་པ་རྣམས་ལ་སྙོམས་པའོ། །ཞེས་སོ། །མི་བསྙེལ་བ་གསུམ་ནི། དེ་ལ་བག་ཆགས་སྒྲིབ་པ་བསྙེལ་བ་མི་མངའ་པའི་མཁྱེན་པ་ནི། ཤོན་ཅན་གཞི་འདྲ་མཛད་པ་ཐམས་ཅད་དང་། མཛད་པའི་ཐབས་ཐམས་ཅད་དང་། དུས་ཐམས་ཅད་ལ་བསྙེལ་བ་མེད་པའོ། །ཞེས་སོ། །འབྲས་བུ་རྟགས་བཅུ་གཅིག་ནི། རྩེ་འབུམ་ལས་། རྟོགས་པ་ཆེན་པོའི་ལྟ་བ་དང་། མཐའ་སྐྱོན་བྲལ་བའི་སྒོམ་པ་ལས་སོགས་བཤད་དོ།།

བདུན་པ་འོག་མ་ལས་ཁྱད་འདོན་པ་ནི། འགྲེལ་ལས། འོག་མ་ལས་ཁྱད་འདོན་པ་གསུམ་སྟེ། ལྟ་བ་སྒོམ་པ་སྒྲུབ་ཐབས་ཁྱད་པར་འཕགས། དེ་ལས་དང་པོ་ལྟ་བའི་ཁྱད་པར་ནི། ཐུགས་རྗེ་སེམས་དཔའི་ཐེག་པ་ཆེན་པོ་ནི། སྣ་ཚོགས་སུ་སྣང་བ་ཐམ་ཅད་ཤེས་པའི་སྐྱེ་མཆེད་ཡིན། ཤེས་པ་ལ་མ་གཏོགས་པའི་ཕྱི་རོལ་གྱི་དངོས་པོ་གང་ཡང་མེད་དེ། ཐམས་ཅད་སེམས་སུ་འདུས་ལ་སེམས་དེ་ཡང་དག་པ་བདེན་ཟེར་རོ། །འདིས་ནི་ཤེས་པ་ཙམ་དུ་ཡང་མི་འདོད་དེ། རང་བཞིན་མེད་པའི་དོན་ནོ། །ཤེས་པ་རང་རིག

ཡང་དག་ཏུ་འདོད་པ་དེ་ལ་འགེགས་བྱེད་ཀྱི་ཚད་མ་འདི་དག་གོ །ཁྱེད་ཅི་ལྟར་འདོད་པའི་ཤེས་པ་རང་རིག་དེ་དངོས་པོ་མི་བདེན་ཏེ། སྒྲུབ་བྱེད་མེད་ལ་གནོད་བྱེད་ཡོད་པའི་ཕྱིར་རོ། །སྒྲུབ་བྱེད་མེད་པ་གཏན་ཚིགས་མ་གྲུབ་པོ་ཞེ་ན། འོ་ན་མངོན་སུམ་གྱིས་འགྲུབ་བམ། རྗེས་དཔག་གིས་འགྲུབ་བམ། ཤིན་ཏུ་ལྐོག་གྱུར་འཇལ་བའི་ལུང་གིས་གྲུབ། མངོན་སུམ་གྱིས་གྲུབ་ཅེ་ན། ཚུར་རོལ་མཐོང་བའི་མངོན་སུམ་གྱིས་འགྲུབ་བམ། ཕ་རོལ་མཐོང་བའི་མངོན་སུམ་གྱིས་གྲུབ། དང་པོ་མ་ཡིན་ཏེ། ཤེས་པ་དོན་དམ་ཉམས་སུ་མ་མྱོང་བའི་ཕྱིར་ཏེ། དེ་ཁོ་ན་ཉིད་མ་མཐོང་བའི་ཕྱིར་རོ། གལ་ཏེ་དེ་ཁོ་ན་ཉིད་མཐོང་ན། བདེན་པ་མཐོང་བར་འགྱུར་རོ། །འདོད་ན། འབད་པ་མེད་པར་གྲོལ་བར་འགྱུར་རོ། །ཕ་རོལ་མཐོང་བས་མི་འགྲུབ་སྟེ། ད་ལྟ་རྣལ་འབྱོར་གྱི་མངོན་སུམ་རྒྱུད་ལ་མ་སྐྱེས་པའི་ཕྱིར། གཏན་ཚིགས་མ་གྲུབ་ན། མཐོང་ལམ་སྐྱེས་པར་འགྱུར་རོ། །དེ་མ་སྐྱེས་པས་དེ་གྲུབ་ཏུ་མི་གཏུབ་སྟེ། དཔེར་ན་རི་བོང་གི་རྭ་མེད་པས། དེ་ཐུག་པ་མེད་པ་བཞིན་ནོ། །རྗེས་དཔག་གིས་མི་འགྲུབ་སྟེ། རྗེས་དཔག་གི་རྟགས་དང་འབྲེལ་བ་གཅིག་དགོས་ལ། དཔེར་ན་མེ་དུ་བཞིན་དུ། ཁྱེད་ཀྱི་རང་རིག་དོན་ལ་འདི་ནས་རྟགས་མི་སྣང་བའི་ཕྱིར། ལུང་ནི་འདམ་གྱི་ཐུར་པ་དང་འདྲ་སྟེ། གར་དྲང་དྲང་དུ་འོང་བའི་ཕྱིར། རིགས་པའི་རྒྱབ་རྟེན་མེད་པར་ཡིད་མི་ཆེས་པའོ། །ཡང་དོན་དམ་པ་མངོན་སུམ་ཉིད་མ་གྲུབ་པའི་ཕྱིར། མངོན་སུམ་གྱིས་མ་གྲུབ་བོ། །རྗེས་དཔག་གིས་ཀྱང་མི་འགྲུབ་སྟེ། དོན་དམ་གཏན་ཚིགས་ལས་སོགས་མ་གྲུབ་པའི་ཕྱིར་རོ། །གནོད་བྱེད་ཡོད་པ་མ་གྲུབ་པོ་ཞེ་ན། གཡུང་དྲུང་གཟེགས་ཆེན་གྱིས་གནོད་དེ། གོང་དུ་བཤད་ཟིན་ནོ། །

ཤེས་པའི་སྐྱེ་མཆེད་ཡང་དག་ཏུ་འདོད་པ་སྐྱོན་ནི། དཀར་དམར་བདེ་སྡུག་རིག་བྱ་

སྔ་ཚོགས་སུ་སྣང་བའི་ཤེས་པའི་རྣམ་པ་འདི་དངོས་པོ་ཡང་དག་པའི་གནས་ལུགས་ཀྱང་ཡིན། ཡིན་པ་ལྟར་ཤེས་ཀྱང་ཤེས། ཤེས་པ་ལྟར་སྣང་ཡང་སྣང་། སྣང་བ་ལྟར་ངེས་ཀྱང་ངེས་ན། བདེན་པ་མཐོང་བར་འགྱུར་ཏེ། དེ་ལྟར་ངེས་པའི་ཕྱིར་རོ། །ཡང་ན་ཁ་དོག་དང་བདེ་སྡུག་སྔ་ཚོགས་སྣང་བའི་ཤེས་པ། ཡང་དག་པའི་གནས་ལུགས་མ་ཡིན་ཏེ། གཅིག་དང་དུ་མ་བྲལ་བའི་ཕྱིར་རོ། །ཤེས་པའི་སྐྱེ་མཆེད་འཁྲུལ་པ་འདོད་པ་སྐྱོན་ནི། དེའི་ལུགས་ཀྱི་ཁ་དོག་དང་དབྱིབས་དང་། རེག་བྱ་སྣང་བའི་ཤེས་པའི་སྐྱེ་མཆེད་དུ་གསལ་བ་ཉམས་སུ་མྱོང་བ་འདི་རྫུན་པར་འདོད་ལ། ཤེས་པ་རང་གི་ངོ་བོ་གཉིས་མེད་དེ་ནི་བདེན་པ་འདོད་དོ། །དེས་ན་འཁྲུལ་ཏེ། དེ་ལས་ཕྱིར་ན་མཚན་ཉིད་དང་ལྡན་པ་གཅིག་ལ་གནོད་པ་སྲིད་ཕན་ཆད་མཚན་ཉིད་དང་ལྡན་པ་ཐམས་ཅད་ལ་གནོད་པ་སྲིད་པ་མ་ཡིན་ནམ། ཡིན་ནོ་ཞེ་ན། ཁ་དོག་སྔ་ཚོགས་སུ་སྣང་བའི་ཤེས་པའི་སྐྱེ་མཆེད་རྫུན་པ་བཞིན་དུ། ཤེས་པ་རང་གི་ངོ་བོ་གཉིས་མེད་དེ་ཡང་རྫུན་པ་འགྱུར་རོ། །ཡང་ན་ཁྱེད་ཀྱི་ཤེས་པ་དོན་དམ་དེ་དང་སངས་རྒྱས་རང་རིག་ལ་ཁྱད་ཡོད་དམ་མེད། མེད་ན་འབད་པ་ལ་དོན་མེད་པར་འགྱུར། ཁྱད་མེད་པའི་ཕྱིར་རོ། །ཁྱད་ཡོད་དེ། ད་ལྟའི་ཤེས་པ་ནི་གནས་སྐབས་སུ་སྒྲིབ་པ་དང་བཅས་པ་ཡིན་ལ། སངས་རྒྱས་ནི་སྒྲིབ་པ་མེད་པའི་ཤེས་པ་ཡིན་ནོ་ཞེ་ན། འོ་ན་ད་ལྟའི་ཤེས་པ་གཉིས་མེད་དེ་དང་། ཁ་དོག་བདེ་སྡུག་ལ་འབྲེལ་བ་མེད་ན། ཁ་དོག་བདེ་སྡུག་སྔ་ཚོགས་སུ་སྣང་བའི་ཤེས་པའི་སྐྱེ་མཆེད་སྣང་བ་ངེས་པ་མེད་པར་འགྱུར་རོ། །འཁྲུལ་པ་མེད་པར་འགྱུར་རོ། །འཁྲུལ་པ་མེད་པར་འདོད་ན། འཁྲུལ་ཚོད་རང་དུ་ཡང་མེད་པར་འགྱུར་ཏེ། འབྲེལ་བ་མེད་པའི་ཕྱིར་རོ། །གཏན་ཚིགས་མ་གྲུབ་ཅེ་ན། བདག་ཉིད་གཅིག་གམ་དེ་ལས་འབྱུང་། དེ་

ལས་བྱུང་ན་ཁ་དོག་སྐྱེ་མཆེད་བདེན་པའོ། །ཤེས་པ་རྫུན་པར་འགྱུར་རོ། །བདག་ཉིད་གཅིག་ན་སྐྱེ་མཆེད་སྣ་ཚོགས་བདེན་པར་འགྱུར་རོ། །ཡང་ན་ཉམས་སུ་མྱོང་བ་ཙམ་དུ་གྲུབ་ཀྱིས། དེ་དོན་དམ་དུ་སྒྲུབ་བྱེད་མེད་དེ། དེ་ལྟར་ལྟ་བ་ལ་ཁྱད་འབྱུང་བས་སྒོམ་པ་ལ་ཁྱད་འབྱུང་སྟེ། ལྟ་བ་ཅི་ལྟར་མཐོང་བ་བཞིན་དུ་བསྒོམ་པའི་ཕྱིར་རོ། །དེས་ན་རྣམ་པར་རིག་པའི་སྐྱེ་མཆེད་ཙམ་ལ་རྟོལ་བས་མི་འགྱུར་བར་ཆེད་དུ་དམིགས་ནས་བསྒོམ་སྟེ། འདི་ནི་རང་བཞིན་མེད་པའི་དོན་ཅི་བཞིན་ལ་བློ་དེ་བཞིན་པ་གང་ལ་ཡང་གཏད་མ་འཆའ་བའི་ཕྱིར་བསྒོམ་པའི་ཁྱད་པར་རོ། །སྒྲུབ་པའི་ཐབས་ལ་ཁྱད་པར་ཡོད་དེ། ཐུགས་རྗེ་སེམས་དཔའ་ནི་ལམ་ལྷུ་བསྒྲུབས་པས། ཚོགས་གཉིས་རྫོགས་པར་འདོད་དེ། འདིས་ནི་འདི་ཉིད་ནས་བླ་ན་མེད་པ་བཅུའི་ས་བཅུ་རིམ་གྱིས་བགྲོད་པའོ། །དེ་ལྟར་སྒྲུབ་ཐབས་ལ་ཁྱད་བྱུང་བས། འབྲས་བུ་ལ་ཡང་ཁྱད་མེད་པ་མ་ཡིན་ནོ། །ཞེས་པས། སྤྲོས་མེད་པ་ལ་ཚོགས་ལམ་ལ་ཞུགས་པ་ཙམ་གྱི་སེམས་ཙམ་པ་ལྟར་ཚོགས་སྦྱོར་གཉིས་ལ་ཡུན་རིང་འགོར་མི་དགོས་པ་ས་བཅུ་རྣམ་པ་རིམ་པས་ལུས་དང་སྲོག་ལ་མི་ལྟ་བའི་སྦྱིན་པ་དྲག་པོའི་ས་དང་པོར་ཐོད་རྒལ་དུ་འཕགས་པའི་ཕྱིར་ཏེ། མདོ་ལས། བསྒོམ་པ་མཐིལ་དུ་ཕེབས་པ་དང་། །སྦྱིན་པ་དྲག་པོ་དེ་ཉིད་ཀྱིས། །སྟེང་ཕྱོགས་མི་བཅད་འཛིག་རྟེན་དུ། །སྲིད་པ་ཡེ་སངས་གནས་སུ་སྐྱེས། །མྱ་ངན་མེད་པའི་བར་ལྟར་གྲུབ། །ཅེས་པ་ལྟ་བུའོ། །བར་ལྟ་དེ་ཤིན་ཏུ་མཐོང་བ་བཤད་པ་གནད་ཀས་ཏེ། མདོ་ལས། མི་ཆེ་སྲིད་པ་གོང་སངས་ལ། །མི་གདུང་སྲིད་པ་ཡེ་སངས་པོ། །ཤིན་ཏུ་མཐོང་བ་བར་ལྟ་འོད། །གྱི་ནོམ་སྣང་བ་མགོན་བཙུན་ཕྱུ། །འོག་མའི་ལྟའི་གནས་མཆོག་གོ །ཞེས་སོ། །ཚུལ་ཁྲིམས་ཀྱང་ལས་དག་ལས། ཡིད་འཕྲོག་ལྷ་མོས་སྐུ་བསྐུས་ཀྱང་། །ཡོག་

པ་མི་གཡེམ་དཀའ་ཐུབ་གནས། །ཞེས་དང་། ལུས་དང་སྲོག་ལ་ཞེན་བབ་ཀྱང་། །རྟུན་དུ་མི་སླ་དཀའ་ཐུབ་གནས། །ཞེས་སོ། །བཟོད་པ་ལ་པད་འཕྲུལ་མདོ་ལས། མ་ཡི་ཚབ་ཏུ་རང་ཉིད་འགྲོ། །ལྕགས་ཀྱི་གཟེར་རྣམས་ང་ལ་བརྡབ། །ཅེས་པ་ལྟ་བུའོ། །མདོ་འདུས་ལས། ས་དང་པོ་ལ་ནི་མཐོང་ལམ། ས་བཞི་པ་ལ་སྦྱོར་ལམ། ས་བདུན་པ་བསྡོད་གཅིག་མཐོང་ལམ་ཐོབ་པར་ཡང་བཤད་དོ། །མདོ་ལས་ཀྱང་གནམ་ས་བདུན་གྱི་ཁར་མཐོང་བ་དང་། ཞེས་དང་ཆ་མཚུངས་པའོ། །སེམས་ཅམ་པས་ནི་ལམ་ལྔ་རིམ་པར་བསྒྲོད་དགོས་ཏེ། དེ་ལྟ་བུའི་སྤྱོད་པ་ཐབས་ཆེན་གྱི་ཤེས་རབ་མེད་པའོ། །འབྲས་བུ་ཡང་དག་པ་རང་རིག་ཏུ་ལྟ་བ་དང་། སྤྲོས་བྲལ་དུ་སླ་བས་ཡེ་ཤེས་ལ་ཁྱད་མེད་མ་ཡིན་ཏེ། ཏིལ་མར་གྱི་དྭངས་སྙིགས་ལས་བྱས་པའི་མར་མེ་བཞིན། ལམ་གྱི་རྟོགས་པ་ལ་ཁྱད་ཞུགས་པའོ། །འགྲེལ་ལས། དེ་ལྟར་གསུང་དྭང་སེམས་དཔའི་ཐེག་པ་སྤྲོས་མེད་གཏན་ལ་ཕབ་པའི་མདོ་རྒྱུད་ཀྱི་འགྲེལ་པའོ། །ཞེས་སོ། །སྐབས་དྲུག་པའོ།། །།

གཉིས་པ་འབྲས་བུའི་ཐེག་པ་ལ་གཉིས་ཏེ། སྤྱིར་རྒྱུ་འབྲས་ཀྱི་ཁྱད་པར་བཞག་པ་དང་། འབྲས་བུ་ཕྱི་ནང་སོ་སོའི་དོན་ནོ། །དང་པོ་འབྲས་བུ་འཛོག་པའི་རྒྱུ་མཚན་རྣམ་པ་བཞི། །མྱུར་དུ་ཐོབ་བྱེད་རྣམ་པ་གཡར་ལམ་བྱེད། །མ་ཡིན་བཏགས་ན་སྒོམ་དང་དེ་ཉིད་རང་ལ་སྤྱོད། །དེ་ཕྱིར་འབྲས་བུ་ཐེག་པ་ཞེས་བྱའོ། །འགྲེལ་ལས། འབྲས་བུ་འཛོག་པའི་རྒྱུ་མཚན་རྣམ་པ་བཞི་སྟེ། དེ་གང་ཞེ་ན། འབྲས་བུ་མྱུར་དུ་ཐོབ་པ་བྱེད་པ་དང་། འབྲས་བུའི་རྣམ་པ་གཡར་ནས་ལམ་དུ་བྱེད་པ་དང་། མ་ཡིན་པ་ལ་བཏགས་ནས་བསྒོམ་པ་དང་། འབྲས་བུ་ཉིད་ལས་སྤྱོད་པའོ། །དང་པོ་ནི། གཅོད་པ་ཙམ་དུ་འདྲ་ཡང་རྣོན་པོས་གཅོད་ན་མྱུར་དུ་ཆོད་པ་དང་འདྲ་སྟེ། འབྲས་བུ་ཐོབ་པ་ཙམ་འདྲ་ཡང་

འདིས་ནི་འབྲས་བུ་མྱུར་དུ་ཐོབ་པ་བྱེད་དེ། ཚེ་གཅིག་ལོ་ན་ལ་སངས་རྒྱས་ཀྱི་ཆེ་བ་བླང་དོར་མེད་པའི་སྐུ་གསུང་དྲུང་ལྷ་བུ་ཐོབ་པའོ། །རྒྱུའི་ཐེག་པའི་བསྐལ་པ་གྲངས་མེད་པ་ལྡའམ་བདུན་ལས་འབྲས་བུ་མི་ཐོབ་སྟེ། འབྲས་བུ་ཉིད་ལ་ཉེ་རིང་དང་མཐོ་དམན་ཡོད་པས། འབྲས་བུ་ཐེག་པ་ཞེས་བྱའོ། །ཞེས་པས། ནམ་མཁའ་འཕྲུལ་མཛོད་ལས། རྣམ་པ་ཀུན་ལྡན་མི་ཚེ་རྒྱུད་ནས་མི་ཚེ་བདུན་ན་སངས་རྒྱས་ཀྱི་འབྲས་བུ་ཐོབ་པ་འདོད་པ་དང་། དངོས་བསྐྱེད་རོལ་པས་མི་ཚེ་ལྔའི་ཐོབ་པ་འདོད་པ་དང་། ཤིན་ཏུ་དོན་ལྡན་མི་ཚེ་གསུམ་ནས་ཐོབ་པ་འདོད་པ་དང་། ཁྱད་པར་ཡང་རྩེ་འདོད་པ་ཐ་དད་རང་ཤར་བས་ཚེ་འདི་ལ་སངས་རྒྱས་ཀྱི་འབྲས་བུ་བ་འདོད་པ་ལ། ཞེས་སོ། །མཐོ་དམན་འོག་ཏུ་འབྱུང་ངོ་།།

འགྲེལ་ལས། གཉིས་པ་ནི། སངས་རྒྱས་ཀྱི་ཡོན་ཏན་ཡེ་ཤེས་རོལ་པའི་སྐྱེ་མཆེད་གཡར་ནས་ལམ་དུ་བྱེད་པ་སྟེ། ཕ་རོལ་དུ་ཕྱིན་པ་ལྟ་བུ་ཉིད་ལྷ་དང་ལྷ་མོར་བསྒོམ་སྟེ། ཐབས་ཀྱི་རྩེ་ཆེན་པོས་བཟུང་ནས་རྣམ་པ་དེས་བསྒྲོད་པས་འབྲས་བུའི་ཐེག་པ་ཞེས་བྱའོ།།

གསུམ་པ་ནི། ཕུང་པོ་ཁམས་སྐྱེ་མཆེད་འབྲས་བུ་མ་ཡིན་པ་ལ། ལྷ་དང་ལྷ་མོའི་དཀྱིལ་འཁོར་འབྲས་བུ་ཡིན་པར་བཏགས་ནས་བསྒོམ་པས་འབྲས་བུའི་ཐེག་པ་ཞེས་བྱ་སྟེ། །དཔེར་ན་སྔོ་ངའི་ཕྲེ་མར་དུ་བསྒྱུར་བས་མར་གྱི་བྱ་བ་བྱེད་ནུས་པ་དང་འདྲའོ། ། ཞེས་པས། ཕྱིར་དཀྱིལ་འཁོར་ལ་རྣམ་པ་གསུམ་སྟེ། རང་བཞིན་གྱི་དཀྱིལ་འཁོར་དབྱིངས་ནས་ལྷུན་གྱིས་གྲུབ་པ། །ཏིང་འཛིན་དཀྱིལ་འཁོར་མཁའ་ལ་ཡིད་ཀྱིས་བསྒོམ་པ། རྟུལ་མཚོན་དཀྱིལ་འཁོར་ས་ལ་ལག་གིས་བྲིས་པའོ། །རྟུལ་ཚོན་ལ་ཡང་

གསུམ་སྟེ། ཙཀྲ་ལི་བཀོད་པ་སྐུ། ཡིག་འབྲུ་བཀོད་པ་གསུང་། ཕྱག་མཚན་བཀོད་པ་ཐུགས་ཀྱི་དཀྱིལ་འཁོར་རོ། །ལྷ་ཕྱི་ནང་རྒྱན་ཆས་ནི་འོག་ཏུ་འབྱུང་།

ཡང་འགྲེལ་ལས། བཞི་པ་ནི་ལན་གཅིག་ཐོབ་པ་པར་བྱ་བའི་འབྲས་བུ་དེ་ཉིད་ལམ་དུ་བྱེད་པ་སྟེ། དེ་ཡང་རྒྱུ་དང་འབྲས་བུ་ཡེ་ནས་དབྱེར་མེད་ཅིང་སྔ་ཕྱི་མེད་པས། འབྲས་བུ་ཉིད་ལ་ལམ་དུ་གྱུར་ནས། ལམ་རྟོགས་པ་དང་འབྲས་བུ་ཐོབ་པ་དུས་གཅིག་ཏུ་མཉམ་པོ་ལ་སྦྱོར་བའོ། །དེ་ནི་རྒྱུ་འབྲས་ཀྱི་ཁྱད་པར་རྣམ་པ་བཞག་པའི་འགྲེལ་པའོ། །ཞེས་སོ།།

གཉིས་པ་སོ་སོའི་དོན་ལ་གཉིས་ཏེ། སྔགས་ཕྱི་བ་སྡེ་གཉིས་དང་། ནང་བ་སྡེ་གསུམ་མོ། །དང་པོ་ལ་གཉིས་ཏེ། བྱ་བ་གཙང་སྦྱོད་དང་། རྣམ་པ་ཀུན་ལྡན་ནོ།།

དང་པོ་འགྲེལ་ལས། དེ་ལ་འབྲས་བུ་གསང་སྔགས་ཀྱི་ཐེག་པ་བྱ་བ་གཙང་སྦྱོད་ཡེ་བོན་ཐེག་པ་ནི། ཞེས་པ་དངོས་བཟུང་སྟེ། ཕྱི་གཙང་སྦྲའི་ཡོ་བྱད་ལ་བརྟེན་པས་བྱ་བ་གཙང་སྦྱོད། ནང་བདུད་རྩི་ལ་རོལ་པ་ལས་སོགས་མེད་པའོ། །རྒྱུད་ནི་རྣམ་དག་ལ་སོགས་ཏེ། ལྷོ་གཏེར་གྱི་རྒྱུད་ལས། དཀྱིལ་འཁོར་བརྒྱ་དང་རྩ་བརྒྱད་ལ། །སྒྲིབ་སྲིག་མེད་པ་དགུ་ཞིག་བཞུགས། །ཞེས་པ་ལ་སྒྲིབ་སྲིག་མེད་པ་དེ་དག་གོ།

གཉིས་པ་ཡན་ལག་གི་དོན་གྱི་ལྟ་བ་ནི། འགྲེལ་ལས། གཏན་ཚིགས་དང་བཅས་དག་པའི་བོན་ཉིད་བལྟ། དེ་ལ་རྟོགས་པའི་ལྟ་བ་ནི། ཕྱི་ནང་མཚན་ཉིད་འཛིན་པའི་བོན་སྣ་ཚོགས་སུ་སྣང་བ། རྒྱུ་འབྲས་དང་བཅས་པའི་འདི་དག་ཐམས་ཅད་རང་སར་བརྟགས་པས། དངོས་པོ་ཅི་ཡང་མ་གྲུབ་ཅིང་རྣམ་པར་རྟོག་པས་དབེན་པར་འདུག་སྟེ། མ་རིག་པའི་སྐྱེ་མཆེད་ཀྱིས་སྟོང་པའི་བོན་ཉིད་ཡང་དག་པ་དྲི་མ་དང་

བྲལ་བའི་ལྟ་བ་སྟེ། ཞེས་པས། དེ་ཡང་ཁྱབ་པ་སྣང་ལྡན་གྱིས་མཛད་པའི་ཐེག་པའི་རབ་དབྱེ་ལས། ཕྱིའི་ཡུལ་འཛམ་པ་དང་། རྩུབ་པ་དང་། མཐོ་བའི་རི་དང་། ནང་གི་སེམས་འདོད་ཆགས་དང་། ཞེ་སྡང་དང་། གཏི་མུག་ཐམས་ཅད་དང་། ཕྱི་ནང་གི་ལུས་དང་ངག་དང་ཡིད་དང་སེམས་གསུམ་ཀ་བོན་ཉིད་དུ་བལྟ་སྟེ། དེ་ཡང་རི་མཐོ་དང་ཞེ་སྡང་ནི་ལྷུན་པོ་བདེ་གསས་ཐུགས་ཀྱི་ལྷ་རུ་དག་པར་བལྟའོ། །རི་མཛམ་པ་དང་གཏི་མུག་ནི་བྱམས་པ་སྐུའི་ལྷ་རུ་དག་པའོ། །རི་རྩུབ་པ་དང་འདོད་ཆགས་ནི་གཡུང་དྲུང་དྲག་གསས་གསུང་གི་ལྷ་རུ་དག་པའོ། །ལྷ་དེ་དག་རྗེ་བོར་བལྟ་ཞིང་རང་སོལ་བའི་ཚུལ་དུ་བལྟའོ། །ཞེས་སོ། འོ་ན་ལྷ་དེ་དག་ནང་རྒྱུད་ཀྱི་ལྟར་བྱུང་བ་མ་ཡིན་ནམ་ཞེ་ན། དེར་བྱུང་ཡང་ཕྱི་རྒྱུད་ཡིན་པ་འགལ་བ་མེད་དེ། ལྟ་སྤྱོད་ལ་ཁྱད་ཡོད་པས་འབྱེད་དོ། །དཔེར་ན་རྒྱུའི་གཤེན་བཞི་ཡང་ཕྱི་ནང་གཉིས་ཀ་བྱུང་བའམ། སྟག་ལ་དང་གཙོ་དཔལ་འཛིན་ལས་སོགས་ཀྱང་ཕྱི་ནང་གཉིས་ཀ་ལས་བྱུང་བ་ལྟ་བུའོ།།

གཉིས་པ་དམ་ཚིག་ནི། འགྲེལ་ལས། བསྲུང་བའི་དམ་ཚིག་ནི་སྒོ་གསུམ་ལས་ཀྱི་དམ་ཚིག་རྣམ་བདུན་བསྲུང་། སེམས་ཀྱི་རྣམ་པར་མི་རྟོག་པ་དང་། ལྷའི་སྐུ་ལ་གནས་སོ། །ངག་གི་འཛབ་དང་བསྟོད་པ་ལ་འཇུག་པའོ། །ལུས་ཀྱི་སྲོག་བཅོད་པ་དང་། མི་གཙང་བ་དང་། མ་བྱིན་པ་ལེན་པ་བསྲུང་བའོ། །ཞེས་པ་ལྟར་རམ། ཡང་ན་ཁྱབ་པ་སྣང་ལྡན་གྱིས་མཛད་པ་ལས། དམ་ཚིག་ནི་ལྔ་བསྲུང་སྟེ། རྟག་ཏུ་ལྷའི་སྐུ་མི་སྤང་བ་དང་། གསུང་མི་འགོགས་པ་དང་། ཐུགས་མི་འདོར་བ། སླེ་བ་དགག་པ་དང་། འགྲོ་བའི་དོན་ཡོངས་སུ་བྱེད་པའོ། །ཞེས་པ་དེའོ། །རྒྱུད་རྣམ་དག་ལས། འགྲོ་བའི་དོན་དུ་བྱང་ཆུབ་སེམས་བསྐྱེད་ཅིང་། །དགེ་བཅུ་སྟོབས་ལྡན་ཚ་བའི་ཚུལ་ཁྲིམས་བསྲུང་། །

བྱང་ཆུབ་སེམས་ནི་ནམ་ཡང་མི་འབྲལ་བྱ། །ཡི་དམ་ལྷ་ནི་རྟག་ཏུ་བརྗེད་མི་རུང་། །སློབ་དཔོན་ཡི་དམ་ལྷ་བཞིན་རྒྱུན་དུ་བསྐུར། །མཆེད་གྲོགས་ཀུན་དང་བརྩེ་ཞིང་མཐུན་པར་བྱ། །མི་ནག་ཉམས་པ་ཀུན་དང་མི་འགྲོགས་ཤིང་། །དམན་པའི་རྫས་རྣམས་ལྷ་ལ་འབུལ་མི་བྱ། །མཆོད་བསྟོད་བཟླས་བརྗོད་ཟུར་མ་ཆགས་པར་མཛད། །ཁྲུས་དང་གཙང་སྦྲ་དུས་སུ་བྱ་བ་དང་། །ཤ་ཆང་སྒོག་ཙོང་དག་གི་ཁ་ཟས་སྤང་། །སྐུ་གཟུགས་དྲི་མ་དག་ལ་འགོམ་མི་བྱ། །སློབ་དཔོན་གདན་དང་ཁྲི་ལ་འདུག་མི་བྱ། །སྦྱིན་པ་རྣམ་བཞི་རྒྱུན་དུ་གཏོང་བྱ་ཞིང་། །འགྲོ་བའི་དོན་ལ་ཕྱོགས་རིས་མེད་པར་སྤྱོད། །འདི་འདྲ་སྡོམ་པའི་དོན་ལ་རབ་གནས་པའི། །དུས་རྣམས་ཀུན་ཏུ་བཟོད་པ་བསྒོམ་པར་བྱ། །བཟོད་ཐོབ་ན་ནི་ངན་སོང་ལྟུང་མི་སྲིད། །ཅེས་པ་ལྟ་བུའོ།།

གསུམ་པ་སྒོམ་པ་ནི། འགྲེལ་ལས། སྒོམ་པའི་རིམ་པ་ནི། དོན་དམ་པ་དག་པའི་བོན་ཉིད་བསྒོམ་ལ། ཀུན་རྫོབ་བརྟགས་པའི་གཟུགས་བརྙན་ཆེན་པོར་བསྒོམ། ཞེས་སོ། །སྣང་ལྡན་གྱི་རབ་དབྱེ་ལས། སྒོམ་པ་ནི་བོན་ཉིད་རྣམ་པར་དག་པའི་གཟུགས་བརྙན་ཆེན་པོ་གསུམ་ལ་ཤེས་པ་མ་ཡེངས་པ་བསྒོམ་སྟེ། གཟུང་འཛིན་ཤིན་ཏུ་སྲ་བའོ། །ཞེས་སོ། །འོ་ན་ལྷ་དེ་དག་རྣམ་ཤེས་ཚོགས་གང་གིས་བསྒོམ་ཞེ་ན། དབང་ཤེས་ལྔས་མི་བསྒོམ་སྟེ། བེམ་པོ་ལས་དམིགས་པ་མེད་པའི་ཕྱིར་རོ། །ཡིད་ཤེས་ལ་བརྟན་པ་མ་ཐོབ་ན་རྟོག་བཅས་ཀྱིས་བསྒོམ་སྟེ། དོན་སྤྱིའི་རྣམ་པ་བསྒོམ་པས་སོ། །བརྟན་པ་ཐོབ་ན་ཡིད་ཤེས་རྟོག་མེད་ཀྱིས་ཀྱང་བསྒོམ་སྟེ། ལྷ་དེ་དག་མངོན་འགྱུར་གྱིས་དམིགས་པས་སོ། །ཉོན་ཡིད་ལ་ཡང་བསྒོམ་མོ་བའི་ངར་འཛིན་ཞིག་ཡོད་ལ། ཀུན་གཞི་ལ་ནི་མི་གསལ་བའི་ཚུལ་གྱིས་བག་ཆགས་འཛིན་པ་ཙམ་ཡོད་པའོ།།

བཞི་པ་འགྲེལ་ལས། སྒྲུབ་ཐབས་ནི། གཟའ་སྐར་དུས་ཚིགས་གཙང་སྦྲ་རྫས་དང་ཡོ་བྱད་བརྟེན། འཛབ་གྲངས་ཚང་བའི་ཐབས་ལྡན་བསྒྲུབ་བྱའི་དོན། གཟའ་དང་། སྐར་མ་དང་། དུས་ཚིགས་བཟང་པོ་ལ། ཁྲུས་དང་གཙང་སྦྲའི་སྒོ་ནས་རྫས་དང་ཡོ་བྱད་མ་ཉམས་པ་ལ་བརྟེན་ནས། འཛབ་གྲངས་ཚང་བར་བྱས་ཏེ། ཐབས་དེ་ལྟར་སྒྲུབ་པའོ། །དེ་ནས་བཟླུང་བ་དང་འཛིན་པའི་ཏིང་འཛིན་ལ་གནས་པའོ། །ཞེས་པས། ལོ་རྒྱལ་པོ། ཟླ་བ་སྔོན་པོ། ཞག་དམག་མི། དུས་ཚོད་མཚོན་ཆ་དང་འདྲ་བ། གཟའ་སྐར་བཟང་ངན་བརྟགས་པ། རྐུ་འཁྲོག་གི་རྫས་དགག་པ། ལྷར་སེམས་དཔའ་རྣམ་གཉིས་སོ་སོར་འབྱེད་པའོ།།

ལྔ་པ་ནི། འགྲེལ་ལས། སྤྱོད་པའི་ཕྲིན་ལས་ནི། རང་དང་དེ་སྟོབས་དག་གིས་དེ་སྤྱོད་ཅིང་། ཡས་སྔགས་མཐུན་བཅས་གྱུར་གྱིས་གཞན་དོན་སྤྱོད། སྟོབས་རྣམ་པ་གསུམ་གྱིས་རང་གཞན་གཉིས་ཀའི་དོན་སྤྱོད་དོ། །དེ་གང་ཞེ་ན། ལྟ་བའི་སྟོབས་དང་། སྒྲུབ་ཐབས་ཀྱི་སྟོབས་དང་། ཐུགས་རྗེའི་སྟོབས་སོ། །ལྟ་བའི་སྟོབས་ནི་དག་པ་གསུམ་གྱི་བོན་ཉིད་དེ། རང་ཡང་ཉམས་སུ་ལེན་ལ་གཞན་ལ་ཡང་སྟོན་པའོ། །སྒྲུབ་ཐབས་ནི་དེས་རང་དོན་གཞན་དོན་གཉིས་ཀ་མཐར་ཕྱིན་པར་བྱེད་པའོ། །ཐུགས་རྗེ་ནི་ཡས་སྔགས་ལས་སོགས་ཏེ། དེ་དང་མཐུན་པ་ལྷ་འདྲེ་རྣམས་ལ་ཡང་བསྒོ་བས། མི་གསོན་པོ་རྣམས་ཀྱི་སྤྲུལ་བསྤྲུལ་སེལ་ལ། ལྷ་འདྲེ་གཟུགས་མེད་རྣམས་ཀྱང་ཚིམ་ཞིང་དགྱེས་པར་མགུ་བས་ན་ཐུགས་རྗེའི་སྤྱོད་པའོ། །ཞེས་པས། དག་པ་གསུམ་ནི། ཕྱི་རྫས། ནང་ལྷ། སེམས་ཡེ་ཤེས་སོ། །ཡས་སྔགས་ནི། གཏོ་དཔྱད་དང་མཐུན་པའི་འབྲུ་དང་བག་ཤས་ཤིང་དང་རྩྭ་ཚུའོ། །ཡས་སྔགས་དེ་དག་ཁམས་གསུམ་ལ་ཁྱབ་པ་སྦྱིན་ནོ། །ཕྱི་ལ་སྦྱིན

པའི་རྩོད་སྤང་ནི་རྒྱས་པ་སྤྱིར་བྲང་ལ་འབྱུང་སྟེ། འདིར་མ་སྤྲོས་སོ།།

དྲུག་པ་འགྲེལ་ལས། གྲུབ་པའི་འབྲས་བུ་ནི། གཡུང་དྲུང་འཛིན་པའི་ས་ཆེན་ཡང་དག་སེམས་ཉེས་ཐོབ། བདེ་བར་གཤེགས་པའི་ས་བཅུ་གཉིས་ལས། གཡུང་དྲུང་འོད་ཀྱི་ས་ཞེས་བྱ་སྟེ། ས་བཞི་པ་མན་ཆད་ཐོབ་པའོ། །ཞེས་སོ། །ཤ་འབལ་ལྷ་རྒྱུད་ལས། བདེ་བར་གཤེགས་པའི་ས་བཅུ་གཉིས་ནི། ཀུན་ཏུ་འོད་ཀྱི་ས་ཆེན་དང་། བདུད་རྩི་འོད་དང་། ནམ་མཁའ་འོད་དང་། རིན་ཆེན་འོད་དང་། པདྨ་འོད་དང་། ལས་ཀྱི་འོད་དང་། དཔེ་མེད་འོད་དང་། དཔེ་ལྡན་འོད་དང་། ཤེས་རབ་འོད་དང་། ཐམས་ཅད་མཁྱེན་པའི་འོད་དང་། རང་རིག་འོད་ཀྱི་ས་ཆེན་ནོ། །ཞེས་སོ། །དེ་ལ་ཀུན་ཏུ་འོད་ཉི་ཟླ་ལྟར་ཀུན་ཏུ་སྣང་བའི་སྐུ། བདུད་རྩི་འོད་མོས་པ་སྣ་ཚོགས་སུ་གོ་བའི་གསུང་། ནམ་མཁའ་འོད་ཀུན་ཁྱབ་རྒྱ་མ་ཆད་པའི་ཐུགས། སྐུ་གསུང་ཐུགས་ཀྱི་རྩལ་གསུམ་རྫོགས་པ་ཕྱིའི་སྐུ་གསུམ་ལ་དབྱེ་བ་སྟེ། དོན་གྱི་འོག་མིན། གནས་ཀྱི་འོག་མིན། འཛམ་བུ་གླིང་གསུམ་དུ་འགྲོ་དོན་མཛད་པའོ། །གཡུང་དྲུང་འོད་ལས་སོགས་བཞི་ནི། སྐུ་མི་འགྱུར་བ། ཡོན་ཏན་དགོས་འདོད་འབྱུང་བ། གསུང་བོན་སྒྲོ་རྒྱས་པ། ཕྲིན་ལས་ཐོག་པ་མེད་པ་སྟེ། རིགས་ཀྱི་རྟགས་བཞིའི་བདེ་བར་གཤེགས་པ་ལས་ཕྱེ་སྟེ། དེ་ཡང་ཤར་ཕྱོགས་མངོན་དགའ། ལྷོ་ཕྱོགས་ཡོན་ཏན། ནུབ་ཕྱོགས་བདེ་ལྡན། བྱང་ཕྱོགས་ལས་ཀྱི་འཇིག་རྟེན་ཏེ། རང་བཞིན་ལྷུན་གྱི་དཀྱིལ་འཁོར་ལ་བཞུགས་པའོ། །དེ་དག་ཀྱང་འཇིག་རྟེན་ཏེ། གཟུགས་ཁམས་ཀྱི་གནས་རིགས་ཡིན་པ་སྟེ། གནས་ཀྱི་འོག་མིན་གྱི་བྱེ་བྲག་ཡིན་པའི་ཕྱིར་རོ། །ཚད་མེད་བཞིའི་བརྩེ་བ་དཔེ་མེད་འོད་དང་། སྨད་དུ་བྱུང་བའི་མཚན་དཔེ་ལྡན་པ་བཅུ་གཉིས་ནི། བརྩེ་བ་དང་ཡོན་ཏན་ལས་དབྱེ་བའོ། །སོ་

སོར་འབྱེད་པའི་ཤེས་རབ་འོད་དང་། འཕྲིན་ལས་སྤྲོ་བསྡུའི་ཚད་ཐམས་ཅད་མཁྱེན་པ་དང་། སྣང་མཉམ་ཉིད་རང་རིག་ལ་བཞུགས་པ་དང་གསུམ་ནི། མཁྱེན་པ་དང་སྤྲོ་སྡུད་ལས་དབྱེ་བའོ། །འོ་ན་བདེ་བར་གཤེགས་པའི་ས་བཅུ་བཞི་པ་མན་ཆད་པོན་ཅན། སྤང་རྟོགས་མཐར་མ་ཕྱུག་པ་ཐལ། དབྱེར་མེད་གཡུང་དྲུང་ཐེག་པའི་ས་མ་ཐོབ་པས་སོ། །འདོད་ན། སངས་རྒྱས་མ་ཡིན་པ་ཐལ་ལོ། །ཞེ་ན། སྤངས་རྟོགས་ཙམ་གྱི་སྤྱི་རིགས་ལ་ཁྱད་མེད་ཀྱང་། རྒྱུ་ལམ་ལ་ཐབས་ཟབ་ཞན་གྱིས་འབྲས་བུའི་ཕྲིན་ལས་ལ་རྒྱ་ཆེ་ཆུང་འབྱུང་སྟེ། དཔེར་ན་མཐུ་ལྡན་སྟོབས་མཆོག་བདེར་གཤེགས་སྟོང་དང་མཐུ་སྟོབས་མཉམ་པས། མཉམ་ལྡན་བྱམས་པ་བདེ་གཤེགས་སྟོང་དང་ཐུགས་རྗེ་དོ་མཉམ་ལྟ་བུའོ། །འོ་ན་ད་ལྟའི་གཤེན་རབ་དེ། ས་དག་ལས་གང་ནོན་ཞེ་ན། སྟོན་གྱི་ཡེ་གཤེན་གཙུག་ཕུད་ནི་ལམ་གྱི་ས་དགུ་ལས་མ་ནོན་པར་ཞི་བ་ཡོངས་རྫོགས་ལས་བཤད་ལ། ད་ལྟའི་གཤེན་རབ་ནི་བླ་ན་མེད་པའི་ས་ནོན་པ་སྟེ། ཁམས་བརྒྱད་ལས། བླ་ན་མེད་པའི་ཡང་དག་པའི་དོན་གཏན་ལ་ཕབ་པའི་གཤེན་རབ་ཆེན་པོ་དེས། ཞེས་པའི་ཕྱིར་རོ། །དེ་ལ་བརྒལ་བ། སངས་རྒྱས་དང་རྒྱལ་སྲས་ཁྱད་མེད་དུ་ཐལ། གཤེན་སྲན་ལ་ཡང་ས་བཅུ་ལས་བརྒལ་བ་ཡོད་པའི་ཕྱིར་ཏེ། ས་བཅུ་ཟིལ་གྱིས་ནོན་པའི་ཚོགས་ཆེན་བསྐྱེད་པ་ལས་སོགས་ཏེ། ཞེས་པ་རྣམ་དག་ལས་བཤད་པས་སོ། །ཞེ་ན། དེ་དེ་ཡིན་ཡང་རྫོང་ལྡན་གདུལ་དཀའ་གཤེན་གྱི་བསྟན་པའི་ཟུར་སྟོངས་ལ་འཇོན་པའི་འགལ་བ་མེད་དེ་དཔེར་ན་དམ་པ་ཏོག་དཀར་ཀྱང་ང་མིན་ཆོས་པོ་སྐྱེས་འདུལ་ལ་ཕྱོན་པ་བཞིན་ནོ།།

བདུན་པ་འོག་མ་ལ་ཁྱད་འདོན་ནི། འགྲེལ་ལས། ཁྱད་པར་ནི། རྟེན་དང་ལས

དང་སྒྲུབ་པ་འབྲས་བུ་ལྔ། ཁྱད་པར་རྣམ་པ་ལྔ་དང་ལྡན་པ་ཡིན། གཡུང་དྲུང་སེམས་དཔའི་ཐེག་པ་ལས་ཁྱད་པར་རྣམ་པ་ལྔ་ཡོད་དེ། གང་ཞེ་ན། ལྟ་བ་དང་། བརྟེན་པ་དང་། ལས་དང་། སྒྲུབ་ཐབས་དང་། འབྲས་བུའོ། །དེ་ལས་ལྟ་བ་ནི་དག་པ་གསུམ་གྱི་བོན་ཉིད་ཡེ་ཤེས་སྒྲིབ་མེད་དང་། རང་བཞིན་མེད་པས་ཏེ་ཚད་མས་བཤད་དོ། །རྟེན་ནི་ཡེ་ཤེས་སེམས་དཔའི་སྐུ་འོག་མ་བ་ལ་མེད་དོ། །ལས་ནི་ཁྲུས་དང་གཙང་སྦྲ་ལ་གཟའ་དང་དུས་ཚིགས་འོག་མ་བ་ལ་མེད། སྒྲུབ་ཐབས་ནི་འཛབ་དང་དངོས་གྲུབ་འདུ་བ་འོག་མ་བ་ལ་མེད་དོ། །འབྲས་བུ་གཡུང་དྲུང་འོད་ཀྱི་ས་འོག་མ་བས་མི་ཐོབ་པའོ། །ཁྱུ་བ་གཙང་སྤྱོད་ཡེ་བོན་གྱི་ཐེག་པའི་མདོ་རྒྱུད་ཀྱི་འགྲེལ་པའོ། །ཞེས་སོ། །འོ་ན་འཕེན་ཡུལ་བ་རྣམས་ལ་མཆོད་རྟེན་ལྷ་བུ་འཛབ་དང་དངོས་གྲུབ་འདུ་བ། སེམས་དཔའ་རྣམ་གཉིས་ལྷ་བུར་དང་། གཟའ་སྐར་བཟང་པོ་ལ་འཇུག་པ་མི་མངའ་འམ། ཞེ་ན། དེ་ནི་ཐུགས་ཀྱི་ཐུན་མོང་མ་ཡིན་པའི་བོན་ཏེ། ཁྱུ་བ་གཙང་སྤྱོད་དུ་འདུ་བའོ། །འོ་ན་རྒྱུའི་ཐེག་པ་དེ་དག་གི་ཚོགས་ཅི་ལྟར་བསོགས་ཤེ་ན། ཚུལ་ཁྲིམས་ཏིང་འཛིན་ཤེས་རབ་གསུམ་ཡང་ཉམས་སུ་ལེན་པ་སྟེ། བསྙེན་སྒྲུབ་ལ་ལྟོས་པ་མེད་པའོ། །དེ་ལ་ལྟོས་ན་གྲངས་མེད་གསུམ་དུ་འཁོར་དོན་མེད་པའི་ཕྱིར་རོ། །སྐབས་བདུན་པའོ།། །།

གཉིས་པ་རྣམ་པ་ཀུན་ལྡན་མངོན་ཤེས་ཐེག་པ་ནི། ཞི་རྒྱས་དབང་དྲག་བཞི་ཀའི་རྣམ་པར་མངའ་བའམ། དྲོད་ཚད་ཀྱི་བྲ་ལྟས་མངའ་བའོ། །རྒྱུད་སྡེ་ནི། གློང་རྒྱས་སམ། གནས་ཚོག་རྣམས་ཏེ། སྦྱིན་སྲེག་དང་རོ་བསྲེགས་ཀྱང་ཡོད་པས་སོ། །གློང་རྒྱས་ལ་ཡང་སྦྱིན་སྲེག་ཡོད་པའོ།།

ཡག་ལག་གི་དབྱེ་བ་བདུན་ནི། དང་པོ་ལྟ་བ་ནི། མཚན་མའི་དངོས་པོ་དག

ལ་མཚན་མས་བརྟགས། །མཚན་མ་མེད་པའི་བོན་ཉིད་རྟོགས་པ་ཡི། །ཕྱིན་རླབས་རོལ་པའི་མཚན་མ་ལྷ་རུ་ལྡས། །དེ་ལ་རྟོགས་པའི་ལྟ་བ་ནི། སྟོང་བཅུད་སྣ་ཚོགས་སུ་སྣང་བའི་མཚན་མ་འདི་ལ། སེམས་དང་ཉིང་འཛིན་གྱི་དབང་བསྒྱུར་ཏེ། རང་རིག་པ་དང་རྣལ་འབྱོར་གྱི་ཚད་མས་བརྟགས་པས། ལོག་པའི་མ་རིག་པ་ཉོན་མོངས་པའི་རྟོག་པ་མཚན་མ་དང་བྲལ་བའི་བོན་ཉིད་དུ་རྟོགས་པ་སྟེ། དེའི་རོལ་པའམ་སྐྱེ་མཆེད་ཤར་བའི་ཕྱིན་རླབས། ལྷའི་སྐུ་ཕྱག་རྒྱ་བཞི་དང་ལྡན་པ། ཡང་དག་པའི་མཚན་མར་སྣང་བའོ། །ཞེས་སོ། །ཁྲབ་པ་སྣང་ལྡན་གྱི་རབ་དབྱེ་ལས། རྣམ་པ་ཀུན་ལྡན་མངོན་ཤེས་ཀྱི་རྟོགས་པ་ནི། རང་གི་སེམས་ཀྱི་བོན་ཐམས་ཅད་ལ་མཚན་མ་མེད་པར་རྟོགས་པས་ཕྱིན་རླབས་ལས་བྱུང་བས། ལྷའི་དཀྱིལ་འཁོར་གཞལ་ཚོན་ལྷར་གནས་པ་གྲོགས་ཀྱི་ཚུལ་དུ་ལྟ་བའོ། །ཞེས་སོ། །ཕྱག་རྒྱ་བཞི་ནི། སྐུ་དང་། རྒྱན་དང་། གདན་དང་། འོད་ཟེར་བཞི་སྟེ། རྒྱན་དང་དར་གྱི་སྟོད་གཡོག་སྨད་ཤམ་དར་དཔྱང་། རིན་ཆེན་གྱི་རྒྱན་ནོ། །གཞན་ནི་འོག་ཏུ་འབྱུང་ངོ་།།

བསྒྱུང་བའི་དམ་ཚིག་གི་ནི། འགྲེལ་ལས། བསྒྱུང་བའི་དམ་ཚིག་ནི། སྤྱི་དང་ཁྱད་པར་གཉིས་ཀྱི་དམ་ཚིག་སྲུང་། སྤྱིར་ཐུགས་ཀྱི་དམ་ཚིག་ཀུན་སྲུང་ལ། ཁྱད་པར་གྱི་ལྷ་དང་། དཔོན་གསས་དང་། ཐུགས་དང་། ཕྱག་རྒྱས་སྲུང་བའོ། །ཞེས་པས། རིམ་པ་ལྟར། བསྙོམ་པ་བཀུར་བ་བཟླ་བ་བཅས་པའོ། །སྤྱིར་ཐུགས་ཐུན་མོང་གི་དམ་ཚིག་ནི། ཡེ་ཁྲི་དམ་ཚིག་གི་མཚོང་ལས། ཐུན་མོང་གི་དམ་ཚིག་བཅུ་ཚོ་བསྟན་ཏེ། ནམ་མཁའ་དྭངས་པའི་ངོགས་མི་དཀྲུགས། །ཉིད་དང་མེ་ལོང་འབྲལ་མི་བྱ། །གསས་མཁར་ཆེན་པོ་བཤིག་མི་བྱ། །བྱ་རྒྱལ་ཁྱུང་གི་གཤོག་མི་བཀུམས། །གཡུ་འབྲུག་སྔོན་པོའི་ངར་མི་

བཙག །སྨན་ལྡོར་དུག་གི་ཟས་མི་ཟ། །ཕིང་ཆེན་གྲིབ་ལ་འགོམ་མི་བྱ། །རྒྱ་མཚོ་ཆེན་པོའི་འཇིང་མི་བསྐམས། །ནོར་བུ་རིན་ཆེན་གཏོར་མི་གཞུག །ཆུ་བོ་ཆེན་པོ་གྱེན་མི་བཟློག །བཅུ་ཚོ་དང་པོའོ། །ཤེལ་སྒོང་དྭངས་པ་མེར་མི་བསྲེག །གསང་སྔོ་ཆེན་པོ་དབྱེ་མི་བྱ། །ཟ་མ་ཏོག་ཏུ་དུག་མི་སྦྱར། །བདུད་རྩི་རྐྱལ་པ་ཁ་མི་དབྱེ། །སྟག་མོ་དར་མའི་ལྡོ་མི་བགྱུག །གངས་དཀར་རྩེ་ནས་བཞུ་མི་བྱ། །གནམ་ལྕགས་ཐུར་པའི་རྩེ་མི་བཟློག །ལོ་ཏོག་གྲུམ་པ་སད་མི་བསྐུར། །ཙིཾ་ཏ་རིན་ཆེན་ཕྱིར་མི་ཕྱུང་། །ནོར་བུ་རིན་ཆེན་ཟོང་མི་བྱ། །བཅུ་ཚོ་གཉིས་པའོ། །རིན་ཆེན་འཁར་བ་ཐང་མི་བསྐུར། །ལྷ་ཡི་ཕྲེའུ་རྐུང་ཞལ་མི་བསྟན། །བདུད་རྩི་ཆུ་རྒྱུན་གཅད་མི་བྱ། །རྒྱལ་པོའི་ཡོ་ལང་མི་དབྲི་བསྐྱངས། །ངན་སྐྱུག་རོ་ལ་ཆགས་མི་བྱ། །གཅན་གཟན་ཧམ་པ་ཞེ་མི་དབྲི། །སྔོང་པོའི་ལོ་འདབ་གཅད་མི་བྱ། །གཅེས་ཕྲུག་མ་ཡི་པང་མི་དོར། །རིན་ཆེན་མེ་ཏོག་ཕྱོགས་བཅུར་གཏོར། །བུ་ཡིས་མེས་ཀྱི་གདན་ས་བཟུང་། །བཅུ་ཚོ་གསུམ་པའོ། །ཞེས་སོ།།

བསྒོམ་རིམ་ལ། འགྲེལ་ལས་བསྒོམ་པའི་རིམ་པ་ནི། མདོན་པ་དྲི་མེད་ཡེ་ཤེས་བདལ་པ་ཡི། །གཡུང་དྲུང་སྐྱེ་མཆེད་ཆེན་པོ་རྣམ་ལྔ་བསྒོམ། །སྐུའི་ཕྱག་རྒྱ་ལས་གཡུང་དྲུང་གི་སྐྱེ་མཆེད་དང་། གསུང་ཡིག་འབྲུ་ལས་དང་། ཐུགས་ཕྱག་མཚན་ལས་དང་། གདན་པདྨ་ལས་དང་། རྒྱན་འོད་ཟེར་ལས་དང་། དེ་ལ་དམ་ཚིག་དང་། ལས་དང་། བོན་དང་། སྐུ་ཕྱག་རྒྱ་ཆེན་པོ་དེ་བཞི་རྫོགས་པར་བསྒོམ་པའོ། །ཞེས་པས་དམ་ཚིག་ནི་མི་གཏང་བ། ལས་བཅས་པ། བོན་ལ་མི་འདའ་བ་ཕྱག་རྒྱ་རྫོགས་པའོ། །ཡེ་ཁྲི་ཡི་རྒྱུད་ལས། སྐུ་དང་གདན་རྒྱན་རིན་པོ་ཆེ། །འོད་ཟེར་ཕྱག་མཚན་བསྣན་པའོ། །སྐུ་ནི་ལྷུན་གྲུབ་གཞི་བརྟེད་ཆེ། ཐུན་མོང་མ་ཡིན་མཚན་དཔེར་ལྡན། །རྒྱན་གདན་བསྡོ

བ་ཡང་དག་པའི། །སྣ་ཚོགས་སྒྲིབ་མེད་ཡོངས་ལ་ཕན། །རིན་ཆེན་ཐུགས་རྗེ་ཆེ་ལྡན་པའི། །འགྲོ་བ་འདོད་སྐོང་ཡིད་བཞིན་འབྱུང་། །འོད་ཟེར་ཡེ་ཤེས་རྩལ་ལྡན་པས། །འགྲོ་འདུལ་རྣ་བ་བག་ཆགས་སེལ། །ཕྱག་མཚན་སྣ་ཚོགས་དོན་ལྡན་པས། །དགོས་ཆེད་དོན་སྟོན་སྒྲིབ་པ་སྦྱངས། །དེ་དག་ཡོན་ཏན་ལྔ་རུ་བཤད། །ཅེས་སོ།།

སྒྲུབ་ཐབས་ལ། འགྲེལ་ལས། ཡོ་བྱད་རྫས་དང་ཏིང་འཛིན་གཉིས་ཚོགས་ལ། །དེ་སྒྲུབ་ཕྱག་རྒྱ་བཞིའི་དངོས་སྒྲུབ་ཐོབ། །རྫས་དང་། ཡོ་བྱད་དང་། སྔགས་དང་། ཏིང་འཛིན་གཉིས་ཀ་འཚོགས་པ་ལས། ཕྱག་རྒྱ་བཞིས་སྒྲུབ་པའི་དངོས་གྲུབ་ཐོབ་པའོ། །ཞེས་པས། རྫས་ནི་ལྷ་རྫས་དང་དགྲ་རྫས་དང་བསྟན་ནོ། །ཡོ་བྱད་ནི་འཚོ་བས་དང་། མཆོད་པའི་ཡོ་བྱད་དེ་བྱིན་འབེབས་སོ། །སྔགས་ནི་ས་བོན་དང་རྩ་སྔགས་དང་ལས་ཀྱི་སྔགས་དང་སྐུལ་འདེབས་སོ། །ཏིང་འཛིན་ནི་དེ་བཞིན་ཉིད་དང་ཀུན་ཏུ་སྣང་སྟེ་གསལ་འདེབས་སོ།།

ཕྲིན་ལས་ནི། འགྲེལ་ལས། སྤྱོད་པའི་ཕྲིན་ལས་ནི། ཕྲིན་ལས་བཞི་དང་གཉིས་དོན་རྫོགས་པར་མཛད། ཞི་བ་དང་། རྒྱས་པ་དང་། དབང་དང་། མངོན་སྤྱོད་བཞིས་བདག་གཞན་གཉིས་ཀའི་དོན་མཐར་ཕྱིན་པའོ། །ཞེས་པས། དེ་ལ་ཞི་བ་བདག་དོན་དུ་བསྡུ་བ། རྒྱས་པ་གཞན་དོན་དུ་སྤྲོ་བ། དབང་གཉིས་མེད་དུ་སྒྱུར་བ། མངོན་སྤྱོད་དབྱིངས་སུ་སྒྲོལ་བའོ། །སྙིང་པོ་འཕྲོ་འདུའི་ཁྱད་པར་ཡང་། ཞི་བ་ལུ་གུ་རྒྱུད་དུ་འཁོར་བ། རྒྱས་པ་བ་ཐག་གཟིང་པར་སྤྲོ་བ། དབང་ཐུགས་རྗེ་ལྕགས་ཐག་གིས་བསྐུལ་བ། དྲག་པོ་གནམ་ལྕགས་ཞུན་མ་སྟོབས་བསྒྲེགས་པའོ། །མཆོད་གཏོར་གྱི་འགྲེལ་ལས། དུས་མིན་འཆི་དང་གནོད་པ་དང་། །སྡུག་བསྔལ་དགྲ་དང་བགེགས་ཞི་བས། །ཞི་བ་ལས་

ཞེས་དེ་ལ་གདགས། །ཞེས་དང་། ཚེ་དང་ལོངས་སྤྱོད་གཟི་བྱིན་དང་། །གསེར་དང་དབྱིག་དང་འབྲུ་རྣམས་ཀུན། །ཐམས་ཅད་རྒྱས་པར་བྱེད་པ་ན། །རྒྱས་པའི་ལས་ཞེས་དེ་ལ་གདགས། ཞེས་དང་། ལྷ་དང་ལྷ་མིན་མི་རྣམས་དང་། །འགྲོ་བ་རིས་དྲུག་ཐམས་ཅད་ཀུན། །བྲན་བཞིན་ཕྱི་ནས་འབྲེང་བས་ན། །དབང་གི་ལས་ཞེས་དེ་ལ་གདགས། །ཞེས་དང་། བདུད་དང་སྲིན་པོ་དགྲ་དང་བགེགས། །གཤེན་རྗེ་ནག་པོ་ལ་སོགས་པ། །ཐམས་ཅད་དྲག་པོའི་ཚར་གཅོད་པས། །དྲག་པོའི་ལས་ཞེས་དེ་ལ་གདགས། །ཞེས་སོ། །འགྲེལ་ལས་ཀྱང་། ཐུགས་རྗེ་གར་ཆེན་ཚེ་འདས་གཞན་དོན་བྱེད། གཞན་དོན་ཐུགས་རྗེ་ཆེན་པོས་ཚེ་འདས་ཀྱི་སྒྲིབ་པ་སྦྱངས་ཏེ། འབྲས་བུ་ཐོབ་པར་བྱེད་པའི་ཐུགས་རྗེ་ཕྱི་འདུར་རྣམས་ཀྱང་སྤྱོད་པའོ། །ཞེས་པ་ལ། ཤེས་ཚུལ་བཞི་དང་། གདགས་ཡིག་དྲུག་དང་། ཚེ་འདས་རིགས་དྲུག་སྤྱི་རུ་ཤེས་དུས་སྒྲིབ་སྦྱང་ལན་ཆགས་གཞལ། ཚེ་འདས་སུ་ཤེས་དུས་བླ་བླུད་གཞལ། གཏད་ཡར་དང་ཞེན་ཆགས་དབྲལ། སློབ་མ་ཤེས་དུས་འཁོར་ལ་འཇུག་ཅིང་ལྷ་ངོ་བསྟན། ལྷ་རུ་ཤེས་པའི་ཚེ་གནས་སྤར། མཚན་བྱང་ཞུགས་ལ་བཞེས། བསྔོ་བས་རྒྱས་གདབ། གདགས་ཡིག་ནི་རྣི་ལ་འབྲུ་ལྔ་གདགས་པའོ། །དེ་ཡང་དཔེར་ན་གཏོ་བུ་མདོ་བྱང་གི་མདོ་ལྷ་བུའོ། །འོ་ན་ལྷོ་གཏེར་ལས་འདུར་བོན་དེ་དག་རྒྱུའི་ཐེག་པ་འཛོག་པ་དང་། མི་འགལ་ལམ་ཞེ་ན། དེ་ནི་ཆབ་ནག་ལས་གྱེས་པའི་འདུར་རྣམས་ནི་ལྷ་མི་གཞན་རྟེན་དུ་འདུ་ལ། ནང་གི་ཐུགས་རྣམས་ནི་རྣམས་པར་དང་རོལ་པ་ཡིན་ཞིང་། ཕྱིའི་གནས་ཚོག་རྣམ་པ་ཡོ་ནའོ།།

འགྲེལ་ལས། གྲུབ་པ་འབྲས་བུ་ནི། གཡུང་དྲུང་བདེར་གཤེགས་ས་བཅུ་གཉིས་པ་ཐོབ། །བདེ་བར་གཤེགས་པའི་ས་རིན་ཆེན་འོད་ཡན་ཆད་ནས། རང་རིག་འོད་ཀྱི་

ས་མན་ཆད་ཐོབ་པའོ།།

འོག་མ་ལ་ཁྱད་འདོན་པ་ནི་གཉིས་ཏེ། །རྒྱུའི་ཐེག་པ་ཆེན་པོ་ལས་ཁྱད་འདོན་པ་དང་། འབྲས་བུ་སྔགས་ཀྱི་ཐེག་པ་འོག་མ་ལས་ཁྱད་འདོན་པའོ། །རྒྱུའི་ཐེག་པ་ཆེན་པོ་ལ་ཁྱད་འདོན་པའི་ཚད་མ་དང་གཏན་ཚིགས་ནི་བཤད་ཟིན་ནོ། །བྱ་བ་གཙང་སྤྱོད་པའི་ཐེག་པ་ལས་ཁྱད་འདོན་པ་ནི། རིགས་ལྔ་སྟེ། ལྟ་སྤྱོད་བསྒོམ་འབྲས་ཐོབ་བྱས་ཁྱད་པར་འཕགས། དེ་ལ་ལྟ་བ་ནི། དག་པ་གསུམ་གྱི་བོན་ཉིད་ཙམ་ལས་མེད་དེ། འདིས་བོན་ཐམས་ཅད་མཚན་མ་མེད་པ་རྟོགས་ཏེ། དེའི་བྱིན་རླབས་ཀྱང་ལྷའི་དཀྱིལ་འཁོར་དུ་བལྟའོ། །སྤྱོད་པ་ནི་དེ་ལ་སྡོམས་གསུམ་ལས་མེད་དེ། འདི་ལ་འཕྲིན་ལས་བཞི་དང་། ཚེ་འདས་སྒྲིབ་པ་སྦྱོང་བའི་འགྲོ་དོན་མཐར་ཕྱིན་པའོ། །བསྒོམ་པ་ནི་དོན་དམ་ཀུན་རྫོབ་ཙམ་དུ་བསྒོམ་སྟེ། འདིས་གཡུང་དྲུང་གི་སྐྱེ་མཆེད་ཆེན་པོ་ལྔ་བསྒོམ་པའོ། །འབྲས་བུ་ནི་དེས་ས་བཞི་པ་མན་ཆད་ལས་མ་ནོན་ལ་འདིས་ས་ལྔ་པ་ནས་བཅུ་གཉིས་མན་ཆད་ཐོབ་པའོ། །དེ་ལྟར་རྣམ་པར་ཀུན་ལྡན་མངོན་ཤེས་ཀྱི་ཐེག་པའི་མདོ་རྒྱུད་ཀྱི་འགྲེལ་པའོ། །ཞེས་སོ་སྐབས་བརྒྱད་པའོ།། །།

གཉིས་པ་གསང་སྔགས་ནང་གི་ཐེག་པ་ལ་གསུམ་སྟེ། ཕྱི་ནང་གི་ཁྱད་རྣམ་པར་བཞག་པ། ཞོར་བྱུང་བསྙེན་སྒྲུབ་ལས་གསུམ་གྱི་གོ་དོན། གསང་བ་སོ་སོའི་དོན་ནོ། །དང་པོ་ནི། གསང་སྔགས་འབྲས་བུ་དག་གི་ཐེག་པ་ལ། །རྟེན་ལྷ་ཕྱིས་འབྱུང་སྤྱོད་པ་ལྟ་བ་མཉམ་ཉིད་དང་། །འབྲས་བུ་རང་འབྱུང་གཞན་འབྱུང་རྣམ་པར་བཞི། །ཕྱི་དང་ནང་ཞེས་ཁྱད་པར་རྣམ་པར་བཞག །ཅེས་སོ། །གསང་སྔགས་ཀྱི་སྒྲ་དོན་ནི། ཡེ་ཁྲི་གཞིའི་བམ་པོ་ལས། སྤྱོར་སྒྲོལ་གང་སྣང་ཐབས་ཀྱི་ཞིང་། །ཀུན་སྒྲོལ་ཡང་བཅུད་ཤེས

རབ་ཕྱུལ། །སྣང་སྲིད་རྫུན་དུ་ངེས་གྲོལ་བས། །གསང་ཕྱིར་རྫུན་སྨྲ་ངེས་མི་འགལ། །མ་གོ་ལོག་ལྟ་དེ་ལ་གསང་། །ལས་ཅན་དོན་མི་གཏང་བ་སྔགས། །གསང་སྔགས་ཞེས་སུ་གྲགས་པ་ཡིན། །ཞེས་སོ། །འགྲེལ་ལས། དེ་ལ་གསང་སྔགས་ཕྱི་ནང་གི་ཁྱད་པར་རྣམ་པར་བཞག་པ་ནི། རྣམ་པ་བཞི་སྟེ། ལྟ་བ་དང་། ལྷ་དང་། སྤྱོད་པ་དང་། འབྲས་བུའོ། །དེ་ལ་ལྟ་བ་ནི། ཕྱི་པས་ཡུལ་དང་ཡུལ་ཅན་དུ་ལྟས་ཏེ། ཤེས་པས་ཡུལ་ལ་ཕར་བརྟགས་ཏེ། ནང་པས་ལྟ་ཡུལ་སྤྱོད་ཡུལ་དང་བྲལ་ཏེ། ཕྱི་ནང་གཉིས་མེད། ཤེས་བྱ་ཤེས་བྱེད་གཉིས་སུ་མ་འབྱེད་དེ། མཉམ་པ་ཉིད་ཀྱི་བདག་ཉིད་ཆེན་པོ་རྟོགས་པའོ། །ལྷ་ནི་ཕྱི་པས་ཡེ་ཤེས་སེམས་དཔའ་རྗེ་བོའི་ཚུལ་དུ་དམིགས་ཏེ། དེ་ལ་མཆོད་ཅིང་བསྟོད་པས་དེ་མཉེས་ནས། བདག་དམ་ཚིག་སེམས་དཔའ་ལ་དངོས་གྲུབ་དང་འབྲས་བུ་ཚུར་གསོལ་བ་སྟེ། གཞན་ལ་རེ་བ་ལས་མ་ཤེས་སོ། །ནང་པས་ནི་ལྷ་དང་ལྷ་མོའི་དཀྱིལ་འཁོར་སེམས་དཔའ་སུམ་བརྩེགས་པ། བདག་ཉིད་ལས་མི་གཞན་པ་ཡིན་པ་ལ་ཡིན་པར་བསྒོམ་སྟེ། མཆོད་པ་ལ་སོགས་པ་བདག་ཉིད་ཆེན་པོ་མཆོད་ནས། དངོས་གྲུབ་དང་འབྲས་བུ་གཞན་ན་མི་འཚོལ་ཏེ། །བདག་ཉིད་ཆེན་པོའི་དཀྱིལ་འཁོར་ལས་འབྱུང་བའོ། །སྤྱོད་པ་ནི་ཕྱི་པས་དམ་རྫས་ཁྱད་པར་ཅན་ཐབས་ལ་སྤྱོད་མ་ནུས་ཏེ། གཙང་སྦྲ་འབའ་ཞིག་ལ་སྤྱོད་པའོ། །འདིས་ནི་སྤྱོད་པ་སྦྱོར་སྒྲོལ་ལས་སོགས་པའི་ཐབས་ཁྱད་པར་ཅན། དམ་རྫས་ཁྱད་པར་ཅན་ལ་གཙང་སྨེ་མེད་པར་འཛོལ་སྙོག་ཏུ་སྤྱོད་པའོ། །འབྲས་བུ་ནི་ཕྱི་པས་གཞན་ལས་ཐོབ་པར་འདོད། འདིས་རང་ལས་ཐོབ་པར་འདོད་པ་ཡང་ཁྱད་པར་ཡིན་ལ། ས་བཅུ་གཉིས་ལས་ཕྱི་པས་མ་ནོན་ལ། འདིས་བླ་ན་མེད་པའི་ས་གསུམ་ནོན་པས་སོ། །དེ་དག་ནི་ཕྱི་ནང་གི་ཁྱད་པར་རྣམ་པར་རིག་པའི་ཚད་མར་

བཞག་པར་བྱའོ། །ཞེས་པས། དེ་ལ་ལྷ་བའི་ཁྱད་པར་ནི་འོག་ནས་རྒྱས་པ་འབྱུང་ལ། ལྷ་ལ་ཕྱུར་པ་ཀ་བའི་རྒྱུད་ལ་ནི། ཞི་བ་དང་། ཡེ་ཤེས་ཀྱི་ཕྱུར་པ་དང་། སྤྲུལ་པའི་ཕྱུར་པ་གསུམ་གསུམ་བརྩེགས་སུ་བསྒོམ་པ་འདོད་པ་ལ། ཁྲོ་རྒྱུད་ལས་ནི། བདག་ལ་བསྐྱེད་པའི་དམ་ཚིག་སེམས་དཔའ་དང་། དབྱིངས་ནས་སྤྱན་དྲངས་པའི་ཡེ་ཤེས་སེམས་དཔའ་རྣམ་པ་གཉིས། གསེར་ལ་ནག་འཚུར་ཐེབས་པ་བཞིན། གཅིག་ལ་གཅིག་ཐིམ་པའི་གཉིས་མེད་ལས་ཀྱི་སེམས་དཔའ་འགྲོ་བའི་དོན་བྱེད་པའོ། །འོ་ན་གློང་རྒྱས་ལ་ཡང་སྒོམ་འབྲེལ་ལུས་སེམས་ཀྱི་ཏིང་འཛིན་ལས། སྐུ་གསུམ་བདག་ཉིད་ལ་རྫོགས་པ་བསྒོམ་པ་དང་། དེ་གསང་སྔགས་ཀྱི་ཐུན་མོང་མ་ཡིན་པའི་བོན་མ་ཡིན་པ་ཐལ། ཞེ་ན། དེ་ནི་གཙང་མཐོ་ཐོག་སྤྱི་རྒྱུག་གི་བོན་སྡེ་ཡིན་པས། ཕྱི་ནང་གསང་བ་གསུམ་ཆར་སྦྱོར་བའོ། །དམ་རྫས་ལྷ་དང་སྦྱོར་སྒྲོལ་ནི་འོག་ཏུ་འབྱུང་ངོ་། །འོ་ན་མེ་རི་གྱད་ཕྱུར་གསང་སྔགས་མ་ཡིན་པ་ཐལ། མི་ཤ་མི་གསུར་དང་མི་ལྤགས་ཀྱི་བླ་རེས་བཀག་པའི་ཕྱིར་རོ། །འདོད་མི་ནུས་ཏེ། ཕྱི་ཙོ་སྐྱ་ཐེའུ་འདུལ། ནང་ཙོ་མར་དགྲ་འདུལ། གསང་བ་མེ་རི་གྱད་ཕྱུར་དུ་གསུངས་པས་སོ། །ཞེ་ན། དེ་ནི་གཙང་མ་ཞང་ཞུང་གི་བོན་སྡེ་ཡིན་པས། སྡེ་ཚན་དང་སྦྱོད་པ་བསྟུན་པའོ།།

གསུམ་པ་ཞེར་བྱུང་བསྙེན་སྒྲུབ་ལས་གསུམ་གྱི་གོ་དོན་ལ་གསུམ་སྟེ། བསྙེན་པ་དང་སྒྲུབ་པ་དང་ལས་སྦྱོར་རོ། །བསྙེན་པ་ལ་ཡང་གཉིས་ཏེ། རིང་བ་དང་། ཉེ་བའི་བསྙེན་པའོ། །དང་པོ་ལ་བདུན་ཏེ། བཅུད་ལྡན་གྱི་སློབ་དཔོན་དང་། གཞུང་ལྡན་གྱི་རྒྱུད། རིགས་ལྡན་གྱི་གྲོགས། མཚན་ལྡན་གྱི་གནས། འབྱོར་ལྡན་གྱི་ཡོ་བྱད། བྱིན་ལྡན་གྱི་རྫས། སྣོད་ལྡན་མོས་གུས་ཀྱི་བསྙེན་པའོ། །དང་པོ་སློབ་དཔོན་ནི། ཡེ་ཁྲི་དམ་

ཚིག་གི་འཚོང་ལས། ཤེས་རབ་རྒྱུད་ཀྱི་སློབ་དཔོན་དང་། དམ་ཚིག་དབང་གི་སློབ་དཔོན་དང་། མན་ངག་ལུང་གི་སློབ་དཔོན་དང་། གསུམ་ཚང་རྩ་བའི་བླ་མ་ཡིན། གཅིག་ལྡན་གཉིས་ལྡན་བརྟག་བྱའོ། །ཞེས་སོ། །ཡོན་ཏན་ནི་དེ་ལ་འབྲེལ་ཏེ་རྒྱུད་ལ་མཁས་པ་དང་། ཡངས་ཏེ་ལྟ་བ་ལ་མཁས་པ། གོམས་ཏེ་ཉམས་མྱོང་ལ་མཁས་པ། སྒྲུབ་ཐབས་ཕྱག་བཞེས་ལ་མཁས་པའོ། །ཞེས་སོ། །བླ་མ་མི་རུང་བ་ནི་གཉིས་ཏེ། ཉམས་པ་བདུད་ཀྱིས་ཟིན་པ། བར་ཆད་རྐྱེན་དབང་དུ་གྱུར་པའོ། །གཉིས་པ་གཞུང་ལྡན་རྒྱུད་ནི། བདལ་འབུམ། ཕྱི་རིགས་སྔགས། ནང་གསང་སྔགས། གཉིས་ཀ་མ་ཡིན་པ་གཟུངས་སྔགས། དྲག་པོའི་ངན་སྔགས། ཐུགས་རྗེ་རྒྱུན་སྔགས། ཞང་ཞུང་གི་ཐེས་སྔགས། བདུད་བརྩི་སྨན་གྱི་གང་ཤོལ་དང་བདུན། གསང་སྔགས་ལའང་བཞི་སྟེ། ཞི་བ་ཕུན་སུམ་ཚོགས་པ་དང་། རྒྱས་པ་སྐྱུ་དང་ཡེ་ཤེས་སྤེལ་བ། དབང་སྒྱུར་བ་མཆོག་དང་ལྡན་པ། དྲག་པོ་ཐམས་ཅད་སྒྲོལ་བ་དང་བཅུ་པོ་དེ་ལ་རྒྱུད་ཁྲི་ཕྲག་རེ་སྟེ་འབུམ་བཤད་དོ། །བོན་དུ་མི་རུང་བ་གསུམ་སྟེ། ཡེ་ཁྲི་ལས། རྒྱབ་བརྟེན་ལུང་དང་བྲལ་བ། བཅོས་མ་སེལ་བ་དང་། ཡིད་ཆེས་ཁུངས་དང་འཛོལ་བའོ། །གསུམ་པ་རིགས་ལྡན་གྱི་གྲོགས་ནི། ལྟེ་མིག་དགུ་བསྐོར་ལས། དཔའ་བརྟན་ལས་མྱུར་ལས་ཀྱི་གྲོགས། ཚོགས་ཆེན་ཡོན་བདག་རྒྱུའི་གྲོགས། །བཀའ་ཉན་དམ་འབྲེགས་ཉེ་བ་འབངས། །གསུམ་དུ་བཤད་དོ། །དེ་ཡེ་ཁྲི་ལས། ཕྱི་ཡི་མཆེད་འབྱུང་ལྷས་བསྡུས་པའི་སེམས་ཅན་ཐམས་ཅད། ནང་གི་མཆེད་འགྲོ་བ་ལྷ་དང་མི་རུ་སྣང་བ། འདྲེས་པའི་མཆེད་བསྟན་པས་བསྡུས་པ། དེ་ལ་ཡང་གསུམ་སྟེ། བླ་མས་བསྡུས་པ་ཉེ་བ་མཆེད། དབང་གི་བསྡུས་པ་ནང་གི་མཆེད། ཤེས་རབ་བསྡུས་པ་གསང་བའི་མཆེད་དོ། །མ་འདྲེས་པའི་མཆེད་ནི།

གླིང་གིས་བསྡུས་པའོ། །དེ་ལ་ཡང་སྔང་བྱ་ལྡེ་དང་བླང་བྱ་ལྡེ་སྟེ་བཅུར་བཤད་དོ། །བཞི་པ་མཚན་ལྡན་གྱི་གནས་ནི། ཁྲོ་རྒྱུད་ལས་མཚན་ཉིད་བདུན་ཏེ། རྩེ་མོ་བྱུང་རྒྱལ་ཐར་ལམ་འབྱེད་པ། རྩ་བ་བརྟན་ཆགས་ངན་སོང་སྒོ་གཅོད། སྐད་པ་ལྷུན་འཁྱུག་རིན་ཆེན་སྤུངས་པ། བྱ་གཅན་འགྲོ་བ་གནོད་སྦྱིན་འདུ་བ། ཚེར་ཆགས་ཤིང་སྐྱེ་དྲག་པོའི་ལས། མཐོ་བརྟན་དམུ་ལུགས་བརྩན་པ་རྫོགས། རྒྱུ་བོས་འཁོར་བ་ལ་ཚོགས་འདུ་བའི་གནད་བདུན་ལྡན་པར་བཤད་དེ། རྣམ་བཞི་ཐུན་མོང་གི་གནས་སོ། །དྲག་པོའི་གནས་ནི་ཤ་འབལ་ལས། རི་མཐོ་གནག་ལ་ཤིན་ཏུ་གཟར། །བྲག་དང་རྒྱུ་རི་ཕོ་ཛ་སྤུངས། །ངོམ་རི་དུར་ཁྲོད་གནམ་ལྕགས་བ། །ན་བུན་ཁུ་རླངས་རག་ཙ་ཆགས། །ནགས་ཚལ་ཚེར་ཤིང་མང་པོ་སྐྱེས། །ཤ་ཟན་བྱ་རྣམས་རྟག་ཏུ་ལྡིང་། །གཅན་ཟན་གདུག་པ་སྣ་ཚོགས་འདྲིལ། །མཁའ་འགྲོ་འཇིག་རྟེན་ལྷ་འདྲེ་དང་། །མང་དུ་འདུ་ཞིང་གདུག་པ་ཆེ་འདྲ་བའི་གནས་མཆོག་ཏུ། སྒྲུར་བ་གོམས་པའི་བསྙེན་པ་བྱ། ཞེས་སོ།།

ལྡེ་པ་ཡོ་བྱད་ནི། ལྷའི་མཆོད་དང་། གཤེན་གྱི་འཚོ་བ་དང་། གཤེན་སྦྱོད་པ་མེ་རྒྱུ། འཚོ་བ་ཟས་ནད་འདུལ་སྨན། དགྲ་ཐློག་གོ་མཆོན་ནོ།།

དྲུག་པ་རྫས་ནི། ལྷ་བརྟེན་དང་། དགྲ་རྫས་དང་། གཤེན་གྱི་ཆས་གོས་སོ།།

བདུན་པ་སྟོད་ལྡན་སློབ་མ་ནི། མཆོད་ལས། བྱང་ཆུབ་སྤྲོག་ལ་མི་ལྟ་བའི་དད་པ། སློབ་དཔོན་མགོ་ལྟར་ཁུར་བའི་དད་པ། ཁེ་གྲགས་རྒྱལ་ཆོས་མེད་པའི་དམན་སྤྱོད། དཀའ་ཐུབ་འཕྲང་ལ་བཤར་བས་སྦྱོབ་པའོ། །དོན་དང་མི་ལྡན་པའི་སྟོད་ནི། འབྱུང་བཞི་རྒྱུ་ནས་རྒྱུད་པ། ལང་ཚོ་ཡི་དྲི་མས་ཡོག་པ། བསླབ་ཉེས་དོན་ལ་བྲེད་པ། བདུད་ཕྱིར་ཡ་ག་གཅིག་ཕྱིར་སློབ་པའོ། །ཞེས་བཤད་དོ།།

གཉིས་པ་ཉེ་བསྙེན་ནི། དེ་ལྟ་བུ་རྩ་བའི་ལྷ་གཙོ་བོ་ལ་བསྙེན་པའོ། །གཉིས་ན་སྒྲུབ་ཐབས་མེས་སྲོམ་ནི། སྒྲུབ་པ་ཡིན་ལ། ཡོངས་རྫོགས་ནི་སྒྲུབ་པ་ཆེན་པོའོ། བསྒྲུབ་པའི་ཡན་ལག་བཅོ་བརྒྱད་ནི། དང་རམ་ལས། དཀྱིལ་འཁོར་བཞི་ཡི་སྒྲུབ་པ་དྲུག རྡོ་མཚར་ལམ་གྱི་སྒྲུབ་པ་དྲུག འབྲས་བུ་དབང་གི་སྒྲུབ་པ་དྲུག གཞུང་གི་སྐབས་ལ་འདོད་པའོ། །དུང་ཕོར་ལས་ནི། མི་ནུབ་རྒྱལ་མཚན་ཆེ་ཡི་སྒྲུབ་པ། ཡེ་ཤེས་རལ་གྲུ་ཤེས་རབ་ཀྱི་སྒྲུབ་པ་ལ་སོགས་ཡན་གར་དུ་འདོད་པའོ། །གསུམ་པ་ལས་སྦྱོར་ནི་ཞི་རྒྱས་དབང་གི་ལས་སྦྱོར་ནི། ཚེ་ནོར་དབང་གསུམ་མངོན་ཤེས་ལ་སོགས་པ་ཡང་ཡིན་ལ། དྲག་པོའི་ལས་སྦྱོར་ནི། རྫུ་འཕྲུལ་བཅུ་གསུམ་དུ་བཤད་པ་ལས་ཐིག་ལེ་ནི། གཞུང་སྐབས་སུ་འདོད་ཀྱང་། བསྲུང་བཟློག་བསད་གསུམ་མནན་སྲེགས་འཕོང་གསུམ། འབོད་ཐད་བསད་གསུམ། དབབ་གཅད་ཚེ་འཕྲུལ་གསུམ། འགུགས་གཟིར་གཉིས་དང་བཅུ་གསུམ་མོ།།

གསུམ་པ་གསང་བ་སོ་སོ་ཡི་དོན་ལ་གསུམ་སྟེ། དངོས་བསྐྱེད་པ་དང་། ཀུན་རྫོགས་པ་དང་། རྫོགས་པ་ཆེན་པོའོ། །དང་པོ་ལ། འགྲེལ་ལས། དེ་ལས་ནང་། དངོས་བསྐྱེད་ཐུགས་རྗེ་རོལ་བའི་ཐེག་པ་ནི། །ཞེས་པས། ལྷ་ཐིག་ལེ། དེ་ལས་ཡིག་འབྲུ། དེ་ལས་ཕྱག་མཚན། དེ་ལ་བསྐྱེད་པ་དངོས་བསྐྱེད་དེ། གཞན་དོན་ནྲབས་ཅན་མ་འགག་པར་སྤྱོད་པ་ཐུགས་རྗེ། སྦྱོར་སྒྲོལ་ཐབས་ཁྱད་པར་ཅན་ལ་རོལ་པས་རོལ་པའོ། །དེ་ནི་ངོ་བོ་ངེས་བཟུང་བའོ།།

ཡན་ལག་དབྱེ་བ་བདུན་ཏེ། ལྟ་བ་དམ་ཚིག བསྒོམ་སྒྲུབ། འཕྲིན་ལས། འབྲས་བུ། ལ་ཤན་ནོ། །དང་པོ་ལྟ་བ་ལ། དོན་དམ་ཀུན་རྫོབ་གཉིས་མེད་ཀྱི། །ལྷག་པའི་བདག་ཉིད་ཆེན་པོ་མཉམ་པ་ཉིད། །ཅེས་པ་དེ་ལ་གཉིས་ཏེ། བཀོར་བདུན་ལྡན་འགྲུབ་དང་།

དོན་དམ་རྣམ་གསུམ། ལྷག་པའི་བདེན་གསུམ་མོ། །དང་པོ་ནི་འགྲེལ་ལས། དེ་ལ་ལྷ་བ། ཐབས་དང་ཤེས་རབ། དབྱིངས་དང་ཡེ་ཤེས། དོན་དམ་ཀུན་རྫོབ། གཉིས་སུ་མེད་པའི་བདག་ཉིད་ཆེན་པོ་འདོད་དེ། སེམས་ཉིད་རང་རིག་པ་ཐམས་ཅད་དུ་རྒྱལ་མ་འགག་པ་སྣང་བ་ནི་ཐབས། དེ་ཉིད་ངོས་སམ་ཕྱོགས་ཀྱིས་སྟོང་པ་ནི་ཤེས་རབ། དེ་ལ་བོན་སྣ་ཚོགས་པ་ཐམས་ཅད་ཀྱི་གཞི་གྲུབ་སྟེ་འབྱུང་བ་ནི་དབྱིངས། དེ་ཉིད་བོན་ཉིད་ཐམས་ཅད་ཡེ་ནས་ཉིད་དུ་ཤེས་ཤིང་སྒྲིབ་པ་ཡེ་ནས་བྲལ་བས་ཡེ་ཤེས། བཀོར་བདུན་ལྔུན་གྱིས་གྲུབ་པས་དོན་དམ། ཡེ་ཤེས་ཀྱི་སྣང་བ་ལྷ་དང་ལྷ་མོའི་དཀྱིལ་འཁོར་དུ་ཤར་བ་ཀུན་རྫོབ། དེ་ལྟར་ཐ་སྙད་དུ་བཏགས་པ་ཐམས་ཅད་རང་གི་སེམས་ཉིད་ལས་མི་གཞན་པས་བདག་ཉིད་ཆེན་པོ་ཞེས་བྱའོ། །ཞེས་སོ། །ཡེ་ཁྲི་ཡི་སྒྲི་རྒྱུད་ལས། སྐུ་དང་གསུང་དང་ཐུགས་དང་ནི། །ཡོན་ཏན་དང་ནི་འཕྲིན་ལས་དང་། །གཉིས་སུ་མེད་དང་བདག་ཉིད་ཆེ། །དེ་བདུན་རྫོགས་པའི་འབྲས་བུ་ཆེ། །ཞེས་པ་ཡང་སྣང་ངོ༎

གཉིས་པ་དོན་དམ་རྣམ་གསུམ་གྱི་འགྲེལ་ལས། གཞན་ཡང་དེའི་ཆ་ནས་དོན་དམ་གསུམ་དུ་འདོད་དེ། རང་བཞིན་དོན་དམ་པ་དང་། ཡེ་ཤེས་དོན་དམ་པ་དང་། འབྲས་བུ་དོན་དམ་པའོ། །དེ་ལ་དང་པོ་ནི་འཁོར་དང་མྱ་ངན་ལས་འདས་པའི་བོན་སྣ་ཚོགས་སུ་འདུག་པ་འདི་དག་ཐམས་ཅད། སེམས་ཉིད་ཅི་བཞིན་པ་མ་བཅོས་པའི་ངོ་བོ་ཉིད་ཡིན་པའོ། །གཉིས་པ་ནི། དེ་ལྟར་ཡིན་པ་སུས་ཤེས་ཤེ་ན། བོན་ཐམས་ཅད་རང་རིག་གིས་ཀྱང་ཤེས་ལ། བོན་ཉིད་སེམས་ཉིད་ཅིས་ཀྱང་དེ་ལྟར་ཡིན་པར་ཤེས་པའོ། །དེའི་ཕྱིར་རང་རིག་པ་བྱང་ཆུབ་ཀྱི་སེམས་ཞེས་བྱའོ། །གསུམ་པ་ནི། དེ་ལྟར་ཡིན་པ་ལ་ཡིན་པར་ཤེས་ཙམ་ན། སྣང་བ་དང་གཟུགས་ཐམས་ཅད་སྐུ། སྟོང་པ་དང་

སྒྲ་ཐམས་ཅད་གསུང་། གཉིས་མེད་དང་དྲན་རྟོག་གི་ཤེས་པ་ཐམས་ཅད་ཐུགས། དེ་ལྟར་སྐུ་གསུང་ཐུགས་མི་ཟད་རྒྱན་གྱི་འཁོར་ལོ་ཡེ་ནས་ལྷུན་གྱིས་གྲུབ་པའོ། ཞེས་པས། སྣ་ཚོགས་སུ་སྣང་བ་སེམས་ཀྱི་རྟགས་པས་སེམས། སེམས་སྤྲོས་པ་དང་བྲལ་བ་སེམས་ཉིད། དེ་བོན་ཐམས་ཅད་ཀྱི་ཤེས་ཏེ། བོན་ཐམས་ཅད་རིག་པར་གནས་པས། དེ་རང་རིག་བོན་ཉིད་སེམས་ཉིད་ཀྱང་དབྱིངས་སུ་རྒྱ་མ་ཆད་དེ་ཡེ་ཤེས་རང་གསལ་ལོ།།

གསུམ་པ་ལྷག་པའི་བདེན་གསུམ་ནི། འགྲེལ་ལས། གཞན་ཡང་དེའི་ཆ་ནས་ལྷག་པའི་བདེན་པ་གསུམ་དུ་ཡང་འདོད་དེ། ལྷག་པའི་ཀུན་རྫོབ་དང་། ལྷག་པའི་དོན་དམ་དང་། ལྷག་པའི་དབྱེར་མེད་དོ། །དེ་ལ་ཐེག་པ་གཞན་ལས་དོན་དམ་ཁྱད་པར་འཕགས་ཏེ། ལྷག་པ་འཛོག་པའི་རྒྱུ་མཚན་ནི། ཐེག་པ་གཞན་དོན་དམ་ཞེས་བྱ་བ། རང་བཞིན་མེད་པ་སྤྲོས་པ་དང་བྲལ་བ་མི་རྟོག་པ་འབའ་ཞིག་ཏུ་འདོད་དེ། གསང་སྔགས་འདིའི་ལུགས་ཀྱི་དོན་དམ་པ་ནི། སེམས་ཉིད་རང་བཞིན་མ་བཅོས་པ་ཅིར་ཡང་མ་གྲུབ། མི་སྣང་བ་མ་ཡིན། ཅིར་ཡང་མ་ཡིན་པ་ཉིད་བོན་ཉིད་ཐམས་ཅད་ཀྱི་ངོ་བོ་ཉིད་ནི་རང་སྣང་ལ། དཔེར་ན་ཉི་མ་ཉིད་འོད་ཟེར་དུ་འབྱུང་བ་ཉིད་བཞིན་ནོ། །དེ་ཡིས་ཆ་ནས་བཀོར་བདུན་ལྷུན་གྱིས་གྲུབ་པ་ཉིད་དོ། །དེའི་ཕྱིར་ཁྱད་པར་དུ་འཕགས་པའོ། །ཞེས་པས། ཀུན་རྫོབ་ལྷག་པར་འཛོག་པའི་རྒྱུ་མཚན་ནི། ཐེག་པ་འོག་མ་བས། བསླུ་བ་མི་བདེན་པ་རེས་ཤིག་གི་ཚད་མས་གྲུབ་པ། རེས་ཤིག་གི་དོན་བྱེད་ནུས་པ་ཙམ། མདོར་ན། སྣང་སྲིད་འདི་དག་ཀུན་རྫོབ་སྣེ་འཁྲུལ་པ་འདོད་པ་ལས། གསང་སྔགས་འདིའི་བཞེད་ཀྱི་ཀུན་རྫོབ་ཏུ། སྣང་སྲིད་འདི་ཉིད་ཡེ་ཤེས་ཀྱི་རོལ་པ་རང་སྣང་བ་ཡིན་པས། ལྷ་དང་ལྷ་མོའི་དཀྱིལ་འཁོར་དུ་ཡེ་ནས་མཉམ་པར་རྫོགས་པར་བཞེད་དེ། དེའི་ངང་ལས་འཁོར་བ་མེད་པ་བཞེད་དོ། །

དེ་བརྒལ་བ། འོ་ན་ད་ལྟ་འཁོར་བ་འདུག་པའི་མངོན་སུམ་དུ་འགལ་ལོ། །ཞེ་ན། ཁྱེད་ཐུགས་རྗེ་སེམས་དཔའ་དང་གཡུང་དྲུང་སེམས་དཔའི་ལུགས་ཀྱིས། བོན་ཐམས་ཅད་རང་བཞིན་མེད་པ་དང་། སེམས་རིག་པ་ཙམ་ཡིན་ཞེས་པ་དེ་ཡང་། ད་ལྟ་བོན་ཐམས་ཅད་གཟུགས་དངོས་སུ་གྲུབ་པ་དང་། རང་བཞིན་ཡོད་པར་འདུག་པའི་ཁྱེད་ཀྱི་འདོད་གཞུང་གཏིང་ནས་ཉམས་པར་འགྱུར་རོ། །ཞེས་བྱའོ། །ཡང་གསང་སྔགས་པའི་ཐེག་པ་ནས་ཀྱང་། སངས་རྒྱས་ཡིན་ཞེས་པ་འདི་མངོན་སུམ་དུ་འགལ་ཏེ། ད་ལྟ་སངས་མ་རྒྱས་པར་འདུག་པའི་ཕྱིར། ཞེ་ན། ཡང་གོང་དང་མཚུངས་སོ། །འོ་ན་ཡེ་སངས་རྒྱས་ན་ལམ་བསྟན་ཅིང་སྒྲུབ་པ་ལ་དགོས་པ་མེད་པར་འགྱུར་རོ་ཞེ་ན་མ་ཡིན་ཏེ། མ་རྟོགས་པར་རྟོགས་པ་བྱ་དགོས་པ་ཡོད་དེ། འོ་ན་ནི་སངས་རྒྱས་སུ་མ་རྟོགས་པའི་ཕྱིར། ཡེ་སངས་རྒྱས་པ་མ་ཡིན་པར་འགྱུར་རོ་ཞེ་ན། མ་ངེས་ཏེ། རང་བཞིན་ཡེ་ཅི་བཞིན་པའི་སངས་རྒྱས་ཡིན་ཡང་། དེ་མ་རྟོགས་པའི་རྟོགས་པ་བྱ་དགོས་ཏེ། དཔེར་ན་རྒྱལ་པོའི་ཕྲུ་གུ་རྒྱལ་པོར་མ་རྟོགས་པ་གཞན་དུ་རྒྱལ་པོ་མ་ཡིན་པ་བཞིན་ནོ། །དེ་ནི་ལྷག་པའི་དོན་དམ་བཤད་པའོ། །ཞེས་པས། སྟོན་རྒྱལ་པོ་ཀུན་ལ་དབང་བསྒྱུར་གྱི་སྲས་གཅིག ཡབ་ཡུམ་ངོ་འཚོས་པ་ལ་དམངས་གསེབ་ཏུ་འཁྱམས་པ་ལ། ཕྱིར་མི་དབང་བཙན་མཚན་མཁན་གྱིས་ཁྲུམས་ཏེ་ཚན་གྱིས་བསང་ནས་རྒྱལ་སར་བཏོན་ཅིང་སྟོད་གཅིག་རྒྱལ་པོ་གྱུར་པའི་གཏམ་རྒྱུད་ལྟ་བུའོ། །འགྲེལ་ལས། དབྱེར་མེད་ལྷག་པར་འཛིན་པའི་རྒྱུ་མཚན་ནི། འོག་མ་བས་བདེན་གཉིས་ཕྱོགས་རེ་ཙམ་ལས་མ་ཤེས་ཏེ། འདིས་ནི་ཅིར་ཡང་མ་ཡིན་པ་ཉིད་ཅིར་ཡང་སྣང་། ཅིར་ཡང་སྣང་བ་ཉིད་ཅིར་ཡང་མ་ཡིན་ཏེ། སོ་སོ་ཐ་དད་ཀྱི་མཚན་ཉིད་དང་མི་ལྡན་པའི་ཕྱིར། ཕྱོགས་སུ་མི་ལྟ་བའི་ཁྱད་པར་དུ་འཕགས་པའོ། །གཡུང་

བྱང་སེམས་དཔའ་ཡང་གཉིས་མེད་དུ་ལྟ་ཞེ་ན། ཁྱོད་ཀྱི་དེ་ཐ་སྙད་བདེན་པ་གཉིས་མེད་དུ་བཤད་པ་ཡོད་སྲིད་ཀྱང་། མཐར་ཐུག་གི་ལྟ་བས། དོན་དམ་བདེན་པ་སྤྲོས་བྲལ་རང་བཞིན་མེད་པ་འདོད་པ་ཡིན་ཏེ། གཉིས་མེད་ལ་འགལ་བ་འདུས་པའི་ཕྱིར་དང་། སྣང་བ་སྐྱོན་དུ་བལྟས་ནས་རྟོགས་པ་གཉེན་པོས་འགོག་པའི་ཕྱིར་རོ། །དེ་ལྟར་ལྟ་བའི་ཁྱད་པར་འཕགས་པ་ཡིན་ནོ། །ཞེས་པས། ལྷག་པའི་དབྱེར་མེད་ཀྱི་དོན་ནི། གཞིའི་བམ་པོ་ལས། དང་པོ་བདེན་པ་རྣམ་གཉིས་པོ། །ཕྱོགས་རེ་ཙམ་ལས་དངོས་མེད་དོ། །འདི་ཉིད་རྩ་བ་སེམས་ཉིད་ཀྱི། །རྣམ་འཕྲུལ་མ་འགགས་པ་ཡི་ཆ། །དངོས་མེད་སྟོང་ཉིད་རང་བཞིན་གཉིས། །གཅིག་ཚོད་དུས་ནི་དབྱེར་མེད་པའོ། །ཞེས་དང་། སྒྱུ་པ་འཕྲུལ་དགའི་ལྟ་འདྲ་སྟེ། །རང་གི་ལུས་ལ་མངོན་སྤྲུལ་ཀྱང་། །ངོ་བོ་གཅིག་སྟེ་མཚོན་པའོ། ། ཞེས་སོ།།

གཉིས་པ་དམ་ཚིག་གི་འགྲེལ་ལས། བསྲུང་བའི་དམ་ཚིག་ནི། དམ་ཚིག་སྒོ་གསུམ་གྲངས་མེད་མ་ཉམས་སྲུང་། རྩ་བ་དང་ཡན་ལག་གི་དམ་ཚིག་བསྲུང་སྟེ། རྩ་བ་ནི་མཉམ་པ་ཉིད་ལ་གནས་པ་དང་། ཡི་དམ་གྱི་ལྷ་བསྒོམ་པ་དང་། དེའི་འཛབ་དང་ཕྱག་རྒྱ་རྒྱུན་དུ་དྲང་བ་དང་། བོན་གསང་སྔགས་ཀྱི་སྤྱོད་པ་ལ་བུ་གཅིག་ལྟར་བརྩེ་བ་དང་། ལྟ་སྤྱོད་ཐྲང་པོ་གཞན་ལ་མི་བསྒྲགས་པའོ། །ཡན་ལག་ཏུ་དྲུག་ལྔ་དང་། དམ་རྫས་ལྔ་དང་། སྦྱོར་སྒྲོལ་ལ་སོགས་པ་ཐབས་ཀྱིས་ཟིན་པར་བྱའོ། །ཞེས་པས། མདོ་འགག་དམ་པར་བསྲུང་ཞིང་། མ་ཉམས་ན་སྡིག་སྒྲིབ་ཚིག་ལ། ཉམས་ན་རྒྱུད་ཚིག་པས། དམ་ཚིག་སྟེ། དབྱེ་ན་ཐུན་མོང་མ་ཡིན་པ་ཉེར་ལྔ། ལོ་མ་འབུམ་སྟེ། ཐུན་མོང་གི་དམ་ཚིག་སུམ་ཅུའོ། །སུམ་ཅུ་གོང་དུ་བཤད་ཟིན་ནོ། །འབུམ་སྡེ་གཞན་དུ་གསལ། ཐུན་མོང་མ་ཡིན་པ་ཉེར་ལྔ་ནི། ལྟ་བོན་སྣང་ལྡན་གྱི་རབ་དབྱེ་ལས། རྩ་བ་ལྔ་དང་། སྤྱོད་པ་ལྔ། མི་སྤང་དང་དུ་བླང་བ་ལྔ། ཤེས་བྱ་

ལྷ་དང་སྒྲུབ་བྱ་ལྷ། གསང་བ་སྔགས་ཀྱི་དམ་ཚིག་གོ །ཞེས་པས། དེ་ལ་རྩ་བ་ལྔ་ལས། སྟོང་ཉིད་གནས་པ་ལམ་གྱི་རྩ་བ། ཡི་དམ་བསྒོམ་པ་བྱིན་རླབས་ཀྱི་རྩ་བ། སྔགས་འཛབ་ནུས་པའི་རྩ་བ། གསང་སྔགས་སྤྱོད་པ་སྤྱི་དམ་གྱི་རྩ་བ། ཨུ་ཡ་དངོས་གྲུབ་ཀྱི་རྩ་བའོ། །སྤྱོད་བྱ་ལྔ་ནི། སྦྱོར་སྒྲོལ་འཁྲུང་དོག་རྫུན་ཚིག་ལྔ་ཡང་གཞན་དོན་དུ་སྤྱོད་པའོ། །མི་སྤང་བ་ལྔ་ནི། འདོད་ཆགས་ཞེ་སྡང་གཏི་མུག་ང་རྒྱལ་ཕྲག་དོག་ལྔ་ཡང་། རིམ་པ་ལྟར་གསལ་མཁར་དང་། སྔགས་དང་། དཔོན་གསས་དང་། ལྷ་དང་། དངོས་གྲུབ་ཀྱི་རྩ་བ་ཡིན་པས་མི་སྤང་བའོ། །དང་དུ་བླང་བ་ལྔ་ནི། དྲི་ཆེན་དྲི་ཆུ་དམར་ཆེན་ཟིལ་པ་མང་ས་འགའ་ཡང་ཡེ་ཤེས་ལྔའི་ངོ་བོ་ཡིན་པས་དང་དུ་ལེན་པའོ། །ཤེས་བྱ་ལྔ་ནི། ཕུང་པོ་ལྔ། འབྱུང་བ་ལྔ། ཁ་དོག་ལྔ། ཡུལ་ལྔ། དབང་པོ་ལྔ། རྣམ་ཤེས་ལྔ། རིགས་ལྔ། ཡེ་ཤེས་ལྔ། ཡབ་ལྔ། ཡུམ་ལྔ་སྦྱོར་བ་ཡིན་ཏེ་སླའོ། །བསྒྲུབ་བྱ་ལྔ་ནི། གཡུང་དྲུང་ལས་སོགས་རིགས་ལྔའི་འབྲས་བུ་ཐོབ་པར་བྱ་ཕྱིར་བསྒྲུབ་པའོ། །དེ་ཡང་པདྨ་ཅན་པདྨ་རིགས་ཀྱི་ཡུམ། དུང་ཅན་གཡུང་དྲུང་རིགས། རི་མོ་ཅན་བདེ་གཤེགས་རིགས། བ་གླང་ཅན་རིན་ཆེན་རིགས། ལྷུག་མ་ལས་ཀྱི་རིགས་ཀྱི་ཡུམ། ཉམས་པའི་རྒྱུ་ནི། རྒྱུ་ནི་སོ་སོ་སྐྱེ་བོ་དང་། ལྷ་མི་ལས་སོགས་ཐེག་དམན་དང་། གསང་སྔགས་མ་སྨིན་སློབ་འབང་དང་། །སྡིག་ཅན་སྒྲོ་བསྐུར་བཅས་པ་དང་། །རེས་འཇུག་རེས་ལྡོག་དམ་ཉམས་དང་། །བླ་མའི་ཞིང་སྐྱོད་བྱེད་པ་དང་། །དམ་ལ་མ་ཐོག་དམ་མ་འདྲེས། །གསང་སྔགས་ཟབ་མོ་འཕེན་ཟོང་བྱེད། །བཀའ་ལ་ར་ཚོད་བབ་ཆོལ་བྱེད། །མཐུ་ཟློག་མཐུ་སླ་རང་བཟོ་བྱེད། །རང་རྒྱུད་ཐ་མ་བློ་མ་འགྱུར། །དགེ་སྡིག་སྤེལ་ཞིང་གསང་སྔགས་སྤྱོད། །ལྷ་མི་བསྒོམ་ཞིང་སྔགས་ལ་གཡེལ། །ཟབ་དོན་མི་བསྒོམ་འཁྲུལ་ཕྱིར་འབྲང་། །མཆེད་གྲོགས་གོང་མ་འཁྲུགས་བྱེད་པ། །དམ་ཚིག་ཉམས་པའི་རྒྱུ་རུ་བཤད། །ཅེས་སོ། །དཔལ་

མོ་ལས་ཐེག་འཕྲིན་ལས་རྒྱུད་ལས། ཐེག་པ་དམན་པའི་དམ་ཚིག་ནི། །དཔེར་ན་ཞྭོན་ཤིང་ཚིག་ན་ཡ་ག་ལོ་འདབ་མི་འབྱུང་ལྟར། །གསོ་ཐབས་ཡོད་པ་མ་བཤད་དེ། །ཨ་དཀར་གསང་བའི་དམ་ཚིག་ནི། །རིན་ཆེན་བུམ་པ་ཞུམ་པ་འམ། །མེ་ལོང་གཡའ་ཡིས་སྒྲིབ་པ་ན། །བསྲང་ཞིང་ཕྱིས་པས་སོབ་པར་ལྟར། །ལྟ་སྤྱོད་བསྒོམ་པ་ཐབས་ཅན་གྱིས། །མཆོད་ཚོགས་བཤམས་ནས་བསྲུང་ན་ནི། །ཉེས་ལྟུང་མེད་པ་ང་ཡིས་བཤད། །ཅེས་སོ། །ཐམས་མཉམ་ལྷའི་དཀྱིལ་འཁོར་བསྒོམ། ཟིན་པའི་སྦྱོར་སྒྲོལ་ནི། ལྟུང་བའི་རྒྱུ་དེ་མ་ཏཻ་པའི་གཏམ་རྒྱུད་ལྟ་བུའོ།།

གསུམ་པ་བསྒོམ་པའི་རིམ་པ་ནི། འགྲེལ་ལས། བསྒོམ་པའི་རིམ་པ་ནི། ཏིང་འཛིན་རིམ་པ་བཞི་ལྕེ་གསུམ་བསྒོམ་ནས། །བདག་ཉིད་ཆེན་པོ་ལྷ་ཡི་དཀྱིལ་འཁོར་བསྒོམ། །དེ་ལྟ་བ་མཉམ་པ་ཉིད་དུ་རྟོགས་ནས། བློ་མི་གཡོ་བ། ཅི་བཞིན་པའི་དོན་ལ་བློ་དེ་བཞིན་པར་བཞག་སྟེ། མཚན་མ་ཐམས་ཅད་འགེགས་ཀྱང་མི་འགེགས་ལ་རྗེས་སུ་མི་འབྲེང་བསྒོམ་པའོ། །ཞེས་པས་ལྕེ་ལྟར་ན། ཅི་ཡང་མ་ཡིན་པ། དེ་བཞིན་ཉིད། ཀུན་ཏུ་སྣང་། རྒྱུ། ཡོངས་སུ་རྫོགས་པའོ། །གསུམ་པ་ལྟར་ན་བར་མ་གསུམ་དུ་བསྡུད་པའོ། ། བཞི་ལྟར་ན་གོང་མ་དོར་བའོ། །བདག་ཉིད་ལས་སོགས་པ་གོང་དུ་བཤད་ཟིན་ནོ། །ཞི་ཁྲོ་གཉིས་ལ་ཞི་བ་ཚངས་པའི་ཚུལ་དགུ། ཞི་རྒྱན་བཅུ་གསུམ་གྱིས་སྤྲས་པ། ཁྲོ་བོ་ནི་རྒྱས་པ་གར་གྱི་ཉམས་དགུ། དུར་ཁྲོད་ཀྱི་ཆས་བརྒྱད་དང་ལྡན་པའོ། །ཚུལ་དགུ་ནི་ལྷུན་བཅུ་གསུམ་དང་མཐུན་ལ། རྒྱན་བཅུ་གསུམ་ནི། དབུ་རྒྱན། སྙན་ཆ། དཔུང་རྒྱན་གསུམ། མགུལ་རྒྱ། དོ་ཤལ། སེ་མོ་དོ་གསུམ། ཕྱག་གདུབ། ཞབས་གདུབ། ཆུན་འཕྱང་གསུམ། སྟོད་གཡོག སྨད་ཤམས། གདན་ཁྲི་གསུམ། གུར་ཡོལ་དང་བཅུ་གསུམ་མོ། །གར་གྱི་ཉམས

དགུ་ནི། གཉེན། ལྟུག འཁྲིལ་ལྷན། ཁྲོ། བཞད། ཇམས། གཤེ། གཏུམ། འཁྱིང་བའོ། །དུར་ཁྲོད་ཆས་བརྒྱད་ནི། གླང་ཆེན་གོ་ཞྭན། ཞིང་ཆེན་སྟོད་གཡོག སྟག་གི་སྨད་གཡོག ཐོད་སྐམ་དབུ་རྒྱན། ཐོད་རློན་དོ་ཤལ། ཁྲག་གི་སོ་རིས། ཞག་གི་ཐིག་ལེ། ཐལ་ཆེན་ཚོམ་བུ་དང་བརྒྱད་དོ། །སྤྲུལ་རིགས་ལྷ་ཡི་རྒྱན་དང་དགུའོ། །ཞི་ཁྲོ་རྩ་འགྲེལ་ལས་ནི། ཞི་བ་ལ་ལྷུན་བཅུ་གསུམ་ནི། ཐུགས་བརྩེ་བ། སྐུ་གཞོན་པ། ཤ་རྒྱས་པ། མདོག་འཛུམ་པ། ལྷུན་ཆགས་པ། མཛེས་པའི་ཤ་རྫོགས་པ། ཀུན་གྱི་ཡིད་འཕྲོག་པ། ཞི་དེས་པ། ཚད་མེད་བཞི་དོན་བརྗོན་པ། ཕྱོགས་རིས་བྲལ་དང་བཅུ་གསུམ་མོ། །ཁྲོ་བོ་ལ་འབར་བ་བཅོ་བརྒྱད་ནི། སྐུ་རགས་ཅིང་གཏུམ་པོ་འབར་བ། གསུང་ང་རོ་དྲག་གཏུམ། ཐུགས་རྗེ་ཁྲོ་གཏུམ། ཡོན་ཏན་སྨུར་གཏུམ། ཕྲིན་ལས་བྱ་རྩལ་གཏུམ་པོ། རྒྱན་ཆས་འཇིགས་བྱེད་གཏུམ་པོ། ཡབ་ཡུམ་འཁྲིལ་སྦྱོར་ཆགས་མེད། འཁོར་རྣམས་ཐུགས་རྗེ་མཐུ་སྟོབས། ཐོ་ཉ་དྲག་ཤུལ། དབང་ཆེན་གཞལ་ཡས་མི་ཤིག བསྐལ་པ་མེ་ལྟར་དུས་མཐའ། བོན་ཉིད་ཁྲོ་གཏུམ་མི་ཟད། སྟོང་པ་བཅོ་བརྒྱད་རྫུ་འཕྲུལ། གསལ་མཐོང་མངོན་པ་ཡེ་ཤེས། དབྱིངས་ལ་ཡེ་ཤེས་ལྷའི་གཙོ་བོ་ལྷ་ཏྲུ། མཁའ་ལ་བ་ག་ལྷ། ཡབ་ཡུམ་ལྷ་ཡི་གཙོ་བོ་ཏྲུ། གློང་ནས་ཡབ་ཡུམ་གཉིས་མེད། གཏུམ་པོ་འབར་བའོ། །ཞེས་སོ། །གཏུམ་པོ་འབར་བ་ཀུན་ལ་འགྲེས་སོ། །ཞི་བའི་ཡུམ་འཛུམ་གཟིགས། ཁྲོ་མོའི་ཡུམ་རྣམས་རོལ་པའོ། །ཞེས་སོ།།

བཞི་པ་སྒྲུབ་ཐབས་ནི། འགྲེལ་ལས། སྒྲུབ་པའི་ཐབས་ནི། རྫོགས་པ་དང་ནི་ཏིང་ངེ་འཛིན་སྒོ་ནས། སྐུ་གསུང་ཐུགས་ཀྱི་དངོས་གྲུབ་ཐོབ་པར་སྒྲུབ། དམ་རྫས་ཁྱད་པར་ཅན། ཡོ་བྱད་རྣམ་ལྔ་ལས་སོགས་པའི་ཏིང་འཛིན་རྣམ་པ་དྲུག་གི་སྒོ་ནས་གྲོལ་བའི་ལམ་དུ་སྒྲུབ་པ་དང་། ཡུམ་མཚན་དང་ལྡན་པ་ལ་བརྟེན་ནས་རྩ་དང་ཐིག་ལེ་ཡེ་ཤེས་

ཀྱི་དཀྱིལ་འཁོར་དུ་གསལ་བ་བྱས་ཏེ་ཐབས་ཀྱི་ལམ་དུ་སྒྲུབ་པའོ། །ཞེས་པ། གསང་སྔགས་གསུམ་ཆར་གྱི་ལུགས་ཀྱིས། ལམ་དུ་སྐྱེ་ལུགས་གྱེན་དུ་འདོད་དེ། གཞིའི་བམ་པོ་ལས། སེམས་བསྐྱེད་པའི་ཚུལ་ཀྱང་ཡིན། །ལམ་གྱི་དབྱེ་སྒོ་ཞེས་ཀྱང་བྱ། །གདུལ་བྱ་བློ་ཡི་ཐ་དད་པའོ། །དབང་དུ་གྲོལ་ལམ་ཐབས་ལམ་ལྟར། །སེམས་ནི་སྐྱེ་བ་དག་དང་གཅིག །གདུལ་བྱའི་བློ་ནི་ཆེ་ཆུང་གི། །དབང་དུ་རིམ་དང་གཅིག་ཆར་དུ། །སེམས་ནི་སྐྱེ་བ་དག་དང་གཉིས། །རིམ་ལས་སྤང་དང་མ་སྤང་སྟེ། །དབང་དུ་ཐོད་རྒལ་མཐར་ཆགས་ལྟར། །སེམས་ནི་སྐྱེ་བ་དག་དང་གསུམ། །ཞེན་པ་དག་དང་མ་དག་གི། །དབང་དུ་ཟག་བཅས་ཟག་མེད་ལྟར། །སེམས་ནི་སྐྱེ་བ་དག་དང་བཞི། །ཏིང་འཛིན་གསལ་དང་མི་གསལ་གྱི། །དབང་དུ་མོས་བསྒོམ་ཡོངས་རྫོགས་ལྟར། །སེམས་ནི་སྐྱེ་བ་དག་དང་ལྔ། །རང་སྟོབས་དང་ནི་གཞན་སྟོབས་ཀྱི། །སྒོ་ནས་ཤེས་རབ་གདམས་ངག་ལྟར། །སེམས་ནི་སྐྱེ་བ་དག་དང་དྲུག །བོན་ཉིད་ཕྱག་རྒྱ་ལམ་བྱེད་པའི། །དབང་དུ་མཚན་བཅས་མཚན་མེད་ལྟར། །སེམས་ནི་སྐྱེ་བ་དག་དང་བདུན། །ཐུགས་རྗེ་གདུལ་དང་གདུལ་དཀའ་དག །དབང་དུ་ཞི་དང་ཁྲོ་བོ་ལྟར། །སེམས་ནི་སྐྱེ་བ་དག་དང་བརྒྱད། །མགོ་འགྲེལ་ལྟག་སྦྱོར་ཤེས་པར་བྱ། །ཞེས་སོ། །དེ་ཡང་ཉོན་མོངས་པ་སྒྲིབ་ལེན་གྱི་ཞེན་པ་ཅན་ལ་ཐབས་ལམ། སྒྲིབ་ལེན་ཆུང་བ་ལ་གྲོལ་ལམ་བསྟན་ཏེ། དེ་ལ་ཉོན་མོངས་ཤས་ཆེ་ཆུང་གང་ཟག་ལ། །ལྟ་བསྟན་ཉོན་མོངས་སྤང་ལ་བསྒོམ། །ཉོན་མོངས་ཡེ་ཤེས་ལམ་དུ་འགྱུར། །ཉོན་མོངས་ཤེས་ཆེར་སྤྱོད་གཙོར་བྱས། །བོན་ཉིད་དོན་དང་མི་འབྲལ་བར། །བསྒོམ་པའི་ཐབས་ཀྱི་ལམ་དུ་འགྱུར། །ཅེས་པས། བསྐྱེད་རྫོགས་གཉིས་ཀྱང་། དེ་ལས་གང་ཟག་བློ་ཆེའི་ཤེས་པ་ལ། །ཐིག་ལེ་སྙིང་པོ་ཡི་རྫོགས་བསྟན། །དེ་ཉིད་དོན་ལ་གནས་པའི་ལམ། །དེ་དོན་མི་

ཤེས་གཟུང་སོ་ལྔ། །བསྐྱེད་རྫོགས་རིམ་པ་གཅོར་བསྒོམ་ནས། །གོང་ནས་གོང་དུ་འཕར་བའི་ལམ། །ཞེས་སོ། །དེ་ལ་གྲོལ་ལམ་ལ། བསྐྱེད་རིམ་གྱི་ཏིང་འཛིན་རྣམ་པར་དག་ནི། ཐོན་ཐམས་ཅད་སྟོང་ཞིང་བདག་མེད་དུ་རྟོགས་པ་དེ་བཞིན་ཉིད། དེ་ལས་གཡོ་བའི་ཚོ་འཕྲུལ་མ་འགག་པ་རྟོགས་པའི་ཡེ་ཤེས། དེ་ཐ་སྙད་དུ་སྒྱུ་མ་རྟོགས་པས་སྒྱུ་མ། སྒྱུ་མ་དེ་ཡང་དག་དེ་བཟུང་བ་དེ་ལ་སྙིང་རྗེ་བ་ཀུན། དེ་དག་དབྱེར་མེད་རོ་གཅིག་ཏུ་རྟོགས་པ་ཕྱག་རྒྱ་གཅིག་པ། དེ་ནས་སྤྲོད་བཅུད་ལྷ་དང་གཞལ་ཡས་སུ་བསྒོམ་པ་རྒྱུའི་ཏིང་འཛིན་ནོ། །འདི་ཤ་འབལ་ལས་བཤད་པ་དང་མཆན་ཡིག་མཐུན་ནོ། །ཐབས་ནི། ཕྱི་རྒྱུད་ལས། ཐབས་ལམ་གསང་ཆེན་རྒྱལ་པོ་ནི། །རྣམ་དག་རང་གི་ལུས་ལ་ལྡན། །གསུམ་ལྡན་རང་རང་བཅུད་ཐིག་ལེ། །དབབ་བྱ་ཡུལ་ཕྱོགས་མཚན་ལྡན་ལ། །དབབ་སྐྱིལ་བཟློག་ཁྱབ་བཅུ་དྲུག་པ། །དེ་དེས་འབྲས་བུ་མཐར་ཕྱིན་རྫོགས། །ཞེས་པས། དེ་ལས་ཡང་རང་ལུས་ལ་བརྟེན་པ་སྟེང་སློ་རྣམ་གྲོལ་གྱི་ལམ་དང་། གཞན་ལུས་ལ་བརྟེན་པ་འོག་སློ་བདེ་ཆེན་གྱི་ལམ་མོ། །རྩ་ལ་གནས་པའི་རྩ་དང་སྦྱོར་སྒྲོལ་གྱི་རྩ་གཉིས་སོ། །རླུང་ལ་ཉོན་མོངས་པའི་རྒྱུ་རླུང་། ཡེ་ཤེས་ཀྱི་བདེ་རླུང་ངོ་། །ཐིག་ལེ་ལ་གཉིས་ཏེ། སྲིད་པ་རྒྱུའི་ཐིག་ལེ་དང་། བྱང་ཆུབ་སེམས་ཀྱི་ཐིག་ལེའོ།།

ལྷུ་པ་འཕྲིན་ལས་ནི། འགྲེལ་ལས། སྤྱོད་པའི་འཕྲིན་ལས་ནི། འཕྲིན་ལས་རྣམ་བཞི་སྦྱོར་སྒྲོལ་གཉིས་པོ་ཡིས། །བདག་དོན་གཞན་དོན་ཕུན་སུམ་ཚོགས་པར་སྤྱོད། །ཞི་རྒྱས་དབང་དང་མངོན་སྤྱོད་བཞིས། བདག་གཞན་གྱི་དོན་སྤྱོད་ཅིང་སྦྱོར་བ་དང་སྒྲོལ་བས་ཀྱང་གཉིས་དོན་རྫོགས་པར་མཛད་པའོ། །དེ་ཡང་ཐབས་ཀྱི་སྤྱོད་པ་ཁྱད་པར་བཞིན་ནོ། །ཞེས་པས། འཕྲིན་ལས་བཞི་ནི་གོང་དུ་བཤད་ཟིན་ནོ། །སྦྱོར་སྒྲོལ་གཉིས་ནི།

དོན་བཞི་སྟེ། རང་བཞིན་རྣམ་དག་གི་སྦྱོར་སྒྲོལ་ནི། འཁོར་འདས་དབྱེར་མེད་རོ་གཅིག་སྤྱང་ལེན་མེད་པར་རྟོགས་སོ། །དབང་པོ་ཡུལ་གྱི་སྦྱོར་སྒྲོལ་ནི། དབང་པོ་དྲུག་ལྷ་རུ་ཤར་བས། ཡུལ་དྲུག་ལྷ་མོའི་སྐུ་རུ་ཤར་བའོ། །ཐབས་ལ་མཁས་པའི་སྦྱོར་སྒྲོལ་ནི། འབྲས་བུ་མངོན་གྱུར་ཅན་གྱི་ཆགས་སྡང་ཅན་ལ་མངོན་དུ་སྦྱོར་སྒྲོལ་གྱི་གནས་བསྟོད་པ་སྟེ། མཁའ་འགྲོ་གིས་ག་ལ་ར་ཙ་བསྒྲལ་བའི་ལྷའི་བུ་ངན་ཐབས་རྒྱལ་པོ་ལྷ་བུའོ། །ཏིང་འཛིན་གྱི་སྦྱོར་སྒྲོལ་ནི། ལས་དང་པོ་བས་དམིགས་པའི་ལམ་སྦྱོར་བའོ། །འགྲེལ་ལས། གཞན་ཡང་ཚེ་འདས་ཐུགས་རྗེ་བཟུང་ནའི་འབྲས་བུ་སྦྱོར། ཚེ་འདས་ཀྱི་སྒྲིབ་པ་སྦྱང་ནས་འབྲས་བུ་ལ་སྦྱོར་ཏེ། ཐུགས་རྗེ་ཆེན་པོས་བཟུང་ནས་དོན་མཛད་པ་སྟེ། ནང་འདུར་རྣམས་སོ། །ཞེས་པས། འདུར་ནག་ནང་རྣམ་འདུར་རྣམས་ཏེ། གནས་ཚོག་ཀྱང་འདིར་འབྱུང་། དེས་འདུར་དཀར་ནག་ལ་ཟབ་ཞན་ཡོད་པའོ།།

དྲུག་པ་ནི། འགྲེལ་ལས། ཐོབ་པའི་འབྲས་བུ་ནི། ཡི་གེ་འཁོར་ལོ་ཚོགས་ཆེན་ས་ཡང་ནོན། །བླ་ན་མེད་པའི་ས་གསུམ་གྱི་ཐ་མ། ཡི་གེ་འཁོར་ལོ་ཚོགས་ཆེན་གྱི་ས་ཞེས་བྱ། དབྱིངས་ཀྱི་ལྷ་ལྔའི་མཚན་ཡོངས་སུ་རྫོགས་པའི་ས་ཞེས་བྱ་བ་ནོན་པའོ། །ཞེས་པས། དེ་ཡང་བསྐྱེད་པའི་རིམ་པ་བསོད་ནམས་ཚོགས་ཀྱི་ཐུགས་པའི་སྤྲུལ་སྐུ་སྟེ། བླ་ན་མེད་པ་ནི་སངས་རྒྱས་ཀྱི་སྐུ་གསུང་ཐུགས་ཡོན་ཏན་འཕྲིན་ལས་ལྔ་ལ་སྦྱངས་པའི་འབྲས་བུ་རྒྱ་ཆེ་སྨིན་དུ་སོང་བ་སྟེ། སྐུ་ལ་སྦྱངས་ནི་རྣམ་བཞིའི་ལྷ་བཞིའི་ལྷ་ཡི་གསལ་སྣང་བསྒོམ་པས། གསུང་ནི་སྔགས་འཛབ་ཆུ་བོའི་རྒྱུན་བཞིན་དྲངས་པས། ཐུགས་ནི་ལྷ་བསྒོམ་གྱི་གདེང་བསྐྱེད་པ། ཡོན་ཏན་ཡོ་བྱད་ཀྱི་ཚོགས་འཁོར་བཤམས་པ། འཕྲིན་ལས་ནི་བསྟོད་མཆོད་རྒྱ་ཆེར་བྱས་པའོ། །དེ་ཡང་ཡི་གེ་ནི་སྒྲུ་འཕྲུལ་གནས། འཁོར་ལོ་ནི་བསོད་ནམས

ཀྱི་ཚོགས་འཁོར་གཅིག་གཉིས་ཙམ་མ་ཡིན་པར་རྒྱུན་དུ་བསྐོར། ཆེན་པོ་ནི་བླར་སྟོབས་འོས་པ་ཙམ་མ་ཡིན་པར་ལྷ་སྤྱོད་རླབས་པོ་ཆེས་བཤམས་པ། ཚོགས་ནི་ཐུགས་རྗེ་ལྷའི་ཚོགས་ལ། སྐལ་ལྡན་གཤེན་གྱི་ཚོགས་ཀྱི་འཁོར་ལྡན་ཡོ་བྱད་ཀྱི་ཚོགས་བཤམས་པའོ། །དབྱིངས་ཀྱི་ལྷ་ལྡིའི་མཚན་ཡོངས་སུ་རྫོགས་པ་ལྟར་ན། འོག་མ་རྣམས་ལ་དབུས་ཕྱོགས་དེ་བཞིན་རིགས་ཀྱི་བདེ་གཤེགས་ཀྱི་མཚན་དཔེ་མ་རྫོགས་པ་ཙམ་མོ།།

བདུན་པ་ནི། འགྲེལ་ལས། ཐེག་པ་འོག་མ་ལས་ཁྱད་འདོན་པ་ནི། ཐུགས་རྗེ་ལས་སོགས་རྣམ་པ་ཀུན་ལྡན་པ། །ཐེག་ཆེན་ཕྱི་པ་ལས་ནི་ཁྱད་པར་བདུན་དུ་འཕགས། །ལྟ་བ་སྤྱོད་པ་དབང་དམ་ཕྲིན་ལས་དང་། །སྒྲུབ་ཐབས་དཀྱིར་འཁོར་འབྲས་བུ་ཚུལ་མཐུན་སྦྱོར། །གནས་སྐབས་ཐེག་པ་དེ་ལས་ཁྱད་པར་ཆེ། །དེ་ལ་ལྟ་བ་དང་སྤྱོད་པ་དང་། འབྲས་བུ་ནི་གོང་དུ་བཤད་པ་ཉིད་དོ། །དབང་ནི་ཕྱི་རྫས་ལ་བརྟེན་པ་དང་། ནང་བདུད་རྩི་རོ་ལ་བརྟེན་པ་དང་། གསང་བ་དང་མཚན་ལྡན་གྱི་ཡུམ་ལ་བརྟེན་པ་དང་། དེ་གསུམ་ཐུགས་ཕྱི་པ་ལ་མེད། དམ་ཚིག་ནི། རྩ་བ་དང་ཡན་ལག་གི་དམ་ཚིག་དམ་རྫས་ལ་སྤྱོད་པ་ཕྱི་པ་ལ་མེད། ཕྲིན་ལས་ནི། བདག་ཉིད་ཆེན་པོའི་དཀྱིལ་འཁོར་ལ་མཆོད་པ་འབུལ་བས་སྒྲོལ་བ་ཁྱད་པར་ཅན་ཕྱི་པ་ལ་མེད། སྒྲུབ་ཐབས་ནི། ཐུན་མོང་དང་མཆོག་གི་ཐབས་ལམ་གཉིས་པོ་ཕྱི་པ་ལ་མེད། དཀྱིལ་འཁོར་ནི་ཕྱི་ནང་སྣོད་བཅུད་མ་ཞུགས་པ་ཕྱི་པ་ལ་མེད་པ་སོ། དེ་དག་ནི་དངོས་བསྐྱེད་ཐུགས་རྗེ་རོལ་པ་བཤད་པའི་འགྲེལ་པའོ།།

དབང་གི་རྫས་ནི། ཕན་པའི་དབང་བཅུ། ནུས་པའི་དབང་ལྔའོ། །ནང་དབང་ནི་བམ་སྒྲོལ་དང་། བདུད་རྩི་རོ་ལ་སྤྱོད་པའོ། །གསང་བ་ནི་ཤེས་རབ་ཡེ་ཤེས་ཀྱི་དབང་སྟེ། ལི་ཤུའི་བོན་ལས། ཨེ་མ་བདག་གི་པད་མ་འདི། །བདེ་བ་ཀུན་དང་ཡང་དག་ལྡན། །

བདེ་ཆེན་ཕྱག་རྒྱ་ཆེན་པོ་དེ། །འདི་ཉིད་དུ་ནི་རབ་ཏུ་གནས། །ལྷུན་པོ་གང་ཞིག་འདི་སྤང་བ། །དེ་ལ་མཆོག་གི་དངོས་གྲུབ་མེད། །ཅེས་པ་ལྟ་བུའོ། །ཕྱག་རྒྱ་མཚན་མའི་ཕྱག་རྒྱ་ནི། ལྷ་བསྐྱེད་པ་དང་རྫས། དོན་གྱི་ཕྱག་རྒྱ་ནི་བདག་མེད་ཀྱི་ཏིང་འཛིན། དཔེ་ནི་རྫས་ལ་རྟགས་ཀྱི་རྒྱས་གདབ་པའོ། །འཕྲིན་ལས་ལ་རྣམ་བཞི་ནི། ཞི་ཁྲོ་དབང་ཆས་སོ་སོར་བསྒྱུར་བ། མཛད་པའི་ཕྲིན་ལས་ནི་བྱ་བྱེད། ཚིག་བཤད་ཀྱི་འཕྲིན་ལས་ནི། སྨྲང་ཐོན་ནོ། །དངོས་གྲུབ་གཉིས་ལ། ཐུན་མོང་གི་དངོས་གྲུབ་ལྔ་ནི། ཚེ་ཉི་ཟླ་དང་འདྲ་བའི་དལ་ཡོམ་ཕུན་སུམ་ཚོགས་པ། གཞོན་ནུ་འགྱུར་བའི་སྟོབས་ཕུན་སུམ་ཚོགས་པ། བུ་ནོར་འདུས་པས་ཡོ་བྱད་ཕུན་སུམ་ཚོགས་པ། ཡི་དམ་མམ་མི་མིན་གྱི་ལུང་བསྟན་དང་མངོན་ཤེས་འཆར་བ། ཅིན་རླབས་མཐུ་དང་ནུས་པ་ལྡན་པས་རྫུ་འཕྲུལ་ཕུན་སུམ་ཚོགས་པ། མཆོག་གི་དངོས་གྲུབ་ནི་ཡེ་ཤེས་ལྟས་ཐོབ་པ་སྟེ། བཅུ་དབལ་མོ་ལས་ཐེག་རྒྱུད་ལས་བཤད་དོ། །སྐབས་དགུ་པའོ།། །།

གཉིས་པ་རྫོགས་རིམ་ལ་གཉིས་ཏེ། ངོ་བོ་ངོས་བཟུང་ལ། ཤིན་ཏུ་དོན་ལྡན་ཀུན་རྫོགས་ཐེག་པ་ནི། །ཞེས་པས། ཤིན་ཏུ་དོན་ལྡན་ནི་རྫོགས་ཆེན་ལ་ལྟ་བསྒོམ་ཉེ་བའོ། ། ཀུན་རྫོགས་ནི་ལྟ་དབྱིངས་ཉེ་ཟླ་ཤར་བ་ལྟར་རྫོགས་ཚུལ་དུ་བསྒོམ་པ་སྟེ། དཔེར་ན་ཅིས་པའི་ཁང་ཆུང་ལྟར་རྒྱུ་རྐྱེན་སྣ་ཚོགས་ཀྱི་སྒྲིད་པ་མ་ཡིན་པའོ།།

ཡན་ལག་གི་དབྱེ་བ་ལ་ལྟ་བ་ལས་སོགས་བདུན་ཏེ། དང་པོ་ལྟ་བ་ལ། རྒྱུ་ནི་དག་པའི་དབྱིངས་ཆེན་ནས། །འབྲས་བུ་ཡེ་ཤེས་དཀྱིལ་འཁོར་ཤར། །ཡེ་ནས་ལྷུན་གྲུབ་འདུས་མ་བྱས། །བདག་ཉིད་ཡབ་ཡུམ་སྲས་བཅས་རྫོགས། །ཞེས་པ་དེ་ལ་གཉིས་ཏེ། དབྱིངས་ཡེ་ཤེས་ལྷུན་གྲུབ་གསུམ་དང་། བདག་ཉིད་ཡབ་ཡུམ་སྲས་གསུམ་མོ། །དང་པོ་

འགྲེལ་ལས། དེ་ལ་རྟོགས་པའི་ལྟ་བ་ནི། སེམས་ཀྱི་བོན་ཉིད་ཡེ་ནས་སྒྲིབ་པ་མི་མངའ་བའི་དང་། ཅི་ཡང་མ་གྲུབ་ཅིར་ཡང་འབྱུང་བ་དེ་ནི། རྒྱུ་དག་པའི་དབྱིངས་སོ། །དེའི་ངང་ལས་ཡེ་ཤེས་རོལ་པའི་སྐྱེ་མཆེད་རང་སྣང་དུ་ཤར་བ་ནི། འབྲས་བུ་ཡེ་ཤེས་ཀྱི་དཀྱིལ་འཁོར། དེ་ལྟར་རྒྱུ་སེམས་ཉིད་ཀྱི་དབྱིངས་དེ་ཡེ་ནས་མ་སྐྱེས་ཏེ། རང་བཞིན་མི་དམིགས་པ་ལས། འབྲས་བུ་ཅིར་ཡང་མ་འགག་པའི་རོལ་པ་རང་སྣང་སྟེ། དཀྱིལ་འཁོར་དང་ཡོན་ཏན་ཐམས་ཅད་རང་ལ་ཡེ་ནས་གནས་པ་ལས་མ་རྟོགས་པ། ད་གཟོད་བསྐྱེད་ཅིང་བཙལ་མི་དགོས་ཏེ། དེ་དག་ཀྱང་གདོད་ནས་འདུས་མ་བྱས། ཡེ་ནས་ལྷུན་གྱིས་གྲུབ་པའི་བདག་ཉིད་དུ་གནས་པའོ། །དེ་དག་ལ་བརྟགས་པ། རྒྱུ་དག་པའི་དབྱིངས་ནས་འབྲས་བུ་ཡེ་ཤེས་དཀྱིལ་འཁོར་འབྱུང་བ་འདོད་པ་དེ། དག་པའི་དབྱིངས་དེ་སྟོང་པ་ཡིན་པའི་ཕྱིར། དེ་བཞིན་ཉིད་ཀྱི་ཏིང་ངེ་འཛིན་གྱི་སྨུ་ཏུ་འགྱུར་རོ། །སེམས་ཀྱི་དཀྱིལ་འཁོར་འབྱུང་བ་དེ། ཀུན་ཏུ་སྣང་གི་སྨུ་ཏུ་འགྱུར་རོ། །དངོས་བསྐྱེད་ཐུགས་རྗེ་རོལ་པའི་ཐིག་པ་དང་ཁྱད་མེད་པར་འགྱུར་ཏེ། གཞན་ཡང་རྒྱུ་དང་འབྲས་བུ་ཁས་བླང་པའི་ཕྱིར། ཤེས་པ་སྐྱེ་མཆེད་སྣ་ཚོགས་གཅིག་ཏུ་བདེན་པ་དང་ཁྱད་མེད་པར་འགྱུར་རོ་ཞེ་ན་མ་ཡིན་ཏེ། ངའི་རྒྱུ་དག་པའི་དབྱིངས་དང་འབྲས་བུ་ཡེ་ཤེས་ཀྱི་དཀྱིལ་འཁོར་གཉིས། ངོ་བོ་གཅིག་ལ་ཚུལ་གྱི་ཐ་དད་དུ་འབྱུང་བ་ཡིན་ཏེ། དཔེར་ན་ཉི་མའི་སྙིང་པོ་དང་། ཉི་མའི་འོད་ཟེར་ལྟ་བུའོ། །ཁྱེད་ཀྱི་དེ་བཞིན་ཉིད་དང་ཀུན་ཏུ་སྣང་ནི། དངོས་པོ་ཐ་དད་པ་གཅིག་ལས་གཅིག་ལོག་པ་ཡིན་ཏེ། དེ་བཞིན་ཉིད་སྟོང་པ་དེ་ཀུན་ཏུ་སྣང་མ་ཡིན། ཀུན་ཏུ་སྣང་མཚན་མ་སྣ་ཚོགས་དེ་བཞིན་ཉིད་མ་ཡིན་ཏེ། དཔེར་ན་རྟེག་པ་དང་རེ་ལྡེ་ལྟ་བུའོ། །གལ་ཏེ་དངོས་པོ་དང་ཐ་དད་མ་ཡིན་ཏེ། གཅིག་པ་ཡིན་ན་བསྐྱེད་པའི་

རིམ་པ་ཉམས་ཏེ་རྫོགས་རིམ་དུ་འགྱུར་རོ། །ལམ་གཅིག་ཆར་པའི་དབང་དུ་འདོད་དོ་ཞེ་ན། ལམ་རིམ་སྐྱེས་པ་གཏན་མེད་པར་འགྱུར་རོ། །ཡང་ཤེས་པའི་སྐྱེ་མཆེད་པའི་ལུགས་ཀྱིས། ཉམས་སྐྱོང་བའི་ཤེས་པ་སྐད་ཅིག་མ་སྔ་ཕྱི་ལ་རྒྱུ་འབྲས་དངོས་སུ་སྐྱེ་བའམ། ཡོད་པར་འདོད་དེ། ངའི་སེམས་ཉིད་ཀྱི་དབྱིངས་དེ་ཀུན་འབྱུང་བའི་ཁུངས་པོར་འགྱུར་བའི་ཕྱིར། རྒྱུ་ཞེས་ཐ་སྙད་བཏགས་པ་ཡིན་ལ། སེམས་ཉིད་ཀྱི་རླབས་སམ་རོལ་པ་ལྟའི་དཀྱིལ་འཁོར་ཡེ་ཤེས་ཀྱི་སྐྱེ་མཆེད་སྣ་ཚོགས་སུ་ཤར་བའི་ཕྱིར། འབྲས་བུ་ཞེས་ཐ་སྙད་དུ་བཏགས་པ་ཡིན་ཏེ། ཁྱེད་ཀྱི་རྒྱུ་འབྲས་བཞིན་དུ་རང་རྒྱུད་པར་དངོས་སུ་ཡོད་པར་མི་འདོད་དེ། འོ་ན་སེམས་ཉིད་ཀུན་འབྱུང་གི་དབྱིངས་དང་། ཡེ་ཤེས་རོལ་པ་ནི་དེ་ལ་རྒྱུ་འབྲས་ཀྱི་ཐ་སྙད་འཇུག་ཞེ་ན། ཀུན་གྱི་གཞིར་འདུག་པའི་ཕྱིར། ཐ་སྙད་དུ་རྒྱུ་ཞེས་བྱའོ། །དེ་ལས་འབྱུང་བའི་ཕྱིར་འབྲས་བུ་ཞེས་བྱ་སྟེ། མི་འགལ་བ་འཇུག་གོ །གཞན་ཡང་གཡུང་དྲུང་སེམས་དཔའི་ཐེག་པ་ན་རེ། དག་པའི་དབྱིངས་དེ་དོན་དམ་དུ་འགྱུར་ཏེ། སྟོང་པ་ཉིད་སྒྲིབ་པ་མེད་པ་འདུག་པའི་ཕྱིར། ཡེ་ཤེས་དཀྱིལ་འཁོར་དེ་ཀུན་རྫོབ་ཏུ་འགྱུར། མཚན་མ་དང་བཅས་པར་འདུག་པའི་ཕྱིར་རོ་ཞེ་ན། མ་ཡིན་ཏེ། ཁྱོད་ཀྱི་ཀུན་རྫོབ་མཚན་ཉིད་བཞི་དང་ལྡན་པ་དང་། དོན་དམ་སྤྲོས་པ་ཐམས་ཅད་ཉེ་བར་ཞི་བ་དེ་གཉིས་གཅིག་ལས་གཅིག་འབྱུང་ཞིང་། ངོ་བོ་གཉིས་མེད་དུ་ཁས་ལེན་མི་ནུས་ཏེ། གལ་ཏེ་གཉིས་མེད་དུ་ཁས་ལེན་ན། ཀུན་རྫོབ་ཀྱི་དངོས་པོ་རྟོགས་པས་དོན་དམ་རྟོགས་པར་འགྱུར་རོ། །ཡང་ན་སངས་རྒྱས་ཀྱི་ས་ན། ཀུན་རྫོབ་མཚན་ཉིད་བཞི་དང་ལྡན་པ་དངོས་སུ་ཡོད་པར་འགྱུར་ཏེ། གཅིག་པའི་ཕྱིར་རོ། །ངའི་དག་པའི་དབྱིངས་དང་ཡེ་ཤེས་ཀྱི་དཀྱིལ་འཁོར་དེ་གཉིས། དངོས་པོ་རྫས་སུ་གྲུབ་པ་གཅིག་ལས་གཅིག་ལོག་པ་མ་ཡིན་ཏེ་

ངོ་བོ་གཅིག་པ་ཉིད་ཡིན་ཏེ། དབྱིངས་ཡེ་ཤེས་སུ་སྣང་། ཡེ་ཤེས་ཉིད་དབྱིངས་སུ་གནས་པའི་ཕྱིར་རོ། །དེ་ནི་རྟོགས་པའི་ལྟ་བའོ། །ཞེས་སོ། །ཡབ་ཡུམ་སྦྲས་བཅས་ནི་འོག་ཏུ་འབྱུང་ངོ༎

གཉིས་པ་ནི། དམ་ཚིག་ཡུལ་ལ་སྤྱོར་བ་དང་། །དེ་ལ་སྙིང་རྗེ་འབྱུང་གཉིས་མེད། །བོན་ཉིད་ཐ་མི་དད་པ་བསྲུང་། །འགྲེལ་ལས། བསྲུང་བའི་དམ་ཚིག་ནི་བཞི་སྟེ། ཡུལ་ལ་སྤྱོར་བ་དང་། སྙིང་རྗེ་འབྱུང་བ་དང་། ཐུགས་རྗེའི་ཡུལ་དང་། བོན་ཉིད་ཐ་མི་དད་པ་སྲུང་བ་སྟེ། དང་པོ་ཡུལ་གྱི་དངོས་པོ་རྒྱུའི་ཐེག་པ་ལྟར་མི་སྤང་བའོ། །གཉིས་པ་ནི། སྙིང་རྗེ་ཕྱོགས་རིས་མེད་པས་གདུལ་བྱ་མཐར་ཕྱིན་པའོ། །གསུམ་པ་ནི། ས་ལ་གནས་པའི་སེམས་དཔའ་ནས་རབ་ཏུ་དམྱལ་བའི་ཁམས་ཡན་ཆད། གང་བསྒྲལ་བ་འོས་པ་དེ་དང་། བཞི་པ་ནི། ཉིད་ཀྱི་དགོངས་པ་ཅི་བཞིན་པ་དེའི་ངོ་བོ་ཉིད་ལ་གཡོ་བ་མེད་པ་སྤྱོར་བའོ། །ཞེས་སོ། །འོ་ན་གཡུང་དྲུང་སེམས་དཔའ་གཉིས་ལ་ཡང་། སྙིང་རྗེ་ཕྱོགས་མེད་མངའ་བས་གདུལ་བྱའི་དོན་མཐར་ཕྱིན་པར་མཛད་པ་མ་ཡིན་ནམ་ཞེ་ན། དེ་ལ་དེ་མངའ་ཡང་དེ་མི་ནུས་ཏེ། སྐྱབ་ཐབས་ཞན་པས་སོ། །དེས་ན་སངས་རྒྱས་ཀྱི་ནི་ཞིང་ཡོངས་སུ་དག་པའི་འཕྲིན་ལས་སེམས་ཅན་དཔག་མེད་མྱ་ངན་ལས་འདས་པར་འགོད་པ་ནི་སྟོན་ཆེ་གསང་སྔགས་ལ་མ་སྦྱངས་པའི་མི་ནུས་པ་མངོན་ནོ། །ཡུལ་གྱི་དངོས་པོ་མི་སྤང་བ་ནི་གྲོགས་སམ་རྒྱན་དུ་འཆར་བའོ༎

གསུམ་པ་ནི། འགྲེལ་ལས། བསྒོམ་པའི་རིམ་པ་ནི། དཀྱིལ་འཁོར་ཕྱག་རྒྱ་མ་ལུས་ཀུན། །རྒྱུ་རྐྱེན་མ་ཡིན་རྫོགས་ཚུལ་བསྒོམ། །ལྟ་བའི་དོན་རྟོགས་པ་དེ་ཉིད་ཀྱི་རྗེས་སུ་དེ་ཡི་ངང་ལ་འཛོག་པའོ། །ལྷ་ཡི་དཀྱིལ་འཁོར་དང་ཕྱག་རྒྱ་ཆེན་པོ་གང་

བསྒོམ་ཡང་རྒྱུ་དང་རྐྱེན་གྱིས་མི་བསྐྱེད་དེ། ནམ་མཁའ་དྭངས་པའི་དབྱིངས་ནས། ཉི་ཟླ་ཤར་བ་ལྟར་རྫོགས་ཚུལ་དུ་བསྒོམ་པའོ། །ཞེས་སོ།།

བཞི་པ་ནི། འགྲེལ་ལས། སྒྲུབ་པའི་ཐབས་ནི། འབད་རྩོལ་དག་གིས་སྒྲུབ་མི་དགོས། །ཡིན་ལ་ཡིན་པ་ངོ་ཤེས་ན། །མཚོ་ལ་གཟེངས་འགྲོའི་ཚུལ་བཞིན་སྒྲུབ། །ཅེས་པས། འབད་རྩོལ་རྒྱུ་རྐྱེན་ཐུན་སུམ་ཚོགས་པས་འབྲས་བུ་ཐོབ་པར་ལྟར་བསྒྲུབ་མི་དགོས། ཡེ་ནས་ཡིན་པ་ལ་ཡིན་པ་ངོ་ཤེས་པ་ཙམ་གྱི། རྒྱ་མཚོ་ཆེན་པོ་ལ་ གྲུ་གཟེངས་བསྐྱོད་པ་བཞིན་དུ་ཤུགས་ཀྱིས་འགྲུབ་པའོ། །ཞེས་སོ།།

ལྔ་པ་ནི། འགྲེལ་ལས། སྤྱོད་པའི་ཕྲིན་ལས་ནི། སྤྱོད་པ་བྱེད་སྤྱོད་སྣ་ཚོགས་ཀུན། །གང་ཡང་མ་འགག་ལྷུག་པར་སྤྱོད། །དོན་དེ་ལ་གནས་པའི་དུས་ན། བྱེད་སྤྱོད་གང་ཡང་མ་འགག་སྟེ། ཅི་ལ་ཡང་ཉམ་ང་མེད་པར་ལྷུག་པར་སྤྱོད་པའོ། །ཞེས་སོ།།

དྲུག་པ། འབྲས་བུ་ཐོབ་པའི་རང་བཞིན་ནི། །ཡེ་ཤེས་བླ་མེད་ས་ཆེན་ནོ། །གྲུབ་པའི་འབྲས་བུ་ནི། བླ་ན་མེད་པའི་ས་གསུམ་ཡོད་པ་ལ། ས་གཉིས་པ་ཡེ་ཤེས་བླ་ན་མེད་པའི་ས་ཞེས་བྱ་བ་དེ་ནོན་པའོ། །ཞེས་པས། རྫོགས་རིམ་ཡེ་ཤེས་ཀྱི་ཚོགས་ཀྱིས་ཐུག་པའོ། །འོ་ན་དེའི་ཐུག་ས་རྫོགས་ཆེན་མ་ཡིན་ནོ་ཞེ་ན། དེ་ནི་ཚོགས་གཉིས་དབྱེར་མེད་ཀྱི་རྫོགས་ས་འདོད་པའོ།།

བདུན་པ། འོག་མ་དེ་ལས་ཁྱད་པར་འཕགས་པའི་ཚུལ། །ལྟ་སྤྱོད་སྒྲུབ་པའི་རྩལ་གྱི་ཁྱད་པར་འཕགས། །འབད་རྩོལ་རྒྱུ་རྐྱེན་ཚོགས་ལ་རག་མ་ལུས། །རྒྱ་མཚོ་ཆེན་པོའི་གྲུ་བཞིན་ཤུགས་ཀྱིས་འགྲོ། །རྩལ་མེད་ལྷུན་འགྲུབ་ཡེ་ཤེས་དབྱིངས་དང་ལྡན། །འོག་མ་ལས་ཁྱད་པར་ནི་རྣམ་པ་ལྔ་ཡོད་དེ། གང་ཞེ་ན། ལྟ་བ་དང་། དམ་ཚིག་དང་། བསྒོམ་

པ་དང་། སྤྱོད་པ་དང་། འབྲས་བུའོ། །དང་པོ་ནི། ཐབས་དང་ཤེས་རབ་གཉིས་སུ་མེད་པའི་བདག་ཉིད་ཆེན་པོ་ཞེས་བྱ་སྟེ། རང་རིག་པ་བྱང་ཆུབ་ཀྱི་སེམས་དང་། དེའི་རྩལ་མ་འགགས་པའོ། །ལྟ་བ་དེ་ལ་མཐོང་ལམ་སྐྱེས་ཙམ་ནས། དེ་ལྟར་རྟོགས་པ་ཡིན་སྐད། འདིས་ནི་སྣང་སྲིད་ཐམས་ཅད་ཡེ་ནས་མ་འགག་པ་ཡབ་སྣང་བ་ཆེན་པོའོ། །དེ་ཙམ་ཉིད་ཀྱི་དུས་ན་རང་རང་ས་ནས་སྟོང་པ་ཉིད་དུ་འདུག་པ་ཡུམ་དབྱིངས་ཕྱུག་ཆེན་མོ། །དེ་ལྟར་སྣང་སྟོང་ངོས་རེར་རྒྱ་ཆད་པ་མེད་དེ་དབྱེར་མེད་དུ་འདུག་པ་ནི་སྲས་བདེ་བ་ཆེན་པོ་ཡིན་སྐད། འོ་ན་ཁྱེད་ཀྱི་ཡབ་སྣང་ཆེན་པོ་དང་ངའི་ཐབས་ལ་ཁྱད་མི་འདུག ཡུམ་དབྱིངས་ཕྱུག་ཆེན་མོ་དང་ངའི་ཤེས་རབ་ལ་ཁྱད་མི་འདུག ཁྱེད་ཀྱི་སྲས་བདེ་བ་ཆེན་པོ་དང་ངའི་གཉིས་མེད་ཁྱད་མི་འདུག་གོ །ཞེ་ན་མ་ཡིན་ཏེ། ཁྱེད་ཀྱི་ཤེས་རབ་རང་རིག་སེམས་དེ་སྟོང་པར་འདོད། ཐབས་དེའི་རྩལ་དེ་མཚན་མ་དངོས་སྣང་དུ་འདོད། དེའི་ཕྱིར་ཤེས་རབ་སྟོང་པའི་མཐའ་རེག་ཏུ་འགྱུར་ལ། ཐབས་སྣང་བ་རྒྱ་ཆད་དུ་འགྱུར། དེས་ན་གཉིས་མེད་དེ། ཉི་ཚེ་བའི་གཉིས་མེད་དུ་འགྱུར་རོ། །ངའི་ཡུམ་དག་པའི་དབྱིངས་ཕྱུག་དེ་སྟོང་པ་ཉིད་ཀྱི་རང་བཞིན་དུ་འདུག སྟོང་པའི་མཐས་མ་རེག ཡབ་སྣང་བ་ཆེན་པོ་དེ། ཡེ་ཤེས་ཀྱི་རོལ་པ་རང་སྣང་བར་འདུག སྣང་བའི་མཐས་མ་རེག དེ་གཉིས་དངོས་པོ་ཐ་དད་དུ་ཞེན་པ་མེད་པས། གཉིས་མེད་བདེ་བ་ཆེན་པོ་འདུག ཉི་ཚེ་བའི་མཐས་མ་རེག་པའོ། །དེ་ནི་ལྟ་བའི་ཁྱད་པར་རོ། །ཡང་ཁྱེད་ཀྱི་ལྟ་བ་དེ་མཐོང་ལམ་སྐྱེས་པའི་དུས་ན་ཡོད་པ་ལས། དེ་མ་ཡིན་པ་མེད་དེ་ངའི་ལྟ་རྟོགས་ནི་ཡེ་ཕྱི་ནས་ཡོད་དེ། རྩོལ་བ་མེད་པའི་ཕྱིར་རོ། །ཁྱེད་ཀྱི་དེ་རྩོལ་བ་དང་བཅས་པའི་ལྟ་བར་འགྱུར་ཏེ། མཐོང་ལམ་སྐྱེ་བའི་དུས་ན་ཡོད་པའི་ཕྱིར་རོ། །དམ་ཚིག་ནི། འོག་མ་བས་རྩ་བ་དང་ཡན་ལག་

ལས་སྲུང་མ་ནུས་ཏེ། འདིས་ནི་ཁྱད་པར་གྱི་དམ་ཚིག་བཞི་བསྲུང་བས་སོ། །སྒོམ་པ་ནི། འོག་མ་བས་སྐབས་གདང་ལྟ་བུ་ལྷ་རིམ་པས་སྒོམ། རྒྱུ་རྐྱེན་ལས་འབྲས་བུ་འབྱུང་བའི་ལྷ་གཅིག་སྒོམ་ཕྱིར་དམན་ཏེ། འདིས་ནི་འབད་རྩོལ་གྱིས་མི་བསྒྲུབ་ཅིང་རིམ་པས་མི་སྒོམ་སྟེ། རྟོགས་པ་ངོ་ཤེས་པ་ཙམ་གྱིས་རྒྱ་མཚོའི་གྲུ་བཞིན་ཤུགས་ཀྱིས་འགྲོ་བའོ། །ལྷ་ཡང་རྒྱུ་རྐྱེན་རྩོལ་བས་མི་སྒྲུབ་སྟེ། དབྱིངས་ནས་ཉི་ཟླ་ཤར་བ་བཞིན་གསལ་བའི་ཕྱིར་རོ། །སྤྱོད་པ་ནི། འོག་མ་བས་ཕྲིན་ལས་བཞི་དང་། སྦྱོར་སྒྲོལ་དང་། འདུར་སྲུང་ཙམ་མོ། །འདིས་བྱ་སྤྱོད་གང་ཡང་མ་བཀག་པར་ལྷུག་པར་སྤྱོད་པའོ། །འབྲས་བུ་འོག་མ་བས་ས་གསུམ་གྱི་ཐམ་ཡི་གེ་འཁོར་ལོ་ལས་མ་ནོན་པའོ། །འདིས་ནི་བར་པ་ཡེ་ཤེས་བླ་ན་མེད་པའི་ས་ནོན་པའོ། །དེ་ནི་ཤིན་ཏུ་དོན་ལྡན་ཀུན་རྫོགས་ཀྱི། ཐེག་པ་བཤད་པའི་འགྲེལ་པའོ། །ཞེས་སོ། །སྐབས་བཅུ་པའོ།། །།

གསུམ་པ་ཡེ་ནས་རྫོགས་ཆེན་ཡང་རྩེ་བླ་མེད་ཐེག་པ་ནི། སྤྱིར་ལུང་ཁ་འབྱམས་ཀྱི་རྫོགས་ཆེན་དང་། རིག་པ་རང་གནད་ཀྱི་རྫོགས་ཆེན་གཉིས་ལས། འདི་སྤྱི་ལུང་ངོ་། །བཤད་རྒྱུད་དང་བསྒོམ་རྒྱུད་གཉིས་ལས། འདིར་བཤད་རྒྱུད་དོ། །དེ་ལ་རྫོགས་པ་ནི་འཁོར་འདས་ཐམས་ཅད་བོན་སྐུ་རྫོགས་སངས་རྒྱས་པར་རྫོགས་པའི་དེ་སྐད་དོ། །སྤྱི་ཚན་དང་མང་ཞུང་ནི་སྔད་དུ་བཤད་ཟིན་ནོ།།

ཡན་ལག་གི་དབྱེ་བ་ལ་བདུན་ལས། དང་པོ་ལྟ་བ་ལ་གཉིས་ཏེ། རྩ་བའི་དོན་དང་འགྲེལ་བའི་དོན་ནོ། །དང་པོ་ནི། གཞི་ཉིད་ཀ་དག་ཆེན་པོ་ལ། །ལྷུན་འགྲུབ་ངང་ལྡན་གཏན་ཚིགས་ཀྱིས། །རང་བཞིན་རོལ་པ་ངོ་བོ་ཉིད། །ཀ་དག་ལྷུན་འགྲུབ་དངོས་མི་བདེན། །ཐ་སྙད་དེར་བཏགས་མི་འགལ་ཙམ། །ཅི་བཞིན་ཉིད་ཀྱི་སྐྱེ་མཆེད་ལྔ། །ཞེས

པས། དྲི་མ་སྤང་དུ་རུང་བའི་ཕྱིར། གཞི་ཉིད་ཀ་ནས་དག་པའོ། །རྒྱུའི་སྙོག་མ། གསེར་གྱི་གཡའ། ནམ་མཁའ་སྤྲིན་བཞིན་ནོ། །ཀ་ནས་མ་དག་ན་དྲི་མ་སྤང་དུ་མི་རུང་སྟེ། དཔེར་ན་སོལ་བའི་ནག་པོ་བཞིན་ནོ། །འཁོར་བ་བཀག་མེད་དུ་ཤར། བོན་སྐུ་རྩལ་མེད་དུ་གནས་ལ། གཞི་ཉིད་ལྷུན་གྲུབ་བོན་སྐུ་ལྷུན་གྲུབ་མ་ཡིན་ན། བོན་སྐུ་གསར་དུ་ཐོབ་ན་འདུས་བྱས་སུ་འགྱུར་བའི་ཕྱིར་རོ། །གཞི་ལ་སྐུ་གསུམ་ལྷུན་འགྲུབ་ན། བསྒྲུབ་ཀྱང་མི་འགྲུབ་སྟེ། དཔེར་ན་བེམ་པོ་ལ་སྐུ་གསུམ་སྒྲུབ་ཀྱང་མི་འགྲུབ་པ་བཞིན་ནོ། །དེ་ཡང་ཡང་དག་པ་ན། ཀ་དག་ལྷུན་གྲུབ་མི་བདེན་ཏེ། འཁོར་བ་རྒྱུ་མེད་དུ་ཐལ་བ་དང་། ལམ་འབྲས་ཁྱད་མེད་དུ་ཐལ་བའི་ཕྱིར་རོ། །དེས་ན་ཅིར་ཡང་སྣང་བའོ།།

གཉིས་པ་འགྲེལ་བའི་དོན་ལ་བདུན་ཏེ། གཞི་ཡི་ངོ་བོ་དང་། མཚན་ཉིད། སྒྲ་དོན། དབྱེ་བའི་དགག་དབྱེ། འཁྲུལ་ལུགས། གྲོལ་ལུགས་ཀྱི་གཏན་ཚིགས། མཐུན་དཔེའི་རྣམ་གྲངས་སོ། །དང་པོ་ནི། གཡུང་དྲུང་ཡང་རྩེ་ལས། དང་པོ་རང་བཞིན་ལྷུན་གྲུབ་བོན། །འཁོར་འདས་གཉིས་སུ་མ་ གྱེས་པ། །ཆེ་བས་ཡོན་ཏན་མ་ཤར་བའི། །སངས་རྒྱས་སྣམ་པོས་མཛད་དུ་མེད། །འཁྲུལ་བའི་བག་ཆགས་མ་བྱུང་པས། །སེམས་ཅན་སྒྲིམ་བུས་བཅོས་སུ་མེད། །རྒྱུ་དང་རྐྱེན་གྱིས་མ་བསྐྱེད་པས། །འབྱུང་བ་ལྔ་ལ་རག་མ་ལུས། །ཡེ་ནས་གཞུག་མ་ལྷུན་གྲུབ་པས། །གཉེན་པོས་བཟིགས་ཟིང་གཞོམ་དུ་མེད། །མ་ཕྱི་མཉམ་པར་གནས་པ་ཡིས། །འཁོར་འདས་གཉིས་སུ་སྒྲིས་མ་བཏགས། །ལྷུན་གྲུབ་ཟེས་བྱ་གཟིས་ཀྱི་བོན། །འདུས་མ་བྱས་ཀྱི་ནམ་མཁའ་ལྟར། །གསལ་སྟོང་འགྱུར་མེད་ངོ་བོ་གནས། །ཞེས་སོ།།

གཉིས་པ་མཚན་ཉིད་ནི། སེམས་ཉིད་དྲི་བཅས་ཅི་ལྟར་བཏགས་པ་ལྟར་སྣང་བའོ། །འོ་ན་སངས་རྒྱས་ལ་ཀུན་གཞི་མེད་པར་ཐལ། དྲི་མ་མེད་པའི་ཕྱིར། འདོད་ན།

སྐུ་དང་ཡེ་ཤེས་ཀྱི་རྟེན་མེད་པར་ཐལ་ལོ། །ཞེ་ན། ཐལ་བ་དང་པོ་འདོད་ལ། ཐལ་བ་ཕྱི་མ་ཁྱབ་པ་མེད་དེ། གཞི་ཉིད་འབྲས་བུར་གྱུར་པ་ཡོད་པའི་ཕྱིར་ཏེ། ཡེ་ཁྲིའི་གཞི་ཡི་བམ་པོ་ལས། མ་བཅོས་ཤེས་བྱའི་ངོ་བོ་དེ། །རང་གི་རྟོག་སྒྲིབ་དེ་མ་མཐོང་། །དེ་ལ་གཞི་ཞེས་ཐ་སྙད་གདགས། །དེ་ཉིད་རྟོགས་ཐབས་ཤེས་བྱེད་ལ། །ལམ་ཞེས་བྱ་བའི་ཐ་སྙད་གདགས། །དེ་ཉིད་ཤེས་བྱ་མངོན་གྱུར་ལ། །འབྲས་བུ་ཞེས་སུ་ཐ་སྙད་གདགས། །དེ་ཕྱིར་ངོ་བོ་གཅིག་ལས་མེད། །ཅེས་སོ།།

གསུམ་པ་སྒྲ་དོན་ནི། དེ་ལ་དེ་ལྟར་གནས་པའི་སྙིང་པོ་ལ། །འཁོར་དང་མྱ་ངན་འདས་པ་དང་། །སྣང་སྲིད་གཏན་གཡོ་ཕྱི་ནང་གི། །བོན་རྣམས་མ་ལུས་ཀུན་འབྱུང་བའི། །གང་གི་ངོ་བོ་ཡང་ནི་འཆར། །དེ་ཕྱིར་གཞི་ཡི་ངེས་ཚིག་གོ །ཞེས་སོ།།

བཞི་པ་དབྱེ་བའི་བརྒལ་ལན་ལ་གཉིས་ཏེ། སྤྱིར་བཀའ་བརྒྱུད་གཞན་ལ་གྲགས་པ་དང་། དགོས་རྒྱུད་ལུང་འདི་ཡིས་བཞེད་ལུགས་སོ། །དང་པོ་ནི། གྲུབ་མཐའི་རྗེས་སུ་འཛིན་པ་དང་། ལམ་རྗེས་སུ་འཛིན་པའི་གང་ཟག་གི་ཉམས་ལེན་གྱི་སྐབས་རིགས་གཉིས་ལས། གྲུབ་མཐའི་རྗེས་འཛིན་གྱིས་བཞེད་ལུགས་ལ། རྫོགས་ཆེན་ཡེ་ཁྲིའི་བཤད་རྒྱུད་ནས། གཞི་ལྷུན་གྲུབ་དང་། མ་ངེས་པ་དང་། ངེས་པ་དོན་གྱི་གཞི་རྩ་དང་། གཞི་ཅིར་ཡང་ཁས་ལེན་དུ་བཏུབ་པ་དང་། ཅིར་ཡང་བསྒྱུར་དུ་བཏུབ་པ་དང་། སྣ་ཚོགས་སུ་འདོད་པ་དང་། ཀ་དག་ཏུ་འདོད་པ་བདུན་དུ་བཤད། ཡང་རྩེ་ཀློང་ཆེན་ལས་ནི། ཀ་དག་ལྷུན་གྲུབ་གཉིས་སུ་བསྡུས་ཏེ། ཏགས་ཆེན་ཉི་ཤུ་ཙ་བཞི་བཤད། ཁམས་བརྒྱད་དང་ནམ་མཁའ་འཕྲུལ་མཛོད་གཉིས་ལས། ངང་དང་རང་བཞིན་བདག་ཉིད་གསུམ་དུ་འདོད། གཡུང་དྲུང་ལས་དག་ལས། ཀ་དག་ལྷུན་གྲུབ་གཉིས་སུ་

བསྡུས་ཀྱང་འདིར་གསུམ་བཤད་དོ།།

གཉིས་པ་དགོས་རྒྱུད་ལུང་འདེས་བཞེད་ལུགས་ནི། འགྲེལ་ལས། དེ་ལ་རྟོགས་པའི་ལྟ་བ་རྣམ་པ་གསུམ་སྟེ། ཀ་དག་དང་། ལྷུན་གྲུབ་དང་། ཇི་བཞིན་ཉིད་ཀྱི་སྐྱེ་མཆེད་དོ། །དེ་ཀ་དག་དང་ལྷུན་གྲུབ་ནི་གཞི་ཡིན་པར་ཙམ་དུ་མི་འགལ་ཏེ། གྲུབ་མཐར་དངོས་སུ་འདོད་ན་མི་བདེན་པའོ། །གྲུབ་མཐའ་ཐ་སྙད་དུ་བཏགས་པ་ཙམ་དུ་མི་འགལ་ཏེ། དངོས་སུ་བདེན་པ་འདོད་ན་ནི་དེ་འཁྲུལ་པས་འགོགས་སོ། །དེ་ལ་དང་པོ་ཀ་དག་ཏུ་འདོད་པའི་ལུགས་ཀྱིས། འཁོར་བ་དང་མྱ་ངན་ལས་འདས་པའི་ཆོས་ཐམས་ཅད་ཡེ་ཤེས་རང་གསལ་བར་འདོད་དེ། ཡེ་ཤེས་རང་གསལ་གྱི་སྙིང་པོ་དེ་ལས་མ་གཏོགས་པ་ནི་གང་ཡང་མེད་དོ། །དེ་ཡང་དངོས་པོ་ཤེས་བྱའི་གནས་ཐབས་དེ་ལ། མ་རིག་པས་སྣ་ཚོགས་པའི་སྣང་བའི་སྐྱེ་མཆེད་འཁྲུལ་པ་འདི་དག་ཐམས་ཅད་གཏན་མེད་པར་འདོད་དེ། དཔེར་ན་རིན་ཆེན་གསེར་གླིང་དུ་རྡོ་བ་བཙལ་ཀྱང་མི་རྙེད་པའམ། ཟླ་བའི་དཀྱིལ་ན་མུན་པ་དང་གི་མེད་པའམ། ཉི་མའི་སྙིང་པོ་ལ་སེར་བུ་དང་གི་མེད་པ་ལྟ་བུའོ། །འོ་ན་ད་ལྟ་བའི་འཁྲུལ་པ་འདི་གང་ལས་བྱུང་ན་མ་རིག་པ་ལས་བྱུང་། མ་རིག་པ་གང་ལས་བྱུང་ན་དེའི་སྔོན་མ་ལས་བྱུང་བ་སྟེ། ཐུག་མེད་དུ་སྐྱེ་བའམ། དེ་ཉིད་ཐ་དད་དེ་གཅིག་ལས་གཅིག་ལོག་པར་འདོད་དོ། །ཞེས་སོ། །དཔེར་ན་ཆུ་ཉོག་ཀྱང་ཆུ་དྭངས་པའི་རང་བཞིན་གང་དུའང་མ་གྲིབ། སྙོག་མ་སངས་ཀྱང་དྭངས་པ་དེ་གང་ནས་ཀྱང་གསར་དུ་མ་འོངས་པར་ཡེ་ནས་གནས་པ་བཞིན་དུ། གཞི་ལ་འཁྲུལ་རྟོག་དྲི་མ་བྱུང་ཡང་སེམས་ཉིད་རང་བཞིན་རྣམ་དག་དེ་གང་དུ་ཡང་མ་གྲིབ་དྲི་མ་འགག་ཀྱང་རང་བཞིན་དག་པ་དེ་གང་ནས་གསར་དུ་མ་འོངས་པའི་གནད་

ཀས་ཀ་དག གཞན་ཡང་ཆུ་མ་རྙོག་ན་དྭངས་པ་ལྟར། རིག་པ་མ་བཅོས་ན་དྭངས་པས་ཀྱང་ཀ་དག གསེར་གྱི་གཡའ་བཞིན་དྲི་མ་སྦྱང་དུ་རུང་བས་ཀྱང་ཀ་དག ཀ་ནས་མ་དག་ན་དྲི་མ་སྦྱང་དུ་མི་རུང་སྟེ། དཔེར་ན་སོལ་བའི་ནག་པོ་བཞིན་ནོ། །དེ་ཡང་ཀ་དག་གི་རང་བཞིན་ཙམ་དུ་འདོད་པའོ། །ཀ་དག་གི་ངོ་བོ་འདོད་ན་སྐྱོན་ཅན་ནོ། །བརྟགས་ན་འཁྲུལ་སྣང་འདི་དག་སྒྱུ་མའི་དཔེ་བརྒྱད་ལྟར་ངེས་མེད་བདེན་པ་མེད་པས་ཀྱང་། སྐུ་དང་ཡེ་ཤེས་ཟང་ཐལ་ལོ་ནའོ། །འོ་ན་འཁྲུལ་པ་གང་ནས་བྱུང་ན་མ་རིག་པ་ལས་བྱུང་སྟེ། གཡུང་དྲུང་ཡང་རྩེ་ལས། གཞི་ཉིད་ཡེ་སངས་རྒྱས་བཞིན་དུ། །དེ་མ་ཤེས་ཏེ་རང་བཞིན་རྫོངས། །ལྷན་ཅིག་སྐྱེས་པའི་མ་རིག་པ། །དེ་ལ་ཕྱིན་ཅི་ལོག་གི་བློ། །དེ་མ་ཐག་ཏུ་མྱུར་ལ་རགས། །བདག་དང་གཞན་དུ་འཛིན་པས་བརྟས། །ཀུན་ཏུ་བཏགས་པའི་མ་རིག་པ། །མ་རིག་རྒྱུ་ལ་དུག་ལྔ་རྐྱེན། །འབྲས་བུ་ཁམས་གསུམ་ས་དགུ་སྨིན། །སྡུག་བསྔལ་ལྷག་པའི་སྡུག་བསྔལ་དང་། །ལས་དང་ཉོན་མོང་བག་ཆགས་ཀྱིས། །ཤིན་ཏུ་ཉོན་མོངས་ཉམ་ཐག་གོ །ཞེས་པས། མ་རིག་པ་གཉིས་ཀྱི་ཁྱད་པར་ལ་གཞན་སྡེ་པཎྜིཏ་ཁ་ཅིག མི་ཤེས་པ་གང་ཞིག་གྲུབ་མཐའ་ངན་པ་ལས་བྱུང་བ་དང་། མ་བྱུང་བ་ཡིན་ཞེས་པ་ནི། ངེས་ཁེགས་སོ། །ཐུག་མེད་དུ་སྐྱེ་བ་ལ། མཁས་པ་གཉོས་རྒྱལ་གྱིས། འཁོར་བ་ལ་ཐོག་མ་ཡོད་པར་འདོད་པ་ནི། འཁོར་བའི་ཐོག་མ་དེ་ལ་ཉོན་མོངས་པ་ཚར་གཅིག་བྱུང་ངམ་མ་བྱུང་། བྱུང་ན་འཁོར་བའི་ཐོག་མར་འགལ་ཏེ། ལོས་བསྐྱེད་པའི་འཁོར་བ་སྔོན་དུ་སོང་ཟིན་པའི་ཕྱིར་ཏེ། ལས་ཉོན་སྤྱོད་མཁན་སོང་བས་སོ། །ལས་ཉོན་ལས་མ་བྱུང་ན་འཁོར་བ་མ་ཡིན་པར་འགྱུར་ཏེ། ལས་ཉོན་ལས་མ་བྱུང་བའི་འཁོར་བ་མི་སྲིད་པས་སོ། །འགྲེལ་ལས། དེ་ལ་སྐྱོན་གཏོང་བ་ནི། མ་རིག་པའི་

ངོས་ན་ཡེ་ཤེས་གཏན་མེད། ཡེ་ཤེས་ངོས་ན་མ་རིག་གཏན་མེད་དེ། དེ་གཉིས་གཅིག་ལས་གཅིག་ལོག་པ་སླང་ཐུ་གཡས་གཡོན་འདྲ་བ་གཉིས་རྒྱང་ཐེང་ངེ་ཡོད་ན། འགྲོ་ལ་སེམས་རྒྱུད་གཉིས་འཆང་དུ་འགྱུར་རོ། །འདོད་ན། འབད་པ་ལ་དོན་མེད་དེ། གཏན་མི་གྲོལ་བར་འགྱུར་རོ། །གསང་སྔགས་ཀྱི་ལུང་ཐ་དག་གིས་ཀྱང་བསལ་ལོ། །ཞེས་སོ། །དེ་ལ་ཡང་མ་རིག་སྡོངས་པ་དང་ཡེ་ཤེས་གསལ་བ་གཉིས་རྣམ་པ་འགལ་བའི་གནད་ཀས་གཅིག་རྒྱུད་ལ་དུས་མཉམ་དུ་ཡོད་ན་ཤེས་རྒྱུད་གཉིས་འཆང་དུ་འགྱུར་ལ། དུས་མི་མཉམ་ན་སྤང་གཉེན་མ་ཡིན་པར་འགྱུར་རོ། །ཤེས་རྒྱུད་གཉིས་འཆང་འདོད་ན། རྫོགས་ཆེན་ལས། འགྲོ་ལ་ཤེས་རྒྱུད་གཉིས་མི་འཆང་། །རྟོག་གཉིས་ཅིག་ཆར་འཇུག་པ་མེད། །ཅེས་སོ། །འདི་ནི་རྣམ་ཤེས་ཚོགས་བརྒྱད་མ་འདྲེས་པ་ཤར་རེ་བརྒྱད་འདོད་པ་ཡང་འགོག་སོ། །ཡང་གསང་སྔགས་ཀྱི་ལུང་ཀུན་ནས་ཀྱང་། སྐུ་ལྔ་ཡེ་ཤེས་ལྔ་ལྷ་ལྔ་ཡུམ་ལྔ་རྣམས། ཕུང་པོ་ལྔ་དང་རྣམ་ཤེས་ལྔ་དུག་ལྔ་འབྱུང་ལྔ་གནས་འགྱུར་དུ་བཤད་པ་གནད་དོ། །འགྲེལ་ལས། དེ་ལྟར་མ་ཡིན་ཏེ། དེ་གཉིས་གཉིས་སུ་མེད་དེ། རང་གི་སེམས་ཡང་དག་པའི་དོན་ལ། ཡེ་ཤེས་ཟང་ཐལ་ཡིན་ཏེ། དེ་མ་རྟོགས་ཙམ་ན་མ་རིག་པ་ལས་འཁྲུལ་པར་སྣང་སྟེ། དེ་ལ་སོ་སོར་རྟོགས་པའི་ཤེས་རབ་ཀྱིས་ལྟ་བ་རྟོགས་པར་བྱ་སྟེ། བསྒོམ་ན་རང་གི་སེམས་ཉིད་ཡེ་ཤེས་སུ་འཆར་རོ། །ཞེ་ན། འོ་ན་ཀ་དག་མ་ཡིན་པར་འགྱུར་ཏེ། མ་རིག་པ་ནི་ཡེ་ཤེས་ངོ་བོ་ཡིན་པས་སོ། །གཞན་ཡང་ཡེ་ཤེས་གསར་སྐྱེས་སུ་འགྱུར་ཏེ། རྟོགས་ཙམ་ན་མ་རིག་པ་ལས་ཡེ་ཤེས་གཟོད་གཅིག་སྐྱེ་ཡིན་འདུག་པའི་ཕྱིར་རོ། །འོ་ན་རང་འབྱུང་གི་ཡེ་ཤེས་ཀ་དག་མ་ཡིན་པར་འགྱུར་རོ། །ཡང་མ་རིག་པའི་སྣ་དྲང་པའི་འཁྲུལ་པ་འདི་ཡེ་ཤེས་མ་ཡིན་ཏེ། དེ་ལས་ལོགས་ན་ཡེ་

ཤེས་གཅིག་ཡོད་དོ་ཞེ་ན། ད་ལྟར་གྱི་རྣམ་པར་ཤེས་པའི་ཚོགས་བརྒྱད་ལས་སོགས་པའི་སེམས་དང་སེམས་ལས་བྱུང་བའི་བོན། ལྔ་བཅུ་རྩ་དགུ་པོ་མེད་པས་ཡེ་ཤེས་གཅིག་ཡོད་པར་ཅིས་སྒྲུབ། དེ་རང་ཡེ་ཤེས་ཡིན་ནོ་ཞེ་ན། འོ་ན་དེ་པ་ནི་འཁྲུལ་པ་སྣང་བ་ཡིན་ཏེ། གོང་གི་དེ་ཉམས་སོ། །ཡང་ན་གསང་སྔགས་ནང་པ་མི་འགྱུར་ཏེ། ནང་པས་ནི་ཉོན་མོངས་པ་ཉིད་ངེས་པའི་ལམ་དུ་བྱེད་ནས་འབྲས་བུ་ཐོབ་པར་ཡིན་པ་ལ། ཁྱོད་དེ་སྤང་བའི་ལམ་དུ་བྱེད་པའི་ཕྱིར་རོ། །ཞེས་པས། ལུང་དྲུག་ལས། སྦྱོར་བ་ལམ་དུ་ཁྱེར་བ་འདོད་ཆགས་ཀྱི་ལམ། སྒྲོལ་བ་ལམ་དུ་ཁྱེར་བ་ཞེ་སྡང་གི་ལམ། ཞི་གནས་ལམ་དུ་ཁྱེར་བ་གཏི་མུག་གི་ལམ། ལྷ་ལམ་དུ་ཁྱེར་བ་ང་རྒྱལ་གྱི་ལམ། སྣང་བ་ལམ་དུ་ཁྱེར་བ་འཕྲག་དོག་གི་ལམ། ཞེས་བཤད་ལ། ཡེ་ཁྲི་ལས། གཏི་མུག་ཅན་དམིགས་གཏད་མེད་པའི་ཚུལ་དང་། ཞེ་སྡང་ཅན་གཟའ་གཏད་མེད་པའི་ཚུལ་དང་། འདོད་ཆགས་ཅན་བླང་དོར་མེད་པའི་ཚུལ་དང་། ང་རྒྱལ་ཅན་གོལ་སྒྲིབ་མེད་པའི་ཚུལ་དང་། ཕྲག་དོག་ཅན་སྤང་ཐབས་མེད་པའི་ཚུལ་དང་། ཚུལ་གྱིས་འཇུག་པར་བཤད་དོ། །འགྲེལ་ལས། ཡང་ན་ཡེ་ཤེས་ཟང་ཐལ་ཁོ་ན་ལས། མ་རིག་པས་སྣ་དྲང་པའི་འཁྲུལ་པ་འདི་དག་ཐམས་ཅད་གཏན་མེད་ན། འཁྲུལ་པ་འདི་དག་གཏན་མི་སྣང་བ་འགྱུར་ཏེ། གཞི་ལ་མ་གྲུབ་པའི་ཕྱིར། དཔེར་ན་རི་བོང་གི་རྭ་བཞིན་ནོ། །གཞི་ལ་མ་གྲུབ་ཀྱང་འཁྲུལ་པ་སྣང་ན་ཅི་སྟོ་སྟེ་མ་གྲུབ་ཅེ་ན། འོ་ན་ནི་གཞི་ལ་མ་གྲུབ་པའི་རི་བོང་རྭ་ཡང་ཡོད་ཅེས་བྱའོ། །ཡང་ན་འཁྲུལ་པ་རྒྱུ་མེད་དུ་འགྱུར་རོ། །འདོད་ན། གཏན་མི་སྣང་བར་འགྱུར་ཏེ། རྒྱུ་མེད་པའི་ཕྱིར་རོ། །དཔེར་ན་མོ་གཤམ་གྱི་བུ་བཞིན་ནོ། །ཡང་གཞི་ལ་མ་གྲུབ་ཀྱང་འཁྲུལ་ན། རྒྱུ་དག་པའི་སངས་རྒྱས་ཀྱང་འཁྲུལ་བར་འགྱུར་རོ། །དེ་ལྟར་ཀ་

དག་ཡང་དག་པའི་ལྟ་བའམ་གྲུབ་མཐའ་མ་ཡིན་ཏེ། དེ་ལྟར་སུན་དབྱུང་ངོ་།།

ལྷུན་གྲུབ་ཀྱི་འདོད་པ་ནི། བོན་ཉིད་རིག་པ་བྱང་ཆུབ་ཀྱི་སེམས་ལ། འཁོར་བ་དང་མྱ་ངན་ལས་འདས་པའི་བོན་ཐམས་ཅད་འདི་ལོ་ན་ལྟར། ལྷུན་གྱིས་གྲུབ་པར་འདོད་པའོ། །དེ་ལ་གཞུང་ལུགས་གཉིས་ཏེ། བོན་ཉིད་ལྷུན་གྱི་གྲུབ་པ་དང་། བོན་ཅན་ལྷུན་གྲུབ་པའོ། །དེ་གཉིས་ཀྱི་གོ་བ་ནི། བོན་ཉིད་པ་ན་རེ། བོན་ཉིད་གཉིས་མེད་རིག་པའི་སྙིང་པོ་དེ་ལ། འཁོར་བ་དང་མྱ་ངན་ལས་འདས་པའི་བོན་ཐམས་ཅད་མ་རྩལ་ལྷུན་གྱིས་གྲུབ་པའོ། །བོན་ཅན་ལྷུན་གྲུབ་པས་ནི། བོན་ཉིད་ལ་ཐམས་ཅད་ལྷུན་གྱིས་གྲུབ་པ་ཨ་ཙང་ཆེས་ཏེ། དེའི་ཐོག་ཏུ་བོན་ཅན་རྗེ་ལྟ་བུ་ལ་ཡང་ཐམས་ཅད་ལྷུན་གྱིས་གྲུབ་པ་འདོད་དེ། དེའི་ཁམས་ཆེ་འོ། །ཞེས་སོ། །དེ་ཡང་ལྷུན་གྲུབ་ཀྱི་འདོད་ལུགས་ནི། གཞི་ལ་འཁོར་བ་བཏགས་ན། འགྲོ་བ་རིས་དྲུག་དབང་པོ་དང་བཅས་པ་སྣང་ལ། སྣང་ཚོད་དུ་བདེན་མྱ་ངན་ལ་འདས་པར་རྟོགས་ན། རིགས་དང་ཡེ་ཤེས་ཞིང་ཁམས་གཞལ་ཡས་དང་ཕུན་སུམ་ཚོགས་པའི་འཁོར་གྱིས་བསྐོར་བ་སྣང་ལ། སྣང་ཚད་དུ་བདེན་པའི་ཕྱིར་ཏེ། ཡང་རྩེ་ཀློང་ཆེན་ལས། རྟོགས་པ་དང་མ་རྟོགས་པ་ལ་ཐུགས་རྗེ་དང་སྡུག་བསྔལ་དུ་ཤར་བ་ནི། ཚ་གྲང་གི་ནད་ལ་གསུར་བཏང་པ་ལྟ་བུའོ། །ཞེས་སོ། །གཞན་ཡང་འཁོར་བ་བཀག་མེད་དུ་ཤར། བོན་སྐུ་ཡང་རྩལ་མེད་དུ་གནས་པ་སྟེ། རྩོལ་ན་བོན་སྐུ་གནས་སུ་འགྱུར་བའི་གནད་ཀས་སོ། །དེ་ཡང་ལྷུན་གྲུབ་ཀྱི་རང་བཞིན་དུ་འདོད་ཀྱི། ངོ་བོ་འདོད་ན་ནི་གཞི་ལམ་འབྲས་གསུམ་ཁྱད་མེད་དུ་འགྱུར་རོ། །བོན་ཅན་རྗེ་ལྟ་བུ་ཡང་མཐོང་སྣང་སྣ་ཚོགས་པའི་ལྷུན་གྱིས་གྲུབ་པ་སྟེ། དཔེར་ན། ཞག་མིག་ཅན་གྱིས་སྣང་བ་སྨུན་པ་མཐོང་བས་སྨུན་པའི་དོན་བྱེད་ནུས་པ་ལ། ཆུ་

མིག་ཅན་གྱིས་སྣང་བ་ལ་སྣང་བར་མཐོང་བས་སྣང་བའི་དོན་བྱེད་ནུས་པ་གཉིས། མ་འདྲེས་པ་ལ་གཅིག་ཏུ་རྟོགས་པ་བཞིན་ནོ། །དབང་འབྱོར་པ་ཅན་གྱི་བསམ་གཏན་ཐོབ་པས་ཀྱང་གང་ལྟར་སྤྲུལ་པས་གྲུབ་པ་ལ། གཞན་ཡང་འཕྲུལ་དགའི་རྫུ་འཕྲུལ་གྱིས་སྤྲུལ་པ་ལ་གང་ལྟར་སྤྲུལ་པ་འགྲུབ་པས་ཀྱང་ལྷུན་གྲུབ་བོ། །འགྲེལ་ལས། དེ་སྐུན་དབྱུང་བ་ནི། བོན་ཉིད་རིག་པ་བྱང་ཆུབ་གྱི་སེམས་གཉིས་མེད་རིག་པའི་སྙིང་པོ་དེ་ལ། བོན་ཅན་འདི་ཕོ་ན་ལྟར། ལྷུན་གྲུབ་འདོད་ན། བོན་ཅན་དང་བོན་ཉིད་ལྷུན་གྲུབ་པར་འདོད་ན། བོན་ཅན་དང་བོན་ཉིད་གཅིག་གམ་ཐ་དད། གཅིག་ན་བོན་ཅན་རང་རྒྱུད་པའི་འདུས་བྱས་ཡིན་པ་བཞིན་དུ། བོན་ཉིད་ཀྱང་འདུས་བྱས་རང་རྒྱུད་པར་འགྱུར་རོ། །ཐ་དད་ན་ལྷུན་གྲུབ་མ་ཡིན་པར་འགྱུར་རོ། །ཐ་དད་ན་ལྷུན་གྱི་གྲུབ་ན་ཅི་སྟོ་སྟེ། ཁྱབ་པ་མ་གྲུབ་བོ་ཞེ་ན། འོ་ན་ནི་ཏ་ཡང་ཤིང་ལས་གྲུབ་པར་འགྱུར་ཏེ། དངོས་པོ་ཐ་དད་ཀྱང་གྲུབ་པའི་ཕྱིར་རོ། །ཡང་བོན་ཅན་ལྷུན་གྲུབ་ལ་སྐྱོན་བཏང་བ་ནི། བོན་ཅན་ཀ་བ་ལྟ་བུ་གཅིག་ལ་ཐམས་ཅད་ལྷུན་གྱིས་གྲུབ་ན། གྲུབ་མཐའ་ལ་བོན་ཅན་ཀ་བ་ལྟ་བུ་གཅིག་པོ་རང་གྲུབ་བམ་མ་གྲུབ། གྲུབ་ན་གྲུབ་པ་ཅིས་སྒྲུབ། ཡང་ན་བོན་ཉིད་མ་ཡིན་པར་འགྱུར་ཏེ། བོན་ཅན་ཀུན་བཏགས་འདུས་བྱས་སུ་གྲུབ་པའི་ཕྱིར་རོ། །མ་གྲུབ་ཅེ་ན། བོན་ཅན་རང་མ་གྲུབ་པ་དེ་ལ་ལྷུན་གྱིས་གྲུབ་པ་ག་ན་ཡོད་དེ། དཔེར་ན་རི་བོང་རྭ་མ་གྲུབ་པས་དེ་ལ་ཁ་དོག་དབྱིབས་དང་ཆགས་ཚད་གཞལ་དུ་མེད་པ་བཞིན་ནོ། །ཡང་ན་བོན་ཅན་རྗེ་ལྟ་བུ་རང་གཅིག་ལ་གཅིག་གྲུབ་བམ་མ་གྲུབ། གྲུབ་བོ་ཞེ་ན། མངོན་སུམ་གྱིས་བསལ་ལ། མ་གྲུབ་བོ་ཞེ་ན། ལྷུན་གྱིས་གྲུབ་པར་ཉམས་པར་འགྱུར་རོ། །ཡང་དེ་ཉིད་ཀྱི་ལུགས་ཀྱི་མ་འདྲེས་པ་ཡོངས་སུ་རྫོགས་པ་ནི། བོན་ཉིད་ལྷུན་གྲུབ་

པ་ན་རེ། མ་འདྲེས་ཏེ། བོན་ཅན་རང་རང་གི་མཚན་ཉིད་མ་འདྲེས་ཏེ། སྣ་ཚོགས་དུ་མར་སྣང་། ཡོངས་སུ་རྫོགས་ཏེ་བོན་ཉིད་ལ་དེ་དག་ཐམས་ཅད་རྫོགས་སོ་སྐད། དཔེར་ན་རྒྱ་སྒྲུང་ལྷ་བུ་གཅིག་གི་ཁ་ཏུ་མི་ཧ་བྱ་གསུམ་ཕྱིན་ན། མ་འདྲེས་ཏེ་གསུམ་པོ་རང་རང་གི་དབྱིབས་ཁ་དོག་སོ་སོར་གསལ། དེ་དག་རྒྱ་སྒྲུང་དུ་རྫོགས་པ་དང་འདྲའོ་སྐད་དོ། །དེ་ལ་སྐྱོན་བརྗོད་པ་ནི། འོ་ན་བོན་ཅན་བུམ་པ་ལྟ་བུ་གཅིག་གི་སྣང་ཆ་ཞེས་བྱ་བ་དེ། བུམ་པ་དེ་ཉིད་ཀྱི་སྟོང་ཆ་ལ་རྫོགས་སམ་མ་རྫོགས། རྫོགས་ན་མ་འདྲེས་པར་མི་འགྱུར་ཏེ། སྣང་སྟོང་གཅིག་ལ་གཅིག་རྫོགས་པའི་ཕྱིར། མ་རྫོགས་ན་བོན་ཅན་གཅིག་ལ་སྣང་སྟོང་དབྱེར་མེད་བརྗེར་མི་འདོད་པར་འགྱུར་རོ། །འདོད་ན། ཡོངས་སུ་རྫོགས་པར་ཟེར་ནས་རང་ཚིག་གིས་བསལ་ལོ། །བོན་ཅན་ལྷུན་གྲུབ་ནི། བོན་ཉིད་ལ་མ་འདྲེས་ཡོངས་སུ་རྫོགས་པ་ལས་ཨ་ཅང་ཡང་ཆེས་ཏེ། བོན་ཅན་བུམ་པ་ལྟ་བུ་གཅིག་ལ་ཡང་། ཐམས་ཅད་མ་འདྲེས་ལ་ཡོངས་སུ་རྫོགས་པ་ཡིན་ཟེར་ཏེ། ཁམས་ཆེའོ། །དེ་སུན་དབྱུང་བ་ནི། འོ་ན་བོན་ཅན་ལྷོ་ཏུ་བྱང་ཏུ་ལ་རྫོགས་སམ་མ་རྫོགས། རྫོགས་ན་མ་འདྲེས་པ་མེད། མ་རྫོགས་ན་ཡོངས་སུ་རྫོགས་པ་མེད་དོ། །ཡང་དེ་ཉིད་ཀྱི་སྣང་སྟོང་དབྱེར་མེད་ནི། སྣང་བ་འདི་ཉིད་སྣང་བདོ་ཙམ་ན་སྟོང་པ་ཉིད། སྟོང་བདོ་ཙམ་ན་སྣང་བ་མི་འགོག་སྟེ། འདི་ལྟར་སྣང་བ་ཉིད་སྟོང་པ། སྟོང་པ་ཉིད་སྣང་བ། དེ་གཉིས་དུས་གཅིག་ཚོད་ན་དབྱེར་མེད་ཟེར་རོ། །དེ་སུན་དབྱུང་བ་ནི། སྣང་བ་ཉིད་སྟོང་པ། སྟོང་པ་ཉིད་སྣང་བ་ཡིན་ན། སྣང་བ་འདི་ནི་འཇིག་པ་འདུག་ན་ཕྱི་སྣོད་མེ་བདུན་ཆུ་གཅིག་གིས་འཇིག ནང་བཅུད་སྐྱེ་རྒས་ན་འཆི་ཡིས་འཇིག་སྟེ། འདི་འཇིག་ཙམ་ན་སྟོང་པ་ཉིད་ཀྱང་འཇིག་པར་འགྱུར་ཏེ། སྣང་སྟོང་དབྱེར་མེད་ཡིན་པའི་ཕྱིར་རོ། །ཡང་དེ་

གཉིས་ཀྱི་ལུགས་ཀྱི་འདི་ལྟར་སྣང་བ་འདི་ཡེ་ཤེས་ཀྱི་རོལ་པར་ཤར་བ་ཡིན་བྱས་པ་ལ། རྐྱེན་ལ་ལྟོས་ནས་ཤར་ན་རང་འབྱུང་གི་ཡེ་ཤེས་མ་ཡིན་པས། མ་ལྟོས་པ་ཤར་བར་འདོད་དོ། །དེ་སུན་དབྱུང་བ་ནི། དེ་ལྟར་བདེན་ན། ཡང་ན་འཁོར་བ་དངོས་ཅན་ལོན་འགྱུར་ལ། ཡང་ན་འཁོར་བ་དངོས་མེད་ལོན་འགྱུར་ཏེ། ཡེ་ཤེས་རྐྱེན་ལ་མ་ལྟོས་པ་འཁོར་བ་རང་རང་འཁོར་བའི་ཕྱིར་རོ། །ཡང་ན་རྒྱུད་དག་པའི་སངས་རྒྱས་གཞན་ལྷ་འོད་དཀར་ཀྱང་འཁོར་བ་འགྱུར་ཏེ། རྐྱེན་ལ་མ་ལྟོས་པར་རང་ཤར་བའི་ཕྱིར་རོ། །ཡང་དེ་གཉིས་ཀྱི་ལུགས་ཀྱི། ཡེ་ཤེས་དངོས་ཡིན་དང་ཁྲབ་ཡིན་གཉིས་ལས། ཁྲབ་པ་མ་ཡིན་ཏེ་དངོས་རང་ཡིན་པར་འདོད་ཏེ། དེ་སུན་དབྱུང་བ་ནི། འོ་ན་ཡེ་ཤེས་དེ་འདུས་བྱས་སུ་འགྱུར་ཏེ། འདིར་དངོས་རང་ཡེ་ཤེས་ཡིན་པའི་ཕྱིར་རོ། །ཡང་ན་ཐམས་ཅད་མཐོང་ལམ་སྐྱེས་པ་འགྱུར་ལ། ཁྲབ་པ་མ་ཡིན་ཏེ། དངོས་རང་ཡིན་པ་འདོད་དེ། དེ་སུན་དབྱུང་བ་ནི། འོ་ན་ཡེ་ཤེས་དེ་འདུས་བྱས་སུ་འགྱུར་ཏེ། འདིར་དངོས་རང་ཡེ་ཤེས་ཡིན་པའི་ཕྱིར་རོ། །ཡང་ན་ཐམས་ཅད་མཐོང་ལམ་སྐྱེས་པར་འགྱུར་ལ། ཡང་ན་འབད་པ་མེད་པར་གྲོལ་བར་འགྱུར་ཏེ། སྣང་བ་འདི་དངོས་ཡེ་ཤེས་ཡིན་པའི་ཕྱིར། འདི་ལྟར་སྣང་བའི་དངོས་པོ་སངས་རྒྱས་ས་ན་དངོས་སུ་ཡོད་པར་འགྱུར་ཏེ། ཡེ་ཤེས་ཡིན་པའི་ཕྱིར། འདོད་ན། ཀུན་བཏགས་སུ་འགྱུར་རོ། །ཡང་ན་འདི་དངོས་ཡེ་ཤེས་ཡིན་པ་ཅིས་བསྒྲུབ། ཡང་འདི་ལྟར་སྣང་བ་སྟོད་བཅུད་འདི། ལྷ་དང་ལྷ་མོའི་རང་བཞིན་ནམ། ངོ་བོ་ཡིན་བྱས་པ་ལ། དེ་གཉིས་ཀྱི་ལུགས་ཀྱི་ངོ་བོ་རང་ཡིན་པར་འདོད་དེ། གཟུགས་ཀྱི་ཕུང་པོ་ཉིད་མཁའ་འགྱིང་དཀར་པོའམ་ཁྲོ་བོ་གསས་རྗེ་འབར་བ་གྲོང་ངེ་ཡོད་ཟེར་རོ། །དེ་སུན་འབྱིན་པ་ནི། འོ་ན་སུ་སྟེགས་གྲངས་ཅན་པས། མ་དག་པ

འཇམ་པའི་ཚོགས་ཉོར་རེ་ཙམ་ན། བུམ་པ་སྦོ་གྲོང་དེ་ཡོད་ཅེས་བྱའོ། །དེ་མངོན་སུམ་གྱིས་བསལ་ཞེ་ན། འོ་ན་ཁྱོད་ཀྱི་མཁའ་འཁྱིང་དཀར་པོ་ཡང་མངོན་སུམ་གྱིས་བསལ་ལོ། །ངས་སློམ་པའི་དུས་སུ་མཁའ་འཁྱིང་སྣང་ངོ་ཞེ་ན། འདི་ཡང་བྱས་པས་ན་བུམ་པ་སྣང་ཞེས་བྱའོ། །བྱས་པ་སྣང་བའི་ཕྱིར། འདག་པའི་དུས་ན་བུམ་པར་ཡོད་མ་ཟེར་གཅིག་ཞེ་ན། འོ་ན་ཁྱེད་ཀྱི་ཡང་སློམ་པའི་དུས་ན་སྣང་བའི་ཕྱིར་གཟུགས་ཀྱི་ཕུང་པོ་མིང་དངོས་ཡིན་མ་ཟེར་ཅིག་ཅེས་བྱའོ། །དེས་ན་ཀ་དག་ལྷུན་གྲུབ་ངོ་བོ་ཉིད་ལ་མི་བདེན་ཏེ། གཞི་ཙམ་དུ་གནས་པ་ལ་འགལ་མེད་དོ།།

འོ་ན་ལྟ་བའི་མཐར་ཐུག་ཡང་དག་པ་དེ་ཅི་ལྟར་ཡིན་ཞེ་ན། དགག་སྒྲུབ་གང་ཡང་མི་བྱེད་པའི་བོན་ཉིད་དེ། ཡུལ་གྱི་མཚན་མའི་རྣམ་པ་འདེས་གཞོད་པ་མ་བྱས་པས། རང་རྟོགས་གཡུང་དྲུང་གི་ཐེག་པ་ཀ་དག་ལྟར་མི་སྤྱང་། ཕན་པ་མ་བྱས་པས། ཐུགས་རྗེ་སེམས་དཔའ་ནས་སྔགས་ཕྱི་ནང་ལྷུན་གྲུབ་ལྟར་མི་བསྒྲུབ། ཡང་དག་པ་མེད་པས་སོ་སོ་ལྷ་མི་གཞན་རྟེན་གྱི་ཐེག་པ་ལྟར་མི་ཞེན། རང་བཞིན་རྒྱུ་ལས་མ་བྱུང་རྐྱེན་གྱིས་མ་བསྐྱེད། དངོས་པོར་མ་གྲུབ་པས་སྐྱེ་བ་མེད་པས་རང་བཞིན། དམིགས་འཛིན་མེད་ལ་རང་རིག་པས། རང་རིག་འོད་གསལ་གྱི་རང་བཞིན་ངོ་བོ་ཉིད་རྟག་ཆད་ཀྱི་མཐས་མ་རེག་པས་གཉིས་སུ་མེད་པའི་རང་བཞིན་སྤང་སྟུད་ཀྱི་མི་འགྱུར། ཞེན་པས་མ་བསླད་པས། བདེ་བ་ཆེན་པོའི་རང་བཞིན། བོན་ཉིད་ཐིག་ལེ་ཉག་གཅིག་རང་བཞིན་ལྷུན་གྲུབ་པས་འབྲས་བུ་གཞན་མི་འབྱུང་བའི་རང་བཞིན། སྐྱེ་མཆེད་འོད་གསལ་གྱི་རླབས་ནམ་མཁའ་ལ་ཉི་མ་ཤར་བ་ལྟར་བྱུང་བས། གར་ཡང་མ་བཀག་པའི་རང་བཞིན། དོན་དང་ཐ་སྙད་སྣ་ཚོགས་མ་བྱུང་བའི་སྔོན་དུ་གནས་པས། ཡང་མེས་ཆེན་པོར་བཞུགས་པའི་རང་བཞིན། རང་

བཞིན་བདུན་དུ་གནས་པའི་ཐོན་ཉིད། ཇི་བཞིན་ཉིད་ཀྱི་སྐྱེ་མཆེད། གཡུང་དྲུང་སྙིང་པོར་འབྱུངས་པ། སངས་རྒྱས་སྣམ་པོས་མ་མཛད། སེམས་ཅན་སྒྲིབ་པོའི་མ་བཅོས་པ། འཁོར་འདས་གཉིས་ཀྱིས་མ་རེག་པ། ཀུན་རིག་ཅི་བཞིན་གནས་པའི་ཟེ་བོ། ཞེས་སོ།།

ལྟ་པ་འབྱུལ་ལུགས་ནི། འགྲེལ་ལས། དེ་ལྟ་བུའི་དོན་དེ་སེམས་ཅན་ཐམས་ཅད་ལ་ཡེ་ནས་ཡོད་པ་ལ། ཡོད་པ་དེ་མ་ཤེས་ཏེ། དེའི་ཕྱིར་ཡེ་ཤེས་མིན་ཏེ། དཔེར་ན་མིག་མཁན་མ་རྟེད་པས། མིག་གི་དབང་པོ་མ་ཉམས་ཀྱང་། རྐྱེན་གྱིས་ལོང་བ་སོང་བ་དང་འདྲའོ། །དེ་ཡང་ཅི་ལྟར་ཡིན་ཞེ་ན། རང་བཞིན་སྐྱེ་བ་མེད་པ་ལ། སྐྱེ་བ་འཛིན་པའི་ལོག་པའི་ཤེས་པ་བརྟས་པས་རྒྱུའི་རྐྱེན་དུ་སོང་། ངོ་བོ་གཉིས་སུ་མེད་པ་ལ་གཉིས་སུ་འཛིན་པས་ལོག་པའི་ཤེས་པ་བརྟས་པས་སྣང་བ་དང་ལེན་པ་སོགས་སུ་སོང་། མཚན་ཉིད་རང་གི་གསལ་བ་ལ། གཞན་གསལ་དུ་འཛིན་པའི་ལོག་པའི་ཤེས་པ་བརྟས་པས་མཚུངས་པ་དེ་མ་ཐག་རྐྱེན་དུ་སོང་། དངོས་མེད་ཀྱི་ཡུལ་ཡེ་ཤེས་ཀྱི་སྐྱེ་མཆེད་ཡིན་པ་ལ། ལོག་འཛིན་གྱི་ཤེས་པས་སྒོ་ལྔ་བརྟས་པས་བདག་པོའི་རྐྱེན་དུ་སོང་། ཕྱིའི་ཡུལ་ལ་དམིགས་གཏད་ཕྱར་མེད་པ་ལ། དམིགས་འཛིན་གྱི་ལོག་ཤེས་བརྟས་ནས་དམིགས་པའི་རྐྱེན་དུ་སོང་། གནས་སྐབས་ཀྱི་རྐྱེན་བཞི་དང་ལེན་སོགས་ཀྱི་འབྲུལ་པས་འཁོར་བའོ། །ཡང་སེམས་ཉིད་ཅི་བཞིན་པ་དེ། རྒྱུ་རྐྱེན་གྱི་མ་བསྐྱེད་ཅིང་། ཅི་ལྟར་ཀྱང་མ་ཡིན་པ་ལ་མ་ཡིན་པ་མ་ཤེས་ཏེ། དེ་ཉིད་ཀྱི་སྐད་ཅིག་མ་དེ་ཡང་མ་རིག་པ་ལ་བྱུང་། དེར་མེད་པའི་རང་བཞིན་ཡོད་པར་བཟུང་། དེས་རྐྱེན་བཞིར་འབྲུལ། དེའི་ཕྱིར་སེམས་ཀྱི་ཐོན་ཉིད་ཅི་བཞིན་པ་དེ། ཀུན་གཞིར་སོང་སྟེ། འཁོར་བའི་རྒྱུ་རྐྱེན་ཕྱས་པའོ། །འབྲུལ་འཁོར་དེའི་འབྲས་བུ་ནི་འགྲོ་དྲུག་གི་སེམས་ཅན་ནོ། །ངོ་བོ་ནི་གཟུང་

འཛིན་རང་ས་ན་མི་མཐུན་པའོ། །དཔེ་ནི་ཐག་པ་ལ་སྦྲུལ་དུ་མཐོང་བ་དང་འདྲའོ། །ཉེས་སྐྱོན་ནི། སྡུག་བསྔལ་ཞིང་བདེ་བའི་ལམ་དང་བྲལ་བའོ། །ལས་ནི། ཆགས་སྡང་རྣམ་པ་ལྔ་ལ་དངོས་པོར་སྤྱོད་པའོ། །ཞེས་སོ།།

དྲུག་པ་གྲོལ་ལུགས་ཀྱི་གཏན་ཚིགས་ནི། འགྲེལ་ལས། དེ་ལྟར་འཁྲུལ་པ་དེའི་རང་བཞིན་སྟོངས་ཤིང་དོན་དེ་ཉིད་རྟོགས་པར་བྱ་བའི་ཐབས་ནི། དེ་ཉིད་ལྟར་བཤད་པ་རང་ཡང་ཐབས་སུ་སོང་བ་ཡིན་ཏེ། འདི་ལྟར་གདམས་ངག་གི་ཚད་མའོ། །དེ་ལྟར་འཁྲུལ་པ་བོན་ཅན། ཡང་དག་པའི་སྙིང་པོ་ཡིན་ཏེ། སེམས་ཀྱི་རང་བཞིན་སྐྱེ་བ་མེད་པའི་ཕྱིར། དཔེར་ན་ནམ་མཁའ་བཞིན་ནོ། །གཏན་ཚིགས་མ་གྲུབ་ཅེ་ན། སེམས་ཀྱི་རང་བཞིན་ལ་སྐྱེ་ཤི་ཡོད་པར་འགྱུར་རོ། །འདོད་ན། སེམས་ཉིད་མ་ཡིན་པར་འགྱུར་རོ། །ཡང་ན་ཤེས་པ་རྒྱུན་ཆད་པར་འགྱུར་རོ། །སྨུ་སྟེགས་ཆད་པ་ཡང་འགྱུར་རོ། །ཡང་འཁྲུལ་པ་བོན་ཅན། སེམས་ཉིད་ཡང་དག་པ་ཁོ་ནར་ཡིན་ཏེ། སེམས་ཀྱི་རོལ་པ་མི་འགག་པའི་ཕྱིར་རོ། །དཔེར་ན་ནམ་མཁའ་ལ་ཉི་ཟླ་གཟའ་སྐར་ཤར་བ་བཞིན་ནོ། །གཏན་ཚིགས་མ་གྲུབ་བོ་ཞེ་ན། སེམས་རྒྱུན་ཆད་དུ་འགྱུར་ཏེ། རོལ་པ་འགག་པའི་ཕྱིར་རོ། །འདོད་ན། ད་ལྟར་བྱུང་ཚོར་སྣ་ཚོགས་སུ་འདུག་པ་མངོན་སུམ་གྱི་བསལ་ལོ། །སྨུ་སྟེགས་ཆད་པ་ཡང་འགྱུར་རོ། །ཡང་སེམས་རྒྱུན་མི་ཆད་དེ། རེ་འགའ་བ་འདུག་པའི་ཕྱིར་རོ། །དཔེར་ན་ས་བོན་མྱུ་གུ་བཞིན་ནོ། །གཏན་ཚིགས་མངོན་སུམ་གྱིས་གྲུབ་བོ། །ཁྱབ་པ་མ་གྲུབ་ཅེ་ན། ས་བོན་མ་ཞིག་མ་ཆོད་ཀྱང་མྱུ་གུ་སྟོན་པོ་མི་ཡོང་ན་ཅི་སྟོ་སྟེ་ཞེས་བྱའོ། །དེ་མངོན་སུམ་གྱིས་བསལ་ལོ་ཞེ་ན། །ཡང་ན་རྗེས་སུ་དཔག་པས་ཀྱང་བསལ་ལོ། ཡང་འཁྲུལ་པ་བོན་ཅན། བོན་ཉིད་ཅི་བཞིན་མ་ཡིན་ཏེ། དེ་ལྟར་བློ་ངོ་བོ་ཉིད་དུ་གྲོལ་བའི་ཕྱིར། དཔེར་ན

ནམ་མཁའ་ལ་སྤྲིན་དེངས་པ་བཞིན་ནོ། །ངོ་བོ་ཉིད་དུ་གྲོལ་ཡང་། འཁྲུལ་པ་བོན་ཉིད་མ་ཡིན་ན་ཅི་སྟོ་སྟེ་ཁྱབ་པར་གྲུབ་པོ་ཞེ་ན། འོ་ན་ནམ་མཁའ་ལ་སྤྲིན་དེངས་ཀྱང་ཉི་ཟླ་སྒྲིབ་ནུས་ན་ཅི་སྟོ་སྟེ་ཞེས་བྱའོ། །དེ་མངོན་སུམ་གྱིས་བསལ་ཞེ་ན། དེ་ཡང་མངོན་སུམ་གྱིས་བསལ་ལ། རྗེས་དཔག་གིས་ཀྱང་བསལ་ཏེ། བྱས་པ་ཡིན་ཀྱང་མི་རྟག་པ་མ་ཡིན་ན་ཅི་སྟོ་སྟེ་ཞེས་བྱའོ། །དེ་གསུམ་ནི་རང་བཞིན་སྐྱེ་བ་མེད་པ་དང་། རོལ་པ་འགག་པ་མེད་པ་དང་། ངོ་བོ་ཉིད་དུ་གྲོལ་བའི་གཏན་ཚིགས་གསུམ་གྱིས་གཏན་ལ་ཕབ་སྟེ་བསྟན་པའོ། །གཞན་ཡང་རྒྱུ་རྐྱེན་བཞི་པོ་སྟེ་ཀུན་བཏགས་ཡིན་ཏེ། དེ་མེད་ལ་དེར་འཛིན་ཡིན་པའི་ཕྱིར་རོ། །དཔེར་ན་དུང་སེར་པོ་མཐོང་བ་བཞིན་ནོ། །གཏན་ཚིགས་མ་གྲུབ་ཅེ་ན། ཁྱོད་ཀྱི་གཟུང་བ་དེ་ཡང་དག་ཏུ་ཐལ། ཡོད་པར་བཟུང་བའི་ཕྱིར་རོ། །འདོད་ན། མི་བསླུ་བར་འགྱུར། སྐྱེ་འཇིག་མེད་པར་འགྱུར། དེ་མེད་ལ་དེར་འཛིན་ཀྱང་། ཀུན་བཏགས་སུ་མ་སོང་ན་ཅི་སྟོ་སྟེ་ཁྱབ་པར་མ་གྲུབ་པོ་ཞེ་ན། འོ་ན་དུང་ལ་སེར་པོ་མཐོང་བ་འདི་ཡང་མ་འཁྲུལ་བ་འགྱུར་ཞེས་བྱའོ། །གཞན་ཡང་རྒྱུ་རྐྱེན་བཞི་འདུས་བྱས་ཀྱིས། བསྒྲུབ་བྱ་བོན་ཉིད་འདུས་མ་བྱས་མི་འཐོབ་སྟེ། ཕན་ཚུན་དམིགས་པ་འགལ་བའི་ཕྱིར་རོ། །གོ་ན་རེ། བསྒྲུབ་བྱ་བོན་སྐུ་ཐིག་ལེ་ཉག་ཅིག་དེ། རྒྱུ་ཡིས་མ་བསྐྱེད། རྐྱེན་གྱིས་མ་སྒྲུབ་སྟེ། རང་གི་ངོ་བོ་ཅིར་ཡང་མ་གྲུབ་ན་ཤེས་པ་གཅིག་གི་ཡུལ་དུ་གྱུར་རམ་མ་གྱུར། ཡུལ་དུ་མ་གྱུར་ན་མ་གྲུབ་པ་ཅིས་མངོན། ཡང་ན་གཏན་མེད་དུ་འགྱུར་ཏེ། ཤེས་པའི་ཡུལ་དུ་མ་གྱུར་པའི་ཕྱིར་རོ། །གྱུར་ན་གང་གི་ཡུལ་དུ་གྱུར། གལ་ཏེ་ཡིད་ཀྱི་རྣམ་པར་ཤེས་པའི་ཡུལ་དུ་གྱུར་ཞེ་ན། ཡིད་ཀྱི་རྣམ་པར་ཤེས་པ་སྐད་ཅིག་མས་རང་གི་ངོ་བོ་མ་གྲུབ། སྒོ་ལྔའི་རྣམ་པར་ཤེས་པ་ལ་དམིགས་པའི་ཚེ། གཅིག་ཏུ་ཡང་མ་གྲུབ། ཕྲ་བ་ཟབ་མོ་གཅིག

ལ་དམིགས་པའི་ཚེ། གྲུབ་པོ་ཞེ་ན། གཅིག་ཀྱང་ཕྱོགས་ཆས་མ་གྲུབ། ཕྱལ་བྱེད་གཅིག་མ་གྲུབ་ན། ཕྱལ་བྱ་དུ་མ་ཡང་མི་འགྲུབ། ཡུལ་ཡང་གནས་སྐབས་ཙམ་ལ་མིང་དུ་བཏགས་པའོ། །ཡང་དག་པར་མ་གྲུབ། དེས་ན་གཏན་ཚིགས་གང་གིས་གཏན་ལ་འབེབས། གཏན་ཚིགས་སོ་སོ་བ་གཅིག་གིས་འབེབས་སམ། དེ་ཉིད་ཀྱིས་དེ་ཉིད་འབེབས། གལ་ཏེ་སོ་སོ་བས་འབེབས་ན། འབྲེལ་བ་ངེས་པ་མེད་པས་དབབ་ཏུ་མི་བཏུབ་སྟེ། དཔེར་ན་མིག་གིས་སྒྲ་སྐད་གཏན་ལ་བབ་ཏུ་མི་འདོད་པ་བཞིན་ནོ། །དེ་ཉིད་ཀྱིས་དེ་ཉིད་འབེབས་ན། གཏན་ལ་འབེབས་པ་ལ་ཐུག་པ་མེད་པར་འགྱུར་ལ། གྲུབ་པ་ལ་སྒྲུབ་པའི་སྐྱོན་དུ་འགྱུར་རོ་ཞེ་ན། གོང་མ་གཏན་ཚིགས་གསུམ་པོས་འབེབས་སོ། །ཡང་འདི་སྐད་དུ། ད་ཚད་མའི་རྒྱལ་པོའི་ལུགས་ཕྱུ་མཆོག་གི་མདོག་རིས་ལྟ་བུ་ཚད་མ་དེ། ཕྱི་ཡི་སྣང་བརྟགས་ལོག་པའི་ཤེས་པ་དེར་མེད་ལ་དེར་འཛིན་ཏེ། པོན་སྐྱ་ཐིག་ལེ་ཉག་གཅིག་མིང་ཙམ་ལས་དངོས་སུ་མ་གྲུབ་པས། སྤྲོས་སྟུད་ཞེན་པས་རྟོག་དཔྱོད་གང་ཡང་མི་བྱེད་དེ། ཡང་དག་མ་ཡིན་པས་མ་ཞེན་པའི་གཏན་ཚིགས་ཀྱི་ལྟ་མི་གཞན་རྟེན་གྱི་བཏགས་པའི་དོན་གཏན་ལ་མ་ཕེབས་པ་གཏན་ལ་འབེབས་པ་དང་། གནོད་པ་མ་བྱུས་པས་མི་སྤྱོང་བའི་གཏན་ཚིགས་ཀྱིས་རང་རྟོགས་གཤེན་རབ་གཡུང་དྲུང་སེམས་དཔའི་དངོས་པོ་སློས་བཞག་སྟེ། གཏན་ལ་མ་ཕེབས་པ་གཏན་འབེབ་པ་དང་། ཕན་པ་མ་བྱུས་པའི་མ་གྲུབ་པའི་གཏན་ཚིགས་ཀྱིས། ཐུགས་རྗེ་སེམས་དཔའ་དང་སྤུགས་ཕྱི་པའི་སྡེ་གཉིས། ནང་པ་ཀ་དག་ལྷུན་གྲུབ་མན་ཆད་སྡེ་གསུམ། དངོས་པོ་ཡང་དག་པའི་སློས་བཞག་པར་གཏན་ལ་མ་ཕེབས་པ་གཏན་ལ་འབེབས་པའོ། །དེ་ལྟར་སྒྲོ་འདོགས་ཆོད་པའི་དོན་རྣམ་རྟོག་གིས་མ་བསླད་པ། རང་བཞིན་པོན་སྐུའི་རྩལ་དེས་ཀུན་ལ་ཁྱབ་པའོ། །དེ་ཉིད་ཀྱི་

ཕྱིར་ཅི་བཞིན་ལ་མ་བཅོས་པའི་དོན་དེའོ། །འཁོར་འདས་ཀུན་གྱི་རང་བཞིན་ཡིན་པ་སྟེ། ངོ་བོས་མ་རིག་པ་ཡོད་པའོ། །ཡེ་ཤེས་དེས་ཀུན་གྱི་རང་བཞིན་ལ་ཁྱབ་སྟེ། དངོས་པོ་རང་མ་ཡིན་པའོ། །ཐམས་ཅད་དེ་ཁོ་ནའི་རང་བཞིན་ལས་མ་གཡོས་པར་གཞན་གྱི་ཟླ་མི་འདུག་པ་རང་རང་གི་མཚན་ཉིད་མ་འདྲེས་པར་ཡེ་ནས་དེ་ལ་གནས་པའོ། །དེ་ལ་རྫོགས་ཞེས་ཐ་སྙད་དུ་བཏགས་པའོ། །གལ་ཏེ་ཡེ་ཤེས་དངོས་ཡིན་ནམ། བོན་ཐམས་ཅད་ངོ་བོ་ཡིན་པའམ། ཐ་དད་དུ་མ་འདྲེས་ལ་གཅིག་ཏུ་རྫོགས་པ་ཡིན་ནོ་ཟེར་བ་དག་བྱུང་ན་སུན་དབྱུང་བའི་ཚད་མ་ནི་གོང་དུ་བཤད་ཟིན་ནོ། །ཞེས་སོ།།

བདུན་པ་ནི། ཡེ་ཁྲིའི་གཞི་ཡི་བམ་པོ་ལས། གཡོ་བ་མེད་པའི་གཞི་ཉིད་ནི། །རྒྱ་མཚོ་ཆེན་པོའི་འཛིངས་ལྟ་བུ། །སྟོང་ཡངས་ཁྱབ་བདལ་ཆེན་པོར་གནས། །འབྱུང་ཆེན་ནམ་མཁའ་ལྟ་བུའོ། །དག་ཅིང་གསལ་ལ་མ་འདྲེས་པར། །མེ་ལོང་གཟུགས་བརྙན་ལྟ་བུའོ། །སྣ་ཚོགས་སྐྱོན་བྲལ་དྲི་མ་གོས། །པད་མ་ཆེན་པོ་ལྟ་བུའོ། །གཞི་ཉིད་འགྱུར་མེད་གནས་པས་ན། །མི་འགྱུར་གཡུང་དྲུང་ལྟ་བུ་འོ། །གཡོ་སྒྱིད་སྐྱོན་གྱིས་མ་གོས་པས། །གླིང་པོ་རབ་བརྟན་ལྟ་བུའོ། །ཐམས་ཅད་ཀུན་གྱི་བསྐྱེད་གཞི་བ། །རིན་ཆེན་ས་གཞི་ལྟ་བུ་འོ། །དངོས་སུ་མི་གནས་ཤུགས་ལས་འབྱུང་། །ཡིན་བཞིན་ནོར་བུ་ལྟ་བུའོ། །རང་གི་ངོ་བོ་གསལ་ལ་སྟོང་། །ཉི་མའི་སྙིང་པོ་ལྟ་བུ་འོ། །གཞི་ཉིད་རྒྱུན་ཆད་མེད་པར་གནས། །ཆུ་བོ་ཆེན་པོའི་གཞུང་ལྟ་བུ། །འཕོ་ཞིང་འགྱུར་བ་མེད་པར་བརྟན། །རི་བོ་ཆེན་པོ་ལྟ་བུ་འོ། །གཅིག་གི་རང་བཞིན་དུ་མར་སྣང་། །མཁར་ཟླ་ཆུ་སྣང་ཤར་ལྟར་རོ། །གཅིག་གིས་དུ་མར་ཁྱབ་པ་ནི། །ཁྱད་བཞིན་ཆུ་བུར་ཤར་བ་བཞིན། །བོན་ཉིད་བོན་སྐུར་ཤར་བ་ནི། །མེ་ལོང་ཉི་མ་ཤར་བ་བཞིན། །བོན་ཉིད་བོན་སྐུར་ཁྱབ་པ་ནི། །

མར་གྱི་འོ་མར་ཁྱབ་པ་བཞིན། །བོན་ཉིད་སྙིང་པོ་རིག་གནས་དཔེ། །ནམ་མཁའ་ཉི་མ་ལྟ་བུའོ། །མ་འདྲེས་ཡོངས་སུ་རྫོགས་པའི་དཔེ། །ཟ་འོག་གུར་ཁྱིམ་བཀྲམ་ལྟར་རོ། །སྣ་ཚོགས་གཉིས་སུ་མེད་པའི་དཔེ། །ཤིང་དང་གྲིབ་མ་ལྟ་བུའོ། །གཞི་ལ་རྩལ་འགྲོ་འདུ་བ་ནི། །རྒྱ་མཚོ་ཆུ་ཐྲན་ལྟ་བུའོ། །གཞི་ལ་སྐུ་གསུམ་རྫོགས་པ་ནི། །ཉི་མ་དང་ནི་འོད་ཟེར་བཞིན། །ངོ་བོ་རང་བཞིན་ཐུགས་རྗེ་དཔེ། །རྨ་བྱའི་སྒོ་ང་ཉི་མ་འདམ། །ནམ་མཁའ་སྤྲིན་དང་ཆར་བཞིན་ནམ། །ཡང་ན་མེན་ཤེལ་རྫས་བཞག་འདྲ། །འཁོར་འདས་ངོ་བོ་གཅིག་པའི་དཔེ། །སྨན་མཆོག་ག་བུར་ཅི་བཞིན་ནོ། །གནས་ལུགས་སྣང་ཚུལ་སྣ་ཚོགས་པ། །མར་མེ་མེ་ལོང་ཅི་བཞིན་ནོ། །རིག་པ་ཡེ་ཤེས་གཉིས་མེད་པ། །གསེར་དང་སེར་པོ་ལྟ་བུའོ། །དོན་རྣམས་ཐམས་ཅད་གཞིར་བཞུང་བས། །ཁྲོ་ཆུ་ཧྲུང་བའི་ལྕགས་ཀྱང་འདྲ། །ཐམས་ཅད་དབྱིངས་སུ་གྲོལ་བས་ན། །རྒྱ་མཚོ་གྲོལ་བའི་གྲུ་བཞིན་ནོ། །མི་སྣང་གཉིས་ཀྱི་འབྱུང་གཞི་བས། །ཀླུ་སྦྲུང་ནག་པོའི་མིག་ལྟ་བུ། །བོན་ཉིད་མ་གཡོས་ངང་དེ་ལས། །བོན་སྐུ་གཙོ་ཆེར་མཚོན་པའི་དཔེ། །ཉི་ཤུ་རྩ་བདུན་གཞི་ལ་མཉམ། །ཞེས་སོ།།

གཉིས་པ་དམ་ཚིག་ནི། འགྲེལ་ལས། བསྲུང་བའི་དམ་ཚིག་ནི། གཅིག་བུར་ལྷུན་གྲུབ་མེད་པ་དང་། །རང་བཞིན་གནས་དག་ཡེ་བསྲུང་དམ། །བདག་ཉིད་གཅིག་བུར་གནས་པ་དང་། །གང་ཡང་མ་བཀག་ལྷུན་གྱིས་གྲུབ། །སྲུང་བའི་དངོས་འཛིན་ཕྱོགས་ཆ་ཅན་དུ་མེད་པ་དང་། རང་བཞིན་གྱི་སྲུང་བ་ཁོ་ནར་གནས་པ་དང་། ཡེ་ནས་བསྲུང་བ་མེད་པའི་ཚུལ་གྱིས་བསྲུང་བ་སྟེ། ཕྱོགས་ཆ་ཅན་དུ་མི་འཛིན་པའོ། །ཞེས་སོ། །དེ་ལྟ་རིམ་པ་ལྟར་བཤད་དུ་མེད། དུས་གསུམ་གཅིག ཐམས་ཅད་གཅིག ཡེ་ནས་ཡིན། ཡེ་ནས་གནས་པའི་ལྷུན་གྲུབ། སྤང་ལེན་མེད་པའི་དགག་སྒྲུབ་མེད་པའི་

ཕྱོགས་མེད། ངང་ལས་མི་འདའ་ངང་ལས་མི་གནས་པས་རང་བཞིན་བསྲུང་། བསྲུང་མཚམས་དག་བསྲུང་རྒྱུ་དག་པས་བསྲུང་མེད་དོ།།

གསུམ་པ་བསྒོམ་པའི་རིམ་པ་ནི། མ་བཅོས་ཅི་བཞིན་དེ་བཞིན་པ། །བོན་ཉིད་མ་བཅོས་ཅི་བཞིན་པ་ལ། སེམས་ཉིད་མ་བཅོས་དེ་བཞིན་པ། གཞན་ནས་རྩལ་བ་མེད་པར་ལྷུན་གྱིས་གྲུབ། གཞན་ནས་བརྩལ་བ་མེད་པར་རང་བབ་སུ་འཇོག་སྟེ། བར་དུ་སྐྱོན་དང་བྱུང་ཚོར་དང་། རང་ཉམས་ཀྱི་ཉོད་རྟགས་ལས་མི་སྐྱོད། མན་ངག་ཐིག་ལེ་སྒྲོན་མའམ། སེམས་ཉིད་མངོན་དུ་བསྟན་པ་ལས་ཤེས་པར་བྱའོ། །ཞེས་སོ།།

དེ་ལ་སྒྲུབ་པའི་ཐབས་ནི། གཞན་ནས་བཙལ་མེད་ལྷུན་གྱིས་གྲུབ། གཞན་ནས་བཙལ་བ་མེད་དེ་རང་ལ་ལྷུན་གྱིས་གྲུབ་པའོ། །དེ་ཡང་ཅན་དན་གྱི་འབྲས་བུ་ལྟར། ཡོན་ཏན་ཐམས་ཅད་རང་ལས་འབྱུང་ཞིང་རྫོགས་པའི་དོན་ཉམས་སུ་མྱོང་བ་ལ། ཐ་སྙད་དུ་སྒྲུབ་པའི་ཐབས་ཞེས་བྱའོ།།

སྤྱོད་པའི་ཕྲིན་ལས་ནི། ཐུགས་རྗེ་ཕྱོགས་དང་རིས་མེད་པས། །སྤྱོད་པ་བླང་དོར་མེད་པའོ། །ཐུགས་རྗེ་ཆེན་པོ་ཕྱོགས་རིས་མེད་པ་གདལ་ཅིང་ཁྱབ་པས། གང་ཡང་བླང་དོར་མེད་པའི་སྤྱོད་པའོ། །བདལ་ཁྱབ་ཆེན་པོ་དེ་ནི་ཀུན་ཏུ་བཟང་པོའི་སྤྱོད་པ་ཞེས་བྱའོ། །གཞན་ཡང་སྲོག་གཅོད་པ་དང་། མ་བྱིན་པ་ལེན་པ་དང་། འདོད་ལ་ལོག་པར་གཡེམ་པ་དང་། རྫུན་དུ་སྨྲ་བ་བཞི་པོ་དེ་ལ། གནང་བ་དང་བཀག་པ་གཉིས་གཉིས་ཡོད། གང་ཞེ་ན། དམ་ཚིག་ཉམས་པ་སྲུང་བ། རྒྱལ་པོའི་བུ་མོ་བླང་བསྲུང་། བདག་པོ་ཅན་དགག མ་རིག་འཁྲུལ་པའི་སྲོག་གཅོད་པ་དགག བསྒྲལ་བའི་ཞིང་བཅུ་དཔོན་གསས་ཀྱི་སྐུ་དགྲ་བསྒྲལ། གཞན་ལུས་ཅན་གྱི་སྲོག་དགག ཐབས་དང་ལྡན་ན་གནང་།

སེར་སྣ་ཅན་ཡི་དྭགས་བསྐྱུང་བ་ལ་གནང་། གཞན་གྱི་རྫས་དག་ཨ་ཙང་ཆེས། རང་གི་རྫས་ཡང་བརྐུར་མི་གཏང་། འཁོར་བའི་བགྲིད་དྲང་གི་རྟེན་གནང་གཞན་དགག་བདེན་པ་སྨྲ་ཞིང་ཚིག་མི་འགྱུར་བ་གནང་། དེ་ལྟར་འབྲས་བུ་སྨིན་པའི་སྤྱོད་པ་སྟེ། གདུལ་བྱ་ཐམ་པ་ལ་དབང་ངོ་། །ཞེས་སོ། གཞན་དོན་གྱི་ཕེབ་ཆེ་ཆུང་རྩེ་སྟེ། བསྒྲལ་བའི་ཞིང་བཅུ་ནི། ཞི་ཁྲོ་རྩ་འགྲེལ་ལས། དམ་ཉམས་བདུད་དུ་འགྲོ་བ་དང་། །དད་ལོག་ངན་སོང་འགྲོ་བ་དང་། །བསྟན་པ་ལོག་པར་སྒྲུབ་པ་དང་། །གནས་ངན་བརྟག་པའི་ངན་སོང་གསུམ། །ཕ་ཚན་ཐུབ་ལྟ་ཉེ་ལོག་དང་། །མག་པ་མནའ་མ་སྤྱོད་ལོག་དང་། །ཆགས་པ་མེད་པར་འདོད་པ་དང་། །སློབ་དཔོན་མ་ཉེས་ཁ་བཏང་དང་། །དེ་བཅུ་བསྒྲལ་བའི་ཞིང་དུ་བླང་། །ཞེས་སོ། །སེར་སྣ་ཅན་གྱི་ཟས་ནོར་ཏེ། །མི་བྱིན་ན་ཡང་འཕྲོག་པར་བྱ། །འཕྲོག་ནས་དགེ་བའི་ཕྱོགས་སུ་བཏང་།

འོ་ན་སྦྱོར་སྒྲོལ་གྱི་རྣམ་སྤྱོད་འདི་དག རྫོགས་ཆེན་གྱི་ཐུན་མོང་མ་ཡིན་པའི་སྤྱོད་པ་མ་ཡིན་ཏེ། དངོས་བསྐྱེད་པ་ལ་ཡོད་པའི་ཕྱིར་རོ་ཞེ་ན། རྫོགས་ཆེན་གྱི་བྱ་སྤྱོད་ཤུགས་འབྱུང་འགག་མེད་ཀྱི་རྩིས་ཟིན་པ་ལམ་དུ་འགྲོ་བས་མ་ཟིན་ན་ཙ་ཧ་གོལ་བས་སོ།།

དྲུག་པ་ནི། འགྲེལ་ལས། གྲུབ་པའི་འབྲས་བུ་ནི། དབྱེར་མེད་གཡུང་དྲུང་ཐིག་ལེ་ཡི། །ས་ཆེན་འབྲས་བུ་དེ་རྫོགས་ཡིན། །དབྱེར་མེད་གཡུང་དྲུང་ཐིག་ལེའི་ས་ཞེས་བྱ་སྟེ། གདུལ་བྱའི་སྣང་བ་ལ་ས་ཐམས་ཅད་ཀྱི་ཡང་རྩེ་ནོན་པ་དེ་ཉིད་ཕོ་ནའོ། །ཞེས་པས། ཚོགས་གཉིས་དབྱེར་མེད་ཀྱི་མཐར་ཐུག་པའོ། །འོ་ན་བླ་ན་མེད་པའི་ས་དང་། བདེ་བར་གཤེགས་པའི་ས་ཡི་ཁྱད་པར་གང་ཡིན་ཞེ་ན། བདེ་བར་གཤེགས་པའི་ས་ནི་ཕྱི་རྒྱུད་ཀྱི་འབྲས་བུ་སྤངས་རྟོགས་མཐར་ཐུག་ཙམ་ལ། བླ་ན་མེད་པའི་ས་ནི་གསང་

སྔགས་ཀྱི་ལམ་ལ་སྦྱང་པའི་འབྲས་བུ་བྱིན་རླབས་བླ་ན་མེད་པའོ།།

བདུན་པ་ནི། འགྲེལ་ལས། འོག་མ་ལས་ཁྱད་འདོན་པ་ནི་རེ་ཞིག་ལྟ་སྟེ། ལྟ་སྤྱོད་འབྲས་བུ་ཁྱད་པར་འཕགས། ཏིང་འཛིན་ཚུལ་གྱིས་ཡང་ཀྱང་འཕགས། །གཏན་ཚིགས་ཆེན་པོའི་དེ་ཕྱིར་འཕགས། །དེ་ལྟ་བ་ནི། ཀ་དག་དང་། ལྷུན་གྲུབ་དང་། ཅི་བཞིན་ཉིད་ཀྱི་སྐྱེ་མཆེད་དེ། ཡང་དག་སྟེ་གསུམ་འོག་མ་བ་ལ་མེད་དོ། །སྤྱོད་པ་ནི། ཐུགས་རྗེ་བདལ་པ་བླང་དོར་མེད་པ་དང་། གནང་འགག་སྤྱོད་པ་འོག་མ་ལ་མེད་དོ། །བྱེད་སྤྱོད་ཕྱལ་བ་སོང་བས་སོ། །འབྲས་བུ་ནི། དབྱེར་མེད་གཡུང་དྲུང་ཐིག་ལེའི་ས་རང་ལ་ལྷུན་གྱིས་རྫོགས་པ་འོག་མ་ལ་མེད་དེ། ཡེ་ཤེས་བླ་ན་མེད་པའི་ས་ནོན་པར་འདོད་པའོ། །ཏིང་ངེ་འཛིན་གྱི་ཚུལ་ནི་ལྷུན་གྱིས་གྲུབ་པ་ཡེ་ནས་རྫོགས་པ་དེ་འོག་མ་ལ་མེད་དེ། ཤུགས་ཀྱི་འགྲོ་བ་འདོད་པའོ། །གཏན་ཚིགས་ནི། རང་བཞིན་སྐྱེ་བ་མེད་པ། རོལ་པ་འགག་མེད། ངོ་ངོ་བོ་ཉིད་དུ་གྲོལ་བ་འོག་མ་ལ་མེད་པའི་ཕྱིར། ཁྱད་པར་འཕགས་པའོ། །ཞེས་སོ། །ཡེ་ཁྲི་ལ་བཟླ་ལས། ལྟ་བའི་ངེས་ཚིག་བསྟན་པ་ནི། །ཡང་དག་ཤེས་བྱའི་ངོ་བོ་དེ། །གྲུབ་པའི་མཐར་ཐུར་ལྟ་བའོ། །ཞེས་དང་། ཡང་དག་ལྟ་བའི་དཔེ་བསྟན་པ། །མན་ཤེལ་དྭངས་བ་ལྟ་བུའོ། །ཡང་དག་མ་ཡིན་ལྟ་བའི་དཔེ། །དམུ་ཡོང་གླང་ཆེན་མཐོང་སྣང་ལྟར། །ཅི་བཞིན་སྣ་ཚོགས་ལྟ་བའོ། །ཞེས་སོ། །གོལ་སྒྲིབ་ངེས་ཚིག་བསྟན་པ་ཡིན། །གོང་མའི་དོན་ཉིད་མ་མཐོང་ན། །དེ་ལ་སྒྲིབ་ཅེས་ཐ་སྙད་བཏགས། །གོང་མས་འོག་མའི་དོན་སྤྱད་ན། །དེ་ལ་གོལ་ཞེས་ཐ་སྙད་གདགས། །གོལ་སྒྲིབ་དབྱེ་ན་གྲངས་མང་སྟེ། །བསྡུས་ན་རྣམ་པར་བཞི་ཡིན་ཏེ། ལྟ་བསྒོམ་སྤྱོད་པ་འབྲས་བུ་བཞི། །རེ་རེ་ལ་ཡང་གོལ་སྒྲིབ་གཉིས། །གོལ་སྒྲིབ་མཚོན་པའི་དཔེ་བསྟན

པ། །བྱང་དུ་དོན་གཉེར་ལྷོ་རུ་ཕྱིན། །ལྷོར་ཕྱིན་བྱང་གི་དོན་མི་འགྲུབ། །གོང་མའི་དོན་འདོད་འོག་མ་སྤྱོད། །འོག་མས་གོང་མའི་དོན་མ་རྙེད། །ཅེས་སོ། །བསྒོམ་པའི་ངེས་ཚིག་རྣམ་པ་བཞི། །དོན་ལ་མི་འདའ་ཕྱིར་ན་བསྒོམ། །ཡིངས་བ་མེད་ཕྱིར་བསྒོམ་པ་ཡིན། །མི་འབྲལ་ཕྱིར་ན་སྒོམ་པ་ཡིན། །གོལ་འཁྲིས་མི་འགྲོ་ཕྱིར་ན་སྒོམ། །དབྱེ་བ་རྣམ་པ་གཉིས་སུ་བསྟན། །མཚན་བཅས་མཚན་མེད་གཉིས་ཡིན་ནོ། །མཚན་མེད་ལ་ཡང་གཉིས་ཡིན་ཏེ། །རྩོལ་བྲལ་ཆེན་པོའི་བསྒོམ་ཐབས་དང་། །རྩོལ་བ་མ་བྲལ་བསྒོམ་པའོ། །མཚན་བཅས་ལ་ཡང་དེ་བཞིན་ནོ། །མདོར་ན་བསྐྱེད་རྫོགས་རྣམ་པ་གཉིས། །བསྒོམ་པ་མཚོན་པའི་དཔེ་བཞི་སྟེ། །མར་མེ་སྡོང་བུ་བསྟུན་པ་དང་། །ཆུ་ལ་འོ་མ་བསྲེས་པ་དང་། །ནོར་བུ་ཆུ་དྭངས་ལྟ་བུ་དང་། །བུམ་པ་མར་མེ་ལྟ་བུའོ། །ཞེས་སོ། །

དེ་ལ་ཐེག་དགུའི་ལྟ་བ་ནི། །གོང་དུ་ངེས་ཚིག་བཤད་ཟིན་ལ། །དེ་ལ་དམིགས་གཏད་ཅན་གྱི་བསྒོམ་པ་བརྒྱད། །ཤེས་བྱ་དེ་ལ་མི་གནས་ཕྱིར། །མ་ནོར་དོན་རྣམས་བསྒོམ་པར་བྱ། །དེ་བསྒོམ་མ་ཤེས་འདོད་པ་བསྒོམ། །ལྷ་མི་གཞན་རྟེན་འདི་ལྟར་བསྒོམ། །རང་ལུས་གདོས་བཅས་ཕུང་པོ་ལ། །མི་གཙང་རྫས་སུ་འདུ་ཤེས་བསྐྱེད། །རྣམ་པ་སྔོ་དང་བམ་པ་དང་། །རུལ་བ་འབྱུག་པ་སྒོམ་པ་སྟེ། །གཟུགས་ཕུང་ཞེན་པའི་མཐའ་ལས་ལྡོག །ཞི་གནས་ཡན་ལག་བཅུ་གཉིས་ལྡན། །ཚོགས་དྲུག་ཡུལ་དྲུག་རྟོག་པ་སྤོང་། །རང་རྟོགས་གཤེན་རབ་བསྒོམ་པ་ནི། །དང་པོ་མ་རིག་ལས་སོགས་ནས། །ཐ་མ་རྒ་ཤི་ལྡོག་པར་བསྒོམ། །རང་གི་དཔྲལ་བར་སེམས་གཏད་དེ། །ཀེང་རུས་དཀར་པོ་མཐེབ་ཡོང་ཙམ། །དེ་ལ་སེམས་འཛིན་གཏད་པ་དང་། །དེ་ལས་མཆེད་ནས་ཀེང་རུས་བལྟ། །དེ་ནས་རིམ་པས་འགག་པར་བསྒོམ། །ཐུགས་རྗེ་སེམས་དཔའི་བསྒོམ་པ་ནི། །སེམས་

ཅམ་སེམས་ཉིད་རང་གསལ་བསྒོམ། །གཡུང་དྲུང་སེམས་དཔའི་བསྒོམ་པ་ནི། །ཕར་ཕྱིན་བདེན་པ་དབྱེར་མེད་པར། །ནམ་མཁའ་དྭངས་པའི་དབྱིངས་ལྟར་བསྒོམ། །བྱ་བ་གཙང་སྤྱོད་བསྒོམ་པ་ནི། །བསྙེད་པ་ལ་སོགས་སྟོན་སོང་ནས། །རིགས་གསུམ་ཕྱག་རྒྱ་ལྡན་པར་བསྒོམ། །རྣམ་པ་ཀུན་ལྡན་བསྒོམ་པ་ནི། །བྱང་ཆུབ་རྣམ་ལྔ་སྟོན་སོང་ནས། །སུམ་ཅུ་རྩ་དྲུག་དག་དང་ནི། །ཕྱག་རྒྱ་བཞི་ལྡན་སྒོམ་པར་བྱེད། །དངོས་བསྐྱེད་ཐུགས་རྗེའི་སྒོམ་པ་ནི། །ཏིང་འཛིན་རྣམ་གསུམ་སྟོན་སོང་ནས། །ཞི་ཁྲོ་རབ་འབྱམས་བསྒོམ་པར་བྱ། །ཕྱག་རྒྱ་བཞི་ལྡན་བསྒོམ་པའི་མཆོག །ཤིན་ཏུ་དོན་ལྡན་སྒོམ་པ་ནི། །སྙིང་པོ་ཚིག་བཤད་སྟོན་སོང་ནས། །ཕུང་པོ་ལྔའི་ཕྱག་རྒྱ་བཞིར། །དཔེ་ན་ཆུ་ལས་ཆུ་བུར་བཞིན། །ཚ་ཚ་བསྐྲུས་ཕོར་བརྟན་བཞིན་དུ། །སྐད་ཅིག་མ་ལ་གསལ་བར་བསྒོམ། །ཡང་རྩེ་བླ་མེད་དོན་ཉིད་ནི། །འོག་མ་ཕྱོགས་སུ་མི་སྤྱོད་ཅིང་། །འཛིན་བྱེད་བརྒྱད་ཀྱི་མཐས་མ་རེག །འགག་མེད་རིམ་བརྒྱད་ཁྱད་མི་གསོད། །རོལ་པ་མ་འགགས་ཅིར་ཤར་ཡང་། །རྣམ་པར་གྲོལ་ཕྱིར་དེ་མི་སྒོམ། །རྫོགས་ཆེན་ཁྱད་པར་ཡང་རྩེ་ནི། །ཐམས་ཅད་མི་སྤོང་ཆེད་མི་འཛིན། །ས་ལམ་འབྲས་བུ་རྗེས་མི་གཅོད། །ཕྱི་ནང་གྲུབ་མཐའི་འཛིན་པ་གྲོལ། །སྤང་ཐོབ་འབྲས་བུ་ཡུལ་ལས་འདས། །དབང་པོ་ཡང་རབ་སྤྱོད་ཡུལ་ཡིན། །ཞེས་སོ། །རྫོགས་ཆེན་གྱི་ཀ་དག་ལྷུན་གྲུབ་གཉིས་གཅིག་ཏུ་འཛོག་ལ། ཇི་བཞིན་ཉིད་པ་དེ་ལས་དཔག་པའོ། །དེ་ལ་ཇི་བཞིན་པ་ལ་རྟོད་པ་སྤང་བ་ནི། ཇི་བཞིན་ཉིད་ཀྱི་སྐྱེ་མཆེད་ཀྱི་གོ་བ་ནི། མ་བཅོས་མ་བྱས་པའི་རང་བཞིན་ནམ། ངོ་བོ་ཡང་བརྗོད་དུ་མེད་པ་ལ། རོལ་པ་སྣ་ཚོགས་གཉིས་བསྡུས་པོན། རོལ་རྩལ་དུ་ཡང་རང་སྣང་སྟེ། དེ་ཡང་ཡེ་ཤེས་ཀྱི་སྣང་བ་ཁོ་ནའོ། །དེ་ཙམ་ལ་འདོག་པའོ། །དེ་ལ་ཁྱོད་ཀྱི་དེ་ལྟར་ཡིན་

ན། ཇི་བཞིན་མ་བཙོས་པའི་བོན་ཉིད་དེ་དང་། སྐྱེ་མཆེད་སྣ་ཚོགས་པའི་བོན་དེ་གཉིས་ངོ་བོ་གཅིག་གམ་ཐ་དད་དེ་ཉིད་དང་གཞན་དུ་བརྗོད་དུ་མེད་པ་ཡིན་ནམ་ཞེ་ན། ངོ་བོ་གཅིག་པའོ། །འོ་ན་སྐྱེ་མཆེད་བཟང་རྟོག་ངན་རྟོག་སྣ་ཚོགས་སུ་སྣང་བ་བཞིན་དུ། ཇི་བཞིན་མ་བཙོས་པ་དེ་ཡང་རྟོག་བཅས་ཀྱི་མཚན་ཅན་དུ་ཐལ་ལོ་ཞེ་ན། དོན་དམ་པ་རྟོག་བཅས་སུ་ཐལ་ཟེར་རམ། སྣང་བ་སྣང་ཚོད་དུ་རྟོག་བཅས་སུ་ཐལ་ཟེར་རོ། །དང་པོ་ལྟར་ན་རྩོད་པ་གཞི་དང་བྲལ་ཏེ། མ་གྲུབ་པའོ། །སྣང་བ་སྣང་ཚོད་དུ་འདོད་དེ། དོན་དམ་པར་རྟོག་པ་རང་མ་གྲུབ་ཅིང་རོལ་པ་གར་ཡང་མ་འགགས་པའི་ཕྱིར་རོ། །ཡང་དོན་དམ་པར་ངོ་བོ་གཅིག་ལ། ཐ་སྙད་འཇུག་ཚོད་དམ། སྣང་བ་སྣང་ཚད་དུ་ཐ་དད་པའོ། །འོ་ན་དངོས་པོའི་བོན་ཅན་མཚན་མ་འདི་དག་གཏན་ནས་མི་གྲོལ་བར་ཐལ། ཇི་བཞིན་ཉིད་དང་ཐ་དད་པའི་ཕྱིར། འདོད་ན། འབད་པ་ལ་དོན་མེད་པར་ཐལ་ལོ་ཞེ་ན། རྟོག་བཅས་ཀྱི་ཤེས་ངོར་མི་གྲོལ་པར་འདོད་དེ་རྟོག་པའི་རྟོག་ཆ་ཅི་ལ་གྲོལ། དོན་དམ་པར་མི་གྲོལ་བའི་ཐ་སྙད་མེད་པའམ། དེ་ཉིད་དང་གཞན་དུ་བརྗོད་དུ་མེད་པ་ཡང་ཡིན་ཏེ། འོ་ན་སྐྱེ་མཆེད་སྣ་ཚོགས་འདི་བོན་ཅན། ངོ་བོ་ཉིད་ལ་མ་གྲུབ་པར་ཐལ། ཇི་བཞིན་ཉིད་དང་དེ་ཉིད་གཞན་དུ་མེད་པའི་ཕྱིར་ཞེ་ན། དོན་དམ་པ་མ་གྲུབ་པར་འདོད་ལ། ཐ་སྙད་དུ་ཁྱབ་པ་མེད་དོ། །ཡང་མུ་སྟེགས་རིག་བྱེད་ཀྱི་གསང་བ་པ་ན་རེ། སེམས་ལ་མ་གཏོགས་པའི་བོན་གཞན་མེད་ལ། ཐམས་ཅད་ལ་སེམས་གཅིག་ལས་མེད་དེ་གཅིག་དེ་རིག་པའི་རྒྱལ་པོ་ཞེས་བྱ་སྟེ། མུ་མཐའ་ཡས་པའོ། །དེ་ཉིད་ཉོན་མོངས་པ་ཐམས་ཅད་ཚངས་མཆོག་བདེ་བའི་རང་བཞིན་རྟག་པ་སྟེ། དེས་བྱས་པའི་གནས་སྐབས་བོན་འདི་ནི་མི་རྟག་པའོ། །དེ་ཡང་ཇི་བཞིན་ཉིད་ཀྱི་

གནས་ལུགས་སུ་ཐལ་ཏེ། ཡང་དག་པ་བདེན་པའི་ཕྱིར་རོ། །ཁྱེད་ནི་རང་བཞིན་རྟག་པ་དེས་གནས་སྐབས་མི་རྟག་པ་ལ་དོན་བྱེད་པ་འདོད་པའི་རིམ་པ་དང་གཅིག་ཆར་དོན་བྱེད་དུ་བརྟགས་ན་འགལ་ལ། ངས་ནི་རང་བཞིན་སྐྱེ་མེད་དུ་གནས་ལ་རོལ་པ་འགག་མེད་དུ་ཤར་བ་དེ་དེ་མ་ཡིན་ལ་མི་མཚུངས་སོ། །འགྲེལ་ལས། དེ་ལྟ་བུའི་ཐེག་པ་དེ། ཇི་བཞིན་རང་དུ་རྟོགས་ན་ལྟ་བསྒོམ་འབྲས་བུར་གཅིག །ཡེ་ནས་ཡོངས་རྫོགས་ད་བཟློད་བརྩལ་དུ་མེད། །དེ་ལྟ་བུའི་ཐེག་པ་དེ་ལ། སེམས་ཇི་བཞིན་པའི་ངང་གཤིས་དེ་རྟོགས་ན། དེ་ཉིད་ལས་ལྟ་བ་དང་བསྒོམ་པ་དང་། འབྲས་བུ་ཞེས་གང་ནས་བརྩལ་དུ་མེད་དེ། ཡེ་ནས་གཅིག་ཏུ་རྫོགས་ཏེ། ཐེག་པ་འོག་མ་བ་ལྟར་ད་བཟློད་རྩོལ་བ་མི་དགོས་པའོ། །མཐའ་དབུས་མེད་པས་ཁྱབ་བདལ་ཆེན་པོ་ཡིན་no། །དེ་ལྟ་བུའི་དོན་ལ་མཐའ་དང་དབུས་གཉིས་སུ་བཟུང་དུ་མེད་པས། ཡེ་བདལ་ཆེན་པོ་ཞེས་བྱའོ། །དེ་ལ་བརྟགས་པ། འོ་ན་ཅི་ཡང་བཟུང་དུ་མེད་ན། སུ་སྡིགས་ཕྱལ་བར་འགྱུར་རོ་ཞེ་ན་མ་ཡིན་ཏེ། ཕྱི་ནང་མེད་པར་ཡེ་ཤེས་ཟང་ཐལ་ཡིན། སུ་སྡིགས་ཕྱལ་བ་པས་ཡེ་ཤེས་ཟང་ཐལ་མ་རྟོགས་ཤིང་། ཕྱི་ནང་གཉིས་མེད་མི་ཤེས་པའི་ཕྱིར། དེ་ལྟ་བུའི་བོན་དེ་སྐྱོན་ཡོན་མེད་པས་ལྷུན་གྱིས་གྲུབ་པ་ཡིན། གཟུང་འཛིན་མེད་པར་དམིགས་གཏད་བྲལ་བ་ཡིན། དགག་སྒྲུབ་མེད་པས་རྩོལ་སེམས་བྲལ་བ་ཡིན། དེ་ལྟ་བུའི་དོན་དེ་ཅི་བཞིན་ཉིད་ཀྱི་སྐྱེ་མཆེད་ཡིན་ཏེ། ཅིར་ཡང་མ་ཡིན་པ་ཅིར་ཡང་སྣང་བའི་ཕྱིར། དཔེར་ན་ནམ་མཁའ་ལ་འབྱུང་བ་བཞི་ཤར་བ་ལྟ་བུའོ། །ཞེས་སོ། །དེ་དག་ནི་འོག་མ་ལས་ཁྱད་འདོན་པའོ།།

ད་ནི་འོག་མའི་རྩོད་པ་ཟློག་སྟེ། འགྲེལ་ལས། དེ་ལྟར་གནས་པའི་ཡང་རྩེ་བླ་

མེད་ལ། །ཐེག་པ་འོག་མ་རྣམས་ཀྱིས་འདི་སྐད་སྨྲས་སོ། །དང་པོ་ཐུགས་རྗེ་སེམས་དཔའི་ཐེག་པ་ཆེན་པོས་འདི་སྐད་ཅེས་སྨྲས་སོ། །སྣང་བའི་བོན་རྣམས་སེམས་ལ་མ་གཏོགས་པ། །གཅིག་ཀྱང་མ་མཆིས་དེ་ལས་ཅི་ལྟར་འཕགས། །བོན་སྣ་ཚོགས་པ་ཐམས་ཅད་སེམས་སུ་འདུས་ལ། སེམས་ལས་མ་གཏོགས་པའི་ཡུལ་གྱུད་ན་མེད་ཅིང་། སྣ་ཚོགས་སུ་སྣང་བ་ཐམས་ཅད་ཤེས་པའི་སྐྱེ་མཆེད་དམ་རྣམ་པར་སྣང་བ་ཡིན་ཏེ། སེམས་དེ་རྒྱུ་འབྲས་ཀྱིས་སྟོང་པའི་དངོས་པོ་ཡང་དག་པར་ཡིན་ཏེ། རྣམ་པར་རིག་པའི་སེམས་གསལ་བ་གཉིས་མེད་ཅེས་བྱ་སྟེ། དེ་ལྟར་ཁོ་བོ་བདག་ཅག་ཀྱང་འདོད་ན། དེ་ལྟར་མ་ཡིན་པའི་ལྟ་བ་ཅིས་འཕགས་པ་སྟེ། དེ་ལས་ཁྱད་པར་ཅན་ནི་མེད་དོ་ཞེ་ན། ཁྱོད་ནི་ཕྱི་ནང་ཐམས་ཅད་སེམས་སུ་རྫོལ་བས་བསྡུད་ལ། བསྡུད་པའི་སེམས་དེ་དངོས་པོ་ཡང་དག་ཏུ་འདོད་དེ། སེམས་ཀྱི་རང་བཞིན་རྫས་སུ་ཡོད་པར་མཐོང་བས་འཁྲུལ་ཏེ། དེས་ན་ཁྱོད་ཀྱི་འདོད་པའི་སེམས་དེ་འཁྲུལ་བ་ཡིན་ཏེ། དངོས་པོ་ཡང་དག་གི་རྫས་སུ་མཐོང་བའི་ཕྱིར་རོ། །དཔེར་ན་ཐོ་ཡོར་ལ་མིར་མཐོང་བའམ། སྨིག་རྒྱུ་ལ་ཆུར་མཐོང་བ་བཞིན་ནོ། །དངོས་པོ་ཡང་དག་ཏུ་མཐོང་ཡང་སེམས་འཁྲུལ་བ་མ་སོང་ན་ཅི་སྐྱོ་སྟེ་ཁྱབ་པ་མ་གྲུབ་བོ་ཞེ་ན། འོ་ན་སྨིག་རྒྱུ་ལ་ཆུ་མཐོང་བ་ཡང་མ་འཁྲུལ་ན་ཅི་སྐྱོ་ཞེས་བྱའོ། །ང་ནི་ཡང་དག་ཉིད་ཀྱང་མ་གྲུབ་པར་འཕགས། སེམས་ཉིད་དེ་དམིགས་སུ་མེད་པ། ཅི་ཡང་མ་གྲུབ་པའི་རང་བཞིན། གདོད་ནས་དག་ཅིང་འོད་གསལ་བ། རྟོག་དཔྱོད་ཐམས་ཅད་ལས་འདས་ཏེ། ཅི་ཡང་མ་ཡིན་པར་ཉིད་ཅིར་ཡང་སྣང་བའོ། །དེས་ན་ངས་འདོད་པའི་སེམས་ཉིད་དེ། ཡང་དག་མ་འཁྲུལ་བ་ཡིན་ཏེ། སྣང་སྟོང་དུ་འདུག་པ་ལ་སྣང་སྟོང་གི་མཐས་མ་རེག་པའི་ཕྱིར་རོ། །དཔེར་ན་བུམ་པ་ལ་བུམ་པར་ཤེས་པ་བཞིན་

ནོ། །ཁྱབ་པ་མ་གྲུབ་ཅེ་ན། བུམ་པ་ལ་བུམ་པར་མཐོང་བའི་ཤེས་པ་དེ་ཡང་འཁྲུལ་པ་ཡིན་པར་བྱའོ།།

ཡང་གཡུང་དྲུང་སེམས་དཔའི་ཐེག་པ་སྤྲོས་མེད་པས་དྲིས་པས། དོན་དམ་ཀུན་རྫོབ་བདེན་འཁྲུལ་དང་དུ་མཉམ། །ཡུལ་སེམས་དངོས་པོ་མ་གྲུབ་བོན་ཉིད་ལ། །མ་བྱུང་མ་སྐྱེས་དེ་ལས་ཅི་ལྟར་འཕགས། །བོན་རྣམས་ཐམས་ཅད་དོན་དམ་ཀུན་རྫོབ་ཏུ་འདུས་ཏེ། དེ་ཀུན་རྫོབ་ཏུ་ནང་གི་སེམས་ཕྱི་ཡི་ཡུལ་སྣ་ཚོགས་སུ་སྣང་བ་ནི། མ་བརྟགས་ན་ཉམས་དགའ་བ་ཙམ་དུ་བས། བརྟགས་ན་བརྟག་མི་བཟོད་པ་ཞེས་བྱ། དོན་ལ་ཕྱི་ནང་གི་དངོས་པོ་སྣ་ཚོགས་པ་ཐམས་ཅད་ཡེ་ནས་དག་ཅིང་རྒྱུ་འབྲས་ཐམས་ཅད་དང་བྲལ་བ། དང་པོ་མ་སྐྱེས་པ། མཐར་མི་འགག་པ། ཡུལ་སེམས་གཉིས་རང་བཞིན་སྟོང་པ་ཉིད་འདུས་མ་བྱས་པ་མཚན་མ་ཐམས་ཅད་ཉེར་བར་ཞི་བ། དངོས་པོ་ཉིད་ནམ་མཁའ་ལྟར་གནས་པ། སྨྲ་བསམ་བརྗོད་པའི་ཡུལ་ལས་འདས་པ། དེ་ལྟ་བུའི་བོན་ཉིད་ལས། ཁྱད་པར་འཕགས་པའི་ལྟ་བ་ནི་གང་ཡང་མེད་དོ་ཞེ་ན། ཁྱོད་ནི་ངོ་བོ་ཉིད་ནམ་མཁའ་ལྟར་གནས་པར་ཁས་བླང་ནས་དོན་དམ་ཀུན་རྫོབ་གཉིས་སུ་འབྱེད་དེ། བཟང་ངན་འདོད་པས་ནམ་མཁའ་ནི་མཉམ་པ་ཉིད་ཀུན་ཤོང་བ་ཡིན་ཙམ་ན། ཁྱོད་ལ་མི་མཉམ་པ་དང་མ་ཤོང་བར་བྱུང་བས། དཔེ་ལ་ཡང་སྐྱོན་ཞུགས་པས་དེས་དོན་ལ་ཡང་སྐྱོན་ཞུགས་སོ། །ང་ནི་ཀུན་རྫོབ་ཡུལ་སེམས་གཉིས་འདོད་དེ་མ་ཡིན་པར་འཕགས། དོན་དམ་ཀུན་རྫོབ་གཉིས་སུ་མི་འབྱེད་དེ། དེ་ལ་བཟང་ངན་དང་ཆེ་ཆུང་མེད་པའོ། །ཡང་ན་ཁྱེད་ཀྱི་ཀུན་རྫོབ་ཏུ་ཡུལ་སེམས་གཉིས་སུ་འབྱེད་པར་འདོད་དེ། ང་ནི་ཀུན་རྫོབ་རང་དུ་ཡང་ཡུལ་སེམས་མི་འབྱེད་དོ། །ཡང་ན་ཁྱོད་ཀྱིས་ཀྱང་

བདེན་པ་གཉིས་ཁས་བླང་དགོས་ཏེ། ང་ནི་བདེན་གཉིས་མི་འབྱེད་པའོ། །སོ་ན་རེ། ངས་ཟབ་མོ་གཏམ་གྱི་དོན་དམ་ཞེས་བྱ་བ་སྟོང་པ་ཉིད་དེ་ལ་བདེན་པ་གཉིས་སུ་ཡང་མི་འདོད་དོ། །ཞེ་ན། འོ་ན་ཁྱེད་ཀྱི་དེ་ཉི་ཚེ་བའི་སྟོང་པར་འགྱུར་ལ། ཡང་ན་ཟླུ་སྐྱེགས་ཁྱལ་བར་འགྱུར་ཏེ། རང་རིག་པའི་ཡེ་ཤེས་མེད་པའི་ཕྱིར་རོ། །རང་རིག་ཡོད་དོ་ཞེ་ན། འོ་ན་ཐུགས་རྗེ་སེམས་དཔར་འགྱུར་ཏེ། རང་རིག་ཡོད་པའི་ཕྱིར་རོ། །ཞེས་སོ། །གཞལ་མདོ་ལས། ཁྱོད་ཀུན་རྫོབ་ཏུ་ཀུན་ནས་ཉོན་མོངས་པ་དང་རྣམ་པར་བྱང་བར་ཡོད་པར་འདོད་ཅིང་ཡུལ་སེམས་འབྱེད་པའི་ཕྱིར། ཡོད་པའི་མཐར་འགྱུར་ལ། དོན་དམ་པར་ཅི་ཡང་མ་ཡིན་ཞིང་མེད་པ་ཁས་ལེན་པའི་ཕྱིར། ཆད་པའི་མཐར་འགྱུར་རོ། །གཞན་ཡང་ཐེག་པ་གཞན་གྱི་གྲུབ་མཐའ་ཐམས་ཅད་ལ་ཐལ་འགྱུར་སྐྱོན་རེ་རྒྱབ་ན། གཤེན་ལྷ་དཀར་པོའི་ཐུགས་ལུང་ལས། སེམས་ཉིད་ཉག་གཅིག་རྫོགས་ཆེན་འདི། །འོག་མའི་ཅི་ལྟར་སྤྱོད་ཀྱང་རྟོགས་མི་སྲིད། །རྒྱ་མཚོ་སྐྱོག་གིས་བཅུས་ཀྱང་ཟད་མི་སྲིད། །བྱེ་རི་གྲངས་ཀྱིས་བཅད་པའི་ཚོད་མི་སྲིད། །ནམ་མཁའ་ལག་གིས་རྙོབ་པའི་རྙོབ་མི་སྲིད། །ཆུ་བོ་རྒྱུན་ལ་ལྡོག་པའི་ལྡོག་མི་སྲིད། །གཏན་ཚིགས་སྨྲའི་གཞིགས་པས་གྲུབ་མི་སྲིད། །ཅེས་སོ། །གཞན་ཡང་སྤྱིར་མཚན་ཉིད་སྟོང་པ་ཉིད་ནི། བོན་ཐམས་ཅད་ཀྱི་རང་བཞིན་ཡིན་པ་ལ། ཁྱོད་ཀྱི་འདོད་པའི་སྣང་བ་ཡང་དག་གི་སྤྲོས་པ་བཅད་ནས། ཤུགས་ལས་རྫུན་པ་སྒྱུ་མ་སྒྲུབ་ནས། མཚན་ཉིད་སྟོང་པ་ཉིད་མ་ཡིན་ཏེ། ཉི་ཚེ་བའི་སྟོང་པ་ཉིད་དུ་འགྱུར་ཏེ། འདོད་ན། རང་རྟོགས་ཕྱི་རོལ་ཡང་དག་པ་དང་ཁྱད་མེད་པར་འགྱུར་ཏེ། སྤྲོས་པའི་ཕྱོགས་གཅིག་ལ་གནས་པའི་ཕྱིར་རོ། །རང་རིག་གྲུབ་པ་དང་རྫུན་པར་འདོད་པ་རང་གི་ཚིག་དང་ཡང་འགལ་ཏེ། ང་མོ་གཤམ་གྱི་བུ་བཞིན་ཞེས་

བྱའོ། །དེ་ཅི་ལྟ་བུ་ཞེ་ན། རྫུན་པ་རིག་པས་གྲུབ་པ་ཡང་ཅི་ལྟར་ཞེས་མཚུངས་སོ།།

འགྲེལ་ལས། ཡང་རྣམ་པ་ཀུན་ལྡན་མངོན་ཤེས་ཀྱི་ཐེག་པས་རྗོད་པ། ཡེ་ཤེས་སེམས་དཔའ་དམ་ཚིག་རྣམ་གཉིས་ལས། །དཔོན་གཡོག་ཚུལ་བཅས་དངོས་གྲུབ་ཀུན་འབྱུང་བའི། །དེ་ལ་དཔག་པའི་ལྟ་སྤྱོད་ཅི་ལྟར་ལགས། །དངོས་པོ་སྣ་ཚོགས་སུ་སྣང་བའི་བོན་འདི་དག་ལ་ཚད་མས་བརྟགས་པས། དེར་འཛིན་གྱི་སེམས་དེ་ལོག་སྟེ། མཚན་མ་མེད་པར་འདུག་པ་ལ། དེ་དག་གཉིས་སུ་མེད་པ་ཡིན་ཡང་ཡེ་ཤེས་སེམས་དཔའ་དང་དམ་ཚིག་སེམས་དཔར་ཕྱེ་སྟེ། དཔོན་གཡོག་གི་ཚུལ་གྱིས་དངོས་གྲུབ་དང་འབྲས་བུ་ཞུ་དོན་དུ་གསོལ་ཞིང་། དེ་མ་ཐོབ་ཀྱི་བར་དུ་བཀའ་ལུང་ལྟར་བསྒྲུབ་སྟེ། ཐོབ་པར་བྱེད་པ་དེ་ལ་ཁྱད་པར་ཅན་འདི་མེད་དོ་ཞེ་ན། ཁྱེད་ཀྱི་འདོད་པའི་གཉིས་མེད་དེ་གཉིས་མེད་མ་ཡིན་ཏེ། རྟོགས་བྱ་དང་རྟོགས་མཁན་གཉིས་བྱུང་བའི་ཕྱིར་རོ། །དཔེར་ན་གླང་རུ་གཡས་གཡོན་བཞིན་ནོ། །དེ་ཅིའི་ཕྱིར་ཞེ་ན། ཡེ་ཤེས་སེམས་དཔའ་དང་དམ་ཚིག་སེམས་དཔའ་གཉིས་སུ་ཕྱེ་ནས་དཔོན་གཡོག་ཏུ་བལྟ་བའི་ཕྱིར་རོ། །ཁྱབ་པ་མ་གྲུབ་ཅེ་ན། གླང་རུ་གཡས་གཡོན་ཡང་གཅིག་ཞེས་བྱའོ། །ཁྱོད་ཀྱི་དེ་མངོན་སུམ་གྱིས་བསལ་ཞེ་ན། །ཁྱོད་ཀྱི་དེ་རང་ཚིག་གིས་བསལ་ལོ། །ཡང་ཁྱོད་ཀྱི་གྲུབ་པའི་འབྲས་བུ་དེ། བདག་ཉིད་ཆེན་པོ་མ་ཡིན་པ་གཞན་དབང་དུ་འགྱུར་ཏེ། རེས་འཇོག་གི་སློབ་ལམ་གྱིས་ཐོབ་བྱ་གཞན་དུ་རགས་ལས་པའི་ཕྱིར། དཔེར་ན་རྒྱུ་རྐྱེན་མ་ཚང་ན་འབྲས་བུ་མི་ཡོང་བ་བཞིན་ནོ། །ང་ནི་གཉིས་མེད་མ་ཤེས་རེ་འཇོག་དེ་མེད་འཕགས། དེ་ལྟར་གཉིས་སུ་མི་འབྱེད་དེ། དེ་ནས་བོན་མཉམ་པ་ཉིད་དུ་བདལ་ཁྱབ་ཆེན་པོར་ལྷུན་གྱིས་གྲུབ་པ་སྟེ། ནམ་མཁའ་ལྟར་ཀུན་ཁྱབ་ཅིང་ཀུན་སྙིང་བའོ། །

གཡུང་དྲུང་ལྟར་སྐྱེ་འཇིག་མེད་པ་དང་། ཅན་དན་གྱི་འབྲས་བུ་ལྟར་ཡོན་ཏན་ལྡན་གྱིས་གྲུབ་པ་སྟེ། ཁྱད་ལྟར་ཆེད་དུ་བྱས་པའི་རྟོག་པ་ཡེ་ནས་བྲལ་བའོ།།

དངོས་བསྐྱེད་ཐུགས་རྗེ་རོལ་པའི་ཐེག་པས་རྩོད་པ་སྤྲས་པ། ལྟ་བ་རང་རིག་སྒོ་ནས་སྤྱོད་པ་བླང་དོར་མེད། །ལྟ་བ་མཉམ་རྟོགས་སྤྱོད་པའི་ཡོངས་སུ་གཞོལ། །ཅི་སྐྱེས་ཕྱག་རྒྱའི་ཚོགས་ལས་ཅི་ལྟར་འཕགས། །ཕྱིར་བོན་ཐམས་ཅད་མཉམ་པ་ཉིད་ཀྱི་བདག་ཉིད་ཆེན་པོར་གསལ་བ། དེ་གཉིས་སུ་མེད་པར་རྟོགས་ཙམ་ན། ཡུལ་གྱི་རྣམ་པ་ཅིར་སྣང་ཞིང་། སེམས་ཀྱི་རྟོག་པ་གང་སྐྱེས་ཀྱང་ལྷའི་དཀྱིལ་འཁོར་དང་ཕྱག་རྒྱ་མ་གྱུར་པར་གང་ཡང་མེད་དེ། དེ་ལ་ཚོགས་གཉིས་ཡེ་ནས་རྫོགས་ཤིང་གདོད་ནས་དག་པའི་རང་བཞིན་དེ་ལ། ཐུགས་ཀྱི་ཆོ་འཕྲུལ་སྐུ་དང་ཕྱག་རྒྱར་བསྟན་ཏེ། ཉི་མ་དང་ཟེར་འདུ་འབྲལ་མེད་པའམ། ཆུ་ཟླའམ། མེ་ལོང་གི་གཟུགས་བརྙན་ནམ། གཞའ་ཚོན་ནམ། སྒྱུ་མ་ལྟ་བུར་གནས་ཏེ། དེ་རྟོགས་པའི་དུས་ན་སྤྱོད་པ་བླང་དོར་མེད་པ་ལ་མཉམ་པར་ཀྱང་ཡོངས་སུ་གཞོལ་ཏེ། སྤྱོད་པ་མ་གཡོས་མ་བཀག་པར་སྤྱོད་པ་ལས། ཁྱད་པར་དུ་གྱུར་པའི་ལྟ་སྤྱོད་ནི་གང་ཡང་མེད་པར་ངེས་སོ་ཞེ་ན། ཁྱོད་ནི་དམིགས་མེད་བཞིན་དུ་འདུ་ཤེས་དེ་མ་བྲལ། ལྟ་སྤྱོད་ངོ་བོ་ཉིད་ཀྱིས་དག་ཅིང་དམིགས་སུ་མེད་ཟེར་བཞིན་དུ། མཚན་མ་སྣ་ཚོགས་དང་མ་བྲལ་བའི་འདུ་ཤེས་ཀྱི་འཛིན་རྟོག་ཡོད་པའི་ཕྱིར། དཔེར་ན་རང་བཞིན་དམིགས་སུ་མེད་ཅིང་དག་པ་དེ་ཡང་། མ་དག་ཅིང་དམིགས་པ་ཅན་དུ་འགྱུར་རོ། །དཔེར་ན་བོང་བུས་སེང་སྐད་བསྒྲགས་ཀྱང་སེང་གེར་མི་འགྲོ་བ་བཞིན་ནོ། །གཏན་ཚིགས་མ་གྲུབ་ཅེ་ན། ཐབས་ཀྱི་ཆོ་འཕྲུལ་ལས་སོགས་པ་ཡོད་པར་བཟུང་བས་འགྲུབ་བོ། །ཡང་ཁྱོད་ཀྱི་འདོད་པ་དེ། སྟོང་པ་རྒྱ་ཆད་ཀྱི་སྨྲ་རུ་

འགྱུར་ཏེ། རང་བཞིན་མེད་པའི་ཕྱིར་རོ། །དཔེར་ན་རི་བོང་རྭ་བཞིན་ནོ། །ཡང་མཚན་མ་དངོས་ཡོད་ཀྱི་སྒྱུ་འགྱུར་ཏེ། སྣང་བ་ཡང་དག་ཏུ་བརྟགས་པའི་ཕྱིར། དཔེར་ན་ཉི་མ་སྤྲིན་གྱིས་སྒྲིབ་པ་བཞིན་ནོ། །ཡང་རྩོལ་བའི་མཚན་མ་ཅན་དུ་འགྱུར་ཏེ། སྤྱོད་མི་སྤྱོད་དུ་མི་རུང་བའི་ཕྱིར་རོ། །དེ་ལྟར་ལྟ་སྤྱོད་རྩོལ་ཅན་དུ་ཡོད་པ་ལས། ང་ནི་མཚན་མའི་རྟོག་པ་སྣ་ཚོགས་དེ་མེད་པས་འཕགས། བྱ་བ་མེད་པར་གཡུང་དྲུང་གནས་ཏེ། འོ་ན་ཐམས་ཅད་ཀྱི་རང་བཞིན་ཡེ་ནས་ཅི་བཞིན་ཉིད་ཀྱི་སྙིང་པོ་ཡིན་ཏེ། སྙིང་པོ་དེ་རྩོལ་བ་དང་ཡེ་ནས་བྲལ་བའི་ཐིག་ལེ་ཆེན་པོ་ཞེས་བྱའོ། །བྱེད་སྤྱོད་ཐམས་ཅད་དང་དུ་ཡང་མི་ལེན། འགོག་ཀྱང་མི་འགོག་སྟེ། དེ་ལྟར་ཆེད་དུ་གང་ཡང་མི་སྒྲུབ་བོ། །དེས་ན་ངའི་འདོད་པ་དེ། རྩོལ་བྲལ་གྱི་སྙིང་པོ་ཅི་བཞིན་ཉིད་ཡིན་ཏེ། བྱེད་སྤྱོད་ཐམས་ཅད་རང་བཞིན་དུ་འཇོག་པའི་ཕྱིར་རོ། །བདལ་པ་ཆེན་པོའི་ཐིག་ལེ་ཡིན་ཏེ། ཀུན་ཁྱབ་ལ་ངོས་བཟུང་དང་བྲལ་བའི་ཕྱིར། དཔེར་ན་ཏིལ་འབྲུ་མར་གྱིས་ཁྱབ་པ་བཞིན་ནོ། །དེ་དག་ཀྱང་རང་བཞིན་དུ་འདོད་པའོ།།

ཤིན་ཏུ་དོན་ལྡན་ཀུན་རྫོགས་ཀྱི་ཐེག་པས་རྩོད་པ། རྒྱུ་འབྲས་དབྱིངས་ལ་ཡེ་ཤེས་དཀྱིལ་འཁོར་ཤར། །འགྲོ་འདུ་རྩོལ་སྒྲུབ་རྟོག་པས་མི་གཡོ་སྟེ། །ཡོན་ཏན་ཡེ་ནས་ཡེ་གྲུབ་ཅི་ལྟར་འཕགས། །ལྟ་བ་ནི་བོན་ཉིད་ཀྱི་དབྱིངས་སུ་དག་པའི་དབྱིངས་ཅི་ལྟར་མ་ཡིན་པ་ལས། ཡེ་ཤེས་ཀྱི་རོལ་པ་སྣ་ཚོགས་དཀྱིལ་འཁོར་དེ་རང་སྣང་སྟེ། དེ་ཡང་རྒྱུ་མ་སྐྱེས་པ་ལས་འབྲས་བུ་མ་བཀག་པར་རང་སྣང་སྟེ། དེ་ལྟ་བུའི་དོན་ལ་རྩོལ་སྒྲུབ་ཀྱི་རྟོག་པ་མི་གཡོ་སྟེ། ཡོན་ཏན་ཐམས་ཅད་ཡེ་ནས་ལྷུན་གྱིས་གྲུབ་པར་རང་འབྱུང་བ་སྟེ། རྒྱུ་འབྲས་ཡེ་ནས་གཉིས་སུ་མེད་པའི་བདག་ཉིད་དུ་གནས་པ་ལས

ཁྱད་པར་འཕགས་པ་ནི་མེད་དོ་ཞེ་ན། ཁྱོད་ནི་དཀྱིལ་འཁོར་འཛོག་ཕྱིར་རྩོལ་བའི་སེམས་མ་བྲལ། རྒྱུ་འབྲས་ཁས་བླང་ཕྱིར་ན་རྩོལ་བ་དྲུག་གིས་ཟིན། བྱ་རྩལ་དང་བྲལ་བར་སྟོན་ཡང་མ་བྲལ་ཏེ། རྒྱུ་དག་པའི་དབྱིངས་ནས་འབྲས་བུ་ཡེ་ཤེས་དཀྱིལ་འཁོར་སྣང་བར་འདོད་པའི་ཕྱིར་རོ། །དེ་ལྟར་བྱ་བ་ཡོད་པའི་ཕྱིར་བྱེད་པ་པོ་ཡོད་ལ། དེས་ན་རྩོལ་བ་ཡོད་པའོ། །ཧྲིང་འཛིན་རྩལ་དུ་མེད་པའི་མཐར་མ་ཕྱིན་པའི་སློ་ནས་རྣམ་པར་འབྱེད་པའི་རྩོལ་བ་དང་། ཁ་དོག་གྲངས་ཀྱི་རྩོལ་བ་དང་། ཡབ་ཡུམ་རྒྱུ་འབྲས་ཀྱི་རྩོལ་བ་དང་། སློ་ཕྱུགས་དམིགས་པའི་རྩོལ་བ་དང་། ཁྱད་པར་འབྱེད་པའི་རྩོལ་བ་དང་། མཆོད་པར་མཐོང་བའི་རྩོལ་བ་དང་། བོན་ཅི་བཞིན་པའི་ངང་ཉིད་ལ་གྲངས་སུ་བསྒྲང་དུ་མེད་པ་ལ། གཅིག་དང་དུ་མ་བྲལ་བའི་ཧྲིང་འཛིན་མ་ཤེས་ཏེ། གྲངས་ཚིགས་སུ་བཅད་ནས་འཛོག་པ་དང་། བྱ་བ་མེད་པའི་བོན་ཉིད་ལ་གཡོ་ཞིང་སྤྱོད་པ་དང་། རྟོག་ཅིང་སྤྱོད་པ་མེད་ཀྱང་། ཁྱོད་རང་ལ་འཛིན་པ་ཡོད་པའི་ཕྱིར་ལྷ་དང་ལྷ་མོར་བཟུང་སྟེ། གཙོ་དང་འཁོར་གྱི་མིང་དང་། མཚན་མ་སོ་སོར་གསལ་བ་ཡིན་ནོ། །དེ་ཉིད་ཀྱི་ཕྱིར་ན་དངོས་བསྐྱེད་ཐུགས་རྗེ་རོལ་པ་ལྟར་མ་སོང་ཡང་། དཀྱིལ་འཁོར་འགོད་ཅིང་འཛོག་པའི་ཕྱིར། རྩོལ་བའི་སེམས་དང་མ་བྲལ་ཏེ། རྩོལ་བ་མེད་པའི་དབྱིངས་སུ་མ་ཆུད་པས་རྫོགས་པ་ཆེན་པོ་ཡང་རྩེ་བླ་ན་མེད་པའི་དོན་དང་འགལ་ལོ། །དེས་ན་ཁྱོད་ཅི་སྐད་འདོད་པའི་རྩོལ་བྲལ་དེ་རྩོལ་བ་བཅས་པ་ཡིན་ཏེ། རྒྱུ་རྐྱེན་ཁས་བླངས་ཏེ། རྩོལ་བ་དྲུག་གིས་ཟིན་པའི་ཕྱིར། ཀུན་བཏགས་ཡིན་ཏེ། ངོ་བོ་ཉིད་ཀྱི་རང་བཞིན་ལ་མཚན་མ་མེད་ཀྱང་ཁྱེད་རང་གིས་མཚན་མ་སྣ་ཚོགས་སུ་བཟུང་བའི་ཕྱིར་རོ། །དེ་ལྟར་རྫོགས་པ་ཆེན་པོའི་ཐེག་པ་འོག་མ་གང་གིས་ཀྱང་མ་རྟོགས་ཏེ། རྩལ་མེད

དབྱིངས་སུ་མ་ཆུད་ཁྱད་པར་འཕགས། གཞི་ཅི་བཞིན་ཉིད་ཀྱི་སྐྱེ་མཆེད་དེ་ལ། དངོས་སུ་དེ་བཞིན་མ་རྟོགས་སྟེ། རང་རང་གིས་འདོད་པའི་བདེན་པ་རེ་བཟུང་ནས། དེ་བློ་བརྟས་པས་འཁྲུལ་ཞེས་བྱའོ།།

དེ་ཕྱིར་ཡིན་ལ་ཡིན་པར་ངོ་མ་ཤེས། །ཐེག་པ་འོག་མ་རྩོལ་བའི་ནད་ཀྱིས་ཟིན། ། དེ་ཡང་གཡུང་དྲུང་སེམས་དཔའི་ཐེག་པ་སྤྲོས་མེད་པའི་འདོད་པ་ལ། སྟོར་མ་དག་ལམ་རྩོལ་བས་དག་པ་དང་། སྤང་བྱ་ཉོན་མོངས་པ་དང་། སྤང་བྱེད་ཡེ་ཤེས། འབྲས་བུ་དེ་མ་ཐོབ་པ་ལ་བསྒྲུབ་པས་ཐོབ་པ་དང་། ས་དང་ཕ་རོལ་དུ་ཕྱིན་པ་ལ་རིམ་པས་བགྲོད་པ་ལས་སོགས་པ། རྩོལ་བ་སྣ་ཚོགས་དང་བཅས་ཏེ། དེས་ན་ཁྱོད་ཀྱི་འདོད་པ་འཁྲུལ་པ་ཕྱིན་ཅི་ལོག་ཏུ་འགྱུར་ཏེ། ཡིན་པ་བོར་ནས་མ་ཡིན་པར་བྱེད་པའི་ཕྱིར་རོ། །དཔེར་ན་མི་ངན་པ་ལ་གྲོས་བཏབ་པ་བཞིན་ནོ། །གཏན་ཚིགས་མ་གྲུབ་ཅེ་ན། ཇི་བཞིན་ཉིད་དོན་ལ་སྤང་བྱ་སྤང་བྱེད་ཁྱད་པར་འདོད་པའི་ཕྱིར་རོ། །སྤང་བྱ་ལས་སོགས་པ་ཀུན་རྫོབ་ཏུ་ཡོད་དོ་ཞེ་ན། འོ་ན་དངོས་པོའི་གནས་ལུགས་དེ་ངོ་གཉིས་པར་འགྱུར་ཏེ། བདེན་པ་གཉིས་ཆར་བདེན་པར་མཉམ་པའི་ཕྱིར། ཀུན་རྫོབ་དངོས་པོ་ལ་མི་བདེན་ནོ་ཞེ་ན། འོ་ན་མི་བདེན་སྤང་བྱ་དང་སྤང་བྱེད་དང་། ལམ་རིམ་པས་བགྲོད་པ་ཅི་ཕན། དེ་ཇི་བཞིན་པར་དུ་འཇུག་གོ་ཞེ་ན། མི་བདེན་སྦྱོད་པས་བདེན་པ་འཇུག་ཏུ་མི་བཏུབ་སྟེ། རྣམ་པར་འགལ་བའི་ཕྱིར། དཔེར་ན་ཚ་རེག་དང་གྲང་རེག་བཞིན་ནོ། ། ཡང་གཡུང་དྲུང་སེམས་དཔའི་གཞུང་རྣམ་པ་ཐམས་ཅད་དུ་ཉམས་ཤིང་། རྫོགས་པ་ཆེན་པོའི་གཞུང་གྲུབ་པར་ཡང་འགྱུར་རོ།།

དངོས་བསྐྱེད་ཐུགས་རྗེ་རོལ་པའི་ཐེག་པས་ཀྱང་། ཡིན་པར་འཛོག་མ་ཤེས་

ཏེ། དེ་ཅིའི་ཕྱིར་ན་ལྟ་བ་མཉམ་ཉིད་རྟོགས་པར་བྱ་བའི་ཕྱིར། སྤྱོད་པ་ཡང་མཉམ་པ་ཉིད་སྤྱོད་དགོས་པར་འདོད་དེ། དཔེར་ན་ཁྱོད་ཀྱི་ཇི་བཞིན་ཉིད་ཡང་དག་པ་དེ་གཉིས་འཛིན་གྱི་ཤེས་པ་འགྱུར་ཏེ། ལྟ་སྤྱོད་ཟུང་དུ་འཛོམ་དགོས་པའི་ཕྱིར་རོ། །དཔེར་ན་སྨྲ་མ་དང་སྨྲ་མ་མཁན་བཞིན་ནོ། །སྨྲ་མ་དང་སྨྲ་མ་མཁན་ཡོད་ཀྱང་སྨྲ་མ་མིན་ན་ཅི་སྟོ་སྟེ་ཞེས་མགོ་བསྐོར་རོ།།

ཤིན་ཏུ་དོན་ལྡན་ཀུན་རྫོགས་ཀྱི་ཐེག་པས་ཀྱང་། ཡིན་པ་ལ་ཡིན་པ་འཛོག་མ་ནུས་ཏེ། དེ་ཅིའི་ཕྱིར་ན་ལྟ་བའི་དོན་ཡང་དག་པ་མཉམ་པ་ཉིད་དེ་འབྲེས་པས་གོམས་པར་བྱ་བའི་ཕྱིར་རོ། །བོན་ཅི་བཞིན་པ་ལ་བློ་དེ་བཞིན་པ་བརྗེད་པ་མེད་པར་ནན་གྱི་སྒོམ་ནས་མི་འགྱུར་བར་འཛོག་གོ །དེས་ན་ཁྱོད་ཀྱི་མཉམ་པ་ཉིད་དེ་ཕྱོགས་རིས་ཅན་དུ་འགྱུར་ཏེ། བོན་ཅི་བཞིན་པ་དང་བློ་དེ་བཞིན་པ་རྗེས་སུ་འབྲེང་བ་གཉིས་འདུག་པའི་ཕྱིར། ཞེས་བྱ་སྟེ་དེས་ཀྱང་མ་ཤེས་སོ། །འོ་ན་བརྟགས་པའི་ཚད་མས་བཀལ་བ། དེ་ལྟར་ཐེག་པ་འོག་མ་རྣམས་ཀྱིས། ཡིན་པ་ལ་ཡིན་པར་འཛོག་པར་མ་ཤེས་པས། གང་ཡིན་ལྟ་བའི་ཕྱུགས་དེ་ཉིད་རང་ལས་ཁྱད་མི་འདུག་གོ །ཞེ་ན་མ་ཡིན་ཏེ། འོག་མ་ནི་དོན་དམ་ལྟར་བདེན་ལ། ཀུན་རྫོབ་ལྟར་མི་བདེན་པའམ། ཤེས་རབ་སྟོང་པ་ནི་དོན་དམ་ལ། ཐབས་ཀྱི་རོལ་པ་ནི་ཀུན་རྫོབ་བོ། །དག་པའི་དབྱིངས་ནི་སྟོང་པ་ལ། ཡེ་ཤེས་ཀྱི་དཀྱིལ་འཁོར་ནི་སྣང་བའོ། །དེ་ལྟར་འདོད་དེ། དེས་ན་ཉེ་ཚེ་བའི་སྟོང་པ་ཉིད་དུ་འགྲོ་བའམ། སྣང་སྟོང་རྒྱ་ཆད་དུ་འགྲོ་བའམ། གཉིས་འཛིན་གྱི་སེམས་རྒྱུད་ཁས་བླང་སྟེ། སྟོང་སྣང་སྟོང་གི་མཐར་ཐུག་པའོ། །དེ་དག་ནི་རྫོགས་པ་ཆེན་པོས་ལྟས་པའི་སྐྱོན་ནོ།།

འདི་དོན་རྩོལ་བྲལ་ཐེག་པའི་ཡང་རྩེ་ཡིན། །འདི་ནི་ཀུན་ཡིན་གང་མ་ཡིན

པས། རྟེན་གང་ལ་ཡང་མི་འཆའ། རྒྱ་གར་ཡང་མ་ཆད། དབུས་སུ་བརྟག་ཏུ་གང་ཡང་མེད་དོ། །དེ་ཉིད་ཀྱི་ཕྱིར་ཐེག་པ་འོག་མ་བ་ཀུན། རང་རང་རྩོལ་བའི་ནད་ཀྱིས་ཟིན་ནས་འཁྲུལ་པའོ། །འདི་ནི་ཅི་བཞིན་གནས་པའི་དོན་མངོན་པར་གནས་པར་ཉིད་དོ། །དེས་ན་ཐ་སྙད་དུ་ཐེག་པའི་ཡང་རྩེ་ཞེས་བྱའོ། །དེ་ཡན་ཆད་དགུས་རིམ་བཤད་པའི་འགྲེལ་པའོ།།

ད་འདི་ནས་མར་ལ་བཤད་པའི་མདོ་དོན་གཏད་པའོ། །སྟོན་པའི་རྒྱལ་པོ་གཤེན་ལྷ་འདོད་དཀར་གྱིས། །སེམས་མངོན་དུ་སྟོན་པའི་སྟོན་པ་ནི། ལས་རྒྱུ་འབྲས་ཀྱི་དོན་བསྟན་པ་ལས་ཁྱད་པར་འཕགས་པའི་ཕྱིར། སྟོན་པའི་རྒྱལ་པོ་ཞེས་བྱའོ། །དེ་སུ་ཡིན་ཞེ་ན། གཤེན་ལྷ་འོད་དཀར་གཤེན་ལྷ་ལུང་སྟོན་ལྷ་ཡིན་ནོ།། ཞེས་བྱའོ། །དེས་གང་བཤད་ཞེ་ན། ཐེག་པ་བསམ་ཡས་རྣམ་པ་དགུ་རུ་བསྡུས། །མ་ངེས་གཅིག་གཉིས་གནས་ཀྱང་དགུ་རུ་ཕྱེས། །ཞེས་བྱ། སྤྱིར་ཐེག་པ་ལ་གྲངས་མ་ངེས་ཏེ། གྲངས་ལ་ཁམས་དང་མོས་པ་དང་སྒྲུབ་པ་ཐུག་པ་མེད་པས། ཐུག་པ་མེད་པའམ། བསམ་གྱིས་མི་འདུ་ཤེས་ལ་རྒྱ་ཁྱོན་གསལ་སྒྲིབ་ལ་ཐུག་པ་མེད་ལས།ཁྱབ་པར་བཤད། ཐེག་པ་རྒྱུ་འབྲས་གཉིས་སུ་ཡང་བཤད། རྫོགས་ཆེན་ཡང་གསང་སྔགས་སྡེའོ། །ཕྱི་ནང་གསང་བ་གསུམ་ཡང་བཤད། རྒྱུ་འབྲས་གཉིས། ཆེ་ཆུང་གཉིས་དང་བཞི་ཡང་བཤད། ཐེག་པ་ཡང་རྩེ་གཅིག་ཏུ་ཡང་བཤད། ཉུང་དུ་བཤད་ཀྱང་སྐབས་འདིར་དགུ་རུ་ཕྱེས། མང་དུ་བཤད་ཀྱང་དགུ་རུ་བསྡུས་ནས་བཤད། བློ་རབ་འབྲིང་ཐ་མ་གསུམ་གསུམ་ལ་དགུ་རུ་འདུས་པའོ།། དེ་རང་ཅི་ལྟར་བཤད་ཞེ་ན། གོང་མ་ལ་གཙོད་འོག་མ་ལ་ཤན་དབྱེ་བས། ལ་ཤན་ཐེག་པའི་བོན་མདོ་བཤད་དེ་བཀྲོལ། །གོང་མ་གོང་མ་རྣམས་ནི་སྒྲོལ་ཞིང་འོག་མ་འོག་མ་རྣམས་ནི་ཤན་འབྱེད་པའི་ཚུལ་དུ་བཤད་དོ། །ལ་ཤན་དེ་

ཡང་ཐེག་པ་ཐ་དག་གི་བོན་མདོ་དང་སྙིང་པོ་འདུས་པར་བཤད་དོ། །འདིར་རྒྱས་པ་བཀྲོལ་བའོ། །དེ་ཅི་ལྟར་བཤད་ཅེ་ན། དགོངས་པ་བརྡའི་སྐུ་ལ་བཤད། དེ་ཅིའི་ཕྱིར་ཞེ་ན། འཛམ་གླིང་སྤྱི་ཡི་འཁོར་ལོ་འཇིག་རྟེན་དུ། །ངའི་ཐེག་མཆོག་གཡུང་དྲུང་བོན་བསྟན་མཆོག །རྒྱས་ཤིང་འཕེལ་སྟེ་མི་ནུབ་རྒྱལ་མཚན་འཛུགས་པར་བྱ་བའི་ཕྱིར་བཤད་དོ། །དེ་རང་གང་ཡིན་ཞེ་ན། ཐེག་པ་རིམ་པ་བཤད་པའི་མདོ་རྒྱུད་འདི། །གཤེན་ལྷ་འོད་དཀར་སྟོན་མཆོག་ང་ཡིས་བཤད། །ཅེས་བྱ་སྟེ། སྐབས་བཅུ་གཅིག་པ་བཤད་པའོ། །རྫོགས་སོ།། །།

དེ་ལྟར་རྣམ་བཤད་གསལ་བའི་མེ་ལོང་རྒྱན། །ཐོས་བསམ་ཕྱུག་ལེན་བྱེ་དོར་བྱས་གྱུར་ཅིང་། །རྣམ་དཔྱོད་དྲི་མེད་སྤྱན་གྱིས་ལེགས་པར་བལྟས། །མཆོག་དམན་གྲུབ་མཐའི་རྣམ་པར་འཆར་བར་འགྱུར། །དེ་ལྟར་ཐེག་རིམ་ཟབ་ཅིང་རྒྱ་ཆེ་བ། །དགོངས་དོན་ཚུར་རོལ་རིག་པས་དཔག་དཀའ་བས། །ཅི་བཞིན་དགོངས་པའི་དོན་ལྟར་མ་གྱུར་པ། །རྒྱལ་སྲས་མཁས་པའི་ཚོགས་ལ་བཟོད་པ་གསོལ། །འདི་རྩོམ་དགེ་བའི་བསོད་ནམས་ཉི་འོད་ཀྱིས། །རྗེས་འབྲང་སྣང་བའི་ཤེས་རབ་གསལ་བྱས་ཤིང་། །མི་ཤེས་སྒྲོ་སྐུར་མུན་པའི་ཚོགས་ཞི་ནས། །ཅི་བཞིན་རྟོགས་པའི་འོད་ཀྱིས་ཁྱབ་པར་ཤོག

ཐེག་པ་རིམ་པ་གསལ་བྱེད་མེ་ལོང་ཞེས་བྱ་བའི་འགྲེལ་པ། ཁ་བ་ཅན་གྱི་ཤར་ཕྱོགས་རྒྱལ་མོ་རོང་དུ་སྐྱེས་པའི་སྨྲ་སྟོན་ཚུལ་ཁྲིམས་རྒྱལ་མཚན་ལ། དབྲ་སྟོན་བསྟན་པའི་རྒྱལ་མཚན་གྱིས་བསྐུལ་ཞིང་། རྟགས་བསྟུས་གཞིགས་གནས་རི་ཁྲོད་དུ་སྦྱར་བའོ། །དགེའོ། །བཀྲ་ཤིས།། །།

བསྒྲིགས་རྗེས་ཀྱི་གཏམ།

དེའང་བདག་ཅག་གི་སྟོན་པ་བཀའ་དྲིན་ཅན་མཆོག་གི་འཕྲིན་ལས་ཀྱི་རྒྱུན་དང་། རྟག་གཟིགས་ཞང་བོད་ཀྱི་རིག་འཛིན་ལོ་པཎ་སེམས་དཔའ་སྔོན་བྱོན་དམ་པའི་ཐུགས་བསྐྱེད་སྨོན་ལམ་གྱི་མཐུ་དང་། སྙིགས་དུས་བསྐལ་ཟུག་གི་སྟོན་པ་ཆེན་པོ་རྒྱལ་བ་སྨན་རིའི་༸ཁྲི་འཛིན་སོ་གསུམ་པ་མཆོག་དང་། ཡོངས་འཛིན་༸སྐྱབས་པའི་སེང་གེ་རྣམ་གཉིས་ཀྱིས་དཀའ་བ་ཆེད་དུ་བསད་དེ་བཤད་སྒྲུབ་འདུས་སྡེ་རྒྱ་མཚོའི་ས་བོན་བསྐྲུན་ནས་སྨྲ་གྱུ་རྒྱས་འབྲས་བུ་སྨིན་པར་མཛད་པ་དང་། ཕྱོགས་མཚུངས་བོད་གངས་ཅན་ལྗོངས་སུ་སྲིད་བཟང་གི་ཉི་འོད་ཤོག་པ་དང་ལྷན་སྟོད་སྨད་བར་གསུམ་གྱི་བླ་མ་དགེ་བའི་བཤེས་གཉེན་རྣམས་ཀྱིས་རང་ནུས་གང་ཡོད་ཀྱིས་བསྟན་པའི་དགོན་སྡེ་བསྐྱར་བཞེངས་དང་། བཤད་སྒྲུབ་སྒོམ་གསུམ་གྱི་འདུས་སྡེ་བཙུགས་ཏེ་བསྟན་པ་ཉིན་མོར་བྱས། དེ་ལྟར་དཔལ་གཤེན་བསྟན་གོ་རྒྱལ་དགོན་བདེ་ཆེན་ཀུན་གྲགས་གླིང་འདིར། སྟག་ལའི་ཐུགས་སྲུལ་ཟླ་གྲགས་སྐུ་འཕྲེང་བརྒྱད་པ་འགྲོ་མགོན་སེམས་དཔའ་༸རིན་ཆེན་ཕུན་ཚོགས་རིན་པོ་ཆེ་མཆོག་གིས་དགོན་པ་བསྐྱར་བཞེངས་གནང་བ་དང་། བཤད་སྒྲུབ་ཀྱི་འདུས་སྡེ་བཙུགས། རྗེས་འཛིན་བླ་མ་མཁན་པོ་དགེ་བཤེས་དུ་མ་གསོ་སྐྱོང་གནང་སྟེ། བཤད་སྒྲུབ་བསྟན་པའི་གཞི་རྐང་ཚུགས་

པར་མཛད།

ངེད་དགོན་འདིའི་འདུས་སྡེའི་དགེ་སློབ་ཡོངས་ཀྱིས་བཤད་སྒྲུབ་འདུས་སྡེར་དགོས་ངེས་ཀྱི་དཔེ་ཆ་དུ་མ་དཔེ་སྐྲུན་འགྲེམ་སྤེལ་དང་། འདིར་བཞུགས་སློབ་གཉེར་བར་ཕན་སྲིན་དང་། ཕྱོགས་ཁག་དཀའ་ངལ་ཡོད་པའི་འདུས་སྡེ་རེ་གཉིས་ལ་རིན་མེད་དུ་ཕུལ་བ་སོགས་བྱས། ན་ཉིང་དཔེ་ཚོགས་དེབ་སོ་གཉིས་ཅན་པར་སྐྲུན་བྱས་ནས་ཕྱོགས་སོ་སོར་ཕུལ་བ་དང་། འདི་ལོར་དཔེ་ཚོགས་དེབ་ཕྲེང་བཅོ་བརྒྱད་ཅན་པར་སྐྲུན་ཞུས་པ་ཡིན། དེའི་ནང་དེབ་ལྡའི་མ་དཔེ་མཐུན་སྦྱོར་བ་ཁྲི་བརྟན་ནོར་བུ་རྩེའི་དཔེ་མཛོད་ཁང་། དེབ་གཅིག་གི་མ་དཔེ་མཐུན་སྦྱོར་བ་རྩེ་ཞིག་དགོན་གྱི་ཨ་ལགས་ཟླ་བ་ལགས། དེབ་གཅིག་གི་མ་དཔེ་མཐུན་སྦྱོར་བ་དགེ་བཤེས་གཙོ་རྩུལ་ཁྲིམས་དགེ་རྒྱས། ཞུ་དག་སྐབས་དགེ་བཤེས་བསྟན་འཛིན་སྐལ་བཟང་དང་། དགེ་བཤེས་བློ་གྲོས་རབ་རྒྱས། དགེ་བཤེས་རྩུལ་ཁྲིམས་རྒྱལ་མཚན། ཡིག་བཏག་སྐབས་རྨ་རྩ་ཁྲུང་དམར་ཚེ་རིང་། པར་སྐྲུན་མཐུན་རྐྱེན་སྐབས། རྫོགས་ཆེན་སྨུ་མེད་གདལ་པ་ཚར་ཆིག་སྟོང་པར་སྐྲུན་འགྲོ་སོང་ཆ་ཚང་བྱེད་མཁན་འགའ་སྣང་བརྩུན་མ་ཤེས་རབ་བཟང་མོ། གཞན་དང་བླང་གིས་ཞལ་འདེབས་འབུལ་མཁན། འགའ་སྣང་བརྩུན་མ་དབྱིངས་རིག་སྒྲོན་མས་སྒོར། ༣༥༠༠ བྱམས་པ་སྒྲོན་མས་སྒོར། ༣༥༠༠ སྨོན་ལམ་བྱམས་མས་སྒོར། ༡༠༠༠ རང་རིག་སྒྲོན་མས་སྒོར། ༡༠༠༠ ཀུན་བཟང་དབང་མོས་སྒོར། ༥༠༠༠ སྨོན་ལམ་སྒྲོན་མས་སྒོར། ༡༠༠༠ བུ་ཟ་དཀའ་སྨན་གྱིས་སྒོར། ༡༠༠༠ ལྷག་དོན་དཔེ་སྐྲུན་ཐད་སི་ཁྲོན་མི་རིགས་དཔེ་སྐྲུན་ཁང་གི་དབུ་ཁྲིད་ཨ་སྟགས་ཚེ་རིང་བཀྲ་ཤིས་དང་། རྩོམ་སྒྲིག་

འགན་ཁུར་པ་གཞན་མོ་འགྲུབ། ལས་རྟགས་ཀྱི་མཐུན་སྦྱོར་བ་དབུ་ཆེན་མོ་ཧོར་ཚང་ནོར་བུ་གཡུལ་རྒྱལ་སོགས་གཙོས་ལས་དོན་འདིར་དངོས་ཞུགས་རྒྱུད་གསུམ་ནས་རྒྱབ་སྐྱོར་གནང་མཁན་ཡོངས་ལ་ཐུགས་རྗེ་ཆེ། བཀའ་དྲིན་ཆེ་ཞུ་བ་དང་། ཁྱེད་རྣམས་ལས་ལྷུང་དར་ཞིང་། ཁ་ལས་དགེ་བ་དང་། བསམ་དོན་འགྲུབ་ཅིང་། སྐུ་ཚེ་རིང་བ་སོགས་ཀྱི་སྨོན་འདུན་ཞུ་བ་དང་། འདི་ལྟར་རྣམ་དཀར་གྱི་བྱ་བ་ལྷབས་པོ་ཆེ་འདི་ཉིད་རྒྱལ་བ་གཤེན་གྱི་བསྟན་པ་རིན་པོ་ཆེར་འཛིན་སྐྱོང་སྤེལ་གསུམ་མཛད་བཞིན་པའི་སྐྱེས་ཆེན་རྣམ་པ་སྐུ་ཚེ་བརྟན་ཞིང་མཛད་འཕྲིན་རྒྱས་པ་དང་། བཤད་སྒྲུབ་སྒོམ་པའི་འདུས་སྡེ་དར་ཞིང་རྒྱས་ནས་ཡངས་པའི་འཛིག་རྟེན་ཁམས་འདིར་ནད་མུག་མཚོན་འཁྲུག་ཞི་ཞིང་འཆམས་མཐུན་ཞི་བདེ་ཡོང་བའི་རྒྱུ་རུ་བསྔོ་བ་དང་བཅས།

གང་གི་བདེན་ཚིག་རྟེན་འབྲེལ་བསླུ་མེད་ཀྱིས།།
གངས་ཅན་མགོན་པོ་རྒྱལ་བ་སྨན་རི་བའི།།
མདོ་སྔགས་བསྟན་པའི་བ་དན་མཐོན་མཐོ་ཞིང་།།
སྲིད་མཐའི་བར་དུ་ཡུན་རིང་གནས་གྱུར་ཅིག །

ཞྭ་དཀར་རིང་ལུགས་འཛིན་པ་ཡི།།
འཕྲིན་ལས་གང་ཡང་སྒྲུབ་བྱེད་པའི།།
མ་བདུད་ལྷམ་དྲལ་རྣམས་ཀྱིས་ཀྱང་།།

བསྟན་པའི་བ་དན་ཕྱོར་ཞིག་གྱི།།

ཁྲུང་ཡུལ་ཀོ་རྒྱལ་དགོན་བཤད་སྒྲུབ་འདུས་སྡེའི་དགེ་སློབ་ཐུབ་མོང་གིས་སྤྱི་ལོ་2014 ལོའི་ཟླ་ 7 པའི་ཚེས་ 24 ཉིན་སྤེལ།

[illegible]

བཀའ་འདྲི་ཞུ་ཡུལ། དཔྲ་ཕྲུང་མཁྱེན་རབ་རྒྱ་མཚོ་རིན་པོ་ཆེ།

ལས་དོན་འགན་ཁུར་བ།

ཧོར་ཏུ་དགེ་བཤེས་ཡོན་ཏན་ཕུན་ཚོགས།

རྒྱུ་ནི་དགེ་བཤེས་ཚུལ་ཁྲིམས་བློ་གྲོས།

ཚུ་འཁོར་དགེ་བཤེས་གཡུང་དྲུང་ཚུལ་ཁྲིམས།

ཡིག་བཏག་པ།

མཁྱེན་བརྩེ་བློ་གསལ། རིག་འཛིན་སྙིང་པོ།

བསོད་ནམས་བློ་གྲོས། སེང་ཆེན་གཙུག་ཕུད།

ཞུས་དག་པ།

དགེ་བཤེས་ཚུལ་ཁྲིམས་རྒྱལ་མཚན།

ཀོ་རྒྱལ་དགོན་བཤད་སྒྲུབ་འདུས་སྡེ།

མདུན་མཛུག་གི་རི་མོ་བ། ཧོར་ཚང་ནོར་བུ་གཡུལ་རྒྱལ།

སྐྱི་ཁྲབ་རྟུས་འགོད་པ། ཨ་སྨུགས་ཚེ་རིང་བཀྲ་ཤིས།
རྩོམ་སྒྲིག་འགན་འཁུར་པ། བཀྲ་ཤིས།

སྒོ་བཞི་མཛོད་ལྔའི་ཡང་བཅུད།

སྨ་སྔོན་ཐེག་འགྲེལ།

༼༤༨~༥༠༽

སི་ཁྲོན་དུས་དེབ་ཚོགས་པ།

སི་ཁྲོན་མི་རིགས་དཔེ་སྐྲུན་ཁང་གིས་བསྐྲུན་ནས་བཀྲམ།

ཁྲིན་ཏུའུ་རྟུའུ་ཐུང་པར་འདེབས་འགན་འཁྲི་ཚད་ཡོད་ཀུང་སིས་དཔར།

༢༠༡༩ལོའི་ཟླ༡༢པར་པར་གཞི་དང་པོ་བསྒྲིགས།

༢༠༡༩ལོའི་ཟླ༡༢པར་པར་ཐེངས་དང་པོ་དཔར།

དེབ་ཚད། ༡༧༠mm×༢༤༠mm

དཔར་ཤོག ༢༠.༥

ཡིག་འབྲུ་སྟོང་། ༢༤༥

དཔར་གྲངས། ༡~༢༠༠༠

དཔེ་རྟགས། ISBN 978-7-5409-5633-2

དཔེ་རིན་སྒོར། ༦༥.༠༠ (པོད༤༨~༥༠)